500만 독자가 선택한

가장 쉬운
독학 일본어 첫걸음
14,000원

가장 쉬운
독학 중국어 첫걸음
14,000원

가장 쉬운
독학 베트남어 첫걸음
15,000원

가장 쉬운
독학 스페인어 첫걸음
15,000원

가장 쉬운
프랑스어 첫걸음의 모든 것
17,000원

가장 쉬운
독일어 첫걸음의 모든 것
18,000원

가장 쉬운
스페인어 첫걸음의 모든 것
14,500원

버전업! 가장 쉬운
베트남어 첫걸음
16,000원

버전업! 가장 쉬운
태국어 첫걸음
16,800원

첫걸음 베스트 1위!

가장 쉬운
러시아어 첫걸음의 모든 것
16,000원

가장 쉬운
이탈리아어 첫걸음의 모든 것
17,500원

가장 쉬운
포르투갈어 첫걸음의 모든 것
18,000원

가장 쉬운
터키어 첫걸음의 모든 것
16,500원

버전업! 가장 쉬운
아랍어 첫걸음
18,500원

가장 쉬운
인도네시아어 첫걸음의 모든 것
18,500원

가장 쉬운
영어 첫걸음의 모든 것
16,500원

버전업! 굿모닝
독학 일본어 첫걸음
14,500원

가장 쉬운
중국어 첫걸음의 모든 것
14,500원

新 북경대 HSK 독해 공략 6급

공략서

刘云 외 지음 · **이창재** 해설

동양북스

新 북경대 HSK 독해 공략 6급 공략서

초판 2쇄 | 2018년 3월 10일

지은이 | 刘云 외
해설 | 이창재
발행인 | 김태웅
편집장 | 강석기
편 집 | 권민서, 정지선, 김효수, 김다정
디자인 | 방혜자, 이미영, 김효정, 서진희
마케팅 총괄 | 나재승
마케팅 | 서재욱, 김귀찬, 이종민, 오승수, 조경현, 양수아
온라인 마케팅 | 김철영, 양윤모
제 작 | 현대순
총 무 | 전민정, 안서현, 최여진, 강아담
관 리 | 김훈희, 이국희, 김승훈

발행처 | 동양북스
등록 | 제 10-806호(1993년 4월 3일)
주소 | 서울시 마포구 동교로22길 12 (04030)
전화 | (02)337-1737
팩스 | (02)334-6624
웹사이트 | http : //www.dongyangbooks.com

ISBN 978-89-8300-876-3 14720
978-89-8300-874-9 (세트)

刘云 主编 2011年

머리말 Preface

新한어수평고시(新汉语水平考试, 이하 新HSK)는 시험형식과 문제유형에 있어 많은 변화가 있었습니다. 또한 지금까지의 출제경향을 살펴보면 기존 초중등 한어수평고시와는 달리 기출문제의 반복 출제빈도가 매우 줄어들어 응시생들이 시험을 대비하는 데 있어 많은 어려움이 있습니다. 하지만 독해영역 각 부분의 출제 문제들을 자세히 분석해보면 자주 보이는 형식과 유형을 발견할 수 있습니다. 따라서 수험생들이 이 책을 통해 독해영역 각 부분의 주요 출제유형을 집중 공략한다면 단기간 내에 新HSK 6급 독해영역의 문제유형에 익숙해지고 성적을 향상시킬 수 있을 것입니다.

이 책의 특징은,

1. 철저한 유형 분석 및 공략법 제시

독해영역 각 부분의 주요 출제유형을 철저히 분석하고 이에 따른 확실한 공략법을 제시함으로써 수험생들이 단기간에 여러 문제유형에 익숙해지고 높은 성적을 받을 수 있도록 도와드립니다.

2. 다양한 연습문제 및 자세한 설명

독해영역 각 부분의 주요 출제유형에 맞춰 다양한 연습문제가 실려 있고, 여기에 자세한 설명 및 어휘가 정리되어 있습니다. 특히 독해영역 제2부분 '단어 채우기'에서는 시험에 자주 출제되는 유의어, 사자성어, 접속사, 양사 등이 자세히 설명되어 있어 수험생들이 쉽고 효과적으로 공부할 수 있도록 도와드립니다.

3. 실제 시험에 대비한 모의고사

이 책을 통해 익힌 독해영역 각 부분의 주요 출제유형 및 학습내용들을 골고루 반영하여 실제 시험과 유사한 난이도와 문제유형으로 2회분의 모의고사가 준비되어 있어 수험생들이 이 책의 내용을 다시 한번 복습하고 실제 시험에 대비할 수 있도록 도와드립니다.

이 책이 新HSK 6급 독해영역 각 부분을 철저히 분석하고 이에 따른 확실한 공략법을 제시하고 있음을 확신합니다. 이 책을 통해 수험생들이 많은 도움을 받을 수 있기를 진심으로 기원합니다.

해설 이 창 재

新 HSK 소개

新HSK는 국제 중국어능력 표준화 시험으로, 중국어가 모국어가 아닌 수험생의 생활 · 학습 · 업무 중 중국어를 이용하여 교제를 진행하는 능력을 중점적으로 측정한다.

1. 구성 및 용도

新HSK는 필기시험과 구술시험으로 나누어지며, 각 시험은 서로 독립되어 있다. 또한 新HSK는 ① 대학의 신입생 모집 · 분반 · 수업 면제 · 학점 수여 ② 기업의 인재채용 및 양성 · 진급 ③ 중국어 학습자의 중국어 응용능력 이해 및 향상 ④ 중국어 교육기관의 교육성과 파악 등의 참고 기준으로 사용할 수 있다.

필기시험	구술시험
新HSK 6급 (구 고등 HSK에 해당)	新HSK 고급
新HSK 5급 (구 초중등 HSK에 해당)	
新HSK 4급 (구 초중등 HSK에 해당)	新HSK 중급
新HSK 3급 (구 기초 HSK에 해당)	
新HSK 2급 (신설)	新HSK 초급
新HSK 1급 (신설)	

※구술시험은 녹음 형식으로 이루어진다.

2. 등급

新HSK 각 등급과 〈국제 중국어능력 기준〉, 〈유럽 언어 공통 참고규격(CEF)〉의 대응 관계는 아래와 같다.

新HSK 등급	어휘량	국제 중국어능력 기준	유럽 언어 공통 참고규격(CEF)
6급	5,000 이상	5급	C2
5급	2,500		C1
4급	1,200	4급	B2
3급	600	3급	B1
2급	300	2급	A2
1급	150	1급	A1

新HSK 1급	매우 간단한 중국어 단어와 문장을 이해하고 사용할 수 있으며, 구체적인 의사소통 요구를 만족시키고 진일보한 중국어 능력을 구비한다.
新HSK 2급	익숙한 일상 화제에 대해 중국어로 간단하고 직접적인 교류를 할 수 있으며, 초급 중국어의 우수 수준이라 할 수 있다.
新HSK 3급	중국어로 일상생활 · 학습 · 업무 등 방면에서 기본 의사소통이 가능하며, 중국에서 여행할 때 대부분의 의사소통이 가능하다.
新HSK 4급	비교적 넓은 영역의 화제에 대해 중국어로 토론할 수 있으며, 원어민과 비교적 유창하게 대화할 수 있다.
新HSK 5급	중국어로 신문과 잡지를 읽고 영화와 TV 프로그램을 감상할 수 있으며, 중국어로 비교적 완전한 연설을 할 수 있다.
新HSK 6급	중국어로 된 정보를 가볍게 듣고 이해할 수 있으며, 구어 또는 서면어의 형식으로 자신의 견해를 유창하게 표현할 수 있다.

3. 접수

① **인터넷 접수** : HSK 홈페이지(www.hsk.or.kr)에서 접수

② **우 편 접 수** : 구비서류(응시원서+반명함판 사진+응시비 입금영수증)를 동봉하여 HSK한국사무국으로 등기 발송

③ **방 문 접 수** : HSK한국사무국 또는 서울공자아카데미(HSK한국사무국 2층)에서 접수
[접수시간] 평일- 오전 10시~12시, 오후 1시~5시 / 토요일- 오전 10시~12시
[준비물] 응시원서, 사진 3장(3×4cm 반명함판 컬러 사진, 최근 6개월 이내 촬영)

4. 시험 당일 준비물

수험표, 2B 연필, 지우개, 신분증

※유효한 신분증:

18세 이상- 주민등록증, 운전면허증, 기간만료 전의 여권, 주민등록증 발급신청 확인서

18세 미만- 기간만료 전의 여권, 청소년증, HSK 신분확인서

주의! 학생증, 사원증, 의료보험증, 주민등록등본, 공무원증은 인정되지 않음

5. 성적조회, 성적표 수령

시험일로부터 1개월 후 중국고시센터 홈페이지(www.hanban.org)에서 개별 성적조회가 가능하며, 성적표는 시험일로부터 40일경에 발송된다.

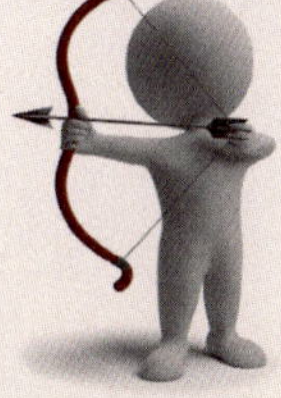

新 HSK 6급 소개

1. 新HSK 6급

- **어휘 수** : 5,000개 이상
- **수　준** : 중국어로 된 정보를 가볍게 듣고 이해할 수 있으며, 구어 또는 서면어의 형식으로 자신의 견해를 유창하게 표현할 수 있다.
- **대　상** : 5,000개 또는 그 이상의 상용어휘 및 관련 어법지식을 가지고 있는 학습자를 대상으로 한다.

2. 시험 구성

시험 과목	문제 형식	문항 수		시간
듣기	제1부분	15	50	약 35분
	제2부분	15		
	제3부분	20		
듣기 답안지 작성 시간				5분
독해	제1부분	10	50	50분
	제2부분	10		
	제3부분	10		
	제4부분	20		
쓰기	작문	1		45분
합계		101		약 135분

※총 시험 시간은 140분이다.(개인정보 작성 시간 5분 포함)

3. 영역별 문제 유형

듣기	제1부분 (15문제)	**단문 듣고 일치하는 내용 고르기** 단문을 듣고 들려준 내용과 일치하는 답안을 시험지에 제시된 4개의 보기 중에서 고른다. (녹음은 1번 들려준다.)
	제2부분 (15문제)	**인터뷰 듣고 질문에 답하기** 3개의 인터뷰(취재 내용)와 인터뷰당 5개의 문제로 구성된다. 인터뷰를 듣고 들려주는 문제에 알맞은 답안을 시험지에 제시된 4개의 보기 중에서 고른다. (녹음은 1번 들려준다.)
	제3부분 (20문제)	**장문 듣고 질문에 답하기** 장문과 지문당 3~4개의 문제로 구성된다. 장문을 듣고 들려주는 문제에 알맞은 답안을 시험지에 제시된 4개의 보기 중에서 고른다. (녹음은 1번 들려준다.)

독해	제1부분 (10문제)	**틀린 문장 고르기** 한 문제당 4개의 문장이 주어진다. 4개의 문장 중 어법 또는 논리적으로 잘못된 문장을 고른다.
	제2부분 (10문제)	**빈칸에 알맞은 단어 조합 고르기** 지문마다 몇 개의 빈칸이 있다(한 지문당 3~5개). 문맥을 파악하여 빈칸에 알맞은 단어의 조합을 보기에서 고른다.
	제3부분 (10문제)	**빈칸에 알맞은 문장 고르기** 2개의 지문과 지문당 5개의 빈칸이 있다. 문맥을 파악하여 빈칸에 알맞은 문장을 보기에서 고른다.
	제4부분 (20문제)	**장문 독해하고 질문에 답하기** 한 지문당 몇 개의 문제가 나온다. 지문을 읽고 제시된 질문에 알맞은 답을 보기에서 고른다.
쓰기	1문제	**장문 읽고 요약하기** 약 1,000자 분량의 지문 한 편을 읽고(제한시간 10분), 400자 내외로 요약한다(제한시간 35분). 지문을 읽는 동안에는 절대 메모를 할 수 없으며, 요약문을 쓸 때에도 지문을 다시 볼 수 없다. 요약문의 제목은 스스로 정하고, 원문의 내용을 서술할 뿐 자기의 관점이 들어가서는 안 된다.

4. 성적

성적표는 듣기, 독해, 쓰기 세 영역의 점수 및 총점이 기재되며, 총점이 180점을 넘어야 합격이다.

	만점	점수
듣기	100	
독해	100	
쓰기	100	
총점	300	

※HSK성적은 시험일로부터 2년간 유효하다.

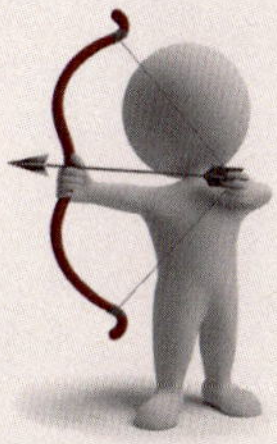

新 HSK 6급 독해 소개

新HSK 6급은 5,000개 또는 5,000개 이상의 상용어휘를 마스터한 응시자를 주요 대상으로 한다. 新HSK 6급에 합격한 응시자는 중국어 정보를 듣거나 읽는 데 큰 무리가 없고, 중국어로 구두 상 또는 서면 상의 형식으로 자신의 견해를 유창하고 적절하게 전달할 수 있다.

독해영역 시험은 총 50분 동안 진행되며, 시험문제는 총 50문항으로 다음의 네 가지 문제유형으로 나뉜다.

<table>
<tr><th colspan="2">지문 수</th><th colspan="2">문항 수</th><th>시간</th></tr>
<tr><td>第一部分</td><td>틀린 문장 찾기
보기에 제시된 네 개의 문장 중 오류가 있는 보기를 찾는 문제이다.</td><td>10문항</td><td rowspan="4">50문항</td><td rowspan="4">50분</td></tr>
<tr><td>第二部分</td><td>단어 채우기
짧은 지문에 3~5개의 빈칸이 제시되는데, 주어진 보기에서 각 빈칸에 알맞은 답을 찾는 문제이다.</td><td>10문항</td></tr>
<tr><td>第三部分</td><td>문장 채우기
한 지문에 주어진 다섯 개의 빈칸에 문맥에 맞는 보기를 골라 넣는 문제이다.</td><td>10문항</td></tr>
<tr><td>第四部分</td><td>장문 독해
장문의 독해지문을 읽고 각 지문당 제시되는 3~4개의 문제를 풀어 알맞은 정답을 찾는 문제이다.</td><td>20문항</td></tr>
</table>

제 1 부분　틀린 문장 찾기

1. 문제 유형

제1부분은 틀린 문장 찾기로, 총 10문항이다. 모든 문제는 네 개의 문장이 제시되고, 응시자는 이 네 개의 문장 가운데 어법, 어순, 논리, 어휘 사용 등에 문제가 있는 문장을 하나 고른다.

2. 유형별 공략법

기존 고등HSK 종합부분에 나오던 문제유형이 변형되었다. 지금까지의 新HSK 6급 독해영역 제1부분 '틀린 문장 찾기'의 출제경향을 살펴보면 수험생은 단순한 어법지식뿐만 아니라 각 어휘들의 정확한 의미 및 사용법도 익혀야 하며, 짧은 시간 내에 문장 전체의 의미를 파악하는 능력도 갖추어야 한다.

제 2 부분 단어 채우기

1. 문제 유형

제2부분은 단어 채우기로, 총10문항이다. 모든 문제에는 짧은 지문이 주어지고, 그 중에는 3~5개의 빈칸이 있다. 수험생은 앞뒤 문맥을 파악하여, 주어진 네 개의 보기 가운데 가장 적합한 답안을 고른다.

2. 유형별 공략법

기존 고등HSK와 마찬가지로 다양한 유의어를 구분하여 정확히 사용할 줄 아는 능력을 갖추어야 한다. 하지만 新HSK 6급 독해영역 제2부분의 경우, 짧은 시간 안에 문장의 내용과 구조를 파악하는 능력이 더욱 요구된다. 또한 보기에 사자성어가 출제되는 빈도가 늘고 있으므로 이에 철저히 대비하도록 해야 한다.

제 3 부분 문장 채우기

1. 문제 유형

제3부분은 문장 채우기로, 총 10문항이다. 총 두 개의 지문이 주어지고, 각 지문에 다섯 개의 빈칸이 있다. 수험생은 앞뒤의 문맥을 근거로 주어진 다섯 개의 보기 가운데 답안을 고른다.

2. 유형별 공략법

新HSK 6급에 새롭게 등장한 부분으로, 지문의 대략적인 내용과 문장의 주어 그리고 힌트가 되는 핵심 어휘(접속사, 부사, 대명사 등)를 파악하면 쉽게 해결할 수 있다. 하지만 이어지는 독해영역 제4부분 '장문 독해'에서 많은 시간이 소요됨을 감안할 때, 제3부분은 빠른 시간에 문제를 정확히 해결하는 데 중점을 두고 학습해야 한다.

제 4 부분 장문 독해

1. 문제 유형

제4부분은 장문 독해로, 총 20문항이다. 여러 편의 지문이 제시되며, 각각의 지문에는 3~4개의 질문이 제시된다. 수험생은 주어진 네 개의 보기 가운데 정답을 고른다.

2. 유형별 공략법

응시자에게는 매우 익숙한 문제유형이다. 하지만 회를 거듭할수록 지문과 문제의 난이도가 점점 높아지고 있다. 따라서 수험생은 평소에 여러 분야, 다양한 내용의 지문을 공부하여 어휘 실력을 탄탄히 하고, 종합적인 독해실력 향상에 힘써야 한다. 또한 문제를 풀 때 시간 안배가 특히 중요한 부분이므로 평소 이에 대비하여 빠른 독해 실력을 갖추도록 힘써야 한다.

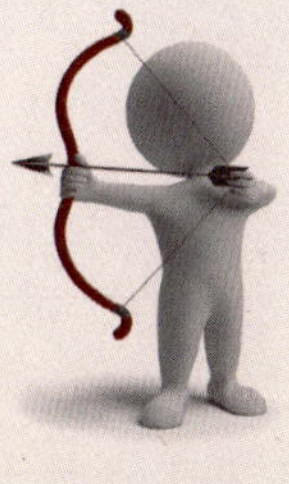

이 책의 특징 Features

공략서

부분별 유형 맛보기

독해 제 1, 2, 3, 4부분의 문제유형을 간략히 소개하고, 문제를 풀 때 유의해야 할 사항을 짚어본다.

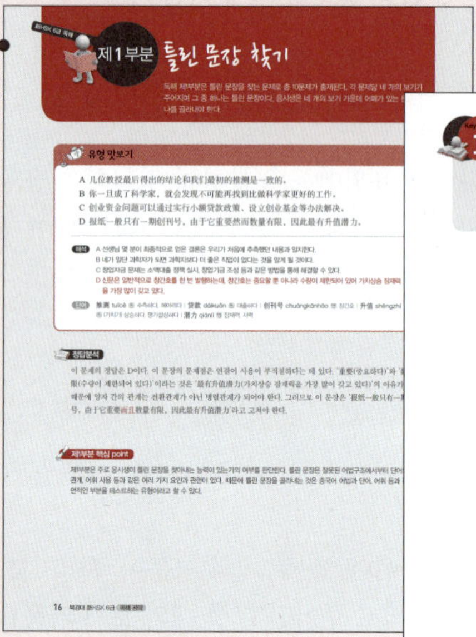

예제 맛보기

예제로 문제풀이 요령을 익히고 부분별 유형을 정확히 분석한다.

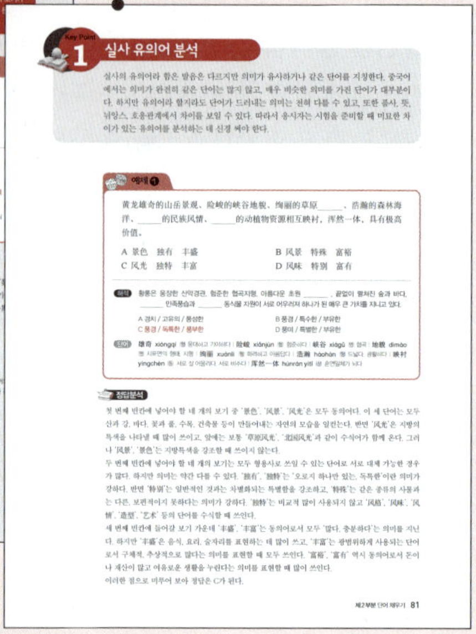

연습문제 공략

연습문제로 다양한 문제를 풀어보고 문제풀이 요령을 익힌다.

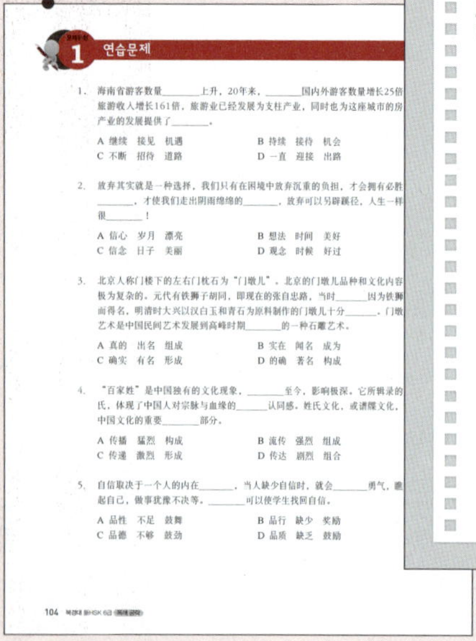

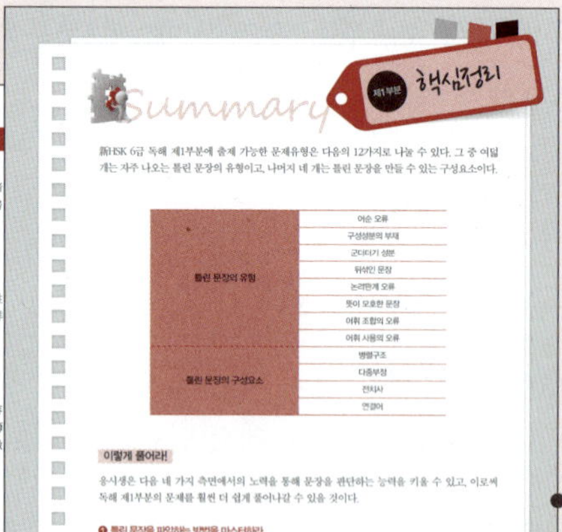

핵심정리

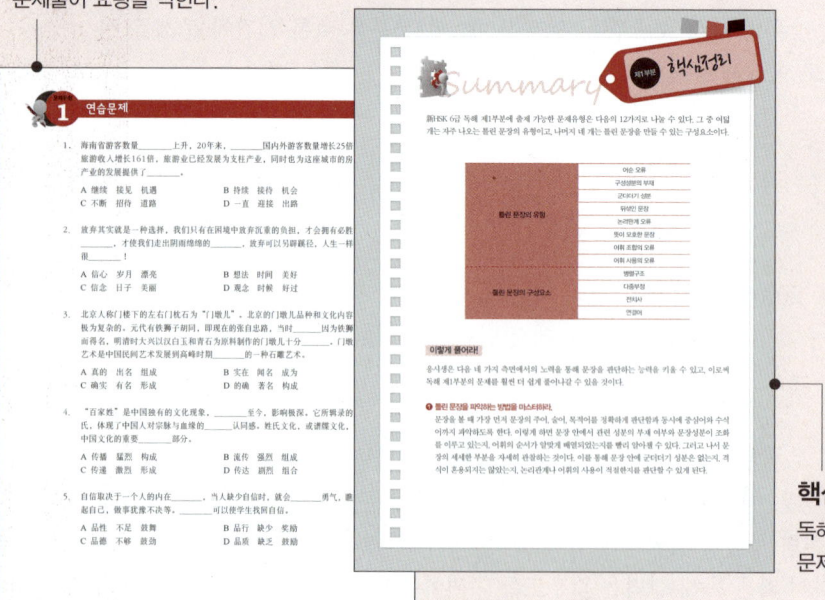

독해 각 부분별 핵심내용을 정리하여 문제풀이 노하우를 전수한다.

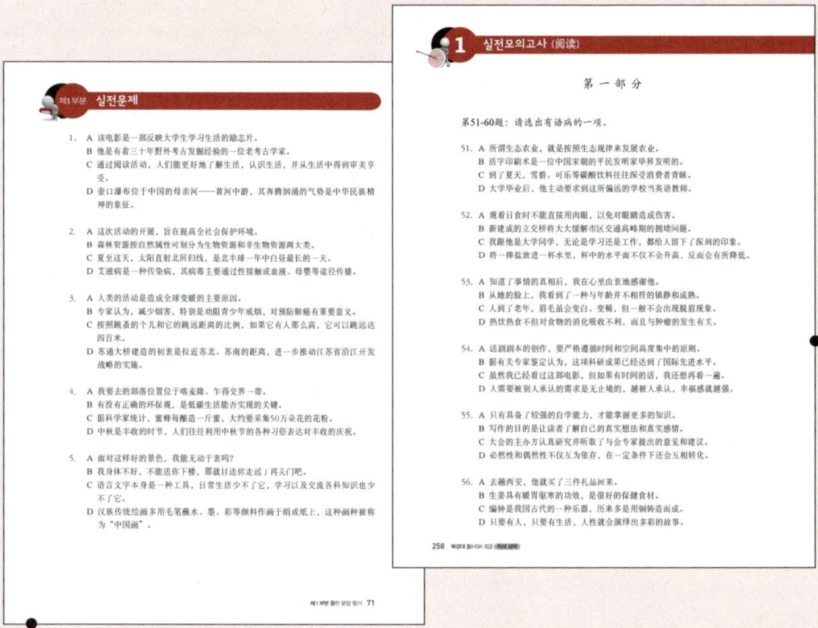

실전모의고사 공략

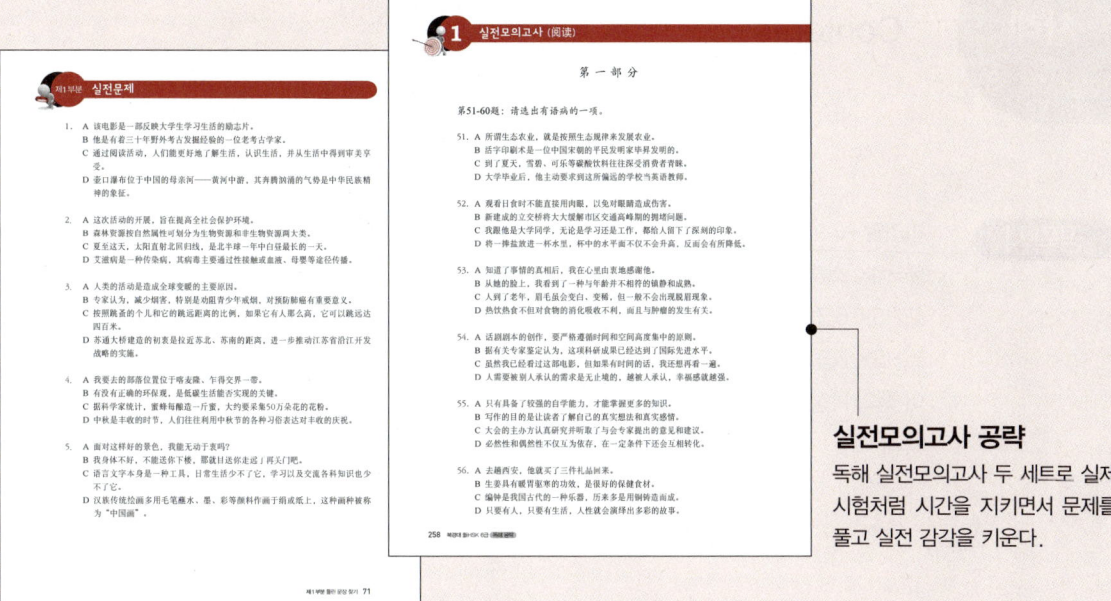

독해 실전모의고사 두 세트로 실제 시험처럼 시간을 지키면서 문제를 풀고 실전 감각을 키운다.

실전문제 공략

실전문제로 부분별 유형을 집중적으로 공략한다.

해설서

친절한 해설 공략

공략서에서 다루었던 연습문제와 실전문제, 실전모의고사 문제들을 정확한 한글 해석과 친절한 해설을 제공하여 독자들의 문제풀이 이해를 돕는다.

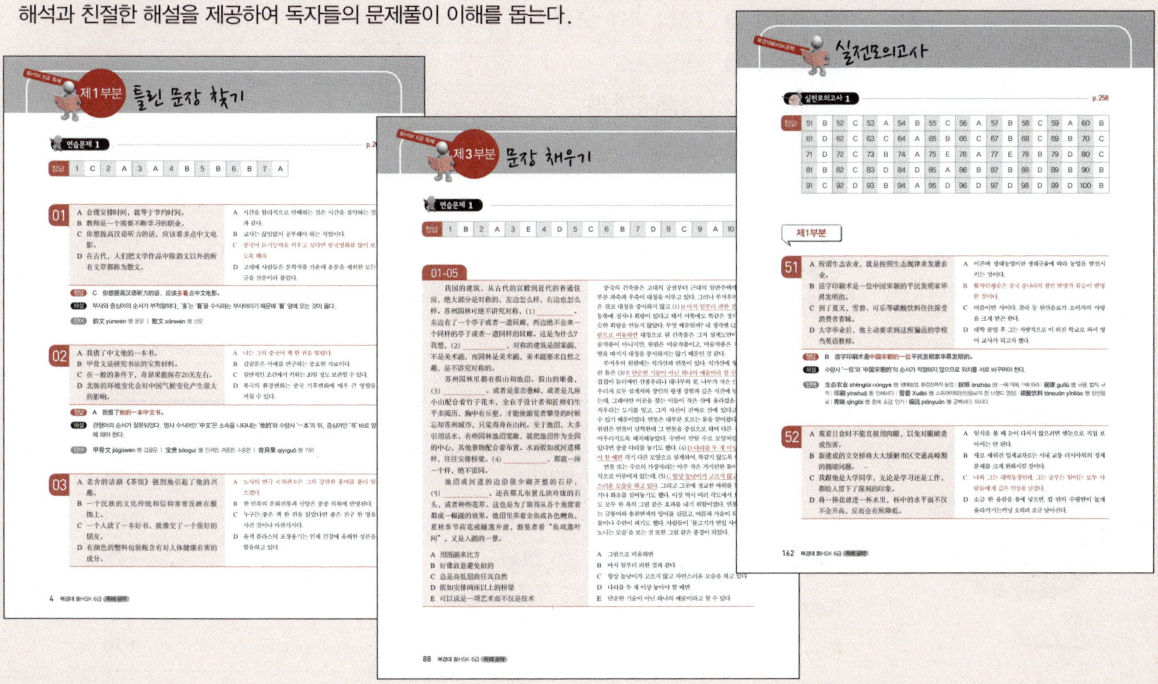

차례 Contents

<북경대 新HSK 6급 독해 공략>과

함께라면

당신의 6급 독해 고득점 취득이 쉬워집니다!

加油!

제1부분 틀린 문장 찾기

제1부분 틀린 문장 찾기

독해 제1부분은 틀린 문장을 찾는 문제로 총 10문제가 출제된다. 각 문제당 네 개의 보기가 주어지며 그 중 하나는 틀린 문장이다. 응시생은 네 개의 보기 가운데 어폐가 있는 문장 하나를 골라내야 한다.

유형 맛보기

A 几位教授最后得出的结论和我们最初的推测是一致的。

B 你一旦成了科学家，就会发现不可能再找到比做科学家更好的工作。

C 创业资金问题可以通过实行小额贷款政策、设立创业基金等办法解决。

D 报纸一般只有一期创刊号，由于它重要然而数量有限，因此最有升值潜力。

해석 A 선생님 몇 분이 최종적으로 얻은 결론은 우리가 처음에 추측했던 내용과 일치한다.
B 네가 일단 과학자가 되면 과학자보다 더 좋은 직업이 없다는 것을 알게 될 것이다.
C 창업자금 문제는 소액대출 정책 실시, 창업기금 조성 등과 같은 방법을 통해 해결할 수 있다.
D 신문은 일반적으로 창간호를 한 번 발행하는데, 창간호는 중요할 뿐 아니라 수량이 제한되어 있어 가치상승 잠재력을 가장 많이 갖고 있다.

단어 **推测** tuīcè 동 추측하다, 헤아리다 | **贷款** dàikuǎn 동 대출하다 | **创刊号** chuàngkānhào 명 창간호 | **升值** shēngzhí 동 (가치가) 상승하다, 평가절상하다 | **潜力** qiánlì 명 잠재력, 저력

정답분석

이 문제의 정답은 D이다. 이 문장의 문제점은 연결어 사용이 부적절하다는 데 있다. '重要(중요하다)'와 '数量有限(수량이 제한되어 있다)'이라는 것은 '最有升值潜力(가치상승 잠재력을 가장 많이 갖고 있다)'의 이유가 된다. 때문에 양자 간의 관계는 전환관계가 아닌 병렬관계가 되어야 한다. 그러므로 이 문장은 '报纸一般只有一期创刊号，由于它重要而且数量有限，因此最有升值潜力'라고 고쳐야 한다.

제1부분 핵심 point

제1부분은 주로 응시생이 틀린 문장을 찾아내는 능력이 있는가의 여부를 판단한다. 틀린 문장은 잘못된 어법구조에서부터 단어의 논리 관계, 어휘 사용 등과 같은 여러 가지 요인과 관련이 있다. 때문에 틀린 문장을 골라내는 것은 중국어 어법과 단어, 어휘 등과 같은 전면적인 부분을 테스트하는 유형이라고 할 수 있다.

문제유형 1

어순 오류

어순 오류는 틀린 문장이 되는 중요한 원인이 될 수 있어, 이는 응시생이 중국어 어순을 얼마나 정확하게 파악하고 있는지를 테스트할 때 자주 사용된다. 어순에 오류가 있는 문장은 수식관계의 구조에서 나타날 때가 많다.

	단골유형	예제분석
1	岳飞是中国南宋时期的英雄，他率领岳家军打败敌人屡次。后人为了纪念他，在杭州建了一座岳王庙。 악비는 중국 남송시대의 영웅으로, 그는 악가의 군대를 인솔하여 적진을 여러 차례 물리쳤다. 후손들은 그를 기념하기 위해 항저우에 악왕의 사찰을 세웠다.	▶ '屡次(여러 차례)'는 '率领(인솔하다)' 혹은 '打败(물리치다)' 앞에 와야 한다. : 他屡次率领岳家军打败敌人 : 他率领岳家军屡次打败敌人
2	博物馆里我们能看到珍贵从未见过的展品。 박물관에서 우리는 한 번도 보지 못했던 진귀한 전시품을 볼 수 있다.	▶ '珍贵(진귀한)'는 '展品(전시품)' 앞에 와야 한다. : 从未见过的珍贵展品
3	北京奥运会的召开，是中国参赛人数最多的一届奥运会。 베이징에서 개최된 올림픽은 중국 측 참가인원이 가장 많은 올림픽이었다.	▶ '北京召开的奥运会(베이징에서 개최된 올림픽)'으로 바꿔야 한다. : 北京召开的奥运会
4	今年所有发生的事情，将深深留在每一个中国人的心里。 올해 발생했던 모든 사건은 모든 중국인의 마음속에 깊게 새겨질 것이다.	▶ '所有(모든)'는 '事情(사건)' 앞에 와야 한다. : 今年发生的所有事情
5	现在，越来越多的人意识到国际交流的充分作用。 현재, 점점 더 많은 사람들이 국제교류의 역할을 충분히 깨닫고 있다.	▶ '充分(충분히)'은 '意识(깨닫다)' 앞에 와야 한다. : 充分意识到国际交流的作用

공략 1

중심어와 수식어를 찾아내 양자 간의 수식관계가 올바른지 판단하고 중심어와 수식어의 순서가 뒤바뀌지는 않았는지 생각한다.

예 改革开放后，中国的经济增长速度加快明显起来。
개혁 개방 후, 중국의 경제성장 속도는 빠르게 뚜렷해지기 시작했다.

'加快明显'은 순서가 뒤바꼈다. '明显(뚜렷해지다)'은 동사 중심어인 '加快(빠르게)'를 꾸며주는 수식어로 '加快' 앞에 놓인 부사이므로 '明显加快(뚜렷하게 빨라지다)'로 고쳐야 한다.
→ 明显加快起来

공략 2

여러 부사 사이의 배열 순서를 주의 깊게 살펴본다. 중국어는 일반적으로 시간부사가 장소부사 앞에 놓인다.

예 在上海2010年召开了第41届世界博览会。
상하이에서 2010년 제41회 세계 엑스포가 열렸다.

여기서 시간부사 '2010年'은 장소부사인 '在上海' 앞에 와야 한다. → 2010年在上海

공략 3

여러 관형어 사이의 배열 순서를 주의 깊게 살펴본다. 하나의 중심어를 수식하는 서로 다른 관형어를 배열할 때는 일반적으로 일정한 규칙을 따르도록 되어 있다. '的'를 동반하는 관형어, 수량관형어나 지시어, 소유격 등은 문장의 가장 앞에 와야 하며, 기타 다른 관형어는 보는 각도에 따라 대략적으로 '시간 → 크기 → 길이 → 색깔 → 형태 → 재료 → 기능'의 순서에 따라 배열한다.

관형사의 순서												중심어
분류	소유	지시어	수량	'的' 관형어	시간	크기	길이	색깔	형태	재료	기능	
예	我的/同学的	这/那	一个/一张	昨天买的/别人送的	新/老	大/小	长/短	红/白	圆/方	皮/铁	书/电脑	包/桌

예 过去，女孩子结婚的时候常穿红鲜艳的衣服。
과거에 여자들은 결혼을 할 때 화려한 붉은색 옷을 입었다.

'鲜艳(화려한)'은 '~한'의 뜻을 가진 '的' 관형어이므로 색깔을 나타내는 '红(붉은색)'의 앞쪽에 놓여야 한다. 따라서 '鲜艳的红衣服(화려한 붉은색)'라고 하는 것이 옳다. → 鲜艳的红衣服

예 客厅里放着一张木圆桌子。 거실에는 원형의 목재 탁자가 놓여있다.

'木(목재)'는 탁자의 재질을 나타내는 것이고, '圆(원형)'은 탁자의 형태를 나타내는 것으로 형태를 나타내는 관형어가 재질을 나타내는 관형어 앞에 놓여야 한다. 따라서 '원형의 목재 탁자(圆木桌子)'라고 하는 것이 옳다. → 圆木桌子

공략 4

수식어가 관형어인지 부사인지를 정확하게 판단해 동사 중심어 앞에 놓여야 하는지 명사 중심어 앞에 놓여야 하는지를 알아야 한다.

예 中国的名胜古迹大量吸引了外国游客。
중국의 명승고적은 많은 외국 관광객을 끌어들이고 있다.

여기서 '大量(대량)'은 관형어로서 명사 중심어인 '外国游客(외국 관광객)' 앞에 놓여야 한다. 이는 관형어를 부사의 자리에 잘못 놓은 예라고 할 수 있다. → 吸引了大量外国游客

예 我们都知道，处理与朋友的正确关系是十分重要的。
우리는 모두 친구와의 관계를 올바르게 처리하는 것이 매우 중요한 일이라는 것을 알고 있다.

이 문장에서 '正确(올바른)'는 동사 '处理(처리하다)'를 수식해야 하며, 또한 부사로서 동사 앞에 오는 것이 옳다. 이것은 부사를 관형어의 자리에 잘못 놓은 예라 할 수 있다. → 正确处理

문제유형 1

연습문제

1. A 合理安排时间，就等于节约时间。
B 教师是一个需要不断学习的职业。
C 你想提高汉语听力的话，应该看多点中文电影。
D 在古代，人们把文学作品中除韵文以外的所有文章都称为散文。

2. A 我借了中文他的一本书。
B 甲骨文是研究书法的宝贵材料。
C 在一般的条件下，奇异果能保存20天左右。
D 北极的环境变化会对中国气候变化产生很大的影响。

3. A 老舍的话剧《茶馆》强烈地引起了他的兴趣。
B 一个民族的文化传统和信仰常常反映在服饰上。
C 一个人读了一本好书，就像交了一个很好的朋友。
D 有颜色的塑料包装瓶含有对人体健康有害的成分。

4. A 不付出任何代价就想得到幸福是不可能的。
B 甲骨文是在河南安阳小屯19世纪末年发现的。
C 皮肤一般在晚上10点到11点之间进入保养状态。
D 我们把音乐中能独立存在，表达完整意思的最小单位称为乐段。

5. A 和成功一样，失败对于人们来说也是有价值的。
B 景泰蓝又称珐琅，是传统北京著名的手工艺品。
C 莲子对心和肾有益，吃莲子具有缓解烦躁情绪的效果。
D 一个人所属的社会阶层主要由他受教育的程度、工作类型和经济收入等因素决定。

6. A 他对眼前的这个小镇忽然感到很陌生。
   B 他那光辉的大公无私形象，经常浮现在我的脑海中。
   C 汉字“土”最初的样子就像是一棵苗破土而出，或者一棵树站立在地平线上。
   D 中国传统戏剧中的舞台动作，是可以通过高度的艺术真实，来表现出生活的真实的。

7. A 许多附近的公交车都能到达长城。
   B 在家人的悉心照料下，他很快恢复了健康。
   C 这栋建筑外观的颜色与周围草木的绿色相配合，能使人产生宁静、闲适的感觉。
   D 生命在进化中都有自身最适合的温度，进化程度越高，对最佳适宜温度的要求越严格。

정답 및 풀이 – 해설서 p. 4

문제유형 2

구성성분의 부재

구성성분의 부재는 한 문장의 구조가 불완전하거나 일부 구성요소가 없는 것을 의미한다. 이러한 유형의 문제는 주로 응시생이 문장의 각 구성요소를 정확하게 파악하고 있는지를 테스트한다. 흔히 볼 수 있는 구조는 주어, 술어, 목적어 등의 주요 성분이 없는 것이며, 때로는 술어구의 기타 구성성분, 즉 전치사나 연결어가 빠진 경우도 있다.

주·술·목 성분의 부재	주어/ 술어/ 목적어
기타 성분 부재	**전치사/ 연결어**

	단골유형	예제분석
1	老师的教育下，使我提高了认识。 선생님의 지도 하에 나는 더 많은 것을 알게 되었다.	▶ 주어가 없다. 이 문장은 '老师的教育使我提高了认识(선생님의 지도가 나의 지식을 넓혀주었다)' 혹은 '在老师的教育下我提高了认识(선생님의 지도 하에 나는 더 많은 것을 알게 되었다)'로 바꿀 수 있다. : 老师的教育使我提高了认识 : 在老师的教育下，我提高了认识
2	他除了班里和学生会的工作外，还承担了广播站的主持人。 그는 학급과 학생회의 일 이외에도 방송국 사회자의 업무까지 맡아 하고 있다.	▶ '承担(담당하다, 맡다)'의 목적어가 없다. 이 문장 끝에 '~의 업무(……的工作)'를 첨가해야 한다. : 承担了广播站的主持人的工作
3	现代社会要求人们思想敏锐，探索精神和创新能力，对自然、社会和人生具有更深刻的思考和认识。 현대사회는 사람들에게 예민한 사고방식과 모험정신, 혁신능력을 충분히 가지고 자연, 사회 그리고 인생에 대해 더 깊이 사고하고 이해할 것을 요구하고 있다.	▶ '思想敏锐，探索精神和创新能力(예민한 사고방식과 모험정신, 혁신능력)'의 술어가 없다. 앞에 '富有(충분히 가지다)'를 붙여야 한다. : 富有思想敏锐，探索精神和创新能力
4	这些消息是网络获得的。 이러한 소식들은 인터넷에서 얻은 것이다.	▶ 전치사가 없다. '网络(인터넷)' 앞에 '~을 통해(通过)'라는 단어를 첨가해야 한다. : 通过网络

공략 1

구성성분이 부재한 문장은 주로 주어, 술어, 목적어의 부재로 생겨난다. 그러므로 응시생은 문장 안에서 주 · 술 · 목 관계를 잘 찾아낼 수 있다면 쉽게 풀 수 있을 것이다. 문장의 주술목 관계를 골라낸다는 것은 문장의 주어와 목적명사 그리고 동사술어를 잘 파악할 수 있다는 것을 의미한다. 관형어, 부사 등의 기타 부차적인 성분의 간섭을 제외하면 문장의 주요 구성성분의 부재 여부를 정확하게 판단할 수 있게 된다.

예 随着社会的不断发展，人类进入了信息技术高度发展，人员、资产、能源高速流通，市场日趋国际化。

사회가 끊임없이 발전하면서 인류는 정보기술이 고도로 발전된 시대로 접어들어 인류, 자산, 에너지가 빠르게 유통되고, 시장은 나날이 국제화되었다.

이 문장의 주어는 '人类(인류)'이고, 술어는 '进入(진입하다)'이나 목적어가 없다. 때문에 문장의 끝부분에 '~의 시대(……的时代)'를 첨가해 '进入'라는 술어의 목적어 역할을 해주어야 한다.

→ 人类进入了信息技术高度发展的时代

목적어의 부재는 종종 문장이 길어질 때 나타난다. 출제자는 한 문장 안에 여러 개의 관형어를 첨가하여 관형어의 길이를 늘려서 응시생의 주의력을 분산시키므로써 목적어의 부재를 느끼지 못하게 하려 한다. 때문에 이러한 유형의 문장을 보게 된다면 문장 안에서 주술목 관계를 찾아내고 그 관계가 완전한지를 살피는 것이 좋다.

예 西安居中国古都之首，中国历史上建都时间最长、建都朝代最多、影响力最大的都城。

시안은 중국의 첫 번째 고도(古都)로서 중국 역사상 수도 건립 기간이 가장 길고 수도 건립 왕조도 가장 많으며, 영향력이 가장 큰 도시이다.

이 문장의 주술목 관계에서 주어는 '西安(시안)'이다. 그 뒤의 복문을 구성하는 단문의 '中国历史上建都时间最长、建都朝代最多、影响力最大的都城(중국 역사상 수도 건립 기간이 가장 길고 수도 건립 왕조도 가장 많으며, 영향력이 가장 큰 도시)' 안에서 목적어는 '都城(도시)'이 되는데 여기서 술어가 빠져 있다. 때문에 문장이 시작될 때 '~이다(是)'라는 동사를 첨가해주는 것이 옳다.

→ 是中国历史上建都时间最长、……

예 元曲是元杂剧和元散曲组成的。 원곡은 원대 잡극과 원대 산곡으로 구성되어 있다.

이 문장의 주술목 관계에서 주어는 '元曲(원곡)'이며 술어는 '是(~은 ~이다)'이다. 이 문장에서는 '元杂剧和元散曲(원대 잡극과 원대 산곡)'를 이끌어주는 전치사가 빠져 있다. 때문에 '원대 잡극과 원대 산곡' 앞에 '~으로(由)'라는 전치사를 붙여주어야 한다. → 由元杂剧和元散曲

연습문제

1. A 语言的起源和人类的起源一样久远。
   B 我们应该保护环境，废弃物的回收和利用。
   C 世界上本没有路，走的人多了，也就成了路。
   D 北京故宫是明清两朝皇帝的宫殿，是目前世界上最大的木结构建筑群。

2. A 汉语是世界上历史最悠久的语言之一。
   B 他对儿童十分关注和喜爱，最终走上了儿童文学创作。
   C 科学上的许多重大突破，都是由一点点细微的成绩积累起来的。
   D 研究发现，90分钟的日间小睡对增强长期记忆力十分有效。

3. A 我们要像海绵一样吸收有用的知识。
   B 经过导游的介绍，使得我们对故宫有了更深的了解。
   C 现代的健康观主要包括身体健康、心理健康和社会适应能力良好。
   D 严格控制地下水的过量抽取和及时回灌地下水是防止地面塌陷最好的办法。

4. A 灵感一般是在工作的时候产生的。
   B 教育对人的成长有非常重要，尤其在少儿时期。
   C 中国戏曲与希腊悲剧和喜剧，印度梵剧合称为世界三大古老戏剧。
   D 中国古代一直把园林看成一首诗或一幅画，而不是单纯的土木工程。

5. A “扬州八怪”是指清朝乾隆时期生活在江苏扬州的一批职业画家，他们有着相同的文艺思想和命运。
   B 将污染源从山区搬到近海，空气中的污染物就会大大减少。因为海陆风、季风会成为污染物扩散的有利条件。
   C 有很多人，他们不开始行动，是因为他们觉得还缺少一些条件，但是他们忘记了，其实很多条件是可以自己创造的。
   D 寓言是一种用比喻性的故事来说明道理的文学作品。寓言故事大都是篇幅短小，情节简单，讽刺意义和教育意义的故事。

6. A 黑蚁和白蚁一旦相遇，便会爆发“战争”。
B 科学发展史就是一个不断接受挑战的历史。
C 读书的全部愉悦，正在于对书的这种抉择之中。
D 对于那些诚实守信的商家，难道不应该受到肯定和表扬吗?

7. A 序言，是置于著作正文之前，说明写作或出版意图、著作体例和作者情况等内容。
B 他感觉被困在一个牢固的茧里，高高悬挂在人们能够仰望的地方，上不着天、下不着地。
C 原始纺织的出现，从根本上改变了中国先民的着衣状况，为服饰形式的完善奠定了基础。
D 我们的媒体有责任做出表率，在使用语言文字时要增强规范意识，杜绝用字不规范的现象。

정답 및 풀이 – 해설서 p. 6

문제유형
3 군더더기 성분

같은 의미 혹은 비슷한 의미를 가진 단어가 한 문장 안에 동시에 나타날 때는 의미가 중복되거나 문장이 늘어지는 경향이 있는데, 이런 군더더기 성분을 적절히 제거해주어야 문장이 깔끔하고 보기 좋게 된다. 이러한 유형은 주로 응시생이 단어와 어구를 적절하게 이해하고 사용하고 있는지를 테스트하려는 것이다.

	단골유형	예제분석
1	中国古代地域辽阔，民族众多，历史上形成的传统节日多达到数百个。 중국은 고대에 영토가 넓고 민족이 다양하여, 역사적으로 형성된 전통적인 명절이 무려 수백 개에 이른다.	▶ '多达到数百个(무려 수백 개에 이른다)'에서 '이른다'의 뜻을 가지고 있는 단어 '达'와 '到'가 중복되므로 '到'를 생략해야 한다. : 多达数百个
2	布达拉宫维修工程将作为历史文化遗产保护和发展史上的一个丰碑而载入历史的史册。 포탈라 궁 수리공사는 역사적인 문화유산 보호와 발전사상의 금자탑으로서 역사서에 기록되었다.	▶ '载入历史的史册(역사를 기록한 역사서)'의 '历史(역사)'와 '史册(역사서)'의 의미가 중복되므로 '历史的'를 빼야 한다. : 载入史册

공략 1

중복되는 두 개의 성분은 한데 붙어 나오는 경우가 많다. 때문에 문장을 읽을 때 붙어있는 단어 중 비슷하거나 동일한 의미를 가지고 있는 것은 없는지 잘 파악해야 한다. 만일 동일한 의미의 단어가 함께 붙어있다면 그것은 군더더기 성분일 가능성이 많다.

예 终于看到了大熊猫，儿子显得特别兴奋极了。
마침내 판다를 보게 된 아들은 정말로 기뻐했다.

'特别兴奋极了(특히 정말로 기뻐했다)'에서 '特别(특히)'와 '极了(정말로)'가 중복되므로 둘 중 하나를 빼야 한다. → 特别兴奋 / 兴奋极了

공략 2

일부 단골로 등장하는 군더더기 성분이 들어간 예문에 주의해야 한다. 예를 들어 수량사 앞뒤 성분이 중복되지는 않는지, 정도를 표현하는 단어가 중복되지는 않는지 등등이다.

예 中国每年举办的达到一定规模的展会活动项目约3000个左右。
중국에서 매년 열리는 일정 규모의 전시회 프로젝트는 약 3,000개에 이른다.

수사 앞의 '约(약)'와 수사 뒤의 '左右(정도)'는 모두 대략적인 수를 나타내는 것이므로 의미가 중복된다. 때문에 둘 중 하나를 없애야 한다. → 约3000个 / 3000个左右

예 如果我们要列举香港十分酷似动物的山峰，那么狮子山必定位居榜首。
만일 홍콩에서 동물모양과 흡사한 산봉우리를 예를 들라고 한다면 사자산이 단연코 1위를 차지할 것이다.

'十分酷似(매우 흡사한)'에서 '酷' 역시 '매우, 대단히'라는 뜻의 정도가 높음을 나타내는 말이므로 앞의 '十分(매우)' 뒤에 다시 사용할 필요가 없다. 그러므로 둘 중 하나를 생략해야 한다. → 十分似 / 酷似

공략 3

일부 문장은 언뜻 보기에는 군더더기 성분이 없는 것처럼 보이지만 문장 안에서의 단어를 자세히 살펴보면 한 단어가 포함하고 있는 의미가 다른 단어와 겹치는 것을 발견할 수 있을 것이다. 응시생은 평소에 공부를 하거나 단어를 외울 때 이러한 단어를 주의 깊게 살펴봐야 한다.

예 因为经常与外国人接触，他练就出来了外交家的口才，很快同留学生成了好朋友。
외국인과 자주 교류하기 때문에 그는 외교관 같은 말솜씨를 연마했고 함께 공부하는 유학생들과 짧은 시간 안에 좋은 친구가 된다.

'练就(연마하다)'이라는 단어가 본래 '연습해서 밖으로 표출되다' 혹은 '연습 · 연마에 성공하다'라는 뜻을 포함하고 있으므로 뒤에 '~해서 나오다(出来)'는 군더더기 성분이 된다. → 他练就了外交家的口才

예 他十分深爱他的祖国。 그는 자신의 조국을 매우 사랑한다.

'十分深爱'에서 '深爱'는 '사랑의 정도가 매우 깊다'라는 뜻으로 본래 '深爱' 자체만으로도 그 정도가 매우 크다는 뜻을 가리키므로 그 앞의 '十分(매우)'은 군더더기 성분이 된다. → 他深爱他的祖国

연습문제

1. A 世界上最大的市场，在我们的脑袋里。
   B 中国著名画家徐悲鸿以骏马图闻名世界。
   C 为这种问题担心，实在是一种过虑的想法。
   D 一个好的教师，应该是一个懂得心理学和教育学的人。

2. A 敦煌莫高窟里的塑像优美动人，艺术水平很高。
   B 每个人都拥有生命，但并非每个人都懂得生命、珍惜生命。
   C 音乐家用音乐表现丰富多彩的生活，是综合运用了不同的手段的。
   D 根据统计，每年在上海“歇脚”的鸟类至少有200多种、100万只以上。

3. A 我们在纠正别人之前，应该先反省自己有没有犯错。
   B 在钟的王国里，可以堪称世界古钟之王的是北京大钟寺里的华严钟。
   C 柿子不能多吃，如果吃得过多，就有可能产生胃柿石，损害人体健康。
   D 楷书产生于汉代末期，成型于北魏，流行于东晋和南北朝，繁荣于唐代，并一直沿用至今。

4. A 中国最早的雕塑是原始社会的陶制动物和商代的青铜器皿。
   B 比喻是语言之花，它能给语言增添色彩和芳香，使语言更吸引人。
   C 煮熟的米饭不宜久放，特别尤其在炎热的夏季，米饭很容易变馊。
   D 当我们劝告别人时，如果不顾及他的自尊心，那么再好的语言也是没有用的。

5. A 胡萝卜中的胡萝卜素和酒精一同进入人体，会在肝脏中产生毒素，引起肝病，因此我们在饮酒时不应吃胡萝卜。
   B 南戏是我国最早的剧种，大约有九百年左右的历史，可以说是我国三百六十多个地方戏曲剧种中，年龄最大的剧种了。
   C 年画是中国特有的一种绘画体裁，一般在过年时张贴，既渲染节日气氛，又美化环境，还寄托了人们的美好理想和愿望。
   D 我们不能认为学龄儿童的精神世界就是单纯地学习知识。一个学龄儿童不仅应该是一个学生，而且首先应该是一个有多方面兴趣、要求和愿望的人。

6. A 他是一名有着二十多年教学经验的中学语文教师。
B 这是一种非常奇缺的材料，使用的时候一定不能浪费。
C 皮影戏的传播对中国近代电影艺术有着不可忽视的推动作用。
D 大量事实表明，90%的长期吸烟者，记忆力都会出现明显的减退。

7. A 老袁与农科院的同事们多次反复地进行了水稻杂交试验。
B 不管怎么说，有一点是肯定的：胎儿在出生前已经有记忆力。
C 今天老师又在班会上表扬了我，但是我觉得自己还需要继续努力。
D 当蒲公英随风飘舞时，我感觉它正以一种独特的美装点着这个世界。

정답 및 풀이 – 해설서 p. 9

문제유형 4

뒤섞인 문장

뒤섞인 문장 역시 흔히 볼 수 있는 문제유형이다. 이는 다음과 같은 두 가지 유형의 문제를 포함한다.

첫 번째 유형은 의미가 같거나 비슷한 단어를 한 문장 안에서 같이 사용하고 있는 것이다. 글을 쓸 때 본래 하나의 격식만 사용해야 하지만, 글을 쓰는 과정에서 문장의 내용 등 여러 다른 요소의 간섭을 받아 다른 격식으로 바꾸어 사용하게 되어 두 가지 격식의 문장이 혼용되는 현상이 나타난다. 출제자는 이러한 종류의 틀린 문장을 출제함으로써 중국어의 상용구 격식에 대한 응시생의 학습상황 및 사용능력을 테스트하려 한다.

두 번째 유형은 의미가 다른 두 개의 문장을 하나의 문장 안에서 혼용하는 것이다. 앞문장의 결말을 뒷문장의 첫 구절로 사용하는 유형이 많으며 이렇게 될 경우 문장구조가 뒤섞이게 된다.

	단골유형	예제분석
1	我们在遇到问题时，应该多考虑考虑一下，不要盲目行事。 우리는 문제를 만났을 때 많이 생각해봐야지 그저 맹목적으로 일을 처리해서는 안 된다.	▶ '생각해보다'의 뜻을 담고 있는 '考虑考虑'와 '考虑一下'가 혼용되었다. 둘 중 하나만 사용해야 한다. : 应该多考虑考虑 : 应该多考虑一下
2	形成沼泽的原因有两种，一种是水体沼泽化的结果。 소택지가 형성되는 원인에는 두 가지가 있는데, 그중 하나가 물이 변하여 습지가 된 것이다.	▶ '原因(~의 원인)'과 '结果(~의 결과)'가 혼용되었다. 둘 중 하나만 사용해야 한다. : 形成沼泽的原因有两种，一种是水体沼泽化 : 形成沼泽两种，一种是水体沼泽化的结果
3	要获得成功必须经过数十载的苦练之后，他终于成为了中国著名的画家。 수십 번의 꾸준한 연습 후, 그는 마침내 중국의 유명한 화가가 되었다.	▶ '要获得成功必须经过数十载的苦练(성공을 얻기 위해서는 수십 번의 꾸준한 연습을 거쳐야 한다)'와 '经过数十载的苦练之后，他终于成为了中国著名的画家(수십 번의 꾸준한 연습 후 마침내 중국의 유명한 화가가 되었다)'의 두 개의 문장이 혼용되었다. : 经过数十载的苦练之后，他终于成为了中国著名的画家
4	我们居住在地球上，需要我们的保护。 우리는 우리가 사는 이 지구를 보호해야 한다.	▶ '我们居住在地球上(우리는 지구에 살고 있다)'과 '地球需要我们的保护(지구는 우리가 보호해야 한다)'의 두 개 문장이 뒤섞였다. : 我们需要保护我们居住的地球

공략 1

뒤섞인 문장을 처리할 때 응시생은 다음과 같은 두 가지를 주의해야 한다.
첫째, 시험에 출제된 문장이 상용격식인지 살펴보고, 상용격식이 쓰였다면 두 개의 격식이 중첩되어 사용되지는 않았는지 주의 깊게 살펴본다. 특히 문장의 앞뒤 호응관계에 주의를 기울인다. 예를 들어 '从……出发(~에서부터 출발하여)' 혹은 '以……为基础(~을 기초로 하여)' 등과 같은 문장은 앞뒤 단어가 호응을 잘 이루고 있는지 반드시 살펴보아야 한다. 이런 문장에서 단어를 살짝 바꾼 현상이 자주 나타나기 때문이다.
둘째, 평소에 상용격식을 잘 알아두도록 한다. 특히 의미가 같거나 격식을 혼용해서 쓸 수 있는 문장을 스스로 정리해 보고 기억하는 것이 좋다.

▶ 뒤섞인 문장의 전형적인 예

뜻	뒤섞인 문장	뒤섞인 문장의 각 요소	
원인을 나타내는 경우	由于……下 ~때문에	由于…… ~때문에	在……下 ~에서
	原因是……造成的 이유는 ~이 만들어낸 것이다	原因是…… 원인은 ~이다	是由……造成的 ~은 ~이 초래한 것이다
	原因是……的结果 원인은 ~의 결과이다	原因是…… 원인은 ~이다	是……的结果 ~은 ~의 결과이다
	是因为……的原因 ~은 ~의 원인 때문이다	是因为…… 왜냐하면 ~이다	(是)……的原因 ~은 ~의 원인이다
	是由于……的结果 ~은 ~의 결과 때문이다	是由于…… 왜냐하면 ~이다	是……的结果 ~은 ~의 결과이다
	经过……下 ~을 거쳐	经过…… ~을 거쳐	在……下 ~에서
근거 · 이유를 나타내는 경우	本着……为原则 ~의 원칙에따라	本着……原则 ~의 원칙에 따라	以……为原则 ~은 ~을 원칙으로
	是出于……决定的 ~은 ~의 결정에 따른 것이다	是出于…… ~에서부터 출발하다	是由……决定的 ~은 ~의 결정에 의한 것이다
	靠的是……取得的 ~에 의해 얻은 것이다	靠的是…… ~에 달려 있다/근거하다	是……取得的 ~은 ~에서 얻은 것이다
	借口……为名 ~을 구실로	借口…… ~을 빌미로/구실로	以……为名 ~라는 명목으로
구성 · 조직을 나타내는 경우	有……组成 ~으로 구성되다	有…… ~가 있다	由……组成 ~으로 구성되다
	成分是……配制而成的 성분은 ~으로 만들어졌다	成分是…… 성분은 ~이다	是由……配置而成的 ~은 ~으로 만들어졌다/ 배치되었다

기타	是为了……为目的 ~의 목적으로	是为了…… ~을 위해	以……为目的 ~을 목적으로
	关键在于…… 是十分重要的 핵심은 ~이 매우 중요하다	关键在于…… 핵심은 ~에 있다	……是十分重要的 ~은 매우 중요하다
	围绕以……为中心 ~을 중심으로 둘러싼	围绕……中心 ~중심을 둘러싸고	以……为中心 ~을 중심으로
	大多以……为主 대다수가 ~을 위주로하다	大多是…… 대다수가/대부분이 ~이다	以……为主 ~을 위주로 하여
	从……为出发点 ~을 출발점으로 삼아	从……出发 ~에서부터 출발하여	以……为出发点 ~을 출발점으로 삼아
	以……即可 ~을 즉각	以……为宜 ~에 적합한	……即可 즉각/~하자마자
	被……下 ~에 의해	被…… ~에 의해	在……下 ~에서
	对于……问题上 ~의 문제에 대해	对于……问题 ~의 문제에 대해	在……问题上 ~의 문제에서

예 一些被传统封建思想束缚下的农民开始学习科学和技术知识。

전통적인 봉건사상의 속박 하에 있던 농민들이 과학과 기술 지식을 배우기 시작했다.

'被……'와 '在……下'가 혼용되었다. 둘 중 하나만 사용해야 한다.

→ 一些被传统封建思想束缚 / 在一些传统封建思想束缚下

공략 2

뒤섞인 문장을 대할 때 응시생은 문장의 주술목 관계를 찾아내는 방법을 적극적으로 사용해야 한다. 문장의 주술목 관계를 잘 찾아낼 수 있다면 두 가지 격식으로 된 문장의 혼용으로 인해 문장의 오류가 생겨났다는 것을 쉽게 알아차릴 수 있다.

예 大家要遵守交通规则是每一个市民的责任。

교통규칙을 준수하는 것은 모든 시민의 책임이다.

'大家要遵守交通规则(모두가 교통규칙을 준수해야 한다)'와 '遵守交通规则是每一个市民的责任(교통규칙을 준수하는 것은 모든 시민이 져야 할 책임이다')의 두 개의 문장이 혼용되었다.

→ 遵守交通规则是每一个市民的责任

연습문제

1. A 中国素有“瓷国”之称，在商代就已经开始生产瓷器。
   B 错误是不可避免的，但是我们不应该重复犯同样的错误。
   C 昆虫鸣叫是为了吸引异性同类，或对其他动物进行警告为目的。
   D 在切葱的时候，如果我们先把刀在冷水里浸一浸，就不会有葱的气味刺激眼睛。

2. A 在过去，商店常常将店名制作成牌、匾挂在店口，俗称招牌。
   B 一个常常说谎的人，即使有时说的是真话，人们也不会相信他。
   C 对于中国经济出现的问题上，中国政府及时发现苗头并采取了相应措施。
   D 存在生命现象是宇宙中的普遍规律，世界上绝大多数科学家都认为确实有外星人存在。

3. A 春节期间到亲朋好友家祝贺新春，称为拜年。
   B 麦饭石含有锌、铜、铁等微量元素具有强身健体的功效。
   C 我们知道的东西是有限的，我们不知道的东西则是无穷的。
   D 所谓“文言”，是指以我国先秦时代的口语为基础形成的一种书面语言。

4. A 这个世界并不缺少美，缺少的是发现美的眼睛。
   B 新中国发行的人物邮票大多以我国古今名人为主。
   C 从营养角度考虑，儿童的身高应在胎儿时期就开始重视。
   D 南拳是武术中的主要拳种之一，因流行于中国南方各省而得名。

5. A 书籍是全人类的营养品。
   B 交响乐通常有四个乐章组成。
   C 我国古代诗歌的特点是结构整齐、讲究押韵。
   D 我们在吃蜂蜜时，最好用不超过60℃的温开水冲服。

6. A 幻想一旦脱离了现实，神话也就不易广泛流传，小说创作也是如此。
B 无论是在科学、艺术还是商业领域，均衡的法则总是偏爱那些执著的人。
C 科学家发现，狮子往往从其他食肉动物那里窃取食物，而不乐意自己猎食。
D 小王在平凡的岗位上做出了不平凡的业绩，终于当上了全国劳动模范的光荣称号。

7. A 从容的人一般都有一种平和淡定的气质——不太紧张，不太小心翼翼。
B 有一种苍蝇叫“五月蝇”，之所以冠以这样名字的原因，是由于它们只有在五月里才嗡嗡地飞出来。
C 黄昏时分，我们站在山顶远远望去，只见水天相接处一片灯光闪烁，那里就是闻名中外的旅游胜地——水乡古镇东平庄。
D 葛振华大学毕业后回到农村当起了村支书，他积极寻找发展本村经济的切入点，考虑问题眼光独到，给村里带来了一股新的气息。

정답 및 풀이 – 해설서 p. 12

문제유형 5

논리관계 오류

논리관계 오류는 어법에는 맞지만 문장의 논리관계가 맞지 않는 것을 말한다. 이는 응시생의 어법능력을 테스트하기 위함이 아니라 주로 문장분석 능력 및 전체적인 이해 능력을 테스트하기 위해 출제된다. 논리관계 오류에는 부적절한 순서, 앞뒤 문맥의 모순, 주객전도 등과 같은 문제가 포함된다.

	단골유형	예제분석
1	我国应进一步完善和改革金融体系，加强金融监管。 중국은 금융체제를 더욱 개혁하고 완비해 금융 관리감독을 강화해야 한다.	▶ '完善和改革(완비와 개혁)'의 논리 순서가 부적절하다. '改革和完善(개혁하고 완비하다)'으로 바꾸어야 한다. : 改革和完善
2	北京奥运会的成功举办，增强了中国人民无比的自信。 베이징올림픽의 성공적인 개최로 중국 국민들의 자신감이 높아졌다.	▶ 앞뒤 문맥이 매끄럽지 못하다. 이미 '无比的自信(더할 나위 없는 자신감)'이라는 표현을 썼으므로 여기에 '增强(더해지다, 높아지다)'을 사용하는 것은 부적절하다. 때문에 '无比(더할 나위 없는)'를 생략해야 한다. : 增强了中国人民的自信
3	玛丽热爱中国文化，京剧对她很熟悉。 마리는 중국문화를 매우 좋아해서, 경극에 대해서도 잘 알고 있다.	▶ 주객이 전도되었다. '她(그녀)'가 주체이고 '京剧(경극)'가 개체이므로 '她对京剧很熟悉(그녀는 경극에 대해 잘 알고 있다)'라고 해야지 '京剧对她很熟悉(경극이 그녀에 대해 잘 알고 있다)'라고 할 수 없다. : 她对京剧很熟悉

공략 1

순서의 논리관계가 부적절한 문장은 흔히 볼 수 있는 틀린 문장의 예이다. 내용 면에서는 시간의 앞뒤 관계가 맞지 않는다거나 범위의 크고 작음이 바뀌었다거나, 정도의 높고 낮음이 바뀔 수 있다. 문장의 격식 면에서는 병렬관계의 문장이나 복문에서 많이 나타난다. 때문에 응시생은 병렬관계에 있는 문장이나 복문을 보게 되면 논리관계가 적절한지의 여부를 주의 깊게 살펴보아야 한다.

예 我们要学会换一个角度来思考和观察问题。
우리는 생각을 전환하여 문제를 관찰하고 사고해야 한다.

'思考和观察(사고와 관찰)'의 병렬관계는 시간의 앞뒤 문맥에 맞지 않는다. '관찰'을 먼저 하고 그 다음 '사고'를 한다고 해야 맞는 말이 된다. → **观察和思考问题**

예 我国气象台不仅有世界范围的气象图，而且还有本国范围的。
중국 기상청은 본국의 기상지도를 가지고 있을 뿐 아니라 세계의 것도 보유하고 있다.

이는 점진적인 서술방식을 쓰고 있는 복문이다. '世界(세계)'가 '本国(자국)'의 범위보다 훨씬 크지만 문장을 쓸 때는 작은 범위를 먼저 서술하고 그 다음 큰 범위를 서술하는 것이 옳다. → **不仅有本国范围的气象图，而且还有世界范围的**

앞뒤 문맥의 모순은 문장의 세부내용을 살펴야 한다. 응시생은 문장의 주요 부분을 분석한 후 구체적인 부분까지 살펴야 하며, 작은 세부내용 하나라도 놓쳐서는 안 된다.

공략 2

주객전도의 경우도 자주 볼 수 있는 틀린 문장의 예라고 할 수 있는데, 주로 전치사가 있는 문장에서 나타난다. 주체성분은 반드시 주어 위치(전치사 앞)에, 객체성분은 반드시 전치사의 목적어 위치(전치사 뒤)에 와야 한다. 이처럼 문장의 주체와 객체를 분명히 하고 양자 간의 상대적인 위치를 명확히 하면 이러한 유형의 틀린 문장은 쉽게 찾아낼 수 있다.

예 开汽车比骑自行车慢，但更加健康。 자전거는 자동차보다 느리지만 건강에 더 좋다.

뒷부분에 있는 '慢(느리다)'과 '更加健康(건강에 좋다)'에서 볼 수 있듯 비교의 주체는 '骑自行车(자전거(를 타는 것))'이고, 객체가 '开汽车(자동차(를 타는 것))'이다. 이 문장에서는 주객이 전도되어 있으므로 '자전거는 자동차보다 느리지만 건강에는 더 좋다'라고 바꾸어야 한다. → **骑自行车比开汽车慢，但更加健康**

문제유형 5

연습문제

1. A 我们学到的知识越多，就越知道自己的不足。
   B 农历由阴阳历、二十四节气和干支纪时三部分组成。
   C 营养平衡对维持中老年人的健康长寿起着重要作用。
   D 目前世界上除了多媒体形式的书以外，还有用纸印刷的书。

2. A 重要的不是知识的数量，而是知识的质量。
   B 人们说话选词的时候总是尽可能地追求简短。
   C 在那种艰难的环境下，我对这些鼓励的话来说弥足珍贵。
   D 《甲骨文合集》是一部研究甲骨文的巨著，在国内外学术界享有极高的声誉。

3. A 同一棵蔬菜的不同部位，由于颜色不同，维生素的含量也不同。
   B 中国画的绘画方法有工笔画法、写意画法和半工半写画法三种。
   C 北京市正在采用了立法的方式保护老祖宗留下来的历史文化遗产。
   D 今天要做的事情，我们不应留到明天；自己要做的事情，我们不应留给他人。

4. A 时间给我们经验，读书给我们知识。
   B 如果把森林比作语言，句子就是组成森林的树木。
   C 是饭前吃药还是饭后吃药，对药物的消化和吸收有重要影响。
   D 《离骚》是屈原的代表作，也是我国古典文学中最长的抒情诗。

5. A 赋是我国文学史上一种很特别的体裁，它既像诗，又像散文。赋发展成熟于汉代，在战国后期产生。
   B 我们只有在心中先有了目标，做事的时候才不会被各种条件和现象迷惑，才不会偏离正轨，才更容易获得成功。
   C 从去年秋季至今年春季，近半年的干旱和紧接而来的暴雨在某种程度上使得西南地区的地质塌陷现象更为严重。
   D 鸡蛋与生姜、洋葱不应放置在一起，因为生姜和洋葱有强烈气味，会透过蛋壳上的小气孔进入鸡蛋里，使鸡蛋变质。

6. A 一只风筝能否飞得高、放得远，关键看骨架的扎制。
B 仅仅满足于“说清”，而不注意“文采”，很可能达不到写作的目的。
C 如果说瞿塘峡像一道闸门，那么巫峡简直像江上一条迂回曲折的画廊。
D 在植物进行光合作用的过程中，叶绿素对于光能的传递、吸收和转化起着极为重要的作用。

7. A 最近中国研制出了一种类似鹰眼的搜索、观测技术系统，该系统能够有效提高和扩大飞行员的视野范围和视敏度。
B 植物需要从土壤中不断地获得无机元素和有机物质，以满足生长发育的需要，而这些物质只有溶解于水中才能被植物的根系吸收。
C 青少年的心智尚未成熟，对事物缺乏分辨力，好奇心又强，因此很容易受到大众媒介中不良信息的诱导，从而产生思想上和行为上的偏差。
D 我国的文化遗产是我们民族悠久历史的见证，是我们与祖先沟通的重要渠道，也是我们走向未来的坚实基础，因此我们应当永远珍惜古代的文明成果。

정답 및 풀이 – 해설서 p. 15

문제유형 6

뜻이 모호한 문장

뜻이 모호한 문장은 문장의 의미가 부정확하여 두 가지 혹은 두 가지 이상의 뜻을 담고 있다는 것을 의미한다. 이러한 문제유형은 어법과 단어의 뜻, 어휘 등 다방면의 지식을 포함하고 있어야 하므로 전반적인 학습이 병행되어야 한다.

	단골유형	예제분석
1	我一直都记得遇到困难时妹妹对自己的鼓励。 나는 항상 어려움을 만날 때마다 여동생이 나 자신에게 해주었던 격려를 떠올린다.	▶ 지칭하는 대상이 불명확해 문장의 뜻이 모호하다. 문장의 재귀대명사인 '自己(자신)'가 '나'를 지칭하는 것인지 '여동생'을 지칭하는 것이지 분명하지 않다. : 妹妹对我自己的鼓励
2	欣赏大家的文章，有助于提高我们自己的写作水平。 전문가의 글을 감상하는 것은 우리 자신의 글쓰기 수준을 높이는 데 도움이 된다.	▶ 단어의 의미가 너무 많아서 문장의 뜻이 모호한 경우이다. '大家'는 두 가지 뜻이 있다. 첫 번째 의미는 '여러분, 모두'의 뜻으로 일정한 범위 내에서의 사람들을 지칭한다. 두 번째 의미는 '대가, 전문가'라는 뜻이다. 이 때문에 이것이 '모든 사람의 글'을 지칭하는 것인지 '전문가의 글'을 지칭하는 것인지 알 수가 없다. : 欣赏专家的文章

공략 1

뜻이 모호한 문장은 여러 가지 이유로 인해 생겨난다. 응시생은 평소 글을 읽을 때나 문제를 풀 때 뜻이 모호한 문장의 전형적인 격식을 암기하는 것이 좋다. 이런 방법을 통한다면 시험을 볼 때 비슷한 유형이 나오면 좀 더 주의를 기울일 수 있다.
뜻이 모호한 문장의 전형적인 유형은 대명사(인칭대명사 및 지시대명사)가 지칭하는 대상이 불분명하거나 수량사의 제한이 부정확한 것 또는 병렬관계의 범위가 불분명한 것 등이 포함된다.

예 两个国家的主要领导人参加了这次会议。
두 국가의 주요 지도자가 이번 회의에 참석했다.

어법구조가 부정확하다. '(서로 다른) 두 개 국가의 주요 지도자'인지 '한 (개) 국가의 두 명의 주요 지도자' 인지 정확히 알 수가 없다. → 我国的两位主要领导人 / 两个国家的几位主要领导人

공략 2

다의어는 뜻이 모호한 문장을 만들어내는 중요한 요소라 할 수 있다. 응시생은 문제를 풀 때 문장에 다의어의 존재 여부를 주의 깊게 살펴보아야 한다. 만약 다의어가 존재한다면 문장의 언어환경이 다의어를 하나의 뜻으로 규정하고 있는지를 자세하게 분석해야 하는데, 만약 그렇지 못하다면 그 문장이 틀린 문장이라는 것을 알게 될 것이다. 그러므로 평소에 다의어를 충분히 공부하고 암기하는 것이 좋다.

문제유형 6

연습문제

1. A 十几个学校的教授到北京大学参观学习。
   B 只有真心爱人的人，才能获得别人的爱。
   C 画在墙壁或天花板上的壁画，可以说是世界上最早出现的图画。
   D 在中国园林里，山是永恒与稳定的象征，水是智慧与廉洁的象征。

2. A 生气是用别人的错误来惩罚自己。
   B 语言是作家与读者心灵沟通的桥梁。
   C 老师交代我们，今天下午要买好书。
   D 《山海经》保存了中国古代的许多神话。

3. A 多吃蔬菜水果，少吃含脂肪的食物对降血压很有好处。
   B 成功需要成本，时间也是一种成本，对时间的珍惜就是对成本的节约。
   C 19世纪40年代，中国著名的盲人音乐家阿炳创作了二胡名曲《二泉映月》。
   D 有人认为经济发展很重要，有人认为保护环境更重要，我十分赞同这种观点。

4. A 现在很多年轻人没有了解自己父母的想法。
   B 我们都知道，把语言转化为行动比把行动转化为语言困难得多。
   C 在颐和园的西堤六桥中，玉带桥是一座造型优美的拱桥，其余五座都是亭桥。
   D 冷冻食品会刺激咽喉部，使咳嗽加重。因此，咳嗽时不应该吃冷饮或冷冻饮料。

5. A 每个人都希望他的朋友能严格要求自己。
   B 专家建议，不要在空腹或饱腹的状态下晨练。
   C 我们判断一个人的价值，应该看他奉献了什么，而不是取得了什么。
   D 在戏曲舞台上，有些演员脸上用五颜六色描绘出种种纹样的图案，称为脸谱。

6. A 科学不怕挑战，怕挑战的不是科学。
   B 张涛最近这段时间可烦了，公司里的同事谁也不搭理他。
   C 一般而言，最佳生理状态和最不容易发生运动伤害的时间是在黄昏前后。
   D 头发除了增加人的美感之外，还可以保护头脑：夏天可防烈日，冬天可御寒冷。

7. A 臭豆腐是一种流传于全中国的豆腐发酵制品。
   B 他未按公司的决定，把谈判日期提前告诉给对方，以致产生了误会。
   C 在生育年龄，女子的内分泌激素能使她们具有天然的抵御心脏病的能力。
   D 当人类还未有家的意识与家的形式之前，祖先们是在无休止的迁徙中生活的。

정답 및 풀이 – 해설서 p. 18

문제유형 7

어휘 조합의 오류

어휘 조합의 오류는 주로 주어와 술어, 술어와 목적어, 주어와 목적어, 수식어와 중심어의 부적절한 조화나 단면적 의미를 가진 단어와 양면적 의미를 가진 단어의 배합 등으로 인해 생겨난다.

	단골유형	예제분석
1	周末公园里人流很多，熙熙攘攘，十分热闹。 주말에는 공원에 사람이 많아서 북적대고 떠들썩하다.	▶ 주술관계가 부적절하다. 주어인 '人流(인파)'는 '유동체처럼 움직이는 사람들'이라는 뜻이므로 술어의 '很多(많은)'와 조화를 이룰 수 없다. : 人很多
2	昆曲以典雅的唱词，细腻的表演和缠绵婉转的音乐闻名，具有极高的艺术享受。 곤곡은 우아한 가사와 섬세한 연기 그리고 감미로운 음악으로 유명하여, 이는 매우 높은 예술적 의의를 가지고 있다.	▶ 동사와 목적어의 관계가 부적절하다. '具有(가지고 있다)'라는 술어와 '享受(향유하다)'라는 목적어는 조화를 이룰 수 없다. : 具有极高的艺术意义
3	乘船游漓江，是桂林最著名的景点。 배를 타고 리장을 유람하는 것은 구이린이 가장 유명하다.	▶ 주어와 목적어의 관계가 부적절하다. 주어는 '乘船游漓江(배를 타고 리장을 유람하는 것)'인데 '景点(명소)'이라는 목적어와 조화를 이룰 수 없다. : 桂林最著名
4	不知不觉中，她已经长成了一个十分亭亭玉立的姑娘，粗劣的饮食和严酷的生活并没有影响她。 자신도 모르는 사이에 그녀는 이미 매우 늘씬한 숙녀가 되어, 형편없는 음식과 잔혹한 생활도 그녀에게는 아무런 영향을 미치지 못했다.	▶ 수식어와 중심어의 관계가 부적절하다. 중심어는 '亭亭玉立(늘씬한)'인데 이는 '十分(매우)'이라는 부사로 수식할 수 없다. : 一个亭亭玉立的姑娘
5	一个地区的旅游业能够快速健康发展，取决于当地政府是否大力支持。 한 지역의 관광산업이 빠른 속도로 건강하게 발전하는지는 현지 정부의 전폭적인 지지 여부에 의해 결정된다.	▶ '能够快速健康发展(빠른 속도로 건강하게 발전하는 것)'은 단면적 의미를 담고 있지만 '是否大力支持(전폭적인 지지 여부)'는 양면적 의미를 띄고 있기 때문에 서로 의미가 맞지 않는다. '能够(~하는 것)'를 '能否(~할 수 있는지 없는지)'로 바꾸어야 한다. : 能否快速健康发展

공략 1

주술목 관계를 찾아내야 한다. 주요 성분의 부적절한 조화가 틀린 문장을 만드는 주요 원인이기 때문에 문장의 주술목 관계를 골라내 이 주술목 관계의 성분 사이에 부적절한 관계가 존재하고 있지는 않은지 직접적으로 관찰해야 한다. 이것은 이러한 문제유형을 가장 효과적으로 대처할 수 있는 방법이라고 할 수 있다.

예 这位民间手工艺者凭借精湛的技术，养活了一家人的生活。
이 민간 수공예가는 뛰어난 기술에 기대어 가족을 부양했다.

이 문장의 주술목 관계를 보면 주어는 '手工艺者(수공예가)'이고 술어는 '养活(부양하다)', 목적어는 '生活(생활)'이다. 이렇게 되면 '养活'라는 술어와 '生活'라는 목적어가 조화를 이루지 못한다는 것을 쉽게 발견할 수 있다. '养活'는 '一家人(가족)'과 조화를 이루기 때문에 '……的生活(~의 생활)'는 생략해도 좋다. → 养活了一家人

공략 2

문장의 부차적인 성분을 분석해보자. 만일 문장의 주술목 관계에 아무런 문제가 없다면 한 단계 더 나아가 문장의 부차적인 성분을 주의 깊게 살펴볼 필요가 있다. 즉 수식의 성격을 띤 단어와 중심어 성격을 띤 단어 사이에 문제가 없는지를 살피는 것이다.

예 无数喜欢京剧的人们观看了今晚的名段《贵妃醉酒》。
무수히 많은 경극을 좋아하는 사람이 오늘 저녁에 공연하는 ≪귀비취주≫를 관람했다.

이 문장에서 먼저 주술목 관계를 찾아보면 주어는 '人们(사람들)'이고 술어는 '观看(관람하다)', 목적어는 '《贵妃醉酒》(≪귀비취주≫)'이므로 이 세 가지가 조화를 이루는지를 먼저 보고, 조화를 이루고 있다면 그 다음으로 수식어의 관계를 살펴본다. 주술목 관계에 이상이 없으므로 수식어를 자세히 살펴보면 '无数(무수히 많은)'라는 관형어와 중심어 명사인 '人们(사람들)'이 조화를 이룰 수 없다는 걸 알 수 있는데, 즉 복수명사인 '人们(사람들)'은 수량사인 '无数(무수히 많은)'라는 수량사의 제한을 받을 수 없다. 때문에 여기서는 '人们'을 '人'으로 바꾸어야 한다. 수량사와 명사의 부적절한 조화는 관형어 구조에서 흔히 나타나는 틀린 문장의 유형이라고 할 수 있다. → 无数喜欢京剧的人

공략 3

단면적 의미를 가진 단어와 양면적 의미를 가진 단어의 배합은 주로 문장의 일부에서는 단면적 의미로 이야기를 하지만 또 다른 곳에서는 양면적 의미로 이야기를 하기 때문에 문제가 발생한다. 이러한 유형의 문장을 찾는 데 핵심이 되는 것은 문장 속에서 양면적 의미를 담고 있는 단어를 찾아내는 것이다.
양면적 의미를 담고 있는 단어 가운데 흔히 볼 수 있는 것으로는 '能否(~할 수 있는지 없는지)', '是否(~인지 아닌지)', '能不能(가능한지 불가능한지)', '好坏(좋은지 나쁜지)' 등이 있는데, 문장 안에 이러한 단어가 있다는 것은 문장 안에서 한 부분의 두 가지 측면에 대해 이야기를 하고 있다는 것이다. 그렇다면 이어서 문장의 나머지 부분을 봐야 하는데, 만약 그곳에서도 두 가지 측면에서 이야기를 하고 있다면 문제가 되지 않겠지만, 한 가지 내용만을 이야기한다면 이는 틀린 문장이라고 볼 수 있는 것이다.
그 밖에도, 이러한 유형의 틀린 문장 안에서 일부 연결어의 앞뒤에 있는 단어, 예를 들어 '取决于(~에 의해 결정된다)', '决定(결정하다)', '关键在于(관건은 ~에 있다)' 등과 같은 단어가 있다면 틀린 문장을 찾을 수 있는 단서가 될 수 있다.

▶ 양면적 의미의 단어와 연결부분의 앞뒤에 있는 주의해야 할 단어

양면적 의미를 담은 단어	能否 할 수 있는지 없는지 예 能否告诉大家你迟到的原因? 네가 늦은 이유를 모두에게 말해줄 수 있겠니 (없겠니)? 能不能 가능한지 불가능한지 예 能不能不要随便乱说话? 함부로 이야기하지 않을 수 있겠니 (없겠니)? 是否 ~인지 아닌지 예 是否可以让我进去看看发生什么事情了? 내가 들어가서 무슨 일이 발생한 건지 좀 볼 수 있겠니 (없겠니)? 好坏 좋고 나쁨 예 不要随意评价别人的好坏。 다른 사람의 좋고 나쁨을 함부로 평가하지 마라.
연결부분의 앞뒤에 있는 주의해야 할 단어	取决于 ~에 달려 있다 예 考试成绩完全取决于平时的努力程度。 시험성적은 완전히 평소의 노력 정도에 달려 있다. 决定 결정하다 예 这件事决定了他的人生。 이 일이 그의 인생을 결정했다. 关键在于 관건은 ~에 있다 예 能不能成功关键在于坚持。 성공할 수 있느냐 없느냐의 관건은 꾸준히 지속하느냐에 있다.

예 找准这类病句的关键在于能否找到句中的两面词。

이러한 유형의 틀린 문장을 찾아낼 수 있는지의 관건은 문장 안의 양면사를 찾아낼 수 있는지의 여부에 달려 있다.

이 문장에는 '能否(할 수 있는지 없는지)'라는 양면적 의미의 양면사가 존재한다. 이는 '能否找到句中的两面词(문장 안의 양면사를 찾아낼 수 있는지 없는지)'라는 부분이 두 가지 측면에서 이야기하고 있다는 것을 의미한다. 그러나 나머지는 '找准这类病句(이러한 유형의 틀린 문장을 찾아내는)'의 '找准(찾아내다)'에서 볼 수 있듯 한 가지 측면에서 이야기를 하고 있다는 것을 알 수 있다. 그러므로 이 문장은 단어의 의미가 맞지 않아 조화를 이룰 수 없는 틀린 문장인 것이다. 아울러 '关键在于(~의 관건은)' 역시 응시생에게 이 문장이 잘못된 것일 수 있다는 힌트를 주고 있다고 볼 수 있다.

→ 能不能找准这类病句的关键

연습문제

1. A 人们陶醉在这首优美的乐曲声中。
B 我们可以通过快速走路的方式来消除疲劳。
C 社会就像一艘船，我们每个人都应该做好掌舵的准备。
D 农历正月初一是中华民族最重大的传统节日“春节”。

2. A 这些天来的一连串巧合，十分出乎我的意料。
B 据历史记载，中国最早的翻译出现在战国时期。
C 相声是以语言为主要表演手段的一种喜剧性曲艺。
D 我们虽不能改变天气，但是我们能改变自己的心情。

3. A 我们要学会分享快乐，这样才能得到更多的快乐。
B 绍兴属于很多名人的故乡，如鲁迅、蔡元培、周恩来等都是绍兴人。
C 如果把语言比作高楼大厦，那么建筑这座大厦的材料就是词汇。
D 戏曲在长期发展过程中，逐渐形成唱、念、做、打等各种艺术手段。

4. A 北京大学图书馆是中国最早、藏书最多的大学图书馆。
B 景德镇的瓷器造型轻巧、色彩绚丽、装饰精美，被称为中国的“瓷都”。
C 没有友情的人是终身可怜的孤独者，没有友情的社会是一片繁华的沙漠。
D 文学是一种用语言塑造形象的艺术，是艺术门类中最富有表现力的一种艺术。

5. A 窑洞式住宅流行于河南、山西、陕西、甘肃等黄土地带。
B 苏州的拙政园和无锡的寄畅园是中国江南私家园林的代表。
C 是否具有积极的情绪会对人体的生理功能起着良好的作用，有利于健康。
D 青春在人的一生中只有一次，是人生中最美好，也最容易消逝的一段时光。

6. A 这是我第三次见到西地平线上落日的景观。
B 在整个怀孕期间，母亲和胎儿之间都存在着持久的、强烈的感情上的交流。
C 花灯又名彩灯，是我国传统农业时代的文化产物，兼具生活功能与艺术特色。
D 《三国演义》这部电视剧出色地塑造了刘备、关羽、张飞、曹操、孙权等英雄的光辉事迹。

7. A 没有受过伤的人才会讥笑别人身上的创痕。
B 菊花是我国数千年来栽培历史最为漫长的一种花卉。
C 先秦两汉的散文质朴自由，不受格式约束，有利于反映现实生活、表达思想。
D 叹气和正常的呼吸在生理方面不会造成任何影响，但在心理上却有极大的差异。

정답 및 풀이 – 해설서 p. 21

문제유형
8 어휘 사용의 오류

어휘 사용의 오류 역시 틀린 문장에서 흔히 보는 중요한 문제유형이다. 이는 어휘에 대한 응시생의 인식과 이해 및 사용상황을 테스트하기 위해 출제된다. 어휘 사용의 오류 유형은 여러 가지가 존재하므로, 아래의 예문을 함께 보자.

	단골유형	예제분석
1	全国各大媒体都关于曹操墓的开掘工作进行了报道。 전국의 각 대형 매스컴은 모두 조조의 무덤 채굴공사에 관해 보도했다.	▶ '关于(~에 관해)'를 '对(~에 대해)'로 고쳐야 한다. : 对曹操墓的开掘工作
2	只要准确用词，才能恰到好处地揭示事物特征，恰如其分地表达思想感情。 적절하게 단어를 사용해야만 사물의 특징을 잘 드러낼 수 있고 생각과 감정을 적절하게 표현할 수 있다.	▶ '只要(~하기만 하면)'를 '只有(~해야만)'로 고쳐야 한다. : 只有准确用词
3	核能发电量大，利用率高，经济效益好，发电的成本可以比火力发电少一倍左右。 원자력은 발전량이 크고 이용률이 높으며 경제적인 이익도 좋다. 또한 발전 자본이 화력발전보다 훨씬 낫다.	▶ '少一倍'는 적절하지 못한 표현이다. 수량이 적은 것을 표현할 때는 배수의 표현을 사용하지 않기 때문이다. : 以比火力发电~~少~~多了

공략 1

어휘 사용의 오류를 초래하는 이유는 다양하지만 일부 전형적인 유형이 존재한다. 응시생은 평소에 문제를 풀 때 그 규칙에 주의를 기울이고 정리를 해보는 것이 좋다. 전형적인 문제가 무엇인지 잘 알고 있다면 시험을 볼 때 이러한 유형의 문제가 나오면 빠른 속도로 판단을 내릴 수 있을 것이다. 예를 들어 위에서 언급한 세 가지 단골유형과 같은 경우의 어휘 사용 오류를 다음의 세 가지로 정리할 수 있다.

① 부적절한 전치사를 사용한다.

② 부적절한 연결어를 사용한다.

③ 수량이 적은 것을 표현할 때는 배수를 사용하지 않는다.

문제유형 8

연습문제

1. A 中国戏曲源于民间歌舞、说唱和滑稽戏。
   B 日本、朝鲜和越南都使用过汉字，因此情况各有不同。
   C 在造纸术产生之前，丝帛是最好的写字、绘画的材料。
   D 生活就像一杯酒，不经过多次的提炼，就不会甘醇可口。

2. A 秦始皇陵兵马俑被称为世界第八大奇迹。
   B 各地民俗与当地的地域和气候有很大关系。
   C 只有到了冬天，人们才知道是松树和柏树是最晚落叶的。
   D 在中国的一些景点，淡季的票价比旺季的票价下降将近一倍。

3. A 我们如果不能创造幸福，就没有权利享受幸福。
   B 秦皇岛市评选十大历史遗迹，山海关长城首当其冲。
   C 适当晨练可使人全天充满活力，并可减少焦虑、改善睡眠质量。
   D 在中国戏曲中，"生"是男性角色的统称，"旦"是女性角色的统称。

4. A 这个学校的氛围很好，老师非常敬爱学生。
   B 在中国，人们十分看重朋友或亲人的到来或离别。
   C 鼎在原始社会是烧煮食物的炊具，或是盛食物的容器，多用陶土制成。
   D 衣服沾上菜汁时，立即把它放入冷水，泡5到10分钟，这样比较容易洗干净。

5. A 不少人以为体格越小的狗，危害就越小。然而体型小的京巴狗很容易对人发起攻击，而且难以驯化，咬人事件时有发生。
   B 这一次的选拔赛显示了女子体操队的冬训后果，虽然一些年轻运动员的动作还不是太稳定，但整体水平有了较大的提高。
   C 中国古代，人们按照钟的大小、音律和音高把钟编成组，制成编钟。曾侯乙编钟是现存最大、保存最完整的一套大型编钟。
   D 做菜时使用的酒称为"料酒"。料酒的作用主要是去除鱼、肉类的膻腥味，同时能增加菜肴的香气，有利于各种味道充分渗入菜肴中。

6. A 妈妈把茶几擦得一尘不染。
   B 王经理作风民主，处事武断，群众威信很高。
   C 仅仅为了一点小事，他就跟曾经和自己同患难、共生死过的朋友分道扬镳了。
   D 人们认为，野生动物中存在着一定的法规，使得他们不至于同类之间互相残杀。

7. A 这位老艺术家的表演，已经达到了惟妙惟肖、投机取巧的境界。
   B 大熊猫是我国的国宝，既是世界上稀有的珍贵兽类之一，又是名贵的观赏动物。
   C 有规律的体育锻炼能使思维更活跃，这是因为体育活动能促进脑组织的血氧增加。
   D 好的作品往往以人生的安稳作底子来描写人生的飞扬，没有这底子，飞扬只能是浮沫。

정답 및 풀이 – 해설서 p. 24

문제유형 9

병렬구조

병렬구조는 흔히 볼 수 있는 틀린 문장의 문제유형으로, 응시생은 문제를 풀 때 이러한 유형을 만나게 되면 특별히 주의를 기울여야 한다.

	단골유형	예제분석
1	苹果、桃子、黄瓜等水果含有丰富维生素，对人体十分有益。 사과, 복숭아 등과 같은 과일은 비타민 함량이 높아 인체에 매우 유익하다.	▶ '黄瓜(오이)'는 '水果(과일)'에 속하지 않으므로 병렬할 수 없다. : 苹果、桃子等水果
2	石棉具有隔热、保温、耐酸、绝缘、防腐等特性，广泛用于汽车、化工、交通、电气设备等方面。 석면은 열을 차단하고 온도를 유지하며 내산성이 있고 결연성과 부패를 방지하는 특징을 가지고 있어 화공, 교통, 전기설비 등과 같은 영역에 광범위하게 사용된다.	▶ '汽车(자동차)'는 '교통수단'에 속하는 하위개념으로 '化工(화공)', '交通(교통)', '电气设备(전기설비)'와 같은 종류의 개념이 아니기 때문에 병렬할 수 없다. : 广泛用于化工、交通、电气设备等方面
3	防止食品污染，要从食品的加工、生产、运输、销售、储藏等各个环节着手。 식품오염을 방지하기 위해서는 식품의 생산, 가공, 운송, 저장, 판매 등 각 영역을 관리해야 한다.	▶ '加工、生产、运输、销售、储藏(가공, 생산, 운송, 판매, 저장)'의 논리관계가 뒤죽박죽이다. 이는 '生产、加工、运输、储藏、销售'의 순서로 바꿔야 한다. : 从食品的生产、加工、运输、储藏、销售等
4	随着人口和消费水平的提高，人类对地球资源的需求越来越多。 인구 증가와 소비수준의 제고에 따라 지구자원에 대한 인류의 수요도 점차 많아지게 되었다.	▶ '消费水平(소비수준)'은 '提高(제고)'될 수 있지만 '人口(인구)'는 '提高(제고)'될 수 없으므로 부적절하다. : 随着人口的增加和消费水平的提高
5	明后天广西和广东部分地区将有大暴雨。 내일과 모레는 광시와 광둥의 일부 지역에 폭우가 내릴 것이다.	▶ 과연 '광시 일부 지역과 광둥 일부 지역에 폭우가 내릴 것'인지 '모든 광시, 광둥의 지역에 폭우가 내릴 것'인지 명확하지 않다. : 广西和广东的部分地区

공략 1 응시생은 병렬구조의 문제를 만나면 다음과 같은 절차를 거쳐 문제를 풀어나가야 한다.

첫째, 문장 안에서 각 성분이 병렬을 이룰 수 있는가를 살핀다. 병렬구조를 이룰 수 없는 때는 일반적으로 두 가지 원인이 존재한다. 하나는 한 항목과 기타 항목이 동류에 해당하지 않을 때인데, 이러한 것은 종종 문장 안에서 종류를 나타내는 단어가 모순을 이룰 때가 많다. 단골유형 1번이 그런 경우이다. 또 다른 하나는 한 항목을 기타 항목과 같은 측면에서 볼 수 없는 경우이다. 단골유형 2번이 그 예이다.

둘째, 병렬을 이루고 있는 각 성분의 순서를 살펴야 한다. 단골유형 3번처럼 이것이 논리관계에 적절한지를 잘 살펴봐야 한다.

셋째, 문장의 주술목 관계를 찾아내 조화를 잘 이루고 있는지의 여부를 보아야 한다. 단골유형 4번이 그 예라 할 수 있다.

넷째, 문장 안에 쓰인 단어의 의미가 모호하지는 않은지 살펴야 한다. 단골유형 5번과 같은 경우이다.

연습문제

1. A 女娲是中国上古神话中一位化育万物、造福人类的女神。
B 你既然来到中国，就应该到北京、上海、昆明、长城去看一看。
C 判断一个人的时候，我们不仅要看他说了什么，更要看他做了什么。
D 《十面埋伏》是一首著名的琵琶独奏曲，16世纪以前就流传于中国民间。

2. A 他冒着瓢泼大雨和泥泞小路，艰难地向山上爬去。
B 中国是世界著名的产漆国，也是最早制作漆器的国家。
C 许多词不只有一个意思，同一个词在不同的句子中可以表示不同的意义。
D 中国古典园林以北方皇家园林和江南私家园林为代表，是宝贵的文化遗产。

3. A 根据绘画的内容，中国画大致可以分为人物画、山水画、工笔画和花鸟画。
B 北京故宫中的太和殿，俗称金銮殿，是皇帝召见大臣，处理国家大事的地方。
C 秦代以前，中原通用的字体是大篆；秦始皇统一六国后，秦代通用的标准字体是小篆。
D 奇异果与猕猴桃的最大区别在于，奇异果硬的时候比较好吃，而猕猴桃熟透了味道才好。

4. A 我们的生命是前人生命的延续，是现在共同生命的一部分，同时也是后人生命的开端。
B 中国诗歌源远流长，从第一部诗歌总集《诗经》算起，至今已有三千多年的历史了。
C 在中国，汉白玉出产于北京、河北、辽宁、陕西等省份，大石窝镇是最著名的产地之一。
D 发烧时不应该喝茶，因为茶叶所含的茶碱会提高人体温度，并影响药物的作用，加重病情。

5. A 小孩子最好每天吃四餐，其热量分配为：早餐20~30%，加餐10~15%，晚餐20~30%，午餐40%。
   B 知识就像人体的血液一样宝贵。如果一个人缺少血液，身体就会衰弱；如果一个人缺少知识，头脑就会枯竭。
   C 热油快炒是我国传统的烹制技术，这种炒法不仅可以保持蔬菜的原有色泽，还能使蔬菜吃起来味道鲜美，脆嫩可口。
   D 从市场里买回来的海带上，一般附着一层白色的粉末，人们常常把这些粉末当成脏东西洗掉。事实上，这种粉末是一种有利于人体的物质。

6. A 花语，是用花来表达人的语言，表示人的某种感情或愿望。它由一定的社会历史条件逐渐形成而为大众所公认。
   B 梦常能告诉我们一些醒着不能遇到的事情，并且在未知世界前启发我们，使我们在长期的生活实践中迸发出巨大的创造力。
   C 春节期间，一只在中国土生土长的小羊风头正劲，吸引了电影界、电视界、文学界、传媒界、玩具界、音像界等各路专家的目光。
   D 心理学家的研究结果表明，地理气候条件对人的性格形成有较大影响，特别是对同一地区、同一民族共同性格特征的形成影响较大。

정답 및 풀이 - 해설서 p. 27

문제유형

10 다중부정

이 문제유형은 일반적으로 부정의 의미를 나타내는 단어(예 避免(피하다), 防止(방지하다), 以防(~의 경우를 대비하여), 以免(~하지 않도록), 切忌(삼가다), 禁止(금지하다), 劝阻(만류하다), 阻止(저지하다) 등)로 구성되어 있는데, 이러한 단어가 부정사 '不', '没有' 등과 함께 쓰이면 이중부정을 만들어내 문장의 뜻이 완전히 달라져 논리관계나 문장이 원래 전하고자 했던 사실과 반대가 될 수 있으니 주의해야 한다.

	단골유형	예제분석
1	我们应该尽量避免不犯错误或少犯错误。 우리는 최대한 잘못을 하지 않거나 적게 해야 한다.	▶ '避免(피하다)'과 '不犯错误或少犯错误(잘못을 하지 않거나 적게 하는 것)'가 함께 나오게 되면 이중부정으로 결국 긍정을 나타낸다. 즉 '我们应该犯错误(우리는 잘못을 해야 한다)'라는 뜻으로 바뀌는데 이는 일반적인 논리에 맞지 않으므로 '避免'이라는 단어를 제거해야 한다. : 尽量不犯错误或少犯错误
2	在当今社会，我们谁也不能否认地球不是圆的这个真理。 현대사회에서 우리는 지구가 둥글다는 이 진리를 그 누구도 부정할 수 없다.	▶ '不能(~할 수 없다)'과 '否认(부정하다)', '不'는 삼중부정을 하고 있어 결국 부정의 의미를 전하고 있다. 다시 말해 '地球不是圆的(지구는 둥글지 않다)'라는 의미가 되는데 이는 사실이 아니므로 '不'를 빼는 것이 옳다. : 谁也不能否认地球是圆的这个真理
3	难道我们能够否认我们不应该保护环境吗? 설마 우리가 환경을 보호해야 한다는 것을 부정할 수 있겠는가?	▶ '否认(부정하다)', '不'와 반문을 하는 구조 '难道……吗'가 삼중부정을 하고 있는 문장이므로, 결국 부정의 의미를 나타내 '我们不应该保护环境(우리는 환경을 보호해서는 안 된다)'라는 의미가 된다. 이는 일반적인 논리에 어긋나는 것이므로 문장에서 '不'를 삭제해야 한다. : 能够否认我们应该保护环境

공략 1

일반적으로 부정문은 문장 안에 부정사가 포함되어 있는 것을 말한다. 다음은 부정의 의미를 가진 단어이므로 반드시 알아두어 시험을 볼 때 틀린 문장이 되는 요인을 확실하게 짚어낼 수 있도록 하자.

▶ 부정의 의미를 가진 단어

부정을 나타내는 성분 유형	부정의 의미를 가진 단어와 예
부정사	不/没有 ~이 아니다 예 我不去美国。나는 미국에 가지 않는다. 예 看看那些没有父母的孩子，是多么的可怜。 부모가 없는 아이들이 얼마나 불쌍한지 좀 봐라. 否认 부인하다 예 警方否认了媒体的报道。경찰 측은 매체의 보도를 부인했다. 否定 부정하다 예 他的一句话完全否定了我的努力。 그의 말 한 마디는 완전히 나의 노력을 부정했다. 能否 ~할 수 있는지 아닌지 예 你能否给我一个合适的理由? 너는 내게 적합한 이유를 하나 들어줄 수 있니 없니? 并非 결코 ~은 아니다 예 这并非是我自愿来做的。이것은 결코 내가 자원해서 한 게 아니다.
부정적인 의미를 담고 있는 단어	避免 피하다 예 这样的事情无法避免。이러한 일은 피할 수 없다. 防止 방지하다 예 为了防止小孩掉下去，做了这个栏杆。 아이가 떨어지는 것을 방지하기 위해서 이 난간을 만들었다. 以防 ~하지 않도록 예 出门前把所有的电源全部关掉，以防发生火灾。 화재가 발생하지 않도록 문을 나서기 전에 모든 전원을 꺼야 한다. 以免 ~하지 않기 위해 예 请不要随便让小孩在湖边玩耍，以免出现事故。 사고가 생기지 않도록 하기 위해서 어린아이가 함부로 호수가에서 놀지 않게 해주세요. 免得 ~하지 않도록 예 早早将作业写完，免得熬夜。밤새지 않도록 일찌감치 숙제를 마쳐라. 切忌 삼가다 예 切忌跟西方人问及年龄。서양인에게 나이를 묻는 것을 삼가라. 禁止 금지하다 예 禁止在晚上12点之后在宿舍里唱歌。 밤 12시 이후에 기숙사에서 노래 부르는 것을 금지한다.

	劝阻 만류하다 예 千万不要劝阻他的这种行为。 그의 이런 행위를 절대로 말리지 마라. 阻止 저지하다 예 孩子在马路上玩，被警察阻止了。 아이가 길에서 놀다가 경찰에게 저지당했다.
반문	难道……？ 설마 ~란 말인가? 예 你能学好汉语，难道我就不能吗？ 너도 중국어를 잘 할 수 있는데, 설마 내가 못 한단 말인가? 谁能……？ 누가 ~할 수 있겠는가? 예 谁能告诉我这个问题的正确答案？ 누가 내게 이 문제의 정답을 말할 수 있겠는가?

문장 안에서 부정사를 보게 되면 과연 그 안에 몇 개의 부정요인이 들어 있는지를 자세히 살피도록 한다. 만약 두 개의 부정요인이 있다면 이는 이중부정 문장이고, 세 개가 있다면 삼중부정 문장이 되는 것이다. 이중부정은 긍정을, 삼중부정은 부정의 의미를 나타낸다는 것만 잘 기억하고, 해당 문장이 논리관계에 잘 맞는지의 여부만 살핀다면 쉽게 풀 수 있을 것이다.

문제유형 10

연습문제

1. A 谁也不能否认京剧不是中国最有名的剧种之一。
   B 儿童的心灵是敏感的，它是为着接受一切好的东西而敞开的。
   C 颐和园是中国皇家园林的代表作之一，面积四千多亩，主体是万寿山和昆明湖。
   D 学习汉字，如果只知道一个字的读音，不懂得它表示的意思，就不能算真正掌握了这个字。

2. A 难道我们应该禁止虐待宠物吗？
   B 中国古典舞在表现手法上讲究集中、夸张和虚拟。
   C 用加了面粉的热水洗碗，可以将油腻的碗洗得非常干净。
   D 科举制度是中国古代通过逐级考试的办法来选拔官员的制度。

3. A 楼阁是中国自然风景名胜和园林中经常出现的景观。
   B 我们应该加强儿童的安全教育，避免防止意外的发生。
   C 图腾是原始社会某一民族或部落的崇拜物，同时作为该民族或部落的标记。
   D 榨菜是中国名特产之一，可以用于佐餐、炒菜和做汤。四川涪陵县出产的榨菜最为著名。

4. A 音乐的节奏、旋律、音色、速度和力度，会影响人的情绪。不同的乐曲能使欣赏者产生不同的情绪。
   B 苏州是一座水城，有“东方威尼斯”之称。苏州城里众多的古典园林，集中了我国园林建筑艺术的精华。
   C 乘飞机前不应吃得过饱。因为吃得过饱一方面会加重心脏和血液循环的负担；另一方面会引起恶心、呕吐等症状。
   D 我们在拒绝别人的邀请时，应该适当地表达我们的歉意。但是切忌不要过分地表达歉意，以免对方以为你不够真诚。

5. A 世界上很多国家的专家提倡以大豆油代替动物油，以防止不发生心血管系统疾病，从而延长寿命。

   B 很多著名的大型建筑，如故宫、十三陵、人民大会堂、毛主席纪念堂和中华世纪坛等，使用汉白玉作为建筑材料。

   C 开朗的老师和严肃的老师，都会影响学生。因此，好的老师不一定只有一种类型，但他通常会给学生留下深刻的印象。

   D 我们在煎鱼时，可以将锅烧热，用鲜姜在锅底涂上一层姜汁，然后放油，待油热后，再将鱼放进去煎，这样鱼就不会粘锅。

6. A 蜜蜂是不能单独生活而必须过群体生活的昆虫。

   B 虽然天气炎热，但乡村公路上来往的车辆永远都不会停歇。

   C 手机作为科技进步给人类带来的新工具，其本身并非没有利弊对错之分。

   D 风筝最初是一种军事工具，唐、五代时逐渐转变为一种艺术性和观赏性很强的娱乐游戏。

7. A 每个人在不同的时期，对于家的概念有着千丝万缕的差别。

   B 为了避免今后类似事件不再发生，小区保安采取了切实有效的安全措施。

   C 在轻工产品诸多发明中，电炉的发明人是一位新闻记者，这也可算是一则“新闻”吧。

   D 王夫人丧子之后再得一子，无论从母性本能还是自身权益出发，她对宝玉都会宠爱有加。

정답 및 풀이 – 해설서 p. 30

문제유형 11

전치사

틀린 문장을 찾을 때 전치사 구조는 흔히 볼 수 있는 유형이다. 보통 전치사는 명사 혹은 명사구로 목적어를 삼아 전치사 구조를 만드므로 각 요소를 잘 살펴보아야 한다.

	단골유형	예제분석
1	根据近年来全球气候持续变暖的趋势，导致冰川退缩。 최근 전 세계 기후의 지속적인 온난화의 추세는 빙하의 축소를 야기했다.	▶ 주어가 없으므로 '根据(~에 따라)'를 삭제해야 한다. : 近年来全球气候持续变暖的趋势
2	人体自燃是指外部火焰没有和人体接触，内部自发燃烧，化为灰烬，而周围一切可燃性物品都保持原样的现象。 인체의 자연발화는 인체가 외부화염과 접촉이 없었지만 내부에서 자연발화가 진행되어 잿더미로 변하고, 주변의 모든 가연성 물질은 모두 원상태를 유지하는 현상을 지칭한다.	▶ 주객이 전도되었다. '人体(인체)'가 주체이고 '外部火焰(외부화염)'이 객체이므로 '人体没有和外部火焰接触(인체가 외부화염과 접촉이 없었지만)'으로 바꾸어야 한다. : 人体没有和外部火焰接触
3	饮料中含有人工合成的食用色素，如果少年儿童饮用过多，会对于健康不利。 음료수에 함유되어 있는 인공합성 식용색소를 소년기의 아동이 과도하게 섭취할 경우 건강에 해로울 수 있다.	▶ 전치사의 사용이 부적절하다. '对于(~에 대해서)'를 '对(~에)'로 바꾸어야 한다. : 会对健康不利

공략 1

출제자가 전치사 구조에 관한 문제로 응시생을 테스트할 때는 전치사 구조로 인한 주어의 부재, 전치사의 소실, 주객전도 및 부적절한 전치사 사용과 같은 유형을 출제할 수 있다. 때문에 문제에서 전치사 구조가 보이면 먼저 문장의 주술목 구조를 찾아내 관련 성분이 존재하는지의 여부를 살펴야 한다. 다음으로는 주체와 객체의 관계가 적절한지 혹시 주객의 위치가 바뀌지는 않았는지를 살피도록 한다. 마지막으로 전치사의 사용이 적절한지를 판단하도록 한다.

예 人的一生三个阶段组成——成长及在校学习阶段、有活动能力的生活阶段、老年阶段。

사람의 일생은 세 가지 단계로 구성된다. 성장 및 학교에 들어가 공부하는 학습단계, 활동능력이 생기는 생활단계, 노년단계이다.

전치사가 없다. 때문에 '三个阶段(세 가지 단계)' 앞에 '由(~으로)'라는 전치사를 삽입해야 한다.

→ 人的一生由三个阶段组成

문제유형 11 연습문제

1. A 苹果越新鲜，营养含量越高。因此苹果最好不要长期存放。
   B 经过历代茶农的辛勤培育，使得中国茶品种丰富，茶质精良。
   C 东城区和崇文区有很多文化古迹，是反映北京古都风貌的地区。
   D 八大山人原名朱耷，是清代的一位大画家，他画的人物形象大都有较多的变形和夸张。

2. A 南京一直以来都有“六朝古都”之称。
   B 全球角度看，汽车是最严重的铅污染源。
   C 洗澡时，水温应与体温接近，即40℃左右。
   D 《牡丹亭》是明代著名戏剧家汤显祖的代表作，也是中国四大名剧之一。

3. A 中国早在七千年前就已经开始种植水稻。
   B 关于同一句话的含义，我们在不同的语境下可能有不同的理解。
   C 北京颐和园的十七孔桥是最长的园林桥；而在苏州古园林里，更多的是小巧的曲桥与石板桥。
   D 无论你在什么时候开始，开始了就不要停止；无论你在什么时候结束，结束了就不要悔恨。

4. A 牡丹是中国的国花，河南洛阳的牡丹最为出名。
   B 人在睡觉时对环境变化的适应能力会降低，很容易受凉生病。
   C 从《红楼梦》中，让我们看到作家曹雪芹对那个时代的感受。
   D 很多人喜欢拿过去和现在作比较，许多痛苦就是这样产生的。

5. A 蔬菜在烹调过程中，常常会损失大量的维生素C。为了减少维生素C的损失，我们可以从菜里加点醋。
   B 行书是在楷书的基础上产生的，是实用性与艺术性结合得最好的字体。大书法家王羲之的《兰亭集序》是行书的代表作品。
   C 中国文化遗产研究院收藏的古建筑木模型，大部分制作于新中国成立初期，还有一部分则源于中国营造学社等学术机构的旧藏。
   D 超市、商店的购物收据和银行票单常常含有一种化工原料——双酚A，其毒性较大，会通过皮肤进入人体，长期接触对健康十分不利。

6. A 这篇报告中，王勤所执笔的那一段写得最生动。
B 森林是以树木为主体的许许多多生物组成的生物群落。
C 他生长在偏僻的山区，因而从小就对农民有深厚的感情。
D 中药不仅能与一般的抗菌素媲美，而且副作用小、成本低。

7. A 通过这几天的接触，我们都加深了对于彼此的了解。
B 只有地球运行到月球和太阳之间时才会发生月食现象。
C 通过劳动模范们的感人事迹，我们明白了许多做人的道理。
D 细菌和病毒都是可以致病的微生物，但二者之间区别很大。

정답 및 풀이 – 해설서 p. 33

문제유형

12 연결어

연결어는 보통 복문에서 나타나며 앞뒤 문장 간의 논리관계를 표현해준다. 틀린 문장에서는 잘못된 연결어가 자주 등장한다.

	단골유형	예제분석
1	天然气的成因和石油相似，因为它分布的范围和生成温度的范围要比石油广得多。 천연가스의 형성원인은 석유와 비슷하다. 하지만 분포범위와 생성온도의 범위가 석유보다 훨씬 더 광범위하다.	▶ 연결어의 사용이 부적절하다. 앞뒤 문맥은 전환관계이므로 '因为(왜냐하면 ~때문)'가 아니라 접속사 '但是(하지만)'를 사용하는 것이 옳다. : 但是它分布的范围和生成温度的范围
2	"不仅要买好的服务，也要买好的车。"已经成为越来越多消费者的共识和期盼。 '좋은 차를 사는 것도 중요할 뿐 아니라 좋은 서비스를 사는 것도 중요하다.' 점점 더 많은 소비자가 여기에 대해 공감하고 기대하고 있다.	▶ '买好的服务(좋은 서비스를 사는 것)'가 '买好的车(좋은 차를 사는 것)'보다 상위 개념이기 때문에 두 문장의 위치를 바꿔야 한다. : 不仅要买好的车，也要买好的服务
3	只有保持平常心，能抵御外界的诱惑。 평정심을 유지해야만 비로소 외부세력으로부터 오는 유혹을 막을 수 있다.	▶ 연결어가 부족하다. 뒷문장에 '才(비로소)'를 첨가해야 한다. : 才能抵御外界的诱惑
4	不但玛瑙是名贵的装饰品，还是治疗眼睛红肿的良药。 마노는 유명한 액세서리일 뿐 아니라 눈이 빨갛게 부어오른 것을 치료해주는 양약이기도 하다.	▶ 연결어 '不但(~뿐 아니라)'과 주어 '玛瑙(마노)'의 위치를 서로 바꾸어야 한다. 앞뒤 문장의 주어가 모두 '玛瑙'이므로 이를 연결어 앞에 놓아주는 것이 옳다. : 玛瑙不但是名贵的装饰品

공략 1

출제자는 연결어의 위치를 사용해 첫째, 연결어 선택이 적절한가, 둘째, 연결어가 존재하는가, 셋째 연결어와 주어의 위치가 적절한가 등을 응시생이 확실히 알고 있는가를 평가하고자 한다. 이러한 세 가지 유형의 문제를 풀 때는 문장 안에 복문이 존재할 경우 다음과 같은 절차를 통해 풀어나가는 것이 좋다.

첫째, 앞뒤 문장 사이의 논리관계를 분석해 연결어가 논리관계에 맞게 사용되었는지, 앞뒤 문장이 논리 순서에 맞게 배열되었는지를 판단해야 한다.

둘째, 연결어의 존재 여부에 대해 살펴본다.

셋째, 연결어와 주어의 상호위치를 주의 깊게 살펴본다. 두 문장의 주어가 동일하면 연결어는 주어의 뒤에 와야 하며 두 문장의 주어가 다르면 연결어가 주어의 앞에 와야 한다.

▶ 주요 연결어

의미	연결어의 종류와 예
병렬관계	也 ~역시/又 ~도 예 我也不知道他的家在哪里。 나 역시 그의 집이 어디인지 모른다. 예 他又去了中国留学。 그는 또 중국유학을 갔다. 一边……一边…… ~하면서 ~하다 예 不要一边看电视一边写作业。 텔레비전을 보면서 숙제를 하지 마라. 一面……一面…… ~하는 한편 ~하고 예 他一面告诉我们他不好的财政状况，一面却大肆挥霍。 그는 우리에게 그의 좋지 않은 재정상황을 말해주는 한편 오히려 마구 돈을 뿌리고 다닌다.
선택관계	或者 혹은 예 这个任务可以交给小李或者小郑。 이 임무는 샤오리 혹은 샤오정에게 맡기면 된다. 还是 아니면 예 是你的错还是他的错？ 네 잘못이니 아니면 그의 잘못이니? 宁可 차라리 ~할지언정 예 他真的很奇怪，宁可一个人吃饭也不愿意跟朋友一起。 그는 정말 이상해. 차라리 혼자 밥을 먹을지언정 친구와 함께 있으려 하지 않아. 不是……就是…… ~이거나 아니면 ~이다 예 这本书不是表哥就是表姐的。 이 책은 사촌 형 아니면 사촌 누나의 것이다. 要么……要么…… ~하든지 아니면 ~하든지 예 你要么好好学习，要么好好打球。 너는 공부를 잘 하든지 아니면 공놀이를 잘 하든지 해라.

점진관계	还 게다가, 더 예 他学习之余还要做家务。 그는 공부도 하고 게다가 남는 시간에는 집안일을 해야 한다. 而且 게다가, 또한 예 有人不仅偷吃了我的面包，而且偷喝了我的牛奶。 누군가 내 빵을 훔쳐 먹었을 뿐만 아니라 또한 내 우유까지 훔쳐 마셨다. 进而 더 나아가 예 我们要先学好汉语，进而去研究中国的历史。 우리는 우선 중국어를 잘 공부하고 더 나아가 중국의 역사도 공부해야 한다. 甚至 심지어 예 他甚至拿走了妹妹的学费去赌博。 그는 심지어 여동생의 학비를 가지고 가서 도박을 했다. 乃至 나아가 예 北京颐和园是中国乃至全世界闻名的旅游胜地。 베이징 이허위안은 중국 나아가 전 세계적으로 유명한 관광명소이다. 何况 하물며 예 母亲都拿他没办法，何况我? 어머니조차도 그를 어쩌지 못하는데 하물며 나는 어떻겠어? 况且 게다가 예 这书内容好，况且又不贵，你买一本吧！ 이 책은 내용이 좋고 게다가 비싸지도 않으니 너도 한 권 사라! 不但……而且…… ~할 뿐 아니라 ~하다 예 那个医生不但不收诊疗费，而且还免费给患者提供药品。 그 의사는 진료비를 받지 않을 뿐만 아니라 무료로 환자에게 약품을 제공해준다.
전환관계	但是 하지만 예 春天虽然来了，但是还很冷。 비록 봄이 왔지만 아직까진 춥다. 可是 그러나 예 已经晚上11点了，可是妈妈还没回来。 벌써 밤 11가 되었으나 어머니께서는 아직 돌아오지 않으셨다. 然而 하지만 예 国家不提倡赌博产业，然而很多赌场还是在建设。 국가에서 도박산업을 제창하지는 않지만 많은 도박장들이 여전히 건설되고 있다. 却 오히려 예 我却不清楚他的为人。 나는 오히려 그의 사람됨을 자세히 알지 못한다. 不过 겨우, 단지 예 他不过就只是个科长而已。 그는 겨우 과장에 불과하다. 虽然……但是…… 비록 ~이지만, 비록 설령 ~하더라도 예 虽然事情不好办，但是总会有办法的。 비록 일은 처리하기가 힘들지만 어쨌든 방법이 있을 것이다.

	尽管(就是/即使)……也…… ~에도 불구하고, 설령 ~라 하더라도 예 即使父亲不再理他，也还是会定期给他邮寄生活费。 설령 아버지께서 더 이상 그를 상대하지 않으신다 하더라도 정기적으로 그에게 생활비를 부쳐주실 것이다.
인과관계	因为 ~때문에 예 他因为这件事受到了批评。 그는 이 일 때문에 꾸중을 들었다. 由于 ~때문에 예 由于资金的问题，这个项目没能启动。 자금 문제 때문에 이 사업은 시작할 수 없다. 所以 그래서 예 因为他年纪小，所以做不了这件事。 그는 나이가 어리기 때문에, 그래서 이 일을 할 수 없다. 既然 기왕 이렇게 된 바에야 예 既然你来了，就不能出去。 기왕 네가 온 바에야 나갈 수 없다. 因此 그래서 예 我国的工业在发展，因此我们需要更多的石油。 우리나라의 공업이 발전하고 있어서 우리는 더 많은 석유가 필요하다. 因而 그러므로 예 我无力改变现在的局面，因而退出。 나는 현재의 국면을 바꿀 힘이 없으므로 물러난다.
조건관계	只要……就…… ~하기만 하면 ~하다 예 只要我不说出这个秘密，就不会有人知道。 내가 이 비밀을 발설하지만 않으면 누구도 알지 못할 것이다. 只有……才…… ~해야만 비로소 ~하다 예 只有努力学习，才会得到好的成绩。 열심히 공부해야만 비로소 좋은 성적을 거둘 수 있다. 不管……都…… ~에도 상관없이 예 不管怎么难都不要放弃。 아무리 어려워도 포기하지 마라. 无论(不论)……都(也) ~을 막론하고 예 无论谁为他求情，都不能改变他的刑期。 누가 그에게 부탁을 하든지를 막론하고 그의 형기를 바꿀 수는 없다. 除非…… 오직 ~을 해야 하다 예 除非你去，我才能去。 오직 네가 가야만 나도 비로소 갈 수 있다.

문제유형 12

연습문제

1. A 人类不断地改造生物圈，生物圈只能按照自己的内在规律变化、发展。
   B 有的人本来很幸福，看起来却很烦恼；有的人本来应该烦恼，看起来却很幸福。
   C 据统计，中国正在使用的方言就有80多种，已经消亡的古代方言更是难以计算。
   D 糕点茶食是中国饮食文化一个十分重要的部分，有京式、广式和苏式三大糕点体系。

2. A 一个人只要真正了解一种艺术，才有资格判断这种艺术的好坏与优劣。
   B 西安的历史资源非常丰富，汉长安城遗址、大明宫等都是古西安的一部分。
   C 啤酒的最佳饮用温度为8到10摄氏度，过量引用冰镇啤酒，会危害人的健康。
   D 有些东西我们拥有得过多，反而感觉不到它的美好，何不将它分给那些有需要的人呢?

3. A 自行车只有在前进的时候，才能立得住，不会倒。
   B 因为老北京的路网像棋盘似的，所以路是纵横垂直的。
   C 布艺单人沙发椅，给人温馨舒适的感觉，比较适合放在卧室、书房里。
   D 一位烟瘾很大的人对医生说：“其实戒烟很容易啊，我已经戒过好几次啦！”

4. A 钓鱼的乐趣，不在于钓上鱼，而在于钓鱼的过程。
   B 虽然草酸能帮助洗去铁锈和墨水痕迹，但是也会腐蚀衣服，使衣服掉色。
   C 一项新的研究显示，每天睡眠时间不到7小时的人，患心血管疾病的概率较高。
   D 窗花是贴在窗户玻璃上的剪纸，过去无论是在中国的南方或北方，春节期间都贴窗花。

5. A 铁的熔点比铜高很多，冶铁技术的难度也大很多，然而，在人类发展史上，铁器时代要晚于青铜器时代。
   B 生豆浆加热至大约90℃的时候，会产生大量的白色泡沫，其实此时豆浆并没有煮熟，应该继续加热3到5分钟，使泡沫完全消失。
   C 北京某医院调查显示，在内科病人中，有将近40%的人实际上是情绪问题或者心理问题，如果这些问题解决了，他们的疾病就很容易治愈。
   D 词是中国文学史上一种十分重要的文学体裁。词有许多种词调，每种词调有特定的名称，叫做词牌，如《西江月》、《满江红》、《如梦令》等。

6. A 文字是无声的，却能够生动地刻画有声的音乐。
   B 将一捧盐放进一杯水里，杯中的水平面不但不会升高，而且会有所降低。
   C 如果在阴雨连绵的天气里，南瓜蔓梢由下垂转为上翘，那就表明阴雨天气即将结束。
   D 在他面前，你绝不会因为他是名人而感到自卑，相反他会让你从心里感到你和他是平等的。

7. A 因为临时有事，我在长沙逗留了几天。
   B 龟是水陆两栖动物，它们不仅在陆地上行动十分缓慢，但是到了水中就会变得十分敏捷。
   C 入冬以来，天津水上公园开展了丰富多彩的雪上、冰上娱乐项目，深受广大市民欢迎。
   D 在植物进行光合作用的过程中，叶绿素对于光能的吸收、传递和转化起着极为重要的作用。

정답 및 풀이 – 해설서 p. 36

Summary

제1부분 핵심정리

新HSK 6급 독해 제1부분에 출제 가능한 문제유형은 다음의 12가지로 나눌 수 있다. 그 중 여덟 개는 자주 나오는 틀린 문장의 유형이고, 나머지 네 개는 틀린 문장을 만들 수 있는 구성요소이다.

틀린 문장의 유형	어순 오류
	구성성분의 부재
	군더더기 성분
	뒤섞인 문장
	논리관계 오류
	뜻이 모호한 문장
	어휘 조합의 오류
	어휘 사용의 오류
틀린 문장의 구성요소	병렬구조
	다중부정
	전치사
	연결어

이렇게 풀어라!

응시생은 다음 네 가지 측면에서의 노력을 통해 문장을 판단하는 능력을 키울 수 있고, 이로써 독해 제1부분의 문제를 훨씬 더 쉽게 풀어나갈 수 있을 것이다.

① 틀린 문장을 파악하는 방법을 마스터하라.

문장을 볼 때 가장 먼저 문장의 주어, 술어, 목적어를 정확하게 판단함과 동시에 중심어와 수식어까지 파악하도록 한다. 이렇게 하면 문장 안에서 관련 성분의 부재 여부와 문장성분이 조화를 이루고 있는지, 어휘의 순서가 알맞게 배열되었는지를 빨리 알아챌 수 있다. 그리고 나서 문장의 세세한 부분을 자세히 관찰하는 것이다. 이를 통해 문장 안에 군더더기 성분은 없는지, 격식이 혼용되지는 않았는지, 논리관계나 어휘의 사용이 적절한지를 판단할 수 있게 된다.

❷ 문장의 구조와 어휘를 민감하게 살펴라.

병렬구조, 다중부정, 전치사, 연결어, 양면사, 수량사, 다의어 등의 구조와 어휘의 위치는 틀린 문장을 만들 수 있는 주요 요인이다. 응시생은 이러한 구조와 어휘가 포함되어 있는 문장을 볼 때, 혹시 틀린 문장은 아닌지 더욱 주의를 기울여 관찰해야 한다.

❸ 평소에 기타 글을 읽을 때나 시험문제를 풀 때, 전형적으로 볼 수 있는 틀린 문장의 유형을 모아서 그 원인을 정리해보도록 한다.

특히 격식의 혼용과 잘못된 해석, 단어의 오용 및 자주 쓰이거나 유의해야 할 다의어를 찾아 따로 정리해보는 것이 좋다.

❹ 평소 중국어 문장을 많이 읽어 언어에 대한 감각을 키우는 것이 좋다.

중국어에 대한 감을 키우는 것은 틀린 문장을 파악하는 데 효과적인 방법이 될 수 있다. 이렇게 어감을 키운다면 응시생은 독해 제1부분 틀린 문장 찾기 문제를 풀 때 많은 도움이 될 수 있을 뿐 아니라 新HSK 시험의 또 다른 독해 부분의 문제를 풀 때에도 유리하며 결국 응시생의 전체적인 중국어 수준을 향상시키는 데 많은 도움이 된다.

실전문제

1. A 该电影是一部反映大学生学习生活的励志片。
   B 他是有着三十年野外考古发掘经验的一位老考古学家。
   C 通过阅读活动，人们能更好地了解生活，认识生活，并从生活中得到审美享受。
   D 壶口瀑布位于中国的母亲河——黄河中游，其奔腾汹涌的气势是中华民族精神的象征。

2. A 这次活动的开展，旨在提高全社会保护环境。
   B 森林资源按自然属性可划分为生物资源和非生物资源两大类。
   C 夏至这天，太阳直射北回归线，是北半球一年中白昼最长的一天。
   D 艾滋病是一种传染病，其病毒主要通过性接触或血液、母婴等途径传播。

3. A 人类的活动是造成全球变暖的主要原因。
   B 专家认为，减少烟害，特别是劝阻青少年戒烟，对预防肺癌有重要意义。
   C 按照跳蚤的个儿和它的跳远距离的比例，如果它有人那么高，它可以跳远达四百米。
   D 苏通大桥建造的初衷是拉近苏北、苏南的距离，进一步推动江苏省沿江开发战略的实施。

4. A 我要去的部落位置位于喀麦隆、乍得交界一带。
   B 有没有正确的环保观，是低碳生活能否实现的关键。
   C 据科学家统计，蜜蜂每酿造一斤蜜，大约要采集50万朵花的花粉。
   D 中秋是丰收的时节，人们往往利用中秋节的各种习俗表达对丰收的庆祝。

5. A 面对这样好的景色，我能无动于衷吗?
   B 我身体不好，不能送你下楼，那就目送你走远了再关门吧。
   C 语言文字本身是一种工具，日常生活少不了它，学习以及交流各科知识也少不了它。
   D 汉族传统绘画多用毛笔蘸水、墨、彩等颜料作画于绢或纸上，这种画种被称为“中国画”。

6. A 一篇小说，能否得到读者的认可，得要看它是否立足于现实。
B 庆祝“国庆”演讲比赛将于今晚七点半在学校大礼堂开始举行。
C 法律是一个国家发展的基础，只要是制定的法律，就应该始终遵守。
D 研究表明，当一个人愉快的心境达到高峰时，其智力也会相应地达到顶峰。

7. A 刺绣是中国民间传统手工艺之一，在中国至少有两三千年的历史。
B 文章能否准确地传达自己的意思，能否吸引读者，要靠文字的工夫。
C 世界上第一位对子午线测量的是在我国唐代天文学家僧一行的倡议和领导下进行的。
D 上下数千年，龙已渗透到了中国社会的各个方面，成为一种文化的凝聚和积淀。

8. A 字典宛如一只宝盒，里面藏有各种各样的知识，只要你勤于向它索取，它便会源源不绝地奉献。
B 如果人在长高时，能一直保持出生后头三个月那样的速度，那么人的平均高度就有五米六五。
C 一切事物的发展都是有起有伏、呈波浪式前进的，这是由于事物的内部矛盾以及自然和社会的种种外因影响所决定的结果。
D 他一见到我，脸上立即闪电般地出现了一个幸福的微笑，做出一种高兴的、热情奔放的样子，似乎这次偶然相遇让他欣喜若狂。

9. A 这次活动让我们开阔了眼界、增长了见识。
B 我们要与自然和谐相处，保护好共同的人类家园。
C 成熟的稻谷之所以会弯腰，是因为它经过默默地孕育，已经结出了成熟的果实。
D 皮影戏，是一种用灯光照射兽皮或纸板做成的人物剪影以表演故事的民间戏剧。

10. A 头发的颜色与头发里所含的金属元素有关。
B 熵是不能再被转化做功的能量的总和的测定单位。
C 张艺谋执导的《大红灯笼高高挂》对熟悉中国电影史的人是不陌生的。
D 为了防止此类交通事故再次发生，我们加强了交通安全的教育和管理。

11. A 这个人连校长都不认识。
B 九寨沟因沟内分布着九个藏族村寨而得名。
C 是否做过运动对人睡速度其实并没有影响。
D 血糖是脑组织的重要养料，只有在血糖充实的时候，大脑的思维才更敏捷。

12. A 文字形态的繁简是有其自身演变规律的。
B 他们担心过多的变革会使原来的社会运转受到障碍。
C 从不运动的人，应该要逐渐增加运动量，才有可能改善睡眠，而非干扰睡眠。
D “留得青山在，不愁没柴烧”这句俗语说的是人只要能生存下去，就能得到发展。

13. A 我国粮食生产的自给率一直保持在95%以上。
B 大量的事实告诉我们，要想掌握天气的连续变化，最好每小时都进行观测。
C 传统读书教育是成功的，童年之时饱学于身，成年之后成为大家者，数不胜数。
D 所谓“强势文化”就是指能力较强、效率较高，从而包含文明价值较多的文化系统。

14. A 在人们心目中，狮子是兽中之王，是威严的象征。
B 了解和关心他人疾苦的人才能得到他人的信任和拥护，这是历史已经证明了的真理。
C 苹果中含有大量叫栎素的防氧化物质，该物质可以保护人的肺部受大气污染的影响。
D 口语交际能力不仅显示着一个人的语言水平，更体现着一个人的自信与智慧、教养与风度。

15. A 他这个人太果断，什么事都不愿听取群众的意见。
B 扬州的春天烟雨蒙蒙，琼花盛开，花香扑鼻，正是旅游的黄金季节。
C 在你的身体最适应的时候运动，你会收获许多的附加价值，也会更享受运动的感觉。
D 在我们不经意的一次回头中，蓦地看见空旷的西地平线上，一轮血红的落日停滞在那里。

16. A 校长请来了一位数学家来指教同学们在学习中遇到的难题。
B 语言消亡的速度远远超出人们的想象，平均每隔两个星期就会有一种语言消失。
C 何谓幸福？每个人自有不同的思量和标准，虽然幸福的结局都是那样地皆大欢喜。
D 尽管天气条件和地理环境都极端不利，登山队员仍然克服了困难，胜利登上了顶峰。

17. A 大象的听觉异常灵敏，即使是耗子的脚步声也能轻易分辨。
B 苹果、黄瓜、西红柿等蔬菜中富含各种维生素，平常宜多吃。
C 无论在政府、企业还是在私人事务中，节约都是健全的财务结构的一项根本需要。
D 苹果中含有大量叫栎素的防氧化物质，该物质可以保护人的肺部不受大气污染的影响。

18. A 农历九月九日是中国传统的重阳节。
B 跳高测验时，小陈差一点没跳过去，真可惜。
C 从科学的角度来看，任何饮料都无法替代白开水。
D 噪音往往能引发身体的疲劳与不适，对人的心理也会造成一定的伤害。

19. A 开卷未必有益，只有开好卷、会开卷，才能真正受益。
B 这个问题你要原原本本解释清楚，否则不可能让人产生怀疑。
C 中国戏剧的舞台动作在两千年的发展中形成了节奏感强烈和富有舞蹈表现力的基本风格。
D 玫瑰除供观赏外，还有极高的经济价值，它是制作玫瑰水、玫瑰露、玫瑰香水的重要原料。

20. A 通过这几天的接触，我们都加深了对彼此的了解。
B 冬眠，是某些动物抵御寒冷、维持生命的特有本领。
C 生物变异及相互适应的原因和方法，对于我们需要有个明确的了解。
D 维生素本身并不产生热量，它只是一种帮助释放食物中能量的化学物质。

21. A 我哥哥虽然很瘦，但是精神饱满。
B 李老师关于这所学校的情况非常熟悉。
C 这本杂志主要是面向计算机爱好者的。
D 在这次校运会上他打破了一项全国纪录。

22. A 不等大家到齐，就他一个人干起来了。
B 她的歌声把人们带到了美丽的河西走廊。
C 奥林匹克精神同纯粹的竞技精神是有区别的，奥林匹克精神既包括但又超越了竞技精神。
D 人的耳朵有一种“屏蔽”功能，能自动清除环境噪音，把那些我们感兴趣的声音捕捉出来。

23. A 中国传统艺术早就突破了自然主义和形式主义的片面性，创造出独特的现实主义表现形式。
B 几乎每一项新发明的产生都是一个意志顽强的人始终坚信他或她自己的想象力的结果。
C 只有积极引导牧民开展多种经营，控制牲畜数量，减少对牧草的需求，退牧还草，就有可能从根本上拯救纯种野牦牛。
D 我国现实主义绘画大师徐悲鸿，还是一位杰出的艺术教育家。在他几十年美术教育实践中，为我国发现、培养了数以千计的美术人才。

24. A 因患病住院，88岁高龄的黄昆今天没能到现场领奖。
B 和他三十年前上任时一样，依然是孑然一身，两袖清风。
C 胎儿在身体、智力和情感上的发育，远比人们想象的要早。
D 女子虽然在速度和力量方面不如男子，但耐力却比男子要好。

25. A 我们沿着一连串澜沧江边的村寨进行了一次远足。
B 未达到地面的闪电，也就是同一云层之中或两个云层之间的闪电，被称为云间闪电。
C 人的一生，几乎有三分之一是在睡眠中度过的，而入睡做梦，更是人人都有的经验。
D 文化冲撞所引起的变动从来就不是单向的，文化冲撞中没有哪一个文化是完全被动的。

26. A 这次庆祝仪式是在极为祥和、欢乐的气氛中举行的。
B 可别小看这台仪器，它的造价高达三千万美元之巨。
C 睡眠有三忌：一忌睡前恼怒，二忌睡前饱食，三忌卧处当风。
D 凤凰是中国古代传说中的百鸟之王，和龙一样都是汉族的民族图腾。

27. A 你孩子的病，非吃这种药不可。
B 一个人变好还是变坏，关键在于内因起决定作用。
C 老鼠的天然食物主要由谷物和水果组成，这两种都富含糖类。
D 我国将加强对城市规划的调控，建立和完善城市建设的引导体系。

28. A 怎样才能达到这一目的？关键在于使学生的学习由被动变为主动。
B 每天早晨，教室里一个人也没有，只有班长坐在那里认真地读书。
C 胎儿的视觉发展比较缓慢，因为子宫里一片黑暗，看东西的确不方便。
D 我国汉代科学家发明了世界上第一台专门用于监测地震的仪器——地动仪。

29. A 好奇心是持续进步的必要条件。
B 他背着主任和副主任将这笔钱存入了银行。
C 陈寅恪先生是一个非常有代表性的学者。
D 以最近发表的《短篇三题》为转折点，他的文学创作进入了一个新的阶段。

30. A 当他经过原来的办公室时，却闻到了扑鼻的酒香和刺耳的狂笑。
B 由我国隋朝工匠李春设计建造的赵州桥，是世界上现存的最古老的一座石拱桥。
C 智商测试的成绩不是固定不变的，一个人所处的环境会对其智商产生重要影响。
D 在生理上，眉毛被称为眼睛的“卫士”，当汗流满面时，它可以阻止汗水流入眼睛。

31. A 战国问世、西汉编定的《黄帝内经》是我国现存较早的重要医学文献，奠定了我国医学的理论基础。

B 气团是一个范围很大的厚空气团。在这个大空气团里，温度、湿度以及各项气象指标都十分相似，而且变化很小。

C 狗的尾巴跟其他动物的尾巴一样，在快跑时可以保持身体的平衡。除了这个用处外，狗还能用它的尾巴来表达各种感情。

D 人的一生都会沾上一些黑点，只要我们在适当的地方将黑点调节起来，加上休止符，黑点就变成了一首美丽和谐的音乐。

32. A 在世界文化史上，中国是最早出现文字的国家之一。

B 他昨天上班迟到了，车间主任当众批评了他，使他声名狼藉。

C 无人能否认电视带来的便利，问题在于，这种便利是推进了文化还是损害了文化。

D 能量守恒定律告诉我们能量虽既不能被创造又不能被消灭，但其存在形式可互相转化。

33. A 青少年是上网人群中的主力军，但最近几年，一些发达国家的老年人也纷纷“触网”，老年人“网虫”的数量激增。

B 有的文章主旨比较隐晦，不是用明白晓畅的文字直接表露出来，而是借用某种修辞手段或表现手法，含蓄地表现出来。

C 港商投资内地港口业的趋势是试探性投资港口边缘业务转向大举投资港口主体业务，由沿海地区开始向开阔的内地挺进。

D 所有的新思想，归根结底，都是借鉴于旧思想的，都是在旧思想的基础上添加一些东西，把它们结合起来或进行修改而成的。

34. A 从教育学的角度来看，不仅算盘是一种计算工具，还是一种很好的教学用具。

B 猫睡觉时喜欢把一只耳朵伏在地面上，这样既可以保护耳朵，又可以听到周围的动静。

C 那些为群众长期热爱的小说创作多是立足于现实，至少不脱离现实的，否则就没有生命力。

D 中国印章有着两千多年的历史，它已由实用逐步发展成为一种具有独特审美的艺术门类。

35. A 夸奖别人还没有显现出来的长处，才能使人快乐。
B 在过去，流行性感冒、肺结核等都足以致命的疾病。
C 一个人如果获得了理解，就等于拥有了世界上最宝贵的财富。
D 每一个人不仅要做他所想做的或者应该做的，还要做他可能做的。

36. A 李明都走了一个多钟头了。
B 秦汉是我国古代出现的空前的大统一时期。
C 真正的谦虚是智者智慧的彰显，是仁者豁达的写照，更是强者实力的表征。
D 植物的新陈代谢是由许多生物化学反应所组成的，而这些反应都是以水为介质。

정답 및 풀이 – 해설서 p. 39

제2부분 단어 채우기

□ Key Point ❶ 실사 유의어 분석

□ Key Point ❷ 허사 유의어 분석

□ Key Point ❸ 이혼사(易混词) 구분

□ Key Point ❹ 성어, 관용어 분석

□ Key Point ❺ 어휘조합

□ Key Point ❻ 특수양사

핵심정리

실전문제

攻略

新HSK 6급 독해

제2부분 단어 채우기

독해 제2부분은 빈칸에 알맞은 단어를 고르는 문제로 모두 10문제가 출제된다. 지문은 일반적으로 몇 개의 문장으로 구성되고 3~5개의 빈칸이 있으며 각각의 빈칸에는 네개의 보기가 주어진다. 응시생은 빈칸 앞뒤 문장의 의미와 문맥을 파악하여 모든 빈칸을 충족시키는 알맞은 보기를 골라 각 빈칸에 채워 넣어야 한다.

유형 맛보기

椅子的舒适问题，只要设计时考虑人体结构的______，便可以解决。设计一把椅子而______了人体结构，就像设计蛋盒而不顾蛋的______。

A 特征　忽略　形状　　B 本质　忽视　形态
C 特点　忘记　外观　　D 构造　违反　外貌

해석 의자가 안락한가의 문제는 디자인 시 인체구조의 ______ 만 고려한다면 쉽게 해결할 수 있다. 의자 한 개를 디자인할 때 인체구조를 ______ 하는 것은 달걀판을 설계하면서 달걀의 ______ 를 고려하지 않는 것과 마찬가지이다.

A 특징 / 간과하다 / 형태　　B 본질 / 경시하다 / 형태
C 특징 / 잊다 / 외관　　D 구조 / 위반하다 / 외모

단어 **舒适** shūshì 형 안락하다, 쾌적하다 | **设计** shèjì 동 설계하다, 디자인하다

정답분석

첫 번째 빈칸에서 B의 '本质(본질)'와 D의 '构造(구조)'는 문맥에 맞지 않는다. 두 번째 빈칸에서 C의 '忘记'는 '(지난 일 또는 마땅히 해야 할 일을) 잊다'라는 의미이고 D의 '违反'은 '(법률, 규정 따위를) 위반하다'는 의미이므로 문맥에 부합하지 않는다. 세 번째 빈칸에서 C의 '外观'은 주로 '건물의 외관'을, D의 '外貌'는 보통 '(사람의) 외모, 용모'를 의미하므로 적합하지 않다. 그러므로 정답은 A이다.

제2부분 핵심 point

제2부분의 문제는 주로 응시생의 언어활용 능력을 평가한다. 응시생이 앞뒤 문장의 문맥 및 연관성 등을 따져 정확한 단어를 사용하도록 유도한다. 따라서 일정량 이상의 어휘를 알아야 하고 그 의미를 정확히 파악해야 한다. 또한 지문의 문체와 분위기에 따라 정확하고 빠르게 적합한 단어를 찾아내야 한다.
실사, 허사, 성어 등의 단어도 평가한다. 실사는 용법, 동음어, 유의어 및 뉘앙스, 특히 미묘한 차이를 보이는 유의어의 구별 가능 여부를 중점적으로 평가한다. 허사는 부사, 전치사 및 접속사의 활용을, 성어는 유사한 성어의 의미분석을 중점적으로 평가한다.
또한 제2부분은 업무, 학습, 일상생활, 사회, 문화, 종교, 경제, 문학 등 매우 다양한 분야의 소재를 채택하고 있으므로 평소 다양한 분야의 글을 미리 접해두는 것이 큰 도움이 된다.

Key Point 1

실사 유의어 분석

실사의 유의어라 함은 발음은 다르지만 의미가 유사하거나 같은 단어를 지칭한다. 중국어에서는 의미가 완전히 같은 단어는 많지 않고, 매우 비슷한 의미를 가진 단어가 대부분이다. 하지만 유의어라 할지라도 단어가 드러내는 의미는 전혀 다를 수 있고, 또한 품사, 뜻, 뉘앙스, 호응관계에서 차이를 보일 수 있다. 따라서 응시자는 시험을 준비할 때 미묘한 차이가 있는 유의어를 분석하는 데 신경 써야 한다.

예제 1

黄龙雄奇的山岳景观、险峻的峡谷地貌、绚丽的草原______、浩瀚的森林海洋、______的民族风情、______的动植物资源相互映衬，浑然一体，具有极高价值。

A 景色　独有　丰盛　　　B 风景　特殊　富裕
C 风光　独特　丰富　　　D 风味　特别　富有

해석 황룽은 웅장한 산악경관, 험준한 협곡지형, 아름다운 초원 ______ , 끝없이 펼쳐진 숲과 바다, ______ 민족풍습과 ______ 동식물 자원이 서로 어우러져 하나가 된 매우 큰 가치를 지니고 있다.

A 경치 / 고유의 / 풍성한　　　B 풍경 / 특수한 / 부유한
C 풍경 / 독특한 / 풍부한　　　D 풍미 / 특별한 / 부유한

단어 雄奇 xióngqí 형 웅대하고 기이하다 | 险峻 xiǎnjùn 형 험준하다 | 峡谷 xiágǔ 명 협곡 | 地貌 dìmào 명 지표면의 형태, 지형 | 绚丽 xuànlì 형 화려하고 아름답다 | 浩瀚 hàohàn 형 드넓다, 광활하다 | 映衬 yìngchèn 동 서로 잘 어울리다, 서로 비추다 | 浑然一体 húnrán yìtǐ 성 혼연일체가 되다

정답분석

첫 번째 빈칸에 넣어야 할 네 개의 보기 중 '景色', '风景', '风光'은 모두 동의어다. 이 세 단어는 모두 산과 강, 바다, 꽃과 풀, 수목, 건축물 등이 만들어내는 자연의 모습을 일컫는다. 반면 '风光'은 지방의 특색을 나타낼 때 많이 쓰이고, 앞에는 보통 '草原风光', '北国风光'과 같이 수식어가 함께 온다. 그러나 '风景', '景色'는 지방특색을 강조할 때 쓰이지 않는다.

두 번째 빈칸에 넣어야 할 네 개의 보기는 모두 형용사로 쓰일 수 있는 단어로 서로 대체 가능한 경우가 많다. 하지만 의미는 약간 다를 수 있다. '独有', '独特'는 '오로지 하나만 있는, 독특한'이란 의미가 강하다. 반면 '特别'는 일반적인 것과는 차별화되는 특별함을 강조하고, '特殊'는 같은 종류의 사물과는 다른, 보편적이지 못하다는 의미가 강하다. '独特'는 비교적 많이 사용되지 않고 '风格', '风味', '风情', '造型', '艺术' 등의 단어를 수식할 때 쓰인다.

세 번째 빈칸에 들어갈 보기 가운데 '丰盛', '丰富'는 동의어로서 모두 '많다, 충분하다'는 의미를 지닌다. 하지만 '丰盛'은 음식, 요리, 술자리를 표현하는 데 많이 쓰고, '丰富'는 광범위하게 사용되는 단어로서 구체적, 추상적으로 많다는 의미를 표현할 때 모두 쓰인다. '富裕', '富有' 역시 동의어로서 돈이나 재산이 많고 여유로운 생활을 누린다는 의미를 표현할 때 많이 쓰인다.

이러한 점으로 미루어 보아 정답은 C가 된다.

예제 ❷

父母最好不要给孩子强加各种不切实际的目标，增加他们的_____。我们要让他们在自然的_____下，_____到学习的重要性，在_____和赞赏中，激发他们学习的动力。

A 活力　状况　感受　满意　　　B 动力　情况　感觉　欣赏
C 负担　条件　体验　尊敬　　　D 压力　状态　体会　尊重

해석 부모는 되도록 아이들에게 갖가지 비현실적인 목표를 강요하여 ______ 을(를) 주지 않는 것이 좋다. 우리는 아이들이 자연스러운 ______ 에서 학습의 중요성을 ______ 하고, ______ 과 칭찬 속에서 공부하도록 힘을 북돋아주어야 한다.

A 활력 / 상황 / 느끼다 / 만족　　　B 힘 / 상황 / 느끼다 / 감상
C 부담 / 조건 / 경험하다 / 존경　　　D 스트레스 / 상태 / 체득하다 / 존중

단어 强加 qiángjiā 동 강요하다 | 不切实际 búqièshíjì 성 실제에 맞지 않다, 현실에 부합되지 않다 | 赞赏 zànshǎng 동 칭찬하여 높이 평가하다 | 激发 jīfā 동 (감정을) 불러일으키다, 분발시키다

정답분석

위의 지문 중 '不切实际的目标(비현실적인 목표)'에서 첫 번째 빈칸에 들어갈 단어가 긍정적인 의미가 아닐 것이란 점을 추론할 수 있다. 따라서 '活力', '动力'는 어울리지 않는다. '负担', '压力'는 동의어로서 '负担'은 주로 비용, 책임과 관련하여 많이 쓰이고 '压力'는 사람의 심리, 정서적인 측면을 나타낼 때 많이 쓰인다. 여기서는 '负担'과 '压力' 중 어떤 것을 선택해야 할지 정확히 판단할 수 없기 때문에 나머지 세 개의 빈칸에 적합한 단어를 찾아 지문을 완성해야 한다.

두 번째 빈칸에 들어갈 네 개의 보기는 모두 '在……下' 형식 안에 넣을 수 있다. 이중 '状况', '状态'는 의미가 매우 비슷하다. '状况'은 '健康状况', '经济状况', '婚姻状况', '思想状况'처럼 사람이나 사물의 평상시 상황을 말하고, '状态'는 주로 특정시간에 사람이나 사물이 보여주는 특징을 일컫는다. '情况'은 사물의 진행, 변화하고 있는 상태를 나타내는 말로 지금 발생하고 있거나 변화하고 있음을 강조한다. 앞뒤 문장을 살펴보면 '情况'은 정답이 될 수 없다. '条件'은 비교적 광범위하게 사용된다.

세 번째 빈칸에 들어갈 네 개의 보기 중 '感受', '感觉'는 동의어이다. '感觉'는 시각, 후각, 청각 등 감각기관으로 외부사물을 감지할 때 많이 쓰이고 목적어로는 형용사구나 절이 온다. '感受'는 외부사물을 접한 후 사상적으로 영향을 받거나 몸으로 느낀 바를 강조한다. 목적어는 일반적으로 명사구가 많이 온다. 앞뒤 문장의 문맥으로 미루어보아 여기서는 외부사물과의 접촉을 강조하는 말이 아니므로 '感受', '感觉' 모두 적합하지 않다. '体会', '体验' 역시 동의어로서 '体验'은 실질적 행동을 통해 사물과 생활을 인식하는 행위를 강조하고, '体会'는 머리를 써서 다른 사람의 심리나 사물의 이치를 이해하는 행위를 강조한다. 앞뒤 문맥으로 미루어보아 '体会'가 가장 적합한 것을 알 수 있다.

네 번째 빈칸에 들어갈 보기 중 '满意', '欣赏'은 '赞赏(칭찬하다)'의 의미가 있다. '尊敬'과 '尊重'은 동의어로서, '尊敬'은 '존경하다'라는 의미로 보통 아랫사람이 윗사람에게 또는 존경할만한 사람에게 쓴다. '尊重'은 '중요시 여긴다'는 의미로 사람에게 쓸 수 있고, 경우에 따라 추상적인 사물에도 쓸 수 있다. 지문의 전반적 의미에 따라 여기에서는 아이를 '존경한다'는 말이 되어야 한다. 그러므로 답은 D가 된다.

공략 1

실사의 유의어 및 동의어는 매우 많다. 유의어 분석 문제는 시험에서도 집중적으로 평가하고, 응시자도 어려워하는 부분이므로, 다음의 빈출 동의어를 잘 익혀보자.

▶ 알아두어야 할 실사 유의어

急忙	형 급하다, 바쁘다 다급하여 행동이 바쁘다는 뜻이다. 주로 심리활동을 일컫는다. 예 我们急忙赶到事故现场。 우리는 서둘러 사고현장에 갔다.
匆忙	형 급하다, 황급하다 시간이 부족하여 행동이 분주하다는 것을 나타낸다. 예 他走得太匆忙，忘了带书。 그는 너무 급하게 가느라 책을 가져가는 것을 깜빡했다.
安静	형 고요하다, 조용하다 주로 사람의 활동을 표현하면서 주변에 아무 소리가 나지 않음을 강조한다. 사람을 묘사할 때는 말이 없고, 활동하는 것을 좋아하지 않음을 나타낸다. 예 女儿睡得很安静。 딸아이가 조용히 잔다.
寂静	형 잠잠하다, 고요하다 주변에 아무 소리가 나지 않음을 강조할 때 쓴다. 사람의 활동을 묘사할 때는 쓰지 않는다. 예 屋子阴暗而寂静。 방이 어둡고 적막하다.
平静	형 (마음 등이) 평온하다, 차분하다 사람이 긴장하지 않았음을 강조한다. 환경 묘사에는 쓰지 않는다. 예 心情久久不能平静。 마음이 오랫동안 평정을 찾을 수 없었다.
宝贵	형 진귀하다, 귀중하다 매우 중요하기 때문에 가치가 있다는 뜻으로, '生命', '时间', '意见', '经验' 등과 함께 쓰인다. 예 生命是宝贵的。 생명은 귀중한 것이다
珍贵	형 진귀하다, 귀중하다 매우 희소하기 때문에 가치가 있다는 뜻으로, '照片', '工艺品' 등과 함께 쓰인다. 예 这些历史资料非常珍贵。 이 역사 자료들은 매우 귀중하다.
持久	형 영구적이다, 영원불멸하다 어떤 동작이나 행위, 상태가 유지되는 시간이 비교적 길다는 것을 뜻한다. 예 这种情况不会太持久了。 이러한 상황이 아주 오래 지속되지는 않을 것이다.
悠久	형 유구하다, 장구하다 '历史', '文化', '年代' 등을 묘사할 때 쓰인다. 예 首尔是一座历史悠久的城市。 서울은 역사가 유구한 도시다.

充分	형 충분하다 정도가 높음을 나타내는 단어로 추상적인 사물을 묘사하는 데 많이 쓰인다. 예 理由不充分 이유가 충분하지 않다 | 时间不充分 시간이 충분치 않다 | 充分的准备 충분한 준비 | 充分的信心 충분한 확신
充足	형 충분하다 수량이 많아 수요를 충족시킬 수 있음을 나타낸다. 예 充足的睡眠 충분한 수면 | 充足的物资 충분한 물자 | 雨量充足 강수량이 충분하다 | 经费充足 경비가 충분하다
充实	형 (내용 · 인원 · 물자 등이) 충실하다, 풍부하다 '生活', '精神', '思想' 등을 묘사할 때 자주 쓰인다. 예 这篇文章内容很充实。 이 문장은 내용이 매우 충실하다.
独特	형 독특하다 유일함을 강조한다. '风格', '风味' 등의 단어를 수식한다. 예 每个民族都有自己独特的一面。 모든 민족은 자신들만의 독특한 일면을 모두 가지고 있다.
特殊	형 특수하다, 특별하다 일반적이지 않음을 강조하며 형용사로만 쓰인다. 예 情况特殊 상황이 특수하다 | 特殊待遇 특수한 대우
特别	형 (보통 것에 비하여) 특별하다, 특이하다 부 특히, 유달리, 아주 일반적이지 않음을 강조하며 형용사와 부사로 쓰인다. 예 特别的礼物 특별한 선물 | 特别的印象 특이한 인상 | 特别的场合 특별한 장소 | 特别聪明 특히 총명하다
发达	형 발달하다 사물의 발전이 빠르고 앞선 위치에 있음을 나타낸다. 과학기술, 문화, 교육, 경제 등 수식하는 범위가 넓다. 예 肌肉发达 근육이 발달하다 | 工业发达 공업이 발달하다 | 交通发达 교통이 발달하다 | 经济发达 경제가 발전하다
繁荣	형 번영하다, 번창하다 국가나 도시 등을 묘사할 때 많이 쓰인다. 예 繁荣昌盛 번영하고 창성하다 | 繁荣富强 번창하고 부강하다 | 繁荣的城市 번영한 도시
兴旺	형 (어떤 기운이나 세력 등이) 왕성하다, 흥성하다 민족이나 가정을 묘사할 때 자주 쓰인다. 예 家族的兴旺 가족의 흥성 | 民族兴旺 민족이 부흥하다
丰盛	형 (물질적으로) 풍성하다, 풍부하다 요리, 음식, 술자리 등을 묘사할 때 많이 쓰인다. 예 丰盛的酒席 풍성한 술자리 | 丰盛的一餐 풍성한 식사
丰富	형 (물질 · 학식 · 경험 등이) 풍부하다 사용범위가 넓고 구체적, 추상적인 것 모두 사용 가능하다. 예 物产丰富 산물이 풍부하다 | 丰富多彩 풍부하고 다채롭다 | 丰富的知识 풍부한 지식

干净	형 깨끗하다, 깔끔하다, 정갈스럽다 입말에 많이 쓰인다. '干干净净'의 형태로도 쓰고 보어로도 쓸 수 있다. 예 打扫干净 깨끗이 청소하다 | 消灭干净 깨끗하게 사라지다
清洁	형 (먼지나 기름때 없이) 청결하다, 깨끗하다 글말에 많이 쓰인다. '清清洁洁'의 형태로 쓸 수 없으며 보어로도 거의 쓰이지 않는다. 예 这种产品具有清洁去污的功能。 이 제품은 청결 및 오염제거의 기능이 있다.
广大	형 (면적이나 공간이) 넓다, (범위나 규모가) 거대하다, (사람 수가) 많다 사람이나 추상적인 사물을 수식할 때 많이 쓰인다. 예 广大地区 넓은 지역 | 广大农村 넓은 농촌 | 广大知识分子 수많은 지식분자 | 广大群众 수많은 군중
广阔	형 광활하다, 넓다 사용범위가 비교적 좁다. 주로 '田野', '草原', '土地'와 함께 쓴다. 예 这片广阔的草地被破坏了。 이 광활한 초원은 훼손되었다.
和蔼	형 상냥하다, 살갑다, 사근사근하다 태도가 온화하여 가까이 하기에 쉬움을 나타내며, 일반적으로 손윗사람을 표현할 때 쓴다. 예 和蔼可亲 상냥하고 살갑다 | 慈祥和蔼的笑容 자상하고 상냥한 웃는 모습
和气	형 (태도가) 부드럽다, 온화하다 사람 간의 관계를 나타낼 때 자주 쓴다. 예 他们彼此很和气。 그들은 서로 매우 화목하다.
合适	형 알맞다, 적합하다, 적당하다 형용사로서 옷, 신발의 크기가 적절함을 나타내거나 시간, 기회, 언행 등을 묘사할 때 쓴다. 예 这个字用在这里不合适。 이 글자를 여기에 사용하는 것은 적합하지 않다.
适合	동 적절하다, 적합하다, 알맞다 동사로서 목적어를 취해야 한다. 예 这件衣服很适合我。 이 옷은 내가 입기에 아주 알맞다.
恰当	형 적당하다, 알맞다, 적합하다 형용사로서 의미상 '合适'보다 정도가 높다. 예 恰当的判断 적합한 판단 | 恰当的回答 알맞은 대답
宏伟	형 (규모나 계획 등이) 웅장하다, 웅대하다 '计划', '设想', '目标'처럼 비교적 추상적인 명사를 묘사할 때 많이 쓰인다. 예 气势宏伟 기세가 웅장하다 | 宏伟的蓝图 웅장한 미래
雄伟	형 웅장하다, 당당하다 '景色', '山峰'처럼 구체적인 사물을 표현할 때 자주 쓰인다. 예 气势雄伟 기세가 당당하다 | 雄伟的万里长城 웅장한 만리장성

激烈	형 격렬하다, 치열하다 운동이 격렬하거나 '竞争', '争论', '竞赛' 등이 열띤 경우를 묘사한다. 긍정적이기보다는 부정적 의미가 강하다. 예 激烈地争论 격렬히 논쟁하다 | 激烈地反驳 통렬히 반박하다
猛烈	형 세차다, 맹렬하다 세차고 맹렬함을 나타내는 말로 '风', '雨', '动作' 등을 묘사할 때 쓰인다. 예 炮火猛烈 포화가 격렬하다 | 攻势猛烈 공세가 치열하다
强烈	형 크다, 세차고 강하다 '光线', '愿望', '希望', '要求' 등을 묘사할 때 자주 쓰인다. 예 那天的太阳光线十分强烈。 그날의 태양광선은 매우 강렬했다.
热烈	형 열렬하다, 뜨겁다 사람의 동작과 행위 또는 분위기와 장면을 묘사할 때 쓰인다. 예 掌声热烈 박수소리가 열렬하다 | 热烈的眼神 뜨거운 눈빛
剧烈	형 극렬하다, 격렬하다 약의 성질이나 통증의 정도를 나타낼 때 쓰인다. 예 饭后不宜做剧烈运动。 식후에 격렬한 운동을 하는 것은 적절치 않다.
开心	형 (기분이) 즐겁다, 유쾌하다 '日子', '样子', '事儿' 등의 단어를 주로 수식한다. 예 这几天我不太开心。 요 며칠 나는 그리 유쾌하지 않다
快乐	형 즐겁다, 유쾌하다, 만족하다 '新年快乐', '生日快乐' 등의 표현에 많이 쓰이며 수식범위가 비교적 넓다. 예 我们要快乐地度过每一天。 우리는 매일을 즐겁게 보내야 한다.
快活	형 쾌활하다, 명랑하다, 행복하다 입말에 많이 쓰인다. 예 他是一个很快活的孩子。 그는 매우 쾌활한 아이이다.
刻苦	형 고생을 견디다, 애를 쓰다 일반적으로 '学习', '训练' 등의 단어를 수식하고 사용범위가 좁다.
努力	형 열심이다, 정성이다 온 힘을 다해 어떤 일을 한다는 뜻으로 두루 사용된다. 예 努力工作 열심히 일하다 | 努力学习 열심히 공부하다
美观	형 (장식이나 외견 등이) 보기 좋다, 아름답다 구체적인 물체의 외형이 아름답다는 의미로 사람을 묘사할 땐 쓰이지 않는다. 예 装饰美观 보기 좋게 장식하다 | 美观大方 아름답고 대범하다
美丽	형 아름답다, 예쁘다 여성이나 풍경의 아름다움을 묘사할 때 주로 쓰인다. 예 美丽的花园 아름다운 화원 | 美丽的公主 아름다운 공주 | 美丽的眼睛 예쁜 눈
漂亮	형 (옷 · 빛깔 · 용모 등이) 아름답다, 예쁘다 여성을 묘사하거나 일 처리가 매우 뛰어나고 출중함을 나타낼 때 쓰인다. 예 长得真漂亮 예쁘게 생기다 | 干得漂亮 예쁘게 하다

明显	형 뚜렷하다, 분명하다, 확연하다 추상적, 구체적 사물 모두를 수식하고 긍정적, 부정적 의미로 모두 쓰인다. 광범위하게 사용되는 표현이다. 예 明显的改变 뚜렷한 변화 | 明显的优势 확연한 기세
显著	형 현저하다, 뚜렷하다 '成绩', '效果' 등의 추상명사만을 수식하고 긍정적 사물을 묘사한다.
难过	형 (생활이 곤란해서) 보내기가 힘들다 마음이 편하지 않음을 나타낸다. 예 听说父亲病危，她心里非常难过。 아버지께서 병이 위독하시다는 말을 듣고 그녀는 마음이 매우 편하지 않았다.
难受	형 (몸이 아파서) 불편하다, 아프다 몸이나 마음이 불편하다는 의미로 쓰일 수 있다. 예 他感到饿得难受。 그는 못견딜 정도로 배고픔을 느꼈다.
伤心	동 상심하다, 슬퍼하다, 마음 아파하다 불행한 일을 만나 마음이 아프다는 의미로 쓰인다. 예 伤心落泪 슬퍼서 눈물이 흐르다 | 伤了他的心 그의 마음이 아프다
平常	명 평소, 평상시, 보통 때 특별하지 않음을 가리킨다. 예 他平常很少看电影。 그는 평상시에 영화를 즐겨보지 않는다.
平凡	형 (뛰어나거나 색다르지 않고) 보통이다, 평범하다 출중하지 않고 중요하지 않음을 나타낸다. 예 平凡的人物 평범한 인물 | 平凡的工作 평범한 일
一般	형 어슷비슷하다, 같다, 마찬가지다 대부분의 상황과 같아 뚜렷하지 않음을 표현한다. 예 这篇文章写得很一般。 이 글은 아주 일반적으로 썼다.
全面	형 전면적이다, 전반적이다, 보편적이다 '片面'과 반대되는 말로 '认识', '论述', '发展', '分析' 등을 수식한다. 예 这是比较全面的看法。 이것은 비교적 보편적인 견해다.
周到	형 주도면밀하다, 빈틈없다 '服务', '办事', '安排', '招待', '考虑'와 함께 쓰인다. 예 这里的服务非常周到。 이곳의 서비스는 매우 빈틈없다.
确实	형 확실하다, 틀림없다 부 틀림없이, 확실히, 정말로 부사와 형용사로 쓰인다. 사물에 많이 쓰이며 확실하고 신빙성 있다는 의미를 나타낸다. 예 确实的证据 확실한 증거 | 你确实比我强得多。 네가 확실히 나보다 훨씬 낫다.
的确	부 확실히, 정말 부사로만 쓰이고 객관성, 진실성을 강조할 때 쓴다. 예 那的确是齐白石的作品。 그것은 확실히 치바이스의 작품이다.
实在	형 진실하다, 정직하다, 참되다 사람에게 많이 쓰며 진실되고 거짓됨이 없음을 나타낸다. 예 这道题我实在不懂。 이 문제는 난 정말 잘 모르겠다.

始终	명 시종, 처음과 끝 부 한결같이, 언제나, 늘 이미 종료된 일에 쓰며 시간보어를 취하지 않는다. 예 那支球队始终保持不败的记录。 그 팀은 지금까지 불패의 기록을 유지해오고 있다.
一直	부 곧바로, 똑바로 과거, 현재, 미래에 관계없이 쓰고 시간보어가 함께 올 수 있다. 예 他妈妈身体一直很好。 그의 어머니 건강은 줄곧 매우 좋다.
特别	형 (보통 것에 비하여) 특별하다, 특이하다 정도가 높음을 나타내는 단어이나 다른 상황과 비교하는 표현은 아니므로 유의한다. 예 这个节目很特别。 이 프로그램은 매우 특이하다.
格外	부 특히, 더욱, 유달리, 아주 평상시보다 초과되었다는 의미로서 평상시와 비교할 때 쓰인다. 예 国庆节的天安门，显得格外庄严而美丽。 국경절의 천안문은 각별히 장엄하고 아름다워 보인다.
尤其	부 특히, 더욱, 더군다나, 유달리 어떤 사람이나 사물이 전체와 비교했을 때 특별히 도드라질 때 쓴다. 예 他各门功课都好，语文尤其突出。 그는 각 과목 성적이 모두 좋은데 어문이 특히 좋다.
舒服	형 (육체적으로나 정신적으로) 편안하다, 상쾌하다, 안락하다 편안하고 즐거울 때 쓰는 표현으로 신체적 느낌뿐만 아니라 사물에도 쓸 수 있다. 예 住在家里总比外面舒服。 집에 사는 것이 어쨌든 바깥보다 편하다.
舒适	형 기분이 좋다, 쾌적하다, 편하다 환경적 요인으로 만족감을 느낄 때 쓰며 '环境', '地方', '生活条件' 등과 함께 쓰인다.
舒畅	형 (기분이) 상쾌하다, 시원하다, 쾌적하다 사람의 속마음을 나타내는 어휘로 사람을 묘사할 때 쓴다. '心情'과 함께 쓰인다. 예 春天使人十分舒畅。 봄은 사람의 기분을 매우 상쾌하게 만든다.
突然	형 갑작스럽다, 돌연하다, 의외다 사건의 발생이 매우 빠름을 강조한다. 예 奶奶这次病太突然了。 할머니의 이번 병은 너무 갑작스럽다.
忽然	부 갑자기, 별안간, 문득 상황이 예상 밖으로 빠르게 나타나는 것을 가리킨다. 예 他正要出去，忽然下起大雨来了。 그가 막 나가려는데 갑자기 비가 많이 쏟아지기 시작했다.
猛然	부 갑자기, 별안간, 돌연히 사람이나 동물의 동작과 행위를 표현하는 말로 심리상태를 나타내는 동사를 수식할 수 있다. 예 她猛然回头看着我。 그녀는 갑자기 고개를 돌려 나를 보고 있다.

完美	형 결함이 없다, 완미하다, 완벽하다 결점이 없는 완벽함을 뜻하는 말로 주관적인 평가에 많이 쓰인다. '人生', '婚姻' 등을 수식한다.
完备	형 완전하다, 완비되다 있어야 할 것을 모두 갖추었다는 의미로 '设施', '资料', '工具' 등을 수식한다.
完善	형 (모자라거나 흠잡을 데 없이) 완전하다, 완벽하다 완전하고 좋음을 강조하는 말로 동사로도 쓰일 수 있다. 예 完善的技艺 완벽한 기예 | 设施完善 시설이 완전하다
敏捷	형 민첩하다 사람의 사고방식이 유연하고 반응이 빠름을 표현하는 말로 '思维', '反应'을 수식한다. 예 他的行动可真是敏捷。 그의 행동은 정말 민첩하다.
迅速	형 신속하다, 재빠르다, 날쌔다 동작이 민첩하고 속도가 빠르다는 의미로만 사용된다. 생각을 묘사하는 말로는 쓰이지 않는다. 예 他迅速跳上了卡车。 그는 재빨리 트럭에 올라 탔다.
有名	형 유명하다 긍정적, 부정적 측면 모두 사용할 수 있다. 예 有名的科学家 유명한 과학자 | 有名的骗子 악명높은 사기꾼
著名	형 저명하다, 유명하다 많은 사람들에게 깊은 인상을 남긴다는 의미로 좋은 뜻으로 많이 쓰인다. 예 著名人士 저명인사 | 著名作家 유명한 작가
高兴	형 기쁘다, 유쾌하다, 즐겁다 기분이 즐거워 흥분됨을 나타내는 말로 겉으로 보았을 때 기쁘다는 의미이다. 입말에 많이 쓰인다. 예 认识您很高兴。 당신을 알게 되어 정말 기쁩니다.
愉快	형 유쾌하다, 즐겁다 짧은 시간뿐만 아니라 오랫동안 느끼는 즐거움을 표현하는 말로 '心情', '生活', '节日', '工作', '学习' 등과 함께 쓰인다. 글말에 많이 쓰인다.
重要	형 중요하다 의미가 깊고 역할이 크다는 것을 강조하는 말로 '很', '非常', '特别' 등 부사의 수식을 받을 수 있다. 예 她是我生命当中的一个至为重要的人物。 그녀는 내 일생에서 아주 중요한 인물이다.
首要	형 제일 중요한 어기가 강한 표현으로 가장 중요하다는 의미이다. '问题', '任务', '条件' 등의 명사를 수식한다.
主要	형 주요한, 중요한 '부차적인'이란 의미의 '次要'와 상대되는 단어로 결정적 역할을 한다는 의미를 나타낸다. '最'의 수식을 받을 수 있다. 예 他是这个公司的主要顾客。 그는 이 회사의 주요 고객이다.

精确	형 (논점 · 계산 · 분석 등이) 정확하다, 틀림없다 '정확하다'는 의미로 정도가 높음을 나타낸다. '测量', '时间', '射击' 등을 묘사할 때 많이 쓰인다.
正确	형 (사실 · 도리 · 어떤 공인된 표준에 어김이 없이) 정확하다 '옳다, 틀림이 없다'는 의미로 '思想', '观点', '方法' 등을 표현할 때 많이 쓰인다. 예 你的选择是正确的。 당신의 선택은 정확하다.
准确	형 정확하다, 틀림없다 오차가 없다는 뜻으로 옳을 뿐 아니라 정확하다는 의미까지 포함한다. '比较', '不太' 등의 수식을 받을 수 있다. 예 准确的统计　정확한 통계 | 发音准确　발음이 정확하다
自豪	형 자랑스럽다, 대견하다, 우쭐하다 좋은 의미로 쓰이는 말로서 자신이나 자신과 관계된 사람, 집단이 거둔 성과에 자부심을 느낀다는 뜻이다. 예 他自豪地向大家介绍了家乡的巨大变化。 그는 자랑스럽게 모두에게 고향의 엄청난 변화를 소개하였다.
自满	형 스스로 만족하다, 자만하다 부정적인 의미로 자신이 거둔 성과에 자만한다는 의미이다. 예 他是一个谦虚的人，从不自满。 그는 겸손한 사람으로 자만하지 않는다.
骄傲	형 거만하다, 오만하다, 교만하다　명 자랑, 긍지, 자랑거리 긍정적 의미로 쓰일 때도 있고 부정적 의미로 쓰일 때도 있다. 예 骄傲自大是他的一个缺点。 잘난 척하고 자만하는 것은 그의 결점이다. 古代四大发明是中国的骄傲。 고대 4대 발명품은 중국의 자랑이다.
慌忙	형 황망하다, 황급하다, 급박하다 사람의 동작이 바쁘고 허둥대는 것을 표현한다. 예 慌忙之中，我把衣服都穿反了。 황망한 가운데 나는 옷을 뒤집어 입었다.
慌张	형 안절부절못하다, 허둥대다 동작이 분주한 것뿐만 아니라 마음이 침착하지 못하고 안절부절못하다는 의미도 있다. 예 别再慌张了。 더는 허둥대지 마라.
成功	동 성공하다 상대를 제압하여 이긴다는 의미가 아니라 원만하게 마무리 짓거나 만족할만한 결과를 얻는 것을 의미한다. 예 他们终于取得了成功。 그들은 마침내 성공을 거두었다.
胜利	동 겨루거나 싸워서 이기다, 승리하다 상대를 이기고 어려움을 극복하여 목표에 도달했음을 뜻한다. '竞争'과 자주 쓰인다. 예 我们在竞争中取得胜利。 우리는 경쟁에서 승리를 얻었다.
高尚	형 (도덕적으로) 고상하다, 훌륭하다 관형어로도 쓰이고 술어로도 쓰인다. '理想', '品质', '道德'와 함께 쓰인다.
崇高	형 숭고하다, 고상하다 관형어로 자주 쓰인다. '敬意', '声望', '形象', '理想', '事业', '目标' 등을 수식한다.

灵活	형 민첩하다, 재빠르다, 융통성이 있다 사람의 동작이나 행위를 나타내는 말을 수식한다. 예 他转身动作特别灵活。 그가 몸을 돌리는 동작은 특히 민첩하다.
灵敏	형 (반응이) 빠르다, 민감하다 사람의 동작뿐만 아니라 기계, 기구 등을 수식할 수 있다. 예 灵敏度高 민감도가 높다 | 灵敏机警 민감하고 기민하다 | 心思灵敏 머리가 빠르다
漫长	형 (시간이나 길 등이) 길다, 멀다, 끝이 없다 길다는 의미를 강조하는 말로 '时间', '道路' 등을 표현한다. 예 漫长的夏天开始了。 길고 긴 여름이 시작되었다.
遥远	형 요원하다, 아득히 멀다 멀다는 의미를 강조하는 말로 시간이나 지점이 매우 멀다는 것을 표현한다. 예 地震在遥远的印度洋发生了。 지진은 인도양 먼 곳에서 발생했다.
抱怨	동 불평하다, 투덜거리다, 탓하다 사람과 일 모두 대상이 될 수 있다. 그러나 대상이 사람일 경우라도 '自己'는 쓸 수 없다. 예 一人做事一人当，不会瞎抱怨。 자기 일은 자기가 책임져야지 공연히 원망해서는 안 된다.
埋怨	동 (일이 여의치 못해) 불평하다, 원망하다 대상은 일반적으로 사람이 온다. 다른 사람일 수도 있고 자기 자신이 될 수도 있다. 예 不要总是埋怨别人，要多反省自己。 늘 다른 사람 탓하지 말고 자신을 많이 반성해야 한다.
难过	형 (생활이 곤란해서) 보내기가 힘들다, 힘들게 (나날을) 보내다 생활이 어렵거나 마음이 좋지 못함을 나타낸다. 예 小时候，他家很穷，日子很难过。 어릴 때 그는 집이 매우 가난해서 생활이 힘겨웠다.
难受	형 (몸이 아파서) 불편하다, 아프다 몸이나 느낌이 불편한 것을 표현할 때 쓴다. 예 肚子疼可难受了。 배가 아파서 정말 불편하다.
疲倦	형 (몸이나 마음이) 지치다, 고단하다, 나른하다 '피로하다'는 의미 외에 자고 싶다거나 쉬고 싶다는 의미가 포함되어 있다. 예 他因艰苦的学习而疲倦。 그는 힘든 학습 때문에 피곤하다.
疲劳	형 (몸이나 정신 등이) 고단하다, 지치다 과로 후 지친다는 의미 외에 '视觉疲劳(시력감퇴)', '听觉疲劳(청각감퇴)', '审美疲劳(심미적 능력 감소)'처럼 과도한 운동이나 강한 신체적 자극으로 세포나 조직, 기관의 기능이 감퇴하고 반응이 더뎌진다는 의미가 있다.
普遍	형 보편적이다, 일반적이다, 널리 알려져 있다 널리 존재하고 모든 것에 공통됨을 나타낸다. 형용사로 쓰이므로 목적어를 취하지 않는다. 예 这种情况上海非常普遍。 이런 상황은 상하이에서 매우 보편적이다.
普及	동 보급되다, 퍼지다 널리 퍼져 많은 사람들이 골고루 누리게 한다는 뜻으로 '普及法律知识(법률지식을 보급하다)'처럼 목적어가 올 수 있다.

迫切	형 절박하다, 절실하다 객관적 상황이 매우 긴박하여 미룰 수 없음을 나타낸다. 또한 주관적인 요구가 절실하여 더 이상 기다리기 어려움을 표현한다. 예 他的愿望很迫切。 그의 바람은 매우 절실하다.
急切	형 절박하다, 절실하다 사람의 주관적 감정을 강조하는 어휘로 '希望', '要求', '寻找' 등을 표현할 때 자주 쓰인다.
亲切	형 친근하다, 친절하다, 친밀하다 사람을 대할 때의 태도와 언어, 미소 등을 묘사할 때 쓰는 말로 윗사람이 아랫사람에게 표현할 때 쓰인다. 예 亲切的教诲 친근한 가르침 | 亲切的态度 친밀한 태도
亲热	형 친근하다, 친밀하다, 다정하다, 친숙하다 주로 사람을 대할 때의 태도와 행동이 다정함을 나타낸다. 예 小两口亲热个不停。 젊은 부부는 끊임없이 다정한 모습을 보인다.
仔细	형 꼼꼼하다, 자세하다, 세심하다, 면밀하다 모든 면에서 꼼꼼하고 세심하게 일 처리를 한다는 뜻이다. 사물은 수식하지 않는다. 예 他观察事物非常仔细。 그는 사물을 관찰하는 것이 매우 꼼꼼하다.
小心	동 조심하다, 주의하다 행동을 할 때 주의를 기울여 자신을 보호한다는 의미이다. 예 小心别摔着了! 넘어지지 않게 조심해!
孤单	형 쓸쓸하다, 외롭다, 고독하다 의지할 사람 없이 홀로 외롭다는 의미가 강하다. 예 她一个人生活很孤单。 그녀 혼자서 생활하기가 매우 외롭다.
孤独	형 고독하다, 쓸쓸하다, 외롭다 사람의 성격을 묘사할 때 쓴다. '孤独感(고독감)'으로도 많이 쓴다. 예 儿女都不在身边, 他感到很孤独。 자녀들이 모두 곁에 없어서 그는 매우 외로움을 느낀다.
孤立	형 고립되다 이해와 동정, 도움을 받지 못하고 고립되어 있음을 나타낸다. 예 孤立无援 고립무원 | 孤立的境地 고립된 상황 | 生活的孤立 생활에서의 고립감
欢乐	형 즐겁다, 흥겹다, 유쾌하다 행위의 주체가 사람일 수도 있고 '气氛', '日子', '节日' 등의 사물일 수도 있다. 예 教室里的气氛非常欢乐。 교실의 분위기가 매우 유쾌하다.
欢喜	형 즐겁다, 기쁘다 기쁜 일로 즐거워하는 모습을 나타낸다. 예 他们欢喜地向我挥挥手。 그들은 기쁘게 나를 향해 손을 흔들다.

艰难	형 곤란하다, 어렵다, 힘들다 일의 진행이 순조롭지 않고 어려움이 많다는 점을 강조한다. 사람의 행동이나 호흡이 비교적 어렵다는 의미도 있다. 예 我们的生活非常艰难。 우리의 생활은 매우 어렵다.
艰苦	형 고생스럽다, 고달프다 객관적인 주변여건이 나빠 고생스럽다는 의미로서 '条件', '环境' 등과 함께 쓰인다. 예 这项工作条件很艰苦的。 이 업무조건이 매우 힘들고 어렵다.
粗心	형 소홀하다, 꼼꼼하지 못하다 '꼼꼼하고 세심하지 못하다'는 뜻으로 무의식적으로 경솔하게 행동함을 나타낼 때도 쓰인다. '粗心大意'의 형태로 많이 쓰고 사람을 수식할 수 있다. 예 他这个人总是粗心大意。 그라는 사람은 항상 경솔하고 세심하지 못하다.
大意	형 소홀하다, 부주의하다 '부주의 하다, 소홀히 하다'는 뜻으로 사람을 수식하지 않는다. 예 我看来他太大意了。 내가 보기에 그는 매우 부주의한 것 같다.
马虎	형 부주의하다, 조심성이 없다, 소홀하다 '무책임하고 마음 내키는 대로 한다'는 뜻으로 주관적으로 봤을 때 대충대충하며 성실하지 못하다는 의미로 많이 쓰인다. 중첩이 가능하고 '马虎大意'처럼 쓰기도 한다.
温暖	형 (기후 · 시간 · 장소 · 사물 등이) 따뜻하다, 온화하다 '气候', '阳光' 등을 표현하고자 할 때 쓰며, 사람이 친근하고 따뜻한 감정을 느끼도록 할 때도 쓴다. 예 我握着他的那双温暖的手。 나는 그의 그 따뜻한 손을 잡고 있다.
暖和	형 (기후나 환경 등이) 따뜻하다 날씨나 환경을 표현할 때 쓴다. 예 暖和了几天之后，又冷起来了。 며칠 따뜻해진 후에 다시 추워졌다.
遗憾	형 유감스럽다 기회를 놓쳐 안타깝고 유감스러울 때 쓴다. 감탄문에서 주로 많이 쓰인다. 예 遗憾的事情 유감스러운 사건 | 遗憾地说 유감스럽게도
可惜	형 아깝다, 아쉽다, 애석하다 물건을 잃어버리거나 또는 물건이 파손되었을 때 아쉽고, 안타깝다는 의미로 쓴다. 역시 기회를 놓쳤을 때도 쓸 수 있으며 감탄문에서 많이 쓰인다. 예 这手套还没有破，扔了多可惜啊。 이 장갑은 아직 멀쩡하여 버리기에는 너무 아깝다.
惋惜	동 애석하게 여기다, 슬프고 아까워하다, 안타까워하다 슬프거나 불행한 일이 생겼을 때 또는 사물이 생각지도 못하게 변했을 때, 애석하게 여기고 안타까워함을 가리킨다. 평서문에 많이 쓰인다. 예 他叹了一口气，显出极惋惜的样子。 그는 한숨을 쉬며 매우 안타까운 모습을 보였다.

盼望	동 절실히 기대하다, 간절히 바라다, 희망하다 바라고 기대한다는 뜻으로 기다림이 필요한 일에 쓰인다. 예 我盼望早日回到故乡。 나는 조속히 고향에 돌아가기를 간절히 바란다.
渴望	동 간절히 바라다, 갈망하다 간절히 바라고 갈망한다는 뜻으로 보통 바라는 일이 자신과 연관되었을 때 쓰인다. 예 渴望成功 성공을 갈망하다 | 对学习的渴望 공부에 대한 갈망
所有	형 모든, 일체의 일정 범위 안의 모든 개체를 가리킨다. 사람과 사물 모두 가능하다. 예 这个计划提高了所有职员的生产率。 이 계획은 모든 직원의 생산률을 제고시켰다.
全部	형 전반적인, 전체의, 전부의, 모든 전체를 강조하는 말로 사람에게는 쓰지 않는다. 예 他们用尽了全部力量。 그들은 모든 힘을 다 썼다.
一切	대 일체, 전부 어떤 사물이 포함하고 있는 모든 유형을 강조하는 말로 추상적인 사물을 주로 수식한다. 예 他终于实现了一切。 그는 마침내 모든 것을 이루었다.
喜欢	동 (사람이나 물건을) 좋아하다, 즐기다 사람이나 사물에 좋은 감정을 가지고 있다는 뜻으로 좋거나 나쁜 행위에 모두 쓸 수 있다. 예 我不太喜欢看这种片子。 나는 이런 영화를 그리 좋아하지 않는다.
爱好	동 (어떤 것에 대해 깊은 흥미가 있어) 애호하다, 즐기다 좋고 정상적인 사물이나 행위에만 쓸 수 있다. 예 爱好散布的人越来越多。 산책을 즐기는 사람들이 갈수록 많아진다.
发挥	동 (내재된 성질이나 능력을) 발휘하다 내재적인 능력을 밖으로 끄집어 냄을 의미한다. '才智', '作用', '积极性' 등과 함께 쓰인다.
发扬	동 (우수한 기풍 · 전통 등을) 발양하다, 떨쳐 일으키다 떨쳐 일으킨다는 뜻으로 '优良作风', '传统'과 함께 쓰인다.
出生	동 출생하다, 태어나다 생명이 있는 것이라면 모두 쓸 수 있다. 단 목적어는 취하지 않는다. 예 我出生在北京。 나는 베이징에서 태어났다.
诞生	동 (사람이) 출생하다, 탄생하다 중요한 인물에만 쓸 수 있고 '政党', '国家', '组织', '事物' 등의 출현을 가리킬 때도 쓴다.
指导	동 (어떤 방향이나 목적에 따라) 지도하다, 가르치다 전문적인 측면에서 구체적인 지도를 받는다는 뜻으로 '人', '工作', '学习' 등과 함께 쓰인다.
引导	동 지도하다, 인도하다, 유도하다, 이끌다 사상적으로 교육을 받는다는 말로 주로 사람을 목적어로 취한다. 예 这样才能引导人们的行动。 이렇게 해야만 사람들의 행동을 유도할 수 있다.

表明	동 표명하다, 분명하게 나타내다, 분명하게 드러내다 말이나 행동을 통해 생각이나 감정을 드러내는 것을 뜻한다. 예 这个路标表明这里不能通行。이 도로표지는 이곳을 통행할 수 없음을 나타낸다.
证明	동 증명하다 구체적인 소재를 통해 상황이나 결론의 사실성을 분명하게 밝힌다는 의미이다. 예 我可以证明她是清白的。나는 그녀가 결백하다는 것을 증명할 수 있다.
说明	동 설명하다, 해설하다 동작의 주체는 사람이나 사물 둘 다가 될 수 있으며, 명확하게 설명하는 것을 뜻하고, '问题', '道理', '情况', '原因', '理由'와 함께 쓰인다. 예 这里就不再重复说明了。여기에서는 재차 설명하지 않겠습니다.
解释	동 해석하다, 해설하다 일반적으로 단어의 의미, 사건의 원인, 의문 등을 대상으로 삼을 수 있다. 예 谁来解释一下这个情况? 누가 이 상황을 해설하겠습니까?
显示	동 나타내 보이다, 드러내 보이다, 과시하다 행위나 사물을 통해 능력이나 재능, 역량, 생명력, 의미 등을 나타내는 것을 뜻한다. 예 她的作品显示出独特的艺术风格。그녀의 작품은 독특한 예술풍격을 드러내 보인다.
表示	동 (말 · 행동으로 어떤 생각 · 감정 · 태도 등을) 표시하다, 드러내다, 나타내다 말이나 행동을 통해 생각이나 감정, 태도, 의미, 견해 등을 표현하는 것을 뜻한다. 예 我向大家表示衷心的感谢。여러분들께 진심으로 감사를 표합니다.
计划	동 계획하다 비교적 중요하고 일정 단계와 목적을 필요로 하는 일에 쓴다. 어기는 비교적 강한 편이고 '制定', '实施' 등의 단어와 함께 쓴다.
打算	동 계획하다, 고려하다 일반적인 생각을 나타내는 말로 어기가 약한 편이다. 일상생활과 관련된 일에 많이 쓴다. 예 我打算去欧洲旅游。나는 유럽에 여행을 갈 계획이다.
采用	동 채용하다, 채택하다 구체적인 단어나 추상적인 단어 모두 목적어로 취할 수 있다. '设备工具', '技术', '语言', '文字' 등과 함께 쓰인다.
采取	동 (어떤 방침 · 정책 · 조치 · 수단 · 형식 · 태도 등을) 선택하여 실행하다, 취하다 추상적인 단어만 목적어로 취할 수 있다. '措施', '态度', '政策', '意见', '行动' 등과 함께 쓰인다.

采用	동 채용하다, 채택하다 선택적으로 사용한다는 의미로 '意见', '建议', '计划', '方式' 등과 함께 쓰인다.
利用	동 이용하다 사람이나 사물이 일정 역할을 하도록 한다는 의미이다. 목적어가 사물일 경우 추상적인 어휘가 오고, 사람일 경우 구체적인 어휘가 온다. 부정적인 의미로 쓰일 때도 있으며 '条件', '时间', '机会', '人'과 함께 쓰인다.
使用	동 사용하다 사람이나 사물을 통해 목적을 달성한다는 의미이다. 목적어가 사물일 경우 구체적인 대상이 와야 하며, 사람일 경우 구체적, 추상적인 대상 모두가 올 수 있다. 예 他们办公室也使用上冰箱了。 그들이 사무실에서도 냉장고를 사용하기 시작했다.
应用	동 응용하다, 사용하다 이론이나 기술, 방법 등을 생산활동에 응용한다는 뜻이다. 예 我们要把学到的东西应用到实际上来。 우리는 배운 것을 실제에 사용해야 한다.
运用	동 활용하다, 운용하다 사물의 특징이나 상황에 따라 유연하게 운용하는 것을 가리킨다. 목적어로는 '理论', '技术', '方法', '文字' 등의 단어가 온다.
交换	동 교환하다 구체적인 물건에 많이 쓰이는 말이다. '看法', '意见'처럼 추상적인 단어에 쓰일 때도 있다. 예 我们已经就此事交换了意见。 우리는 이미 이 일에 대해 의견을 교환했다.
交流	동 교류하다 '思想', '文化', '体会', '感情', '情况'처럼 추상적인 사물에 많이 쓴다.
帮忙	동 돕다, 도와주다 구체적으로 어떤 일을 돕는다는 의미이다. '동사+목적어' 구조로 이루어진 이합동사이기 때문에 '帮'과 '忙' 사이에는 다른 성분을 넣을 수 있지만 '帮忙' 뒤에 목적어를 쓰는 것은 불가능하다. 예 对不起，请帮个忙！ 죄송해요, 좀 도와주세요!
帮助	동 (남을 위해 육체적 · 물질적 · 정신적으로) 돕다, 도와주다, 지원하다 동사로서 중간에 다른 성분을 삽입할 수 없고 뒤에 목적어를 쓴다. 예 让我帮助你吧。 제가 당신을 돕도록 해주세요.
周围	명 주위, 둘레 멀지 않은 거리에서 에워싼 부분을 가리키며 부사 '都'와 함께 쓰일 때가 많다.
附近	형 부근의, 근처의 명 부근, 근처 거리가 멀지 않은 어떤 장소를 가리킨다. 예 公园附近有一个学校。 공원 부근에 학교가 하나 있다.

拥有	동 (토지 · 인구 · 재산 등을) 가지다, 보유하다, 소유하다 목적어는 보통 추상명사가 많이 온다. 목적어는 반드시 이음절 명사여야 한다. 보통 '健康', '青春', '知识', '权力', '感情'과 같이 중요하고 좋은 뜻의 단어가 온다.
具有	동 가지다, 구비하다, 갖추다 추상적인 사물에 많이 쓰며 광범위하게 사용되는 단어이다. '信心', '意义', '本能', '能力', '说服力', '吸引力', '价值', '魅力'와 함께 쓰인다.
具备	동 (필요한 것을) 갖추다, 구비하다 목적어는 좋고 만족할 만한 것이 온다. 일정한 요구와 기준에 따라 반드시 있어야 하는 것을 갖춘다는 의미로 완비했음을 강조한다. 예 他具备多方面的才能。 그는 여러 방면의 재능을 갖추고 있다.
形状	명 (어떤 물체의) 겉모양, 외관, 형상 구체적이고 육안으로 확인이 가능한 것을 가리킨다. 물체나 도형의 모습을 나타내며 외부의 면과 선의 조합으로 이루어진 모양을 일컫는다. 예 这两个东西的形状大体相同。 이 두 물건의 형상은 거의 똑같다.
形态	명 형태 추상적이고 육안으로 확인이 불가능한 것을 가리킨다. 구체적인 사물의 모양을 나타낼 수는 있지만 동물, 식물 등 생물체의 외부 모습과 자세를 가리킬 때가 많다. 예 这本书中的人物形态各异。 이 책 속의 인물형태는 제각각 다르다.
忽视	동 소홀히 하다, 경시하다, 주의하지 않다 소홀히 여기고 중요시 하지 않는다는 의미이다. 일반적으로 사물에 대해 쓴다. 예 这个观点被忽视了。 이 관점은 경시되었다.
轻视	동 경시하다, 가볍게 보다, 얕보다 일부러 무시하고 가벼이 여긴다는 뜻으로 사물뿐 아니라 사람을 대상으로 쓴다. 예 他总是带着轻视的口气说。 그는 항상 경시하는 말투로 말을 한다.
特点	명 특색, 특징, 특성 사람을 가리킬 수도 있고 사물을 가리킬 수도 있다. 좋은 사람과 좋은 일을 나타낼 수도, 나쁜 사람과 나쁜 일을 나타낼 수도 있다. 형식적이거나 표면적인 특징일 수도, 내용면에서나 성질면에서의 특징일 수도 있어 다양하게 쓰인다. 예 他有哪些特点? 그는 어떤 특징이 있니?
特色	명 특색, 특징 사물의 장점을 가리킬 때가 많다. 사람에게는 거의 쓰지 않는다. 사물의 스타일이나 특색을 표현하는 말로 목소리나 의류 또는 민족성, 지방색 등을 나타낼 때 좋은 뜻의 의미로 쓴다. 예 这些电影有什么艺术特色? 이러한 영화는 어떤 예술적인 특색이 있나요?

维持	동 (어떤 상태를) 그대로 지탱하다, 유지하다 대상은 주로 가장 기본적인 요구나 짧은 시간 동안의 상태가 된다. '生命', '生活', '秩序', '治安', '现状' 등이 목적어가 된다.
保持	동 (원래의 상태를) 유지하다 대상은 만족할 만한 상황, 긍정적인 행위 또는 오랫동안 유지되었으면 하는 현상 등이 된다. '水土', '水平', '传统', '作风', '联系', '精神', '荣誉', '安静', '健康' 등이 목적어가 된다.
一致	부 함께, 일제히, 동시에, 한꺼번에 개체 간에 차이가 없음을 나타낸다. '表示', '要求', '认为', '赞成', '同意', '通过' 등의 단어를 수식한다.
统一	형 일치된, 전체적인, 단일한, 통일적인 전체가 하나임을 강조한다. 예 统一的国家 통일된 국가 | 统一领导 단일 지도자
赞美	동 찬미하다, 찬양하다 대상은 구체적인 사람, 사람의 정신, 인품, 덕 등이 된다. 자연풍경이나 조국 역시 대상이 될 수 있다. 예 这是一首赞美友谊的感人诗篇。 이것은 우정을 찬미하는 감동적인 시다.
赞赏	동 칭찬하다, 높이 평가하다 사람의 재능이나 기술 등을 대상으로 한다. 예 他赞赏了她的这种牺牲精神。 그는 그녀의 이러한 희생정신을 칭찬하였다.
赞扬	동 찬양하다, 칭찬하다 구체적인 사람이나 단체의 행위, 정신, 성과 등을 대상으로 한다. 예 他总是赞扬这个学生。 그는 늘 이 학생을 칭찬한다.
减少	동 감소하다, 줄다, 적어지다 수량이 적어짐을 뜻한다. 구체적인 사람이나 동 · 식물, 사물에 쓴다. 예 如何减少库存? 어떻게 재고를 줄일 수 있습니까?
减弱	동 (기세 · 힘 등이) 약해지다, 완화되다 주로 역량이 약해짐을 뜻한다. '力量', '势力' 등 강도와 관련이 있는 사물과 함께 쓰인다.
加强	동 (모자라거나 부족한 점을 보완하여) 강화하다, 보강하다 기존의 기반 위에서 힘을 길러 강해진다는 의미이다. 목적어는 보통 '宣传', '合作', '教育', '锻炼'과 같이 동사형 단어가 온다.
增强	동 증강하다, 강화하다 기존의 기반 위에서 향상된다는 의미이다. 목적어는 보통 '勇气', '自信心', '抵抗力'처럼 추상명사가 온다.

支配	동 배치하다, 안배하다 사람의 행위를 지배한다는 뜻으로 '人', '劳动力', '物力' 등이 그 대상이 된다.
控制	동 통제하다, 제어하다, 규제하다, 억제하다 '得到', '失去', '摆脱' 등의 동사 뒤에 많이 쓰이고 '人口', '国家', '地区', '音量', '体重' 등의 목적어를 취한다.
掌握	동 장악하다, 정복하다, 파악하다, 잡다 사물의 상황에 대해 이해가 깊다는 뜻으로 이를 자유자재로 운용할 능력이 있음을 나타낸다. '知识', '方法', '技术', '科学' 등과 함께 쓰인다. 예 经理应掌握必要的业务知识。 매니저는 필요한 업무지식을 마땅히 파악해야 한다.
放松	동 (어떤 것에 대한 주의와 관리를) 느슨하게 하다, 늦추다 근육이나 정신상태 등을 긴장했다가 푸는 것을 나타낸다. 동사로 목적어를 취할 수 있다. 예 放松警惕 경계심을 늦추다 | 放松肌肉 근육을 풀다 | 放松学习 느슨하게 공부하다
轻松	형 수월하다, 편안하다, 홀가분하다, 가뿐하다 마음상태를 편안히 갖는 것을 말한다. 형용사로서 목적어가 올 수 없다. 예 她喜欢相对轻松随意的生活。 그녀는 상대적으로 가볍고 자유로운 생활을 좋아한다.
预料	동 예상하다, 예견하다, 전망하다 사건이 발생하기 전에 미리 결과를 예측한다는 뜻이다. 예 超出预料 예상을 뛰어넘다 | 出乎预料 예상을 빗나가다 | 出人预料 예상을 벗어나다
预计	동 예상하다, 전망하다, 예측하다 사전에 이미 알고 있는 상황이나 수치 등의 수단을 통해 추측하고 계획하는 것을 의미한다. 예 我预计有五个人参加考试。 나는 다섯 명의 사람이 시험에 참가할 것이라고 예상한다.
预测	동 예측하다 일반적으로 정확한 계산을 필요로 하는 곳에 쓰인다. 예 谁也无法预测这场考试的成绩。 누구도 이 시험의 성적을 예측할 수 없다.
思考	동 사고하다, 사색하다, 숙고하다 결정을 내리기 위해 깊이 생각한다는 뜻이다. '独立', '善于', '进行', '周密', '深入' 등의 수식을 받는다.
考虑	동 고려하다 깊이 생각한 후 결정을 내린다는 의미로 광범위하게 쓰인다. 예 她对所有事情考虑得很细致。 그녀는 모든 일에 대해 매우 세심하게 고려한다.
考察	동 현지 조사하다, 답사하다, 시찰하다 중요한 일에 쓰이는 단어로 많은 관찰과 조사를 통해 문제를 깊이 연구한다는 뜻이다. 과학연구에 많이 쓰인다. 예 他们在当地考察了三年多。 그들은 현지에서 삼 년 넘게 답사했다.
考验	동 시험하다, 검증하다 어떤 방식을 통해 한 사람이나 조직의 능력과 수준을 시험한다는 뜻이다. 예 你在考验我的决心吗? 당신 지금 내 결심을 시험하는 겁니까?

证明	동 증명하다 명 증명서, 증명 서신 일정 소재를 가지고 상황을 설명하거나 결론을 도출해낸다는 의미이다. 동사 및 명사로 쓰인다. 예 我可以证明他没有一点过错。 나는 그에게 조금의 잘못도 없다는 것을 증명할 수 있다.
证实	동 (확실함을) 증명하다 실질적 행동이나 조사를 통해 견해를 증명한다는 뜻으로 틀림없음을 밝힌다는 의미이다. 예 他的科学假设在实践中得到证实。 그의 과학적 가설은 실천 중에 증명되었다.
产生	동 생기다, 출현하다, 나타나다 기존의 사물에서 새로운 사물이 형성된다는 의미로 새로운 사물은 일반적으로 예상 가능한 것이다. '效果', '结果', '问题', '影响', '兴趣', '作用'과 함께 쓰인다. 예 由此而产生的后果会是严重的。 이로 인해 생기는 결과는 심각할 것이다.
发生	동 (원래는 없던 일이) 생기다, 발생하다, 일어나다 기존에 없던 사물이 생겨남을 강조하는 말로 '事故', '变化', '矛盾'과 자주 쓰인다.
兴奋	형 흥분하다, 감격하다, 감동하다 사람의 정신활동을 가리키는 말로 일반적으로 즐겁고 기쁠 때 쓴다. 예 她谈到好莱坞明星很兴奋。 그녀는 헐리웃 스타에 관한 말을 하면 매우 흥분한다.
激动	형 (감정이) 흥분하다, 감동하다, 감격하다 외부의 자극을 받아 감정이 격앙됨을 가리키는 말로 기쁠 때도 쓰지만 분노를 느끼거나 고통스러울 때도 쓴다. 예 你这样激动下去对你的身体不好。 너 이렇게 흥분하면 네 건강에 좋지 않아.
能够	조동 ~할 수 있다 사람이 어떤 품성이나 특징을 가지고 있음을 나타낼 때 또는 어떤 일을 허가받는 데 쓴다. 예 能够团结同学 동학과 단결할 수 있다 | 能够活跃气氛 분위기를 활기차게 할 수 있다
可以	조동 ~할 수 있다 허가나 허락을 받을 때 또는 그럴 만한 가치가 있을 때 제안의 형식으로 표현한다. 예 这片麦子已经熟了，可以割了。 이곳의 보리는 이미 다 익어서 수확해도 된다.
方法	명 (말 · 행동 · 사상 · 업무 상의 문제 등을 해결하기 위한) 방법 일을 처리하거나 진행할 때의 방법을 말한다. 예 一种/些/套方法 한 가지 방법 | 工作方法 작업방식 | 学习方法 학습방법 | 思想方法 생각하는 방법
办法	명 (일을 처리하거나 문제를 해결하는) 방법 어떤 구체적인 일을 겨냥하여 택한 방법을 말한다. '一个办法'라고 하고 '想', '有', '没有', '采用', '好' 등의 수식을 받는다.
取得	동 (어떤 것을) 얻다, 갖다, 취득하다, 획득하다 노력을 통해 좋은 결과를 얻었다는 의미를 나타낸다. '成就', '进步', '成果', '一致', '进展', '支持'와 함께 쓰인다.
获得	동 획득하다, 얻다 '取得'와 같은 의미 외에도 다른 사람이나 단체, 상관으로부터 무언가를 획득했다는 뜻이 있다. '掌声', '表扬', '拥护', '奖励', '好评', '批准', '机会'와 함께 쓰인다.

方式	명 방식 일처리를 위해 택한 방법이나 형식을 일컫는다. 일반적으로 고정적이고 변하지 않는 방법을 가리킨다. 예 工作方式 작업방식 | 生活方式 생활방식
形式	명 형식 사물의 형태나 구조를 가리키는 말로 외부로 드러나는 사물의 모양을 뜻한다. 예 他建设的形式不拘一格。 그의 건축형식은 한 가지 방법에만 구애받지 않는다.
要求	동 요구하다, 요청하다 명 요구, 요청 자신뿐 아니라 다른 사람에게도 요구한다는 의미로 사용할 수 있다. 윗사람이 아랫사람에게 쓰며 명사와 동사로 모두 쓰인다. 예 要求赔偿 배상을 요청하다 | 严格的要求 엄격한 요구 | 要求很高 요구가 높다 | 满足要求 요구를 만족시키다
需求	명 수요, 필요, 요구 필요에 의한 요구란 뜻으로 명사로만 쓰인다. 예 满足需求 수요를 만족시키다 | 市场需求 시장의 수요
经常	부 항상, 언제나, 늘, 자주 사용빈도가 높다. 단음절 동사를 수식할 때도 있다. 예 要经常注意环境卫生。 항상 환경위생에 주의해야 한다.
时常	부 늘, 항상, 자주 글말에 많이 쓰인다. 일반적으로 다른 부사의 수식을 받을 수 없고, 단음절 동사를 수식할 수도 없다. 예 小李时常梦见去世的外公。 샤오리는 꿈에서 자주 돌아가신 외할아버지를 본다.
依照	전 ~에 의해, ~에 따라, ~에 비추어 동 (의견이나 지시 등을) 따르다, 복종하다 추상적인 사물뿐만 아니라 구체적인 사물 역시 대상이 될 수 있다. 예 我就会依照您的意见去做决定。 저는 당신의 의견에 따라 결정할 것입니다.
依据	전 ~에 따르면, ~를 근거로 하면, ~에 의하면 동 (어떤 사실을) 근거로 하다, 의하다 추상적인 사물이 대상이 된다. 동사 또는 명사로도 쓰일 수 있다. 예 依据名誉教授的意见，再研究一下。 명예교수의 의견에 따라 다시 연구해보자.
采纳	동 (의견 · 건의 · 요구 등을) 받아들이다 '意见', '建议' 등과 같은 추상적인 사물과 함께 쓰인다. 예 我看，她不见得会采纳你的意见。 내가 보기에 그녀가 너의 의견을 반드시 받아들인다고 볼 수 없다.
采用	동 채용하다, 채택하다 추상적일 수도 있고 구체적일 수도 있는 대상이 온다. '技术', '计划' 등과 함께 쓰인다.

记载	동 (어떤 일을) 기재하다, 기록하다 실제로 발생한 적이 있는 사실, 사건을 책에 기재한다는 뜻으로 '记载'의 수단은 반드시 문자이어야 한다. 예 回忆录记载了当年的战斗历程。 회고록은 당시 전투과정을 기록했다.
记录	동 (듣거나 발생한 사건 등을) 적다, 기록하다 일이나 보고를 기록한다는 의미이다. 문자 외에 녹음 등의 방식 역시 '记录'의 수단이 될 수 있다. 예 记录会议 회의를 기록하다 | 创造新的世界记录 새로운 세계기록을 세우다
制作	동 만들다, 제작하다 제작이 간단한 가구나 수공예품 등이 대상이 된다. 예 几乎每件家具都是由他亲手制作。 거의 모든 가구는 다 그가 직접 만들었다.
制造	동 제조하다, 만들다 규모가 크고 생산과정이 복잡한 제품이 대상이 된다. 국가를 나타내는 단어와도 함께 쓰이고 '垃圾', '污染', '麻烦' 등과 같이 나쁜 결과를 나타내는 단어와도 함께 쓰인다.
发现	동 (탐구와 연구를 통해서 이전에는 보지 못했던 사물이나 규칙을) 발견하다 본래 세상에 존재하던 사물이나 법칙을 찾았다는 의미이다. 예 科学家发现了一个新的规律。 과학자가 새로운 규칙을 발견하였다.
发明	동 (새로운 사물이나 방법을) 발명하다 세상에 존재하지 않던 것을 창조했다는 의미이다. 예 手机是谁发明的? 휴대전화는 누가 발명한 것인가요?
建立	동 건립하다, 설립하다, 세우다 새로운 사물을 형성하고 구축한다는 의미로 두루 널리 사용된다. 목적어로는 '国家', '政党', '联系', '关系', '友谊', '感情' 등이 자주 온다.
成立	동 (조직 · 기구를) 결성하다, 수립하다, 세우다 기관이나 조직이 새로이 설립되었다는 의미로 '国家', '公司', '理论' 등과 함께 쓰인다.
妨碍	동 (일이 순탄하게 진행되지 못하도록) 방해하다, 지장을 주다 주로 업무, 학습, 발전, 활동 등 규모가 작은 일에 지장을 준다는 뜻이다. 예 大声说话会妨碍别人学习。 큰소리로 말을 하면 다른 사람이 공부하는 데 지장을 줄 수 있다.
阻碍	동 저애하다, 장애를 주다, 지장을 주다 대상은 인류, 사회나 역사적 발전, 진보, 개혁, 생산 등 규모가 크고 중대한 일에 걸림돌이 된다는 뜻이다. 예 封建思想阻碍了生产力的发展。 봉건사상이 생산력의 발전을 가로막았다.

损害	동 (사업 · 이익 · 건강 · 명예 등을) 손상시키다, 손해를 주다, 침해하다, 해치다 손해를 입었다는 뜻으로서 목적어로는 '事业', '利益', '关系', '健康', '名誉' 등과 같은 추상명사가 많이 온다.
伤害	동 (신체나 감정 등을) 손상시키다, 해치다 다치고 부상을 당했다는 의미로, 대상은 사람 또는 감정, 자존심, 적극성, 이익 등이 될 수 있고 동물이 될 수도 있다. 예 这些药品不伤害人体。 이런 약품들은 인체에 해를 끼치지 않는다.
参与	동 (일의 계획 · 토론 · 처리 등에) 참여하다, 관여하다, 개입하다 대상은 기관이나 단체가 오지 않고 '参与活动(활동에 참여하다)', '参与讨论(토론에 참여하다)'처럼 쓰인다. 입말로는 거의 쓰이지 않는다.
参加	동 (어떤 조직이나 활동에) 참가하다, 참여하다 입말과 글말에 모두 쓰이고 구체적인 일이나 활동에 참가하는 것을 가리킨다. 예 参加婚礼 결혼식에 참석하다 | 参加毕业典礼 졸업식에 참석하다 | 参加开学仪式 입학식에 참가하다
举行	동 (어떤 행사나 활동 등을) 열다, 개최하다, 거행하다, 진행되고 열린다는 의미로 행위의 주체는 사람일 수도 있고 회의일 수도 있다. 문장 중간에 개최시간과 장소가 명시되며 '典礼', '宴会', '婚礼', '会谈', '球赛' 등의 단어와 함께 쓰인다. 예 你什么时候举行会议啊? 당신은 언제 회의를 엽니까?
举办	동 (행사나 활동을) 열다, 개최하다, 거행하다, (사업을) 처리하다 사전에 준비하고 체계를 구축한다는 의미로 행위의 주체는 반드시 사람이거나 사람으로 구성된 단체여야 한다. 문장 중간에 개최자나 개최단체가 명시된다. '讲座', '培训班', '训练班' 등의 단어와 함께 쓰인다. 예 下届会议将在中国北京举办。 다음 번 회의는 중국의 베이징에서 개최된다.
情况	명 상황, 정황, 실상 사물의 진행, 변화하고 있는 상태를 나타내는 말로 의미하는 범위가 넓다. '调查', '汇报', '发现', '掌握' 등의 동사와 함께 쓰인다.
状况	명 상황, 사정, 형편 사물이 일정 시간 동안 만들어낸 전반적 상태를 나타내는 말로 의미하는 범위가 좁다. '健康', '生活', '婚姻', '精神', '身体' 등의 단어와 함께 쓰인다. 예 我国明年的经济状况也不是很好。 우리나라의 내년 경제상황도 그리 좋지 않다.
状态	명 상태 특정 시간 동안 사람이나 사물이 외부로 표출하는 특징을 가리킨다. '兴奋', '激动', '昏迷', '清醒' 등의 단어를 수식한다.
情形	명 (일의) 상황, 형편, 사정, 상태 눈에 보이는 사물의 외관을 가리키는 말이다. 예 这种情形我之前也见过。 이런 상황을 나는 이전에도 본 적이 있다.

문제유형 1

연습문제

1. 海南省游客数量________上升，20年来，________国内外游客数量增长25倍，旅游收入增长161倍，旅游业已经发展为支柱产业，同时也为这座城市的房地产业的发展提供了________。

A 继续　接见　机遇　　B 持续　接待　机会
C 不断　招待　道路　　D 一直　迎接　出路

2. 放弃其实就是一种选择，我们只有在困境中放弃沉重的负担，才会拥有必胜的________，才使我们走出阴雨绵绵的________，放弃可以另辟蹊径，人生一样会很________！

A 信心　岁月　漂亮　　B 想法　时间　美好
C 信念　日子　美丽　　D 观念　时候　好过

3. 北京人称门楼下的左右门枕石为“门墩儿”。北京的门墩儿品种和文化内容是极为复杂的。元代有铁狮子胡同，即现在的张自忠路，当时________因为铁狮子而得名，明清时大兴以汉白玉和青石为原料制作的门墩儿十分________。门墩儿艺术是中国民间艺术发展到高峰时期________的一种石雕艺术。

A 真的　出名　组成　　B 实在　闻名　成为
C 确实　有名　形成　　D 的确　著名　构成

4. “百家姓”是中国独有的文化现象，________至今，影响极深。它所辑录的姓氏，体现了中国人对宗脉与血缘的________认同感。姓氏文化，或谱牒文化，是中国文化的重要________部分。

A 传播　猛烈　构成　　B 流传　强烈　组成
C 传递　激烈　形成　　D 传达　剧烈　组合

5. 自信取决于一个人的内在________，当人缺少自信时，就会________勇气，瞧不起自己，做事犹豫不决等。________可以使学生找回自信。

A 品性　不足　鼓舞　　B 品行　缺少　奖励
C 品德　不够　鼓劲　　D 品质　缺乏　鼓励

6. 心理学家称，人们长期在过于______的环境中工作会感染落叶综合症。而声音可______起人们的不同感情。有些人尤其是老年人长期生活在极其安静的环境中，没有人与之聊天、谈心，也听不到富有生活气息的声音，时间长了就会变得性情孤僻，对周围的______漠不关心，从而丧失生活的______，健康状况日趋下降，甚至过早离开人世。

A 安静　激起　全部　决心　　B 寂静　诱发　全体　信念
C 宁静　激发　一切　信心　　D 平静　唤起　所有　信任

7. 本次调整水价的主要目的有三个方面：一是建立和______本市水价形成机制。______发挥价格杠杆在水源配置、用水需求调节和水污染防治等方面的重要作用。二是______价格机制加大污水处理力度。三是运用价格机制______节约用水。

A 健全　积极　应用　增进　　B 完善　充分　运用　促进
C 完备　充实　使用　促使　　D 完美　充足　利用　推动

8. 自古以来中国人对于红色，都有着______的情结。在中国人眼中，红色并不单单只是一种颜色的代表，它______还象征着喜庆与祥和。在中国的民俗文化中，红色______也作为一个很重要的元素而存在，这一点中国与西方的差距相当的______。

A 独特　经常　始终　重要　　B 特别　常常　向来　重大
C 特殊　往往　一直　巨大　　D 尤其　时常　一向　宏大

9. 近年公司的发展令他深感______，总结公司______的原因，他______，除了国家政策支持以外，他们拥有一支不怕吃苦，团结奋进而又有创新精神的队伍，这是最为______的资源。

A 欣慰　兴旺　认为　宝贵　　B 快乐　发达　觉得　名贵
C 幸福　兴盛　以为　珍贵　　D 快慰　繁荣　感觉　贵重

10. 春节晚会______了短信交流平台，您可以通过发送手机短信______出最喜爱的节目也可以送上自己的祝福，如果文采出众，您的短信将有______在春节晚会现场向全国观众播出，详情请______我们的网站主页。

A 开通　评选　机会　参考　　B 开创　选择　机遇　参照
C 开办　挑选　时机　看见　　D 开始　遴选　指望　参见

11. 对自己做错的事，知道悔悟和责备自己，这是人们进步和发展的基础。那些不会________的人不会知道自己的________和过失，他们不悔悟，也就无从________自己、________自己，进而提高工作的效率。

A 思考　短处　改良　完备　　B 反思　弱点　改善　完美
C 反省　缺点　改进　完善　　D 考虑　不足　改正　完全

12. 中国菜做起来相对________麻烦，如果你想________做几道菜________亲朋好友的话，最好不要________较复杂的菜。

A 特别　亲手　款待　选拔　　B 非常　亲身　接待　挑选
C 比较　亲自　招待　选择　　D 十分　亲临　对待　选出

13. 不管工作报酬的高低，只要工作________自己的发展就该使出浑身解数，以高度的________投入到工作中去，这于己将是生命的质量提升，于事业将是________与希望的积累，于社会将是________的贡献。

A 恰当　热闹　效果　有效　　B 合适　热烈　成果　有用
C 符合　热心　成绩　有利　　D 适合　热情　成就　有益

14. 总部________这里的这家电子集团，是世界________的电子产品制造商之一，它在全球47个国家________了多家大型生产基地，________的办事机构和销售公司多达100多个。

A 设置　领导　建造　开设　　B 位于　现代　建筑　位置
C 设在　领先　建立　设立　　D 定于　先进　建设　设有

15. 从1943年首次提出孤独症以来，治疗手段________很快。研究者________也还在积极寻求更好的治疗方法。他们认为在正确方法的指导下孤独症症状可得以________，孤独症患者可________适应正常生活。

A 开展　眼前　改进　快速　　B 发达　当前　改良　渐渐
C 进步　眼下　改正　逐步　　D 发展　目前　改善　逐渐

정답 및 풀이 – 해설서 p. 54

Key Point 2

허사 유의어 분석

허사의 유의어는 동일한 논리관계를 나타내는 접속사 또는 비슷한 의미를 가진 전치사 등을 가리킨다. 복합접속사는 함께 오는 단어가 무엇인지에 주의할 필요가 있다. 동일한 논리관계를 나타내는 복합접속사를 여러 개 혼용하여 문장구조가 복잡해지는 경우뿐만 아니라 발음이나 형태가 비슷하지만 뜻이나 뉘앙스가 전혀 달라지는 허사가 있기 때문에 주의를 요한다.

예제

有_____和步骤的目标就像地图，让你明白_____到达自己想去的地方。你必须定期_____地图以确保路径正确。这张地图还能让你明瞭有哪些别的路同样可到达目的地，_____你在此路不通时能有另外的选择。

A 计划　如何　参考　以便　　B 计算　怎样　回忆　从而
C 设计　怎么　研究　此外　　D 体会　多少　了解　否则

해석 ______ 과 절차가 있는 목표는 지도와 같아서 당신이 가고자 하는 곳으로 ______ 가야 하는지를 알려준다. 당신이 올바른 길로 가기 위해서는 반드시 정기적으로 지도를 ______ 해야 한다. 이 지도는 당신이 목적지에 도달하는 또 다른 길도 알려주는데, 이는 길이 막혔을 때 또 다른 선택을 할 수 있도록 ______ 이다.

A 계획 / 어떻게 / 참고하다 / ~하기 위해서　　B 계획 / 어떻게 / 회상하다 / 따라서
C 설계 / 왜 / 연구하다 / 이밖에　　D 이해 / 얼마나 / 이해하다 / 만약 그렇지 않으면

단어 **步骤** bùzhòu 명 (일이 진행되는) 순서, 절차 | **路径** lùjìng 명 통로, 경로 | **明瞭** míngliào 동 명료하다

정답분석

문장의 논리에 따라 마지막 빈칸에는 목적관계를 나타내는 어휘가 필요함을 알 수 있다. 보기 A의 '以便'은 '~할 수 있도록, ~을 위하여'란 뜻으로 목표를 쉽게 실현할 수 있다는 의미이고 B의 '从而'은 '따라서'란 의미로 긍정적이고 좋은 의미의 목적관계를 나타낸다. 여기서 '此路不通时能有另外的选择'는 긍정적 의미의 목표라고는 할 수 없다. 보기 C의 '此外'는 '이밖에'란 뜻으로 목적관계를 나타내지 않는다. D의 '否则'는 '만약 그렇지 않으면'이란 뜻으로 여기서는 어울리지 않는다. 따라서 정답은 A가 된다.

공략 1

허사는 실사보다 상대적으로 상용어휘의 수는 적지만 응시생이 시험을 볼 때 자주 맞닥뜨리는 어휘이기도 하다. 게다가 허사가 나타내는 논리관계가 추상적이기 때문에 문제풀이를 더 어렵게 만든다. 이러한 허사 용법의 이해를 돕기 위해 빈출 허사를 정리해보도록 한다.

▶ 빈출 허사와 유의어 정리

不但	접 ~뿐 아니라 '不但……而且……'의 형태로 쓴다. 입말과 글말에 모두 자주 쓰인다. 예 作为学生不但要努力学习，而且要尊敬老师。 학생으로서 열심히 공부해야 할 뿐 아니라 선생님도 존경해야 한다.
不仅	접 ~뿐만 아니라 '不仅……还(也)……'의 형태로 쓰고 '不仅仅'의 형태로도 자주 쓴다. 글말에 많이 쓰인다. 예 她不仅人长得漂亮，还很善良。 그녀는 생김도 예쁠 뿐만 아니라 선량하기까지 하다.
由于	접 ~로 인해서 ~하다, ~때문에 ~하다 '由于……因而……'의 형태로 쓰인다. 복문에서 뒷절에는 쓸 수 없고 반드시 앞절에 나와야 한다. 예 由于国家体制的问题，因而造成了现在的局面。 국가체제의 문제로 인해서 현재의 국면이 조성된 것이다.
因为	접 ~해서 ~하다, ~때문에 ~하다 '因而'과 함께 쓰지 않고 복문에서 뒷절에 쓸 수 있다. 예 他开会迟到了，因为路上堵车。 그는 길이 막혀서 회의에 지각을 했다.
从而	접 따라서, 이로 인해, 그래서 앞뒷절의 주어는 반드시 같아야 하고, 주어는 앞절에 표시되어야 하며 뒷절에서는 생략 가능하다. 뒷절은 보통 '동사+목적어' 구조가 온다. 인과관계와 목적관계를 나타낼 수 있다. 예 他们给孩子很大的自由空间，从而培养了他们的独立性。 그들은 아이에게 매우 큰 자유공간을 주어서 그들의 독립성을 키워줬다.
因而	접 그리하여, 그래서, 따라서, 그렇기 때문에 복문을 구성하는 각 단문을 연결하는 역할을 하며, 단락을 연결하지는 않는다. 글말에 많이 쓰인다. 예 我是无私的，因而也就无畏。 나는 사심이 없으므로 무섭지 않다.
因此	접 이 때문에, 그래서, 그러므로 단문뿐만 아니라 절 및 단락을 연결한다. 예 他最近太忙，因此不能来看你。 그는 요즘 너무 바빠서 너를 보러 오지 못했다.

不过	접 하지만, 다만, 단지 가벼운 전환을 나타내는 말로서 앞절의 내용을 제한하거나 보충하고, 완곡하게 반대하거나 거절할 때 쓰인다. 입말에 많이 쓰인다. 예 不过我并不了解这个事情的严重性。 그런데 나는 이 일의 심각성을 결코 이해하지 못하겠다.
但是	접 그러나, 하지만 강한 전환을 나타내고 절뿐만 아니라 단어나 구를 연결하는 역할을 한다. 예 但是希望你不要再来打扰我的家人。 하지만 네가 우리 가족을 괴롭히러 다시 오지 않기를 바란다.
而且	접 게다가, ~뿐만 아니라, 또한 두 개 이상의 동사와 동사구는 연결할 수 없다. 예 不仅要言教，而且要身教。 말로 가르쳐야 할 뿐만 아니라, 몸소 행동으로도 가르쳐야 한다.
并且	접 또한, 그리고 단음절 형용사는 연결할 수 없다. 예 他是个温柔体贴并且善解人意的人。 그는 부드럽고 자상하고 또한 남의 뜻을 잘 알아차리는 사람이다.
只要	접 ~하기만 하면, 오직 ~한다면 '只要……就……'의 형식으로 많이 쓰인다. 앞절은 충분조건으로 앞절의 조건만 충족되면 뒷절이 나타내는 결과를 도출해낼 수 있다는 뜻이다. 예 只要她不说话，整个教室就会安静下来。 그녀가 말만 안 하면 교실 전체가 조용해질 거다.
只有	접 (오직) ~해야만 (~하다) '只有……才……'의 형식으로 많이 쓰인다. 앞절은 필수조건으로 이 조건이 성립되어야지만 뒷절의 결과를 얻을 수 있다는 의미이다. 예 只有努力工作，才可以拥有想要的成果。 열심히 일해야만 비로소 바라는 성과를 얻을 수 있다.
从	전 ~에서부터 시간이 시작되는 시점을 나타낸다. '从' 뒤에는 명사나 명사구, 동사나 동사구가 온다. 예 从做这件事开始，你就没安好心。 이 일을 시작할 때부터 너는 마음을 편히 먹지 못했다.
由	전 ~으로부터, ~에서 시간이 시작되는 시점을 나타낸다. '由' 뒤에는 명사나 명사구 밖에 올 수 없다. '由'는 어떤 일을 어떤 사람이 진행한다는 표현을 할 때, 또는 어떤 방식이나 원인을 설명할 때 쓰이기도 한다. 예 由我开始来进行这个游戏。 나부터 시작해서 이 게임을 진행한다.

对于	전 ~에, ~에 대해 동작이나 행위의 대상을 표시할 때 쓴다. '对于'로 이루어진 전치사구는 절의 앞부분이나 동사의 앞에서 부사어로 쓰이지만 목적어 앞에서 관형어로 쓰일 수는 없다. 예 对于你讲的话，我完全不明白。 네가 한 말에 대해 나는 전혀 모르겠다.
关于	전 ~에 관해, ~에 관한 동작이나 행위가 연계되는 범위 또는 내용을 표시할 때 쓴다. '关于'로 이루어진 전치사구는 절의 앞부분뿐만 아니라 목적어의 앞에서 관형어로 쓰일 수 있다. 동사 앞에서 부사어로는 쓰지 않는다. 예 昨天我看了关于中国历史的书。 어제 나는 중국 역사와 관련된 책을 읽었다.
只有	접 (오직) ~해야만 (~하다) '只有A才B'형식으로 쓰인다. 'A해야지만 B할 수 있다'는 뜻으로, A는 필수조건이라는 사실을 강조하며 A의 조건은 불변하는 사실이 와야 한다. 예 只有坚持到底才能胜利。 끝까지 꾸준히 해야만 비로소 승리할 수 있다.
除非	접 오직 ~해야만 ~하다 '除非A才B'형식으로 쓰인다. A가 없다면 B가 없다는 사실을 강조하고, A의 조건은 가설이자 실현 불가능한 것이 온다. 예 除非你离开我，不然我绝不动摇。 네가 나를 떠나지 않는 한 나는 절대로 흔들리지 않는다.
还是	부 아니면 의문문의 중간에 위치하여 선택을 나타낸다. 단어, 구 및 절을 연결할 수 있다. 예 这本书是你的还是我的？ 이 책은 네 것이니 아니면 내 것이니?
或者	접 ~든지, ~거나 평서문의 중간에 위치하여 선택을 나타낸다. 단어, 구 및 절을 연결할 수 있다. 예 这个药饭前或者饭后吃都可以。 이 약은 식전 또는 식후에 먹어도 모두 괜찮다.
何况	접 하물며, 더군다나, 게다가 반문하는 문장에 자주 쓰고 '更', '又' 등 부사의 수식을 받을 수 있다. 예 何况你也知道这里面的秘密。 하물며 너 역시 여기의 비밀을 알고 있다니.
况且	접 게다가, 하물며, 더군다나 점진관계를 나타낸다. 앞절이 나타내는 원인 또는 상황을 보충 설명하는 기능을 하며 반문하는 문장에는 쓰지 않는다. 예 这书内容好，况且不贵，买下来吧！ 이 책은 내용이 좋고 게다가 비싸지도 않으니 구입해라!
和	접 ~와/과 경중의 구분이 없는 두 부분을 연결한다. 명사, 동사, 형용사 성분을 연결할 수 있다. 예 这件事情和我没有任何关系。 이 일은 나와 어떤 관계도 없다.
及	접 및, 와, 과 연결하는 두 부분 중 보통 앞부분이 중요한 경우가 많다. 명사 성분만 연결할 수 있다. 예 这是我们学校的招生简章及宣传材料。 이것은 우리 학교의 학생 모집요강과 홍보자료이다.

但	접 그러나 입말과 글말에 모두 쓰인다. 일반적으로 주어 앞에 쓴다. 예 但我还是不明白你的意思。 하지만 나는 여전히 너의 뜻을 잘 모르겠다.
却	부 하지만, 그런데, 도리어, 그렇지만 글말에 많이 쓰인다. 주어 뒤에만 쓰고 '但', '可'와 함께 올 수 있다. 예 文章虽长，读起来却饶有兴趣。 글은 비록 길지만 읽으니 오히려 매우 재미있다.
免得	접 ~하지 않도록 불리한 상황을 모면한다는 의미가 강하다. 예 直接跟他说结果，免得他问来问去。 직접 그에게 결과를 말해줘서 그가 계속해서 묻지 않도록 해라.
省得	접 (어떤 좋지 않은 일이) 일어나지 않도록, 일어나지 않게 하기 위해서 불필요한 것을 없앤다는 의미가 강하며, 절약한다는 의미도 있다. 예 把地址写下来，省得忘记。 잊지 않도록 주소를 적어 놔라.
以免	접 ~하지 않기 위해서, ~하지 않도록 불리한 상황을 모면한다는 의미가 강하다. 어기가 강한 표현이고 글말에서 많이 쓰인다. 예 最好一次把事情处理好，以免以后出现问题。 일을 한 번에 제대로 처리하여 앞으로 문제가 나타나는 것을 피하는 것이 가장 좋다.
以便	접 ~하기 위해서, ~하기 쉽게, ~에 편리하도록 목적 실현이 용이함을 나타낸다. 앞뒷절의 주어는 같거나 달라도 되며, 주어는 뒷절의 처음에 위치하는 경우가 많다. 예 看书的时候不要在书上乱写乱画，以便以后他人使用。 책을 읽을 때는 책 위에 낙서를 하지 않아서 이후 다른 사람이 사용하기 좋도록 해야 한다.
经过	동 (장소 · 시간 · 동작 등을) 지나다, 거치다, 경과하다 과정을 강조한다. '经过' 뒤에는 일정 시간이나 동작 및 행위가 올 수 있다. 예 经过三天的培训，所有的职员都适应了这个工作。 사흘 동안의 훈련을 거쳐서 모든 직원이 다 이 일에 적응하였다.
通过	전 ~을(를) 통하여, ~에 의해, ~을(를)거쳐 사람이나 동작, 행위를 매개체로 삼는다는 뜻이 강하다. 예 通过自学，他掌握了家电维修技术。 독학을 통해서 그는 가전제품 수리기술을 마스터했다.
向	전 ~을 향해(서), ~(으)로 동작의 대상을 표시하는 데 쓴다. 또한 목적어와 함께 전치사구(전치사+목적어)를 구성하여 동사의 보어 역할을 한다. 예 向他解释一下这件事的原委。 그에게 이 일의 자초지종을 설명해주세요.
朝	전 ~를 향해서, ~를 향하여 사람을 가리키는 명사, 대명사 앞에 위치한다. 동사가 나타내는 동작은 일반적으로 신체 동작이다. 예 朝他笑 그를 향해 웃다 | 朝他点头 그를 보고 고개를 끄덕이다 | 朝他挥手 그를 향해 손을 흔들다

以至	접 ~에 까지, ~에 이르기까지 앞절 상황의 정도가 강해 뒷절의 결과가 나타난다는 점을 강조한다. 결과는 좋고 나쁨에 관계 없다. 예 他专心做作业，以至妈妈敲了很长时间的门他也没听到。 그는 숙제에 전념하느라 엄마가 문을 한참 두드렸는데도 듣지 못했다.
以致	접 ~을 발생시키다, ~을 초래하다, ~으로 되다 앞절의 원인으로 뒷절의 결과가 나타났다는 점만을 강조한다. 나쁘거나 바라지 않는 결과가 온다. 예 他一直吃减肥药，以致自己脱水进了医院。 그는 계속 다이어트약을 복용한 바람에 탈수로 병원에 입원하였다.

Key Point 2 연습문제

1. 强强集团的出现引起社会各界_______是企业界的极大关注。_______地域文化和历史发展的因素，温州企业界“宁做鸡头，不做凤尾”的“情结”_______，所以温州企业总难做大，强强集团在观念上的新突破，势必冲击其他行业企业经营者的经营理念。

A 特别　因为　严格　　B 尤其　由于　严重
C 特殊　因而　严峻　　D 格外　因此　严肃

2. 核桃、花生、芝麻等果仁中，_______维生素E，维生素E能_______细胞分裂、再生，延缓细胞变老，恢复皮肤弹性的作用，_______沉着的色素减退，_______使皮肤更加细腻。

A 富裕　驱使　引起　然而　　B 包含　促使　导致　因而
C 含有　督促　迫使　而且　　D 富含　促进　致使　从而

3. 金庸笔下的武功描写非常独特，同时_______不离谱，它不_______指武功本身，_______有着丰富的文化内涵。不同的人有着不同的武功，_______不同的兵器，他们便有着不同的武功境界，同时也有着不同的人生境界。

A 又　单纯　其实　使用　　B 并　纯洁　事实　运用
C 而　简单　实际　采用　　D 和　干净　实在　应用

4. 举办世博会，有助于_______主办国经济、旅游、文化和艺术交流等的发展，_______城市居民的居住环境。_______举办世博会时所建的标志性建筑，在世博会结束后多被_______下来，成为社会、文化、科技、建筑和美学等方面的时代印记。

A 促进　改进　况且　保存　　B 推动　改善　而且　保留
C 推进　改良　并且　保管　　D 促使　改正　姑且　保持

5. _______高考的日益临近，考生觉得紧张是在所_______的，可是对于考生而言，保持良好的心态是正常发挥的关键，考生要_______选择适合自己的放松方式，尽量多休息，保持充沛的_______。

A 伴随　未免　看重　力量　　B 由于　避免　重视　能量
C 因为　不免　着重　精神　　D 随着　难免　注意　精力

6. 圆明园比故宫的全部建筑面积还多一万平方米。园内的建筑物，既________了历代宫殿式建筑的优点，________在平面配置、外观造型、群体组合诸多方面________了官式规范的束缚，广征博采，形式多样。创造出许多在我国南方和北方都极为________的建筑形式。

A 吸取　又　突破　罕见　　B 吸收　且　冲破　稀有
C 借鉴　还　打破　稀少　　D 接近　也　突出　少见

7. 伟大的母亲，在孩子________病痛和灾难时，总是不离不弃，甚至会不惜________自己的生命去换取孩子的生命；孩子需要帮助时，能在身后尽其所能地________支持；孩子感到孤独无助时，能给予关怀和理解，鼓励他们________地向前走。

A 遇见　借　悄悄　大胆　　B 遇到　以　默默　勇敢
C 碰到　靠　暗暗　勇气　　D 碰见　用　静静　勇猛

8. ________丽江古城的时候，我们既看不到城门，________看不到城墙，因为古城________就没有城墙和城门，据说因为纳西族的头领姓木，________建了城墙和城门就变成了“困”字，所以古城没有城墙，也没有城门。

A 参观　也　本来　如果　　B 旅游　又　原来　要是
C 游览　还　原先　假如　　D 访问　和　根本　假若

9. “要天天看书，终生以书为友。”________是假期，我们也要________不断地学习，要不断地________自己，跟上时代的脚步。只有通过读书才能更新自己的________，丰富自己的头脑。

A 虽然　连续　充要　见解　　B 尽管　继续　充足　观点
C 即使　持续　充实　知识　　D 就是　接续　充分　看法

10. 价值观的________受环境的影响。当你还是孩子时，父母________你建立价值观，他们以自己的价值观为标准，当你的行为________这些标准时，就会得到父母的赞赏，________的话就会受到处罚。此外，小时候的玩伴也是影响你价值观的因素，你可能会________自己的价值观以配合他们的价值观。

A 形成　帮助　符合　否则　改变　　B 构成　协助　适合　不然　变动
C 组成　帮忙　满足　相反　变化　　D 完成　指导　满意　要不　变革

정답 및 풀이 – 해설서 p. 60

Key Point 3

이혼사(易混词) 구분

이혼사는 발음이 비슷하거나 형태가 비슷한 단어를 말한다. 일부 단어들은 형태가 비슷해 응시자들이 각 단어의 뜻을 제대로 구분할 수도 없고, 또한 어떤 단어들은 의미도 비슷해 함께 쓰이는 단어나 감정적 색채 등으로만 구분이 가능해 응시자들이 쉽게 혼동할 수 있다.

예제

要想在有限的时间内_____较好的学习_____，要做好以下两点：一是，要充分_____课堂时间；二是要合理地分配学习时间。

A 到达　成果　使用　　　B 获得　效果　利用
C 得到　结果　运用　　　D 达到　后果　应用

해석 제한된 시간 안에 좋은 학습 _____ 를 _____ 위해서는 다음과 같은 두 가지를 잘해야 한다. 우선 수업시간을 충분히 _____ 하고 그 다음으로는 학습시간을 합리적으로 분배해야 한다.

A 도달하다 / 성과 / 사용하다　　B 얻다 / 효과 / 이용하다
C 얻다 / 결과 / 운용하다　　D 다다르다 / 결과 / 응용하다

단어 课堂 kètáng 명 교실 | 分配 fēnpèi 동 분배하다, 할당하다

정답분석

첫 번째 빈칸에서 A와 D의 '到达'와 '达到'는 형태가 비슷하다. 하지만 A의 '到达' 뒤에는 장소가 오고 D의 '达到'의 뒤에는 '水平', '目标', '目的', '效果' 등과 같은 추상적인 것들이 목적어로 온다. B의 '获得'는 일반적으로 노력을 통해서만 얻을 수 있는 것을 말하고 목적어로는 좋은 것이나 좋은 결과가 온다. 그렇기 때문에 문맥상 A를 우선 제거할 수 있다.

두 번째 빈칸에서 B의 '效果'는 어떤 행동이나 방법으로 인한 작용이나 영향을 뜻한다. C의 '结果'는 일정 단계 동안 사물이 발전해 다다르는 최후의 상태를 뜻한다. D의 '后果'는 폄의어(贬义词: 나쁜 의미의 단어)이기 때문에 문장의 '较好的'와 '后果'는 맞지 않다. 이로써 D도 제거할 수 있다.

세 번째 빈칸에서 B의 '利用'은 사물이 작용하게 하는 것을 말하며 '时间', '条件', '机会', '权利' 등과 자주 함께 쓰인다. C의 '运用'은 사물을 그 특성과 상황에 맞춰 사용하는 것을 말하며 일반적으로 '理论', '技术', '方法', '文字', '语言' 등과 같은 목적어와 함께 쓰인다. 그렇게 때문에 C도 제거할 수 있다.

위의 분석에 따라 정답이 B라는 것을 알 수 있다.

공략 1

중국어에는 발음이 같거나 비슷하고 또 형태가 비슷한 단어들이 있어 응시자가 어려움을 느낄 수 있다. 이는 발음은 알고 있지만 그 단어를 쓸 줄 모르거나 용법을 정확히 알고 있지 못하는 것 또는 한자의 기본적인 외형만 대충 기억하고 정확하게 쓸 줄을 모르기 때문이다. 여기서는 혼동하기 쉽고 사용 빈도가 비교적 높은 단어를 정리해 놓았다.

▶ 발음이나 형태가 비슷한 단어 분석

温和	형 (성질 · 태도 · 행동 등이) 부드럽다, 온순하다, 온화하다 사람의 태도나 언어를 묘사하는 데 자주 쓰인다. 예 温和的笑容 온화한 웃는 얼굴 | 温和的语气 부드러운 말투
温柔	형 온유하다, 따뜻하고 부드럽다 여성의 성격이 온화하고 온순한 것을 묘사할 때 자주 쓰인다. 예 温柔的声音 따뜻한 목소리 | 温柔的双手 따뜻하고 부드러운 손
灵活	형 민첩하다, 재빠르다, 융통성이 있다 사람의 동작이나 행동을 수식할 때 쓰인다. 예 灵活的双手 민첩한 손 | 灵活的身动作 재빠른 몸동작
灵敏	형 (반응이) 빠르다, 민감하다 사람이나 기계 모두 수식할 수 있다. 예 灵敏的直觉 민감한 직감 | 灵敏的动物 예민한 동물
坚固	형 견고하다, 튼튼하다, 공고하다 일반적으로 구체적인 사물에만 쓰이며 사물이 견실하고 튼튼해 잘 손상되지 않음을 나타낸다. '建筑', '桥梁'과 함께 쓰인다.
牢固	형 튼튼하다, 견고하다, 단단하다 구체적인 사물이나 추상적인 사물 모두 수식할 수 있다. '友谊', '感情', '知识'와 함께 쓰인다.
合适	형 알맞다, 적합하다, 적당하다 형용사로서 목적어를 가질 수 없다. 옷이나 신발의 크기, 색깔 등의 조화가 잘 맞음을 형용할 때 자주 쓰인다. 또한 도리에 맞아 사람을 만족시킴을 뜻하기도 한다. 예 合适的衣服 알맞은 옷 | 合适的尺寸 적당한 치수
适合	동 적절하다, 적합하다, 알맞다 동사로 일반적으로 목적어가 필요하다. 예 这个发型很适合你。 이 헤어스타일은 너에게 잘 어울린다.
必须	부 반드시, 꼭 부사로 사실이나 도리가 어떠해야 하는지 강조할 때 쓰인다. 예 你必须在今晚把这个任务完成。 너는 반드시 오늘밤에 이 임무를 완수해야 한다.
必需	동 반드시 있어야 하다, 꼭 필요로 하다, 없어서는 안 되다 동사로서 반드시 필요한 것, 없어서는 안 되는 것을 표현할 때 쓰인다. 예 帐篷是野餐时候的必需的物品。 텐트는 야외에서 식사할 때 반드시 필요한 물품이다.

繁荣	형 번영하다, 번창하다 시장이나 국가, 사회, 경제, 문화, 과학 등과 같은 추상적인 것을 묘사할 때 쓰인다. 예 一片繁荣的景象 번영한 모습
繁华	형 (도시나 거리가) 번화하다 구체적인 도시, 거리, 시장 등을 묘사할 때 쓰인다. 예 繁华的街头 번화한 거리
美满	형 아름답고 원만하다, 행복하다 가정, 생활, 결혼 등을 묘사할 때 자주 사용되며 부사어로 자주 쓰인다. 예 美满的婚姻 원만한 결혼생활 | 美满的生活 행복한 생활
圆满	형 원만하다, 완벽하다, 순조롭다 관형어로 쓰일 때 '答案', '结局' 등과 함께 쓰이고 부사어로 쓰일 때는 '完成', '结束', '成功' 등과 쓰인다. 예 圆满的结局 원만한 결말 | 圆满解决 원만하게 해결되다
达到	동 도달하다, 이르다 '目的', '理想', '水平', '标准', '高潮' 등과 같은 추상적인 명사가 목적어로 자주 함께 쓰인다. 예 这就是为了达到他的目的。 그것은 오직 그의 목적을 이루기 위해서였다.
到达	동 (어떤 장소 · 어떤 단계에) 이르다, 도착하다, 도달하다 '山顶', '机场', '北京' 등 구체적인 장소가 목적어로 온다. 예 我们开车走了四天才到达目的地。 우리는 차를 몰고 나흘 만에 비로소 목적지에 도착했다.
喜欢	동 (사람이나 물건에 대해) 좋아하다, 즐기다 뒤에 형용사가 올 수 있다. 예를 들어 '喜欢热闹'와 같이 쓸 수 있다. 또한 기쁘고(高兴) 즐거운(快乐) 의미를 나타내기도 한다. 예 我喜欢写毛笔字。 나는 붓글씨 쓰는 것을 좋아한다.
喜爱	동 (사람이나 물건에 대해) 호감을 느끼다, 흥미를 갖다, 좋아하다 긍정적인 의미를 내포하고 있으며 뒤에는 늘 구체적인 명사가 목적어로 뒤따른다. 예 这是我最喜爱的文具，送给你了。 이건 내가 가장 좋아하는 문구인데 너에게 줄게.
不止	동 ~에 그치지 않다, ~를 넘다 '不单单'과 뜻이 같다. 대부분 수량과 범위를 넘어섬을 나타낸다. 예 这幢房子的价格不止1000万人民币。 이 집의 가격은 1,000만 위안이 넘는다.
不只	접 ~뿐만 아니라 회화에서 많이 사용되며 뜻은 '不但'과 같다. 예 河水不只可以用来灌溉，还可用来发电。 강물은 단지 관개에 쓰일 뿐만 아니라 발전하는 데에도 사용한다.

出生	동 출생하다, 태어나다 사람에게만 사용할 수 있으며 시간이나 장소를 나타내는 단어와 함께 사용할 수 있다. 예 出生于北京 베이징에서 태어나다 | 1982年出生 1982년에 태어나다
出身	동 ~출신이다 일찍이 경험한 사항이나 신분에 쓰인다. 예 老师出身 선생님 출신이다 | 工人出身 노동자 출신이다
反应	동 반응하다 사람 혹은 동물이 자극을 받은 후 나타낸 행위 혹은 표현을 나타낸다. 예 化学反应 화학반응 | 动物反应 동물반응 | 很大的反应 커다란 반응
反映	동 반영하다, 반영시키다 실제 상황 혹은 의견을 상사나 상급기관에 자발적으로 보고하는 것을 뜻한다. 이러한 상황이나 의견은 대부분 불만스럽거나 비판적인 내용이다. 예 反映给领导 지도에 반영하다 | 反映很强烈 강렬하게 반영시키다
制定	동 (법률 · 규정 · 정책 등을) 제정하다, 세우다, 만들다 확정 지음을 강조할 때 쓰인다. 목적어로 '法律', '方针', '政策', '规章', '制度' 등이 자주 오며 대부분 변경할 수 없는 문건이나 정책 등에 쓰인다.
制订	동 (초안을 세워) 제정하다, 만들다 자주 오는 목적어는 '计划', '方案', '合同'이며 대부분 변경이 가능한 것들이다.
过度	형 과도하다, 지나치다 일정 한도를 넘었음을 나타내며 '兴奋', '疲劳' 등과 자주 함께 쓰인다.
过渡	동 과도하다, 넘어가다 동사로 한 단계에서 다음 단계로 넘어감을 뜻한다. 예 只有经历了那样的过渡时期，公司才会更加壮大。 그러한 과도기를 겪어야 회사가 비로소 더욱 커질 수 있다.
权力	명 권력 정치 상의 강제적인 힘이나 직책 범위 내에서의 지배역량을 말한다. 예 国家权力 국가권력 | 权力机关 권력기관 | 行使权力 권력을 행사하다
权利	명 권리 합법적으로 행사할 수 권리와 누릴 수 있는 이익을 뜻하며 '义务'와 상대적인 개념이다. 예 人民的权利 국민의 권리 | 受教育的权利 교육을 받을 권리 | 劳动的权利 노동의 권리
调解	동 조정하다, 중재하다 양측이 분쟁을 해결하도록 하는 것을 뜻한다. 예 调解纠纷 분규를 중재하다 | 调解矛盾 모순을 조정하다
调节	동 (수량이나 정도 등을) 조절하다, 조정하다 구체적인 수량이나 정도를 조정해 더욱 요구에 부합하도록 만드는 것을 뜻한다. 예 调节温度 온도를 조절하다 | 调节音量 음량을 조절하다 | 调节速度 속도를 조정하다

开展	동 (작은 범위에서 큰 범위로) 확대하다, 전개하다 일반적으로 대상이 추상적인 사물이며 뒤에 '起来', '下去' 등의 방향보어가 따른다. 예 开展活动 활동을 전개하다 | 开展运动 운동을 확대하다
展开	동 전개하다, 펼치다 구체적인 대상, 추상적인 대상이 모두 올 수 있다. 예 展开谈判 담판을 펼치다 | 展开进攻 공격을 전개하다 | 展开竞争 경쟁을 펼치다
启事	명 공고, 고시, 광고 어떤 일을 설명하기 위해 신문과 간행물에 게재하거나 벽에 붙이는 글을 가리키는 명사로 어떤 일에 관한 글을 공개적으로 설명함을 뜻한다. 예 招聘启事 모집공고 | 寻人启事 구인공고
启示	명 계시, 계몽 동 (나아갈 길을) 알려주다, 깨닫게 하다, 계시하다, 계몽하다 계몽을 통해 깨달음을 얻도록 함을 뜻하며 동사일 때 목적어를 가질 수 없다. 예 李教授启示了人们正确对待历史。 이 교수는 사람들이 역사를 정확하게 대하도록 알려주었다.
报道	동 보도하다 신문이나 잡지, 라디오, 텔레비전 또는 기타 형식을 통해 뉴스를 대중에게 전하는 것을 말한다. 예 报道消息 소식을 보도하다 | 报道新闻 뉴스를 보도하다
报到	동 (조직에게) 도착했음을 보고하다 조직에 자신이 도착했음을 보고하는 것이다. 예 去学校报到 학교에 가서 도착을 보고하다 | 新生报到 신입생 보고
物质	명 물질 사람의 의식으로부터 독립된 그 밖의 모든 만물을 뜻한다. 즉 금전이나 제품 등 구체적인 것들을 가리킨다. 예 现在人们的物质生活得到了很大的改善。 현재 사람들의 물질생활은 매우 개선되었다.
物资	명 물자, 물재 구체적으로 생산된, 경제나 생활의 바탕이 되는 생활제품으로 금전은 포함되지 않는다. 예 丰富的物资 풍부한 물자 | 赈灾物资 구호물자

연습문제

1. 有研究表明，________能够缓解我们的压力，使我们不再想麻烦的人际关系或者一天的________工作。它可以让我们有一种令人________的控制感。

A 喜欢　坚苦　称心　　B 爱好　辛苦　满意
C 喜爱　艰苦　满足　　D 兴趣　辛勤　知足

2. 老师要教给学生学习方法，使他们________正确的学习方法，顺利________知识，体验成功后的乐趣，增添学习兴趣；使设计的教法________学生的学法，持之以恒地结合知识进行学习方法的指引和训练；使学生掌握求知识的“钥匙”，增添学习兴趣。

A 运用　掌握　符合　　B 使用　把握　适合
C 采用　了解　一致　　D 应用　理解　相同

3. 正确的读书应是使思索连续的行为和过程。通过读书，使________的理想和信念更加执著坚定，使生命的思索________理性的超越，使灰色的________不再延续。

A 神圣　完成　回想　　B 高尚　达到　回顾
C 高贵　到达　回忆　　D 崇高　实现　记忆

4. 时尚潮流是一个________的话题，服饰更是时尚最为凸显的一个顶点，时尚秀________时尚前沿，以活色生香________时尚潮流中的至高地位。

A 永久　领导　夺得　　B 永远　率领　获得
C 永恒　带领　赢得　　D 长远　指导　取得

5. 碛口是明清时期晋商在黄河的一个口岸，________商贾往来，好不________，所以这个具有黄河和窑洞两大________风景的地方也被披上了一层厚厚的人文色彩。如果去碛口，________找一家窑洞客栈，好好儿住上几天。

A 曾经　繁荣　特色　适合　　B 已经　发达　特征　适宜
C 以前　兴旺　特点　符合　　D 过去　繁华　特性　合适

6. 最近______的新规定取消了在校______大学生不能结婚的规定，今后对于大学生结婚，既不______，也不禁止。这一改动，在社会各界都产生了不同的______。

A 发布　阶段　鼓励　意见　　B 发出　时间　欢迎　反映
C 颁发　期间　提倡　反响　　D 制定　时候　同意　反应

7. 春季天气变暖，北方湿度低、风沙大，干燥是主要气候______，这样容易造成我们的肌肤______水分，所以我们______适时为自己补充水分，______达到保养皮肤的功效。

A 特点　缺少　必须　以　　B 特征　缺乏　必需　使
C 特色　欠缺　需要　来　　D 特性　损失　必要　好

8. 人最______的是生命，活着就是最大的快乐。在任何时候，都不要选择死亡。因为在选择______，固然远离了自己的忧伤，但也放弃了享受生命快乐的______，同时也给身边的亲人朋友造成永远无法弥补的______。

A 贵重　以后　权益　悲哀　　B 宝贵　之后　权利　悲痛
C 名贵　后来　权力　悲伤　　D 珍贵　过后　权势　伤痛

9. 人在身处逆境时，适应环境的能力______惊人。人可以______不幸，也可以______不幸，因为人有着惊人的潜力，只要立志发挥它，就一定能______难关。

A 的确　忍耐　克服　度过　　B 确实　经受　打败　通过
C 实在　忍受　战胜　渡过　　D 真的　接受　打倒　经过

10. 杭州是我国七大古都之一，早在新石器时代，良渚和萧山跨湖桥一带就______了灿烂的史前文化，______的历史为杭州博物馆的______提供了肥沃的土壤。为了______杭州的历史文化，杭州市新建了很多博物馆、纪念馆，这些博物馆纪念馆的______，保护了杭州的历史文物，丰富了杭州的文化内涵。

A 创立　长久　发达　展现　成立　　B 创建　永久　繁荣　展出　建造
C 创作　古老　兴旺　展览　建设　　D 创造　悠久　发展　展示　建立

정답 및 풀이 – 해설서 p. 64

Key Point 4

성어, 관용어 분석

성어는 중국어에서 오랫동안 계승되어온 형식이다. 성어는 구조가 상대적으로 고정적이고 어법 기능적으로 봤을 때 한 단어의 언어 단위에 해당한다. 이 부분은 내용이 비교적 많고 기억하기 쉽지 않으므로 응시자들의 각별한 주의가 필요하다.

예제

中国古代天文学之所以发达，首先是由于帝王们认为天象直接联系着皇家的______。而历法准确与否则被看做一姓王朝是否顺应天意的______。其次中国古代______农业立国，而农业的发展与天文历法______。

A 命运　标志　以　密不可分
B 前途　现象　据　大有可为
C 统治　象征　按　根深蒂固
D 权力　反映　凭　举世闻名

해석 중국 고대 천문학이 발전할 수 있었던 것은 우선 황제들이 천문현상은 황실가문의 ______ 에 직접적인 관련이 있다고 여겼는데, 역법의 정확성 여부가 그 한 왕조가 하늘의 뜻에 순응하는지의 여부를 가늠하는 ______ 로 쓰였기 때문이다. 그 다음은 중국 고대 국가들이 농업 ______ 나라를 세웠는데, 이는 농업의 발전이 천문역법과 ______ 관계를 가지고 있었기 때문이다.

A 운명 / 지표 / ~로써 / 불가분의
B 전망 / 현상 / ~에 근거하여 / 전도 유망하다
C 통치 / 상징 / ~에 따라 / 기초가 튼튼해 쉽게 흔들리지 않다
D 권력 / 반영 / ~에 의지해서 / 세계적으로 유명하다

단어 之所以 zhīsuǒyǐ 접 ~의 이유, ~한 까닭 | 帝王 dìwáng 명 제왕, 군주 | 历法 lìfǎ 명 역법 | 顺应 shùnyìng 동 순응하다

정답분석

이 문제에는 성어가 있으니 성어부터 해결해보자. 네 번째 빈칸에서 A의 '密不可分'은 매우 긴밀하여 떼려야 뗄 수 없음을 뜻하고 B의 '大有可为'는 일에 발전전망이 있어 할 만한 가치가 있음을 뜻한다. C의 '根深蒂固'는 기초가 튼튼하여 쉽게 흔들리지 않음을 뜻하고 D의 '举世闻名'은 전 세계가 다 알고 있을 정도로 매우 유명함을 뜻한다.

앞뒤 문맥에 따라 '농업의 발전'과 '천문역학'의 관계를 묘사하고자 함을 알 수 있으므로 A의 '密不可分(불가분의, 떼려야 뗄 수 없는)'이 가장 적합하다. 그러므로 정답은 A이다.

공략 1

성어와 관용어는 시험에서 반드시 출제된다. 하지만 어떤 경우에는 글자만으로 그 뜻을 추측할 수 없기 때문에 응시자에게는 어려운 문제라고 할 수 있다. 하지만 성어 문제에 두려움을 느낄 필요는 없다. 우선 新HSK 6급 시험요강에 나온 성어의 뜻과 용법을 확실히 파악하고, 평소에 독서를 많이 함으로써 시험요강에 나오지 않은 성어를 틈틈이 익혀두면 된다. 일단 어느 정도 성어 실력이 쌓이면 성어와 관련된 문제를 만나더라도 성어부터 풀어나감으로써 쉽게 답을 찾을 수 있을 것이다. 다음은 시험요강을 참고하여 선별한 자주 쓰이고 헷갈리기 쉬운 성어이다.

▶ 빈출 성어 정리

漠不关心	전혀 관심이 없다, 아주 무관심하다 예 她对你的事情漠不关心。 그녀는 너의 일에 대해 전혀 관심이 없다.
不言而喻	말하지 않아도 안다, 말할 필요도 없다 ✻喻: 알다 예 通过三个月的努力，终于取得了成功，那种喜悦是不言而喻的。 석달 동안의 노력 끝에 결국 성공하니 그 기쁨은 말할 필요도 없다.
无所作为	어떠한 성과도 내지 못하다[일에 있어서 현상에 안주하고 창의성이 부족함을 나타냄] 예 如果长期压制孩子的独立愿望，他就可能成为一个处世消极，无所作为的人。 만약에 장기적으로 아이의 독립의지를 억누르면, 아이는 소극적이고 어떠한 일도 하지 못하는 사람이 될 수 있다.
不以为然	그렇게 생각하지 않다[반대나 부정을 나타냄] ✻然: 맞다, 틀리지 않다 예 老师批评了他，可是他却不以为然。 선생님께서 그를 꾸짖었지만 그는 그렇게 생각하지 않는다.
妇孺皆知	여자와 아이들도 모두 알다, 모두 다 알고 있다 ✻皆 : 모두 예 三国时的诸葛亮是一个妇孺皆知的人物。 삼국시대의 제갈량은 세상 사람 모두가 다 아는 인물이다.
众口一词	모든 사람이 같은 말을 하다 예 所有收入高的人众口一词地认为他们成功的主要原因是敬业。 돈을 많이 버는 사람들은 모두 하나 같이 그들 성공의 주요원인을 자신이 맡은 바에 최선을 다했기 때문이라고 말한다.
尽人皆知	모두가 다 알다 ✻尽: 전부, 모두 예 吸烟有害健康，这是尽人皆知的事实。 흡연이 건강에 해롭다는 것은 모두가 다 아는 사실이다.
众口难调	모든 사람을 다 만족시키기 어렵다[원래 뜻은 밥을 먹는 사람이 많아 음식을 모든 이에 입맛에 맞추기 어려움을 뜻함] 예 他很聪明，尽管众口难调，但是他总可以找到一种万全的方式来解决所有问题。 그는 매우 똑똑해서 비록 모든 사람을 다 만족시킬 수는 없지만 그는 늘 완벽한 방법을 찾아서 모든 문제를 해결한다.
家喻户晓	모든 집, 모든 사람들이 다 안다 ✻喻: 이해하다 晓: 안다 예 这件事情家喻户晓。 이 일은 모든 사람들이 다 안다.

众说纷纭	여러 가지 의견이 있다 예 历史学家对这段历史的真相众说纷纭。 역사학자들은 이 시기 역사의 진상에 대해 여러 가지 의견을 내놓고 있다.
微不足道	너무 작아 말할 가치도 없다[의미나 가치가 매우 적어 말할 가치가 없음을 비유함] 예 做这点微不足道的好事不算什么，我们还要继续学习助人为乐的精神。 이렇게 소소한 좋은 일을 하는 것은 대단할 것이 없다. 우리는 계속 남을 도움으로써 기쁨을 느끼는 정신을 배워야 한다.
半途而废	일을 끝까지 하지 못하고 중간에 포기하다 예 我们无论做什么事情，都不应该半途而废。 우리는 어떤 일을 하든 중도에 포기해서는 안 된다.
层出不穷	계속해서 출현하다, 끝이 없다 ✲层: 재차, 거듭 예 如今儿童上网已成为大趋势，但儿童上网存在的问题层出不穷。 요즘 어린이들이 인터넷을 하는 것이 하나의 추세가 되면서 어린이와 인터넷에 관련된 문제들도 끊임없이 나타나고 있다.
名副其实	명성이 실상과 서로 부합하다, 명실상부하다 예 这是一座名副其实的石头城：城墙是石头砌的，房子是石头筑的，街道是石头铺的。 이곳은 명실상부한 돌의 도시이다. 성벽도 돌로 쌓았고 가옥도 돌로 지어졌고 거리도 돌로 깔려있다.
无穷无尽	끝도 없고 한계도 없다 예 劳动人民具有无穷无尽的智慧。 노동인민은 무궁무진한 지혜를 가지고 있다.
兴高采烈	너무 기뻐 신바람 나고 기쁨이 충만하다 예 同学们兴高采烈地玩儿了很多游戏。 친구들은 즐겁게 여러 가지 게임을 했다.
兴致勃勃	재미있고 흥미진진하다 예 全班同学都在兴致勃勃地讲他们假期旅行途中发生的事情。 반 친구들이 모두 방학 동안에 다녀온 여행에서 있었던 일을 재미있게 이야기하고 있다.
争先恐后	뒤질세라 앞을 다투다 예 在运动会上，各班同学都争先恐后，奋力争先。 운동회에서 각 반 학생들이 앞을 다투어 경쟁하고 있다.
举世瞩目	전 세계가 관심을 가지다[일이 매우 중요함을 비유함] 예 改革开放以来，中国取得了举世瞩目的成就。 개혁개방 이후 중국은 전 세계가 주목할만한 성과를 거두었다.
津津有味	감칠 맛나게 먹는 모습이나 말을 흥미진진하게 하는 것을 비유 예 老师的课讲得很好，同学们都听得津津有味。 선생님께서 강의를 잘 하셔서 학생들이 모두 흥미진진해 하였다.

锲而不舍	조각을 할 때 중도에 그만두지 않고 끝까지 하다[나태함 없이 끈기 있게 함을 비유함] ✻锲 : 조각하다 舍 : 멈추다 예 学习汉语要有锲而不舍的精神。 중국어를 배울 때 중도에 포기하지 않는 끈기가 있는 정신이 필요하다.
络绎不绝	사람, 말, 수레 따위의 왕래가 빈번하다 예 上海南京路步行街上，来自全国各地的游客络绎不绝。 상하이 난징루의 거리는 세계 각지에서 온 여행객으로 꽉 차있다.
一丝不苟	일을 함에 있어 진지하고 섬세하여 전혀 대충하지 않다 예 我们在学习上应该有一丝不苟的精神。 우리는 학습을 함에 있어서 진지하고 소홀함이 없어야 한다.
后顾之忧	후방 혹은 가족에 대한 걱정이 없다, 뒷걱정이 없다 예 这项政策解除了那些没有找到工作的毕业生的后顾之忧。 이 정책은 직장을 찾지 못한 졸업생들의 뒷걱정을 없애주었다.
安居乐业	즐겁게 생활하고 일하다 예 政府正在为人民群众安居乐业、生活幸福创造良好的环境。 정부는 국민들이 즐겁게 생활하고 일하며 행복하게 생활할 수 있도록 좋은 환경을 조성하고 있다.
相辅相成	두 가지 일이 서로 조화를 이루고 도움을 주어 어느 쪽도 없어서는 안 되다 예 对于学生来说，学习和复习，相辅相成，缺一不可。 학생에게 있어 학습과 복습은 서로 도움을 주기 때문에 어느 하나도 소홀히 해서는 안 된다.
当务之急	현재의 임무 중 가장 시급히 처리해야 할 일 예 对于公司来说，培养中青年人才是当务之急。 회사에게 있어 급선무는 중년, 청년 인재를 양성하는 것이다.
斩钉截铁	말이나 행동에 있어 맺고 끊음이 정확하고 과감하다 예 他说话总是斩钉截铁，没有商量的余地。 그는 말을 할 때 늘 맺고 끊음이 정확해 대화의 여지가 없다.
画蛇添足	좋지 않을 뿐만 아니라 적합하지도 않은 쓸데없는 일을 하다 예 这部电影前半部分很不错，但是后半部分让人觉得有些画蛇添足。 이 영화의 전반부는 괜찮은데 후반부는 좀 사족이 있는 것 같다.

Key Point 4 연습문제

1. 社会稳定与经济发展________、不可分割。社会稳定是经济发展的基础，经济发展又有助于保持社会稳定。而________一个地区、一名领导干部的政绩，________要看经济的增长，而且要看社会的稳定状况。只有保持社会稳定，才能实现人民群众的________。

A 相辅相成　检验　不仅　安居乐业
B 休戚相关　检查　不但　称心如意
C 息息相关　肯定　不止　家喻户晓
D 密切相关　认可　不管　无能为力

2. 很多高校都给灾区的学生提供了一些帮助，________了解，上海交大推出针对西南旱灾地区学生的专项资助措施，比如划拨了临时困难补助金对受灾学生予以生活________；为受灾地区学生专门________了国家助学贷款绿色通道等，解除他们的________。

A 依　保证　建立　当务之急
B 按　保护　成立　雪上加霜
C 凭　保护　设置　急功近利
D 据　保障　设立　后顾之忧

3. 没有人能够不________失败就获得成功，不管是谁都是这样。在走向成功的道路上________会遇到这样或那样的困难和挫折，________不被困难吓倒，迎难而上，才能取得最后的成功，才能让你的人生更加精彩。面对挫折和失败，我们可能会退缩，也可能会动摇。然而，要想获得成功，要想你的人生更加精彩，你决不能________。

A 经验　往往　只要　浅尝辄止
B 经历　常常　只有　半途而废
C 经过　经常　不但　无精打采
D 经受　时常　不仅　无动于衷

4. 路上________的车辆来来回回；两边小商小贩的叫喊声，车辆的鸣笛声，行人的喧杂声给夜市________了几分热闹的________。我也融入了那热闹的市景中去，跟人们一起________着城市的夜市。

A 络绎不绝　增加　氛围　享乐
B 川流不息　增添　气氛　享受
C 断断续续　增进　范围　享用
D 争先恐后　增长　范畴　欣赏

5. 九寨沟的篝火、烤羊、锅庄和古老而美丽的传说，_______出藏羌人热情强悍的民族风情。九寨沟以原始的生态环境，_________的清新空气和雪山、森林、湖泊组合成神妙、奇幻、幽美的自然风光，_________“自然的美，美的自然”。被誉为“童话世界”九寨沟的高峰、彩林、翠海、叠瀑和藏情被称为“五绝”。_________其独有的原始景观，_________的动植物资源被誉为“人间仙境”。

A 展现　一尘不染　显现　因　丰富
B 展出　干干净净　呈现　以　丰盛
C 展示　一干二净　表现　靠　富裕
D 表现　一清二楚　体现　依　充足

6. 人参不仅有独特的药用_________，还可以_________许多方面的深加工产品。________，在文学名著中，有关人参的传说故事更是________的。

A 价钱　制造　另外　层出不穷　　B 用处　生产　除外　无穷无尽
C 价值　制作　此外　不胜枚举　　D 用途　铸造　而且　微不足道

7. 风和日丽时，你站在上海东方明珠塔上_________，外滩的万国建筑博览群、南浦大桥等都可以________，________可以饱览上海全貌。旋转餐厅里的自助餐虽然有点贵，________非常值得品尝。

A 极目远望　一马平川　简直　而
B 举目远望　尽收眼底　几乎　却
C 美不胜收　一览无余　差不多　可
D 琳琅满目　一望无际　差点儿　但

8. 我们要________我们所拥有的，不要为那些不属于我们的东西而________；我们也要学会________别人，不要________去做伤害别人的事情。

A 珍惜　费劲脑汁　尊重　有意　　B 爱惜　煞费苦心　敬爱　故意
C 珍爱　小心翼翼　尊敬　特意　　D 珍藏　千方百计　敬重　特地

9. “兴趣是最好的老师”，它可以为学习一门外语提供_______的动力，有了兴趣，学习就会_______。而兴趣不是_______的，所以要想学会一门语言，就_______先培养你对它的兴趣。

A 伟大 无能为力 刻不容缓 必要
B 宏大 无可奈何 喜从天降 必需
C 巨大 事半功倍 与生俱来 需要
D 重大 事倍功半 一成不变 必须

10. 布达拉宫重重叠叠，迂回曲折，同山体融合在一起，高高耸立，壮观巍峨。宫墙红白相间，宫顶_______，具有_______的艺术感染力。它是拉萨城的_______，也是西藏人民巨大创造力的象征，是西藏建筑艺术的_______财富，也是 _______的雪城高原上的人类文化遗产。

A 日新月异 激烈 象征 宝贵 得天独厚
B 饱经沧桑 猛烈 记号 名贵 举世瞩目
C 金碧辉煌 强烈 标志 珍贵 独一无二
D 名副其实 剧烈 代表 贵重 举世闻名

정답 및 풀이 – 해설서 p. 68

Key Point

5 어휘조합

어휘조합은 소홀히 할 수 없다. 여기에는 동사와 목적어, 전치사와 목적어, 동사와 보어, 목적어와 보어, 복문 관련 어휘의 조합 등이 포함된다. 또한 어휘조합은 모두 고정된 조합이기 때문에 마음대로 바꿀 수 없다. 그렇기 때문에 매일 암기를 통해 어휘량을 늘려야 하며, 만약 이러한 고정적인 어휘조합에 숙달된다면 문제를 푸는 데 큰 도움이 될 것이다.

예제

每个人都有_____的向往，但人的一生，注定是不可能完美的。_____你也许有着豪情壮志，不愿意甘于人后，但生活并不一定_____你设计的轨道运行的。

A 美丽　既然　依据　　　　B 良好　即使　根据
C 美观　虽然　依照　　　　D 美好　尽管　按照

해석 사람은 모두 _______ 포부를 가지고 있을 것이다. 하지만 사람의 일생은 완전하지 못하게 운명 지어져 있다. 당신이 원대한 포부를 가지도 있고 다른 사람에게 뒤쳐지지 않으려 _______ 인생은 당신이 계획한 궤도 _______ 움직여주지 않는다.

A 아름답다 / ~인 바에야 / ~에 의거하여　　B 좋다 / 설령 ~일지라도 / ~에 따라
C 보기 좋다 / 비록 ~라도 / ~에 의해　　D 아름답다 / 비록 ~라 하더라도 / ~에 따라

단어 **注定** zhùdìng 동 운명으로 정해져 있다 | **豪情壮志** háoqíng zhuàngzhì 성 호방한 감정과 원대한 포부 | **甘于** gānyú 동 기꺼이 ~하다, ~를 감수하다 | **轨道** guǐdào 명 궤도, 궤적

정답분석

첫 번째 빈칸에서 C의 '美观'은 사물의 외형이 보기 좋음을 나타내며 A의 '美丽'는 경관이나 사람, 사물의 외형을 비유할 때 자주 사용된다. 이 두 단어는 일반적으로 추상명사를 꾸밀 수 없으므로 제거할 수 있다. B의 '良好'는 일반적으로 '情况'이나 '状况' 등을 꾸밀 때 쓴다. 예를 들어 '健康状况良好(건강상태가 양호하다)', '设备运行状况良好(설비운행 상황이 좋다)'처럼 쓰이기 때문에 '向往'을 수식할 수 없다. D의 '美好'는 생활, 전망, 포부, 바람 등의 추상명사를 수식한다. 그러므로 정답은 D이다.

공략 1

중국어에는 고정된 어휘의 조합이 매우 많다. 단문에서의 어휘조합도 신경을 써야 하지만 복문 즉 병렬관계, 선택관계, 점층관계, 전환관계, 조건관계 등 앞뒤 문장의 내용과 관련된 고정 어휘는 선후의 조합이 잘못되면 내용 자체가 달라지기 때문에 정확히 알고 숙지해야 한다.

▶ 자주 사용되는 고정 어휘조합

据……观察	~의 관찰한 바에 따르면 예 据我这段时间的观察，发现她没什么实际工作能力。 내가 이 기간 동안 관찰한 바에 따르면 그녀는 실질적인 업무능력이 하나도 없음이 밝혀졌다.
据……了解	~의 아는(알려진) 바에 따르면 예 据记者了解，今年液晶电视销售形势十分喜人。 기자가 아는 바에 따르면 올해 LCD TV 판매추세가 매우 좋다.
对……有益	~에 유익하다 예 锻炼身体对健康有益。 운동은 건강에 이롭다.
对……有害	~에 유해하다 예 抽烟对身体有害。 흡연은 건강에 해롭다.
对……感兴趣	~에 흥미를 느끼다 예 他对中国历史非常感兴趣。 그는 중국 역사에 대해 매우 흥미를 느낀다.
为……担心	~때문에 걱정하다 예 我在这儿一直很好，不用为我担心。 나는 여기에서 아주 잘 지내니 내 걱정은 말아라.
向……学习	~에게 배우다 예 她学习很认真，我们都应该向她学习。 그녀가 공부를 매우 열심히 하니, 우리는 모두 그녀에게 배워야 한다.
向……问好	~에게 안부를 묻다 예 请代我向你的父母问好。 나 대신 너희 부모님께 인사 드려줘.
就……而言	~에 대해 말하자면 예 就投篮技术而言，我们队比你们队强很多。 슛의 기술에 대해서 말하자면 우리 팀이 너희 팀보다 훨씬 강하다.
就……来说	~에 대해 말하자면 예 就他的汉语水平来说，全系没有一个人能比得过他。 그의 중국어 수준에 대해서 말하자면 전체 과에서 그를 능가할 사람이 없다.
对……来说	~에 대해 말하자면 예 对我们来说，汉字不算太难。 우리에게 있어서 한자는 그리 어렵지 않다.
拿……来说	~에 대해 말하자면 예 拿产品质量来说，最近有了很大的提高。 상품의 질에 대해 말하자면 최근 많은 발전이 있었다.

以A为……	A를 ~으로 삼다 예 我们都要以他为榜样，努力做好自己的本职工作。 우리는 모두 그를 본보기로 삼아 열심히 자신의 직분을 다해야 한다.
跟……有关	~와 관련이 있다 예 研究表明肥胖跟一个人吃饭速度有关。 연구에 따르면 비만은 개인의 식사속도와 관련이 있다고 한다.
与……相比	~와 서로 비교해보면 예 今年报名考研的人数与去年相比，下降了一些。 올해 석사시험 지원자가 작년과 비교해서 조금 줄었다.
依……看(之见)	~의 관점에서 보면 예 依我看，完全没有必要这么做。 내가 보기에 이렇게 할 필요가 전혀 없다. 依我之见，你能胜任。 내 관점으로 봐서 넌 감당할 수 있을 것 같다.
根据……的需要	~의 수요(필요)에 따라 예 我们应该根据自己的需要，选购适合自己的数码相机。 우리는 반드시 자신의 필요에 따라 자기에게 맞는 디지털 카메라를 구입해야 한다.
经……批准	~의 비준(승인)을 거쳐 예 经上级部门的批准，这个学校恢复使用原来的校名。 상급기관의 승인을 거쳐 이 학교는 원래의 학교명을 다시 사용하고 있다.
受……欢迎	~의 환영을 받다 예 游乐园非常受孩子们的欢迎。 놀이공원은 아이들에게 매우 환영을 받는다.
所+동사	~하는, ~한 예 你所谈到的问题，我们都很感兴趣。 네가 이야기한 문제는 우리 모두 흥미가 있다.
동사+于	~(시간)에 ~하다 예 安娜1999年毕业于北京大学。 안나는 1999년에 베이징 대학을 졸업했다.
동사+自	~(장소)로부터 오다 예 他来自中国。 그는 중국에서 왔다.

▶ 알아두어야 할 상용복문

병렬관계

既……又……	~하고 ~하다 예 这家饭馆的菜既便宜又好吃。 이 음식점의 요리는 싸고 맛도 좋다.
又……又……	~하고 ~하다 예 这个孩子又聪明又可爱。 이 아이는 똑똑하고 귀엽다.
一边……一边……	(한편으로) ~하면서 (또 한편으로는) ~하다 예 孩子们喜欢一边看电视一边吃饭。 아이들은 TV를 보면서 밥 먹는 것을 좋아한다.

一面……一面……	(한편으로) ~하면서 (또 한편으로는) ~하다 예 他一面接过我的包，一面握住我的手说："欢迎，欢迎。" 그는 나의 가방을 받으며 나의 손을 잡고 "어서 오세요."라고 말했다.
不是……而是……	~가 아니라 ~이다 예 这本书不是你的，而是我的。이 책은 너의 것이 아니고 내 것이다.
一会儿……一会儿……	~했다가 ~했다가 하다 예 我们俩一会儿用汉语聊天，一会儿用英语聊天。 우리 둘은 중국어로 대화했다가 영어로 대화했다가 한다.
或者……或者……	~하거나 ~하다 예 今年暑假我或者去学车，或者去旅游。 올 여름방학에 나는 운전을 배우거나 여행을 갈 것이다.
要么……要么……	~하거나 ~하다 예 你要么今天去，要么明天去。너는 오늘 가거나 내일 가라.
是……还是……	~이니 (아니면) ~이니? 예 你是去长城还是去故宫？너는 만리장성에 가니 아니면 고궁에 가니?
不是……就是……	~하거나 (아니면) ~하다 예 下课以后，我不是去图书馆就是回宿舍。 방과 후에 나는 도서관에 가거나 기숙사로 돌아간다.
宁可……也不……	(차라리) ~할지언정 ~하지는 않는다 예 我宁可在家睡觉，也不陪他去买东西。 나는 집에서 잘지언정 그 사람이랑 쇼핑하러 가지 않겠다.
与其……不如……	~하는 것은 ~하는 것만 못하다 예 我与其在家睡觉，还不如陪他去买东西。 나는 집에서 자느니 그와 함께 쇼핑하러 가는 것이 낫다.

점층관계

不但(仅)……而且……	~일 뿐만 아니라 ~하다 예 这个孩子不但很聪明，而且学习非常努力。 이 아이는 똑똑할 뿐만 아니라 공부도 매우 열심히 한다.
不但不……反而……	~하지 않았을 뿐만 아니라 오히려 ~하다 예 他不但不感谢我，反而还责怪我。 그는 고마워하지도 않았을 뿐만 아니라 오히려 나를 탓했다.
……，甚至……	~하고, 심지어 ~하다 예 他不但认识我，甚至还知道我住在哪儿。 그는 나를 알 뿐 아니라 심지어 내가 어디에 사는지도 안다.
……，再说……	~하고, 게다가 ~하다 예 这家饭馆的人太多，再说也太贵了，我们还是去别的饭馆吧。이 음식점은 손님이 많고 게다가 비싸기까지 하니 우리 다른 데 가서 먹자.

전환관계

虽然……但是……	비록 ~이지만 ~하다 예 虽然我很累，但是我非常高兴。비록 나는 피곤하지만 매우 기쁘다.
……但是/可是……	~하지만 ~하다 예 这双鞋质量很不错，可是价钱有点贵。 이 신발의 질은 좋지만 가격이 좀 비싸다.

조건관계

只要……就……	(단지) ~하기만 하면 ~하다 예 只要明天不下雨，我就去长城。 내일 비만 오지 않으면 나는 만리장성에 갈 것이다.
只有……才……	(오직) ~해야만 (비로소) ~하다 예 只有他来了，我才能离开这里。 그가 와야만 내가 비로소 여기를 떠날 수 있다.
无论……都……	~을 막론하고 모두 ~하다 예 无论刮风下雨，我都会按时去上课。 바람이 불고 비가 와도 우리는 모두 제때에 수업을 듣는다.
不管……都……	~에 상관없이 (모두) ~하다 예 不管你去不去，我都会去。네가 가든 안 가든 나는 꼭 갈 것이다.
除非……否则……	~하지 않으면 ~하다 예 除非有人开车送我去，否则我不会去。 누가 나를 차로 데려다주지 않으면 나는 갈 수 없다.
除非……才……	(오직) ~해야만 비로소 ~하다 예 除非有人开车送我去，我才会去。 누가 나를 차로 데려다줘야만 나는 비로소 갈 수 있다.

가설관계

如果……就……	만약 ~하면 ~하다 예 如果明天不上课，我就去长城玩儿。 만약에 내일 수업이 없으면 나는 만리장성에 놀러 갈 것이다.
要是……就……	만약 ~하면 ~하다 예 要是你现在有空儿，就和我一起去书店吧。 만약에 너 지금 시간 있으면 나랑 같이 서점에 가자.
假如(假设)……就……	가령 ~하면 ~하다 예 假如他们不愿意参加，就不要强求他们了。 그들이 참가하고 싶어하지 않는다면 그들에게 강요하지 말아라.

……的话，就……	~라면 ~하다 예 明天不下雨的话，我就和你们一起去长城。 내일 비가 안 온다면 나도 너희와 함께 만리장성에 놀러 갈 것이다.
即使……也……	설령 ~라 할지라도 (그래도) ~하다 예 即使明天下雨，我也会按时上课。 내일 비가 온다고 할지라도 나는 제때에 수업에 갈 것이다.
就是(算)……也……	설령 ~라 할지라도 (그래도) ~하다 예 就是你不让我去，我也会去。 네가 나를 못 가게 해도 나는 갈 것이다.
哪怕……也……	설령 ~라 할지라도 (그래도) ~하다 예 哪怕工作再忙，他也坚持每天练习弹钢琴。 일이 아무리 바빠도 그는 매일 꾸준히 피아노 치는 연습을 한다.
再……也……	아무리 ~하더라도 ~하다 예 今天再累，我也要坚持把工作完成。 오늘 아무리 피곤해도 나는 계속하여 일을 끝낼 것이다.

인과관계

因为……所以……	~하기 때문에 (그래서) ~하다 예 因为他有事，所以他今天不能来参加你的生日晚会。 그는 일이 있어서 오늘 네 생일 파티에 올 수 없다.
由于……因此……	~하기 때문에 (그래서) ~하다 예 由于他准备得很充分，因此他演讲得非常精彩。 그가 준비를 충분히 했기 때문에 강연을 멋지게 해냈다.
……，因而……	~, 그래서 ~하다 예 你努力不够，因而学习退步了。 너의 노력이 부족해서 공부가 퇴보했다.
……，从而……	~, 따라서 ~하다 예 他们改进了学习方法，从而提高了学习效率。 그들은 학습방법을 바꿔서 학습효율이 올랐다.
……，于是……	~, 그래서 ~하다 예 爸爸来中国工作，于是我和妈妈也来了。 아버지가 중국에서 일하셔서 나와 엄마도 왔다.
之所以……是因为……	~한 까닭은 ~하기 때문이다 예 他之所以成绩非常优秀，是因为他一直都很努力。 그의 성적이 매우 우수한 것은 그가 계속해서 노력했기 때문이다.

목적관계

为了……，……	~하기 위해서 ~하다 예 为了学好汉语，我来中国留学。 나는 중국어 공부를 잘하기 위해서 중국에 유학 왔다.
……，是为了……	~한 것은 ~하기 위해서이다 예 我来中国留学，是为了学好汉语。 내가 중국에 유학 온 것은 중국어를 잘 공부하기 위해서다.
……，以便……	~한 것은 ~하기 위해서이다 예 我要多和中国朋友聊天，以便提高我的汉语水平。 내가 중국친구들과 많이 대화하는 것은 내 중국어 실력을 높이기 위해서이다.
A，省得(免得) B	B하지 않도록 A하다 예 麻烦您把这张地图带给他，省得我再跑一趟。 내가 다시 오지 않도록, 미안하지만 이 지도를 그에게 전해주세요.
A，以免B	B하지 않도록 A하다 예 请不要携带危险品，以免发生意外。 사고가 생기지 않도록 위험한 물건은 휴대하지 마세요.

Key Point 5 연습문제

1. 燕窝既是________的烹饪原料，________是营养价值极高的补品。它不是普通燕子的窝，________一种特殊的燕子。________筑巢的地方可分为屋燕和洞燕两种。

A 珍贵　也　就是　遵照　　B 宝贵　还　只是　依照
C 名贵　又　而是　按照　　D 贵重　而　仅是　根据

2. 儿童艺术剧方面的专家________，理想的动漫舞台剧应该是________中国动漫作品改编________；动漫思维，________是动漫和舞台形式的简单叠加。

A 觉得　依据　拥有　不单　　B 认为　根据　具有　不只
C 以为　借鉴　持有　不仅　　D 指出　借助　具备　不光

3. 挫折的影响________体现为物质上的损失，更多的体现为心灵的伤害。面对挫折时，我们________不能对生活失去信心，而是应该越挫越勇，________阳光总在风雨后。

A 不管　就　由于　　B 不但　都　因此
C 不只　只　为了　　D 不仅　绝　因为

4. 对一般人来说，同时有机会得到鱼和熊掌________是极不容易的，而当你有机会________的时候，你________会感到很痛苦，因为________鱼还是熊掌，都意味着要放弃另一个。

A 一定　选择　却　无论　　B 必定　挑选　但　不论
C 必然　决定　而　不管　　D 肯定　判断　可　尽管

5. 每年11月，上海全民健身节节日期间将________多项大型活动，数十万人踊跃________，给市民百姓带来了健身的________。期间举办的上海国际马拉松赛更是全民健身节的焦点，参赛省市以及参赛国家和地区呈逐年递增趋势，知名度和受________程度不断上升。

A 进行　参加　高兴　喜欢　　B 举动　参选　欢乐　迎接
C 举办　参观　愉快　喜爱　　D 举行　参与　快乐　欢迎

6. 在我们的生活中，有一种人非常值得________，他们总是默默无闻地躲在暗处，任劳任怨，不求________，为社会做出了________的贡献；这些人身上都有着无私奉献的优秀本质，也正是这种奉献精神一直________着他们工作。

A 尊敬　回报　有益　鼓舞　　B 忠实　工钱　有利　加油
C 忠诚　工资　利益　鼓励　　D 尊重　薪水　有害　奖励

7. 老人________年过九旬，但干起技艺要求严格的装裱活来，依然手不颤、眼不花，________。当与陈有毖先生谈起祖传的装裱手艺时，老人家就________，兴奋起来。________介绍，陈有毖的祖父和父亲都是潮汕地区有名的字画装裱师傅。

A 尽管　熟能生巧　兴致勃勃　依
B 即使　驾轻就熟　兴高采烈　凭
C 虽然　得心应手　眉飞色舞　据
D 既然　左右逢源　眉开眼笑　由

8. 以前，我们认为男追女才是正常的，可是如今，________我们不提倡含蓄女人主动出击，但也不能________似的等待白马王子的到来，毕竟王子比较________。于是，我们就要略施小计，________，收获爱情。

A 虽然　守株待兔　稀有　欲擒故纵
B 尽管　东张西望　稀少　欲罢不能
C 即使　空前绝后　缺少　欲言又止
D 假设　走马观花　缺乏　诱敌深入

9. 全聚德________于1864年，至今已有140年的历史。它以做北京烤鸭________，跨越了三个世纪，________了晚清衰亡、民国建立等几个重大历史时期；新中国成立后，________了老店，为百年老字号的________奠定了坚实的基础。

A 开业　优异　经验　扩大　兴旺
B 开始　优秀　经过　扩张　繁荣
C 创始　有名　历经　扩展　发达
D 始建　闻名　经历　扩建　发展

10. 前门外的大栅栏________是北京有名的闹市，以老字号众多闻名。同仁堂药铺就是其中一家老字号。北京同仁堂创办于清康熙八年（1669年），________雍正元年(1723年)，雍正下旨同仁堂供奉清皇家御药房用药，________八代皇帝，长达188年。这就________了同仁堂人在制药________中精益求精的严细精神。

A 已经　从　经验　铸造　程序
B 目前　经　经历　成就　历程
C 至今　由　经过　造成　经过
D 曾经　自　历经　造就　过程

정답 및 풀이 – 해설서 p. 73

Key Point

6 특수양사

중국어에는 양사가 많다. 상용양사는 응시자들에게 있어서 그렇게 어렵지 않지만 자주 쓰이지 않는 양사나 수식 역할만 하는 특수양사는 주의할 필요가 있다.

예제

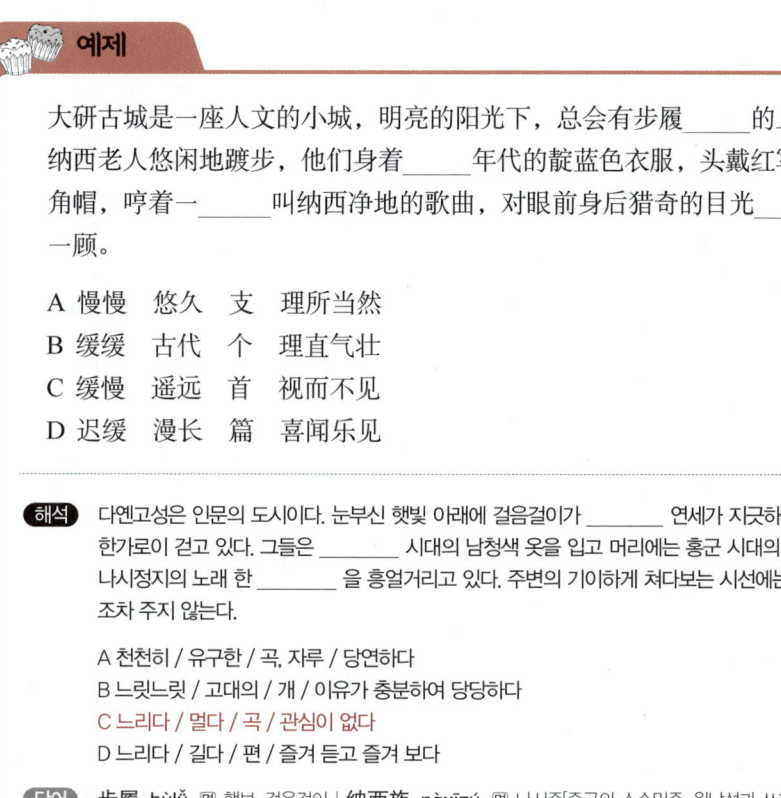

大研古城是一座人文的小城，明亮的阳光下，总会有步履_____的上了年纪的纳西老人悠闲地踱步，他们身着_____年代的靛蓝色衣服，头戴红军时期的八角帽，哼着一_____叫纳西净地的歌曲，对眼前身后猎奇的目光_____、不屑一顾。

A 慢慢　悠久　支　理所当然
B 缓缓　古代　个　理直气壮
C 缓慢　遥远　首　视而不见
D 迟缓　漫长　篇　喜闻乐见

해석 다옌고성은 인문의 도시이다. 눈부신 햇빛 아래에 걸음걸이가 _______ 연세가 지긋하신 나시족 노인이 한가로이 걷고 있다. 그들은 _______ 시대의 남청색 옷을 입고 머리에는 홍군 시대의 팔각모를 썼으며 나시정지의 노래 한 _______ 을 흥얼거리고 있다. 주변의 기이하게 쳐다보는 시선에는 _______ 눈길조차 주지 않는다.

A 천천히 / 유구한 / 곡, 자루 / 당연하다
B 느릿느릿 / 고대의 / 개 / 이유가 충분하여 당당하다
C 느리다 / 멀다 / 곡 / 관심이 없다
D 느리다 / 길다 / 편 / 즐겨 듣고 즐겨 보다

단어 **步履** bùlǚ 명 행보, 걸음걸이 | **纳西族** nàxīzú 명 나시족[중국의 소수민족, 윈난성과 쓰촨성 등지에 분포] | **悠闲** yōuxián 형 한가하다, 여유롭다 | **踱步** duóbù 동 천천히 걷다 | **靛蓝** diànlán 명 인디고, 청람(靑藍) | **红军** Hóngjūn 명 홍군[中国工农红军의 약칭] | **八角帽** bājiǎomào 명 팔각모 | **哼** hēng 동 콧노래 부르다, 흥얼거리다 | **猎奇** lièqí 동 힘써 기이한 사물만 찾아다니다 | **不屑一顾** búxièyígù 동 거들떠볼 가치도 없다

정답분석

세 번째 빈칸에서 '一支(首)歌曲'의 조합이 쓰여야 하므로 B와 D는 제거한다. 마지막 빈칸에서 A의 '理所当然'은 도리에 따라 그래야만 하는 것을 뜻한다. D의 '视而不见'은 주의를 기울이지 않고 중시하지 않으며 눈을 뜨고 있지만 보이지 않는 것을 말한다. 또한 간섭하지 않고 보고도 못 본체한다는 뜻도 있다. 시선을 개의치 않는다는 내용이므로 C가 정답이다.

공략 1

중국어에서 양사는 고정적이다. 그렇기 때문에 응시자들이 양사의 용법을 완전히 파악할 수 있다면 양사 문제부터 푸는 것이 좋다. 시험에는 간단한 양사 문제는 나오지 않는다. 그렇기 때문에 응시자들은 시험 준비를 할 때 수사 역할을 하는 양사에 주의해야 한다.

▶ 상용 수사형 양사

一笔钱	큰 돈 예 他最近赚了很大一笔钱。 그는 최근 큰 돈을 벌었다.
一场误会	(한 차례의) 오해 예 这件事只是一场误会。 이 일은 그저 오해일 뿐이다.
一口流利的汉语	유창한 중국어 예 他可以说一口流利的汉语。 그는 유창한 중국어를 구사할 수 있다.
一片笑声	(한바탕) 웃음 소리 예 他说得比较简短，但他举的例子都非常生活化，引来听众的一片笑声。 그는 평범하게 말하지만 그가 드는 예들은 매우 생활화된 것이어서 청중을 웃게 한다.
一门心思	마음 예 他又到图书馆借来一些相关的书，什么也不顾，就一门心思地钻研起来。 그는 또 도서관에 와서 관련 책을 빌린 후 어떤 것도 신경 쓰지 않고 온 마음으로 연구하기 시작했다.
说一顿	(꾸지람, 욕 등을) 한 번 하다 예 他莫名其妙地被领导说了一顿，所以他非常生气。 그는 영문도 모른 채 사장에게 꾸지람을 들어서 매우 화가 났다.
一系列问题	일련의 문제 예 这件事引发出来了一系列问题。 이 사건은 일련의 문제를 일으켰다.
一起事故	한 건의 사고 예 上个月这里发生了一起交通事故。 지난 달에 여기에서 한 건의 교통사고가 발생했다.
一部电影	(한 편의) 영화 예 今天新上映了一部电影，我们一起去看吧。 오늘 새 영화가 개봉했어 우리 같이 가자.
一番话	(한 번의) 말 예 他昨天说的那一番话非常有道理。 그가 어제 한 그 말은 아주 맞는 말이다.
一项服务	(한 개의) 서비스 예 他们公司最近推出了一项服务，这项服务受到老百姓的欢迎。 그들의 회사는 최근 서비스를 내놓았는데, 그 서비스는 사람들에게 환영받고 있다.

一段时间	한동안의 시간 예 经过一段时间的交往，我觉得他是一个非常好的朋友。 얼마간 교제를 하고 나니 그는 아주 좋은 친구 같다.
一则消息	한 가지 소식 예 今天我在网上看到一则消息，这则消息让我非常感动。 오늘 나는 인터넷에서 뉴스를 하나 봤는데 그 뉴스는 나를 감동시켰다.
一面旗	한 개의 깃발 예 轮船的桅杆上挂着一面国旗。 배의 돛대에 국기가 하나 걸려 있다.
一股味道	(한 줄기) 기운 예 房间里飘出一股奇怪的味道。 방안에 이상한 기운이 감돈다.

Key Point 6

연습문제

1. 最近我通过自己的努力，终于赚到了人生第一________钱。

A 份　B 笔　C 项　D 件

2. 我看完这________消息以后，感到非常震惊。

A 则　B 张　C 页　D 片

3. 在这里陈列着一件珍贵的历史文物，它是一________用红色的粗棉布制作的五星红旗。

A 张　B 条　C 件　D 面

4. 她最近非常高兴，因为她终于能说一________流利的汉语了。

A 句　B 段　C 口　D 篇

5. 今天早上在大桥上发生了一________交通事故，所幸无人员伤亡。

A 起　B 件　C 次　D 所

6. 女儿的一________话，让我感到她比我想象中的成熟了很多。

A 只　B 番　C 口　D 片

7. 一________最新调查显示：大部分居民生活的环境都存在噪音污染。

A 件　B 条　C 种　D 项

8. 他在这届奥运会上共获得三________金牌。

A 面　B 枚　C 条　D 个

9. 我觉得这________电影的男主角演得非常好。

A 位　B 片　C 部　D 本

10. 透过那________玻璃窗，我们可以看到蓝蓝的天空。

A 扇　B 片　C 面　D 条

정답 및 풀이 – 해설서 p. 77

Summary

제2부분 핵심정리

新HSK 6급 독해 제2부분은 빈칸을 채우는 유형으로 시험문제 가운데에는 종종 단어의 의미가 같거나 비슷한 경우와 형태가 비슷하거나 발음이 비슷한 경우, 혹은 구와 단어의 형태소가 같지만 용법이 다른 경우가 있다. 응시자들은 이러한 경우 쉽게 함정에 빠질 수 있다. 그렇기 때문에 응시자들은 문제를 풀 때 침착한 태도로 비슷한 단어의 차이를 알아낼 수 있어야 하며 절대로 겉만 보고 판단하지 말아야 한다.

전략

빈칸 채우기는 문제수준이 높아 응시자들이 시험준비를 할 때 힘든 부분 중에 하나이다. 문제를 풀 때는 침착하게 문제를 읽고 먼저 문제의 전반적인 내용을 파악한 후에 아래의 풀이법을 대입하여 풀기 시작하자.

① 소거법

확실히 답이 아닌 것을 우선 순서대로 제거하면 정답만 남게 된다. 이러한 풀이방식은 자주 사용되지만 자신이 제거한 보기를 확실히 알고 있어야만 실수를 범하지 않을 수 있다.

② 직접 선택법

만약 보기 가운데 자신이 확실히 아는 것이 있고 이것이 답이어서 다른 보기를 볼 필요가 없는 경우 이 방법을 선택할 수 있다. 이러한 방식은 정확도를 높일 수 있을 뿐 아니라 시간도 절약할 수 있다.

이렇게 풀어라!

응시생들은 다음의 네 가지 측면에 유의하여 좀 더 문제를 빠르고 정확하게 풀 수 있는 능력을 길러 고득점을 노릴 수 있다.

① 보기에 양사가 있으면 양사부터 풀어라.

중국어의 양사는 고정적이기 때문에 평소에 여러 양사를 접하고 학습하여 열심히만 하면 쉽게 정복할 수 있다.

② 성어가 보기에 자주 등장한다.

응시자들은 新HSK 6급 시험요강에 나온 성어 위주로 외우되 그 외에도 성어량을 늘리는 노력이 필요하다. 가장 중요한 것은 각 성어가 나타내는 의미를 정확하게 파악하는 것이다.

③ 복문 관련 어휘의 조합과 논리관계를 확실히 파악해야 한다.

복문의 경우 논리관계에 따라 고정된 어휘가 있으므로 앞에서 나열한 어휘의 조합을 잘 학습해놓는다면 문제의 내용파악이 완벽하게 되지 않더라도 외운 어휘의 조합을 통해 답을 쉽게 찾아낼 수 있다.

④ 어휘를 전반적으로 살펴라.

어휘의 종류, 뜻, 조합방식, 감정, 색채 등을 기준으로 우선 어떤 종류의 단어인지 판단하고 적합하지 않은 단어를 제거한다. 그리고 나서 단어의 뜻으로 맞는 것이 무엇인지 고르면서 적합하지 않은 것을 제거한다. 마지막으로 단어의 조합과 감정 색채, 예를 들어 글말인지 입말인지, 폄의어인지 아닌지 등을 판단한다.

1. 他因母亲的去世而________，又因独自一人________往事，想起和母亲一起生活的点点滴滴，与母亲做灵魂的交流而感到幸福和温馨，________又产生了一种享受感。

A 失望　回想　所以　　B 悲哀　回顾　并且
C 悲痛　记忆　因而　　D 悲伤　回忆　从而

2. 作为全国首批沿海开放城市之一，湛江______走在经济大潮的最前沿，______了辉煌的品牌史，城市也因此________于世，人称“北有青岛，南有湛江”。

A 以前　创办　出名　　B 曾经　创造　闻名
C 已经　创立　有名　　D 过去　建立　著名

3. 教师要想上好课，________做到以下“五好”：上课带着好心情，和学生建立好关系，________设计好点拨，________给予好评价，留给学生好作业。

A 必需　精细　按时　　B 必要　精致　准时
C 必须　精心　及时　　D 务必　精美　定时

4. 做饭的时候，要注意烹调技法与火候运用________相关，比如中火适用于炸制菜，凡是外面挂糊________的，在下油锅炸时，多________旺火下锅中火炸制，逐渐加油的方法，________较好。

A 亲密　资料　采用　结果　　B 紧密　材料　应用　后果
C 密切　原料　使用　效果　　D 亲切　资源　利用　成果

5. 老舍先生创作了很多优秀的话剧，《茶馆》是这些________之一，全剧以老北京一家大茶馆的兴衰变迁为________，向人们________了从清末到抗战胜利后的50年间，北京的社会风貌及各阶层人物的不同________。

A 名誉　内容　展现　运气　　B 名著　背景　展示　命运
C 著名　线索　展开　生活　　D 名作　知识　展望　情况

6. 去别人家做客的时候，要注意________主人时，应该尽量不给主人添麻烦。________给主人工作或生活造成了麻烦，应________表示歉意，并努力将负面影响缩到最小。________表达他们的歉意，很容易加深主人对他们的好感。

A 采访　要是　适合　按时　　B 拜访　如果　适当　及时
C 访问　倘若　恰当　准时　　D 看望　假如　妥当　临时

7. 当有害的物质进入洁净的水中，水污染就发生了。水污染产生的________非常大，比如未经________的城市生活污水、造纸污水等会________水中缺氧，致使需要氧气的微生物死亡。而正是这些微生物因能够分解有机质，________着河流、小溪的自我净化能力。

A 灾害　办理　致使　保持　　B 损害　加工　造成　维护
C 伤害　净化　引起　保护　　D 危害　处理　导致　维持

8. 华佗是一位杰出的医学家，他曾把自己丰富的医疗经验______成一部医学著作，名曰《青囊经》，_______没能流传下来。但不能说，他的医学经验_______就完全湮没了。因为他有许多________的学生，把他的经验部分地继承了下来。

A 编辑　惋惜　所以　优良　　B 收拾　遗憾　因而　良好
C 整理　可惜　因此　优秀　　D 清理　可是　由此　优异

9. 如果孩子比较听话，________，对于做父母的来说，自然是一件令人________的事情。可是，处于青春期的孩子，由于生理和心理的原因，他们急于在万事万物中________独立的方式，所以常常会表现出一副和父母________的姿态。父母说好的，他偏要说差；父母说差的，他偏要说好。

A 唯命是从　高兴　寻觅　反目成仇
B 百依百顺　欣慰　寻找　格格不入
C 俯首帖耳　喜悦　探求　咬牙切齿
D 称心如意　安慰　搜索　不相上下

10. 薪酬更多时候体现了一个人的能力和职位，________，挑战高薪职位________每个职场人士追求的目标，但________高薪职位要有三个方面的准备：第一，要________一定的实力；第二，要有一定的野心和________；第三，要学会推销自己，把自己当做一个产品销售出去的思路。

A 于是　变为　赢得　具有　理想
B 因而　作为　得到　占有　幻想
C 所以　变成　取得　拥有　空想
D 因此　成为　获得　具备　梦想

11. 朱熹是继孔子________中国历史上最伟大的思想家、哲学家和教育家，是儒学思想文化________的代表。至今，世界上几十个国家的专家、学者仍致力于朱熹学说的________。

A 以后　优异　探索　　B 然后　优秀　探讨
C 后来　突出　钻研　　D 之后　杰出　研究

12. 人们逛庙会逛得时间久了，必然又饿又累。看到各种好吃的，________产生食欲，所以庙会上那种小吃摊自然也就座无虚席了。庙会上的小吃多________半是北京日常街头巷尾叫卖的吃食，具有北京地方________，适合北京人的口味。

A 不免　其实　特色　　B 难免　实际　特点
C 未免　实在　特点　　D 避免　真实　特征

13. 遗憾是人生中想表达“不满意”，又不能说出的一种难以言表的________，在人生历程中，因为我们对自己和生活永远不能________，所以我们才有了遗憾。没有遗憾的人生是一个不________的人生；一个没有遗憾的人，他没有资格和权利去书写人生的酸甜苦辣。

A 心情　如意　完全　　B 激情　满意　完美
C 感情　满足　完整　　D 表情　知足　全部

14. 故宫是几百年前劳动人民______和血汗的结晶。在______的社会生产条件下，能______这样宏伟高大的建筑群，充分______了中国古代劳动人民的高度智能和创造才能。

A 智能　这时　建筑　表现　　　B 智慧　当时　建造　反映
C 智力　那时　建设　反应　　　D 聪明　古时　修建　体现

15. 朋友聚会的时候，大家______带一个自己的拿手菜，到了聚会地之后，______加热，吃饭的时候，大家还可以互相______一下厨艺，这样能使气氛变得更加轻松______。

A 不如　稍稍　交换　自在　　　B 不妨　略微　交流　自然
C 不免　稍微　交际　自如　　　D 要不　大略　交往　自由

16. 专家建议，如果老年朋友的身体______,可______地照料一个孩子，这样可以给他们的生活带来无穷的______，使他们显得更年轻，头脑也变得更______，同时也能使心情更愉快，身体更健康。

A 允许　适当　乐趣　灵活　　　B 同意　合适　快乐　机灵
C 容许　适应　兴趣　灵巧　　　D 许可　适合　趣味　灵敏

17. 颐和园是我国现存规模最大，______最完整的皇家园林。始建于清乾隆十五年，______十五年竣工。颐和园______其丰厚的历史文化积淀，______的自然环境景观，卓越的保护管理工作被联合国教科文组织列入《世界遗产名录》。

A 保护　经历　因　漂亮　　　B 维护　持续　靠　美丽
C 保留　经过　用　精美　　　D 保存　历时　以　优美

18. 交际主要靠语言来实现，语言是最重要的交际工具，但交际不完全________语言，还需要体态、眼神、表情等辅助手段。而这些辅助手段的交际效果________是独到的，有“此处无声胜有声”的效果。更为重要的是：眼睛能________出语言所不能或不便表现的信息。________运用眼神传情达意，将使你的交际________。

A 依赖　常常　转达　完善　称心如意
B 依据　经常　表达　擅长　雪上加霜
C 依靠　往往　传达　善于　如虎添翼
D 凭借　有时　表现　妥善　雪中送炭

19. “布艺中国”系列活动举办得非常成功，使得深圳国际家纺布艺展览会已________一般展览会进行产品交易场所的功能，成为________家纺品牌，引领时尚________，________行业发展的盛会。

A 超出　培养　花费　促使　　B 超过　栽培　消耗　推动
C 超越　培育　消费　促进　　D 超级　培训　费用　推进

20. 哲人说，“生活中本不缺少美，缺少的是发现美的眼睛”。是的，生活也的确是如此。不要总在________着自己的不幸，这样做只能使你生活得更加不幸。你觉得“不幸”是因为你无法乐观地面对生活，生活总是充满着________的。只要你________抬抬头，看看阳光，你就能________到温暖。在温暖中乐观地去________美好的人生，你自然能够发现美的。

A 想念　盼望　经常　寻求　感觉
B 惦记　希望　常常　追求　感受
C 惦念　愿望　往往　需求　感想
D 思念　渴望　不断　追逐　体会

정답 및 풀이 – 해설서 p. 79

<북경대 新HSK 6급 독해 공략>과
함께라면
당신의 6급 독해 고득점 취득이 쉬워집니다!
加油!

제3부분 문장 채우기

攻略

제3부분 문장 채우기

독해 제3부분은 빈칸에 알맞은 문장을 채우는 문제로 총 10문제가 출제된다. 총 두 개의 지문으로 구성되어 있으며 각 지문에는 다섯 개의 빈칸이 있다. 각 빈칸에는 하나의 문장만 들어갈 수 있으며 지문 아래에는 다섯 개의 보기가 주어진다. 응시생은 빈칸 앞뒤 문장의 의미를 파악하여 알맞은 보기를 골라 각 빈칸에 채워 넣어야 한다.

유형 맛보기

曹操得到一只大象，很想知道这只大象到底有多重。官员们议论纷纷，发表自己的意见。有人说，(71)____________。可是怎样才能造出比大象还大的秤呢？有人说，把它砍成小块儿，然后再称。可是把大象杀了，知道重量又有什么意义呢？大家想了很多办法，可是都行不通。

就在这时，曹操的小儿子曹冲对父亲说："爸爸，我有个办法可以称大象！"(72)____________，曹操一听，连连叫好，立刻安排人准备称象，并且让大家都过去观看。

大家来到河边，看见河里停着一只大船。曹冲叫人把象牵到船上，等船身稳定时，他就在船舷与水面齐平的地方，画了一条线。然后，曹冲再叫人把象牵到岸上来。之后，他把大大小小的石头，(73)____________，船身就一点儿一点儿往下沉。等船上的那条线和水面再次平齐的时候，曹冲就叫人停止装石头。官员们都睁大了眼睛，(74)____________。他们连声称赞："好办法！好办法！"这时候，谁都明白，(75)____________，把重量加起来，就知道这头大象有多重了。曹操得意地望着众人，心里想：你们还不如我的这个小儿子聪明呢！

A 一块儿一块儿地往船上装
B 制造一个巨大的秤来称
C 只要把船里的石头都称一下
D 然后他就把办法告诉了曹操
E 这才弄清了是怎么回事儿

해석 조조가 코끼리 한 마리를 얻게 되었는데, 이 코끼리가 도대체 얼마나 무거운지 알고 싶었다. 관리들은 의견이 분분했고, 각자 자신의 의견을 내놓았다. 어떤 관리는 (71)__________고 말했다. 그러나 어떻게 코끼리보다 큰 저울을 만들 수 있겠는가? 어떤 관리는 코끼리를 조각낸 뒤 무게를 재보자고 말했다. 하지만 코끼리가 죽고 난 후 코끼리의 무게를 알게 된들 무슨 의미가 있겠는가? 관리들은 많은 방법을 생각해냈지만 모두 실현 불가능했다.

바로 그때 조조의 어린 아들 조충이 아버지에게 말했다. "아버지, 저에게 코끼리의 무게를 잴 방법이 있어요!" (72)__________, 조조는 듣자마자 연신 좋다고 외치며, 바로 코끼리의 무게를 잴 준비를 하도록 했고, 모두에게 가서 구경하라고 했다.

모두가 강가로 나왔고, 큰 배 한 척이 강가에 정박되어 있는 것을 보았다. 조충은 사람을 시켜 코끼리를 끌어다 배에 싣게 했다. 선체가 안정되자 그는 뱃전과 수면이 일직선이 되는 부분에 선을 그었다. 그런 후 조충은 다시 사람을 시켜 코끼리를 강가로 끌고 오게 했다. 그런 후 그는 크고 작은 돌을 (73)__________. 선체는 조금씩 아래로 가라앉았다. 선체의 그 선과 수면이 다시 일직선이 되었을 때 조충은 돌을 그만 실으라고 했다. 관리들은 모두 눈을 동그랗게 떴고, (74)__________. 그들은 칭찬을 멈추지 않았다. "좋은 방법이야! 좋은 방법!" 그제야 모두가 깨달았다. (75)__________ 그 무게를 합치면, 이 코끼리의 무게가 얼마인지 알 수 있었던 것이다. 조조는 만족스러워하며 여러 사람을 바라보며 마음속으로 '너희들은 내 어린 아들만큼 똑똑하지 못하구나!'라고 생각했다.

A 하나하나 배에 실었다 → 73
B 거대한 저울을 만들어 무게를 재보자 → 71
C 배에 실은 돌의 무게를 재고 → 75
D 그런 후에 그는 자신의 방법을 조조에게 알려주었다 → 72
E 그제야 어찌 된 일인지 알게 되었다 → 74

단어 秤 chèng 명 저울 | 砍 kǎn 동 (도끼로) 찍다, 패다 | 船舷 chuánxián 명 뱃전, 선현[선박의 양쪽 가장자리 부분]

정답분석

먼저 보기로 주어진 다섯 개의 구문을 보고 앞뒤에 이어질 내용이 무엇인지 유추해야 한다. A는 주어가 없고 '一块儿'이라는 단어가 나온다. (73)번 앞의 내용을 보면 '曹冲(조충)'과 '石头(돌)'라는 힌트가 있고, 뒤에는 '선체는 조금씩 아래로 가라앉았다'라는 결과가 나온다. B 역시 주어가 없다. (71)번 앞에 나오는 '어떤 관리'가 '거대한 저울을 만들어 무게를 재보자'라는 제안을 한 것임을 알 수 있다. C에 나오는 '只要'는 보통 뒤에 '就'나 '便'과 호응한다. (75)번 뒤에 '就知道这头大象有多重了'라는 내용이 이어진다. D의 구문에 있는 '他'가 누구인지를 찾아야 한다. (72)번 앞뒤의 내용을 보면 '조조의 아들 조충'이라는 것을 쉽게 알 수 있다. E의 내용을 보면 (74)번 앞의 '관리들은 모두 눈을 동그랗게 떴고'라는 내용의 원인임을 알 수 있다.

제3부분 핵심 point

제3부분에서는 알맞은 문장을 골라 각 빈칸에 채워 넣어 지문을 완성해야 하므로 주로 중국어의 종합적인 활용능력을 평가한다. 따라서 응시생은 문장을 정확하게 이해하고 표현해야 하며 문맥을 정확히 파악할 수 있어야 한다. 지문의 주요의미를 충분히 이해해야만 주어진 보기에서 알맞은 문장을 고를 수 있다.

지문유형 1

설명형 지문

설명형 지문의 경우, 우선 지문에서 말하는 대상과 순서를 분명히 파악해야 하며 서로 다른 대상 간의 관계를 이해해야 한다.

예제

生命在海洋里诞生绝不是偶然的，海洋的物理和化学性质，使它成为孕育原始生命的摇篮。我们知道，(76)______________，许多动物组织的含水量在80%以上，而一些海洋生物的含水量高达95%。水是新陈代谢的重要媒介，没有它，体内的一系列生理和生物化学反应就无法进行，(77)______________。因此，在短时期内动物缺水要比缺少食物更加危险。水对今天的生命是如此重要，它对脆弱的原始生命，(78)______________。生命在海洋里诞生，就不会有缺水之忧。水是一种良好的溶剂。海洋中含有许多生命所必需的无机盐，如氯化钠、氯化钾、碳酸盐、磷酸盐，还有溶解氧，原始生命可以毫不费力地从中吸取它所需要的元素。水具有很高的热容量，加之海洋浩大，任凭夏季烈日曝晒，冬季寒风扫荡，(79)______________。因此，巨大的海洋就像是天然的“温箱”，是孕育原始生命的温床。阳光虽然为生命所必需，但是阳光中的紫外线却有扼杀原始生命的危险。水能有效地吸收紫外线，(80)______________。这一切都是原始生命得以产生和发展的必要条件。

A 生命也就停止
B 更是举足轻重了
C 它的温度变化却比较小
D 水是生物的重要组成部分
E 因而又为原始生命提供了天然“屏障”

해석 생명체가 바다에서 탄생했다는 것은 결코 우연이 아니다. 바다의 물리적, 화학적 성질 덕분에 바다는 원시 생명체를 잉태시킨 요람이 되었다. 우리는 (76)______________, 많은 동물조직의 수분함량은 80% 이상이며, 해양생물의 수분함량은 95%에 달한다는 사실을 알고 있다. 물은 신진대사의 중요한 매개체이다. 물이 없으면 체내에서 생리적, 생물화학적 반응이 일어나지 않아 (77)______________. 따라서 짧은 시간이라도 동물에게 수분이 부족하게 되면 먹을 것이 부족한 것보다 훨씬 위험하게 된다. 물은 오늘날의 생명체에게도 이토록 중요한 것인데 하물며 연약했던 원시 생명체에게는 (78)______________. 생명이 바다에서 탄생했다면 수분이 부족할 염려가 없었을 것이다. 물은 좋은 용해제이다. 바다속에는 많은 생명체가 필요로 하는 무기염류, 예를 들어 염화나트륨, 염화칼륨, 탄산염, 인산염, 그리고 분자 상태의 산소가 함유되어 있다. 원시 생명체는 거의 힘들이지 않고 필요한 원소를 해양에서 흡수할 수 있었다. 물은 높은 열용량을 가지고 있고, 게다가 바다는 엄청나게 거대하기 때문에 강렬한 태양이 내리쬐는 여름이나 찬바람이 매서운 겨울에도 (79)______________. 따라서 거대한 바다는 천연 '온장고'처럼 최초의 생명체를 잉태시킨 온상이었다. 햇빛도 생명체에 필요한 것이었지만 햇빛의 자외선은 최초의 생명체를 없애버릴 수 있는 위험이 있었다. 물은 자외선을 효과적으로 흡수할 수 있다. (80)______________ 이 모든 것이 최초의 생명체가 탄생하고 발전할 수 있는 필수조건이었다.

A 생명이 끊어지게 된다 → 77
B 더욱 중요했다 → 78
C (그것의) 온도 변화가 비교적 작다 → 79
D 물은 생물의 중요한 구성부분이고 → 76
E 그러므로 원시 생명체에게 천연 '장벽'을 제공했다 → 80

단어 **孕育 yùnyù** 동 낳아 기르다, 생육하다 | **摇篮 yáolán** 명 요람 | **新陈代谢 xīnchén dàixiè** 명 신진대사, 물질대사 | **媒介 méijiè** 명 매개자, 중개자, 매개물 | **溶剂 róngjì** 명 용제[다른 물질을 용해할 수 있는 물질] | **无机盐 wújīyán** 명 무기염류 | **氯化钠 lǜhuànà** 명 염화나드륨 | **氯化钾 lǜhuàjiǎ** 명 염화칼륨 | **碳酸 tànsuān** 명 탄산 | **磷酸 línsuān** 명 인산 | **溶解 róngjiě** 동 녹다, 용해되다 | **浩大 hàodà** 형 (기세·규모 등이) 성대하다, 거대하다 | **扫荡 sǎodàng** 동 (무력이나 기타 다른 수단을 이용하여 적을) 소탕하다 | **温床 wēnchuáng** 명 온상(溫床) | **扼杀 èshā** (억압하고 학대하여) 존재하거나 발전하지 못하게 하다

정답분석

먼저 지문을 끝까지 읽어보면 물은 생물에 중요한 역할을 한다는 것이 주요 내용임을 알 수 있다. 따라서 76번은 아래의 내용을 개괄하는 핵심문장이 나와야 한다. 물의 중요한 역할을 설명하고 있는 D가 답이다.

77번을 보면 물의 중요한 역할에 대한 내용이 계속 이어지고 있다. 여기서 눈여겨볼 점은 가정문이 쓰였다는 것이다. '没有它(물이 없으면)'라고 가정한 뒤 그에 따른 나쁜 결과를 설명하고 있다. '体内的一系列生理和生物化学反应就无法进行(체내에서 생리적, 생물화학적 반응이 일어나지 않는다)'이라는 문장이 나왔으므로 결국 생명체의 죽음을 불러오는 나쁜 결과가 이어질 것이다. 따라서 A가 적합하다.

78번에 해당하는 문장은 점진관계를 나타낸다. 오늘날의 생명체가 이토록 물에 의존하고 있다면 훨씬 연약했던 원시 생명체에게는 물이 훨씬 더 중요했을 것이다. 따라서 점진관계를 나타내는 문맥에 적합한 B가 정답이 된다. '更是'는 문장 간의 점진관계를 의미하는 부사이다.

79번은 '물은 높은 열용량을 가지고 있고'라는 앞문장을 통해 짐작이 가능하다. 또한, 외부의 심한 온도 변화에 관계없이 바다의 온도 변화는 크지 않다는 기본적인 지식을 통해서도 미루어 알 수 있다. 그러므로 C가 답이다.

80번의 앞문장은 '水能有效地吸收紫外线(물은 자외선을 효과적으로 흡수할 수 있다)'이라는 내용이다. 그런데 자외선은 최초의 생명체를 없애버릴 수 있다고 했으므로 물이 최초의 생명체에 '장벽'을 제공했음이 분명하다. 따라서 E가 답이다.

주의

1. 어떠한 부분에 너무 얽매이면 지문 전체의 흐름과 대상 간의 관계를 파악하지 못하게 된다.
2. 애매한 답안에 대해서 추측으로만 답을 고르면 융통성이 없어진다.

공략 1

글 전체를 끝까지 읽고 문장의 주요 구조와 설명하는 대상 및 순서를 이해한다. 예를 들어 예제에 나온 지문은 '생명체가 바다에서 탄생했다는 것은 결코 우연이 아니다. 바다의 물리적, 화학적 성질 덕분에 원시 생명체를 잉태시킨 요람이 되었다.'라는 문장으로 시작하여 물이 생물체에 중요한 역할을 했음을 분명히 밝힌다. 이어지는 글에서는 자료와 사실을 들어 물의 중요성을 이어서 설명한다. 마지막으로 결론부분은 지문의 도입부분과 호응을 이룬다. 이것이 도입부에서 문장의 핵심을 확실히 밝힌 후 자세한 내용을 서술하고 마지막에 요점을 정리하는 전형적인 서술 방식이다. 글의 전체적인 구조를 파악하면 문제가 매우 쉽게 풀릴 것이다.

공략 2

소거법을 활용한다. 문제를 푸는 과정에서 논리적으로든 구조적으로든 두 개 또는 두 개 이상의 보기가 모두 답인 것 같아 한 번에 정확한 답을 고르기 어려운 경우가 종종 있다. 이러한 때에는 잠시 고민을 접어두고 계속해서 다음 빈칸의 답을 찾아보도록 하자. 이렇게 헷갈리는 보기를 지워나가면 정확한 답을 찾을 수 있다.

지문유형 1 연습문제

1-5.

我国的建筑，从古代的宫殿到近代的普通住房，绝大部分是对称的，左边怎么样，右边也怎么样。苏州园林可绝不讲究对称，(1)＿＿＿＿＿＿＿＿。东边有了一个亭子或者一道回廊，西边绝不会来一个同样的亭子或者一道同样的回廊。这是为什么？我想，(2)＿＿＿＿＿＿＿＿，对称的建筑是图案画，不是美术画，而园林是美术画，美术画要求自然之趣，是不讲究对称的。

苏州园林里都有假山和池沼。假山的堆叠，(3)＿＿＿＿＿＿＿＿。或者是重峦叠嶂，或者是几座小山配合着竹子花木，全在乎设计者和匠师们生平多阅历，胸中有丘壑，才能使游览者攀登的时候忘却苏州城市，只觉得身在山间。至于池沼，大多引用活水。有些园林池沼宽敞，就把池沼作为全园的中心，其他景物配合着布置。水面假如成河道模样，往往安排桥梁。(4)＿＿＿＿＿＿＿＿，那就一座一个样，绝不雷同。

池沼或河道的边沿很少砌齐整的石岸，(5)＿＿＿＿＿＿＿＿。还在那儿布置几块玲珑的石头，或者种些花草。这也是为了取得从各个角度看都成一幅画的效果。池沼里养着金鱼或各色鲤鱼，夏秋季节荷花或睡莲开放，游览者看“鱼戏莲叶间”，又是入画的一景。

A 用图画来比方

B 好像故意避免似的

C 总是高低屈曲任其自然

D 假如安排两座以上的桥梁

E 可以说是一项艺术而不仅是技术

6-10.

中国的第一大岛、台湾省的主岛台湾，位于中国大陆架的东南方，地处东海和南海之间，隔着台湾海峡和大陆相望。天气晴朗的时候，(6)________________，就可以隐隐约约地望见岛上的高山和云朵。

台湾岛形状狭长，从东到西，最宽处只有一百四十多公里；由南至北，最长的地方约有三百九十多公里。地形像一个纺织用的梭子。台湾岛上的山脉纵贯南北，(7)________________。西部为海拔近四千米的玉山山脉，是中国东部的最高峰。(8)________________，其余为山地。岛内有缎带般的瀑布，蓝宝石似的湖泊，四季常青的森林和果园，自然景色十分优美。西南部的阿里山和日月潭，台北市郊的大屯山风景区，都是闻名世界的游览胜地。台湾岛地处热带和温带之间，四面环海，雨水充足，(9)________________，冬暖夏凉，四季如春，这给水稻和果木生长提供了优越的条件。水稻、甘蔗、樟脑是台湾的“三宝”。岛上还盛产鲜果和鱼虾。

台湾岛还是一个闻名世界的“蝴蝶王国”。岛上的蝴蝶共有四百多个品种，(10)________________。岛上还有不少鸟语花香的蝴蝶谷，岛上居民利用蝴蝶制作的标本和艺术品，远销许多国家。

A 气温受到海洋的调剂
B 站在福建沿海较高的地方
C 全岛约有三分之一的地方是平地
D 中间的中央山脉犹如全岛的脊梁
E 其中有不少是世界稀有的珍贵品种

정답 및 풀이 – 해설서 p. 88

지문유형 2

서술형 지문

서술형 지문은 이야기의 줄거리, 인물의 신분 및 관계를 분명히 파악해야 하며, 특히 이야기가 발생한 순서에 주의해야 한다.

예제

一股红潮从东方卷起，黎明的东方即刻染成了半天血色。这可不是旭日东升时烧红的彩云，这是一场人类与动植物的大劫难……

“森林起火啦！起火啦……”听到这样的呼喊，我用心惊肉跳来形容一点也不过分。(76)________________，惊慌失措。大火发起狂来，一夜之间就可使千万株大树化成灰烬，谁说不怕那才是说瞎话。“水火无情”，谁敢说个“不”字！

我刚到林场两天，在睡梦中听有人喊：“森林起火啦！”我如被烫了一样跳起，听到森林武警和护林民兵的紧急集合哨在黎明的山林里嘟嘟吹响！远处的烟尘笼罩了森林，近处的大火吞噬着森林。山火奔走的脚步声，(77)________________！

在森林大火迅速燃烧中，几乎所有的野兽和家畜家禽，(78)__________，在火中丧生。可是，有一桩奇事让人们吃惊不小。人们看到狼在嚎叫中集结。集结成群后，一只大红公狼带领大伙，(79)________________！当时人们误以为，它们有可能是感到末日来临，用集体自杀的壮举到火神安排的天国里去。然而，大火过后人们看到，(80)________________，都在大火中变成了焦尸，唯有狼群在烈火中逃生。它们只是毛被烧短了，蹄蹄爪爪烧伤了一些。这时人们才领悟到狼的智慧。

A 都是在大火追逐下顺风而逃
B 火警会使所有的人目瞪口呆
C 顶风逆火而奔向大火燃烧的火场
D 如同狂风卷大旗呼啦啦地作响
E 许多野兽家畜和惊慌而乱跑的人们

해석 동쪽에서부터 붉은 기운이 감돌면서 동틀 무렵 곧 피처럼 붉게 물들었다. 이것은 아침 해가 동쪽에서 떠오를 때의 시뻘건 구름이 아니라 인간과 동식물의 대재난이었다……

"숲에 불이 났어요! 불이야……" 이러한 고함을 들은 나는 놀라서 간이 떨어질 뻔했다고 해도 과언이 아니었다. (76)______________, 놀라고 당황해서 어쩔 줄을 모르게 했다. 큰불이 휩쓸고 지나가면 하룻밤 사이에 수많은 나무가 잿더미가 되는데, 두렵지 않다고 하면 그건 분명히 거짓말일 것이다. '물과 불은 사정을 봐주지 않는다'는 말에 누가 감히 '아니다'라고 답하겠는가!

내가 삼림농장에 온 지 이틀째 되던 날, 잠을 자던 중 어떤 사람이 "숲에 불이 났어요!"라고 외치는 소리를 들었다. 나는 마치 뜨거운 것에 데인 것처럼 벌떡 일어나 삼림 무장경찰과 삼림보호 민병이 긴급히 모여 동틀 무렵 산속에서 호루라기를 부는 소리를 들었다! 먼 곳에서는 먼지와 연기가 숲을 뒤덮었고, 가까운 곳에서는 큰불이 숲을 모조리 삼키고 있었다. 산불이 번지는 소리는 (77)______________!

산불이 빠르게 번지자 거의 모든 야생동물과 가축은 (78)______________ 불구덩이에서 죽어갔다. 하지만 사람들을 크게 놀라게 한 이상한 일이 벌어졌다. 사람들은 늑대가 울부짖으면서 모여드는 것을 보았다. 무리를 지은 후 우두머리 늑대는 무리를 이끌고 (79)______________! 당시 사람들은 늑대들이 죽음이 다가왔음을 알고 집단자살이라는 거사를 치름으로써 화신이 마련해놓은 천국으로 가려는 것으로 생각했다. 그러나 산불이 지나간 후 (80)______________ 모두 검게 타버린 주검이 되었고, 오로지 늑대 무리만이 거센 불길 속에서 목숨을 건졌다는 사실을 알게 되었다. 늑대는 털만 조금 탔고, 발에 약간의 화상을 입었을 뿐이었다. 사람들은 그제야 늑대의 지혜를 깨달았다.

A 모두 큰불을 피해 바람이 부는 방향으로 도망을 갔지만 → 78
B 화재는 모든 사람을 아연실색하게 했고 → 76
C 바람이 부는 반대방향으로 불을 헤치며 불이 타오르고 있는 곳을 향해 달려가는 것이 아닌가 → 79
D 흡사 사나운 바람이 큰 깃발을 휘감으며 퍼드덕 소리를 내는 것 같았다 → 77
E 많은 야생동물과 가축, 그리고 당황해서 허겁지겁 달아난 사람들은 → 80

단어 **红潮** hóngcháo 명 홍조[부끄러울 때 양 볼이 붉어지는 빛] | **旭日东升** xùrì dōngshēng 성 아침에 해가 동쪽에서 떠오르다 | **彩云** cǎiyún 명 채운, 꽃구름 | **劫难** jiénàn 명 재난, 화, 재앙 | **惊慌失措** jīnghuāng shīcuò 허겁지겁하다, 놀라고 당황해서 어쩔 줄을 모르다 | **灰烬** huījìn 명 재 | **水火无情** shuǐhuǒ wúqíng 성 수재와 화재의 기세가 맹렬하여 조금도 사정을 봐주지 않다 | **武警** wǔjǐng 명 무장경찰 | **嘟嘟** dūdū 동 투덜거리다, 재잘거리다 | **吞噬** tūnshì 동 (통째로) 삼키다 | **嚎叫** háojiào 동 큰 소리로 외치다 | **目瞪口呆** mùdèng kǒudāi 성 놀라서 멍하다, 아연실색하다 | **顶风** dǐngfēng 동 바람을 안다, 바람을 맞서다

정답분석

이 글은 필자가 직접 겪은 산불사고에 대해 서술하고 있다. 앞의 두 단락은 주로 산불이 얼마나 무서운 것인지를 주로 필자의 개인적인 느낌에 치중하여 설명하고 있다. 그리고 이어 나오는 두 단락의 주된 내용은 필자가 겪은 산불사고에 대한 것이다. 그런데 이 화재에서 필자가 중점적으로 표현한 것은 사람도 아니고 가축도 아니었다. 바로 화재 속에서 보여준 늑대 무리의 질서와 이상해 보였지만 지혜로웠던 그들의 행동이었다. 그러면 이제 구체적인 문제풀이 과정을 살펴보도록 하자.

76번의 앞문장이 서술하는 주어는 '나'이며, 뒤에 '惊慌失措(놀라고 당황해서 어쩔 줄을 모르다)'라는 단어가 나왔다. 일반적인 관점에서 보면 중간에 빠진 부분은 '내가' 어떻게 불이 났는지 알고 놀랐는지에 대한 묘사가 있어야 한다. 그러나 아래의 보기 중에는 이러한 문장이 없다. 따라서 이러한 경우 대입을 시켜보는 것도 괜찮다. 문장의 앞뒤 연결을 살펴보면 A, C, D는 답이 될 수 없으니 선택의 범위는 B와 E로 좁혀진다. 그 중 E는 의미상 말은 되지만 명사형 단어인 E와 뒤에 나오는 술어성분 사이에는 쉼표가 올 수 없다. 그런데 B의 '目瞪口呆(놀라서 어안이 벙벙하다)'와 '惊慌失措(놀라고 당황해서 어쩔 줄을 모르다)'는 병렬관계이므로 쉼표를 써주어야 한다. 그러므로 B가 적절한 답이다. 물론 이 답이

맞는지 다시 한 번 검토해볼 필요가 있다.

77번은 비교적 간단하다. 주어는 '山火奔走的脚步声(산불이 번지는 소리)'으로 빈칸에는 '산불의 소리'에 대한 묘사가 들어가야 한다. 의미상 D가 가장 적절하며 문장의 앞뒤도 매끄럽게 연결된다.

78, 79번은 지문의 주요 의미를 이해한 다음, 일반적인 지식을 동원하면 순조롭게 답을 찾을 수 있다. 뒤에 나오는 '有一桩奇事让人们吃惊不小(하지만 사람들을 크게 놀라게 한 이상한 일이 벌어졌다)'라는 문장을 통해 '야생동물과 가축'이 취한 행동은 비교적 상식적이었지만 '늑대 무리'가 취한 행동은 사람들이 이해하기 힘든 상식을 벗어난 행동으로 이 두 가지 행동이 상대적임을 알 수 있다. 보기 A와 C가 바로 이러한 상대적인 행동이다. A는 바람을 타고 도망치는 것, C는 바람을 무릅쓰고 달려든다는 의미이다. 일반적인 관점에서 보면 큰 불을 만난 동물들은 대부분 도망을 가지 불 속으로 달려들지 않는다(사실 인간도 마찬가지이다). 따라서 78번의 답은 A이고, 늑대 무리만 화재 속에서 전혀 다른 행동을 취했으므로 79번의 답은 C가 된다.

마지막으로 80번은 산불이 지나간 후의 모습을 묘사하고 있다. '都在大火中变成了焦尸(모두 검게 타버린 주검이 되었다)'라는 문장에는 주어가 생략되어 있어 명사형 주어가 필요함을 알 수 있다. 그리고 부사 '都'는 주어가 비교적 복잡한 성분이라는 사실을 말해준다. 접속사 '和'로 연결된 주어일 가능성이 크므로 정답은 E가 된다. 이것으로 76번의 답은 B임이 더욱 확실해졌다.

주의

서술형 지문의 보기는 줄거리의 전개와 관련이 있는 경우가 많다. 문제를 풀 때 이러한 연관성을 놓치기 쉬우며 문장의 연결이 적절한지만 집중하게 된다.

공략 1

인물관계와 줄거리를 파악하도록 한다. 서술형 지문의 빈칸 채우기에서 주의해야 할 점은 보기에 제시된 문장의 구성이나 문장의 연결이 적절한지를 판단하는 것이 아니라 보기의 문장이 줄거리 전개에 부합하느냐를 판단하는 것이다. 문제를 푸는 과정에서 문장의 앞뒤 연결이 올바른 보기가 많아 선택할 수 없는 경우가 있다. 이러한 경우 인물관계와 줄거리를 정확히 파악해야만 정확한 답을 고를 수 있다. 예를 들어 76번의 답이 정확한지 아닌지 불분명했는데, 이때 80번 문제를 풀어야만 76번의 답이 확실해지는 경우가 그렇다.

1-5.

在湾仔，香港最热闹的地方，有一棵榕树，它是最贵的一棵树，不光在香港，在全世界，都是最贵的。树，活的树，又不卖何言其贵？只因它老，它粗，(1)__________，香港人不忍看着它被砍伐，或者被移走，便跟要占用这片山坡的建筑商谈条件：可以在这儿建大楼盖商厦，但一不准砍树，二不准挪树，(2)__________，成为香港闹市中的一景。

太古大厦的建筑商最后签了合同，占用这个大山坡建豪华商厦的先决条件是同意保护这棵老树。树长在半山坡上，计划将树下面的成千上万吨山石全部掏空取走，腾出地方来盖楼，把树架在大楼上面，(3)__________。建筑商就地造了一个直径18米、深10米的大花盆，先固定好这棵老树，再在大花盆底下盖楼。光这一项就花了2389万港币，(4)__________。太古大厦落成之后，人们可以乘滚动扶梯一次到位，来到太古大厦的顶层，出后门，那儿是一片自然景色。

一棵大树出现在人们面前，树干有一米半粗，树冠直径足有二十多米，独木成林，非常壮观，(5)__________，取名叫“榕圃”。树前面插着铜牌，说明缘由。此情此景，如不看铜牌的说明，绝对想不到巨树根底下还有一座宏伟的现代大楼。

A 它是香港百年沧桑的活见证
B 必须把它原地精心养起来
C 堪称是最昂贵的保护措施了
D 形成一座以它为中心的小公园
E 仿佛它原本是长在楼顶上似的

6-10.

张云是一个伐木工人。一天早晨，张云像平时一样驾着吉普车去森林干活。由于刚下过一场暴雨，路上到处坑坑洼洼。(6)______________。他走下车，拿了斧子和电锯，朝着林子深处又走了大约两英里路。张云打量了一下周围的树木，决定把一棵直径超过两英尺的松树锯倒。

出人意料的是：松树倒下时，上端猛地撞在附近的一棵大树上，一下子松树弯成了一张弓，(7)______________，重重地压在张云的右腿上。剧烈的疼痛使张云只觉得眼前一片漆黑。但他知道，自己首先要做的事是保持清醒。他试图把腿抽回来，可是办不到。腿给压得死死的，一点也动弹不得。张云很清楚，自己很可能会因流血过多而死去，只能靠自己了。张云拿起手边的斧子，狠命朝树身砍去。可是，由于用力过猛，砍了三四下后，斧子柄便断了。张云觉得自己真的什么都完了。他喘了口气，朝四周望了望。还好，电锯就在不远处躺着。他用手里的断斧柄，(8)______________，把它移到自己手够得着的地方，然后拿起电锯开始锯树。但他发现，(9)______________，巨大的压力随时会把锯条卡住，如果电锯出了故障，那么他只能束手待毙了。

左思右想，张云终于认定，(10)______________。他狠了狠心，拿起电锯，对准自己的右腿，进行截肢。张云把断腿简单包扎了一下，他决定爬回去。一路上张云忍着剧痛，一寸一寸地爬着；他一次次地昏迷过去，又一次次地苏醒过来，心中只有一个念头：一定要活着回去！最终，他创造了奇迹。

A 旋即又反弹回来
B 只有唯一一条路可走了
C 一点一点地够着电锯
D 由于倒下的松树呈45度角
E 好不容易才把车开到路的尽头

정답 및 풀이 – 해설서 p. 90

지문유형

3 논술형 지문

논술문은 서사문과 비평문의 중간 정도에 해당하는 글이다. 이야기가 중심이 되는 서사문의 특징과 논리적 사고를 중심으로 하는 비평문의 특징을 동시에 지니고 있다. 흔히 볼 수 있는 문체로, 新HSK 6급 독해시험에서도 이러한 논술형 지문이 자주 등장한다. 논술문의 경우, 필자의 주요 관점을 정확히 파악하고, 필자의 관점을 증명하기 위해 사용한 논증방법을 분명하게 이해해야 하며, 이러한 문체에 자주 나타나는 표현방식을 충분히 익혀야 한다.

예제

作为普通人，可能没人反对环保，可许多并不反对环保的人实际上也没为环保做过什么。于是，下面的状态并不会受到谴责，良心也坦然。我没有把洗澡的水存起来冲厕所，我也没有把淘米的水用来洗菜，(71)__________，因为我付水费了。我在办公室或者在家里用纸从没考虑到两面利用，仅仅因为我用的那些纸都是免费得来的，(72)________________，总不能给人家写信或者投稿都用反面已经用过的废纸吧，这是礼貌问题。

我认识一个人，他在用水方面是个地地道道的"吝啬鬼"。他把洗澡水用来冲厕所，把洗菜的水用来洗别的菜。有一次他对我说："我知道这也许帮不了什么忙，我知道我节约的这么点水还抵不上一个公共场合坏水龙头一刻钟流失的水，(73)________________，中国太大了，我甚至不能在公共浴池制止那些让淋浴没完没了冲洗自己的人，(74)________________。我想的是我一天省下的水至少能让一棵小树成活。于是，所有的树木在我这儿都变得具体了，我和它们之间也有了联系。当我看着它们的时候，我就很幸福，这幸福的感觉又会给我新的力量，坚持做下去。"他的理解打动了我，倒不是他做的事有什么特别的意义，(75)________________，他的境界已经让我羡慕。

A 有时也是为了好看
B 这么做也没什么不妥
C 但他能让自己从中获得安慰
D 我知道我根本管不了那么多
E 可我还是愿意尽我所能节约一点水

해석 보통 사람으로서 아마 환경보호에 반대하는 사람은 없을 것이다. 그러나 환경보호에 반대하지 않는 많은 사람들이 실제로 환경보호를 위해 어떠한 일도 하지 않는다. 그래서 아래의 상황은 비난을 받지 않고 양심에 거리낄 것도 없어진다. 나는 목욕한 물을 받아다 화장실에 부은 적도 없고, 쌀을 일은 물로 채소를 씻은 적도 없지만 (71)____________. 왜냐하면 나는 수도세를 냈기 때문이다. 나는 사무실이나 집에서 종이를 쓸 때 양쪽 다 사용해야 한다는 생각을 해본 적이 없다. 단지 내가 쓰고 있는 그 종이가 모두 공짜라는 이유로, (72)____________ 남들에게 편지를 쓰거나 원고를 보낼 때 뒷면을 사용하지 않는다. 이미 써버린 폐지가 아닌가. 이것은 예의의 문제이다.

내가 아는 어떤 사람은 물을 사용하는 데 있어서 전형적인 '구두쇠'이다. 그는 목욕한 물을 화장실에 붓고, 야채를 씻은 물로 다른 야채를 씻는다. 한 번은 그가 나에게 말했다. "나도 이것이 아무런 도움이 되지 않는다는 걸 알아요. 내가 절약한 이만큼의 물이 공공장소의 수도꼭지에서 줄줄 새는 물을 막을 수 없다는 것도 알고요. (73)____________. 중국은 매우 큰 국가입니다. 내가 대중목욕탕에서 한도 끝도 없이 물을 써대는 사람들을 막을 수도 없어요. (74)____________. 내가 하루 동안 아끼는 물이 적어도 한 그루의 나무를 살릴 수 있다고 생각해요. 그래서 제가 있는 곳에서는 실제로 모든 나무가 다시 살아났고, 나와 나무는 일종의 관계를 맺었습니다. 그 나무들을 바라보고 있노라면 매우 행복하답니다. 이 행복한 감정은 다시 나에게 앞으로 지속해나갈 수 있는 새로운 힘을 가져다줍니다." 그의 깨달음은 나를 감동시켰으나, 그가 한 일이 어떤 특별한 의미를 가진 것은 아니었다. (75)____________ 그의 경지는 이미 나의 부러움을 샀다.

A 어떤 때는 체면 때문에 → 72
B 이렇게 해도 잘못한 일이 아니다 → 71
C 그러나 나는 그를 통해 마음의 위안을 얻었고 → 75
D 내가 그렇게 많은 일에 관여할 수 없다는 것을 압니다 → 73
E 하지만 나는 할 수 있는 한 물을 절약할 수 있기를 바랍니다 → 74

단어 **谴责 qiǎnzé** 동 (허물이나 잘못 · 실수 등을) 꾸짖다, 질책하다 | **坦然 tǎnrán** 형 (마음이) 평온하고 걱정이 없다 | **淘米 táomǐ** 동 쌀을 일다, 쌀을 씻다 | **吝啬鬼 lìnsèguǐ** 명 구두쇠, 자린고비 | **流失 liúshī** 동 (광석 · 토양 등이) 떠내려가서 없어지다, 유실되다

정답분석

지문을 끝까지 읽어보면 필자의 주요 관점을 알 수 있다. 즉, 환경보호는 주변의 작은 일부터 실천해야 한다는 것이다. 지문은 일반적인 설교형식 대신 대조법을 취했다. '나'와 '한 사람'의 사소한 일들을 비교함으로써 작은 것부터 환경보호를 실천하자는 의미를 전달하고 있다.

71번이 위치한 구절은 환경보호를 소홀히 한 필자의 평소 생활습관을 열거하고 있다. 특히 빈칸 뒤의 문장 '因为我付水费了(왜냐하면 나는 수도세를 냈기 때문이다)'는 '내'가 자신이 열거한 생활습관을 당연시하고 있음을 보여준다. 이러한 태도는 다음 단락에 나오는 물을 쓰는 데 있어서의 '吝啬鬼(구두쇠)'와 대비를 이룰 수 있다. 다섯 개의 보기 가운데 B가 바로 이러한 태도를 설명하고 있으므로 B가 답이다.

72번이 속한 문장은 주로 '내'가 이면지 사용을 생각해본 적이 없다는 내용이다. 또한, 그 원인을 제시하고 있는데, 하나는 쓰고 있는 종이가 모두 공짜이기 때문이고, 다른 하나는 예의의 문제이기 때문이다. 빈칸은 다음 원인을 끌어내야 한다. A의 '为了'는 어떠한 원인을 제시하는 개사이다. 또한 '체면' 때문이기도 하다는 소위 말하는 '예의의 문제'와 일치하므로 답은 A가 된다.

73번과 74번은 함께 생각해볼 필요가 있다. 실제로 이 두 문제가 위치한 두 개의 문장은 논술문에서 흔히 채택하는 방식인 '양보-전환법'을 사용하고 있다. 73번이 위치한 문장은 대구법을 취했는데, '我知道……(나는 ~을 알고 있다)'라는 두 개의 문장을 통해 답이 D라는 것을 쉽게 유추할 수 있다. 필자는 자신이 고칠 수 없는 몇 가지 생활습관을 열거한 다음 자신의 관점을 이끌어내야 했다. 이러한 경우

종종 전환법이 사용되는데 C와 E에는 모두 전환의 의미를 나타내는 단어인 '但'과 '可'가 포함되어 있다. 그러나 여기에서 설명하는 주어는 '나'이므로 74번의 정답은 E가 된다.

75번이 위치한 문장은 '그의 깨달음'에 대한 필자의 평가이며 여기에서도 마찬가지로 '양보-전환법'이 쓰였다. 먼저 '그가 한 일'이 어떤 특별한 의미를 가진 것은 아니라고 말했지만, '그의 경지는 이미 나의 부러움을 샀다'는 뒷문장을 통해 필자가 그에게 배울 만한 점이 있음을 말하고 있다. 즉 '그를 통해 마음의 위안을 얻었다'는 C가 정답이다.

주의

1. 필자가 전달하려는 주요 관점을 정확히 파악하지 못하고, 글의 의미를 잘못 이해한다.
2. 논술문에 흔히 사용되는 표현기법에 익숙하지 않아 문제를 풀 때 어려움에 부딪힌다.

공략 1

논술문에 흔히 사용되는 표현기법을 충분히 파악한다. 가령 앞에서 언급한 '양보–전환법'과 '대조법'은 논술문에 자주 등장하는 문장구조이므로 눈여겨볼 필요가 있다.

지문유형 3

연습문제

1-5.

享受幸福是需要学习的，当它即将来临的时刻需要提醒。人可以自然而然地学会感官的享乐，(1)________________。灵魂的快意同器官的舒适像一对孪生兄弟，时而相傍相依，时而南辕北辙。幸福是一种心灵的震颤。它像会倾听音乐的耳朵一样，需要不断地训练。简而言之，幸福就是没有痛苦的时刻。它出现的频率并不像我们想象的那样少。

人们常常只是在幸福的金马车已经驶过去很远时，才拣起地上的金鬃毛说，原来我见过它。人们喜爱回味幸福的标本，却忽略它披着露水散发清香的时刻。那时候我们往往步履匆匆，(2)________________。世上有预报台风的，有预报蝗灾的，有预报瘟疫的，有预报地震的。没有人预报幸福。其实幸福和世界万物一样，有它的征兆。幸福常常是朦胧的，很有节制地向我们喷洒甘霖。你不要总希望轰轰烈烈的幸福，(3)________________。你也不要企图把水龙头拧得更大，那样它会很快地流失。你需要静静地以平和之心，体验它的真谛。幸福绝大多数是朴素的。(4)________________，在很高的天际闪烁红色的光芒。它披着本色的外衣，亲切温暖地包裹起我们。

幸福不喜欢喧嚣浮华，它常常在暗淡中降临。贫困中相濡以沫的一块糕饼，患难中心心相印的一个眼神，父亲一次粗糙的抚摸，女友一张温馨的字条。这都是千金难买的幸福啊，(5)________________，在凄凉中愈发熠熠夺目。

A 它不会像信号弹似的
B 瞻前顾后不知在忙着什么
C 它多半只是悄悄地扑面而来
D 却无法天生地掌握幸福的韵律
E 像一粒粒缀在旧绸子上的红宝石

6-10.

墙壁上，一只虫子在艰难地往上爬，爬到了一半，忽然跌落了下来。这是它又一次失败的记录。然而，过了一会儿，它又沿着墙根，(6)________________。

第一个人注视着这只虫子，感叹地说："一只小小的虫子，这样的执著、顽强，失败了，不屈服；跌倒了，从头干；真是百折不回啊！我遭到了一点挫折，我能气馁、退缩、自暴自弃吗？难道我还不如这只虫子！"

第二个人注视着它，禁不住叹气说："可怜的虫子！这样盲目地爬行，什么时候才能爬到墙头呢？只要稍微改变一下方位，它就能很容易地爬上去；可是它就是不愿反省，不肯看一看。唉——可悲的虫子！反省反省我自己吧，我正在做的那件事一再失利，我该学得聪明一点，(7)________________——我是个有头脑的人，可不是虫子。"

第三个人询问智者："观察同一只虫子，两个人的见解和判断截然相反，(8)________________。可敬的智者，请您说说，他们哪一个对呢？"智者回答："两个人都对。"询问者感到困惑："怎么会都对呢？您是不愿还是不敢分辨是非呢？"智者笑了笑，回答道："太阳在白天放射光明，月亮在夜晚投洒清辉，它们是相反的。你能不能告诉我：太阳和月亮，究竟谁是谁非？但是，世界并不是简单的是非组合体。

同样观察虫子，两个人所处的角度不同，(9)________________，他们获得的启示也就有差异。你只看到两个人之间的异，却没有看到他们之间的同；他们同样有反省和进取的精神。形式的差异，往往蕴含着精神实质的一致；表面的相似，(10)________________。"

A 得到的启示迥然不同
B 一点一点地往上爬了
C 不能再闷着头蛮干一气了
D 他们的感觉和判断就不可能一致
E 倒可能掩藏着内在的不可调和的对立

정답 및 풀이 - 해설서 p. 93

지문유형 4

고대를 배경으로 한 지문

新HSK 6급 독해 제3부분에는 고대를 배경으로 한 지문이 출제되기도 한다. 이러한 지문은 고대 문화에 대한 지식이나 명인의 일화를 토대로 하며 응시자의 언어능력뿐만 아니라 문화적 내용에 대한 전반적인 이해를 평가한다.

예제

有一次，苏东坡的朋友张鹗拿着一张宣纸来求他写一幅字，而且希望他写一点儿关于养生方面的内容。苏东坡思索了一会儿，点点头说："我得到了一个养生长寿古方，药只有四味，今天就赠给你吧。"

于是，东坡的狼毫在纸上挥洒起来，上面写着："一曰无事以当贵，二曰早寝以当富，三曰安步以当车，四曰晚食以当肉。"这哪里有药？张鹗一脸茫然地问。苏东坡笑着解释说，养生长寿的要诀，全在这四句里面。所谓"无事以当贵"，是指人不要把功名利禄、荣辱过失考虑得太多，(71)________________，随遇而安，无事以求，这比富贵更能使人终其天年。"早寝以当富"，指吃好穿好、财货充足，(72)________________。对老年人来说，养成良好的起居习惯，尤其是早睡早起，(73)________________。"安步以当车"，指人不要过于讲求安逸、肢体不劳，而应多以步行来替代骑马乘车，(74)________________。"晚食以当肉"，意思是人应该用已饥方食、未饱先止代替对美味佳肴的贪吃无厌。他进一步解释，饿了以后才进食，虽然是粗茶淡饭，(75)________________；如果饱了还要勉强吃，即使美味佳肴摆在眼前也难以下咽。苏东坡的四味"长寿药"，实际上是强调了情志、睡眠、运动、饮食四个方面对养生长寿的重要性，这种养生观点即使在今天仍然值得借鉴。

A 并非就能使你长寿
B 如能在情志上潇洒大度
C 比获得任何财富更加宝贵
D 但其香甜可口会胜过山珍
E 多运动才可以强健体魄和通畅气血

해석 한 번은 소동파의 친구인 장악이 선지 한 장을 들고 오더니 그에게 글을 한 수 써달라고 부탁하면서, 그는 보양에 관한 내용을 써주기를 바란다고 했다. 소동파는 잠시 생각하더니 고개를 끄덕이며 말했다. "나는 보양과 장수의 옛 비법을 알고 있다네. 네 가지 약이 있는데, 내 오늘 자네에게 선사하도록 하지."
그러더니 동파는 붓을 거리낌 없이 놀리며 종이 위에 이렇게 썼다. '一日无事以当贵，二日早寝以当富，三日安步以当车，四日晚食以当肉。(첫째, 아무 일 없는 것을 귀히 여긴다. 둘째, 일찍 잠자는 것을 부로 여긴다. 셋째, 편히 걸을 수 있는 것을 수레로 여긴다. 넷째, 늦게 먹는 것을 고기로 여긴다.)' 여기에 약이 어디 있단 말인가? 장악은 멍한 표정으로 물었다. 소동파는 웃으며 이 네 문장 속에 보양과 장수의 비결이 숨어 있다고 답했다. 이른바 '无事以当贵'라는 것은 공명과 관록, 영욕과 과실을 지나치게 많이 생각하지 말라는 뜻이다. (71)____________ 자신의 처지에 만족하고 욕심을 부리지 않게 될 것이고, 이렇게 한다면 부귀한 것보다 더욱 천수를 누릴 수 있다. '早寝以当富'라는 말은 호의호식하고 재물이 충분하면 (72)____________는 뜻이다. 노인들에게 있어서 좋은 생활습관을 기르는 것, 특히 일찍 자고 일찍 일어나는 것은 (73)____________. '安步以当车'는 안일한 태도와 몸을 움직여 일하지 않는 것을 추구하지 말라는 뜻이다. 말을 몰고 수레를 타는 대신 되도록 많이 걸어야 한다. (74)____________. '晚食以当肉'는 맛있는 음식을 게걸스럽게 먹는 대신 허기가 지고 난 다음 먹고, 포만감을 느끼기 전에 먹는 것을 멈춰야 한다는 의미이다. 그는 다시 덧붙여 설명했다. 배고픔을 느낀 후에 음식을 먹으라고 했는데, 비록 변변찮은 음식이라도 (75)____________. 맛있는 음식이 눈앞에 있어도 배가 부르면 억지로 먹기 어렵다. 소동파가 말한 네 가지 '장수약'은 사실 마음가짐, 수면, 운동, 식습관의 네 가지가 보양과 장수에 중요하다는 사실을 강조한다. 이러한 보양 관념은 오늘날에도 본보기로 삼을만하다.

A 결코 장수할 수 없다 → 72
B 마음과 뜻이 대범하고 너그럽다면 → 71
C 어떠한 재물을 얻는 것보다 훨씬 귀중하다 → 73
D 맛있고 입에 맞으면 산해진미보다 훨씬 낫다 → 75
E 운동을 많이 해야지 신체가 건강하고 기혈의 움직임이 원활해진다 → 74

단어 **宣纸** xuānzhǐ 명 선지[고급 종이의 일종] | **养生** yǎngshēng 동 양생하다, 섭생하다 | **狼毫** lángháo 명 족제비의 털로 만든 붓 | **挥洒** huīsǎ 동 (글을) 내키는 대로 쓰다, (그림을) 내키는 대로 그리다 | **茫然** mángrán 형 (뜻이나 의욕 등을) 실의하다, 실망하다 | **利禄** lìlù 명 (관리의) 재물과 녹봉 | **潇洒** xiāosǎ 형 (얼굴빛 · 행동 · 풍모 등이) 자연스럽고 대범하다, 시원스럽다

정답분석

이 지문은 중국의 고대 문호 소동파가 보양에 관해 언급한 이야기이다. 문장의 주요 대상은 소동파의 네 가지 '장수약(长寿药)'이며, 이 '네 가지 약' 자체를 고문의 형식을 빌려 설명하고 있다. 따라서 문어체에서 자주 쓰이는 단어의 뜻과 중국의 보양문화에 대한 이해가 필요하다.

71번이 속한 문장은 '无事以当贵'에 대한 풀이이다. 여기서 말하는 '无事'에는 중국 도교의 '무위(無爲)'사상이 담겨 있으며, '贵'는 부귀하다는 뜻으로 빈칸 앞뒤 문장을 통해 이 말의 뜻을 유추할 수 있다. '这比富贵更能使人终其天年(이렇게 한다면 부귀한 것보다 더욱 천수를 누릴 수 있다)'이라는 말에서 지시대명사 '这'가 가리키는 대상이 무엇인지 주의해야 한다. '这'는 빈칸부터 '无事以求(욕심을 부리지 않게 될 것이다)'까지를 가리키고 있다. 다섯 개의 보기 중 '无事'과 근접한 생활태도를 말하고 있는 것은 B밖에 없고, '潇洒大度(대범하고 너그럽다)'는 '随遇而安', '无事以求'와 서로 일맥상통하므로 B가 정답이다.

72번과 73번이 속한 문장은 '早寝以当富'에 대한 풀이이다. 표면상의 뜻으로 보면, '早睡早起(일찍 자고 일찍 일어나는)' 생활방식은 일종의 재산이다. 여기에서 말하는 '富'는 '吃好穿好、财货充足(호의호식하고 재물이 충분하다는 것)'뿐만 아니라 물질적인 재산만으로 보양의 목적을 이룰 수 없음을 의미한다. 그러므로 72번의 답은 A가 된다. '早睡早起'는 소동파가 널리 알리고자 하는 생활방식이다. 그

는 이것이 물질적인 자산보다 훨씬 중요하다고 생각한다. 다섯 개의 보기 중 재물을 언급한 것은 C밖에 없고, 의미상으로도 이 말과 통하므로 73번의 답은 C가 된다.

74번이 속한 문장은 '安步以当车'에 대한 풀이이다. '安步当车(차를 탄 셈 치고 천천히 걷다)'라는 성어를 잘 알고 있다면 이 문제의 답은 매우 쉽게 고를 수 있다. 표면상의 뜻으로 보면 차를 타는 대신 걸어야 한다는 것은 신체건강을 위해 운동을 많이 해야 한다는 것이므로 보기 E가 이 성어에 대한 가장 적절한 풀이라고 하겠다.

75번이 속한 문장은 '晚食以当肉'에 대한 풀이이다. 필자는 이미 빈칸 앞부분에서 이 말의 대략적인 의미를 설명했다. 지문 상에는 '晚食以当肉'에 대한 부가적으로 설명만 했다. 표면상의 뜻으로 보면 이 문장이 음식과 관련이 있음을 쉽게 알 수 있고 빈칸 앞문장에서 연결어 '虽然'을 사용했으므로 '但'이라는 접속사가 있고 음식과 관련이 있는 내용이 담긴 D가 정답이다.

주의

이런 유형의 지문에는 고대의 인명과 지명 등 고유명사가 등장하고 성어와 속담이 사용된다. 고유명사, 성어, 속담 등에 대해 생소하다면 문제를 푸는 과정에서 어려움을 느껴 실수하기 쉽다.

공략 1

마인드 컨트롤을 하자. 고유명사, 성어, 속담이 등장하고 고대를 배경으로 한 지문일지라도, 전체적으로 현대 중국어로 서술했으므로 일부 고유명사, 성어, 속담은 문장의 전체적인 의미를 이해하는 데 영향을 미치지 않는다. 따라서 고대를 배경으로 한 지문을 접하면 냉정하게 분석하고, 고유명사, 성어, 속담으로 인한 부담을 최소화하도록 노력해야 한다.

공략 2

기본적인 문어체를 이해하자. 평소에 공부하면서 기본적인 문어체의 의미와 용법에 신경을 써야 한다. 이렇게 하면 고대를 배경으로 한 지문을 접했을 때 의연하게 대처할 수 있다. 또한, 문어체와 현대 중국어는 많은 부분에서 대응되는데, 문어체는 거의 단음절 단어이며 문어체와 대응되는 의미는 현대 중국어에서 대부분 '단어의 조합' 형태로 나타난다. 가령 지문 중에 '贵'는 곧 '富贵'를 뜻하고 '富'는 '财富'를 가리키며 '步'는 '步行'의 의미이다.

공략 3

성어, 속담 그리고 문화와 관련된 이야기를 많이 접하자. 고대를 배경으로 한 지문은 보통 성어와 관련된 이야기나 고대 명인의 일화이므로 평소에 성어의 유래나 명인의 일화를 많이 접해야 한다. 예를 들어 비법서 제3부분의 유형 맛보기(p152)에 등장하는 '조충이 코끼리의 무게를 잰 이야기'를 미리 알고 있다면 문제 풀이가 훨씬 수월해지고 심리적인 부담도 줄어들 것이다.

연습문제

1-5.

秦二世时，丞相赵高野心勃勃，日夜盘算着要篡夺皇位。可朝中大臣有多少人能听他摆布，有多少人反对他，他心中没底。于是，他想了一个办法，(1)＿＿＿＿＿＿，同时也可以摸清敢于反对他的人。

一天上朝时，赵高让人牵来一只鹿，满脸堆笑地对秦二世说："陛下，我献给您一匹好马。"秦二世一看，心想：这哪里是马，这分明是一只鹿嘛！便笑着对赵高说："丞相搞错了，这是一只鹿，你怎么说是马呢？"赵高面不改色心不跳地说："请陛下看清楚，这的确是一匹千里马。"秦二世又看了看那只鹿，将信将疑地说："马的头上怎么会长角呢？"赵高一转身，(2)＿＿＿＿＿＿，大声说："陛下如果不信我的话，可以问问众位大臣。"大臣们都被赵高的一派胡言搞得不知所措，私下里嘀咕：这个赵高搞什么名堂？是鹿是马这不是明摆着嘛！(3)＿＿＿＿＿＿，两只眼睛骨碌碌轮流地盯着每个人的时候，大臣们忽然明白了他的用意。

(4)＿＿＿＿＿＿，不敢说话，因为说假话，对不起自己的良心，说真话又怕日后被赵高所害。有些正直的人，(5)＿＿＿＿＿＿。而有一些平时就紧跟赵高的奸佞之人立刻表示拥护赵高的说法，对皇上说："这确是一匹千里马！"事后，赵高通过各种手段把那些不顺从自己的正直大臣纷纷治罪，甚至满门抄斩。

A 用手指着众大臣
B 准备试一试自己的威信
C 坚持认为是鹿而不是马
D 当看到赵高脸上露出阴险的笑容
E 一些胆小又有正义感的人都低下头

6-10.

在冀州的南部，黄河的北岸，有两座高山叫做太行和王屋，北山住着一位叫做愚公的老翁，他年纪已经将近九十岁了，他就住在这两座高山的正对面。由于这两座高山阻挡了往北的通道，(6)________________，愚公对这个情况非常地头痛。

一天他召集全家人一起商量，他说：“我想和大家一起尽力来铲平这两座山，修一条畅通无阻的路直达豫州南部，汉水南岸，大家觉得如何？”家人纷纷表示赞同，于是家人讨论了一番，决定开始行动。愚公就挑了三个比较能够挑负重担的子孙，跟着他一起去凿石头，挖泥土，(7)________________，用畚箕运到渤海边上。河曲智叟看到愚公他们这么辛苦，就讥笑他说：“你呀也太没有自知之明，太自不量力了吧，你看你这么大把年纪，又这么一点点力气，(8)________________，你怎能奈何得了那么多土石呢？”愚公长叹一声回答他说：“唉，你的思想太顽固了，我就是死了，我还有儿子在呀，儿子又生孙子，孙子又生儿子，儿子又生儿子，儿子又生孙子，这子子孙孙是没有穷尽的，(9)________________，又不会长大，我有什么好担心挖不平他们的呢？”河曲智叟听愚公这么一说哑口无言。

山神听说了这件事情，他真的很担心愚公要领着子孙这样世世代代的挖下去，所以，他把这件事情报告了天帝。天帝知道以后，(10)________________，命令大力神夸娥氏的两个儿子各背负一座山，一座放到朔方的东边（山西省的东部），一座放到雍州的南部（现今陕西、甘肃省一带地区）。从此以后，冀州的南部，汉水的南岸再也没有高山阻隔了。

A 被愚公的坚毅所感动
B 然后他们把挖下来的土石
C 但是这两座山又不会长高
D 无论进出都要绕很远的路
E 我看你连山上的一根草都对付不了

정답 및 풀이 – 해설서 p. 96

풀이요령 1

앞뒤 문장의 의미파악을 통해 적절한 답 고르기

新HSK 6급 독해 제3부분에서는 문장과 단락을 종합적으로 이해하는 능력을 평가하므로 문장 간의 관계, 앞뒤 문장 사이의 관계가 중요하다. 일반적으로 빈칸에 들어갈 문장들은 모두 단문이며, 이 단문들은 구조가 복잡하고 문장의 길이가 긴 장문이나 복문에 포함된 경우가 많다. 따라서 문제를 풀 때는 이 단문이 속한 장문이나 복문의 주요 내용을 이해해야 한다. 또한, 단문의 앞뒤 문장에서 정답의 실마리를 찾을 수 있다.

예제

1911年4月，利比里亚商人哈桑在挪威买了1.2万吨鲜鱼，运回利比里亚首府后，一过秤，鱼竟一下子少了47吨。哈桑回想购鱼时他是亲眼看着鱼老板过秤的，一点儿也没少秤啊，(71)________________，没人动过鱼，那么这47吨鱼上哪儿去了呢？哈桑百思不得其解。

后来，这桩奇案终于大白于天下，(72)________________。地球重力是指地球引力与地球离心力的合力。地球的重力值会随地球纬度的增加而增加，赤道处最小，两极最大。同一个物体若在两极重190公斤，拿到赤道，就会减少1公斤。挪威所处纬度高，靠近北极；利比里亚的纬度低，靠近赤道，(73)________________。哈桑的鱼丢失了分量，就是因为不同地区的重力差异造成的。(74)________________，也为1968年墨西哥奥运会连破多项世界纪录这一奇迹找到了答案。墨西哥城在北纬不到20度、海拔2240米处，(75)________________，正因为地心引力相对较小，运动健儿们奇迹般地一举打破了男子100米、200米、400米、4×400接力赛、男子跳远和三级跳远等多项世界纪录，1968年也因此成为奥运会史上最辉煌的年代之一。

A 地球重力的地区差异
B 比一般城市远离地心1500米
C 原来是地球的重力“偷”走了鱼
D 归途中平平安安
E 地球的重力值也随之减少

해석 1911년 4월 라이베리아의 상인 하산은 노르웨이에서 1만 2천 톤의 생선을 구매하고 라이베리아 정부시설로 옮겨왔다. 그런데 무게를 달아보니 생선이 47톤이 부족했다. 하산은 생선을 살 때 생선 판매자가 무게를 재면서 그를 속인 적이 없었고, (71)____________ 생선을 건드린 사람도 없었다는 사실을 기억해냈다. 그렇다면 이 47톤은 어디로 사라졌단 말인가? 하산은 도무지 이해가 되지 않았다.
이후 이 기이한 일의 진상이 마침내 낱낱이 밝혀졌다. (72)____________. 지구의 중력이란 지구의 만유인력과 원심력이 합쳐진 힘이다. 지구의 중력값은 지구의 위도가 높을수록 커지는데, 적도가 가장 작고 남극과 북극이 가장 크다. 같은 물체가 양극지방에서 190킬로그램이었다면, 적도에서는 1킬로그램 줄어든다. 노르웨이는 위도가 높고 북극에 가까우며, 라이베리아는 위도가 낮고 적도에 가깝다. (73)____________ 하산의 생선 무게가 줄어든 것은 바로 지역 간의 중력 차이 때문이었다. (74)____________는 또한, 1968년 멕시코 올림픽에서 세계기록이 여러 차례 갱신된 기적적인 일에 대한 해답을 제시했다. 멕시코시티는 북위 20도 이하, 해발 2,240m에 달하는 도시로서 (75)____________. 만유인력이 상대적으로 작아서 스포츠 선수들은 남자 100m, 200m, 400m, 400m 계주, 남자 멀리뛰기, 삼단뛰기 등 여러 종목에서 대거 기적적인 세계기록을 세웠다. 이 때문에 1968년은 올림픽 역사상 가장 빛나는 해가 되었다.

A 지구 중력의 지역적 차이 → 74
B 일반 도시보다 지구의 중심에서 1,500m 떨어져 있다 → 75
C 알고 보니 지구의 중력이 생선을 '훔쳐'간 것이었다 → 72
D 돌아오는 길에 아무 일 없이 무사했다 → 71
E 지구의 중력값도 이에 따라 줄어든다 → 73

단어 **利比里亚** Lìbǐlǐyà 지명 라이베리아(Liberia) | **挪威** Nuówēi 지명 노르웨이(Norway) | **首府** shǒufǔ 명 수부[옛날에 성 소재지가 있는 곳에 설치된 부] | **百思不得其解** bǎisī bùdé qíjiě 성 백 번 생각해도 이해가 되지 않다 | **大白** dàbái 동 (어떤 일의 경위가) 분명해지다, 완전히 밝혀지다 | **纬度** wěidù 명 위도 | **赤道** chìdào 명 적도 | **分量** fènliàng 명 무게, 중량 | **墨西哥** Mòxīgē 지명 멕시코(Mexico) | **接力赛** jiēlìsài 명 릴레이 경기

정답분석

우선 71번을 보도록 하자. 이 단문이 속한 장문의 주요 내용은 하산이 '생선 47톤'을 잃어버린 원인을 찾기 위해 생선을 사고 난 후부터 운반하기까지의 모든 과정을 회상하는 것이다. 이 중 '购鱼时他是亲眼看着鱼老板过秤的(생선 판매자가 무게를 재면서 그를 속인 적이 없다)'는 '생선을 사는' 과정을 말하고 있다. 그렇다면 이어질 문장은 '생선을 운반하는' 과정이 나와야 하며, '没人动过鱼(생선을 건드린 사람도 없었다)'는 다음 문장을 통해 '생선을 운반하는' 과정도 매우 순조로웠음을 알 수 있다. 아래에 제시된 다섯 개의 보기 중 '归途中平平安安(돌아오는 길에 아무 일 없이 무사했다)'는 D가 전체 장문이 말하는 내용에 가장 부합하며 앞뒤 문장의 관계도 가장 매끄럽게 연결한다.
72번의 경우, 빈칸 앞의 문장인 '这桩奇案终于大白于天下(이 기이한 일의 진상이 마침내 낱낱이 밝혀졌다)'를 통해 빈칸에는 하산이 곤경에 처했던 '답안'이 제시되어야 함을 알 수 있다. 다섯 개의 보기 가운데 C만 첫 번째 단락의 '생선'을 잃어버린 내용과 관련이 있으며 '原来(알고 보니)'라는 단어도 답이라는 사실을 강력히 보여주고 있다.
73번의 앞문장 '挪威所处纬度高，靠近北极；利比里亚的纬度低，靠近赤道(노르웨이는 위도가 높고 북극에 가까우며, 라이베리아는 위도가 낮고 적도에 가깝다)'만 보면 다음에 어떤 내용이 전개될지 가늠하기 어렵다. 그러나 그 앞의 문장 '地球的重力值会随地球纬度的增加而增加，赤道处最小，两极最大(지구의 중력값은 지구의 위도가 높을수록 커지는데, 적도가 가장 작고 남극과 북극이 가장 크다)'를 보면 주된 내용을 파악할 수 있다. 노르웨이와 라이베리아는 이러한 내용을 설명하기 위해 제시된 예이다. 그러므로 '利比里亚的纬度低，靠近赤道(라이베리아는 위도가 낮고 적도에 가깝다)'를

통해 '地球的重力值也随之减少(지구의 중력값도 이에 따라 줄어든다)'와 같은 결론을 얻을 수 있다. 그러므로 E가 답이 된다.

74번도 마찬가지로 앞뒤 문장을 참고해야 한다. 빈칸 뒤의 문장만 보면 내용을 판단하기 어렵기 때문이다. 그러나 부사 '也'를 통해 어느 정도 해답의 실마리를 찾을 수 있다. 빈칸이 속한 단문은 앞뒤 문장에서 이미 언급한 내용이며 이 내용은 이미 어떠한 사건을 이끌어냈다. 또한 '哈桑的鱼丢失了分量，就是因为不同地区的重力差异造成的(하산의 생선 무게가 줄어든 것은 바로 지역 간의 중력 차이 때문이었다)'라는 앞문장은 이미 종결되었으므로 보기 A의 '地球重力的地区差异(지구 중력의 지역적 차이)'가 적합하다.

75번은 앞뒤 문장의 내용만 보아도 쉽게 답을 찾을 수 있다. 전체 문장은 멕시코시티의 위도와 해발고도를 설명하고 있으며, 앞문장에서 '海拔2240米处(해발 2,240m)'라는 사실을 이미 제시했으므로 보기 B의 '比一般城市远离地心1500米(일반 도시보다 지구의 중심에서 1,500m 떨어져 있다)'가 정답이다.

주의

답을 선택할 때 보기에 제시된 문장이 빈칸에 적절한지 아닌지만 생각하여 앞뒤 문장의 의미를 놓치게 된다.

공략 1

문장 전체를 끝까지 읽자. 우선 지문을 대충 끝까지 훑어보고 대략적인 의미를 파악한 다음, 각 빈칸이 속한 문장을 꼼꼼히 살펴보면 앞뒤 문장을 통해 답을 고를 수 있다. 여러 개의 보기가 빈칸에 들어갈 수 있고, 문법적으로 틀리지 않다면 특히 문장 전체의 의미를 파악할 필요가 있다.

공략 2

'추측 – 증거 찾기 – 검증법'을 이용하자. 문장 전체를 끝까지 읽고 나면 보기를 보지 않은 상태에서도 빈칸 앞뒤 문장의 의미를 통해 빈칸에 들어갈 내용을 유추할 수 있다. 지문을 끝까지 읽고 난 다음 자신이 짐작한 내용과 가장 근접한 것을 보기에서 찾아보면 정답을 빨리 찾을 수 있다. 72번의 경우 앞문장 '이후 이 기이한 일의 진상이 마침내 낱낱이 밝혀졌다'를 통해 72번이 원인과 관련 있음을 추측할 수 있다. 보기 C의 '알고 보니 지구의 중력이 생선을 '훔쳐'간 것이었다'가 이러한 추측에 비교적 부합한다. 다시 뒷문장 '지구의 중력이란 지구의 만유인력과 원심력이 합쳐진 힘이다'의 주어가 '지구의 중력'임을 보면 C가 답이라는 사실이 확실해진다. 주의할 점은 이 방법을 통해 얻은 답은 다시 한 번 검토를 하여 추측의 오류를 막아야 한다는 것이다.

공략 3

키워드를 찾아보자. 문장 별로 키워드가 존재한다. 이러한 키워드는 앞뒤 문장 간 의미의 논리 관계, 사건 진행의 전후 순서, 빈칸과 관련된 정보, 필자의 태도나 성향을 보여준다. 따라서 지문을 끝까지 읽으면 이러한 키워드를 파악하여 정답을 빨리 찾을 수 있다. 74번의 경우 키워드는 빈칸 뒤의 '也'이다. 앞문장이 '지구 중력'이 생선의 무게를 줄인 원인임을 설명하고 있고, 74번도 '지구 중력'과 관련이 있으므로 답은 A가 된다.

풀이요령 5

연습문제

1-5.

死海是怎样形成的呢？请先听一个古老的传说吧。远古时候，这儿原来是一片大陆。村里男子有一种恶习，先知鲁特劝他们改邪归正，(1)______________。上天决定惩罚他们，便暗中谕告鲁特，叫他携带家眷在某年某月某日离开村庄，并且告诫他离开村庄以后，(2)____________，都不准回过头去看。

鲁特按照规定的时间离开了村庄，走了没多远，他的妻子因为好奇，(3)______________。哎哟，转瞬之间，好端端的村庄塌陷了，出现在她眼前的是一片汪洋大海，这就是死海。她因为违背上天的告诫，立即变成了石人。(4)______________，她仍然立在死海附近的山坡上，扭着头日日夜夜望着死海。上天惩罚那些执迷不悟的人们：让他们既没有淡水喝，也没有淡水种庄稼。这当然是神话，是人们无法认识死海形成过程的一种猜测。

其实，死海是一个咸水湖，(5)______________。死海地处约旦和巴勒斯坦之间南北走向的大裂谷的中段，它的南北长75公里，东西宽5至16公里，海水平均深度146米，最深的地方大约有400米。死海的源头主要是约旦河，河水含有很多的盐分。河水流入死海，不断蒸发，盐类沉淀下来，经年累月，越积越浓，便形成了今天世界上最咸的咸水湖——死海。

A 但他们拒绝悔改
B 偷偷地回过头看了一眼
C 虽然经过多少世纪的风雨
D 它的形成是自然界变化的结果
E 不管身后发生多么重大的事故

6-10.

很早很早以前，猫并不吃老鼠。有一只猫和一只老鼠住到了一起。冬天快到了，它们买了一坛子猪油准备过冬吃。老鼠说："猪油放在家里，我嘴馋，(6)________________，到冬天再取来吃。"猫说："行啊。"它们趁天黑，把这坛子猪油送到离家十里远的大庙里藏起来。

有一天，老鼠突然对猫说："我大姐要生孩子，捎信让我去呢。"猫说："去吧，路上要小心狗。"天快黑时，老鼠回来了，肚子吃得鼓鼓的，嘴巴油光光的。猫问："你大姐生了啥？""生个白胖小子。"猫又问："起了个什么名字？"老鼠转一转眼珠说："叫，叫一层。"又过了十来天，老鼠又对猫说："我二姐又要生孩子，请我去吃饭。"猫说："早去早回。"老鼠边答应边往外走。天黑了，老鼠回来了，腆着肚子，满嘴都是油。猫问："你二姐生了啥呀？""生个白胖丫头。""起了个什么名字？""叫一半。"又过了七八天，老鼠又对猫说："我三姐生孩子，请我吃饭。"猫说："别回来晚了。"天大黑时，老鼠回来了，(7)________________，对猫说："我三姐也生了白胖小子，起名叫见底。"三九天到了，一连下了三四天的大雪。猫说："快过年了，(8)________________，明天咱把猪油取回来吧。"

第二天一早，老鼠走在前边，猫跟在后边，奔大庙走去。到了大庙里，(9)________________，坛子像被开过。猫急忙打开坛子一看，猪油见底了。猫一下子全明白了，瞪圆双眼大声说："是你给吃见底了？"老鼠刚张口，见猫已经扑过来，就转身跳下地。猫紧追它，(10)________________，一急眼，老鼠钻到砖缝里去了。后来，老鼠见猫就逃，猫见老鼠就抓。

A 什么食儿也找不到
B 眼看就要被猫追上了
C 一进屋带来一股油味
D 不如藏到远一点的地方去
E 猫第一眼就看到过梁上满是老鼠脚印

정답 및 풀이 – 해설서 p. 99

풀이요령 2

연결어로 문제 풀기

중국어의 연결어는 주로 접속사와 부사가 있다. 연결어는 보통 문장과 문장, 단락과 단락을 일정한 논리관계로 연결한다. 단락에서 사용된 연결어가 다르면 이로 인해 논리관계도 달라지고 문장의 의미에도 차이가 생긴다. 따라서 연결어는 응시생이 문장을 정확하게 이해하는지를 평가하는 중요한 수단이며 응시생을 곤혹스럽게 만드는 부분이기도 하다.

예제

倘若你到海边旅行，一定会被湛蓝湛蓝的大海所吸引。你会知道，海水又苦又咸，含有大量的盐分。大海是储藏食盐的宝库。(71)________________，食盐也大量地蕴藏在内湖、岩井和矿石中，因此，盐的种类很多，有海盐、池盐、井盐和岩盐等几种。

食盐，学名叫“氯化钠”。氯化钠是一种什么样的东西呢？我们拿它和明矾、冰糖比较一下就会明白了。如果我们用小锤子砸盐粒，(72)________________，它仍旧是白色的立方体。而明矾却不一样，在没有受到潮解时，它虽是晶体，却不是白色的，而是半透明，不是立方体，而是成八面体。由于它吸水性强，(73)________________，在空气中也会自然潮解，变成粉末状。食盐和冰糖都是固体，这是它们的相同之处。但是它们也有不同的地方，我们只要用舌头尝一下就能分辨了：冰糖是甜的，而食盐都是苦咸的。就其一般性状来说，食盐味咸，是一种白色的立方体型晶体。食盐尽管不像冰糖那样受人欢迎，但是，(74)________________。正常情况下，人们每天早上的咸菜，中午的菜和汤，晚上的饺子、面条，都要加进适量的食盐，(75)________________，食盐起着调味作用。但是，更重要的是人体每天必须补充一定的盐分。

A 由于地壳的变化
B 即使不用小锤子敲击
C 使食物的味道更加鲜美
D 不管砸成多么小的颗粒
E 它的用途却是十分广泛的

해석 만일 당신이 바닷가로 여행을 간다면 반드시 짙푸른 바다에 매료될 것이다. 당신은 바닷물이 쓰고 짭짤하며 많은 염분을 함유하고 있다는 사실을 알 것이다. 바다는 식염을 저장하는 보고이다. (71)______________ 식염은 호수, 바위샘, 광석에도 많이 매장되어 있다. 따라서 소금의 종류는 해염, 지염, 정염, 암염 등으로 매우 다양하다.
식염은 학명으로 '염화나트륨'이라고 한다. 염화나트륨은 어떤 것일까? 명반, 얼음설탕과 비교해보면 염화나트륨이 무엇인지 알 수 있다. 우리가 작은 망치로 소금 알갱이를 찧으면 (72)______________ 이것은 여전히 흰색의 정육면체이다. 그러나 명반은 다른데, 조해되지 않았을 때는 결정체이지만 흰색이 아니라 반투명하며, 정육면체가 아니라 정팔면체가 된다. 명반은 흡수성이 강하기 때문에 (73)______________ 공기 중에서 자연히 조해되어 분말 상태가 된다. 식염과 얼음설탕은 고체 상태로 존재하며 이것이 공통점이라 할 수 있다. 하지만 차이점이 있다. 혀로 맛을 한번 보면 쉽게 구분해낼 수 있다. 얼음설탕은 달지만, 식염은 쓰고 짭짤하다. 일반적인 성질을 보면 식염은 맛이 짜고 흰색의 정육면체 결정체이다. 식염은 얼음설탕만큼 사람들에게 환영받지 못하지만 (74)______________. 정상적인 상황에서 사람들은 매일 아침에 먹는 절인 반찬, 점심의 반찬과 국, 저녁의 만두나 국수 속에 적당량의 식염을 넣으면 (75)______________. 식염은 맛을 내는 역할을 한다. 그러나 보다 중요한 것은 사람의 몸에 매일 일정한 염분을 보충해주어야 한다는 것이다.

A 지각의 변화로 인해 → 71
B 작은 망치로 부수지 않아도 → 73
C 음식의 맛을 훨씬 좋게 한다 → 75
D 아무리 작은 알갱이로 부서지더라도 → 72
E 용도가 매우 광범위하다 → 74

단어 湛蓝 zhànlán 형 짙푸르다 | 蕴藏 yùncáng 동 (광물 등이) 매장되다, 묻히다 | 明矾 míngfán 명 명반, 백반 | 冰糖 bīngtáng 명 얼음사탕 | 锤子 chuízi 명 망치, 해머 | 砸 zá 동 (무거운 것으로 물체를 조준하여) 내리치다, 찧다 | 潮解 cháojiě 동 조해하다[고체가 공기 중의 수증기를 빨아들여 표면에 포화용액이 점점 형성되는 것을 가리킴] | 性状 xìngzhuàng 명 성질과 형상 | 晶体 jīngtǐ 명 결정, 크리스털 | 敲击 qiāojī 동 두드리다, 때리다, 치다

정답분석

이 지문은 식염의 일반적인 지식에 관한 내용으로 설명형 문체에 해당한다. 지문에는 문장을 연결하는 연결어가 많이 사용되었고, 지문 아래 제시된 다섯 개의 보기에도 많은 연관어가 포함되어 있다. 따라서 문제를 풀 때 문장 간의 논리관계를 정확히 알아야 정답을 찾을 수 있다.

첫 번째 문장을 통해 대부분의 사람이 바닷물에 많은 염분이 함유되어 있다는 사실을 알고 있다는 점을 확인할 수 있다. 필자는 이를 토대로 '호수', '바위샘', '광석'에도 많은 식염이 매장되어 있다고 했다. 그러나 이것은 사람들에게 생소한 사실이기 때문에 71번에는 호수, 바위샘, 광석에도 많은 식염성분이 함유되어 있다는 것을 설명해주는 내용이 들어갈 것이다. 앞뒤 두 문장은 인과관계를 이루고 있다. 다섯 개의 보기 가운데 A에 인과관계를 나타내는 연결어 '由于'가 있고, A의 내용이 다음 문장과 인과관계를 형성하므로 A가 정답이다.

72번은 앞뒤 단어의 의미를 통해 답을 찾아낼 수 있다. 빈칸의 앞문장은 '用小锤子砸盐粒(작은 망치로 소금 알갱이를 찧는다)'라는 내용을 말하고 있는데, 보기 가운데 D만 '찧다, 부수다'라는 의미의 '砸'와 관련이 있다. 또한 연결어 '不管'은 빈칸 뒤 문장의 '仍旧'와 호응을 이루므로 D가 정답이다.

73번 역시 연결어를 통해 답을 쉽게 찾을 수 있다. 빈칸 다음 문장에서 보이는 부사 '也'는 보기 B의 '即使'와 호응을 이루므로 B가 답이다. 의미상 이 부분은 명반과 식염 두 물질을 비교하는 내용이 올 것이다. 두 물질의 성질이 다르므로 식염은 작은 망치로 찧은 후 작은 과립으로 변하지만 명반은 부수지 않아도 분말로 변할 수 있다.

74번이 속한 문장은 '尽管……但是……' 구문이 이끄는 전환문이다. 다음 문장에 열거된 식염의 종류와 용도를 통해 빈칸에 들어갈 내용이 식염의 용도와 관련된 내용임을 짐작할 수 있다. 보기 가운데 E에서 '它的用途却是十分广泛的(용도가 매우 광범위하다)'가 등장하고, 부사 '却'도 문장전환의 의미를 강조하고 있으므로 E가 정답이다.
75번은 앞뒤 문장의 의미를 통해 답을 찾아야 한다. 앞문장은 음식을 만들 때 적당량의 식염을 넣어야 한다는 내용이며, 뒷문장은 식염이 맛을 내는 역할을 한다고 이어서 설명하고 있다. 여기에서 필자는 주로 식염이 음식 맛을 변화시키는 것에 대해 언급하고 있으므로 C가 가장 적합하다.

주의

연결어가 호응을 이루는지 아닌지에만 너무 신경 쓰다가 앞뒤 문장의 의미연결은 소홀히 할 수 있다.

공략 1

의미 상의 논리관계를 정확히 파악한다. 연결어는 문장과 단락을 연결하므로 문장 속에서 해당 연결어가 적절한지만 따지지 말고, 앞뒤 논리관계에 주의하면서 문장 전체의 의미를 파악해야 한다.

공략 2

자주 쓰이는 연결어의 의미와 용법에 익숙해져야 한다. 연결어가 나타내는 의미관계는 병렬관계, 선택관계, 순접관계, 점진관계, 전환관계, 조건관계, 목적관계, 인과관계, 가정관계, 양보관계 등이 있으며 각각의 의미관계에는 자주 쓰이는 연결부사가 있다. 이러한 구분에 따라 자주 쓰이는 연결어에 대해 보다 자세히 살펴보도록 하자.

① 병렬관계를 나타내는 연결어
연결어가 이끄는 두 성분 A와 B는 의미 상 병렬관계이다.

既A又(也)B	A하고 B하다 예 他既会讲普通话，又会写汉字。 그는 표준어도 할 줄 알고, 한자도 쓸 줄 안다.
又A又B	A하고 B하다 예 他又能干，又会说话，深受大家喜爱。 그는 일도 잘하고 말도 잘해서 모두의 사랑을 받는다.
一边A一边B	A하면서 B하다 예 他一边看书，一边听音乐。 그는 책을 보면서 음악을 듣는다.
一面A一面B	한편으로 A하면서 한편으로 B하다 예 妈妈一面唠叨着，一面为儿子收拾行李。 엄마는 한편으로 잔소리를 하면서 한편으로 아들을 위해 짐을 정리한다.

② 선택관계를 나타내는 연결어

연결어가 이끄는 두 성분 A와 B는 의미 상 선택관계이다. 두 개 가운데 하나를 선택하는데, 이중 방향성이 없는 선택이거나 무작위임을 나타내는 연결어도 있고, 방향성이 있거나 A나 B 모두 옳은 선택임을 나타내는 연결어도 있다.

• 방향성이 없고 무작위 선택을 나타내는 연결어

有时A有时B	때로는 A하고 때로는 B하다 예 周末她有时在家学习，有时出去逛街。 주말에 그녀는 때로는 집에서 공부하고 때로는 쇼핑하러 간다.
或者A或者B	A이든가 아니면 B이다 예 午餐过后我们或者去打台球，或者去KTV，看大家的意见吧！ 점심을 먹은 후에 우리 당구를 치러 가든지 KTV에 가든지 모두의 의견을 들어보자!
A还是B	A아니면 B이다 예 你是去东京还是去巴黎？ 당신은 도쿄에 갑니까, 아니면 파리에 갑니까?
不是A就是B	A이거나 아니면 B이다 예 他在家里什么活都不干，不是吃饭就是睡觉。 그는 집에서 아무 일도 하지 않고, 밥을 먹거나 아니면 잠을 잔다.

• 방향성이 있고 정확한 선택을 나타내는 연결어

与其A不如B	A보다는 B가 낫다 예 我们与其都在这等他，不如大家分头去找一找。 우리가 모두 여기에서 그를 기다리기보다는 모두가 따로따로 찾아보는 것이 낫다.
宁可A也不B	차라리 A할지언정 B하지 않는다 예 父亲宁可自己受苦，也不让自己的儿子受半点委屈。 아버지는 자신이 고생할지언정, 자신의 아이는 조금도 상처받지 않게 한다.

③ 순접관계를 나타내는 연결어

연결어가 이끄는 두 성분 A와 B는 논리적으로나 시간 상으로 전후관계가 존재하며, 보통 A가 발생한 후 B가 이어진다.

先A再B	먼저 A하고 다시 B하다 예 他放学回家一直都是先做作业再吃饭的。 그는 수업을 마치고 집으로 오면 항상 먼저 숙제를 하고 밥을 먹는다.
一A就B	A하자마자 B하다 예 音乐一响，观众们就安静下来了。 음악이 울리자마자 관중들은 조용해졌다.
先A然后(接着)B	먼저 A하고 그런 후에 B하다 예 我想先去洗澡，然后再吃饭。 나는 먼저 목욕을 하고, 그런 후에 밥을 먹고 싶다.

④ 점진관계를 나타내는 연결어

연결어가 이끄는 두 성분 A와 B는 의미 상 점진관계이며, B의 의미는 A보다 한층 더 나아간 의미이다.

不但A而且(也/还)B	A뿐만 아니라 B도 예 他不但学习成绩好，而且经常帮助其他同学。 그는 성적이 좋을 뿐만 아니라 늘 다른 친구를 도와준다.
不但不A反而B	A하는 대신(A하기는커녕) 도리어 B하다 예 我给小王买了件礼物，他不但不领情，反而觉得礼物不够好。 내가 샤오왕에게 선물을 사주었는데, 그는 감사히 받기는커녕 도리어 선물을 마음에 안 들어 했다.
A更B	A이기 전에 B이다 예 我们是朋友，更是亲人。 우리는 친구이기 전에 가족이다.
不但A甚至B	A뿐만 아니라 심지어 B까지도 예 他奶奶的身体不但很健康，甚至比他身体还要好。 그의 할머니는 건강하실 뿐만 아니라 심지어 그보다도 훨씬 건강하시다.
A，况且B	A하고 게다가 B하다 예 我不太想去，况且现在也没时间。 나는 가고 싶지 않은데다가 지금 시간도 없다.
A，何况B	A도 이러한데 하물며 B는? 예 这么沉的东西，大人都搬不动，何况一个孩子呢？ 이렇게 무거운 물건은 어른도 옮기지 못하는데 하물며 어린아이가?

⑤ 전환관계를 나타내는 연결어

연결어가 이끄는 두 성분 A와 B는 의미 상 전환관계를 나타낸다. 다시 말해 두 성분의 의미는 대립하거나 상반된다.

虽然A但是B	비록 A하지만 B하다 예 他虽然已经在中国生活了两年，但是汉语说得还不是太流利。 그는 비록 이미 중국에서 2년 동안이나 생활했지만, 중국어를 그렇게 유창하게 하지는 못한다.
不是A而是B	A가 아니라 B이다 예 她不是不能做，而是不想做。 그녀는 할 수 없는 것이 아니라 하고 싶지 않은 것이다.
A可是(但是/只是/就是/不过/然而)B	A하지만 그러나 B하다 예 这件衣服看上去不错，只是价格贵了点儿。 이 옷은 좋아 보이지만 가격이 조금 비싸다.
尽管A但是(可是)B	비록 A하지만 B하다 예 尽管已经很累了，但是他仍坚守在自己的岗位上。 비록 이미 지쳤지만, 그는 여전히 자신의 위치를 지키고 있다.

⑥ 조건관계를 나타내는 연결어

연결어가 이끄는 두 성분 A와 B는 조건관계를 나타낸다. 주로 다음의 두 가지 상황이 있다.

① A는 B가 발생하거나 발생하지 않도록 하는 조건이다.

② A는 어떤 보편성의 조건을 대표하며, A는 B의 발생여부에 영향을 미치지 않는다.

• A는 B가 발생하거나 발생하지 않도록 하는 연결어

只要A就B	A하기만 하면 B하다 예 你只要付出了努力，就一定会有好的回报。 네가 노력을 쏟기만 하면 분명히 좋은 결과를 얻을 수 있을 거야.
只有A才B	A해야만 B하다 예 你只有好好儿复习，才能在考试中取得好的成绩。 네가 열심히 복습해야만 시험에서 좋은 성적을 거둘 수 있다.
除非A才B	오직 A해야만 B하다 예 除非你去，我才去。 네가 가야만 나도 간다.
除非A，否则(不然)B	A해야만 한다. 그렇지 않으면 B하다 예 除非下雨，不然我肯定会去。 비가 와야만 한다. 그렇지 않으면 나는 분명히 갈 것이다.

• A는 어떤 보편성의 조건을 대표하며，A가 B의 발생여부에 영향을 미치지 않는 연결어

无论(不论/不管)A，都(也)B	A에 관계없이 모두 B하다 예 无论你是否同意，我都要离开。 네가 동의하든 안 하든 나는 떠나야 한다.

⑦ 목적관계를 나타내는 연결어

연결어가 이끄는 두 성분 A와 B는 의미 상 목적, 방법, 수단의 관계를 나타낸다. A는 목적, B는 방법이나 수단을 나타내거나 또는 반대가 되기도 한다.

A以便B	B하기 위해 A하다 예 你把这些材料整理一下，以便别人来查阅。 너는 다른 사람이 열람하기 편리하도록 네가 이 자료들을 정리하도록 해라.
A好B	B하기에 쉽게(편하게) A하다 예 我想早点到现场，好盯着点他们。 그들을 잘 보기 위해 나는 현장에 일찍 갈 생각이다.
A，为的是B	A하는 것은 B하기 위함이다 예 他学汉语，为的是来中国生活。 그가 중국어를 배우는 것은 중국에서 생활하기 위해서이다.
为了A，B	A하기 위해서 B하다 예 为了避开早高峰，他早上六点就出门了。 아침 러시아워를 피하고자 그는 아침 여섯 시에 일어나 집을 나갔다.

⑧ 인과관계를 나타내는 연결어

연결어가 이끄는 두 성분 A와 B는 의미 상 인과관계를 나타낸다.

因为A所以(就/才)B	A해서 B하다 예 因为最近实在太忙，就没来找您。 요즘 너무 바빠서 당신께 연락을 드리지 못했습니다.
因为(由于)A而B	A때문에 B하다 예 他是因为换工作而搬家。 그는 직장을 옮겼기 때문에 이사를 갔다.
由于A，因此B	A로 인해 B하다 예 由于最近课程比较紧，因此他很少上网。 요즘 수업이 많아서 그는 인터넷을 거의 하지 못한다.
之所以A，是因为B	A한 것은 B때문이다 예 之所以没跟您联系，是因为最近实在太忙了。 너와 연락하지 못한 것은 요즘 너무 바빴기 때문이다.
既然A那(就)B	기왕 A했으니 B하겠다 예 既然你不在家，那我就不去了。 기왕 네가 집에 없으니 나는 가지 않겠다.
难怪A，原来B	어쩐지 A했는데 B때문이었구나 예 难怪最近在学校里看不到他，原来他已经回国了。 어쩐지 요즘 학교에서 그를 볼 수 없다 했는데, 그는 이미 귀국했구나.
A，结果B	A해서 결국 B하다 예 早上睡过头了，结果上班就迟到了。 아침에 늦잠을 자는 바람에 결국 출근길에 지각하고 말았다.

⑨ 가정관계를 나타내는 연결어

연결어가 이끄는 두 성분 A와 B는 의미 상 가정관계를 나타낸다. 보통 A는 가정의 상황, B는 A라는 가정 하에 생긴 결과를 나타낸다.

要是(如果/假如)A，那么(就)B	만약 A라면 B하다 예 如果他能来就好了。 만약 그가 올 수 있다면 좋을 텐데.
万一(一旦)A， 就B	만일(일단) A하면 B하다 예 这次行动一旦失败，后果就不堪设想。 이 행동이 일단 실패하면 결과는 상상조차 할 수 없다.

⑩ 양보관계를 나타내는 연결어

연결어가 이끄는 두 성분 A와 B는 의미 상 양보관계를 나타낸다. 양보 가정의 경우와 양보 전환의 경우 두 가지 상황으로 나뉜다.

• 양보 가정의 경우

哪怕(就是/即使/再)A，也B	설사(설령/비록) A하더라도 B하겠다 예 哪怕以后再也不能见面，我也不会忘记你的。 설령 이후에 다시는 만날 수 없다고 하더라도 나는 너를 잊지 않을 거야.

• 양보 전환의 경우

虽然A，但是(可是/还是/仍然/却)B	비록 A하지만(일지라도) B하다 예 虽然我们是刚认识，但是感觉像是多年的老朋友。 비록 우리가 처음 만났지만 마치 오랫동안 만나 온 편한 친구 같다.

연습문제

1-5.

一位挑水夫，有两个水桶，分别吊在扁担的两头，其中一个桶子有裂缝，另一个则完好无缺。在每趟长途的挑运之后，完好无缺的桶子，总是能将满满一桶水从溪边送到主人家中，(1)________，却只剩下半桶水。两年来，挑水夫就这样每天挑一桶半的水到主人家。当然，好桶子对自己能够送满整桶水感到很自豪。破桶子呢？(2)________，他为只能负起责任的一半，感到非常难过。

(3)________，破桶子终于忍不住，在小溪旁对挑水夫说："我很惭愧，必须向你道歉。""为什么呢？"挑水夫问道："你为什么觉得惭愧？""过去两年，因为水从我这边一路的漏，我只能送半桶水到你主人家，我的缺陷，使你做了全部的工作，(4)________。"破桶子说。挑水夫替破桶子感到难过，他充满爱心地说："我们回到主人家的路上，我要你留意路旁盛开的花朵。"果真，他们走在山坡上，破桶子眼前一亮，看到缤纷的花朵，开满路的一旁，沐浴在温暖的阳光之下，这景象使他开心了很多！但是，走到小路的尽头，它又难受了，因为一半的水又在路上漏掉了！

破桶子再次向挑水夫道歉。挑水夫温和地说："你有没有注意到小路两旁，只有你的那一边有花，好桶子的那一边却没有开花呢？我明白你有缺陷，(5)________，在你那边的路旁撒了花种，每回我从溪边来，你就替我一路浇了花！两年来，这些美丽的花朵装饰了主人的餐桌。如果你不是这个样子，主人的桌上也没有这么好看的花朵了！"

A 因此我善加利用
B 却只收到一半的成果
C 饱尝了两年失败的苦楚
D 对于自己的缺陷则非常羞愧
E 但是有裂缝的桶子到达主人家时

6-10.

清晨起来，拉开窗帘，一个银亮的世界展现在我的眼前。我一看见这纯白的雪片，就直想尽快扑进这雪白的世界。妈妈送我走出家门，(6)________________。我只顾观赏雪景，自然觉得妈妈啰唆。“回去吧，真烦人！”便头也不回地上路了。“妈妈，快，快拉我跑！”雪地中一位年轻的母亲拉着身后的小女儿跑着，笑着。忽然，母亲脚下一滑，摔倒在雪地上。我忙跑过去拉起她，她却不顾自己，(7)________________。女儿也很懂事地给妈妈拍去头发上的雪，轻轻地问了一声：“妈妈，您疼不疼？”母亲由衷地笑了，笑得那么舒心。

(8)________________，我的脑海里立刻映出了十年前似曾相似的一幕：那时我也曾十分乖巧地为妈妈拍雪，扶妈妈走路。可十年后同样的雪天，我却只顾自己的兴致把妈妈的关心搁在一边。(9)________________，但十七岁的我应该理解父母的苦心，因为在他们的眼里我永远是个长不大的孩子。也许刚才的那位母亲摔得很重，可小女儿简单的一句“妈妈，您疼不疼？”便已化解了她的疼痛。不管外界多冷，一股股暖流也会涌上心头，(10)________________，也是像雪一样纯的真情。

雪花飘啊飘，我目送那对母女远去，便急切地回转身，我要回家去对父母说：“爸爸、妈妈，雪大路滑，当心啊！”

A 也许妈妈并未留意我的话
B 这便是世上最动人的欣慰
C 并三番五次地叮嘱我路上小心
D 而是马上扶起坐在地上的小女儿
E 望着雪片纷飞中母女俩紧紧相偎的身影

정답 및 풀이 – 해설서 p. 102

Summary 제3부분 핵심정리

新HSK 6급 독해 제3부분의 핵심은 주로 다음과 같다.

설명형 지문에서 설명의 대상과 순서
서술형 지문의 줄거리와 인물의 관계
논술형 지문의 논술관점과 논술방법
고대를 배경으로 한 지문의 고유명사, 성어, 속담
앞뒤 문장의 의미
연결어

시험문제가 단순히 상기한 내용 중 하나를 테스트하는 것이 아니라 종합적인 이해를 요하는 형태로 출제된다는 점에 주의해야 한다. 또한, 제3부분에서 자주 하는 실수는 주로 다음과 같다.

❶ 지문의 전반적인 의미를 이해하지 못한 상태에서 문제를 풀면 문장의 연결은 정확하다고 생각되겠지만, 문장 전체의 의미와의 일관성을 놓치게 된다.

❷ 지문에 등장하는 생소한 글자, 고유명사, 성어, 속담 등 어려운 단어에 두려움을 느껴 실수하게 된다.

이렇게 공부하자!

보통 시험에는 문제풀이 전략이 있기 마련이다. 다음의 전략을 통해 新HSK 6급 독해 제3부분의 실력을 향상시킬 수 있다.

❶ 큰 틀을 본 다음 세세히 살펴보도록 하라. [전문 → 단락 → 문장]

❷ 연결어를 통해 지문 전체의 논리관계를 파악하라.

❸ 추측한 다음 단서를 찾아 헷갈리는 보기에 영향을 받지 말라.

❹ 평소에 성어와 중국 고대 명인의 일화를 많이 접하라.

1-5.

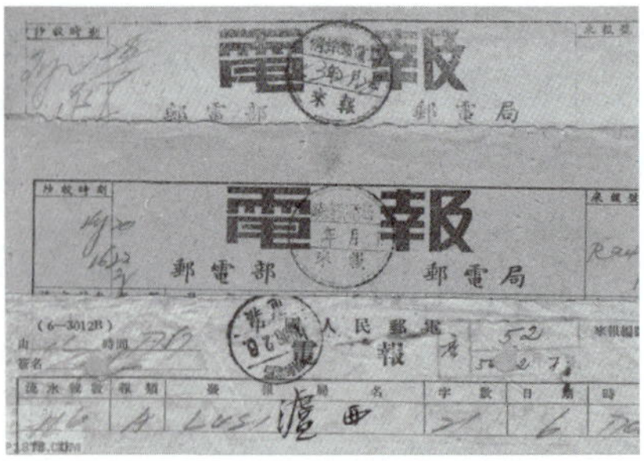

三十年代初，胡适在北京大学任教授。(1)________________，引起一些只喜欢文言文而不喜欢白话文的学生的不满。一次，胡适正讲到得意处，一位姓魏的学生突然站了起来，生气地问："胡先生，难道说白话文就毫无缺点吗？"胡适微笑着回答说："没有。"那位学生更加激动了："肯定有！(2)________________，打电报用字多，花钱多。"胡适的目光顿时变亮了，轻声地解释说："不一定吧！前几天有位朋友给我打来电报，请我去政府部门工作，我决定不去，就回电拒绝了。复电是用白话写的，看来也很省字。请同学们根据我这个意思，用文言文写一个回电，看看究竟是白话文省字，还是文言文省字？"胡教授刚说完，同学们立刻认真地写了起来。

十五分钟过去了，胡适让同学举手，报告用字的数目，(3)________________，电文是这样写的："才疏学浅，恐难胜任，不堪从命。"白话文的意思是：学问不深，恐怕很难担任这项工作，不能服从安排。胡适说，这份写得确实不错，仅用了十二个字。但我的白话文电报却只用了五个字："干不了，谢谢！"胡适又解释说："干不了"就有才疏学浅、恐难胜任的意思；"谢谢"既对朋友的介绍表示感谢，(4)________________。所以，废话多不多，并不看它是文言文还是白话文，(5)________________，白话文是可以比文言文更省字的。

A 又有拒绝的意思
B 白话文废话太多
C 只要注意选用字词
D 讲课时他常常对白话文大加称赞
E 然后挑了一份用字最少的文言文电报稿

6-10.

在浩瀚无垠的沙漠里，有一片美丽的绿洲，绿洲里藏着一颗闪光的珍珠。这颗珍珠就是敦煌莫高窟。它坐落在我国甘肃省敦煌市三危山和鸣沙山的怀抱中。鸣沙山东麓是平均高度为17米的崖壁。在1600多米长的崖壁上，凿有大小洞窟700余个，(6)______________。其中492个洞窟中，共有彩色塑像2100余尊，各种壁画共4.5万多平方米。

莫高窟是我国古代无数艺术匠师留给人类的珍贵文化遗产。莫高窟的彩塑，(7)______________。最大的有九层楼那么高，最小的还不如一个手掌大。这些彩塑个性鲜明，神态各异。有慈眉善目的菩萨，有威风凛凛的天王，还有强壮勇猛的力士。莫高窟壁画的内容丰富多彩，有的是描绘古代劳动人民打猎、捕鱼、耕田、收割的情景，有的是描绘人们奏乐、舞蹈、演杂技的场面，还有的是描绘大自然的美丽风光。(8)______________。壁画上的飞天，有的臂挎花篮，采摘鲜花；有的反弹琵琶，轻拨银弦；有的倒悬身子，自天而降；有的彩带飘拂，漫天遨游；有的舒展着双臂，翩翩起舞。看着这些精美动人的壁画，(9)______________。

莫高窟里还有一个面积不大的洞窟——藏经洞。洞里曾藏有我国古代的各种经卷、文书、帛画、刺绣、铜像等共六万多件。(10)______________，大量珍贵的文物被掠走。仅存的部分经卷，现在藏于国家图书馆等处。莫高窟是举世闻名的艺术宝库。这里的每一尊彩塑、每一幅壁画、每一件文物，都是中国古代人民智慧的结晶。

A 由于清朝政府腐败无能
B 形成了规模宏伟的石窟群
C 其中最引人注目的是飞天
D 每一尊都是一件精美的艺术品
E 就像走进了灿烂辉煌的艺术殿堂

11-15.

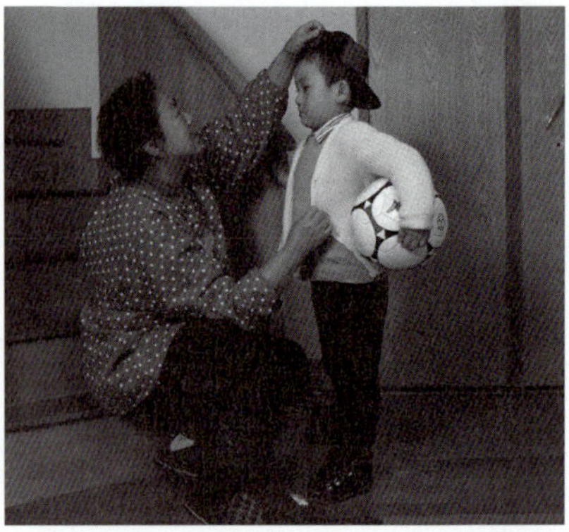

育才小学校长陶行知在校园看到学生王友用泥块砸自己班上的同学，陶行知当即喝止了他，并令他放学后到校长室去。无疑，陶行知是要好好儿教育这个“顽皮”的学生。那么他是如何教育的呢?

下课后，陶行知回到校长室，王友已经等在门口准备挨训了。可一见面，陶行知却掏出一块糖果送给王友，并说：“这是奖给你的，因为你按时来到这里，(11)________________。”王友惊疑地接过糖果。随后，陶行知又掏出一块糖果放到他手里，说：“这第二块糖果也是奖给你的，(12)______________，你立即就住手了，这说明你很尊重我，我应该奖你。”王友更惊疑了，(13)________________。陶行知又掏出第三块糖果塞到王友手里，说：“我调查过了，你用泥块砸那些男生，是因为他们不守游戏规则，欺负女生；你砸他们，说明你很正直善良，(14)______________，应该奖励你啊！”

王友感动极了，他流着眼泪后悔地喊道：“陶……陶校长你打我两下吧!我砸的不是坏人，而是自己的同学啊。”陶行知满意地笑了，他随即掏出第四块糖果递给王友，说：“为你正确地认识错误，我再奖给你一块糖果，(15)______________。我的糖果没有了，我看我们的谈话也该结束了吧！”说完，就走出了校长室。

A 而我却迟到了
B 他眼睛睁得大大的
C 因为当我不让你再打人时
D 只可惜我只有这一块糖果了
E 且有批评不良行为的勇气

16-20.

中国西部我们通常是指黄河与秦岭相连一线以西，包括西北和西南的12个省、市、自治区。这块广袤的土地面积为546万平方公里，占国土总面积的57%；人口2.8亿，占全国总人口的23%。

西部是华夏文明的源头。华夏祖先的脚步是顺着水边走的：长江上游出土过元谋人牙齿化石，距今约170万年；(16)________________，距今约70万年。这两处古人类都比距今约50万年的北京猿人资格更老。西部地区是华夏文明的重要发源地，秦皇汉武以后，东西方文化在这里交汇融合，(17)________________，佛院深寺的暮鼓晨钟。敦煌莫高窟是世界文化史上的一个奇迹，它在继承汉晋艺术传统的基础上，(18)________________，展现出精美绝伦的艺术形式和博大精深的文化内涵。秦始皇兵马俑、西夏王陵、楼兰古国、布达拉宫、三星堆、大足石刻等历史文化遗产，同样为世界所瞩目，成为中华文化重要的象征。西部地区又是少数民族及其文化的集萃地，(19)________________。

在一些偏远的少数民族地区，仍保留了一些久远时代的艺术品种，成为珍贵的“活化石”，如纳西古乐、戏曲、剪纸、刺绣、岩画等民间艺术和宗教艺术。特色鲜明、丰富多彩，(20)________________。我们要充分重视和利用这些得天独厚的资源优势，建立良好的民族民间文化生态环境，为西部大开发做出贡献。

A 从而有了丝绸之路的驼铃声声
B 黄河中游出土过蓝田人头盖骨
C 形成了自己兼收并蓄的恢弘气度
D 几乎包括了我国所有的少数民族
E 犹如一个巨大的民族民间文化艺术宝库

정답 및 풀이 – 해설서 p. 105

<북경대 新HSK 6급 독해 공략>과
함께라면
당신의 6급 독해 고득점 취득이 쉬워집니다!
加油!

제4부분 장문 독해

□ 문장유형 ❶ 철학형 지문

□ 문장유형 ❷ 설명형 지문

핵심정리

실전문제

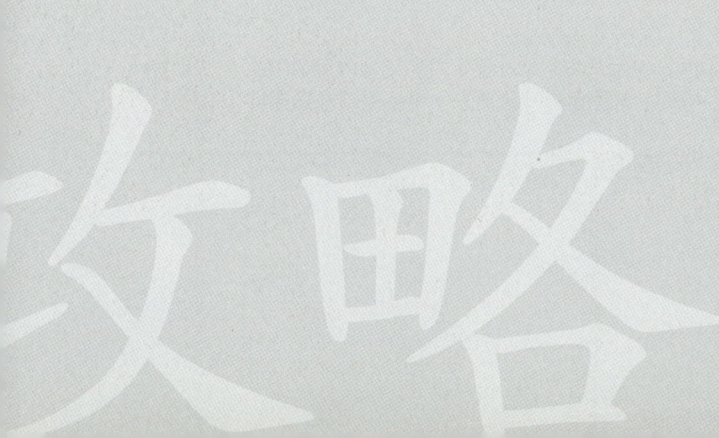

攻略

제4부분 장문 독해

독해 제4부분은 장문 독해 문제로 총 20문항이 출제되는데, 난이도가 서로 다른 다섯 개의 지문으로 구성되어 있다. 지문당 2~4개의 문제가 출제되며, 모든 문제에는 네 개의 보기가 주어지므로 그 중 정확한 답을 골라야 한다.

출제유형 및 특징

新HSK 6급 제4부분 장문 독해는 지문 길이가 대폭 늘어났고 난이도도 확실히 높아졌다. 지문의 길이가 늘어났기 때문에 응시생은 제한된 시간 안에 더 많은 정보를 처리하고 핵심을 파악해야 한다. 그러므로 독해 속도를 더욱 높여야 한다. 또한 新HSK 6급은 출제어휘의 범위에 제한을 두지 않았기 때문에 생소한 단어가 많이 등장할 가능성이 높다. 이는 독해 속도에 영향을 미칠 뿐만 아니라 정확한 이해를 방해하여 유효한 정보를 순조롭게 얻어내는 것을 더욱 어렵게 한다.

지문의 내용과 소재는 생활에서 일어나는 일들, 사회현상, 과학기술 정보, 철학 이야기 등 매우 다양하고, 중국적인 요소를 많이 포함하고 있으며, 다른 나라와 관련된 소재는 거의 없다. 지문의 유형은 대체로 철학형과 설명형으로 나눌 수 있다.

철학형 지문은 대부분 어떤 사건이나 이야기를 통해 하나의 이치를 설명한다. 이러한 지문은 보통 '이야기와 철학이 결합된' 구조를 취하며 마지막에는 종종 지문이 설명하는 문제와 이치를 총괄하는 전문적인 문장이 일부 등장하기도 한다.

설명형 지문은 어떤 사물이나 지식에 대한 소갯글이다. 설명형 지문은 어떠한 이치를 확실하게 말하는 것이 아니라 어떠한 사물이나 일을 소개하고 기록하는 것으로 보통 여러 각도와 측면에서 설명하려는 대상을 묘사한다.

출제유형은 대체로 다음과 같다.

❶ 세부사항을 묻는 문제

지문에 나타난 부분적인 정보를 파악했는지 평가한다. 문제에는 보통 지문과 관련 있는 정보가 제시되므로 네 개의 보기 가운데 지문의 내용과 부합하는 답을 고르도록 한다.

❷ 추리를 요하는 문제

지문에 제시된 일부 어휘의 의미를 추측 및 판단하였는지를 평가한다. 6급 독해 지문은 어휘 선택에 있어서 난이도의 제한을 거의 받지 않기 때문에 자주 사용하지 않거나 이해하기 어려운 어휘나 구가 종종 등장하는 것이 현 6급 독해의 주요 출제경향이다.

❸ 요점을 묻는 문제

지문 전체의 요점과 핵심을 파악했는지 평가한다. 사지선다형 보기에서 지문 전체의 주된 내용을 고르거나 지문이 설명하려는 대상을 구별해내야 한다. 때로는 지문에 이어질 내용을 찾는 문제가 출제되기도 한다.

유형 맛보기

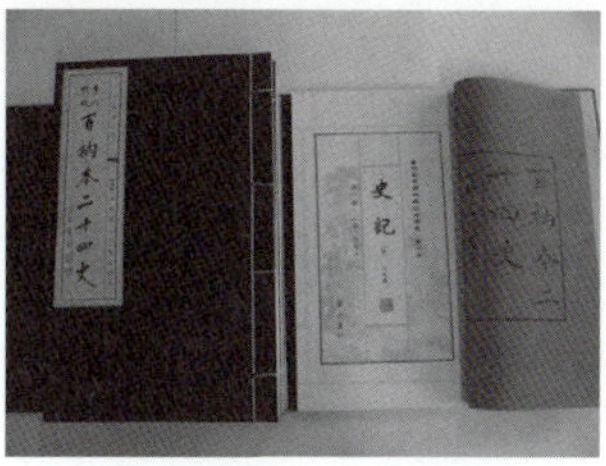

历史学家司马迁（公元前145~前87?年），字子长，西汉夏阳人。他的父亲司马谈是一个渊博的学者，对天文、历史、哲学都深有研究，在其所著的《论六家之要指》中，他对先秦各家主要学说做了简要而具有独特眼光的评论。这对司马迁的早期教育无疑有重要意义。司马迁近10岁时，随就任太史令的父亲迁居长安（今陕西西安），以后曾师从董仲舒学习《春秋》，师从孔安国学习古文《尚书》，这一切都为他日后研究学问奠定了基础。20岁那年，他开始广泛地漫游。他的几次漫游，足迹几乎遍及全国各地。漫游开拓了他的胸襟和眼界，使他接触到各个阶层各种人物的生活，并且搜集到许多历史人物的资料和传说。这一切对他后来写作《史记》起了很大作用。他还与唐都、落下闳等人共订《太初历》，以代替由秦沿袭下来的《颛顼历》。新历适应了当时社会的需要。

汉武帝元封元年（公元前110年），司马谈去世。临终前，他把著述历史的未竟之业作为一项遗愿嘱托给司马迁。元封三年（公元前108年），司马迁继任太史令。此后，他孜孜不倦地阅读国家藏书，研究各种史料，潜心于著史。

就在这一过程中，发生了一场巨大的灾难。司马迁因为替兵败投降匈奴的李陵辩护而得罪了汉武帝，他因此受到远比死刑更为痛苦的“腐刑”的惩罚。他一度想到自杀，但他不愿宝贵的生命在毫无价值的情况下结束，于是“隐忍苟活”，在著述历史中求得生命理想的最高实现。最后他终于在太始四年（公元前93年）前后完成了《史记》这部空前的巨著。

81. 司马迁的父亲大约在公元前哪一年当上太史令?

A 93年　　B 110年
C 135年　　D 145年

82. 司马迁开始专心写史是因为:

A 父亲去世前有遗愿　　B 受到两位老师的启发
C 从小受到父亲的影响　　D 要实现生命最高理想

83. 上文主要讲的是:

A 《史记》的价值　　B 司马迁与《史记》
C 《史记》的写作过程　　D 司马迁对历史的贡献

해석 역사학자 사마천(기원전 145~87?년)의 자는 자장으로, 서한 하양 사람이다. 부친 사마담은 박식한 학자로서 천문, 역사, 철학 등에 조예가 깊었다. 그는 저서 ≪논육가지요지≫에서 선진의 각 주요학설에 대해 간결하고 독창적 시각의 평론을 달았다. 이는 사마천의 어릴 적 교육에 큰 의미가 되었을 것임은 자명하다. 사마천이 열 살 무렵 태사령으로 임명된 아버지를 따라 장안(지금의 시안)으로 이주했고 이후 동중서에게 ≪춘추≫를, 공안국에게 고문 ≪상서≫를 배웠다. 이 모두는 그가 훗날 학문을 연구하는 데 기반을 다져주었다. 20세에 그는 각지를 떠돌기 시작했다. 몇 차례에 걸친 유람으로 거의 전국 각지를 누볐다. 이를 통해 그의 포부와 시야가 넓어졌고 각계각층 사람들의 생활을 몸소 체험하고 많은 역사적 인물에 관한 자료와 전설을 수집했다. 이 모든 것은 나중에 ≪사기≫를 집필하는 데 크게 기여를 했다. 그는 또한 당도, 락하굉 등과 함께 ≪태초력≫을 만들어 진대부터 써오던 ≪전욱력≫을 대신했다. 새로운 역법은 당시 사회의 요구에 부응했다.

한 무제 원봉 원년(기원전 110년), 사마담이 세상을 떠났다. 임종에 앞서 그는 유언으로 미완성 작업인 역사서 저술을 사마천에게 맡겼다. 원봉 3년(BC 108년), 사마천은 부친의 뒤를 이어 태사령에 임명되었다. 그후 그는 꾸준히 나라의 장서들을 읽었고 각종 사료를 연구하면서 역사서 집필에 몰두했다.

바로 이런 과정 중에 커다란 시련이 닥쳤다. 사마천은 흉노에 패해 투항한 이릉을 변호하다 한 무제의 노여움을 샀고, 사형보다도 더 고통스러운 '궁형'의 형벌을 받았다. 그는 한때 자살을 생각했으나 고귀한 생명을 아무런 가치없는 상황 속에서 끝내고 싶지 않았다. 그래서 '구차하게 삶을 이어가는' 길을 택했다. 그는 역사서를 저술하면서 인생의 이상적인 최고 경지를 추구했다. 결국 태시 4년(기원전 93년)을 전후하여 그는 전무후무한 대작 ≪사기≫를 완성했다.

81. 사마천의 부친은 대략 기원전 몇 년에 태사령에 임명되었나?

A 93년　　B 110년
C 135년　　D 145년

82. 사마천이 역사저술에 몰두한 이유는?

A 아버지가 돌아가시기 전 남긴 유언이어서　　B 두 스승의 가르침을 받아서
C 어려서부터 아버지의 영향을 받아서　　D 생애 최고의 이상을 실현하기 위해서

83. 윗글은 주로 무엇에 관한 글인가?

A ≪사기≫의 가치　　B 사마천과 ≪사기≫
C ≪사기≫의 저술과정　　D 사마천의 역사에 대한 공헌

단어 漫游 mànyóu 동 자유롭게 돌아다니다 | 胸襟 xiōngjīn 명 흉금, 포부 | 未竟 wèijìng 형 미완의 | 孜孜不倦 zīzībújuàn 성 (일이나 공부를) 부지런히 하며 피곤함을 모르다 | 腐刑 fǔxíng 명 궁형(宮刑) | 苟活 gǒuhuó 동 구차하게 살기를 도모하다

정답분석

81. 사마천이 열 살 무렵 태사령이 된 아버지를 따라 장안으로 이주했다는 내용이 나온다. 첫 문장에서 사마천은 기원전 145년에 출생했고 기원전 87년에 사망했다고 생졸년을 밝혔으므로 정답은 C이다.
82. 임종에 앞서 부친 사마담이 유언으로 역사서 저술을 사마천에게 맡겼다는 내용에 따라 정답은 A이다.
83. 이 글은 전체적으로 사마천의 생애와 함께 ≪사기≫를 저술한 원인 등을 설명하고 있으므로 정답은 B이다.

제4부분 핵심 point

제4부분에서도 제3부분과 마찬가지로 중국어의 종합적인 활용 능력을 평가한다. 하지만 다른 부분과는 달리 지문의 내용과 난이도 그리고 문제의 형식이 매우 다양하다. 응시생은 전체적인 문맥 파악뿐만 아니라 특정 구문, 성어, 어휘의 의미를 정확히 파악할 수 있어야 하며, 지문의 내용에 근거하여 다른 내용을 유추할 수 있는 능력도 갖추어야 한다. 특히 시간 안배가 중요한 부분으로 평소 시간 안배 훈련을 충실히 해두어야 한다.

문장유형 1 철학형 지문

철학형 지문은 보통 이야기와 이치, 두 부분으로 구성되어 있다. 지문의 목적은 이야기나 사건에 대한 서술을 통해 어떠한 이치를 설명하고자 하는 것으로, 일부 정보의 세부사항은 지문 전체의 핵심내용을 전달하려는 도구이다. 이러한 유형의 지문의 경우, 일부 정보와 세부적인 문제를 정확히 파악해야 하며 지문이 설명하고자 하는 문제를 귀납적이고도 종합적으로 신속히 이해해야 한다.

철학형 지문 독해의 출제유형은 주로 두 가지이다. 지문의 세부사항 등 일부 정보에 대한 이해력을 묻는 문제와 지문의 관점, 태도, 어기, 주된 내용에 대한 판단력을 묻는 문제가 출제된다. 그러나 新HSK 6급 장문 독해는 5급에 비해 지문의 길이가 늘어나고 난이도가 높아졌을 뿐만 아니라 복잡한 보기가 제시되어 답을 찾기가 애매해졌기 때문에, 직접 정보를 얻을 수 있는 문제가 출제되는 경우는 거의 없다. 따라서 평소에 중국어 문장을 많이 접하여 시험이라는 긴장되는 상황에서도 연습한 대로 차분하고도 빠르게 문장을 읽고 이해하여 문제에 대한 답을 찾아낼 수 있는 능력을 키워나가야 하겠다.

예제

一个年轻人获得一份销售工作，勤勤恳恳干了大半年，却接连失败。而他的同事，个个都干出了成绩。他实在忍受不了这种痛苦。在总经理办公室，他惭愧地说，可能自己不适合这份工作。“安心工作吧，我会给你足够的时间，直到你成功为止。到那时，你再要走我不留你。”老总的宽容让年轻人很感动。他想，总该做出一两件像样的事之后再走。

[85]过了一年，年轻人又走进了老总的办公室。这一次他是轻松的，他已经连续7个月在公司销售排行榜中高居榜首。原来，[87]这份工作是那么适合他！他想知道，当初老总为什么会将自己继续留用呢。

“因为，我比你更不甘心。”老总的回答出乎年轻人的预料。老总解释道：“[86]当初招聘时，公司收到100多份应聘材料，我面试了20多人，最后却只录用了你。如果接受你的辞职，我无疑非常失败。我深信，既然你能在应聘时得到我的认可，也一定有能力在工作中得到客户的认可，你缺少的只是机会和时间。与其说我对你仍有信心，不如说我对自己仍有信心。”

[87]我就是那个年轻人。从老总那里，我懂得了：[88]给别人以宽容，给自己以信心，就能成就一个全新的局面。

85. 一年之后，年轻人：

A 当上了总经理　　B 成为公司的销售骨干
C 被调到别的部门工作　　D 对工作仍然没有信心

86. 老总当初为什么要留这个年轻人？

A 公司急需人员　　B 客户欣赏年轻人
C 相信自己没有看错人　　D 年轻人有丰富的工作经验

87. 关于年轻人，可以知道：

A 是作者的朋友　　B 适合销售工作
C 应聘了20多家公司　　D 在这个公司工作了三年

88. 上文主要想告诉我们：

A 好领导能决定公司成败　　B 成功离不开集体的支持
C 工作中要学会为人处事　　D 自信和宽容成就新天地

해석 한 젊은이가 판매업무를 맡게 되어 반 년 이상을 근면성실하게 일했지만 연이어 실패했다. 그러나 그의 동료는 하는 일마다 좋은 실적을 올렸다. 그는 정말이지 이러한 괴로움을 견딜 수 없었다. 사장실에서 그는 부끄러워하며 자신은 이 일에 적합하지 않은 것 같다고 말했다. "안심하고 일하게. 내가 자네에게 충분한 시간을 주겠네. 자네가 성공할 때까지 말이야. 그때가 되면 자네가 아무리 간다고 해도 자네를 잡지 않을 거야." 사장의 너그러움에 젊은이는 매우 감동했다. 그는 몇 가지라도 제대로 일을 한 후에 나가야겠다고 생각했다.

[85]1년이 흐른 후 젊은이는 또 사장실로 들어갔다. 이번에 그는 마음의 부담이 없었다. 그는 이미 7개월 연속 회사 판매순위에서 1위를 차지했기 때문이다. 이제 와서 보니 [87]이 일만큼 그에게 어울리는 일도 없었다! 그는 처음에 사장이 왜 자신을 계속 남겨두었는지 알고 싶었다.

"왜냐하면 나는 자네보다 훨씬 만족스럽지 않았네." 사장의 대답은 젊은이의 예상 밖이었다. 사장은 설명해주었다. "[86]처음에 채용할 때 회사는 100여 통의 입사지원서를 받았고, 나는 20여 명의 면접시험을 본 다음, 결국 자네 한 명만 채택했네. 만일 자네의 사직을 받아들였다면 나는 틀림없이 큰 실패를 맛봤을 걸세. 자네가 입사지원을 할 때 나의 인정을 받은 이상 업무에서도 고객의 인정을 받을 능력이 분명 있다고 믿어 의심치 않았었지. 자네에게 부족한 것은 단지 기회와 시간뿐이었어. 내가 자네에 대해 여전히 믿음을 가지고 있었다기보다는 내 자신에 대해 아직 믿음이 있었다고 하는 편이 낫겠지."

[87]그 젊은이가 바로 나였다. 나는 사장을 통해 알게 된 사실이 있는데 바로 [88]타인에게 관용을 베풀고 스스로를 믿는다면, 새로운 상황을 성공적으로 이끌어낼 수 있다는 것이었다.

85. 1년 후에 젊은이는 어떻게 변했는가?

A 사장이 되었다　　B 회사의 판매 핵심인력이 되었다
C 다른 부서로 발령이 났다　　D 업무에 여전히 자신감이 없었다

86. 사장이 처음에 이 젊은이를 남겨두려고 한 이유는 무엇인가?

A 회사에 인력이 필요했기 때문에
B 고객이 젊은이를 좋아했기 때문에
C 자신이 사람을 잘못 보지 않았다고 믿었기 때문에
D 젊은이에게 풍부한 근무경험이 있었기 때문에

87. 젊은이에 관해 알 수 있는 것은 무엇인가?

A 필자의 친구이다
B 판매업무에 적합하다
C 20여 개 회사에 지원을 했다
D 이 회사에서 3년 동안 근무했다

88. 지문이 우리에게 알려주고자 하는 것은 무엇인가?

A 좋은 경영자는 회사의 승패를 결정할 수 있다
B 성공하려면 집단의 지원이 없어서는 안 된다
C 업무를 하면서 사람 사이의 일을 처리하는 법을 배워야 한다
D 자신감과 관용은 새로운 세계를 이루어낸다

정답분석

85번은 1년 후 젊은이의 상황을 묻는 문제로 지문에서 대응되는 정보를 찾을 수 있다. 지문에서 '他已经连续7个月在公司销售排行榜中高居榜首(그는 이미 7개월 연속 회사 판매순위에서 1위를 차지했다)'라고 언급했다. 그런데 보기 B의 '회사의 판매 핵심인력이 되었다'는 이 구문에 대한 또 다른 표현이므로 B가 답이 된다. 보기 A와 C는 지문에 나온 정보가 아니다. 지문에 제시된 '这一次他是轻松的(이번에 그는 마음의 부담이 없었다)'를 통해 보기 D의 '자신의 업무에 여전히 자신감이 없었다'는 정답이 아님을 알 수 있다.

86번은 사장이 당시에 이 젊은이를 남겨둔 이유를 묻는 문제이다. '当初(처음)'라는 시간사를 통해 지문에 등장한 사장의 말을 이해했는지를 묻는 문제임을 알 수 있다. 사장이 말한 부분은 글자수가 비교적 많고, 많은 정보가 담겨 있다. '与其说我对你仍有信心，不如说我对自己仍有信心(내가 자네에 대해 여전히 믿음을 가지고 있었다기보다는 내 자신에 대해 아직 믿음이 있었다고 하는 편이 낫겠지)'이라는 말을 통해 이것은 보기 C의 '자신이 사람을 잘못 보지 않았다고 믿었다'와 같은 의미임을 알 수 있다. 그러므로 C가 답이 된다.

87번은 '젊은이'와 관련된 상황에 관한 문제이다. '젊은이'와 관련된 정보는 분명하게 드러나는 것이 아니기 때문에 차례로 대조해야 한다. '我就是那个年轻人(그 젊은이가 바로 나였다)'라는 문장을 통해 보기 A는 잘못되었음을 알 수 있다. 보기 C와 D는 지문에서 언급되지 않았다. 두 번째 단락의 '这份工作是那么适合他(이 일만큼 그에게 어울리는 일도 없었다)'를 보면 보기 B의 '판매업무에 적합하다'가 답이 된다는 것을 알 수 있다.

88번은 지문의 주된 내용에 관한 문제이다. 철학형 문제는 보통 마지막 부분에서 지문에 대해 총괄하므로 마지막 정리 문장에서 답을 찾을 수 있다. 지문은 마지막에서 '给别人以宽容，给自己以信心，就能成就一个全新的局面(타인에게 관용을 베풀고 스스로를 믿는다면, 새로운 상황을 성공적으로 이끌어낼 수 있다)'이라고 언급했고, 이것은 보기 D의 '자신감과 관용은 새로운 세계를 이루어낸다'는 의미와 일치한다.

단골 실수

1. 지문에 제시된 정보와 보기의 내용에 차이가 있음을 고려하지 않는다.
2. 필자의 입장과 단절된 채 자신이 지문을 이해한대로만 보기를 판단한다.
3. 여러 보기의 정보들을 충분히 대조하거나 구별하지 않는다.

공략 1

다음의 세 단계를 거쳐 6급 장문 독해를 풀도록 하자.

1. 핵심정보를 객관적으로 평가한다. 문제와 관련된 정보가 문장의 어느 위치에 있는지를 식별하는 것은 정확한 보기를 고르는 전제조건이다. 비교적 간단한 문제라면 보기와 지문의 정보를 서로 대조하기만 하면 정답을 직접 고를 수 있다. 그러나 6급 장문 독해는 난이도가 높은 보기가 제시되어 답을 찾기가 어렵기 때문에 바로 답을 찾을 수 있는 문제는 보기 드물다.
2. 같은 의미에 대한 표현을 판별하고 분석한다. 문제와 관련된 정보를 지문에서 찾은 후, 보기의 내용과 지문 상의 정보를 대조하여 정확한 답을 찾아야 한다. 6급 장문 독해는 지문 상의 정보를 바꾸는 경우가 종종 있는데 서술방식이나 서술각도를 바꾸어 답을 찾기 어렵게 한다. 따라서 네 개의 보기 가운데 지문의 내용에 해당하는 정확한 정보를 판별해내야 한다. 일반적으로 지문 상의 정보를 바꾸어 전혀 다른 방식으로 똑같은 의미를 표현한 내용이 보기에 제시된다.
3. 틀린 보기를 소거한다. 많은 정보와 관련된 보기들은 보기의 내용과 지문을 하나하나 대조 확인하여 차례로 없애 나가야 한다.

연습문제 ①

81-84.

技师在退休时反复告诫自己的小徒弟："无论在何时，你都要少说话，多做事，凡是靠劳动吃饭的人，都得有一手过硬的本领。"小徒弟听了连连点头。十年后，小徒弟早已不再是徒弟了，他也成了技师。有一天，他找到师傅，苦着脸说："师傅，我一直都是按照您的方法做的，不管做什么事，从不多说一句话，只知道埋头苦干，不但为工厂干了许多实事，也学得了一身好本领。可是，令我不明白的是，那些比我技术差、资历浅的都升职加薪了，可我还是拿着过去的工资。"师傅说："你确信你在工厂的位置已经无人代替了吗？"他点了点头："是的。"师傅说："不管你以什么理由都行，你一定得请一天假。因为一盏灯如果一直亮着，那么就没人会注意到它，只有熄上一次，才会引起别人的注意。"他明白了师傅的意思，请了一天假。

果然，第二天上班时，厂长找到他，说要让他当全厂的总技师，还要给他加薪。原来，在他请假的那一天，厂长发现工厂是离不开他的，因为平时很多故障都是他去处理的，别人根本不会处理。他很高兴，也暗暗在心里佩服师傅的高明。

薪水提高了，他的日子也好过了。以后，只要感觉自己不被重视，他便要请上一天假。每次请假后，厂长都会给他加薪。究竟请了多少次假，他不记得了。就在他最后一次请假后准备去上班时，他被门卫拦在了门外。他去找厂长，厂长说："你不用来上班了！"他苦恼地去找师傅："师傅，我都是按您说的去做的啊。"师傅说："那天，你只听了半截道理就迫不及待地去请假了。"他急切地问："师傅，那还有半截道理是什么？"师傅意味深长地说："要知道，一盏灯如果一直亮着，确实没人会注意到它，只有熄灭一次才会引起别人的注意；可是如果它总是熄灭，那么就会有被取代的危险，谁会需要一盏时亮时熄的灯呢？"

81．技师在退休的时候告诫徒弟：

A 要有信心　　B 学会吃亏
C 要脚踏实地　　D 要任劳任怨

82．十年后徒弟为什么去找师傅？

A 给他出主意　　B 不被工厂重视
C 请教技术问题　　D 在工厂位置不重要

83．徒弟第一次请假后上班：

A 要求升职　　B 如愿以偿
C 厂长很感激　　D 发现工厂很乱

84．为什么徒弟被解雇了？

A 得罪了厂长　　B 不听师傅的话
C 经常要求加薪　　D 请假过于频繁

85-88.

李华很小就没了父母，他和奶奶相依为命。他很喜欢画画，想成为一名出色的画家。一天，李华兴奋地告诉奶奶："著名画家王龙要到市里举办画展，我要带上自己的画作，求王龙帮忙指点。"晚上，李华一脸沮丧地回来了，他把自己的画撕得粉碎，伤心地说："王龙看完我的画说我根本不是画画的料，没有天赋，劝我放弃。所以我决定以后再也不碰画笔了。"沉默了一会儿，奶奶对李华说："孩子，我有一幅收藏了几十年的画，可一直不知道这幅画值多少钱，既然王龙是著名画家，我想让他帮我看一下。"

可当奶奶从箱底拿出那幅画，李华很失望：画上没有主题，也没有署名，画得也很粗糙。李华扶着奶奶找到了王龙。王龙看完奶奶收藏的画，摇摇头，笑道："老人家，这画画风简单，用笔稚嫩，立意不明确，不是名家所画，不值一文。"奶奶有些失望地问："你看画这幅画的人，如果继续画下去，能成功吗？"王龙十分肯定地说："老人家，恕我直言，朽木不可雕，再画下去也成不了气候。"这时奶奶才说，几十年前，她在一所幼儿园当老师，画是她的一个学生画的，当年那个学生是全班画画最差的，交作业时，他没有勇气把自己的名字写在正面，而是写在了背面。她没有批评那个学生，反而鼓励说：“你画得很不错，继续努力，我相信你将来一定能成为一名出色的画家。”没想到过了若干年，那个学生真的成了一位大画家！

王龙惊讶地愣住了，他不相信地翻过画，背面赫然写着自己的名字。王龙慢慢地回忆起来了，喃喃地说：“您是李老师？”奶奶笑着点点头，说：“几十年过去了，但我依然认得你。”停了一下，奶奶又说：“虽然我不懂艺术，可我知道该怎样去教育孩子。”王龙面红耳赤，羞愧地说：“对不起老师，我错了。谢谢您的教诲！”奶奶把目光转向李华，李华终于明白奶奶为什么要带自己来鉴画。他满怀信心地说，以后绝不会轻易放弃努力。

85．李华为什么垂头丧气地回来了？

A 很自卑　　B 没有看画展
C 王龙看不起他　　D 王龙认为他没有前途

86．李华看到奶奶拿出的画之后：

A 很生气　　B 很兴奋
C 觉得画得不好　　D 赶紧拿给王龙看

87．关于王龙，下面正确的是：

A 不会教育学生　　B 画画很有天赋
C 是奶奶的老朋友　　D 决定收李华为徒

88．关于奶奶，可以知道什么？

A 很了解艺术　　B 是位好老师
C 对王龙很不满　　D 不希望李华画画

89-92.

小赵初来公司应聘时，连份像样的简历都没有，只一张白纸，寥寥几百字介绍了一下自己的身世，第一关就被人事部刷下来。后来因为新招的几个业务员有两个不堪压力，招呼不打一声就走了，不得不进行补招，我便把他约来。面试时，我问一句他说一句，我不问他就一声不吭坐在那里，这是业务员最忌讳的。但是看他已经在这个城市寻寻觅觅两个多月，不免有些心软，便决定给他一个月的时间试试。

小赵的任务是推销我们新代理的一款管理软件。市场上同类软件多如牛毛，究竟有没有市场，谁心里都没底。公司能提供的只有一本厚厚的电信黄页，但上面的电话不是人事部就是门房，一听是推销"啪"的一声就挂了，听得心惊肉跳。后来小赵提出，就按黄页上的地址去找，说不定会有收获。

一个礼拜下来，又跑丢了两个业务员。正当我一筹莫展的时候，小赵带回了第一单生意。这个客户是开发区的一家制造公司，新投产的一条生产线正需要这款软件。不仅如此，他还顺藤摸瓜，牵出一大片，令人刮目相看。

一般业务员出去，不是到人才市场，就是回家睡觉，唯有他按着黄页上的地址一家一家去找去问，别人带回来的都是抱怨，唯有他任劳任怨，带回了订单。

后来小赵的才干引起了一家厂商的注意，被挖了去。有一天我清理桌面资料，翻出他的那份简历，发现这样一句话：饱满的稻穗，往往是下垂的；低俯之草，往往更经风霜。

89．小赵为什么没过面试第一关？

A 不善表达　　B 不能吃苦
C 面试成绩差　　D 简历太简单

90．"我"为什么要把小赵约来进行面试？

A 缺人手　　B 想给他个机会
C 可怜他　　D 觉得他有能力

91. 对于管理软件的推销，小赵建议：

A 做好宣传　　B 上门拜访
C 坚持打电话　　D 要以开发区为主要对象

92. 上文主要想告诉我们什么？

A 要善于交际　　B 要善于抓住机会
C 努力就会有收获　　D 外在的形式不重要

93-96.

李峰是一零售商店的老板，商店的生意很不景气，以致仓库里堆满了积压的货品，成了老鼠栖身的场所。李峰不得不经常到仓库里灭老鼠。这让他发现了一种奇特的现象：往往在一个老鼠洞里能掏出一窝老鼠，但很少发现有老鼠单独居住的。

李峰是精明的生意人，善于把从老鼠身上发现的奇特现象运用到经营中来。

他在一块胶合板上凿了4个洞。洞边分别编上10%、20%、30%、40%的号码。再在胶合板后面安上一排瓶子，瓶子里装着他从仓库里捕捉的老鼠。当他把这些放到柜台上时，吸引了很多顾客看热闹。李峰对围观的顾客说："他把瓶子里的老鼠放出来，老鼠钻进哪个洞，便按洞边标明的折扣出售商品。"

围观的顾客感到非常有趣，都纷纷要求购货。李峰便一次次放出老鼠。它们分别钻进了一个个洞里。但奇怪的是，这些老鼠钻进的都是标明降价10%或20%的洞，从不去钻30%或40%的洞。

顾客们纷纷议论："难道这些老鼠是经过特殊训练的吗？"李峰笑容满面地说："这一点请放心，我也没有这么大的本领来训练老鼠。"

原来，李峰利用并非人所共知的老鼠喜欢住在一起的特性，在需要它们钻的洞上涂一些老鼠的粪便，老鼠就自然而然地钻进了洞里。顾客毕竟是带流动性的，他们谁也没有对李峰的办法做深入研究。他们每次购货，能看到老鼠钻洞的表演，还能得到10%或20%的优惠，他们就心满意足了。不久，李峰的库存货物就销售一空。

93. 李峰到仓库灭老鼠，发现：

A 老鼠灭不完　　B 老鼠洞很特别
C 老鼠喜欢群居　　D 老鼠偷吃货品

94. 顾客为什么都纷纷要求购货？

A 非常优惠　　B 想碰运气
C 货品质量好　　D 销售方法很新颖

95. 李峰放出老鼠之后，老鼠：

A 都跑去仓库　　B 钻进优惠较少的洞里
C 都钻进减价10%的洞里　　D 有的钻进减价30%的洞里

96. 关于李峰，可以知道：

A 欺骗顾客　　B 卖完了所有货品
C 用食物引诱老鼠　　D 对老鼠进行了特殊训练

97-100.

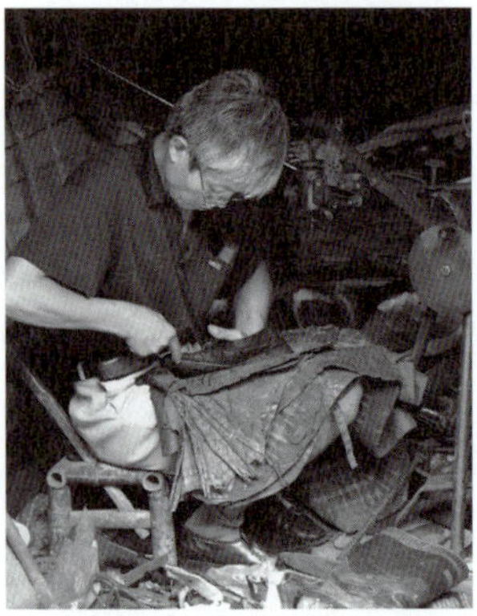

一位年迈的鞋匠决定把补鞋这门本事传给三个年轻人。在老鞋匠的悉心教导下，三个年轻人进步很快。当他们学艺已精，准备去闯荡时，老鞋匠只嘱咐了一句：“千万记住，补鞋底只能用四颗钉子。”三个年轻人似懂非懂地点了点头，踏上了旅途。三个年轻人来到了一座大城市各自安家落户，从此，这座城市就有了三个年轻的鞋匠。同一行业必然有竞争。但由于三个年轻人的技艺都不相上下，日子也就风平浪静地过着。过了些日子后，第一个鞋匠感到很苦恼。因为他每次用四颗钉子总不能使鞋底完全修复，可师命不敢违，于是他整天冥思苦想，但无论怎样想他都认为办不到。终于，他不能解脱烦恼，只好扛着锄头回家种田去了。第二个鞋匠也为四颗钉子苦恼过，可他发现，用四颗钉子补好鞋底后，鞋坏的人总要来第二次才能修好，结果来修鞋的人总要付出双倍的钱。第二个鞋匠为此暗喜，他自认为懂得了老鞋匠最后一句话的真谛。

第三个鞋匠也同样发现了这个秘密，在苦恼过后他发现，其实只要多钉一颗钉子就能一次把鞋补好。第三个鞋匠想了一夜，终于决定加上那一颗钉子，他认为这样能节省顾客的时间和金钱，更重要的是他自己也会安心。

又过了数月，人们渐渐发现了两个鞋匠的不同。于是第二个鞋匠的铺面里越来越冷清，而去第三个鞋匠那儿补鞋的人越来越多。最终，第二个鞋匠铺也关门了。日子就这样持续下去，第三个鞋匠依然和从前一样兢兢业业为这个城市的居民服务。

97．第一个鞋匠为什么回家种田了？

A 赚不到钱　　B 思想很矛盾
C 竞争太厉害　　D 觉得师傅是错的

98．关于第二个鞋匠，可以知道：

A 很贪婪
B 一直很苦恼
C 不想违背师傅的嘱咐
D 懂得了师傅嘱咐的真正含义

99．关于第三个鞋匠，可以知道：

A 生意很清淡　　B 没有苦恼过
C 只用四个钉子　　D 会为顾客着想

100．上文主要想告诉我们什么？

A 要迎难而上　　B 做人要踏实
C 不要半途而废　　D 要创新但不要有贪念

정답 및 풀이 – 해설서 p. 110

81-84.

我和同学胡波、李翔大学毕业后南下广州求职。我们在一家电子厂找到了工作。上班第一天，经理把我们带到车间生产流水线旁，他对领班说：“这是几位新来的员工，你要让他们尽快熟悉岗位。”然后对我们说：“你们的试用期是一个月，一个月后我们再决定是否继续聘用你们。”随着日复一日的简单重复劳动，大学里憧憬的美好未来似乎离我们渐行渐远了，但我们心里还存有一份期望，期望过了试用期后厂里会让我们做一些技术工作，至少不会还让我们当流水线的操作员了。公司订单很多，一天二十四小时开足马力生产，我们白班、中班、夜班交替着上。最难熬的是从半夜一点到早上八点的夜班，我们不但要上好班，还要和阵阵袭来的瞌睡虫较量。当我们下班后疲惫不堪地回到宿舍，连早餐都不想吃了，倒在床上就睡。

一个月的试用期转眼就要结束了，我们计算着日子，试用期的最后一天是一个夜班。我们自认为表现不错，通过试用应该没问题。那天去上夜班时，很远就看见经理在厂房门口站着，他见到我们就说：“实在抱歉，你们三人都没有通过公司的试用，这个夜班上完后，请你们离开工厂。”说完，他把这个月的工资交给我们就走了。我们呆呆地站在那里一言不发。过了很久，我说：“上班时间到了，我们还是去上班吧！”“把我们炒了鱿鱼，还上什么夜班？你傻啊！”胡波冲我吼道。“反正工资已经拿了，最后一个夜班我才不去呢！”李翔说。我心里其实也很难过，但我不愿看到因为我们不来上夜班而影响整条生产流水线。“就站好最后一班岗吧！”我对他们说，但他们却头也不回地走了。最后一个夜班，多了一份疲惫，更多出一份失落，我强打精神，尽量使情绪不影响工作。下班铃响了，我离开工作台时又忍不住朝那里多望了几眼，毕竟它伴随了我整整一个月，竟有些依恋了。

我走出厂房，经理却站在厂房门口等我，他微笑着对我说：“小何，你的试用期正式结束了，明天到厂办公楼接受新职位的任命！”我简直不敢相信自己的耳朵，经理看到我满脸的疑惑，意味深长地说：“你们三个人都很优秀，但我们要选择一位最优秀的。你和他们相比，多了一份难能可贵的责任心，因此我们选择了你！”

81. 他们的期望是什么?

A 涨工资　　B 当操作员
C 成为技术工人　　D 成为正式员工

82. 最后一个夜班，经理告诉他们:

A 去领工资　　B 表现不优秀
C 不用上夜班了　　D 都没有被录用

83. “我”走出厂房时:

A 很自豪　　B 泪流满面
C 天已经亮了　　D 听到好消息

84. 上文主要想告诉我们:

A 工作要认真　　B 不要盲目自信
C 坚持就是胜利　　D 责任心成就新天地

85-88.

我已经应聘到这家公司三个月整了，人力资源部通知我和小王说下午老板要请吃饭。我明白，这是老板最后拍板决定我们两个人中哪一个会被留下来。论资历，我当然要比小王强，我们电脑操作不相上下，但我文字处理能力要强他很多，我手上有发表在大大小小报刊的文章好几十篇；论人际关系，我当然也比他强，公司上下就属我人缘好，而他竟然冒失鬼一样和两名同事红过脸，更不可原谅的是他竟然固执地坚持自己的观点和女老板争吵，弄得她很生气。人力资源部经理向我透露过，我们女老板很赏识我，说我有才干，协调能力强。这还用说吗？下午的宴会就是正式决定让我做经理助理的时候了。

吃饭的时候，我被安排坐在老板的左手位置，小王坐在她的右手位置。我们的女老板是个<u>左撇子</u>，她的高脚酒杯总是放在左侧，以至于影响我伸筷子搛菜，只好就近搛点菜吃，弄得最后只吃了个半饱，但让我高兴的是，老板兴致很高，把我们两个都表扬了一番，并且特别夸奖了我的文笔，说我是难得的人才。人力资源部经理向我暗做庆贺的动作，我心领神会。就目前状况来看，我是稳操胜券了。

第二天一早我就奔公司而去。人力资源部经理通知我去交接工作，然后到财务结算工资。小王正式做了经理助理。我大吃一惊，赶忙问问题出在哪里。他说："经理对你的能力评价很高，本来打算让你做助理职位的，可昨天下午的酒宴让她改变了主意。她故意把高脚酒杯朝你那里放，妨碍你吃菜，而你竟然不大胆提出这个问题来，而是逆来顺受，最终肯定没有吃好吧？于是，她觉得你缺乏大胆革新的精神。另外，她还说了一句话——选择最好的并不一定是最好的选择。"

85. 关于小王，可以知道：

A 资历深　　B 容易得罪人
C 文字功底深厚　　D 微机操作能力很强

86. 第二段中画线词语"左撇子"的主要意思是：

A 很果断　　B 有点极端
C 没有右手　　D 喜欢用左手

87. "我"为什么觉得自己胜券在握？

A 老板很欣赏他　　B 小王表现很差
C 认为自己有才华　　D 资源部经理喜欢他

88. "我"为什么没有当上经理助理？

A 能力不够　　B 没有全局观念
C 人际关系不好　　D 不敢表达意见

89-92.

孙峰在一家国际贸易公司上班，他很不满意自己的工作，愤愤地对朋友说：“我的老板一点儿也不把我放在眼里，每次开会、聚会都无视我的存在，但是做苦力跑腿的时候却找到了我。跟这样不爱惜人才的老板工作，太没劲了，真想拍桌子辞职不干了。”“你对公司的业务完全弄清楚了吗？对于他们做国际贸易的窍门都搞懂了吗？”他的朋友反问。“没有！”“要想走，也可以，我建议你好好儿把公司的贸易技巧、商业文书和公司的运营搞通，甚至如何修理复印机的小故障都学会，然后再辞职不干。”朋友说，“你可以把他们的公司当做免费学习的地方，什么东西都学会了之后，再一走了之，这样不是既有收获又出气了吗？”孙峰听从了朋友的建议，从此便默记偷学，下班之后也留在办公室研究商业文书。

一年之后，朋友问他：“你现在许多东西都学会了，可以准备拍桌子不干了吧？”“可是，我发现近半年，老板对我刮目相看了，对我不断委以重任，又升官又加薪，我现在是公司的红人了！”“这是我早就料到的。当初老板不重视你，是因为你的能力不足，你却不努力学习；而后你经过努力，能力不断提高，老板当然会对你刮目相看了。”朋友笑着说。

大部分的人，好像不知道职位的晋升是建立在忠实履行日常工作职责的基础上的。只有全力以赴、尽职尽责地做好目前工作，才能使自己的价值渐渐地提升。其实在极其平凡的职业中、极其低微的岗位上，往往蕴藏着巨大的机会。只有把自己的工作做得比别人更迅速、更完美，调动自己全部的智慧，从中找出方法来，才能吸引别人的注意，自己也会有施展才干的机会。

89. 孙峰为什么对自己的工作不满意？

A 工资低　　B 人缘差
C 不被重视　　D 做的是苦力活

90. 朋友建议孙峰：

A 多做事情　　B 马上辞职
C 要充实自己　　D 要任劳任怨

91. 一年之后，孙峰：

A 能力不足　　B 得到老板重视
C 仍然对工作不满　　D 成为老板助理

92. 上文主要想告诉我们什么？

A 要把握机会　　B 职业没有高低之分
C 要不断地完善自己　　D 要善于发现自己的优点

93-96.

上午，华鑫公司门口围满了应聘者。李龙海也在其中，他刚从部队转业回来。几天之前，他从报纸上看到华鑫公司欲招聘一名经理助理的广告，决心来搏一搏。

9点的时候，一位漂亮的小姐将众人带进会议室。少顷，该公司经理微笑着走了进来。他先习惯地用手扶了扶架在鼻梁上的金丝眼镜，然后说："非常感谢诸位到本公司应聘，但由于名额所限，只好对诸位进行三轮考核之后，再做决定。"

第一轮考核是文秘专业知识答卷，这正是李龙海的专长。他与另外19位应聘者进入了下一轮的角逐。第二轮考核开始了，公司经理给众人出了一道设计题：华鑫公司在某楼的第23层上设有一个办事处。每天下班之后，里面的职员都要乘电梯下来。可是，电梯的承载量有限，有不少女职员在等电梯时经常抱怨速度太慢。因此，经理便让每一位应聘者大胆设计一个最简单的方法，来解决这个问题。之后，有的应聘者提议再增加一部电梯，或者加大电梯的承载量。而李龙海却提议，在电梯入口旁边的墙壁上安装一面大镜子。其他人都用迷惑的目光注视着他，唯有公司经理满意地朝他点了点头。于是，李龙海又跟另外三位应聘者幸运地进入了最后一轮的角逐。

那位经理给他们每人发了一张白纸，而后严肃地说："为了考验诸位对本公司的诚意，请把你们知道的原先所在单位里的秘密，尽可能多地写出来。"时间在一分一秒地过去，李龙海紧皱着眉头，未见动笔。而另外三位应聘者都在挥笔疾书，并且先后交了答卷。终于，李龙海下定决心站了起来，歉意地对亲自监考的经理说："对不起，我不能接受贵公司的这份答卷。因为我曾是一名军人，而保守机密是军人的天职。"结果，经理单独将李龙海留了下来，对他说："祝贺你，明天你就可以到本公司任职了。"随后，便热情地朝他伸过手来。

93. 关于李龙海，可以知道：

A 很自信　　B 以前做过助理
C 对应聘很有经验　　D 以前是一位军人

94. 关于第一轮考核，可以知道：

A 很简单　　B 主要考应用
C 李龙海很轻松　　D 有19位应聘者通过

95. 李龙海为什么会提议安装镜子？

A 成本少　　B 提醒员工注意形象
C 装饰性强　　D 女职员喜欢照镜子

96. 李龙华为什么被录用了？

A 能力很强　　B 能够保密
C 喜欢创新　　D 对公司很忠诚

97-100.

我曾经在一家私营企业做白领，老板第一次给我们上课就说，每位员工的忠诚是企业最大的财富。于是我们牢记老板的话，换言之，每个员工对企业的忠诚，最大内容就是对老板的忠诚，这也是没有错的，因为他领头带我们去拼市场。我在那个企业半年干下来，觉得周围的人对老板非常顺从，步调一致，老板的资产有几个亿，他几乎在员工眼里就是个"神"。但是老虎再威猛，也有打盹的时

候。有一次老板看好了一种货品，他非常自信地要下个星期飞到北京跟人家供货方签大宗订单，在事前分析会上老板阐明了自己的观点，大家纷纷点头。这时候我红着脸站了起来提出反对的意见，认为这种货品在下半年很有可能降价，市场需求量也可能不大。这个观点正好与老板的市场观点相反。一阵冷场之后，大家都明确地站在老板的一边，就差没有指着我说："一个毛孩子，你懂什么！"后来，我又几次到老板的办公室劝说公司不能签订这宗大单，这样有可能让公司蒙受损失。结果我被老板和几位副总轰出办公室。当老板一群人去北京签订合同时，我也辞了职。

半年后，市场果然滑了坡，验证了我这个"毛孩子"的话。老板直接加上间接的损失共计亏了一千多万。这时候身边的几个副总面对惨痛的市场教训不敢做声了。老板蒙了好一阵子，等醒过闷来时他给人力部门下了个命令:不惜一切手段，要把我这个"毛孩子"找回来。最后公司两位副总四处打听我的消息，才知道我到深圳发展了。第二天他们直接飞到深圳，在一家公司里把我找到了。回到原来公司后，老板立刻任命我为常务副总。

97. 公司老板最初比较看重员工什么?

A 能力　　B 忠心
C 品德　　D 毅力

98. 员工为什么把老板看做"神"？

A 有拼劲　　B 能力很强
C 对员工很好　　D 财富实力雄厚

99. "我"提出反对的理由是:

A 老板很武断　　B 新货品没有市场
C 新货品质量不好　　D 老板不听员工意见

100. 关于"我"，可以知道:

A 很想升职　　B 对老板不忠诚
C 想在深圳发展　　D 最后又回到了公司

정답 및 풀이 – 해설서 p. 119

문장유형

2 설명형 지문

철학형 지문과 비교하면, 설명형 지문은 명확한 중심관점과 요약된 중심견해가 없고, 여러 방면과 각도에서 어떤 사물이나 어떤 일을 묘사하고 기록했기 때문에 정보가 비교적 분산되어 있다. 그러므로 설명형 지문을 접할 때에는 부분적인 정보를 정확하게 파악하고, 서로 다른 여러 가지 정보를 연계시켜 지문이 말하고 있는 대상에 대해 완벽히 이해해야 한다.

설명형 장문 독해의 출제유형은 보통 세 부분으로 나뉜다.

1. 지문의 부분적인 정보를 파악했는가
2. 문장 전체가 설명하려는 대상에 대해 완벽히 이해했는가
3. 지문에 나온 흔히 볼 수 없는 어휘나 구문을 이해했는가

공략 1

원문과 대조 확인하여 정보 찾기

지문의 구체적인 정보와 관련된 문제가 출제되어, 지문의 기본적인 정보를 파악했는지 평가한다. 이것은 설명형 지문에서 비교적 많이 출제되는 문제이다.

……然而当注意力减退是由压力或生气引起时，吃零食可能就没那么有效果了。要应对这类的注意力分散，最好的办法也许是马上开始有氧运动，滑冰或仅仅轻快地走上两圈都行……

根据上文，对付因压力引起注意力减退的办法是：

A 有氧运动　　B 保证睡眠

C 安静地思考　　D 吃苹果等零食

해석 ……그러나 스트레스나 화로 인해 주의력 감퇴가 올 경우에는 간식을 먹어도 그다지 큰 효과는 없을 것이다. 이러한 주의력 분산에 대응하기 위한 가장 좋은 방법은 곧바로 유산소운동을 시작하는 것이다. 스케이트를 타거나 단지 가볍게 두 바퀴 걷는 것도 괜찮다……

지문에 따르면, 스트레스로 인한 주의력 감퇴에 대응하는 방법은 무엇인가?

A 유산소운동　　B 충분한 수면

C 조용히 사색하기　　D 사과 등 간식 먹기

지문의 구체적 정보와 관련된 문제의 대응방법은 철학형 문제와 유사하다. 즉 우선 출제된 문제가 지문의 어떤 정보와 관련되어 있는지 판별한 후, 보기와 원문을 자세히 대조 확인하여 정답을 찾는다. 위와 같은 문제의 경우, 문제와 관련된 정보의 위치를 지문에서 확실히 찾으면 유산소운동이 스트레스로 인한 주의력 감퇴에 대응하는 방법이라는 사실을 비교적 쉽게 이해할 수 있다. 따라서 A가 정답이다.

그러나 설명형 지문은 종종 원인과 결과나 시간 상의 전후관계가 제시되지 않고, 서로 다른 측면에서 설명하려는 대상에 대해 나란히 서술하고 있으므로 정보가 비교적 분산되어 있다. 따라서 문제를 풀 때 특히 주의력을 집중하여 헷갈리게 하는 잘못된 정보들을 소거해야 한다.

……分析结果显示，出车祸时，车内后排乘客的安全指数比前排乘客高出至少59%；如果后排正中间的位置上有乘客，那么车祸时他的安全指数比后排其他座位的乘客高25%。这是因为与其他座位相比，后排正中间的位置与车头和左右两侧的距离最大，撞车时这个位置受到的挤压相对最轻……

后排座乘客比前排座乘客的安全指数高：

A 9%　　B 25%　　C 将近40%　　D 超过50%

해석 ……분석결과에 따르면, 교통사고가 났을 때 차내 뒷자리에 앉은 승객의 안전지수는 앞자리에 앉은 승객보다 최소 59% 높다. 만일 뒷자리 한가운데 좌석에 앉은 승객이 있다면 교통사고 발생시 그의 안전지수는 뒷자리 다른 좌석에 앉은 승객보다 25% 높다. 이것은 다른 좌석에 비해 뒷자리 한가운데 좌석이 차량과 좌우 양측 간의 거리가 가장 크기 때문이다. 차량이 서로 충돌했을 때 이 위치가 받는 압력은 상대적으로 가장 약하다……

뒷자리 승객은 앞자리 승객의 안전지수보다 얼마나 높은가?

A 9%　　B 25%　　C 약 40%　　D 50% 이상

지문에서는 숫자를 들어 많은 비교를 했기 때문에 25%라는 숫자가 지문에 제시되었다는 것을 보고 B를 답으로 여기는 실수를 범하기 쉽다. 그러나 지문에 제시된 25%는 뒷자리 한가운데 앉은 승객이 뒷자리 다른 좌석에 앉은 승객의 안전지수보다 25% 높다는 것을 말하므로 문제의 내용과 부합하지 않는다. 지문을 자세히 읽으면 뒷자리 승객이 앞자리 승객의 안전지수보다 59% 높다는 사실을 발견하게 될 것이다. 이는 보기 D의 '50% 이상'이라는 표현과 부합하므로 D가 답이 된다.

경우에 따라서 지문상의 정보를 직접 설명하는 보기 대신 서술 어투나 소개하는 방식을 바꾼 보기가 제시될 수 있다. 이때는 보기와 지문을 서로 대조하여 지문과 일치하는 보기를 판별하고 분석해야 한다.

……交通管理部门曾经资助一个专家小组专门研究这个问题。研究通过事故调查分析和实车检测后得出结论：坐在后排座位正中间的乘客相对最安全……

交通管理部门资助的项目，研究：

A 怎样降低交通事故发生率　　B 应该把哪个座位留给客人
C 小汽车里哪个位置更安全　　D 小汽车里哪个位置最舒适

해석 ……교통관리부는 일찍이 전문가 팀이 이 문제를 전문적으로 연구하도록 후원한 바 있다. 사고 조사분석과 실제 차량 검사측정을 통해 뒷좌석 한가운데 앉은 승객이 상대적으로 가장 안전하다는 결론을 얻었다……

교통관리부가 후원한 프로젝트는 무엇을 연구한 것인가?

A 어떻게 교통사고 발생률을 낮출 수 있을까　　B 어떤 좌석을 손님에게 남겨주어야 하는가
C 자동차의 어떤 좌석이 훨씬 안전한가　　D 자동차의 어떤 좌석이 가장 편안한가

이 문제의 경우, 지문 상의 정보는 교통관리부가 후원한 프로젝트 연구의 결과가 '뒷좌석 한가운데 좌석에 앉은 승객이 상대적으로 가장 안전하다'라는 것을 알려준다. 그러나 보기의 내용은 연구에서 얻은 결론이 아닌 연구의 사전목적을 서술하고 있다. 따라서 지문 상의 서술방식을 전환시켜 얻은 결론으로부터 연구에서 실현하려는 목적을 미루어 판단해야 한다. 연구의 결론은 지문의 주된 정보가 승객이 앉은 위치와 안전성의 관계임을 말하고 있으므로 C가 답이라는 것을 알 수 있다.

주의

1. 문제와 관련된 정보를 지문에서 정확하게 찾지 못한다.
2. 원문에 지나치게 국한되어 원문과 보기가 일치하는 정보에 의해 방해를 받는다.
3. 원문에서 벗어나 상식에 따라 보기에 제시된 정보를 판단한다.

공략 2

앞뒤를 연관 지어 어휘의 의미 이해하기

新HSK 6급 시험의 필수어휘는 5,000개이지만 다른 급수와 달리 6급은 요강 기준어휘량의 제약을 받지 않는다. 다시 말해 6급 문제에는 요강에 없는 어휘나 흔히 사용되지 않고 이해하기 어려운 어휘나 구가 등장할 수 있다는 것이다. 직접적으로 이해하기 어려운 어휘의 의미를 파악하는 것은 6급 장문 독해의 주요 문제유형이다. 이러한 유형은 두 가지로 나눌 수 있다.

첫 번째는 흔히 사용되지 않고 비교적 이해하기 어려운 어휘나 단어가 등장하는 경우이다. 이러한 문제는 앞뒤 문장의 의미를 연관 지어 지문에 포함된 어투를 이해하고, 헷갈리는 보기를 소거해 어휘의 의미를 판단해야 한다.

……为了赢回你的注意力，除了关掉闹钟，睡到自然醒以外，科学家们还发现了另外一招——吃零食……

"睡到自然醒"的意思主要是指：

A 早睡早起　　B 睡眠充足

C 按时起床　　D 睡前少吃东西

해석 ……당신의 주의력을 높이기 위해 자명종을 끄고 자연스럽게 깰 때까지 잠을 자는 것 외에 과학자들은 또 다른 방법을 발견했다. 바로 '간식을 먹는 것'……

'睡到自然醒'의 의미는 주로 무엇을 말하는가?

A 일찍 자고 일찍 일어나기　　B 충분한 수면

C 제때에 일어나기　　D 잠들기 전에는 소식하기

이 문제는 '睡到自然醒(자연스럽게 깰 때까지 잠을 자는 것)'이라는 말을 이해했는지를 평가하는 것이다. 지문에 제시된 정보에 따라 '关掉闹钟(자명종을 끄고)'는 '자연스럽게 깰 때까지 잠을 자는 것'의 조건임을 알 수 있다. 그러므로 '자연스럽게 깰 때까지 잠을 자는 것'에는 '자명종(고정된 시간)의 제약을 받지 않는다'는 의미가 포함되어 있다. 따라서 A와 C는 옳지 않다. 그런데 지문의 어기를 보면, '간식을 먹는다'와 '자연스럽게 깰 때까지 잠을 자는 것'은 모두 주의력을 높이는 방법으로 일치하므로 '소식하기'라는 내용은 옳지 않다. 이에 따라 B가 답이 된다는 것을 미루어 판단할 수 있다.

때로는 지문의 앞뒤 문장이 포함하는 정보를 이해해야 할 뿐만 아니라 지문에 나타나는 감정, 태도 등 미묘한 부분에 대해서도 이해해야 한다.

……一天，杨全仁在前门外看到一家叫“德聚全”的干果铺要转让，便毅然将其买了下来。有了自己的铺子，起个什么字号好呢？于是，杨全仁请来一位风水先生商议。那位风水先生看了店铺之后，对杨全仁说：“鉴于以前这间店铺甚为倒运，晦气难除。现在你除非将‘德聚全’的旧字号颠倒过来，即改称‘全聚德’，方可冲其霉运，踏上坦途……”风水先生一席话，说得杨全仁眉开眼笑，因为“全聚德”这个字号正中他的下怀。一来他的名字中有一个“全”字，二来“聚德”就是聚拢德行，可以向世人表明自己做生意讲德行。于是，他果断决定将店铺的字号定名为“全聚德”……

“正中他的下怀”的意思是：

A 令他很有信心　　B 让他十分犹豫

C 非常合他的心意　　D 和他起的名字一样

해석 ……어느 날 양취엔런은 치엔먼에서 '더쥐취엔'이라 불리는 견과류 가게를 양도한다는 것을 보고 거리낌 없이 가게를 샀다. 자신의 가게가 생겼는데 가게 이름을 뭐라고 지으면 좋을까? 그래서 양취엔런은 한 풍수쟁이를 데려와 이 문제를 상의했다. 그 풍수쟁이는 가게를 본 후 양취엔런에게 말했다. "이전에 이 가게가 몹시 재수없는 일을 당한 것에 비추어보면 불행은 없애기 어렵습니다. 지금 당신이 '더쥐취엔'이라는 옛 상호를 거꾸로 뒤집어, 즉 '취엔쥐더'로 바꾸어야 비로소 그 불운을 씻어내 탄탄대로를 걷게 될 수 있습니다……" 풍수쟁이의 말을 듣고 양취엔런은 몹시 좋아했다. 왜냐하면 '취엔쥐더'라는 이 상호가 그의 마음에 꼭 들었기 때문이다. 첫째는 그의 이름에 '全'이 들어가고, 둘째는 '聚德'란 곧 덕행을 한데 모은다는 것으로 세상 사람들에게 자신이 장사를 할 때 덕행을 중시함을 분명하게 드러낼 수 있었다. 그래서 그는 가게의 상호를 '全聚德'라 부르기로 단호하게 결정을 내렸다……

'正中他的下怀'란 무엇을 의미하는가?

A 그에게 자신감을 주었다　　B 그를 주저하게 만들었다

C 그의 마음과 완전히 일치했다　　D 그가 지은 이름과 같았다

단어 **晦气** huìqì 형 불길하다, 불운하다, 재수 없다 | **坦途** tǎntú 명 평탄한 길, 탄탄대로 | **眉开眼笑** méikāi yǎnxiào 성 싱글벙글하다, 매우 좋아하다 | **下怀** xiàhuái 명 제 마음, 제 생각

'正中他的下怀(그의 마음에 꼭 들었다)'는 중국인들의 일상용어로 외국인이 바로 이해하기는 쉽지 않다. 지문의 내용을 보면 이것이 가리키는 것은 풍수쟁이가 양취엔런의 가게를 위해 지어준 이름 '취엔쥐더'에

대한 양취엔런의 태도임을 알 수 있다. '취엔쥐더'는 사건이 아닌 명칭이므로 '자신감'의 문제와 관련이 없다. 따라서 A는 옳지 않다. 지문의 내용 중 '眉开眼笑(몹시 좋아했다)'를 통해 양취엔런의 반응이 긍정적이고 좋았다는 것을 알 수 있으므로 보기 B의 '주저한다'는 지문의 의미와 부합하지 않는다. 지문에는 양취엔런 자신이 이름을 지었다고 하지 않았으므로 D의 내용도 옳지 않다. 양취엔런은 풍수쟁이가 지은 '취엔쥐더'라는 이름에 매우 만족했으므로 C가 답이 된다.

두 번째는 자주 쓰이는 어휘에 관한 문제가 출제되는 경우이다. 그러나 지문에 등장하는 이러한 어휘는 종종 특정한 의미를 가지고 있으며, 이러한 어휘가 지문에서 갖는 구체적 의미를 묻는 문제가 출제된다. 이러한 문제를 풀 때는 지문의 서로 다른 정보를 연계시키고 종합하여 어휘가 가리키는 구체적인 의미를 파악해야 한다.

……一次，周恩来总理在"全聚德"宴请外宾时，一位外宾好奇地问起"全聚德"三个字的含义，周总理解释说："全而无缺，聚而不散，仁德至上。"这一解释，精辟地概括了百年"全聚德"一贯的经营思想。"全而无缺"意味着"全聚德"在经营烤鸭以外，还广纳鲁、川、淮、粤等菜系，菜品丰富，质量上乘无缺憾；"聚而不散"意味着天下宾客在此聚餐聚情，情意深厚；"仁德至上"则集中体现了"全聚德"人以仁德之心真诚为宾客服务、为社会服务的企业理念……

周恩来总理对"全"的解释是：

A 服务全面　　　B 菜系齐全
C 最受欢迎　　　D 全心全意

해석 ……한 번은 저우언라이 총리가 '취엔쥐더'에서 외빈을 대접했을 때, 한 외빈이 호기심을 가지고 '취엔쥐더'라는 세 글자의 함의를 물었다. 저우언라이는 다음과 같이 설명해주었다. "全而无缺，聚而不散，仁德至上。(모두 갖춰 모자람이 없고, 모여서는 흩어지지 아니하니, 어질고 덕이 있음이 최상이라.)" 이 설명은 백 년 노점 '취엔쥐더'의 한결같은 경영이념을 예리하게 요약한 것이었다. '全而无缺'는 '취엔쥐더'가 오리구이 외에도 산둥, 쓰촨, 허난, 광둥 등의 요리체계를 광범위하게 받아들여 요리가 풍부하고 품질이 최고수준으로 부족함이 없다는 것을 의미하며, '聚而不散'은 온 세상의 손님이 이곳에 모여 함께 식사를 하며 정이 돈독해진다는 것을 의미한다. '仁德至上'은 '취엔쥐더' 직원이 어질고 덕이 있는 마음으로 진실하게 손님을 위해 봉사하고, 사회를 위해 봉사한다는 기업 이념을 집중적으로 보여주었다……

저우언라이 총리는 '全'에 대해 무엇이라 설명했는가?

A 서비스가 전면적이다　　　B 요리체계가 완벽히 갖춰져 있다
C 가장 환영을 받는다　　　D 성심성의껏 봉사한다

단어 **精辟** jīngpì 형 (견해 · 이론 등이) 깊다, 확실하다, 치밀하다

'全'이라는 글자는 매우 흔히 사용하는 글자이지만 이 문제는 지문에서 나타나는 의미를 이해했는지 평가한다. 지문에서는 저우 총리가 '全'이라는 글자에 대해 설명했다고 명확히 언급하지 않았다. 그러나 취엔

쥐더에 대한 저우 총리의 평가 '모두 갖춰 모자람이 없고, 모여서는 흩어지지 아니하니, 어질고 덕스러움이 최상이라'와 '취엔쥐더'라는 세 글자를 비교하면 '모두 갖춰 모자람이 없고', '모여서는 흩어지지 아니하니', '어질고 덕스러움이 최상이라'는 각각 '全', '聚', '德'에 대응된다는 사실을 알 수 있다. 그러므로 '모두 갖춰 모자람이 없다'는 '全'에 대한 설명이다. 이어지는 문장에서도 '모두 갖춰 모자람이 없다'는 '취엔쥐더'가 산둥, 쓰촨, 허난, 광둥 등 요리체계를 광범위하게 받아들였음을 가리키므로 B의 '요리체계가 완벽히 갖춰져 있다'가 정답이다.

주의

1. 어휘의 의미와 관련 있는 정보를 지문에서 정확하게 찾지 못한다.
2. 일반적 의미에 따라 지문에 나타난 실제 의미를 이해한다.
3. 지문에서 벗어나 마음대로 추측한다.

공략 3

전체 지문을 정리하여 핵심 파악하기

세 번째 유형은 전체 지문의 핵심주제를 파악해야 하는 문제로 종종 '윗글에서 주로 무엇을 소개했는가', '윗글의 제목으로 가장 적합한 것은 무엇인가' 등의 형식으로 출제된다. 이러한 문제는 지문이 주로 설명하려는 대상에 대해 제대로 파악했는지를 평가한다. 종종 문장의 말미에 설명하려는 이치를 정리하는 철학형 문제와 달리 설명형 지문의 핵심주제는 직접 설명되지 않고, 지문 전체의 부분적 정보를 종합하여 판단해야 한다.
이러한 유형의 문제를 푸는 관건은 전체 지문의 키워드를 찾는 데 있다. 즉 지문 전체에 반복적으로 나타나고 반복적으로 설명하는 대상을 찾아야 한다.

许多人都有过无法集中注意力的苦恼，一件两三个钟头就能搞定的工作偏偏耗费了一整天都无法专注。那么，怎样才能保持较高的注意力水平呢？科学研究发现，当大脑的前额叶皮层被合适的化学物质刺激时，集中注意力的行为就产生了。尤其是多巴胺这类“愉悦性化学物质”的水平升高，更能促使注意力集中。当多巴胺水平升高时，你的潜意识就会希望获得更多的它带来的美妙感觉，这促使你更专注于正在做的事情。

所有人都会在某些因素影响下发生注意力减退，这包括疲劳、压力、生气等内部因素和电视、电脑等外界诱惑。其中，睡眠不足是最为普遍的因素之一。因为睡眠不足时人体内的供氧会受到影响，而氧气是制造那些化学物质的必需品。

为了赢回你的注意力，除了关掉闹钟，睡到自然醒以外，科学家们还发现了另外一招——吃零食。

如果你正在赶着去参加一个长时间的会议，那么，吃一点苹果、蛋糕之类的零食吧。这些食物会帮助你集中注意力，喝两口浓缩咖啡也是不错的选择。但是当心，过量的咖啡会过度刺激神经，从而减弱你的注意力。

然而当注意力减退是由压力或生气引起时，吃零食可能就没那么有效果了。要应对这类的注意力分散，最好的办法也许是马上开始有氧运动，滑冰或仅仅轻快地走上两圈都行。任何运动都比坐在办公桌前拼命想着集中注意力效果更好，如果不具备运动的条件，那么就推开椅子站起来——这个简单的动作也会告诉你的大脑是时候清醒并警觉一下了。

最适合做上文标题的是：

A 消除你的苦恼　　B 赢回你的注意力

C 培养你的好习惯　　D 提高你的工作效率

해석 주의력을 집중하지 못해 고민해본 사람들이 많을 것이다. 두세 시간 만에 해결할 수 있는 일인데 도무지 하루 종일 집중하지 못한다. 그렇다면 어떻게 해야 높은 수준의 주의력을 유지할 수 있을까? 과학연구에 따르면 대뇌의 전두엽 피층이 화학물질에 의해 적절한 자극을 받을 때 주의력을 집중하는 행동이 나타난다고 한다. 특히 도파민과 같은 '기분을 좋게 해주는 화학물질'의 수준이 높게 올라갈 때 더욱 집중하게 된다. 도파민의 수준이 올라갈 때 당신은 잠재의식 속에서 도파민이 가져오는 미묘한 감각을 더 얻을 수 있기를 바라게 된다. 이로써 당신은 당신이 현재 하고 있는 일에 더욱 집중할 수 있게 되는 것이다.

모든 사람은 어떤 요소의 영향을 받아 주의력이 감퇴된다. 이것은 피로, 스트레스, 화 등 내부적 요소와 TV, 컴퓨터 등 외부적 유혹을 포함한다. 그중 수면부족은 가장 보편적인 요소 가운데 하나이다. 수면부족일 경우 체내의 산소공급이 큰 영향을 받게 되기 때문이다. 따라서 산소는 그러한 화학물질을 만드는 필수품이다.

당신의 주의력을 높이기 위해 자명종을 끄고 자연스럽게 깰 때까지 잠을 자는 것 외에 과학자들은 또 다른 방법을 발견했다. 바로 '간식을 먹는 것'이다.

만일 당신이 장시간의 회의에 참가하기 위해 급히 가고 있다면 사과, 케이크 같은 간식을 조금 먹어보자. 이러한 음식은 당신이 주의력을 집중할 수 있게 도와줄 것이며 에스프레소를 두 모금 정도 마시는 것도 좋은 선택이다. 그러나 주의해야 할 점은 커피를 과다하게 마시면 신경을 지나치게 자극하여 주의력을 감퇴시킨다는 것이다.

그러나 주의력 감퇴가 스트레스나 화를 내는 것으로 인해 생길 때 간식을 먹으면 그다지 효과가 없을 것이다. 이러한 주의력 분산에 대응하기 위한 가장 좋은 방법은 바로 유산소운동을 시작하는 것이다. 스케이트를 타거나 단지 가볍게 두 바퀴 걷는 것도 괜찮다. 어떠한 운동이든 사무실 책상 앞에 앉아 기를 쓰고 주의력을 집중시킬 생각을 하는 것보다 효과가 훨씬 좋다. 만일 운동할 조건을 갖추지 못했다면 의자를 밀어내고 일어 서 있자. 이 간단한 동작이 당신의 대뇌에 정신을 맑고 또렷하게 차려야 한다는 때가 되었다는 것을 알려줄 것이다.

윗글의 제목으로 가장 적합한 것은?

A 당신의 고민 없애기　　B 당신의 주의력 높이기

C 당신의 좋은 습관 기르기　　D 당신의 업무효율 향상시키기

이 지문은 많은 정보를 포함하고 있다. 그러나 '注意力(주의력)'란 어휘가 가장 많이 등장했다는 사실을 알 수 있다. 모든 단락마다 '注意力'라는 주제에 대해 설명하고 있기 때문에 보기 B의 '당신의 주의력 높이기'가 정답임을 확신할 수 있다.

어떤 지문은 단일대상이 아니라 어떤 사건이나 사실과 관련되어 있을 수 있다. 이러한 지문의 경우 전체 지문에 등장하는 각종 정보를 종합적으로 귀납하여 지문에서 소개하려는 핵심주제를 찾아야 한다.

海葵勇于充当弱小动物的保护神，它柔弱的身躯里包裹着一颗火热的心。

生活在海洋中的海葵属于无脊椎动物大家族，它利用水流的循环来支持柔软的囊状身体。海葵身躯的上端是圆盘状的口，周围长满柔软的触手。触手有奇异的色彩，犹如海底绽放的菊花。

海葵的体壁和触手上长满了有毒的倒刺，暗藏杀机的倒刺一旦受到刺激，便迅速刺中对方并分泌毒液，致其麻痹。海葵就是以这种办法自卫或摄食。

然而，海葵却以少有的宽容大度，收留和保护双锯鱼。双锯鱼因形态酷似马戏团中的小丑，又名小丑鱼。小丑鱼体态娇小，柔弱温顺，缺乏有力的御敌本领，是大海社会中的弱势群体。于是，海葵就利用自身的毒刺充当保护伞，为小丑鱼提供安全保障。

小丑鱼之所以不怕海葵触手的毒，是因为海葵的无私帮助。海葵成百上千的触手一起随波逐流，难免彼此触碰。为避免毒刺误伤友军，海葵的身体表面便分泌一种黏液给刺细胞传达指令：凡遇有这种黏液的都是自己人，不要“开火”。当小丑鱼还是幼鱼时，就凭借嗅觉和视觉找到海葵，海葵则任由小丑鱼吸收自己触手分泌的黏液。小丑鱼等到自己全身都涂满了黏液后，就可以在海葵的保护下自由自在、无忧无虑地生活了。

春潮水暖，暗礁上迎来了生育的季节。海葵和小丑鱼父母一起迎来了新一批宝宝，海葵保护着小丑鱼妈妈产下的成千上万的卵，这样无欲无求，一代又一代地辛勤工作着，承担保护刚孵化出来的小丑鱼的责任。

当然，小丑鱼也是知恩图报的客人。当海葵依附在岩礁上时，小丑鱼会在海葵漂亮的触手丛中游动，这自然会引诱其他海洋小生物上钩，为“房东”带来食物。平时，小丑鱼会捡食海葵吃剩的食物，担负起清洁打扫的工作，为海葵除去泥土、杂物和寄生虫。当海葵遭遇克星蝶鱼侵犯时，小丑鱼就会挺身而出，对蝶鱼展开猛烈的攻击。虽然二者个头悬殊，但凭着勇敢顽强，小丑鱼往往将蝶鱼打得落荒而逃。

上文主要介绍了：

A 小丑鱼的生活习性　　　　B 海葵和小丑鱼的关系

C 小丑鱼是怎样繁殖的　　　D 海洋弱小动物的保护神海葵

해석 말미잘은 용감하게도 약한 동물의 수호신 역할을 맡고 있다. 말미잘의 연약한 몸에는 불같이 뜨거운 마음이 담겨 있는 것이다.

바다에서 사는 말미잘은 무척추동물에 속한다. 말미잘은 해류의 순환을 이용해 연약한 주머니 모양의 신체를 지탱한다. 말미잘 몸체의 윗부분은 원반 모양의 입이고, 주위에는 연약한 촉수가 가득 자라있다. 촉수는 기이한 색을 가지고 있는데 마치 해저에 핀 국화 같다.

말미잘의 체벽과 촉수에는 독성 가시가 가득 돋아있다. 독살스러운 기운을 숨긴 가시가 일단 자극을 받으면 재빨리 상대방을 찔러 독액을 분비하여 마비시킨다. 말미잘은 바로 이러한 방법으로 자신을 지키거나 음식물을 섭취한다.

그러나 말미잘은 보기 드문 포용력과 아량으로 흰동가리를 거두어 보호한다. 흰동가리는 그 형태가 서커스단의 어릿광대와 흡사해서 광대고기라고도 한다. 광대고기는 여리고 작고, 연약하고 온순하며, 힘으로 적을 막을 수 있는 능력이 부족하여 바다 사회의 약자 계층에 속한다. 그래서 말미잘은 자신의 독침을 바람막이로 삼아 광대고기의 안전을 보장한다.

광대고기가 말미잘 촉수의 독을 두려워하지 않는 이유는 말미잘의 사심 없는 도움 때문이다. 말미잘의 수많은 촉수는 함께 물결치는 대로 표류해서 서로 부딪히기 마련이다. 독침이 실수로 아군을 해치지 않도록 말미잘의 신체표면에서는 일종의 점액을 분비하여 자세포에게 지령을 내리게 된다. 이러한 점액이 묻은 생물체는 모두 같은 편이므로 '공격 개시'를 해서는 안 된다. 광대고기가 어린 물고기일 때 후각과 시각으로 말미잘을 찾으면, 말미잘은 광대고기가 자신의 촉수가 분비하는 점액을 흡수하게 내버려둔다. 광대고기는 온몸이 점액으로 칠해지고 난 후 말미잘의 보호 아래에 자유자재로 아무런 걱정 없이 생활할 수 있다.

봄날의 조수로 물이 따뜻해지자 암초 위에 생식의 계절이 찾아왔다. 말미잘은 광대고기의 암수 부모와 함께 새로운 귀염둥이들을 맞이했다. 말미잘은 광대고기 암컷이 낳는 수많은 알을 보호한다. 말미잘은 이렇게 아무것도 바라는 것 없이 대대로 부지런히 일하며 막 부화된 광대고기를 보호할 책임을 지고 있다.

물론 광대고기도 은혜에 보답하려는 손님이다. 말미잘이 바위에 달라붙어 있을 때 광대고기는 말미잘의 아름다운 촉수 안에서 이리저리 옮겨 다닌다. 이로써 자연스럽게 바다의 다른 작은 생물을 유인하여 낚아챈 후, '집주인'에게 음식을 가져다준다. 평소에 광대고기는 말미잘이 먹고 남긴 음식을 주워 먹어 깨끗이 청소하는 일을 맡고 있으며 말미잘을 위해 진흙, 잡동사니, 그리고 기생충을 없앤다. 말미잘이 천적인 나비고기의 공격을 당하면 광대고기는 용감하게 나서 나비고기를 향해 맹렬한 공격을 펼친다. 비록 둘은 몸집의 차이가 크지만 용기와 꿋꿋함을 무기로 광대고기는 종종 나비고기가 도망갈 정도로 공격하기도 한다.

본문이 주로 서술한 것은 무엇인가?

A 광대고기의 생활 습관
B 말미잘과 광대고기의 관계
C 광대고기는 어떻게 번식하는가
D 바다의 약한 동물의 보호신 말미잘

단어 **海葵** hǎikuí 명 말미잘 | **身躯** shēnqū 명 (사람의) 몸, 신체, 육체 | **脊椎** jǐzhuī 명 척추 | **触手** chùshǒu 명 촉수 | **绽放** zhànfàng 동 (꽃이) 피다 | **娇小** jiāoxiǎo 형 여리고 (몸집이) 작다 | **麻痹** mábì 동 마비되다 | **触碰** chùpèng 동 접촉하다, 닿다 | **悬殊** xuánshū 형 차이가 매우 크다, 현격하다

지문의 첫 문장 '海葵勇于充当弱小动物的保护神(말미잘은 용감하게도 약한 동물의 수호신 역할을 맡고 있다)'을 보면, 보기 D가 정확한 답인 것 같다. 그러나 보다 자세히 살펴보면, 지문의 4, 5, 6번째 단락에서 구체적으로 서술한 것은 말미잘이 어떻게 광대고기를 보호하는지에 관한 내용이다. 또한 마지막 단락에는 광대고기가 말미잘에게 도움을 준 내용이 다시 언급되었다. 지문 전체의 정보를 종합하면 지문이 서술한 것은 말미잘과 광대고기의 관계이다. A와 C는 부분적인 정보이지 전면적이지 않다. D는 매우 광범위하며 구체적이지 못하다. 그러므로 B가 답이 된다.

주의

1. 부분적인 정보를 지문의 핵심이라고 여긴다.
2. 키워드를 잘못 찾는다.

81-84.

昆曲又被称为昆剧。昆曲产生于江苏昆山一带，昆曲是我国传统戏曲中最古老的剧种之一，也是我国传统文化艺术，特别是戏曲艺术中的珍品，被称为百花园中的一朵“兰花”。明朝中叶至清代中叶戏曲中影响最大的声腔剧种，很多剧种都是在昆剧的基础上发展起来的，所以昆剧又有“中国戏曲之母”的雅称。昆剧是中国戏曲史上具有最完整表演体系的剧种，它的基础深厚，遗产丰富，是我国民族文化艺术高度发展的成果。昆剧行腔优美，以缠绵婉转、柔曼悠远见长。“水磨腔”这种新腔奠定了昆剧演唱的特色，充分体现在南曲的慢曲子中，具体表现为放慢拍子，延缓节奏，以便在旋律进行中运用较多的装饰性花腔。

相对而言，北曲的声情偏于跌宕豪爽，跳跃性强。它使用七声音阶和南曲用五声音阶不同，但在昆山腔的长期吸收北曲演唱过程中，原来北曲的特性也渐渐被融化成为“南曲化”的演唱风格，因此在昆剧演出剧目中，北曲既有成套的使用，也有单支曲牌的摘用，还有“南北合套”。“南北合套”的使用很有特色：一般情况是北曲由一个角色应唱，南曲则由几个不同的角色分唱。这几种南北曲的配合使用办法，完全从剧情出发，使音乐尽可能完美地服从戏剧内容的需要。

在演唱技巧上，昆剧注重声音的控制，节奏速度的快慢以及咬字发音，以及各类角色的性格唱法。音乐的板式节拍，除了南曲“赠板”将四拍子的慢曲放慢一倍外，无论南北曲，都包括通常使用的三眼板、一眼板、流水板和散板。它们在实际演唱时自有许多变化，一切服从于戏情和角色应有的情绪。

81．关于昆剧，可以知道：

A 比较珍贵　　B 节奏很舒缓
C 演出技巧很高　　D 体系比较完美

82. 关于北曲，可以知道：

A 唱腔优美　　B 只是成套使用
C 使用五声音阶　　D 特性发生了改变

83. “南北合套”的使用以什么为出发点？

A 节奏速度　　B 角色情绪
C 演唱技巧　　D 剧情需要

84. 根据上文，下列哪项正确？

A 昆曲的节奏很快
B 南曲跳跃性较强
C 北曲属于慢曲子
D 昆曲在实际演唱中有变化

85-88.

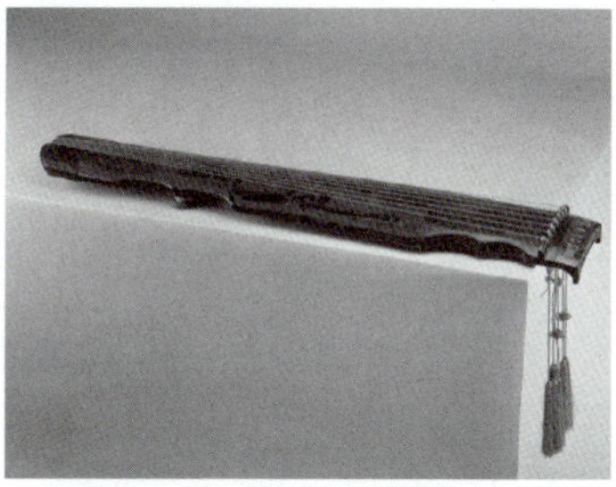

琴、棋、书、画是中国古代文人的四个朋友，其中所谈到的琴，就是现在所说的古琴。

琴的历史是非常悠久的，河南（中国中部）安阳出土的殷墟墓葬中有两件非常类似琴的石器，说明了最早在殷代（公元前17世纪—公元前11世纪）就已经有了琴这一类的乐器，足以见得琴的历史之悠久。

琴，在汉魏（公元前206年—公元265年）时期定型，款式有：仲尼式、落霞式、蕉叶式。一般琴有130厘米长，20厘米宽，厚大约5厘米。面板用桐木，背板用梓木，下面有大小两个出音孔。大孔为“龙池”，小孔命“风沼”。通常琴都是黑色的，但也有少数用棕色或红色。琴的面板上有13个小圆徽，用来标记音的位置，上面镶嵌着贝壳，讲究一些的有用玉石或者是纯金来镶嵌。

早期的琴是用来为歌咏伴奏的，有名的曲目有《阳关三叠》、《胡笳十八拍》。单是古琴曲，自古流传下来的有三千首之多。琴曲可以表达非常细腻的心情，也可以描绘大自然的景象。1971年8月20日，由美国宇宙飞船带往太空的众多曲目中，中国的代表曲目就是由古琴演奏的，描写大自然风光的名曲《流水》。

85. 最早的琴是：

A 石制的　　B 铁制的
C 用来陪葬的　　D 文人的朋友

86. 定型后的琴主要是：

A 贝壳制成的　　B 木制而成的
C 玉石镶嵌而成　　D 纯金铸造成的

87. 琴的面板上的小圆徽：

A 镶嵌着玉石　　B 通常是红色的
C 代表不同的音　　D 一般用纯金镶嵌

88. 关于古琴曲，下面说法正确的是：

A 一共有三千多首
B 已经流传到了美国
C 可以传达丰富的意味
D 最有代表性的是《流水》

89-92.

民间艺人用天然的或廉价的材料，就能够做出精美小巧的工艺品，博得民众的喜爱。在明清以后，民间彩塑赢得了老百姓的青睐，其中最著名的是天津的“泥人张”。

“泥人张”是北方流传的一派民间彩塑，它创始于清代末年。“泥人张”创始人叫张明山，生于天津，家境贫寒，从小跟父亲以捏泥人为业，养家糊口。张明山心灵手巧，富于想象，时常在集市上观察各行各业的人，在戏院里看多种角色，偷偷地在袖口里捏制。他捏制出来的泥人居然个个神态毕肖，一时传为佳话。张明山继承传统的泥塑艺术，从绘画、戏曲、民间木版年画等姊妹艺术中吸收营养。经过数十年的辛勤努力，一生中创作了一万多件作品。他的艺术独具一格而蜚声四海，老百姓都喜爱他的作品，亲切地送给他一个昵称“泥人张”。

张明山的泥人，有民间故事中的人物，也有小说戏曲中的角色，有表现劳动人民现实生活中瞬间的形象，有正面人物，还有反面人物。他的作品具有浓厚的趣味性。例如他塑造的“蒋门神”，就非常传神。蒋门神像通高只有11厘米，人头不过蚕豆大小，却是有个性而又令人可憎的形象，生动地呈现在读者眼前。青筋露起的脖颈，满面杀气的面孔，眉目上挑，嘴角下撇，把一个恶霸刻画得淋漓尽致。泥人张对反面人物的刻画，表现了对恶势力的揭露和抨击。这个蒋门神不是肖像写生，但造型比较准确，塑法娴熟有力，充分体现了作者高度的写实能力。“泥人张”善于在泥塑中运用绘画技巧，使泥塑单纯雅致，富于装饰趣味，作品透出一种明快清新的气息，也表现了弃恶扬善的道德意义。

泥塑艺术是中华民族民间艺术的一种，它早已走出国门，成为中外文化交流的使者，远涉重洋，为越来越多的国家和人民所接受和珍爱。

89. 张明山为什么从小就捏泥人?

A 觉得好玩儿　　B 是生活所迫
C 继承祖传手艺　　D 想成为民间艺人

90. 关于张明山，可以知道:

A 善于观察　　B 从舞蹈中寻找灵感
C 喜欢刻画正面人物　　D 作品大都爱憎分明

91. 张明山塑造的“蒋门神”:

A 很有争议　　B 具有趣味性
C 形象很可爱　　D 富有装饰性

92. 根据上文，下列哪项正确?

A “泥人张”善于虚构
B “泥人张”作品很沉重
C “泥人张”泥塑人物很单一
D 泥塑艺术是中国文化象征

93-96.

北京的老字号非常多，一说起“王致和”臭豆腐，大家没有不知道的，一个“臭”字名扬万里，传遍了全中国。王致和臭豆腐是以含蛋白质高的优质黄豆为原料，经过泡豆、磨浆、后期发酵等多道工序制成的。其中腌制是关键，盐多了，豆腐不臭；盐少了，易造成腐乳的糟烂甚至腐烂。

相传清朝康熙八年，由安徽来京赶考的王致和金榜落第，想在京攻读，准备再次应试，又距下科试期甚远。无奈，只得在京暂谋生计。王致和的家庭原非富有，其父在家乡开设豆腐坊，王致和幼年曾学过做豆腐，于是便在附近租赁了几间房，购置了一些简单的用具，每天磨上几升豆子的豆腐，沿街叫卖。时值夏季，有时卖剩下的豆腐很快发霉，无法食用，但又不甘心废弃。他苦思对策，就将这些豆腐切成小块，稍加晾晒，寻得一口小缸，用盐腌了起来。之后一心攻读，渐渐地便把此事忘了。后来，王致和又想重操旧业，再做豆腐来卖。蓦地想起那缸腌制的豆腐，赶忙打开缸盖，一股臭气扑鼻而来，取出一看，豆腐已呈青灰色，用口尝试，觉得臭味之余却蕴藏着一股浓郁的香气，送给邻里品尝，都称赞不已。王致和喜出望外，立刻把全部豆腐搬出店外摆摊叫卖。市人从未见过这种豆腐，有的出于好奇之心，买几块回去；有的尝过之后，虽感臭气不雅，但觉味道尚佳。结果一传十，十传百，不到一上午，臭豆腐售卖一空。

王致和后来弃学经商，按过去试做的方法加工起臭豆腐来。此物价格低廉，可以佐餐下饭，适合收入低的劳动人食用，所以渐渐打开销路，生意日渐兴隆。后来又经多次改进，逐渐摸索出一套臭豆腐的生产工艺，生产规模不断扩大，质量更好，名声更高。传说慈禧太后在秋末冬初也喜欢吃它，还将其列为御膳小菜，但嫌其名称不雅，按其青色方正的特点，取名“青方”。一日，她半夜用膳，忽然要吃小窝头就臭豆腐，立即遣人到王致和豆腐店买青方。自那以后，王致和的臭豆腐名气大振，买卖也越发兴隆了。

93. 臭豆腐质量受什么影响?

A 原料　　B 盐量

C 发酵　　D 佐料

94. 为什么王致和会把豆腐腌制起来?

A 为了保存　　B 味道更好
C 腌制的好卖　　D 生产得太多了

95. 王致和揭开缸盖之后，发现豆腐:

A 全坏了　　B 变色了
C 很难吃　　D 很有营养

96. 慈禧为什么给臭豆腐取名“青方”?

A 会更好卖　　B 比较吉利
C 一直没有名字　　D 嫌名称不好听

97-100.

在香港人们不大习惯称查良镛为金庸，而称他查先生。在内地，金庸的“粉丝”很多，人们对金庸这个名字耳熟能详。

和金庸先生聊天肯定离不开文学，离不开古装戏的写法，离不开正剧、正史与文艺作品的关系。金庸先生轻声细语、绵里藏针：人们不能在小说和戏剧中去找历史。古今中外，任何文艺作品都是三分真七分虚。历史资料常常是很平淡的，我们选择材料时当然要从中选择精彩的、动人心魄的内容。就好比历史上，明明是周瑜打败曹操，诸葛亮一点功劳也没有，而《三国演义》却写了“诸葛亮借东风”、“草船借箭”，这使作品很生动，没有这些就索然无味了。但这不是历史本身，是艺术的创造。如果是从小说、戏剧中去找历史的绝对真实是不可能的。我听出，他的话是有针对性的。我知道他在为自己的作品辩解，我理解他对文学与历史及影视作品的评价。

多年前金庸先生就不再写小说，开始写一些关于政治、法律问题的文章。他参与起草了《香港基本法》，近年来有关法律问题的重大讨论金庸先生都参加。他说他离文学远了一点。

尽管金庸先生不写小说了，但读者对于他的小说仍然非常关注，也不间断地有一些批评和指责。所以金庸先生说：想丢掉作家这个帽子还丢不掉。我做学者的长处是我的文字还可以。我对历史的思考，我自认为独到的见解，可以用擅长的笔法深入浅出地表现出来，用文学性的语言写学术性的文章，使各个层面的读者都可以了解。我说，作为作家和学者，您身上潜在的政治素质是被实践证明了的，也是人们有目共睹的。金庸先生认为这得益于做过四十年报纸，搞报纸的人不注意政治是不可能的。

97. 文学作品为什么要对历史进行改动？

A 追求生动性　　B 历史不精彩
C 历史不感人　　D 有助于读者了解

98. 关于金庸，可以知道：

A 不想谈文学　　B 不再关注小说
C 比较关心政治　　D 曾经当过报纸编辑

99. 根据上文，下列哪项正确？

A 金庸想当评论家
B 金庸的小说有争议
C 文学作品是不真实的
D “我”对金庸小说很关注

100. 金庸做学者的优势在于：

A 文笔好　　B 见解独到
C 思想深刻　　D 具有创造性

정답 및 풀이 – 해설서 p. 127

81-84.

古代世界的建筑因为文化背景的不同，曾经有过大约七个独立体系，其中有的或早已中断，或流传不广，成就和影响也就相对有限，如古埃及、古代西亚、古代印度和古代美洲建筑等，只有中国建筑、欧洲建筑、伊斯兰建筑被认为是世界三大建筑体系，又以中国建筑和欧洲建筑延续时代最长，流域最广，成就也就更为辉煌。

中国建筑以中国文化为中心，以汉族文化为主体，在漫长的发展过程中，始终完整保持了稳定的风格。原始社会至汉代是中国古建筑体系的形成时期。在原始社会早期，原始人群曾利用天然崖洞作为居住处所。到了原始社会晚期，在北方，我们的祖先在利用黄土层为壁体的土穴上，用木架和草泥建造简单的穴居或浅穴居，以后逐步发展到地面上。南方出现了干栏式木构建筑。进入阶级社会以后，在商代，已经有了较成熟的夯土技术，建造了规模相当大的宫室和陵墓。西周及春秋时期，统治阶级营造了很多以宫室为中心的城市。原来简单的木构架，经商周以来的不断改进，已成为中国建筑的主要结构方式。瓦的出现与使用，解决了屋顶防水问题，是中国古建筑的一个重要进步。

81．古代世界七个建筑体系的区别在于：

A 产生于不同的国家里
B 使用不同的建筑材料
C 处在不同的文化氛围
D 持续的时间长短不同

82．下面关于中国建筑的说法，不正确的是：

A 持续时间最长　　B 成就辉煌
C 风格比较统一　　D 受汉族文化影响

83．原始社会早期的人们：

A 住在山洞里　　B 建造了宫室
C 住简单的木建筑　　D 建筑技术较成熟

84. 瓦的使用是一种重要进步是因为：

A 有助于木架构的改进
B 解决了屋顶漏水的问题
C 有利于大规模地建造宫室
D 是中国建筑的主要结构方式

85-88.

鹰一般指鹰属鸟类。由于鹰眼的视网膜的黄斑处有两个中央凹，不仅比一般动物多一个，而且中央凹的感光细胞每平方毫米多达100万个，人眼仅约15万个。所以鹰的视觉异常敏锐，在高空飞翔时，能清晰地看到地面上活动的猎物。鹰的上喙尖锐弯曲，下喙较短。四趾具有锐利的钩爪，适于抓捕猎物。鹰视觉敏锐，性情凶猛，在弱肉强食的自然界，鹰几乎没有天敌，一只成年鹰的体重能达到4公斤，翼长约300厘米，双爪的力量能抓起一只羊或者刚出生的小牛崽。

鹰不但捕食地面上的小型动物，还捕食其他鸟类。鹰一旦发现其他鸟类的巢穴，便会在其上空盘旋，看准了再俯冲而下，一举将其捕获。在鹰能捕食的鸟类中，却不包括必胜鸟。主要以昆虫为食的必胜鸟，体形与体重不足鹰的十分之一，在鸟类中算得上是弱者，但却是鹰唯一不敢捕食的鸟类。其实，在很多年以前，必胜鸟也常常会遭遇到鹰的捕杀，为了逃避鹰的骚扰，必胜鸟不但将自己的巢筑得比鹰还高，而且苦练飞翔的本领。它们从来不在同一个地方居住超过半年时间，就算那里有再多的昆虫可吃，也要迁向遥远的地方，只为锻炼自己的飞行能力。在必胜鸟出生不久，成年必胜鸟便会将它们带到高空向下抛，当然，这时小必胜鸟还不会飞翔，就在快要坠地时，其他成年必胜鸟就会将其“救”下。每天吃饱后，还要去高空参加搏击运动，首先是与成年必胜鸟“搏击”，后来就是小必胜鸟之间相互搏击，必胜鸟的一生中都不会停止长途迁移与搏击这两项运动，必胜鸟就是这样代代相传，持之以恒地练出高超的飞行与搏斗技巧的。

如果有涉世不深的鹰胆敢侵略必胜鸟，那么必定会吃大亏。如果必胜鸟发现有鹰在自己的巢穴上空盘旋，它会立即冲向空中，飞得比鹰还高后，再突然向鹰扑去，双爪紧紧地抓住鹰的脖子，再用尖利的喙啄鹰的脑袋。任凭鹰怎么尖叫、挣扎、翻飞，都无济于事。最后因筋疲力尽而死。强者之所有强，并不是因为其体形和力量的强大；弱者之所以弱小，也不是因为其体形和力量的弱小。

85. 关于鹰，可以知道：

A 比较温顺　　B 没有任何敌人
C 视觉比人灵敏　　D 视网膜比一般动物大

86. 鹰如果发现其他鸟类的巢穴，就会：

A 非常急躁　　B 通知其他鹰
C 马上去抓捕猎物　　D 先在高空中来回飞

87. 必胜鸟为什么不在同一地方居住超过半年时间？

A 练习本领　　B 怕鹰来骚扰
C 没有食物吃　　D 喜欢新环境

88. 鹰不敢捕捉必胜鸟，是因为对方：

A 力量大　　B 体形大
C 很凶猛　　D 功夫深

89-92.

野狸猫的身上，会发出一种很难闻的气味。这种气味足以对草丛中的小昆虫进行迷惑，让它们找不到方向。受到迷惑的小昆虫，往往会因为迷失了逃跑的路线而成为野狸猫的囊中之物。野狸猫还会把这种气味喷射到小昆虫的洞里，让它们自动地钻出洞穴，野狸猫趁机将它们捕获。这是野狸猫的诡计，野狸猫的一生，就是靠着这种迷惑人的诡计而生存的。土豹很爱吃野狸猫，本来土豹是找不到野狸猫的。但野狸猫散发出来的难闻的气味却暴露了自己的行踪。每当野狸猫施展自己的诡计时，也就对自己构成

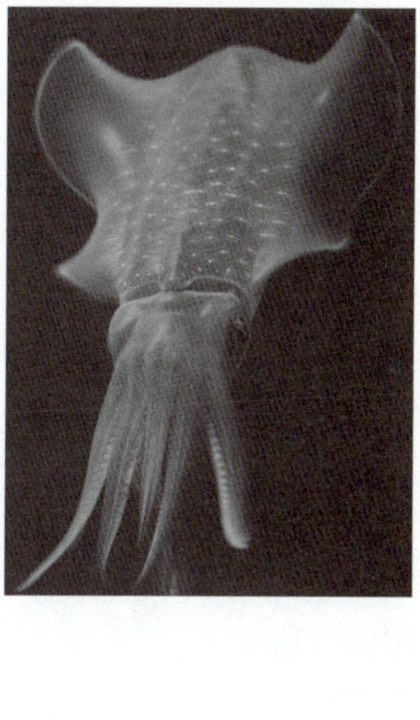

了威胁。它在迷惑别人时，同时也给自己布下了陷阱。土豹顺着这种气味便可以轻松地找到野狸猫，并将它吃掉。

墨斗鱼在水下会喷出一团儿黑黑的墨液来隐藏自己。在它逃跑或是进攻敌人时，每次都能成功。喷墨液是墨斗鱼的一个诡计。因此它不费吹灰之力，便能捕捉小鱼小虾。而它逃跑的时候，同样也会施展如此的诡计，搅混海水。渔民们想要捕捉到墨斗鱼，本来并不容易，但墨斗鱼喷出的墨液，却会浮上水面。渔民们根据水下冒出的一团团墨液，撒下大网，一捕一个准儿，轻松的让人难以想象。

卷叶虫是一种树虫，有手指那么大，卷叶虫没有嘴，它的整个身体就是一张嘴，大得很。卷叶虫常常会把自己缩成一团儿，伪装成树上的一片卷起来的叶子，并且吊在树枝上，这当然是一种诡计。那些需要做窝的虫子，往往真以为这是一片卷起来的叶子，于是便爬上去，钻到里面，开始在里面做窝。谁知，这正好是爬到了卷叶虫的大嘴里。卷叶虫缩紧身子，将钻进来的虫子吃掉。世界上再也没有比这更简单的事情了。倒霉的是，伪装的卷叶虫碰上了黄翅鸟这一天敌。黄翅鸟辨别卷叶虫的方法，就是观察树叶中哪一片叶子卷成了一团儿，并且吊在树枝上。黄翅鸟专挑卷起的叶子啄食。如此毙命，卷叶虫就变得很不幸了。

据一项调查表明，世界上那些喜欢利用诡计生存的动物，反而更容易受到威胁。它们遭遇危险的概率，或干脆说，它们被其他动物吃掉的概率，总是大于那些没有伎俩可施的动物。更何况，总爱施展诡计的人，是那么的让人厌恶。做一个老实忠厚的人，虽然没有多少心眼儿和计谋，但这样的人生却是无懈可击的。正因为如此，老实人在社会和人群中，也是相对安全的。从人的一生中看，还是做一个没有诡计、不懂阴谋的老实人风险更为少些，活得也更为安逸些。

89．土豹靠什么来捕捉野狸猫？

A 嗅觉　　B 味觉
C 触觉　　D 视觉

90．墨斗鱼为什么要喷墨液？

A 迷惑猎物
B 伪装自己
C 躲避渔民捕捉
D 使猎物不容易发现自己

91. 关于卷叶虫，可以知道：

A 比树叶小　　　B 嘴巴很小
C 喜欢把身体展开　　　D 逃不过黄翅鸟的眼睛

92. 最适合做上文标题的是：

A 动物的诡计　　　B 动物的天敌
C 动物的生活习性　　　D 动物的捕食绝招

93-96.

“用进废退”，这恐怕已是被人们广泛认同的一种生物学现象。但近期人们发现，这种说法作为表明动植物进化发展的趋势，无疑是正确的，而某种动植物在某种特定时段，其表现却不尽然。

譬如蛇，就有着很强的代表性。最新研究表明，蛇在无食可进的绝对饥饿状态下能够存活两年。蛇何以有着如此超强的生命力？科学家们对其奥秘已经有所揭示，一般认为，蛇主要是靠消化自己的部分心脏来维持生命。科学家们曾对响尾蛇、捕鼠蛇等蛇进行过研究。在历经168天的饥饿后，它们的体积会减少9~24%。其间，它们的平均能量消耗也降低了80%左右。随着饥饿时间延长，蛇便开始消耗自己的心肌了。心脏是一切动物的生命之源，是生命的中枢系统，蛇何以就敢冒如此大的风险，对自己的心脏进行消耗？科学家们却解释说：“如果机体能量消耗较低，那么对维持循环的要求也就跟着降低，因此心肌退缩也是一种正常现象。”此解释也许与“用进废退”的说法有些一致。但同是饥饿状态下，有一种现象却与此相左。这就是，在研究中科学家们还发现，越是饥饿，蛇的头部不是越来越小，而是变得越来越大了。在能量极度缺乏的情况下，它们为何还要匀出一部分对头部进行特供，让其增大？科学家们说：“原来它们这也是为了生存。因为蛇不会咀嚼，只有当它们的头骨增大时，也就意味着它们对食物的选择性更大。”这也就能解释某些巨蟒为什么会突然张开大口吞下一整条鳄鱼。

但是很快就有人提出疑问：在食物奇缺的情况下，蛇的头骨增得再大，并不能保证就有更大的食物让它们吞食，这岂不是白白浪费了弥足珍贵的能量？科学家们最终又有了新的发现：蛇不惜拼老本增大头骨，只因让它们能获取更多的有关食物的信息量——在食物极度匮乏的情况下，这才是它们要解决的首要问题。原来，蛇是一种没有耳朵与鼓膜的动物。故而多年来，专家们认为蛇是没有听力的，只是借助嗅觉、味觉以及鼻子附近的一种与热相关的特殊感觉器官来感知外界，判断猎物的有关情况。

93. 蛇经过长时间的饥饿之后：

A 靠心脏生存　　B 能量消耗增加
C 消化系统衰退　　D 体重减轻了大半

94. 第二段中画线词语“相左”最有可能是什么意思？

A 补充　　B 不同
C 辅助　　D 相近

95. 蛇为什么在极度饥饿的情况下，头会变大？

A 不会咀嚼　　B 身体机能变异
C 减少身体消耗　　D 有利于吞食食物

96. 关于蛇，可以知道：

A 没有视觉
B 没有牙齿
C 生命力很强
D 靠听力获取食物信息

97-100.

四川有国宝熊猫，这几乎无人不知。然而，还有另外一宝知道的人则不多，这一宝的名字叫乌木。乌木，由于像熊猫一样稀少，所以极其珍贵，在民间有“软黄金”之称。古人云：“家有乌木半方，胜过财宝一箱。”今人说：“乌木，集日月之精华，乃万木之灵，灵木之尊。”外国人惊叹：“啊！东方神木。”

乌木为何如此尊贵？乌木，多呈黑褐色，黑红色，且永不褪色；其木质坚硬，木纹细腻，切面光滑，可以打磨出镜面的效果；它不腐朽，不生虫，是制作高级工艺品、佛像和仿古家具等的上好之材，历朝历代都把它作为贡品或辟邪之物。乌木是如何长成的？这里不能用长成，应该用形成。因为乌木虽然是树，但并非一个树种，也并非在地上长成，而是多种树在地下形成的。古代四川，曾经发生过地震、泥石流等自然灾害，致使房倒屋塌，香樟、楠木等各种各样的树木连根拔起，一些树木被洪水冲到了河床的低洼处，沉积下来，又被土石、淤泥掩埋，从此不见天日。冲击途中，被乱石撞击，被鱼虫撕咬，它们矢志不移；被掩埋之后，在缺氧的环境下，背负沉重，承受高压，它们忍辱负重。经过数千年数万年之后，终于有一天，它们被挖掘出来，重见天日。人们惊奇地发现，经过清理，那些历尽沧桑的树木不仅风韵犹存，而且变得质地如玉，色泽如墨，由此，后人把它们称为乌木。其实，并非所有沉积河底的树木都成了乌木，一些已经腐烂了，只有那些具有杀菌特性的树种才成了乌木。我们常说的“十年树木”，是说一般情况下，树长成有用之材，需要历经十年的工夫。但是，造就像乌木那样的特殊木料，不是一朝一夕之功，而是需要数千年数万年的时间，而且不是所有的树都能成为乌木。除了自身具有的品质特性外，还需要有坚韧不拔、忍辱负重的毅力，拒腐防变、百侵不易的品格，以及不怕冷落、甘受寂寞的精神。

97. 乌木为什么有“软黄金”之称？

A 数量少　　B 木料好

C 有灵性　　D 可以辟邪

98. 关于乌木，可以知道：

A 香味浓郁　　B 外表很光滑
C 颜色不会变化　　D 是一种罕见树种

99. 哪些树有可能成为乌木？

A 被埋在地下的　　B 不容易生虫的
C 带有香味儿的　　D 能杀灭细菌的

100. 上文主要介绍了：

A 乌木的价值　　B 乌木的传说
C 怎样保护乌木　　D 乌木是怎样形成的

정답 및 풀이 – 해설서 p. 136

Summary

제4부분 핵심정리

장문 독해 부분은 응시생의 '중국어 기본기'를 종합적으로 평가하는 부분이다. 따라서 독해의 기타 부분과는 달리 오랜 시간 인내심을 가지고 꾸준히 실력을 쌓는 것이 가장 중요하다. 여기에 지문과 문제의 유형을 제대로 파악하여 짧은 시간 안에 문제를 정확히 해결하는 요령이 더해져야 높은 점수를 받을 수 있다.

전략

❶ 문제유형 및 내용부터 확인하자!

시간에 쫓기다 보면 응시생들은 성급하게 지문부터 읽고 문제를 푸는 실수를 범한다. 반드시 항상 네 개의 보기를 먼저 파악하고, 문제의 유형과 내용을 정확히 파악하자. 이렇게 해야 문제와 상관없는 지문을 읽어내느라 시간을 허비하는 것을 막을 수 있다.

❷ 지문의 유형에 따른 독해방법을 선택하라!

앞에서 공부한 것처럼 장문 독해 부분의 경우 다양한 내용과 유형의 지문이 등장한다. 그리고 그 내용에 따라 출제되는 문제의 유형도 조금씩 차이를 보인다. 예를 들어 철학형 지문의 경우, 전체적인 내용 파악 또는 주어진 어휘, 성어, 구문이 본문에서 어떤 의미로 쓰여졌는지를 묻는 문제가 자주 출제된다. 설명형 지문의 경우에는 지문의 내용과 부합하거나 부합하지 않는 보기 찾기 또는 본문의 주제나 제목을 찾는 문제가 많이 출제된다.

❸ 시간과의 싸움에서 이겨라!

독해의 모든 부분이 그렇긴 하지만, 장문 독해의 경우 시간 안배가 특히 중요하다. 장문 독해 부분의 경우 문제와 관련한 내용이 번호 순서대로 위에서부터 나오는 경우가 대부분이다. 특히 설명형의 지문은 내용 전체를 읽으려 하지 말고, 필요한 부분만 찾아가며 읽도록 하자. 이렇게 하면 정해진 시간 안에 여유있고 정확하게 문제를 해결할 수 있을 것이다.

이렇게 공부하자!

앞에서 언급했듯이 장문 독해 부분은 응시생의 '중국어 기본기'를 종합적으로 평가하는 부분이다. 따라서 평소 공부방법이 매우 중요하다.

❶ 어휘, 효과적으로 공부하자!

간혹 의욕이 넘치는 응시생의 경우, 독해 지문에 나오는 모든 어휘를 익히려는 과욕을 부린다. 장문 독해 부분에 출제되는 지문의 유형과 내용은 매우 다양하고, 독해의 다른 부분에 비해 관련 어휘의 양도 방대하다. 따라서 문제풀이와 직접적인 관계가 있는 접속사, 부사를 우선적으로 공부하고, 다음으로 동사, 형용사 등을 익히자. 특히 설명형 지문에 등장하는 동·식물 이름이나 전문용어 등은 그 순서를 맨 뒤에 두도록 하자.

❷ 사자성어, 반드시 익히자!

新HSK 6급과 舊HSK 고등시험의 가장 큰 변화로는 사자성어의 중요성을 꼽을 수 있겠다. 물론 예전에도 사자성어는 매우 중요했지만, 新HSK 6급에서는 사자성어가 문제와 직접적으로 관계되는 비율이 높아졌다. 특히 독해 1, 2부분에서도 그 출제비율이 높아지고 있으므로 평소에 사자성어 공부를 게을리하지 말자. 여기서 중요한 것은, 단순히 사자성어의 의미만 익힐 것이 아니라 정확한 용법과 비유적인 표현도 익히도록 하는 것이다.

❸ 시간안배 연습을 게을리하지 말자!

장문 독해 부분은 '어휘 & 시간과의 싸움'이라 할 수 있다. 평소에도 시간을 정확히 정해 놓고 문제를 푸는 연습을 하도록 하자. (문제당 1분, 즉 지문 하나를 최장 4분 안에 풀도록 하자.) 시간을 넘겨가며 한 문제 더 맞추려다 뒤에 이어지는 지문(네 문제)을 모두 포기해야 했던 경험, 아마 많은 응시생들이 안타까워한 적 있을 것이다.

81-84.

毕业那年，五位同学受学校推荐去报社应聘，结果唯有刘安落选。那四位同学进了报社后，彼此默默地展开了竞争，每个人的发稿量均在报社中名列前茅，且有些颇具影响力的佳作。这时，在某中学教学的刘安，落寞地连连感叹——没有给自己那样的机遇，否则，凭自己的文学功底，丝毫不会逊色于那四位同学的。而现在他只能待在校园这方天地里，难以接触到大千世界里的那些丰富多彩的人生了。

一日，刘安陪记者去大山深处采访一位剪纸老人。刘安惊讶于那位一生未曾走出大山又不识字的老人高超娴熟的技艺——只见他随便地拿过一张纸。折叠几下，剪刀如笔走龙蛇，眨眼工夫，便魔术般地变成了一幅精致的作品。轻巧的构图、顺畅的线条、形态万千，那样自然、巧妙，又那样美观、大方，让他和记者看得都呆了。刘安禁不住问老人："您几乎足不出户，怎么能够剪出这么漂亮的图案？"老人笑了："因为我心里有啊，心里有个精彩的世界，才能在手上表现出来呀。"刘安怦然心动：原来，自己总以为只有面对精彩的世界，才能有精彩的创造。孰不知如果暗淡了心灵，即使面对再精彩的生活，也会熟视无睹的。

此后，刘安怀着一腔热情边教书边写作，他的精美的文章频频地出现在各类报纸杂志上，他利用寒暑假采写的纪实作品也连连获奖。数年后，他又考取了研究生，成为一所高校里颇受同学敬佩的副教授，还是国内颇有名气的自由撰稿人，其名气早已远远超出那四位当初让他羡慕不已的同学。那个秋天，我和我的许多同学正为大学毕业后工作无着落或不理想而苦恼，刘安给我们讲述了自己的这段经历，整个教室里掀起了雷鸣般的掌声，大家真正读懂了黑板上的六个大字——精彩的是心灵。

81. 刘安为什么会感慨？

A 不如同学　　B 机遇不好

C 工作单位差　　D 生活很单调

82. 刘安对什么感到吃惊？

A 剪纸　　B 精彩世界

C 老人的生活　　D 老人的技术

83. 老人为什么会剪出很漂亮的剪纸?

A 见识很广　　B 经验丰富

C 生活很精彩　　D 内心世界很丰富

84. 后来，刘安怎么了?

A 辞职了　　B 当了记者

C 坚持写作　　D 不再安于现状

85-88.

我在一家知名的民营企业工作了7年。7年间，我在各个部门间调来调去，还是一个小职员。难受的是，我新调去的部门主管，是个毛头小子，只读过中专。我这个科班出身且苦干多年的“老将”，怎么也想不通。毛头小子干脆果断的工作作风，在我眼中变成小人得志的轻狂。他看我的目光，也有意无意地带着几分怜悯和嘲讽。在那种环境下煎熬，我度日如年。一天，因为工作问题，我与毛头小子有了一场争执，决定辞职。还有两个月就过年了，我决定有始有终，坚持到年底。做出决定后，我抑郁的心结就此解开。

此后，每天早晨上班，我一改过去摆老资格的作风，规规矩矩戴好工牌，轻声快步地走进公司。我不再计较毛头小子安排任务时的语气，不再计较哪个同事升职、哪位同事加薪，不再计较年轻同事在背后叫我外号。我仿佛又回到刚进公司时的状态，浑身是劲。我认真做好分内工作，每天带头把检验仪器擦得锃亮；我会电脑平面设计，有关部门搞活动，需要做海报或是简易广告，我利用业余时间完成，客客气气送过去。所有的理由，都只为一个——我就要走了。

我要走了，所以应该给所有人留下好印象；我要走了，所以我低头做事，不在意名利；我要走了，同事可能再没机会找我帮忙，所以我不找借口推辞。眼看离我预定的辞职日期只有一周。这天下班前，人力资源部经理打来电话，让我去她办公室。我想，今天正好去辞职也不错。刚到办公室，她就递给我一张《职员晋升提报表》，表上提议我担任部门副主管，“部门主管意见”一栏中，赫然署着毛头小子的大名。我吃惊得说不出话来。

85. “我”为什么感到很难受?

A 职位低　　B 工作不稳定

C 主管很轻狂　　D 上司很年轻

86. “我”为什么决定辞职?

A 工作没做好　　B 上司看不起他

C 和上司闹矛盾　　D 找到更好的工作

87. 后来,“我”变得:

A 很老实　　B 很烦躁

C 心胸宽广　　D 喜欢和上司做对

88. 当“我”看到职员晋升表后,感到:

A 很意外　　B 很自豪

C 很兴奋　　D 很激动

89-92.

1998年,我中专毕业了,在一家集团公司总部当收发员。我的工作大多数时间在喝茶聊天。实在太无聊了,一年还没有到,我就产生了换岗的念头。听说分厂想招一名污水技术处理工。我立即到经理办公室,提出想做这份工作的请求。经理先是愣住了,然后不解地问我,为什么会有这个念头呢?我告诉经理,我读中专时曾学过污水处理的课程,现在分厂里需要这样一个人,与其从外面招,不如就在自己公司里找,我可以先去干着试试。经理还是有些不放心,他紧紧地盯着我:“你知道,那个工作有多脏多累吗?你本来是总部人员,到分厂去,那是降低地位呀。再说你到了分厂,工资待遇由他们说了算,肯定没有在总部这么好了。”

经理最后批准了我的请求。污水处理工作确实既脏又累,工作三班倒,非常辛苦,而工资却比收发员足足少了一半,刚开始心理确实有很大的<u>落差</u>,我只好把全部的热情用到工作上。一年以后，我的才能和工作热情，得到了分厂厂长的赏识，他任命我为污水处理车间副主任，我靠努力使自己的事业上了一个新台阶。

不久，有一条内部消息传入我耳中，公司准备去西部某省投资，新建一个镀膜分厂，此时正在为人员调动的事而伤脑筋。因为那里属于西部山区，相对于我们江南平原，条件差很多，大家都不想去。我当即申请，去西部参加新厂的工作。筹建负责人十分高兴，当即同意了我的请求。朋友问我为什么要报名去西部？我告诉他，我是在寻找自己最有价值的位置。就这样我到了西部分厂。老实说，那里的工作条件比想象中还要差，一切都要从头做起。由于人员短缺，许多事没人干，我这个基层干部被临时委任为副厂长，负责工人招聘和技术辅导。

经过一番艰苦努力，工厂顺利生产。如今几年过去了，分厂早已根深叶茂，壮大了几倍。而我也已经被调回本部，被委以副经理的重任。在这个企业里，我是三个副经理中最年轻的一位。

89. “我”为什么想要换工作？

A 想升职　　B 工资不高

C 工作太累　　D 无所事事

90. 关于“污水处理工作”，可以知道：

A 比较清闲　　B 待遇不高

C 招不到工人　　D 很没有前途

91. 第二段中画线词语“落差”的主要意思是：

A 差别　　B 失落

C 痛苦　　D 打击

92. “我”为什么要去西部？

A 想当厂长　　B 没人愿意去

C 公司委派的　　D 实现自己的价值

93-96.

一位建筑设计大师一生杰作无数。在过完65岁寿诞之后，他向外界宣称：等完成封笔之作便“金盆洗手，归隐林泉”。一言方出，求他设计楼宇者便踏破门庭。在封笔之作中，他想打破传统的楼房设计形式，力求在住户之间开辟一条交流和交往的通道，使人们相互之间不再隔离而充满大家庭般的欢乐与温馨。

一位颇具胆识和超前意识的房地产商很赞同他的观点和理念，出巨资请他设计，果然不同凡响。令人惊异的是，大师的全新设计却叫好不叫座。炒得火热，市场反应却非常冷漠，楼盘成交额处于低迷状态，乃至创出了楼市新低。房地产商急了，责成公司信息部门去做市场调研。调研结果出来，不由得让人**大跌眼镜**：人们不肯掏钱买房的原因，是嫌这样的设计虽然令人耳目一新，也觉得更清爽，但邻里之间交往多了，不利于处理相互之间的关系；孩子们在这样的环境里活动空间是大了，但又不好看管；还有，空间一大，人员复杂，于防盗之类人人担心的事十分不利等等。

设计大师听到了这个反馈，心中绞痛不已，他退还了所有的设计费，办理了退休手续，与老伴回乡下老家隐居去了。临行前，他对众人感慨道：我只识图纸不识人，这是我一生中最大的败笔。我们可以拆除隔断空间的砖墙，而谁又能拆除人与人之间坚厚的心墙？

93. 设计大师封笔之作追求的目标是：

A 多元化　　B 加强沟通
C 房子好卖　　D 成本最小化

94. 关于大师的设计，可以知道：

A 很普通　　B 设计费很高
C 理念很陈旧　　D 市场反应很好

95. 第二段中画线词语“大跌眼镜”的主要意思是：

A 佩服　　B 意外
C 生气　　D 失望

96. 关于设计大师，可以知道：

A 不想退休 　　B 愿望未能实现

C 设计水平下降 　　D 无人欣赏他的理念

97-100.

在非洲内陆的水域中，最强大的水生物种莫过于鳄鱼。它们仰仗其庞大的身躯和冷酷的猎杀手段成为纵横交错的河流湖泊中当之无愧的霸主。令人惊叹的是，在鳄鱼的领地，有一种足以与它分庭抗礼的种群，竟是身躯只有10厘米左右的小鱼——非洲鲋鱼。非洲鲋鱼是鱼类当中的小不点，可是它们的数量多得惊人。一条河流中，其他所有鱼类的总量还不及它们的一半，这种规模优势使它们的生存显得相对的从容和有利。正因为如此，它们变得让自然界中其他生物不可小觑。

同样的生活环境，为什么独独非洲鲋鱼的数量可以超越其他的鱼类呢？其中的奥秘在于非洲鲋鱼独特的繁殖方式。众所周知，鱼类是将卵产在水里让它孵化的。可是，鱼卵在水里要面对太多的危险。大鱼、水鸟、水獭、蛇、螃蟹等天敌都会把它列入自己的食谱。这也正是其他鱼类的数量难以增加的根本原因。非洲鲋鱼却独辟蹊径，没有将卵产在水里孵化。到了产卵期，非洲鲋鱼会仔细搜寻，寻找岸边有大树的水域。当它发现有树枝伸到水面，便选择距水面有一段距离的某片合适的树叶作为产房。然后，它尽力从水中跃起，将身子紧紧黏附在叶片朝下的一面，将卵排在上面。卵附着在悬在水面半米高的树叶上，几乎隔绝了所有天空中陆地上以及水里的天敌。随后，它会一直待在这里，不间断地甩动尾巴，以便激起水花溅到树叶上的卵上面，保证卵始终处于湿润状态，直到小鱼孵出落到水里。正因为选择了这种独特的孵化方式，非洲鲋鱼的庞大数量才有了绝对的保障。

生存是一件极其艰难的事情，而智慧恰恰是解决所有难题的灵丹妙药。不囿于常规，全力求新求异，也许生存不仅会显得比较容易，更会焕发出夺目的性灵之光。

97. 关于鲥鱼，可以知道：

A 很凶猛　　B 生存艰难

C 身躯庞大　　D 敢和鳄鱼抗衡

98. 为什么其他鱼类的数量很少？

A 产的鱼卵少　　B 被鳄鱼吃掉了

C 鱼卵成活率低　　D 没有生存的环境

99. 鲥鱼将鱼卵产在什么地方？

A 水里　　B 水草上

C 树叶上　　D 树枝上

100. 上文主要介绍了：

A 鱼的种类　　B 鲥鱼的生活习性

C 鳄鱼和鲥鱼的关系　　D 鲥鱼的生存之道

정답 및 풀이 – 해설서 p. 145

81-84.

从前，有这么一个故事：一老一小两个相依为命的瞎子，每日里靠弹琴卖艺维持生活。一天老瞎子病倒了，他自知不久将离开人世，便把小瞎子叫到床头，紧紧拉着小瞎子的手，吃力地说："孩子，我这里有个秘方，这个秘方可以使你重见光明。我把它藏在琴里面了，但你千万记住，你必须在弹断第一千根琴弦的时候才能把它取出来，否则，你是不会看见光明的。"小瞎子流着眼泪答应了师父。老瞎子含笑离去。

一天又一天，一年又一年，小瞎子用心记着师父的遗嘱，不停地弹啊弹，将一根根弹断的琴弦收藏着，铭记在心。当他弹断第一千根琴弦的时候，当年那个弱不禁风的少年小瞎子已到垂暮之年，变成一位饱经沧桑的老者。他按捺不住内心的喜悦，双手颤抖着，慢慢地打开琴盒，取出秘方。

然而，别人告诉他，那是一张白纸，上面什么都没有。泪水滴落在纸上，他笑了。

老瞎子骗了小瞎子？

这位过去的小瞎子如今的老瞎子，拿着一张什么都没有的白纸，为什么反倒笑了？

就在拿出"秘方"的那一瞬间，他突然明白了师父的用心，虽然是一张白纸，但却是一个没有写字的秘方，一个难以窃取的秘方。只有他，从小到老弹断一千根琴弦后，才能了悟这无字秘方的真谛。

那秘方是希望之光，是在漫漫无边的黑暗摸索与苦难的煎熬中，师父为他点燃的一盏希望的灯。倘若没有它，他或许早就会被黑暗吞没，或许早就在苦难中倒下。就是因为有这么一盏希望的灯的支撑，他才坚持弹断了一千根琴弦。他渴望见到光明，并坚定不移地相信，黑暗不是永远，只要永不放弃努力，黑暗过去，就会是无限光明……

81. 师父临死的时候：

A 帮助徒弟重见光明　　B 告诉徒弟一个秘密
C 弹断了一千根琴弦　　D 传授给徒弟弹琴的秘诀

82. 徒弟弹断一千根琴弦后：

A 变得更加年轻了　　B 重新见到了光明

C 明白了师父说的话　　D 得到了治疗眼睛的秘方

83. 徒弟知道秘方是一张白纸的时候的心情可能是：

A 生气　　B 失望

C 感动　　D 沮丧

84. 徒弟明白了师傅的用心，这个用心是：

A 要充满希望地生活

B 刻苦勤奋才能把琴弹好

C 要耐心等待光明的来临

D 真正的秘方是不存在的

85-88.

工作是一种态度，它决定了我们快乐与否。同样都是石匠，同样在雕塑石像，如果你问他们："你在这里做什么？"他们中的一个人可能就会说："你看到了嘛，我正在凿石头，凿完这个我就可以回家了。"这种人永远视工作为惩罚，在他嘴里最常吐出的一个字就是"累"。

另一个人可能会说："你看到了嘛，我正在做雕像。这是一份很辛苦的工作，但是酬劳很高。毕竟我有太太和四个孩子，他们需要温饱。"这种人永远视工作为负担，在他嘴里经常吐出的一句话就是"养家糊口"。

第三个人可能会放下锤子，骄傲地指着石雕说："你看到了嘛，我正在做一件艺术品。"这种人永远能从工作中获得乐趣，他嘴里最常吐出的一句话是"这个工作很有意义"。

天堂与地狱都由自己建造。如果你赋予工作意义，不论工作大小，你都会感到快乐。如果你不喜欢做的话，任何简单的事都会变得困难、无趣，当你叫喊着这个工作很累人时，即使你不卖力气，你也会感到精疲力竭，反之就大不相同。事情就是这样。

如果你视工作为一种乐趣，人生就是天堂；如果你视工作为一种义务，人生就是地狱。检视一下你的工作态度，那会让我们都感觉愉快。

85．第一种石匠：

A 喜欢自己的工作　　B 讨厌自己的工作

C 总是受到惩罚　　D 认为工作是为了赚钱

86．第二段中画线词语“养家糊口”的意思可能是：

A 不得不离开家去工作

B 为了家人的生活而赚钱

C 为了自己的兴趣而工作

D 为了自己的生存而工作

87．第三个工人认为“这个工作很有意义”是因为：

A 他喜欢工作　　B 他能挣到很多钱

C 他是一个艺术家　　D 他做的工作有更大价值

88．本文作者认为：

A 工作是为了挣钱

B 要完成工作的义务

C 应该享受工作的乐趣

D 不喜欢工作会受到惩罚

89-92.

有一个女孩，高中毕业后没有考上大学，被安排在本村的小学教书。但她的表达能力不好，学生不喜欢她讲课。她不到一星期就回了家。

母亲安慰她：“满肚子的东西，有的人倒得出来，有的人倒不出来，你不会教书不要紧，也许有更合适的事情等着你去做。”

后来，这女孩先后当过纺织工，干过市场管理员，做过会计，但是无一例外都半途而废了。

然而，每次女儿失败回来，母亲总是安慰她，从来没有抱怨的话。

30岁的时候，女儿做了聋哑学校的一位辅导员，后来又开办了一家自己的残障学校，并且在许多城市开办了残障人用品连锁店，有了自己的一片天地。

有一天，功成名就的女儿问母亲：“那些年我连连失败，自己都觉得前途非常渺茫，可你为什么总对我那么有信心呢？”

母亲的回答朴素而简单：“一块地，不适合种麦子，可以试试种豆子；豆子也种不好的话，可以种瓜果；瓜果也种不好的话，也许能种荞麦。终归会有一粒种子适合它，也总会有属于它的一片收成。”

89. 女孩离开小学回家的原因是：

A 不喜欢这个工作　　B 有更适合的工作了

C 不能做好这个工作　　D 母亲希望她换个工作

90. 第三段中画线词语“半途而废”的意思最可能是：

A 浪费了很多时间　　B 没有做完就放弃了

C 用一半时间就做完了　　D 做的工作不适合自己

91. 女孩的母亲，说法正确的是：

A 一直对女孩很宽容　　B 对女孩失去了信心

C 有着丰富的种地经验　　D 相信女儿能做个好教师

92. 上文主要告诉我们：

A 人生要多经历一些事情

B 要坚持自己所做的选择

C 要努力寻找适合自己的生活

D 不应该轻易做出自己的选择

93-96.

那天，因为去乡下的泥路上开了一趟，回到城里后我便打算清洗一下车子。恰好看到路边有一块“洗车10元”的牌子，我便按照牌子上的箭头所指把车给开了过去。那洗车店在路的尽头，是属于一个比较冷清的地方，如果没有那牌子的指引根本没人会找到这个地方。洗车店也很简陋，是两间小平房，只是在屋前摆放了几样洗车的水枪和水桶等工具，其洗车条件和那些在路边显眼的大洗车店是不可相提并论的。我想我只是来洗车的，只要把车子洗干净就行，也就不再讲究这些了。

一旁的几个工人忙碌着给我洗车，我无聊地看着那几个工人给我洗车，虽然这店很是简陋，可洗车的程序却和别的店并无区别，撒泡沫、擦拭，再用清水冲洗干净，我那辆本来满是泥泞的车就一下子变得光亮如新了。就在我以为那车已洗好了时候，店主却从一旁拉过一台吸尘器，亲自为我吸起车内的灰尘来。我倒是挺奇怪的，因为在这个小城里洗车，为了赶时间，极少有洗车店会主动给顾客吸车内的灰尘。一般都是在车主的要求下才会不情愿地吸上几下。可那店主显得很认真，拿着吸尘器将车的前前后后都吸了个遍，遇到不干净的地方，还拿来清洁剂和毛巾擦拭几下。忙活了好一会儿，店主才将车内吸附干净。我付了钱刚想上车，店主却叫住了我。我以为是我付的钱不够，可那牌子上明明是写着这个价，一下子我的心底里就生出对这店主的厌恶。店主却笑着从一旁取来一块垫子，放在我的车门边，示意我可以上车。我这才明白这是店主的一番好意，因为洗了车，车旁边全是污水了，店主是让我踩在垫子上进入车内，这样就不会弄脏刚洗干净的车子了。

坐进车子，我感到车内的空气变得清新，我知道是我对这个洗车店的感觉起了变化，这个偏僻的洗车店用几个小小的细节俘虏了我，我早已决定下次洗车还来这个地方。不但如此，在以后的日子里，我还为这个偏僻的洗车店介绍了好些朋友去洗车，而朋友洗完车回来告诉我，那里的细节服务也感动了他们，他们也介绍了好些朋友去那洗车。我知道这家简陋的洗车店能生存下去的答案了，就是用心去服务客人，而心与心的交融是最让人感动的。

93．关于洗车店，可以知道：

A 很偏僻　　B 店面很大

C 生意比较差　　D 设备很先进

94. “我”对什么感到很奇怪?

A 店主的话　　B 洗车的价格

C 洗车的程序　　D 清理车内的灰尘

95. 店主为什么叫住“我”?

A 没有付钱　　B 让我介绍生意

C 车还没有洗好　　D 给我垫脚的东西

96. 洗车店生存下去的理由是:

A 收费合理　　B 房租便宜

C 真诚服务　　D 工人工资低

97-100.

一位技艺高超的走钢丝的演员准备给观众带来一场没有保险带保护的表演，而且钢丝的高度提高到16米。海报贴出后，立即引来了大批观众。他们都想知道这位演员如何在没有保护的情况下，从容自若地在细细的钢丝上完成一系列的高难度动作。这样的表演，他早就胸有成竹，有十二分的把握走好。

演出那天，观众黑压压坐满了整个表演现场。他一出场，就引来全场观众热烈的掌声。他慢慢爬上了云梯，助手在钢丝尽头的吊篮中把平衡木交给他。他站在16米的高空中，微笑着对观众挥挥手。观众再次发出雷鸣般的掌声。他开始走向钢丝，钢丝微微抖着，但他的身体像一块磁石一样粘在钢丝上，一切动作都如<u>行云流水</u>。助手站在钢丝的一端紧张而又欣赏地看着他，暗暗为他加油。突然，他停止了表演。刚才还兴奋的观众马上被他的动作吸引住了，认为他有更为惊险的动作，整个表演场地马上平静下来。但助手觉得这极不正常，助手马上意识到他可能遇上了麻烦。他背向着助手，助手不知道发生了什么。助手只是感觉到钢丝越来越抖，他在竭力平衡自己的身体。助手的额头渗出了细密的冷汗。经验丰富的助手知道此刻不能向他问话，否则会让他分心，导致难以想象的后果。助手全身微微抖着，紧张地看着空中的他。时间一秒一秒地过去，突然他开始向钢丝另一头走了一步，然后动作又恢复了正常。助手长长松了一口气。他很快表演完了，从云梯上回到地面。人们发现他的眼睛血红，好像还有泪痕。

演员们全都围了过来。他到处找他的助手，见助手从人群外跑来，他一把抱住了助手说："兄弟，谢谢你。刚才一阵微风吹下了屋顶的灰尘，掉入了我的眼睛，我在16米高空中'失明'了。我的第一个念头就是我今天命该如此，但我心又不甘，我对自己说，我应该坚持，我在心中一秒一秒地数着，就在刹那之间，我感觉到泪水来了，这是救命的圣水。它很快把灰尘冲了出来。但是，如果你那时唤我一声，我肯定会分心或者依赖你来救助，但这样做谁都知道后果是什么。"他刚说完，所有人都为他和他的助手鼓起掌来。

97. 表演为什么会引来很多观众?

A 演员很有名　　B 宣传做得好
C 演员技艺高超　　D 表演的难度系数高

98. 第二段中画线词语"行云流水"的主要意思是:

A 很顺利　　B 很优美
C 很惊险　　D 很正常

99. 那位演员为什么突然停止了表演?

A 故意吸引观众　　B 眼睛看不见了
C 不敢再往前走了　　D 想做更惊险的动作

100. 那位演员为什么要感谢助手?

A 给了他力量　　B 为他暗暗加油
C 没有让他分心　　D 帮助他平衡了身体

정답 및 풀이 – 해설서 p. 153

실전모의고사

□ 실전모의고사 1회

□ 실전모의고사 2회

攻略

第一部分

第51-60题：请选出有语病的一项。

51. A 所谓生态农业，就是按照生态规律来发展农业。
B 活字印刷术是一位中国宋朝的平民发明家毕昇发明的。
C 到了夏天，雪碧、可乐等碳酸饮料往往深受消费者青睐。
D 大学毕业后，他主动要求到这所偏远的学校当英语教师。

52. A 观看日食时不能直接用肉眼，以免对眼睛造成伤害。
B 新建成的立交桥将大大缓解市区交通高峰期的拥堵问题。
C 我跟他是大学同学，无论是学习还是工作，都给人留下了深刻的印象。
D 将一捧盐放进一杯水里，杯中的水平面不仅不会升高，反而会有所降低。

53. A 知道了事情的真相后，我在心里由衷地感谢他。
B 从她的脸上，我看到了一种与年龄并不相符的镇静和成熟。
C 人到了老年，眉毛虽会变白、变稀，但一般不会出现脱眉现象。
D 热饮热食不但对食物的消化吸收不利，而且与肿瘤的发生有关。

54. A 话剧剧本的创作，要严格遵循时间和空间高度集中的原则。
B 据有关专家鉴定认为，这项科研成果已经达到了国际先进水平。
C 虽然我已经看过这部电影，但如果有时间的话，我还想再看一遍。
D 人需要被别人承认的需求是无止境的，越被人承认，幸福感就越强。

55. A 只有具备了较强的自学能力，才能掌握更多的知识。
B 写作的目的是让读者了解自己的真实想法和真实感情。
C 大会的主办方认真研究并听取了与会专家提出的意见和建议。
D 必然性和偶然性不仅互为依存，在一定条件下还会互相转化。

56. A 去趟西安，他就买了三件礼品回来。
B 生姜具有暖胃驱寒的功效，是很好的保健食材。
C 编钟是我国古代的一种乐器，历来多是用铜铸造而成。
D 只要有人，只要有生活，人性就会演绎出多彩的故事。

57. A 他答应是答应了，只是一直没有时间去办。
B 老所长的从警生涯，破获了许多大案要案。
C 考试开始半个小时后，就陆续有人做完交卷了。
D 生物学专家给大家讲了许多有关人类起源的知识。

58. A 在电视专题片《故宫》拍摄的过程中，文物专家严谨的治学态度给摄制组留下了深刻的印象。
B 峨眉山以优美的自然风光、悠久的佛教文化、丰富的动植物资源、独特的地质地貌而著称于世。
C 淮北钢铁集团采取了有效的节水措施，日用水量由去年同期的40吨下降为现在的10吨，整整下降了三倍。
D 荞麦具有降低毛细血管脆性、改善微循环、增强免疫力的作用，可用于高血压、高血脂、冠心病、中风等疾病的辅助治疗。

59. A 中国残疾人艺术团在香港演出的大型音乐舞蹈《我的梦》，广泛地得到了当地观众的好评。
B 科学绝不是一种自私自利的享乐。有幸能够致力于科学研究的人，首先应该拿自己的学识为人类服务。
C 张教授带着他的研究生，共走访了二十多个社区、近四百户家庭，获得了进行该项研究所需的第一手数据。
D 无论什么动物都不能像人那样会说话，即使是聪明的类人猿，也只不过是高兴时跳跳，生气时怒吼一番而已。

60. A 中国的传统文化，不仅体现在圣哲贤人的经典著作中，也体现在与之有着一定关联的民间文化里。
B 未成年人要注意文明上网，在网络的虚拟世界里不但要避免对坏人的警惕，还要遵守法律和道德规范。
C 企业有权在国家政策允许的范围内，通过增加生产、提高质量、扩大经营、降低物耗等途径来增加利润。
D 隋代开通大运河后，扬州成为中国东南地区政治、经济、文化活动的中心和国际交往、对外贸易的重要港埠。

第二部分

第61-70题：选词填空。

61. 在别人需要帮助时，伸出_______之手；而当别人帮助自己时，以真诚的微笑表达_______；当你悲伤时，有人会抽出时间来_______你等等，这些小小的细节都是一颗感恩的心。

A 帮忙　感动　探望　　B 帮助　感激　看望
C 支援　谢谢　慰问　　D 援助　感谢　安慰

62. 泰山是中国历史上唯一受过皇帝封禅的名山，同时泰山也是佛、道两教_______之地，是历代帝王朝拜之山。历代名人宗师对泰山亦仰慕备至，纷纷到此_______。历代_______泰山的诗词、歌赋多达一千余首。

A 发达　参加　赞扬　　B 兴旺　游览　表扬
C 兴盛　旅行　称赞　　D 发展　观察　赞颂

63. 天津泥人张彩塑是一种深得百姓喜爱的民间美术品。泥人张几代艺人的作品不仅在国内有着_______的影响和市场。每年到彩塑工作室参观的中外_______达百万人以上。同时，泥人张彩塑还走出国门与世界_______。

A 普通　旅客　交际　　B 广阔　客人　交换
C 广泛　游客　交流　　D 普遍　顾客　交往

64. 周庄镇为泽国，因河成街，_______一派古朴、明洁的幽静，是江南_______的"小桥、流水、人家"。由于水镇的四周都是小河，只有_______高高的拱桥，才能进到镇当中。所以镇子里至今不能走机动车，所以每到傍晚，水镇总是显得_______的寂静。

A 呈现　典型　通过　格外　　B 表现　新型　路过　尤其
C 显现　古典　过程　非常　　D 展现　典范　穿过　特别

65. 当生活变得干涸乏味，当饥渴的心灵＿＿＿＿必须要好好儿审视自己的时候，请试着＿＿＿＿下来倾听真实的愿望。让内心的声音自由表达关于幸福、美丽和＿＿＿＿的意义，体会生命之泉给心灵注入的希望和＿＿＿＿。

A 感到　寂静　理想　生机　　B 觉得　安静　梦想　活力
C 认为　宁静　想象　动力　　D 感觉　平静　幻想　力量

66. 啃老族又称“尼特族”，它的＿＿＿＿多半是因为儿时父母过于溺爱的行为而导致的。大多数啃老族们因为从小＿＿＿＿父母习惯了，失去了在生活中和社会上＿＿＿＿自理的能力，而且也养成了懒惰和只接受别人的劳动＿＿＿＿的习惯。

A 出现　依据　独自　后果　　B 出生　依靠　单独　成果
C 诞生　依赖　独立　果实　　D 发生　依托　亲自　结果

67. 与大自然的亲密接触，可以给予我们＿＿＿＿，诱发我们的想象，瀑布从高山上跳下，给了我们＿＿＿＿的震撼，也让我们＿＿＿＿人生，人生的美丽就在那一瞬间，把握人生，才能＿＿＿＿辉煌。

A 灵感　剧烈　思索　造成　　B 启发　强烈　思考　创造
C 启示　热烈　考虑　制造　　D 灵机　猛烈　思想　创作

68. 不是每个人都可以成为伟人，但每个人都可以成为内心强大的人。内心的强大，能够稀释＿＿＿＿痛苦和哀愁；内心的强大，能够有效弥补你外在的＿＿＿＿；内心的强大，能够让你＿＿＿＿地走在大路上，＿＿＿＿自己的思想高过所有的建筑和山峰！相信自己，找准自己的位置，你同样可以拥有一个有＿＿＿＿的人生。

A 全体　缺陷　无可奈何　感觉　意义
B 所有　缺点　无忧无虑　觉得　价钱
C 一切　不足　无所畏惧　感到　价值
D 全部　不够　迫不得已　感受　价格

69. 在这个世界上，受人______的是那些鲜花不断的成功者，可是，还有这样一种人。他们很平庸，因为他们的平庸，他们很少得到别人的________。要是哪天有人漫不经心地_______他们一句，他们也会乐得_______，让那些旁人无法理解。

A 关爱 赞成 赞扬 兴高采烈
B 关注 赞美 夸奖 心花怒放
C 关怀 赞同 表扬 兴致勃勃
D 关心 赞助 称赞 喜笑颜开

70. 端午节又称端阳节等，其历史可以追溯到两千多年前。_______大多数普通民众来说，人们习惯性认为端午是_______爱国诗人屈原的节日，端午节_______上源于我国远古的祭龙日，当时的人们________以龙的威慑力驱除所有的灾疫邪祟。此后端午节就以祛除病瘟、躲避兵鬼、驱邪禳灾的节日______传承下来。

A 关系 想念 其实 盼望 形态
B 关于 怀念 事实 期望 形状
C 对于 纪念 实际 希望 形式
D 有关 留念 现实 愿望 方式

第三部分

第71-80题：选句填空。

71-75.

一个农夫养了一只会说话的鹦鹉和一只会干活的牛，除这两件东西外，(71)________________。一次，牛从田地干活归来，汗流浃背，气喘吁吁，刚一进院，便躺在地上，站不起来了。它已疲惫不堪。鹦鹉见状，十分感慨地说："老牛呀，你那样吃苦受累，可主人夸过你了吗？还不是说你干活慢，有牛脾气。你呀，可真是受累不讨好呀，真可悲。你瞧我，不用干活，还让主人伺候着，主人还经常表扬我，说我真会说话，会学舌，太可爱了。你说我是不是比你聪明多了？你是否知道自己是个大傻瓜？"老牛说："我知道自己傻，但我相信主人不傻，靠漂亮话只能得宠一时，不能得宠一世。"鹦鹉听了老牛的话感到十分不悦。(72)________________。

夜里，农夫家里来了一伙强盗，他们抓住了农夫，逼迫农夫交出一件值钱的东西，(73)________________。鹦鹉看在眼里，心想，农夫最不喜欢老牛了，他肯定会把老牛交给强盗的。(74)________________，农夫将鹦鹉交给了强盗。鹦鹉不服气，它问农夫，为什么不把牛交给强盗？农夫说："其实这道理很简单，没有牛就不能耕田，我就得挨饿，甚至被饿死，而没有鹦鹉，(75)________________，无关紧要。"

A 可结果恰恰相反
B 否则就要杀死农夫
C 于是双方便都沉默了
D 家里再没有值钱的东西了
E 只不过少听一些漂亮话而已

76-80.

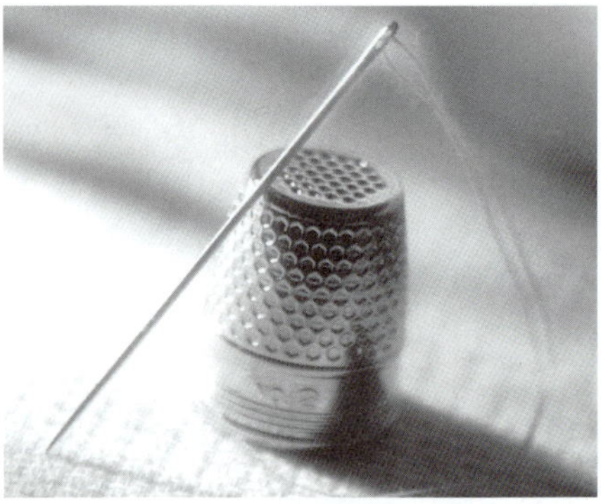

有个人不小心弄丢了针，实在找不到了，他突然看到家中放着的一根铁棒，于是，他突发灵感，拿着铁棒来到河边，找了块石头，(76)________。有一个路人从河边经过，看到他正在磨那么粗的一根铁棒，便很奇怪地问他想做什么，他抬起头说："我的针丢了，我要将这根铁棒磨成针。"路人说："这么粗的铁棒你要磨到何年何月啊？"他却说："只要功夫深，铁杵磨成针。"路人一下子被震撼了，(77)________。路人回去后，便将这个人要将铁棒磨成针的事情，向其他人绘声绘色地讲了。人们都对这个人肃然起敬。一下子，这个人出名了，成了人们学习的榜样。许多人专程从很远的地方跑到河边看他，(78)________。这个人便更得意，磨得也更起劲了。许多家长借此机会将孩子带到河边，指着磨铁棒的人说："看看人家，多么有恒心。"孩子们似懂非懂地看着满头大汗的磨杵人。

(79)________，甚至还有人把他的事迹编成戏曲到处传唱。事情很快传到一个智者的耳朵里，他沉思良久，决定亲自去见见这个磨铁棒的人。

智者来到河边，从身上拿出一根针，要换这个人的铁棒，这个人愤怒了，他站起身来吼道："我凭啥要换给你？你一根小小的针，居然就想换我这根铁棒，你不知道我正在磨针吗？"智者摇了摇头道："那我就不明白了，你无非是需要一根针，我用针和你换，你为何又不愿意呢？"这个人的脸一下子红了。智者继续说道："你所做的，无非就是一件像针一样小的事情，放着现成的针不用，(80)________，把一根好好儿的铁棒浪费掉，这样做，值得吗？"这个人的脸更红了。智者说："记住，当你只是需要一根针时，千万不要去磨铁棒。"

A 很起劲地磨了起来
B 还不停地为他打气
C 却非要耗费精力和时间
D 这个人磨铁棒的事越传越远
E 不由得被这个人的执著精神感动了

第四部分

第81-100题：请选出正确答案。

81-84.

献哈达是藏族人民最普遍的一种礼节，是向对方表达自己的纯洁、诚心、忠诚和尊敬。

哈达是一种生丝织品，也有用丝绸为料的。上等哈达织有莲花、宝瓶、伞盖、海螺等表示吉祥如意的各种隐花图案。哈达的质料，因经济条件不同而异，但人们并不计较质料的优劣，只要能表达主人的一片良好祝愿就行了。哈达的长短不一，长者一至二丈，短者三至五尺。藏族认为白色象征纯洁、吉利，所以，哈达一般是白色的。此外，还有颜色为蓝、白、黄、绿、红的五彩哈达。蓝色表示蓝天，白色是白云，绿色是江河水，红色是空间护法神，黄色象征大地。佛教教义解释五彩哈达是菩萨的服装，是献给菩萨和近亲时用的，是最珍贵的礼物。

哈达在不同情况下代表着不同的意义。佳节之日，人们互献哈达，表示祝贺节日愉快，生活幸福；婚礼上呈献哈达，意味着祝愿新婚夫妇恩爱如山、白头偕老；迎宾时奉献哈达，表示一片虔诚，祈祷菩萨保佑；葬礼上献哈达，是表示对死者的哀悼和对死者家属的安慰。

献哈达在西藏十分普遍，甚至人们互相通信时，也在信封内附上一条小哈达，以示祝福和问候。特别有趣的是，藏民出门时也随身带上几条哈达，以备在途中遇到久别的亲戚、朋友时使用。

81. 关于哈达，下面说法正确的是：

A 只能用生丝为料
B 表达了人们的祝福
C 质料决定贵重程度
D 是一种很高的礼节

82. 白色的哈达：

A 只献给女性　　B 质地是最好的
C 是最常见的种类　　D 一般三到五尺长

83. 彩色的哈达是最珍贵的礼物是因为：

A 象征着纯洁　　B 长短是一致的
C 比白色的更美观　　D 代表着菩萨的服装

84. 婚礼上献哈达意味着：

A 祝福和问候　　B 祈祷菩萨保佑
C 祝愿早得贵子　　D 祝福夫妻相爱

85-88.

悬崖上有一个鹰巢。一只老鹰生育了两只小鹰，一只长着黑爪，一只长着花爪。老鹰年纪大了，它感到自己随时都有可能死去。它想，必须抓紧一切时间，训练小鹰的飞翔本领，使它们尽快地独立生活。当小鹰长得大一些的时候，老鹰就鼓励小鹰展翅飞向对面的悬崖。老鹰对小鹰说，谁能飞到对面的悬崖上，谁就是一个成功者。在它的鼓励下，两只小鹰开始试飞。可是，小鹰总是飞出不远就跌到山谷里。老鹰便将它们抓上来，重新进行练习。几天以后，黑爪小鹰不再练习了。在它看来，由于年龄太小，根本不能飞到对面的悬崖。每一次飞翔，都是徒劳无功的。再说了，自己迟早会长大的，长大了自然就会飞翔了。所以，它放弃了飞翔。花爪小鹰一直没有放弃试飞。它觉得，只要自己不断地练习，总有一天会飞到对面悬崖上去的。由于它每天都在练习，所以摔得遍体鳞伤，有时连走路都很困难。遗憾的是，它一直没有成功，它反反复复地跌到山谷里。当然，每一次试飞都比上一次飞得更远一些，跌得更轻一些。花爪小鹰意识到，自己在不断地进步。这一天，老鹰把两只小鹰叫到自己身边。它说："我老了，以后不能照顾你们了。花爪小鹰是一个成功者，黑爪小鹰你要向它学习呀。"黑爪小鹰不解地问："飞到对面的悬崖上才算成功，但花爪小鹰没有飞到那里呀。"老鹰意味深长地说："成功是一种状态，而不是一种结果。"说完，它就死去了。

此时，一阵狂风袭来，乱石砸向了鹰巢，情况万分危急。花爪小鹰拍了拍翅膀，飞了起来，很快地转移到安全的地方。黑爪小鹰只能坐以待毙，不一会儿，可怜的黑爪小鹰被乱石击碎了头颅，随着鹰巢跌落到山谷里去了。

我们总是习惯把成功当成一种结果。事实上，成功在本质上是一种自强不息的状态，有了这样的状态，我们才会成为一名真正的强者。

85. 老鹰为什么要抓紧时间训练小鹰飞翔?

A 自己来日不多　　　　B 不想再照顾他们
C 生存受人类威胁　　　D 飞翔是最基本的本领

86. 下列哪项不是黑爪小鹰停止练习的原因?

A 摔得遍体鳞伤
B 觉得成功遥不可及
C 觉得自己年龄太小
D 认为飞翔不需要练习

87. 关于花爪小鹰，可以知道:

A 不会走路
B 意志很坚强
C 练习得很顺利
D 终于飞到对面了

88. 上文主要想告诉我们什么?

A 什么是成功
B 不能安于现状
C 怎样才能成功
D 过程比结果更重要

89-92.

有一位商人，他最早是子承父业做珠宝生意的，可是他缺乏父亲对珠宝行业的明察秋毫，没有几年，就把父亲交给他的全城最大的珠宝商场赔光了。他认为自己不是缺乏经商的才干，而是珠宝行业投资太大，技术性太强，风险太大。他决定改行做服装商。他认为服装行业周期短，而且不需要太大的专业学问，肯定能成功。于是，他变卖了仅有的一些家产，开了一家服装店。事情过了3年，他的服装店已经再也没有资金进新款衣服了，已有的衣服也因价格高于相邻商家而无人问津。他失败了。他意识到他不适于更新太快的服装市场。当他以为这是一种新款式时，其实它已开始被淘汰了，他总是跟随流行的尾巴。

后来，他又尝试做了化妆品生意、钟表生意、印染生意，都无一例外地失败了。这个时候，他已经52岁。从父亲交给他珠宝生意至今，25年的宝贵年华被失败占满。灰白的双鬓使他相信，他没有丝毫经商的才能。他盘算了自己的家产，所有的钱仅够买一块离城很远的墓地。他彻底绝望了。既然自己没有能力创造财富了，就买块墓地给自己留着，等到哪一天一命归西，也算有个归宿。

这是一块极其荒僻的土地，离城有5公里远。有钱的人，甚至一些穷人也不买这样的墓地。可是，奇迹发生了，就在他办完这块墓地产权手续后的第15天，这座城市公布了一项建设环城高速路的规划，他的这块墓地恰恰处在环城路内侧，紧靠一个十字路口。道路两旁的土地一夜之间身价倍增，他的这块墓地更是涨了一百多倍。他做梦也没想到他靠这块墓地发财了。他蓦然顿悟，自己为何不做房地产生意呢？说做就做。他卖了这块墓地，又购买了一些他认为有升值潜力的土地。仅仅过了5年，他成为全城最大的房地产商。

这位商人给人的启示是深刻的。一个小小的机遇，可以改变一个人的命运，有很多时候，机遇就在前方等待着，关键的是要耐心地等待和发现。我们经常遇到这样的事，一个人为一个目标苦苦守候了许多年，他后来实在坚持不住了，就不再等候了。结果，他刚走，那个目标就出现了。有很多人努力了半辈子也没有成功，就自动放弃了。其实，这个时候，成功离他只有一步之遥了。

89. 商人的珠宝生意为什么会失败?

A 没有技术　　B 没有好眼光
C 经商能力不足　　D 卖珠宝风险大

90. 关于商人，可以知道:

A 不专一　　B 换过很多行业
C 对服装很有研究　　D 不喜欢做生意

91. 商人买的那块墓地:

A 很大　　B 离城很近
C 升值很快　　D 风水很好

92. 上文主要想告诉我们什么?

A 好眼光非常重要
B 要学会适当地放弃
C 不劳而获是可耻的
D 机遇需要耐心等候

93-96.

酒从发明至今，已经历了由家庭院落到辐射方圆百里的作坊，再到工业生产扩展至全球每个角落的巨大变迁。中国酒类企业的工业化、规模化程度越来越高。2008年，中国白酒产量达到569.3万吨。同年，茅台酒也创出历史最好成绩，当年产量达到2万吨。在英国《金融时报》发布的2008年全球上市公司500强企业排行榜中，贵州茅台酒有限公司榜上有名，列全球500强企业第363位，在全球饮料行业排名第九位，成为此次中国饮料行业唯一上榜企业。

茅台酒只能在贵州茅台镇这个地方生产。30多年前，周总理给国务院副总理方毅下达了一个任务，叫他复制茅台。方毅带了一批人把茅台酒的所有流程、工序、设备和制酒的老师傅都带走了，甚至连酒厂的灰尘也装了一箱子带走（据说里面有丰富的微生物，是制造茅台酒所必需的），在附近到处找，找了50个地方，最后在遵义找到了一个山清水秀、没有工业污染的地方，把茅台酒的流程工序全部展开，用当地非常纯净的水，加上灰尘中的微生物，重新制作，一共进行了9个周期、69次实验，直到1985年宣布失败。为什么失败？因为茅台酒离开了那个地方，微生物就不一样，造出来的酒也不一样。最后，周恩来总理特批的酒叫什么酒？叫珍酒，这个酒也不错，但它不是茅台。

我们所看到的好酒，包括洋河、五粮液、剑南春、泸州老窖、茅台等等，都是有历史的。只有靠历史不断的积累才能找到这种香料，而且这种香料一定只有这个地区才会出产。比如洋河大曲把过去的单粮改成了多粮。再比如五粮液，所谓五粮液就是指用五种粮食酿制而成，其中有一种是荞麦，后来发现荞麦的味道有点苦，所以改成了小麦。不管怎么样，所有酒厂的研发都必须围绕着历史所赋予你的这些微生物进行。如果历史给你的微生物是这些，你就只能在这些微生物的身上做研发，你不能离开这个工厂，也不能离开这些微生物，因为这些微生物是老祖宗留给我们的。所有酒厂的研发都必须在历史和地理的基础之上进行才有价值。

93. 酒发明至今：

A 品种很多　　B 工业化程度很高
C 已有数千年历史　　D 已成为一种文化

94. 关于珍酒，可以知道：

A 产地在遵义
B 由方毅命名
C 口味跟茅台一样
D 造酒用水来自茅台镇

95. 为什么复制茅台酒会失败？

A 设备落后
B 酿酒技术差
C 酿酒工序不同
D 微生物发生变化

96. 上文主要介绍了什么？

A 酒文化
B 茅台酒的历史
C 酒的种类
D 微生物与酿酒

97-100.

刘炳龙在一家公司当总经理助理。他经常提出一些很有价值的管理建议，但一直得不到总经理的重视。他感到自己的才华得不到施展，干脆辞职了，去应聘另一家公司总经理助理的职位。凭着他丰富的工作经验和过硬的专业知识，刘炳龙一路过关斩将，从众多应聘者中脱颖而出，与另外两个人，一起进入最后一轮测试。

最后一轮测试，是由总经理亲自把关的面试。面试前，三个人得到通知，第二天上午八点，各人带一份A4纸打印的10个页码的个人简历。开始应聘时就递了简历，不知道总经理为什么又要看简历？刘炳龙有些纳闷，不过，他还是作了精心的准备。刘炳龙是最后一个接受总经理面试的人。他走进总经理办公室，交上简历，总经理也不和他说话，只是翻开简历，很认真地看起来。过了好长一段时间，总经理把简历往桌上一扔，对刘炳龙说："你的简历，比前两个人做得好，可惜你还是有一处小小的错误，这个页码应该是9，但你写的是8。我是个重视细节的人，我要从你们的简历中，看出谁的简历做得最规范，纰漏最少，就录用谁。"

刘炳龙从怀里又掏出一份简历，递给总经理，平静地说："您把这一份简历与刚才那份对照一下，看还有没有纰漏？"总经理拿起简历，很快发现两份简历几乎完全一样，唯一不同的是，后递上来的简历把刚才那个唯一的纰漏订正了。"既然你知道这份简历更完美，为什么一开始不交上来？"总经理大惑不解地问。"到你们这里应聘之前，我在另一家公司做总经理助理，薪水很不错，比你们开的高。为什么要辞职呢？因为我的建议得不到重视，我的管理思路得不到实现。我希望在新的工作岗位上，能够实现我的价值。与您一样，我也是个重细节的人，简历先交上这一份，如果您没发现那处纰漏，我会让您找出来，看您要用多长时间。"总经理打断刘炳龙的话说："我明白了，你带两份简历的目的，其实是为了面试我。""可以这么说吧。"刘炳龙笑着伸出一只手，"我想我们彼此都应该很满意。"

97. 刘炳龙为什么要辞职？

A 待遇不好　　B 得罪了总经理

C 没有升职机会　　D 不能实现自我价值

98. 刘炳龙为什么会感到纳闷?

A 自己最后面试
B 总经理亲自面试
C 总经理发现了错误
D 总经理要求重交简历

99. 总经理最后一轮面试录用标准是什么?

A 综合能力
B 工作经验
C 专业知识
D 简历有无错误

100. 刘炳龙带两份简历的目的是:

A 留着备用
B 测试总经理
C 总经理要求的
D 表现自己的能力

정답 및 풀이 – 해설서 p. 162

第一部分

第51-60题：请选出有语病的一项。

51. A 我们宁可多绕点路，也不能践踏地里的庄稼。
B 他虽然已经超越了别人，那么，今后的任务就是超越自我了。
C 我们只有领略到书中的精华，才能够体会到读书的乐趣所在。
D 整个乡村万籁俱寂，临近的屋子都熄了灯，月光是那么明亮。

52. A 经过昨夜的一场大雨，使早晨的空气清新了许多。
B 科学在现象中所寻求的远不止是相似性，还有秩序。
C 这处历史遗迹，就像是一个向导，把我们带进了悠远的历史之中。
D 壶口瀑布以其排山倒海的独特雄姿著称于世，是世界上最大的黄色瀑布。

53. A 自然灾害是地质史上前五次物种大灭绝的主要原因。
B 他刚从学校进入社会，缺乏社会经验，难免不犯错误。
C 胎儿从第五个星期开始便有了比较复杂的生理反射机能。
D 人民币汇率问题并不单纯是经济问题，还得从国际政治的角度来思考。

54. A 大熊猫是中国的国宝，也是世界上有名的珍稀动物。
B 中国皮影戏以其惊人的艺术魅力曾使无数人为之倾倒。
C 李白在其一生中创作了许多永垂不朽的浪漫主义诗篇。
D 当一杯水中的冰块融化的时候，杯里的水面并不会上升。

55. A 学习一门语言，不能仅凭小聪明，一定要下苦工夫。
B 一篇小说，要想得到读者的认可，得要看它是否立足于现实。
C 夏天的橘子洲，林木葱茏，凉风习习，真是纳凉避暑的好去处。
D 与世界上其他国家一样，中国的小说也是从神话传说开始发展的。

56. A 人们常常在意自己失去了什么，而忽略自己拥有了什么。
B 煮熟的鸡蛋可旋转着直立起来，而生蛋或夹生蛋则不能。
C 老年痴呆症会让人丧失所有记忆，甚至与亲人也形同陌路。
D 摇滚乐那快速变化的音乐节奏和闪烁不定的灯光效果，让人听得兴奋异常。

57. A 研究所的科研人员为新品种的研发付出了大量的心血。
B 位于浙江省淳安县境内的千岛湖，是世界上岛屿最多的湖。
C 他没有听从导师的建议，对论文的观点加以修改，影响了论文的水平。
D 隋唐时期是中国南北重新统一的时期，也是汉文化发展最鼎盛的时代。

58. A 花语，是用花来表达人的语言，表示人的某种感情或愿望。它由一定的社会历史条件逐渐形成而为大众所公认。
B 梦能常告诉我们一些醒着不能遇到的事情，并且在未知世界前启发我们，使我们在长期的生活实践中迸发出难以预料的创造力。
C 春节期间，一只在中国土生土长的小羊风头正劲，吸引了电影界、电视界、文学界、传媒界、玩具界、音像界等各路专家的目光。
D 心理学家的研究结果表明，地理气候条件对人的性格形成有较大影响，特别是对同一地区、同一民族共同性格特征的形成影响较大。

59. A 动物的脂肪大都呈蛋黄色，唯独鳄鱼的脂肪是绿色。
B 看见桌上放着的毕业照，我不禁回忆起了从前的往事。
C 当人们试图把个体特征抽象为整体特征时，很容易犯以偏概全的错误。
D 近日，江苏省启动了旨在提高全民环保意识的“绿色企业环保宣言”活动。

60. A 周庄环境幽静，建筑古朴，虽历经九百多年沧桑，仍完整地保存着原来的水乡集镇的建筑风貌。
B 幸福是一个人在一定的社会关系中，对生活产生的种种愉快、欣慰的感受，以及对人生意义的理解。
C 这环绕北京的城墙，虽然主要是为防御而设，但从艺术的观点来看，它是一件气魄雄伟、精神壮丽的杰作。
D 任何一种文明的发展都是与其他文明融合、交流、碰撞的过程，完全封闭的环境不可能带来文明的进步，只会导致文明的衰落。

第二部分

第61-70题：选词填空。

61. 中秋节是仅次于春节的第二大传统节日。为传承民族文化，增强民族______力，中秋节______被列为中国法定节假日。中秋时祭月，在我国也是一种十分古老的______。

A 聚集　过去　习惯　　B 凝聚　已经　习俗
C 团结　目前　风气　　D 合作　曾经　风俗

62. 只要有工作，压力就会存在，它其实是你工作中无法________的组成部分。压力大与小，能不能________与舒解，关键在于面对压力时，你自己的心态与______的方法。

A 躲避　感受　响应　　B 避免　接受　应酬
C 回避　承受　应对　　D 隐藏　承担　对付

63. 成大事的人，最重要的秘诀之一就是勇于开拓创新。创新需要以一定的知识为______，但只有知识是远远不够的。知识只有在人脑的______下才能够创造价值，而那些善于在______的生活中运用小点子的人往往能够成就大事。

A 基础　利用　平凡　　B 基本　采用　平常
C 基地　应用　普通　　D 根基　运用　一般

64. 天坛位于北京城南端，是明清两代皇帝祭祀天地之神和祈祷五谷丰收的地方。它的严谨的______布局，______的建筑结构，瑰丽的建筑______，被认为是我国现存的一组最________，最美丽的古建筑群，天坛不仅是中国古建筑中的明珠，也是世界建筑史上的瑰宝。

A 修建　奇怪　装扮　精细　　B 建筑　奇特　装饰　精致
C 建设　奇妙　装修　优美　　D 建造　神奇　装备　精美

65. 民间的冰灯节，是在春节和元宵节期间________，一般都是将一家一户自制的冰灯摆放到自己的院子里，不________展出。随着乡村人民生活水平的提高，文化娱乐活动规模的________，也有在村子的广场或娱乐场所搞冰灯制作比赛活动的。这种活动，给乡村_______了浓郁的节日气氛。

A 举办 聚集 扩充 增添　　B 举行 集合 扩张 增进
C 进行 集中 扩大 增加　　D 进展 集体 扩展 增长

66. 20世纪90年代后，随着经济的加快发展，环境污染和生态恶化总体上日益加剧，长期积累的环境危机________呈现，人民群众的身体健康和生命财产受到________。生态环境保护问题，________地摆在了我们每一个人的面前。_______生态环境是我们每一个人应尽的义务。

A 逐年 危害 急不可待 保卫
B 逐渐 着急 刻不容缓 维护
C 渐渐 危险 燃眉之急 爱护
D 逐步 威胁 迫在眉睫 保护

67. 热情的人非常受人欢迎，因为热情的品质_______了许多的个人内容，它让人们________到与之相关的其他优良品质和特性，这正是“光环效应”的反映。________我们被热情所吸引，我们就会认为热情的人________、积极、乐观。

A 含有 联系 由于 诚实　　B 包括 联合 要是 诚恳
C 包含 联想 一旦 真诚　　D 包涵 联络 如果 老实

68. 人对文化生活的兴趣各异，在_______一定的文化活动时，除享受娱乐之外，还会在思想、_______和心理上受到影响，品德性情上_______陶冶。这种作用是_______的，在短时间内不易觉察。

A 加入 神情 忍受 难能可贵
B 参与 情绪 经受 潜移默化
C 参加 情感 接受 家喻户晓
D 参谋 心情 感受 一举两得

69．每个人，只要能诚诚恳恳，去做他最_______的事就对了。当你写了一本好书，帮别人做了一个_______的发型，完成了一项_______的任务，在使得别人得到快乐的_______，也让自己_______了一个具有吸引力的人，这就是一种精彩。

A 兴趣 美丽 艰苦 时刻 成为
B 爱好 美观 艰难 时候 转变
C 喜欢 好看 困难 同期 变化
D 喜爱 漂亮 艰巨 同时 变成

70．很多人之所以深受人喜爱，在很大_______上归功于善于辞令。口才好的人最容易给人留下_______的第一印象。优雅的谈吐可以使自己广受_______，更有助于事业的_______。

A 可能 刻骨 迎接 成绩
B 意义 深入 重视 成就
C 程度 深刻 欢迎 成功
D 水平 深远 注重 胜利

第 三 部 分

第71-80题：选句填空。

71-75.

肺鱼不但可以像其他鱼类那样用鳃呼吸，还有一种特殊的本领，那就是靠肺在空气中直接进行呼吸，因此被称为肺鱼。肺鱼大多生活在人烟稀少的沼泽地带，(71)________________，它们的肺就派上用场了。每当旱季到来，水源枯竭的时候，肺鱼就将自己藏匿于淤泥之中。它们巧妙地在淤泥中构筑泥屋，(72)________________。它们就这样使身体始终保持湿润，在泥屋中养精蓄锐。数月后，雨季来临，泥屋便会在雨水的浸润冲刷下土崩瓦解，肺鱼又重新回到有水的天地。

最近，科学家发现，当地的土著人居然拿肺鱼当美食。他们在旱季出发，来到肺鱼生活的沼泽地。这时，沼泽地里到处布满了泥屋，(73)________________。土著人就这样轻而易举地将肺鱼捉住了。但他们并不立即将肺鱼煮着吃，(74)________________，等体内的脏东西都吐出来了，再将肺鱼放在早就用白水以及各种调料和好的面糊里，肺鱼以为旱季到了，便将面糊做成面屋将自己包裹起来。这时，土著人便可以将肺鱼连同它的“泥屋”一起烤熟后再吃。据说肺鱼自己构筑的面屋因为充分渗入了肺鱼的黏液，(75)________________。千百年来，肺鱼靠构筑泥屋成功地熬过了残酷的旱季，但它们想不明白，为什么没有逃脱被土著人吃掉的命运。其实，正是这种一成不变的成功模式让它们断送了自己的性命。

A 故而味道十分鲜美
B 仅在相应的地方开一个呼吸孔
C 几乎每间泥屋都藏着一条肺鱼
D 而是先用一盆清水将肺鱼养几天
E 一旦栖息地水质发生变化或沼泽干涸

76-80.

驯鹿和狼之间存在着一种非常独特的关系，它们在同一个地方出生，又一同奔跑在自然环境极为恶劣的旷野上。大多数时候，它们相安无事地在同一个地方活动，狼不骚扰鹿群，驯鹿也不害怕狼。在这看似和平安闲的时候，狼会突然向鹿群发动袭击。驯鹿惊愕而迅速地逃窜，(76)________________。狼群早已盯准了目标，在这追和逃的游戏里，(77)________________，以迅雷不及掩耳之势抓破一只驯鹿的腿。

游戏结束了，没有一只驯鹿牺牲，狼也没有得到一点食物。第二天，(78)________________，依然从斜刺里冲出一只狼，依然抓伤那只已经受伤的驯鹿。每次都是不同的狼从不同的地方窜出来做猎手，攻击的却只是那一只鹿。可怜的驯鹿旧伤未愈又添新伤，(79)________________，更为严重的是它逐渐丧失了反抗的意志。当它越来越虚弱，已不会对狼构成威胁时，狼便群起而攻之，美美地饱餐一顿。其实，狼是无法对驯鹿构成威胁的，因为身材高大的驯鹿可以一蹄把身材矮小的狼踢死或踢伤，可为什么到最后驯鹿却成了狼的腹中之食呢？狼是绝顶聪明的，它一次次抓伤同一只驯鹿，让那只驯鹿一次次被失败击得信心全无，(80)________________，已忘了自己其实是个强者，忘了自己还有反抗的能力。当狼群攻击它时，它已没有勇气奋力一搏了。真正打败驯鹿的是它自己，它的敌人不是凶残的狼，而是自己脆弱的心灵。

A 到最后它完全崩溃了
B 同样的一幕再次上演
C 逐渐丧失大量的血和力气
D 同时又聚成一群以确保安全
E 会有一只狼冷不防地从斜刺里窜出

第四部分

第81-100题：请选出正确答案。

81-84.

这是一个规模很小的食品公司，生产资金只有十几万。但老总却很有信心，在单位的文化墙上写着要做这座城市辣酱第一品牌的豪言壮语，时刻激励着员工的信心。辣酱上市之前，老总寻思着给辣酱做宣传广告。他本来想在这座城市某个热闹的街头租一个超大的、显眼的广告牌，标上他们的产品，让所有从这里走过的人一下子都能注意它，并从此认识他们的辣酱。但是当他和广告公司接触后，才发现市中心广告位的价格远远高于他的想象，他那小小的企业承担不起这天价的广告费。可是他并没有失望，而是不停地到处打探，试图能发掘出哪里有便宜而且实惠的广告位置。经过反复寻找，他终于看好一个城门路口的广告牌。那里是一个十字路口，车辆川流不息，但有一点遗憾就是，路人行色匆匆，眼睛只顾盯着红绿灯和疾驶的车辆。在这里做广告很难保证有很好的效果。打探了一下价格，几万元。老总却很满意，于是就租了下来。

对于老总这个举措，员工们纷纷提出质疑，但老总只是笑而不答，仿佛一切成竹在胸。旧广告很快撤下来，员工们以为第二天就能看到他们的辣酱广告了。然而，第二天，员工们看到广告牌上根本就没有他们的辣酱广告，上面赫然写着："好位置，当然只等贵客。此广告招租88万/全年。"天哪，这样的价格该是这座城市最贵的广告位了吧。天价招牌的冲击力似乎毋庸置疑，每个从这里路过的人似乎都不自觉地停住脚步看上一眼。口耳相传，渐渐地，很多人都知道了这个十字路口上有个贵得离谱的广告位虚席以待，甚至当地报纸都给予了极大关注。一个月后，"爽口"牌辣酱的广告登了上去。辣酱厂的员工终于明白了老总的心计，无不交口称赞。辣酱的市场迅速打开，因为那"88万/全年"的广告价格早已家喻户晓。"爽口"牌辣酱成为这座城市的知名品牌。

81. 老总原来准备怎样进行宣传?

A 做电视广告
B 在闹市区做广告
C 在报纸上登广告
D 租十字路口的广告牌

82. 老总经过不断寻找，终于发现:

A 一块天价广告牌
B 一个满意的广告位置
C 一块市中心的广告牌
D 一个便宜的广告版面

83. 为什么很多人会关注老总租下的广告牌?

A 位置好
B 价位奇高
C 设计独特
D 报纸报道了

84. 上文主要想告诉我们什么?

A 要以质取胜
B 酒香也怕巷子深
C 遇到困难不要气馁
D 智慧能让财富增值

85-88.

控制紧张情绪的最佳做法是选择你有所了解并感兴趣的话题。当众演讲的人不会使自己接受一个自己漠不关心的话题。不中意的话题几乎肯定会造成讲演时的紧张不安。同样道理，选择你熟知并确实感兴趣的话题则会为成功的演讲奠定基础。

其次，给自己足够的时间做充分准备。勿使自己被动不堪，毫无余地，以至必须在一两个小时内做完所有准备工作——查找资料、组织讲稿、撰写提纲、练习演讲，这几乎肯定会使你的演讲失败，并将挫败你的信心。反之，如果在正式演讲前一个星期内你每天都做些准备工作的话，你就不会感到压力那么大，信心也会增强。留出足够时间做充分准备还包括要有足够的时间进行练习。如果体育运动能对我们有所教益的话，那么这教益便是，精心的准备能够使运动员获得成功。在实力相当的竞争对手中，哪一个运动队做好了心理和体力上的准备，哪个队就能赢得比赛。在这一点上，演讲与体育运动毫无区别。如果你做了精心准备和认真练习，你的演讲将会使你感到自豪。

除了在演讲前你能够做的准备外，在演讲时你还能做些别的来减轻恐惧感。研究表明，在你即将走上台开始讲话的那段时间里，在你第一次与听众接触的那一刻，你的恐惧感最为强烈。无论你第几个演讲，你至少还可做一件事来自我放松。不要把时间花在考虑自身状态和自己的演讲上。这时，你应把注意力转移到别的事情上。努力倾听你前面每一个人的讲演，专心致志于每一位演讲者的讲话内容，等轮到你上台时，你就不会过分紧张了。

85. 根据上文，控制紧张情绪的最好方法在于：

A 话题的选择　　B 平时的练习
C 准备得是否充分　　D 进行心理暗示

86. 根据上文，注定演讲失败的原因是什么？

A 恐惧感　　B 时间很仓促
C 心理素质不好　　D 没有经过训练

87. 演讲前怎样才能使自己放松?

A 做运动　　B 做深呼吸

C 多做准备　　D 转移注意力

88. 最适合做上文标题的是:

A 培养你的自信心

B 善于倾听你的对手

C 怎样消除紧张情绪

D 教你如何准备演讲

89-92.

在闽西南苍苍茫茫的崇山峻岭之中，点缀着数以千计的圆形土楼，充满神奇的山寨气息。这就是被誉为“世界民居奇葩”、世上独一无二的神话般的山区建筑模式的客家人民居。他们的居住地大多在偏僻、边远的山区，为了防卫盗匪的骚扰和土著的排挤，便营造“抵御性”的营垒式住宅，并不断进步发展，在土中掺石灰，用糯米饭、鸡蛋清做黏合剂，以竹片、木条作筋骨，夯筑起墙厚1米、高15米以上的土楼。它们大多为三至六层楼，100至200多间房如柑瓣状均匀布列各层，宏伟壮观。大部分土楼历经两三百甚至五六百年的地震撼动、风雨侵蚀以及炮火攻击而安然无恙，显示了传统技术文化的魅力。客家先民们崇尚圆形，把圆形当天体之神来崇拜。

主人认为圆是吉祥、幸福和安宁的象征，这些都体现了土楼人家的民俗文化。圆墙的房屋均按八卦形布局排列，卦与卦之间设有防火墙，整齐划一，充分显示它突出的内向性、强烈的向心力、惊人的统一性。客家人在治家、处事、待人、立身等方面无不体现儒家的思想及其文化特征。有一座土楼，先辈希望子孙和睦相处，以和为贵，便用正楷大字写成对联刻在大门上：“承前祖德勤和俭，启后子孙读与耕。”强调了儒家立身的道德规范。楼内房间大小一模一样，他们不分贫富、贵贱，每户人家均等分到底层至高层各一间房，各层房屋的用途达到惊人的统一，底层是厨房兼饭堂，二层当贮仓，三层以上作卧室，两三百人聚居一楼，秩序井然，毫无混乱。土楼内所存在的儒家文化遗风，让人感到中华民族传统文化的蒂固根深。

89. 客家人为什么要建营垒式住宅？

A 很壮观　　B 很神秘
C 结构简单　　D 比较安全

90. 关于土楼，可以知道：

A 很坚固　　B 技术先进
C 用竹片建造　　D 用水泥做粘合剂

91. 关于土楼建筑所体现出的客家人精神，下面哪项不正确？

A 团结　　B 平等
C 和平　　D 自由

92. 上文主要介绍了：

A 客家建筑和文化
B 客家建筑的特点
C 怎样保护客家建筑
D 土楼是怎样建筑的

93-96.

有两家豆腐店，一家叫“潘记”，另一家叫“张记”。刚开始，“潘记”生意十分兴隆。潘记的特点是：豆腐做得很结实，口感好，给的量特别大。相比之下，张记老豆腐就不一样了，首先是豆腐做得软，软得像汤汁，不成形状；其次是给的豆腐少，加的汤多，一碗老豆腐半碗多汤。有一段时间，张记的门前冷冷清清。有一天早上，我来到张记的豆腐店。吃完了一碗老豆腐，老板走过来，笑着问我豆腐怎么样。我实话实说：“味道还行，就是豆腐有点软。”老板笑了笑，竟有几分满意的样子。我说：“你怎么不学学潘记呢？”老板看着我说：“学他什么呀？”我说：“把豆腐做得结实一点呀！”老板反问我：“我为什么要学他呢？”沉思了一下，老板自我解释说：“我知道了，你是说，来我这边吃豆腐的人少，是吗？”我点点头。老板建议我两个月以后再来，看看是不是会有变化。

大概一个多月后，张记的门前居然真的排起了长队。我很好奇，也排队买了一碗，看看碗里的豆腐，仍然是稀稀的汤汁，和以前没什么两样，吃起来，也是从前的味道。老板脸上仍然挂着憨厚的笑，我也笑着问：“能告诉我这其中的秘诀吗？”老板说：“其实，我和潘记的老板是师兄弟。”我有些惊讶：“那你们做的豆腐不一样呀？”老板说：“是不一样。我师兄——潘记做的豆腐确实好，我真比不上；但我的豆腐汤是加入好几种骨头，再配上调料，再经过12个小时熬制而成，师兄在这方面就不如我了。”见我还有些不解，老板继续解释：“这是我师傅特意传授给我们的。师傅说，生意要想长远，就必须有自己的特长。师傅还告诉我们，‘吃’的生意最难做，人的口味是不断变化的，即使是山珍海味，经常吃也会烦，因此师傅传给我们不同的手艺。这样，人们吃腻了我师兄的豆腐，就会到我这里来喝汤。”我试探地问：“你难道就不想跟师兄学做豆腐么？”老板却说：“师傅告诉我们，能做精一件事就不容易了。有时候，你想样样精，结果样样差。”

93. 关于张记豆腐，可以知道：

A 汤料好　　　　B 汤很少

C 可能会关门　　D 豆腐味道差

94. 一个多月后，“我”发现：

A 潘记的豆腐变软了　　B 张记豆腐生意好了
C 张记豆腐味道变了　　D 潘记生意特别差

95. 师傅为什么传给他们不同的手艺？

A 众口难调　　B 形成互补
C 因材施教　　D 个人兴趣不同

96. 上文主要想告诉我们什么：

A 特长越多越好　　B 术业有专攻
C 要有自己的理想　　D 成功离不开自信

97-100.

常常能听到这样的一种说法："人的脑子用多了，会死掉许多脑细胞。""人脑多用了会笨。"这种说法是没有科学道理的。事实上，人的机体的各个部位，几乎都是越用越健康，脑子也是一样。让我们先来看一个数据：经科学家研究证明，人的大脑皮层大约有140亿个神经细胞，也叫神经元。这么多数量的脑细胞，对一个人的一生来说足够足够了。有人计算过，如果一个人活到100岁的话，经常运用的脑神经细胞只不过10亿多个，还有80~90%的脑神经细胞没动用。所以，根本不会有什么"脑子多用会笨"的事情。"生命在于运动"，这是生物界的一个普遍规律。人的机体，用则灵，不用则衰。脑子用得勤的人，肯定聪明。因为这些勤于用脑的人，脑血管经常处于舒展的状态，脑神经细胞会得到很好的保养，从而使大脑更加发达，避免了大脑的早衰。

相反，那些懒于用脑思考的人，由于大脑受到的信息刺激比较少，甚至没有，大脑很可能就会早衰。这跟一架机器一样，搁在那里不用就要生锈，经常运转就很润滑。国外就有过这样的研究，科学家观察了一定数量的20~70岁的人，发现长期从事脑力劳动的人，到了60岁时仍能保持敏捷的思维能力，而在那些终日无所事事、得过且过的懒人当中，大脑早衰者的比例大大高于前者。除懂得脑子多用只会聪明不会笨的道理以外，我们还应该了解"多用脑，可防老"的道理。这对老年人来讲尤为重要。我们常说，大脑是人体的司令部，如果大脑迟钝了，身体各器官的生理功能当然也不会旺盛。所以，保持大脑的活力，就能促进其他机体、器官保持活力；大脑如早衰，也会影响其他机体、器官的早衰。老年人的健康状况，往往是生理、心理、环境等因素互相影响的结果，老年人保持着勤于用脑的好习惯，就会有一种很好的心理状态，可以使自己的生活、精神充满活力。"勤于用脑，延缓衰老"，这个道理是很科学的。老年人如此，何况我们青少年呢？

97. 根据上文，人如果活到100岁，只会运用多少神经细胞？

A 80%　　　B 20%左右

C 将近10%　　　D 超过30%

98. 根据上文，勤于用脑肯定聪明的原因是：

A 神经细胞很活跃
B 神经细胞得到保养
C 大脑不断受到刺激
D 神经细胞使用得多

99. 关于勤于用脑，下列哪项不正确？

A 可以促进器官保持活力
B 可以提高人体的抵抗力
C 可以保持敏捷的思维能力
D 可以保持良好的心理状态

100. 上文主要介绍：

A 多用脑的好处
B 怎样防止衰老
C 大脑早衰的原因
D 大脑早衰的影响

정답 및 풀이 – 해설서 p. 183

동양북스 추천 교재

기타외국어 교재의 최강자, 동양북스 추천 교재

중고급 학습

첫걸음 끝내고 보는
프랑스어
중고급의 모든 것

첫걸음 끝내고 보는
스페인어
중고급의 모든 것

첫걸음 끝내고 보는
독일어
중고급의 모든 것

첫걸음 끝내고 보는
태국어
중고급의 모든 것

단 어 장

버전업! 가장 쉬운
프랑스어 단어장

버전업! 가장 쉬운
스페인어 단어장

버전업! 가장 쉬운
독일어 단어장

여행 회화

NEW 후다닥
여행 중국어

NEW 후다닥
여행 일본어

NEW 후다닥
여행 영어

NEW 후다닥
여행 독일어

NEW 후다닥
여행 프랑스어

NEW 후다닥
여행 스페인어

NEW 후다닥
여행 베트남어

NEW 후다닥
여행 태국어

수험서 · 교재

한 권으로 끝내는 DELE
어휘 · 쓰기 · 관용구편 (B2~C1)

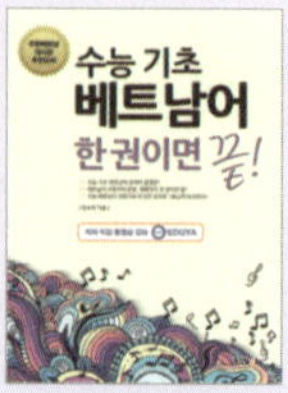

수능 기초 베트남어
한 권이면 끝!

버전업! 스마트 프랑스어

www.dongyangbooks.com

새로운 도서, 다양한 자료 동양북스 홈페이지에서 만나보세요!

홈페이지 활용하여 외국어 실력 두 배 늘리기!

홈페이지 이렇게 활용해보세요!

1 도서 자료실에서 학습자료 및 MP3 무료 다운로드!

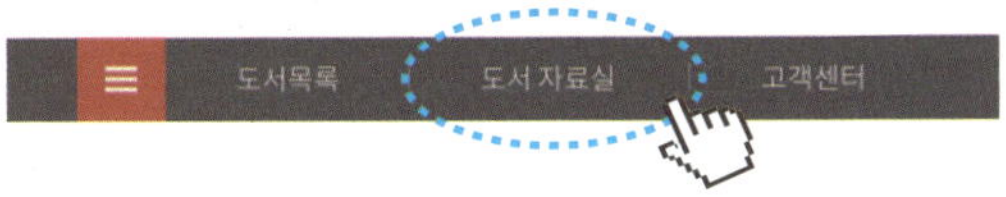

❶ 도서 자료실 클릭
❷ 검색어 입력
❸ MP3, 정답과 해설, 부가자료 등 첨부파일 다운로드

* 원하는 자료가 없는 경우 '요청하기' 클릭!

2 동영상 강의를 어디서나 쉽게! 외국어부터 바둑까지!

500만 독자가 선택한

가장 쉬운
독학 일본어 첫걸음
14,000원

가장 쉬운
독학 중국어 첫걸음
14,000원

가장 쉬운
독학 베트남어 첫걸음
15,000원

가장 쉬운
독학 스페인어 첫걸음
15,000원

가장 쉬운
프랑스어 첫걸음의 모든 것
17,000원

가장 쉬운
독일어 첫걸음의 모든 것
18,000원

가장 쉬운
스페인어 첫걸음의 모든 것
14,500원

버전업! 가장 쉬운
베트남어 첫걸음
16,000원

버전업! 가장 쉬운
태국어 첫걸음
16,800원

첫걸음 베스트 1위!

가장 쉬운
러시아어 첫걸음의 모든 것
16,000원

가장 쉬운
이탈리아어 첫걸음의 모든 것
17,500원

가장 쉬운
포르투갈어 첫걸음의 모든 것
18,000원

가장 쉬운
터키어 첫걸음의 모든 것
16,500원

버전업! 가장 쉬운
아랍어 첫걸음
18,500원

가장 쉬운
인도네시아어 첫걸음의 모든 것
18,500원

가장 쉬운
영어 첫걸음의 모든 것
16,500원

버전업! 굿모닝
독학 일본어 첫걸음
14,500원

가장 쉬운
중국어 첫걸음의 모든 것
14,500원

新 북경대 HSK 독해 공략 6급

해설서

刘云 외 지음 · 이창재 해설

동양북스

新 북경대 HSK 독해 공략 6급 해설서

초판 2쇄 | 2018년 3월 10일

지은이 | 刘云 외
해설 | 이창재
발행인 | 김태웅
편집장 | 강석기
편 집 | 권민서, 정지선, 김효수, 김다정
디자인 | 방혜자, 이미영, 김효정, 서진희
마케팅 총괄 | 나재승
마케팅 | 서재욱, 김귀찬, 이종민, 오승수, 조경현, 양수아
온라인 마케팅 | 김철영, 양윤모
제 작 | 현대순
총 무 | 전민정, 안서현, 최여진, 강아담
관 리 | 김훈희, 이국희, 김승훈

발행처 | 동양북스
등록 | 제 10-806호(1993년 4월 3일)
주소 | 서울시 마포구 동교로22길 12 (04030)
전화 | (02)337-1737
팩스 | (02)334-6624
웹사이트 | http : //www.dongyangbooks.com

ISBN 978-89-8300-876-3 14720
978-89-8300-874-9 (세트)

刘云 主编 2011年

정답 및 해설

- □ 제1부분 정답 및 해설
- □ 제2부분 정답 및 해설
- □ 제3부분 정답 및 해설
- □ 제4부분 정답 및 해설
- □ 실전모의고사 독해 1회 정답 및 해설
- □ 실전모의고사 독해 2회 정답 및 해설

攻略

제1부분 틀린 문장 찾기

연습문제 1

p.20

정답	1	C	2	A	3	A	4	B	5	B	6	B	7	A

01

A 合理安排时间，就等于节约时间。
B 教师是一个需要不断学习的职业。
C 你想提高汉语听力的话，应该看多点中文电影。
D 在古代，人们把文学作品中除韵文以外的所有文章都称为散文。

A 시간을 합리적으로 안배하는 것은 시간을 절약하는 것과 같다.
B 교사는 끊임없이 공부해야 하는 직업이다.
C 중국어 듣기능력을 키우고 싶다면 중국영화를 많이 보도록 해라.
D 고대에 사람들은 문학작품 가운데 운문을 제외한 모든 글을 산문이라 불렀다.

정답 C 你想提高汉语听力的话，应该**多看**点中文电影。

해설 부사와 중심어의 순서가 부적절하다. '多'는 '看'을 수식하는 부사어이기 때문에 '看' 앞에 오는 것이 옳다.

단어 **韵文** yùnwén 명 운문 | **散文** sǎnwén 명 산문

02

A 我借了中文他的一本书。
B 甲骨文是研究书法的宝贵材料。
C 在一般的条件下，奇异果能保存20天左右。
D 北极的环境变化会对中国气候变化产生很大的影响。

A 나는 그의 중국어 책 한 권을 빌렸다.
B 갑골문은 서예를 연구하는 중요한 자료이다.
C 일반적인 조건에서 키위는 20일 정도 보관할 수 있다.
D 북극의 환경변화는 중국 기후변화에 매우 큰 영향을 끼칠 수 있다.

정답 A 我借了**他的一本中文书**。

해설 관형어의 순서가 잘못되었다. 명사 수식어인 '中文'은 소속을 나타내는 '他的'와 수량사 '一本'의 뒤, 중심어인 '书' 바로 앞에 와야 한다.

단어 **甲骨文** jiǎgǔwén 명 갑골문 | **宝贵** bǎoguì 형 진귀한, 귀중한, 소중한 | **奇异果** qíyìguǒ 명 키위

03

A 老舍的话剧《茶馆》强烈地引起了他的兴趣。
B 一个民族的文化传统和信仰常常反映在服饰上。
C 一个人读了一本好书，就像交了一个很好的朋友。
D 有颜色的塑料包装瓶含有对人体健康有害的成分。

A 노사의 연극 ≪차관≫은 그의 강렬한 흥미를 불러 일으켰다.
B 한 민족의 문화전통과 신앙은 종종 의복에 반영된다.
C 누구든 좋은 책 한 권을 읽었다면 좋은 친구 한 명을 사귄 것이나 마찬가지다.
D 유색 플라스틱 포장용기는 인체 건강에 유해한 성분을 함유하고 있다.

정답 A 老舍的话剧《茶馆》引起了他强烈的兴趣。

해설 단어의 어순이 부적절하다. '兴趣'를 수식해주는 관형어 '强烈'가 부사어의 자리에 잘못 놓였다.

단어 老舍 Lǎo Shě 인명 노사[중국 현대 작가] | 信仰 xìnyǎng 명 신앙 | 塑料 sùliào 명 플라스틱

04

A 不付出任何代价就想得到幸福是不可能的。
B 甲骨文是在河南安阳小屯19世纪末年发现的。
C 皮肤一般在晚上10点到11点之间进入保养状态。
D 我们把音乐中能独立存在，表达完整意思的最小单位称为乐段。

A 아무런 대가를 지불하지 않고서 행복을 얻고자 하는 것은 불가능하다.
B 갑골문은 19세기 말에 허난성 안양의 한 조그마한 마을에서 발견되었다.
C 피부는 일반적으로 밤 10시에서 11시 사이에 재생된다.
D 우리는 음악 가운데 독립적으로 존재하고 완전한 의미를 전달하는 가장 작은 단위를 일컬어 악절이라고 한다.

정답 B 甲骨文是19世纪末年在河南安阳小屯发现的。

해설 부사의 순서가 잘못되었다. 시간부사인 '19世纪末年'은 장소부사인 '在河南安阳小屯' 앞에 와야 한다.

단어 屯 tún 명 촌락, 마을 | 保养 bǎoyǎng 동 보양하다, 재생하다, 수리하다 | 乐段 yuèduàn 명 악절, 악단

05

A 和成功一样，失败对于人们来说也是有价值的。
B 景泰蓝又称珐琅，是传统北京著名的手工艺品。
C 莲子对心和肾有益，吃莲子具有缓解烦躁情绪的效果。
D 一个人所属的社会阶层主要由他受教育的程度、工作类型和经济收入等因素决定。

A 성공과 마찬가지로 사람들에게는 실패 또한 가치 있는 것이다.
B 법랑이라고도 불리는 경태람은 베이징의 유명한 전통 수공예품이다.
C 연밥은 심장과 콩팥에 좋아서, 연밥을 먹으면 초조함이 완화되는 효과를 볼 수 있다.
D 한 사람이 속해 있는 사회계층은 주로 그 사람이 교육받은 정도와 직업유형 그리고 경제적인 수입 등과 같은 요소로 결정이 된다.

정답 B 景泰蓝又称珐琅，是北京著名的传统手工艺品。

해설 관형어의 순서가 부적절하다. '传统'은 '手工艺品' 앞에 와야 한다.

단어 景泰蓝 jǐngtàilán 명 경태람[동기(銅器) 표면에 무늬를 내고 구워낸 공예품] | 珐琅 fàláng 명 법랑, 에나멜 | 莲子 liánzǐ 명 연밥, 연자 | 肾 shèn 명 콩팥, 신장 | 烦躁 fánzào 형 초조하다, 안절부절못하다

06

A 他对眼前的这个小镇忽然感到很陌生。
B 他那光辉的大公无私形象，经常浮现在我的脑海中。
C 汉字“土”最初的样子就像是一棵苗破土而出，或者一棵树站立在地平线上。
D 中国传统戏剧中的舞台动作，是可以通过高度的艺术真实，来表现出生活的真实的。

A 그는 눈앞의 이 작은 마을이 문득 낯설게 느껴졌다.
B 그의 그 공명정대한 찬란한 모습이 종종 나의 머릿속에 떠올랐다.
C 한자 '土'의 초기모양은 마치 땅을 뚫고 올라오는 새싹 혹은 지평선 위에 서 있는 한 그루의 나무 같다.
D 중국 전통희극의 무대동작은 고도의 예술적인 진실성을 담고 있으며 일상생활의 진실된 면을 표현하고 있다.

정답 B 他那大公无私的光辉形象，经常浮现在我的脑海中。

해설 '形象' 앞에 온 관형어의 순서가 잘못되었다. '光辉'가 '形象'을 직접 수식해야 한다.

단어 镇 zhèn 명 진[현 관할에 속하는 행정단위] | 光辉 guānghuī 형 찬란하다, 밝게 빛나다 | 大公无私 dàgōngwúsī 성 조금의 사심도 없이 국민의 이익만을 생각하다, 공평무사하다 | 浮现 fúxiàn 동 (지난 일이) 뇌리에 떠오르다 | 苗 miáo 명 (새)싹, 묘목, 새로 돋은 잎 | 戏剧 xìjù 명 희극, 연극, 무용극, 중국 전통극

07

A 许多附近的公交车都能到达长城。
B 在家人的悉心照料下，他很快恢复了健康。
C 这栋建筑外观的颜色与周围草木的绿色相配合，能使人产生宁静、闲适的感觉。
D 生命在进化中都有自身最适合的温度，进化程度越高，对最佳适宜温度的要求越严格。

A 부근의 많은 버스들이 모두 만리장성에 가는 것이다.
B 가족들이 지극정성으로 보살펴준 덕에 그는 빨리 건강을 회복할 수 있었다.
C 이 건물의 외관 색깔과 주변 초목의 녹색이 조화를 이루고 있어 사람에게 조용하고 편안한 느낌을 준다.
D 생명체는 자신에게 가장 적합한 온도에서 진화하며, 진화의 정도가 높을수록 최적온도에 대한 요구도 점점 높아진다.

정답 A 附近的许多公交车都能到达长城。

해설 '公交车' 앞에 온 관형어가 부적절하다. '许多'가 '公交车'를 바로 수식해야 한다.

단어 悉心 xīxīn 부 온 마음으로, 전심전력으로 | 照料 zhàoliào 동 돌보다, 보살피다 | 宁静 níngjìng 형 (환경 · 마음 따위가) 편안하다, 조용하다 | 闲适 xiánshì 형 한적하다

연습문제 2

p.24

정답	1	B	2	B	3	B	4	B	5	D	6	D	7	A

01

A 语言的起源和人类的起源一样久远。
B 我们应该保护环境，废弃物的回收和利用。
C 世界上本没有路，走的人多了，也就成了路。
D 北京故宫是明清两朝皇帝的宫殿，是目前世界上最大的木结构建筑群。

A 언어의 기원과 인류의 기원은 모두 오래 되었다.
B 우리는 환경을 보호하고 폐기물 재활용에 주의해야 한다.
C 본래 세상에는 길이 없었지만 많은 사람들이 걸으면서 길이 생기나게 되었다.
D 베이징의 고궁은 명청 두 황제의 궁전으로, 현재 세계에서 가장 큰 목조건축물이다.

정답 B 我们应该保护环境，注意废弃物的回收和利用。

해설 뒷문장에 술어가 빠졌다. '注意'를 첨가해야 한다.

단어 久远 jiǔyuǎn 형 멀고 오래다, 까마득하다 | 废弃物 fèiqìwù 명 폐기물 | 回收 huíshōu 동 (폐품이나 오래된 물건을) 회수하다

02

A 汉语是世界上历史最悠久的语言之一。
B 他对儿童十分关注和喜爱，最终走上了儿童文学创作。
C 科学上的许多重大突破，都是由一点点细微的成绩积累起来的。
D 研究发现，90分钟的日间小睡对增强长期记忆力十分有效。

A 중국어는 세계 역사 상 오래된 언어 중 하나이다.
B 그는 어린이에 대한 관심과 사랑이 남달라서 결국 아동문학 창작의 길로 들어섰다.
C 과학에는 중대한 성과가 무수히 많지만 이 모든 것은 조그마한 연구들이 쌓여서 이루어진 것이다.
D 연구를 통해 90분 동안 낮잠을 자는 것이 장기 기억력을 높이는 데 효과가 크다는 것을 발견했다.

정답 B 他对儿童十分关注和喜爱，最终走上了儿童文学创作**的道路**。

해설 동사 '走上'의 목적어가 없다. 목적어로 '的道路'를 넣어주어야 한다.

단어 悠久 yōujiǔ 형 유구하다, 아득하게 오래다 | 积累 jīlěi 동 (조금씩) 쌓이다, 누적되다, 축적되다

03

A 我们要像海绵一样吸收有用的知识。
B 经过导游的介绍，使得我们对故宫有了更深的了解。
C 现代的健康观主要包括身体健康、心理健康和社会适应能力良好。
D 严格控制地下水的过量抽取和及时回灌地下水是防止地面塌陷最好的办法。

A 우리는 스펀지처럼 유용한 지식을 흡수해야 한다.
B 가이드의 소개로 우리는 고궁에 대해 더 깊이 알게 되었다.
C 현대의 건강관은 주로 신체건강, 심리건강 및 사회적응력이 좋다는 것을 포함하고 있다.
D 과도하게 많은 양의 지하수를 채취하는 것을 엄격하게 제지하거나 적시에 지하수를 수로로 빼내는 것이 지면이 무너져 내리는 것을 방지할 수 있는 가장 좋은 방법이다.

정답 B **经过**导游的介绍，我们对故宫有了更深的了解。
导游的介绍**使得**我们对故宫有了更深的了解。

해설 '经过'와 '使得'가 같이 쓰이면서 이 문장에는 주어가 없게 되었다. 둘 중 하나를 생략해야 한다.

단어 海绵 hǎimián 명 스펀지 | 抽取 chōuqǔ 동 (일부를) 취하다, 받다 | 灌 guàn 동 물을 대다, 관개하다 | 塌陷 tāxiàn 동 꺼지다, 무너지다, 내려앉다

04

A 灵感一般是在工作的时候产生的。
B 教育对人的成长有非常重要，尤其在少儿时期。
C 中国戏曲与希腊悲剧和喜剧，印度梵剧合称为世界三大古老戏剧。
D 中国古代一直把园林看成一首诗或一幅画，而不是单纯的土木工程。

A 영감은 일반적으로 일을 할 때 생겨난다.
B 교육은 사람의 성장, 특히 소년기에 매우 중요한 작용을 한다.
C 중국 전통극과 그리스의 비극과 희극, 인도의 범극을 합쳐 세계 3대 고전희극이라 부른다.
D 중국 고대에는 줄곧 원림을 단순한 토목 건축물이 아닌 한 수의 시나 한 폭의 그림으로 간주했다.

정답 B 教育对人的成长有非常重要**的作用**，尤其在少儿时期。

해설 '有'의 목적어가 없다.

단어 戏曲 xìqǔ 명 중국의 전통극 | 园林 yuánlín 명 원림, 정원 | 土木工程 tǔmù gōngchéng 명 토목공사, 토목 건축물

05

A “扬州八怪”是指清朝乾隆时期生活在江苏扬州的一批职业画家，他们有着相同的文艺思想和命运。

B 将污染源从山区搬到近海，空气中的污染物就会大大减少。因为海陆风、季风会成为污染物扩散的有利条件。

C 有很多人，他们不开始行动，是因为他们觉得还缺少一些条件，但是他们忘记了，其实很多条件是可以自己创造的。

D 寓言是一种用比喻性的故事来说明道理的文学作品。寓言故事大都是篇幅短小，情节简单，讽刺意义和教育意义的故事。

A '양주팔괴'는 청나라 건륭시기에 장쑤성 양저우에서 생활하던 직업화가들을 가리키는데, 그들은 동일한 문예사상과 운명을 지니고 있었다.

B 산에 있는 오염원을 근해로 옮기게 되면 공기 중의 오염물질이 크게 줄어들 것이다. 해륙풍과 계절풍이 오염원을 확산시킬 수 있는 유리한 조건을 가지고 있기 때문이다.

C 많은 사람이 행동을 개시하지 않는데, 그들은 조건이 갖추어지지 않았기 때문이라고 여기지만 사실 많은 조건은 스스로 만들어낼 수 있다는 것을 잊고 있다.

D 우화는 비유성이 있는 이야기를 통해 도리를 설명하는 문학작품이다. 우화는 대부분 편폭이 짧고 줄거리가 간단하며, 풍자적인 의미나 교육적인 의미가 담긴 이야기이다.

정답 D ……寓言故事大都是篇幅短小，情节简单，**含有**讽刺意义和教育意义的故事。

해설 두 번째 문장에 '讽刺意义'와 '教育意义'의 술어가 없다. '含有'라는 술어를 넣어주어야 한다.

단어 **扬州八怪 Yángzhōu bāguài** 명 양주팔괴[청나라 건륭제 때 양저우에서 활약한 여덟 명의 화가] | **季风 jìfēng** 명 계절풍, 몬순 | **扩散 kuòsàn** 동 확산하다, 퍼뜨리다 | **寓言 yùyán** 명 우언, 우화 | **篇幅 piānfu** 명 편폭, 문장의 길이 | **情节 qíngjié** 명 플롯(plot), 줄거리 | **讽刺 fěngcì** 명 풍자

06

A 黑蚁和白蚁一旦相遇，便会爆发“战争”。

B 科学发展史就是一个不断接受挑战的历史。

C 读书的全部愉悦，正在于对书的这种抉择之中。

D 对于那些诚实守信的商家，难道不应该受到肯定和表扬吗?

A 흑개미와 백개미가 일단 만나면 '전쟁'이 일어날 수도 있다.

B 과학의 발전사는 즉 끊임없는 도전을 받아들인 역사이다.

C 독서의 전체적인 즐거움은 책을 고르는 데 있다.

D 성실하게 신용을 잘 지키는 비즈니스맨들이 긍정과 칭찬을 받아야 하지 않을까?

정답 D **那些诚实守信的商家**，难道不应该受到肯定和表扬吗?

해설 문장 앞에 전치사 '对于'가 쓰이면서 전체 문장의 주어가 사라졌다. 전치사 '对于'를 삭제해주어야 한다.

단어 **蚁 yǐ** 명 개미 | **愉悦 yúyuè** 형 기쁘다, 즐겁다 | **抉择 juézé** 동 선정하다, 고르다 | **诚实 chéngshí** 형 진실하다, 참되다, 성실하다 | **守信 shǒuxìn** 동 신용을 지키다, 신의를 지키다

07

A 序言，是置于著作正文之前，说明写作或出版意图、著作体例和作者情况等内容。

B 他感觉被困在一个牢固的茧里，高高悬挂在人们能够仰望的地方，上不着天、下不着地。

C 原始纺织的出现，从根本上改变了中国先民的着衣状况，为服饰形式的完善奠定了基础。

D 我们的媒体有责任做出表率，在使用语言文字时要增强规范意识，杜绝用字不规范的现象。

A 머리말은 작품의 본문 앞에 나오는데, 저술 혹은 출판 의도, 작품의 문체와 작가의 상황 등 내용을 설명해주는 글이다.

B 그는 단단한 고치 속에 갇혀서 사람들이 우러러보는 곳에 높이 매달려 하늘로 올라가지도 못하고 땅으로 내려오지도 못하는 느낌이 들었다.

C 원시적인 방직의 출현은 근본적으로 중국 고대 사람들의 의복문화를 바꾸어 놓았고, 좀 더 완전한 의복형식이 만들어지는 데 기반을 만들어주었다.

D 우리의 매스컴은 모범을 보여야 하는 책임을 가지고 있다. 언어와 문자를 사용할 때, 규범의식을 강화하고 글자를 통해 비규범적인 현상을 근절시켜야 한다.

정답 A 序言，是置于著作正文之前，说明写作或出版意图、著作体例和作者情况等内容**的文章**。

해설 동사 '是'의 목적어가 없다. 문장 마지막에 '的文章'를 추가하여 '是……的文章'으로 고쳐야 한다.

단어 **序言** xùyán 명 서문, 서언, 머리말 | **体例** tǐlì 명 (문장이나 저작의) 격식, 체제 | **牢固** láogù 형 견고하다, 튼튼하다 | **茧** jiǎn 명 고치, 잠견 | **悬挂** xuánguà 동 걸다, 매달다 | **仰望** yǎngwàng 동 자기의 요구나 희망이 실현되기를 삼가 바라다 | **纺织** fǎngzhī 동 방직하다 | **奠定** diàndìng 동 다지다, 닦다, 안정시키다 | **表率** biǎoshuài 명 본보기, 모범 | **杜绝** dùjué 동 제지하다, (나쁜 일을) 없애다

연습문제 3

p.28

정답	1	C	2	D	3	B	4	C	5	B	6	B	7	A

01

A 世界上最大的市场，在我们的脑袋里。

B 中国著名画家徐悲鸿以骏马图闻名世界。

C 为这种问题担心，实在是一种过虑的想法。

D 一个好的教师，应该是一个懂得心理学和教育学的人。

A 세계에서 가장 큰 도시는 우리의 머릿속에 있다.

B 중국의 유명화가 쉬베이홍은 준마도로 세상에 이름을 알렸다.

C 이런 문제로 걱정하는 것은 사실 쓸모없는 것이다.

D 좋은 선생님은 심리학과 교육학을 잘 알고 있는 사람이다.

정답 C 为这种问题担心，实在是**过虑了**。

해설 '过虑'와 '想法'의 의미가 중복된다. '虑'의 본래 의미가 '생각하다'이므로 뒷부분에 '想法'을 또 써줄 필요가 없다.

단어 **脑袋** nǎodai 명 (사람이나 동물의) 머리(통), 골(통) | **骏马** jùnmǎ 명 준마, 명마 | **过虑** guòlǜ 동 지나치게 걱정하다, 쓸데없이 걱정하다

02

A 敦煌莫高窟里的塑像优美动人，艺术水平很高。
B 每个人都拥有生命，但并非每个人都懂得生命、珍惜生命。
C 音乐家用音乐表现丰富多彩的生活，是综合运用了不同的手段的。
D 根据统计，每年在上海"歇脚"的鸟类至少有200多种、100万只以上。

A 둔황 모까오쿠 안에 있는 조각상은 무척 아름다워서 사람들의 마음을 감동시키며, 예술 수준도 매우 높다.
B 모든 사람들은 생명을 가지고 있지만 모든 사람이 생명을 알고 고귀하게 여기는 것은 아니다.
C 음악가는 음악을 통해 풍부하고 다채로운 생활을 표현해내는데, 이것은 서로 다른 수단을 종합적으로 사용하는 것이다.
D 통계에 따르면, 매년 상하이에 '잠시 머물러가는' 새의 종류가 200여 종, 100만 마리 이상이 있다고 한다.

정답 D ……每年在上海"歇脚"的鸟类有200多种、100万只以上。
……每年在上海"歇脚"的鸟类至少有200多种、100万只。

해설 '至少……(적어도 ~)'와 '……以上(~ 이상)'의 뜻이 중복되므로 둘 중 하나를 빼야 한다.

단어 **敦煌** Dūnhuáng 지명 둔황[간쑤성에 있는 도시] | **塑像** sùxiàng 명 (석고나 점토로 만든) 인물상, 조각상 | **丰富多彩** fēngfù duōcǎi 성 풍부하고 다채롭다, 내용이 알차고 형식이 다양하다 | **歇脚** xiējiǎo 동 다리를 멈추고 쉬다, 잠시 머무르다

03

A 我们在纠正别人之前，应该先反省自己有没有犯错。
B 在钟的王国里，可以堪称世界古钟之王的是北京大钟寺里的华严钟。
C 柿子不能多吃，如果吃得过多，就有可能产生胃柿石，损害人体健康。
D 楷书产生于汉代末期，成型于北魏，流行于东晋和南北朝，繁荣于唐代，并一直沿用至今。

A 우리는 다른 사람을 바로잡으려 하기 전에 자신에게는 잘못된 점이 없는지를 먼저 반성해야 한다.
B 종의 왕국에서 세계 고종(古钟)의 왕은 베이징 대종사에 있는 화엄종이라 할 수 있다.
C 감은 많이 먹지 않는 것이 좋은데, 감을 너무 많이 먹으면 위장에 돌이 생겨 인체건강을 해칠 수 있다.
D 해서는 한대 말에 생겨나 북위 때 모양을 갖추게 되었고, 동진과 남북조 시대에 유행한 뒤 당대에 번성해 지금까지 이어져오고 있다.

정답 B 在钟的王国里，堪称世界古钟之王的是……
在钟的王国里，可以称为世界古钟之王的是……

해설 '堪'의 본래 의미가 '~라 할 수 있다'이므로 '可以'와 '堪'의 의미가 중복된다. 둘 중 하나를 삭제해야 한다.

단어 **纠正** jiūzhèng 동 (사상 · 잘못을) 교정하다, 고치다 | **柿子** shìzi 명 감 | **楷书** kǎishū 명 해서[한자 자체의 한 종류로 현재 통용되고 있는 한자의 정자체] | **成型** chéngxíng 동 (가공을 거쳐) 모양을 갖추다 | **繁荣** fánróng 동 (경제나 사업이) 번영하다, 크게 발전하다 | **沿用** yányòng 동 (과거의 방법 · 제도 · 법령 등을) 계속하여 사용하다

04

A 中国最早的雕塑是原始社会的陶制动物和商代的青铜器皿。
B 比喻是语言之花，它能给语言增添色彩和芳香，使语言更吸引人。
C 煮熟的米饭不宜久放，特别尤其在炎热的夏季，米饭很容易变馊。
D 当我们劝告别人时，如果不顾及他的自尊心，那么再好的语言也是没有用的。

A 중국 최초의 소조품은 원시사회의 도기로 만든 동물상과 상대의 청동그릇이다.
B 비유는 언어의 꽃이라 할 수 있고, 언어를 더욱 다채롭고 향기롭게 할 수 있으며 사람들을 매료시킬 수 있다.
C 끓인 쌀밥을 오래 두는 것은 좋지 않다. 특히 무더운 여름에는 쌀밥이 쉽게 상할 수 있다.
D 다른 사람에게 충고를 할 때, 만약 상대방의 자존심을 배려해주지 않는다면 아무리 좋은 말이라 할지라도 아무 소용이 없다.

정답 C 煮熟的米饭不宜久放，**尤其**在炎热的夏季，……
煮熟的米饭不宜久放，**特别**在炎热的夏季，……

해설 '特别'와 '尤其' 모두 '특히'라는 의미의 부사어이므로 의미가 겹친다. 둘 중 하나를 빼야 한다.

단어 **雕塑 diāosù** 명 조소품, 조각과 소조품 | **陶 táo** 동 도기를 만들다 | **青铜 qīngtóng** 명 청동 | **器皿 qìmǐn** 명 (그릇 · 식기 등) 생활용기의 총칭 | **芳香 fāngxiāng** 명 향기 | **煮熟 zhǔshú** 동 삶다, 끓이다, 익히다 | **炎热 yánrè** 형 (날씨가) 무덥다, 찌는 듯하다 | **馊 sōu** 동 (음식이) 쉬다, 시큼해지다, 쉰내가 나다

05

A 胡萝卜中的胡萝卜素和酒精一同进入人体，会在肝脏中产生毒素，引起肝病，因此我们在饮酒时不应吃胡萝卜。
B 南戏是我国最早的剧种，大约有九百年左右的历史，可以说是我国三百六十多个地方戏曲剧种中，年龄最大的剧种了。
C 年画是中国特有的一种绘画体裁，一般在过年时张贴，既渲染节日气氛，又美化环境，还寄托了人们的美好理想和愿望。
D 我们不能认为学龄儿童的精神世界就是单纯地学习知识。一个学龄儿童不仅应该是一个学生，而且首先应该是一个有多方面兴趣、要求和愿望的人。

A 당근에 있는 카로틴이 알코올과 함께 인체로 들어가면 간장에 독소를 만들어내 간질환을 유발할 수 있다. 때문에 음주를 할 때는 당근을 먹지 않는 것이 좋다.
B 남희는 중국 최초의 연극으로 약 900년의 역사를 가지고 있어, 이는 중국의 360여 개 지역의 전통극 가운데 가장 오래된 희곡이라 할 수 있다.
C 세화는 중국의 특색 있는 회화장르 중 하나로 일반적으로 설을 쇨 때 벽에 붙이곤 한다. 이는 명절 분위기를 한층 북돋아줄 뿐 아니라 주변환경을 더욱 아름답게 하고 사람들의 아름다운 꿈과 소망을 기원하기도 한다.
D 우리는 취학연령 아동의 정신세계가 단순히 지식을 학습하는 데만 머무른다고 생각해서는 안 된다. 이러한 취학연령 아이는 학생이기 이전에 다방면의 흥미와 바람, 소망을 가진 사람이기 때문이다.

정답 B 南戏是我国最早的剧种，**大约**有九百年的历史，……
南戏是我国最早的剧种，有九百年**左右**的历史，……

해설 '大约'과 '左右'의 의미가 중복되므로 하나를 빼야 한다.

단어 **胡萝卜 húluóbo** 명 당근, 홍당무 | **胡萝卜素 húluóbosù** 명 카로틴(carotin)[카로티노이드 탄화수소 색소의 하나로 당근이나 고추에 많이 함유되어 있음] | **酒精 jiǔjīng** 명 알코올 | **肝脏 gānzàng** 명 간장 | **毒素 dúsù** 명 독소 | **南戏 nánxì** 명 남희[중국 전통극의 하나] | **年画 niánhuà** 명 세화[설날 때 실내에 붙이는 즐거움과 상서로움을 나타내는 그림] | **体裁 tǐcái** 명 체재, 장르, (문장이나 문학작품의) 표현양식 | **张贴 zhāngtiē** 동 (공고 · 광고 · 표어 등을) 게시하다, 내붙이다 | **渲染 xuànrǎn** 동 과장하다, 과장되게 묘사하다 | **寄托 jìtuō** 동 (이상 · 희망 · 감정 등을 다른 사람이나 어떤 사물에) 걸다, 두다, 위탁하다 | **学龄 xuélíng** 명 학령, 취학연령

06

A 他是一名有着二十多年教学经验的中学语文教师。
B 这是一种非常奇缺的材料，使用的时候一定不能浪费。
C 皮影戏的传播对中国近代电影艺术有着不可忽视的推动作用。
D 大量事实表明，90%的长期吸烟者，记忆力都会出现明显的减退。

A 그는 20여 년 동안 교단에 선 경험이 있는 중학교 언어 교사이다.
B 이것은 매우 희귀한 재료이므로 사용할 때에 낭비해서는 안 된다.
C 피영희의 전파는 중국 근대 영화예술에 있어 결코 간과할 수 없는 추진작용을 했다.
D 여러 가지 사실이 90%의 장기흡연자의 기억력이 현저히 감퇴했다는 것을 증명해주고 있다.

정답 B 这是一种**奇缺的材料**，使用的时候一定不能浪费。

해설 '奇缺'는 '(수량이) 매우 부족하다'라는 뜻이다. 그러므로 부사 '非常'과 의미가 중복되므로 수식이 필요 없다.

단어 **奇缺 qíquē** 동 아주 부족하다, 귀하다, 심히 결핍되다 | **皮影戏 píyǐngxì** 명 피영희, (가죽인형) 그림자극 | **传播 chuánbō** 동 전파하다, 널리 퍼뜨리다, 유포하다

07

A 老袁与农科院的同事们多次反复地进行了水稻杂交试验。	A 라오위안과 농업과학원의 동료들은 벼의 교배실험을 반복해서 진행했다.
B 不管怎么说，有一点是肯定的：胎儿在出生前已经有记忆力。	B 뭐라고 이야기하든 간에 확실한 것은 태아는 태어나기 전에 이미 기억력이 형성되어 있다는 것이다.
C 今天老师又在班会上表扬了我，但是我觉得自己还需要继续努力。	C 오늘 선생님께서 반에서 또 나를 칭찬해주셨다. 하지만 나는 아직도 계속 노력해야 할 것 같다.
D 当蒲公英随风飘舞时，我感觉它正以一种独特的美装点着这个世界。	D 나는 민들레가 바람에 흩날릴 때 그 독특한 아름다움이 이 세계를 장식해주고 있다고 느꼈다.

정답 A 老袁与农科院的同事们反复地进行了水稻杂交试验。

해설 '反复'는 '같은 행동, 일 등을 여러 번 되풀이하다'라는 의미로, '多次'와 의미가 중복되므로 수식어로 사용할 수 없다.

단어 水稻 shuǐdào 명 (논)벼 | 杂交 zájiāo 동 (품종이나 속이 다른 생물끼리) 교잡하다, 교배하다 | 蒲公英 púgōngyīng 명 민들레 | 飘舞 piāowǔ 동 (바람에) 한들한들 춤추다, 하늘하늘 나부끼다 | 装点 zhuāngdiǎn 동 꾸미다, 장식하다

연습문제 4

p.33

정답	1	C	2	C	3	B	4	B	5	B	6	D	7	B

01

A 中国素有“瓷国”之称，在商代就已经开始生产瓷器。	A 중국은 예로부터 '자기의 국가'라고 불리는데, 상대부터 이미 자기를 생산하기 시작했다.
B 错误是不可避免的，但是我们不应该重复犯同样的错误。	B 실수는 결코 피할 수 없는 것이지만 우리는 똑같은 실수를 반복해서는 안 된다.
C 昆虫鸣叫是为了吸引异性同类，或对其他动物进行警告为目的。	C 곤충은 이성을 유혹하거나 다른 동물에게 경고를 하기 위해 소리를 낸다.
D 在切葱的时候，如果我们先把刀在冷水里浸一浸，就不会有葱的气味刺激眼睛。	D 파를 썰 때, 먼저 칼을 찬물에 담가 놓으면 눈에 자극을 주는 것을 막을 수 있다.

정답 C 昆虫鸣叫是为了吸引异性同类，或对其他动物进行警告。
昆虫鸣叫以吸引异性同类，或对其他动物进行警告为目的。

해설 '为了……'와 '以……为目的'의 두 격식이 혼용되었다.

단어 瓷器 cíqì 명 자기 | 昆虫 kūnchóng 명 곤충 | 鸣 míng 동 (새·동물·벌레 따위가) 울다 | 葱 cōng 명 파 | 浸 jìn 동 (물에) 담그다, 잠그다 | 刺激 cìjī 동 자극하다

02

A 在过去，商店常常将店名制作成牌、匾挂在店口，俗称招牌。
B 一个常常说谎的人，即使有时说的是真话，人们也不会相信他。
C 对于中国经济出现的问题上，中国政府及时发现苗头并采取了相应措施。
D 存在生命现象是宇宙中的普遍规律，世界上绝大多数科学家都认为确实有外星人存在。

A 과거 상점에서 종종 가게이름을 패나 액자로 만들어 가게 문 앞에 걸어놓았는데 이것이 속칭 간판이다.
B 자주 거짓말을 하는 사람은 설령 진실을 말한다 할지라도 사람들은 그 사람의 말을 믿지 않게 될 것이다.
C 중국 경제에 나타난 문제에 대해 중국 정부는 조짐을 발견한 즉시 이에 관련된 정책을 취했다.
D 생명현상이 존재하는 것은 우주의 보편적인 규칙이다. 세상 절대다수의 과학자는 모두 외계인이 확실히 존재한다고 생각한다.

정답 C 对于中国经济出现的问题，中国政府及时发现苗头并采取了相应措施。
在中国经济出现的问题上，中国政府及时发现苗头并采取了相应措施。

해설 '对于……问题'와 '在……问题上'의 두 격식이 혼용되었다.

단어 匾 biǎn 명 편액, 액자, 현판 | 俗称 súchēng 명 속칭, 세칭, 통속적인 이름 | 招牌 zhāopai 명 간판 | 苗头 miáotou 명 징후, 징조, 조짐 | 外星人 wàixīngrén 명 외계인

03

A 春节期间到亲朋好友家祝贺新春，称为拜年。
B 麦饭石含有锌、铜、铁等微量元素具有强身健体的功效。
C 我们知道的东西是有限的，我们不知道的东西则是无穷的。
D 所谓"文言"，是指以我国先秦时代的口语为基础形成的一种书面语言。

A 춘절기간에 친지를 찾아가 축하인사를 드리는 것을 '拜年(세해인사를 드리다)'이라고 부른다.
B 맥반석은 아연, 구리, 철과 같은 미량원소를 함유하고 있는데, 이 미량원소는 건강에 좋은 효능을 함유하고 있다.
C 우리가 알고 있는 것은 제한적이지만 우리가 모르는 것은 무궁무진하다.
D 소위 '문언'이라 함은 중국 선진시대의 구어를 기반으로 형성된 일종의 서면어를 가리킨다.

정답 B 麦饭石含有锌、铜、铁等微量元素，这些微量元素具有强身健体的功效。

해설 '麦饭石含有锌、铜、铁等微量元素'와 '锌、铜、铁等微量元素具有强身健体的功效'라는 두 문장이 혼용되었다.

단어 拜年 bàinián 동 세배하다, 새해인사를 드리다 | 麦饭石 màifànshí 명 맥반석 | 锌 xīn 명 아연 | 铜 tóng 명 동, 구리 | 铁 tiě 명 쇠, 철 | 微量元素 wēiliàng yuánsù 명 미량원소, 미량영양소 | 无穷 wúqióng 형 무궁하다, 끝이 없다 | 先秦 Xiānqín 명 선진[진나라 통일 이전을 가리킴]

04

A 这个世界并不缺少美，缺少的是发现美的眼睛。
B 新中国发行的人物邮票大多以我国古今名人为主。
C 从营养角度考虑，儿童的身高应在胎儿时期就开始重视。
D 南拳是武术中的主要拳种之一，因流行于中国南方各省而得名。

A 이 세상에 아름다운 것은 많은데, 부족한 건 그 아름다움을 볼 줄 아는 눈이다.
B 신중국이 발행한 인물우표는 대다수가 중국의 고대 명인이다.
C 영양의 각도에서 고려해보자면, 아동의 키는 태아시기부터 관심을 가져야 한다.
D 남권은 무술에서 주요 권법 중 하나로, 중국 남방의 각 성에서 유행해 이름 붙여졌다.

정답 B 新中国发行的人物邮票大多是我国古今名人。
新中国发行的人物邮票以我国古今名人为主。

해설 '大多是……'와 '以……为主'의 두 격식이 혼용되었다.

05

A 书籍是全人类的营养品。
B 交响乐通常有四个乐章组成。
C 我国古代诗歌的特点是结构整齐、讲究押韵。
D 我们在吃蜂蜜时，最好用不超过60℃的温开水冲服。

A 서적은 모든 인류의 영양품이다.
B 교향악은 일반적으로 4악장이 있다.
C 중국 고대시가의 특징은 구조가 정결하며 운율을 매우 중시했다는 것이다.
D 우리는 벌꿀을 먹을 때, 60도를 넘지 않는 따뜻한 물에 타 먹는 것이 가장 좋다.

정답 B 交响乐通常**有**四个乐章。
交响乐通常**由**四个乐章**组成**。

해설 '有……'와 '由……组成'의 두 격식이 혼용되었다.

단어 交响乐 jiāoxiǎngyuè 명 교향악 | 押韵 yāyùn 동 압운하다 | 蜂蜜 fēngmì 명 벌꿀 | 冲服 chōngfú 동 물이나 술 등에 약을 타 먹다

06

A 幻想一旦脱离了现实，神话也就不易广泛流传，小说创作也是如此。
B 无论是在科学、艺术还是商业领域，均衡的法则总是偏爱那些执著的人。
C 科学家发现，狮子往往从其他食肉动物那里窃取食物，而不乐意自己猎食。
D 小王在平凡的岗位上做出了不平凡的业绩，终于当上了全国劳动模范的光荣称号。

A 환상이 일단 현실을 떠나고 나면 신화 역시 대대적으로 유행하기는 힘든데, 소설 창작 역시 이러하다.
B 과학이든 예술 혹은 비즈니스 영역이든지 간에 균형있는 법칙은 고집스러운 사람들이 좋아하기 마련이다.
C 과학자들은 사자가 종종 다른 육식동물에게서 음식을 훔쳐오지 직접 사냥하는 것을 싫어한다는 것을 발견했다.
D 샤오왕은 평범한 직장에서 비범한 업무실적을 올려 결국 전국 모범노동자라는 영광스런 칭호를 얻게 되었다.

정답 D ……终于**获得了**全国劳动模范**的光荣称号**。
……终于**当上了**全国劳动模范。

해설 술어 '当上了'와 목적어 '光荣称号'의 조화가 부적절한데, 이때는 동사 '获得(얻다)'를 써야 한다.

단어 幻想 huànxiǎng 명 공상, 환상, 몽상 | 均衡 jūnhéng 형 고르다, 균형이 잡히다 | 执著 zhízhuó 형 고집스럽다, 융통성이 없다 | 窃取 qièqǔ 동 (주로 추상적인 것을) 훔치다 | 猎食 lièshí 동 (동물 등을) 잡아먹다, 잡아서 먹이로 삼다 | 岗位 gǎngwèi 명 직장, 부서, 근무처

07

A 从容的人一般都有一种平和淡定的气质——不太紧张，不太小心翼翼。
B 有一种苍蝇叫"五月蝇"，之所以冠以这样名字的原因，是由于它们只有在五月里才嗡嗡地飞出来。
C 黄昏时分，我们站在山顶远远望去，只见水天相接处一片灯光闪烁，那里就是闻名中外的旅游胜地——水乡古镇东平庄。
D 葛振华大学毕业后回到农村当起了村支书，他积极寻找发展本村经济的切入点，考虑问题眼光独到，给村里带来了一股新的气息。

A 침착한 사람은 일반적으로 너무 긴장하지 않으면서도 작은 일에 전전긍긍하지 않는 차분하고도 냉정한 기질을 가지고 있다.
B '5월의 파리'라고 불리는 파리가 있는데, 이러한 이름을 얻은 이유는 이 파리들이 5월에 윙윙 소리를 내며 나타나기 때문이다.
C 해질 무렵 우리는 산 정상에 서서 먼 곳을 바라보았다. 물과 하늘이 만나는 곳에서 반짝거리는 불빛이 보였는데, 그곳이 바로 그 유명한 관광지인 물의 고장 둥핑주앙이었다.
D 거전화는 대학졸업 후 농촌으로 돌아가 마을의 지부서기를 맡으면서 그 마을 경제가 발전할 수 있는 포인트를 적극적으로 찾아 나섰는데, 문제를 생각할 때 그의 눈빛은 남달랐고, 그는 마을에 새로운 기운을 가져다 주었다.

정답 B ……之所以冠以这样的名字，是由于……
……冠以这样的名字的原因，是由于……

해설 '之所以冠以这样名字的原因'은 '之所以冠以这样的名字'과 '冠以这样名字的原因'의 두 격식의 문장이 혼용되었다.

단어 从容 cóngróng 형 침착하다, 허둥대지 않다, 태연자약하다 | 淡定 dàndìng 형 냉정하다, 침착하다 | 小心翼翼 xiǎoxīnyìyì 성 조심하고 신중하여 추호도 소홀함이 없다, 매우 조심스럽다 | 苍蝇 cāngying 명 파리 | 嗡嗡 wēngwēng 의성 윙윙, 웽웽, 붕붕 | 灯光 dēngguāng 명 불빛 | 闪烁 shǎnshuò 동 번쩍번쩍하다, 반짝이다, 번쩍거리다 | 支书 zhīshū 명 지부서기(支部书记—공산당 지부장)의 약칭 | 独到 dúdào 형 남다르다, 독특하다 | 气息 qìxī 명 숨, 숨결

연습문제 5

p.37

정답	1	D	2	C	3	C	4	B	5	A	6	D	7	A

01

A 我们学到的知识越多，就越知道自己的不足。
B 农历由阴阳历、二十四节气和干支纪时三部分组成。
C 营养平衡对维持中老年人的健康长寿起着重要作用。
D 目前世界上除了多媒体形式的书以外，还有用纸印刷的书。

A 우리가 배우는 지식이 많아질수록 자신의 부족함을 더욱 잘 깨닫게 된다.
B 음력은 음양력과 24절기, 간지의 세 부분으로 구성되어 있다.
C 균형 잡힌 영양은 중노년의 건강과 장수를 유지하는 데 중요한 역할을 한다.
D 현재는 종이로 인쇄된 책을 제외하고 멀티미디어 형식의 책도 존재한다.

정답 D 目前世界上除了用纸印刷的书以外，还有多媒体形式的书。

해설 논리순서가 부적절하다. '用纸印刷的书'가 '多媒体的书'보다 훨씬 더 먼저 출현하고 보급되었으므로 순서를 바꾸어야 한다.

단어 阴阳历 yīnyánglì 명 음양력 | 节气 jiéqi 명 절기 | 干支 gānzhī 명 간지[천간(天干)과 지지(地支)] | 多媒体 duōméitǐ 명 멀티미디어

02

A 重要的不是知识的数量，而是知识的质量。
B 人们说话选词的时候总是尽可能地追求简短。
C 在那种艰难的环境下，我对这些鼓励的话来说弥足珍贵。
D 《甲骨文合集》是一部研究甲骨文的巨著，在国内外学术界享有极高的声誉。

A 중요한 것은 지식의 양이 아니라 지식의 질이다.
B 사람들은 단어를 선택해 이야기를 할 때는 주로 최대한 간단한 단어를 추구한다.
C 그런 어려운 환경에서 이 격려의 말이 나에게는 존귀함을 채워주었다.
D ≪갑골문 모음집≫은 갑골문 연구의 거작으로, 이는 국내외 학술계에서 크나큰 명성을 얻었다.

정답 C 在那种艰难的环境下，这些鼓励的话对我来说弥足珍贵。

해설 주객이 전도되었다. '这些话'가 주체이고 '我'가 객체이므로 이 둘의 위치를 바꿔야 한다.

단어 巨著 jùzhù 명 대작, 거작 | 声誉 shēngyù 명 명성, 명예

03

A 同一棵蔬菜的不同部位，由于颜色不同，维生素的含量也不同。
B 中国画的绘画方法有工笔画法、写意画法和半工半写画法三种。
C 北京市正在采用了立法的方式保护老祖宗留下来的历史文化遗产。
D 今天要做的事情，我们不应留到明天；自己要做的事情，我们不应留给他人。

A 같은 채소도 부위에 따라 색깔이 달라서 비타민 함량도 다르다.
B 중국 그림의 회화방법은 세밀화법과 사의화법, 반세밀 반사의 화법의 세 가지가 있다.
C 베이징시는 조상이 물려준 역사문화유산을 보호하는 입법을 채택하고 있다.
D 오늘의 일을 내일로 미뤄서는 안 되며, 내가 할 일을 다른 이에게 떠넘겨서도 안 된다.

정답 C 北京市正在采用立法的方式……
北京市采用了立法的方式……

해설 앞뒤 문맥이 부적절하다. '正在'는 현재 발생하고 있는 일을 나타내는데 반해, '了'는 사건이 이미 완성되었음을 나타내는 말이므로, 둘 중 하나를 빼서 시제를 통일시켜야 한다.

단어 维生素 wéishēngsù 명 비타민 | 工笔 gōngbǐ 명 세밀화법[대상물을 꼼꼼하고 정밀하게 그리는 화법] | 写意 xiěyì 명 사의화법[정교함을 추구하지 않고 표정과 태도, 작가의 정취를 표현하는 화법]

04

A 时间给我们经验，读书给我们知识。
B 如果把森林比作语言，句子就是组成森林的树木。
C 是饭前吃药还是饭后吃药，对药物的消化和吸收有重要影响。
D 《离骚》是屈原的代表作，也是我国古典文学中最长的抒情诗。

A 시간은 우리에게 경험을 선사해주며 독서는 우리에게 지식을 선물해준다.
B 만일 언어를 산림으로 비유한다면 문장은 그 산림을 만드는 수목이라고 할 수 있다.
C 식전에 약을 복용하는 것과 식후에 복용하는 것은 약물의 소화와 흡수에 매우 중요한 영향을 미친다.
D ≪이소≫는 굴원의 대표작으로 중국 고전문학에서 가장 긴 서정시이다.

정답 B 如果把语言比作森林，句子就是组成森林的树木。

해설 논리관계가 부적절하다. 뒷문장에서 볼 수 있듯 '语言比作森林'라고 하는 것이 옳다.

단어 离骚 Lísāo 명 이소[초나라의 굴원이 지은 장편 서사시] | 抒情诗 shūqíngshī 명 서정시

05

A 赋是我国文学史上一种很特别的体裁，它既像诗，又像散文。赋发展成熟于汉代，在战国后期产生。
B 我们只有在心中先有了目标，做事的时候才不会被各种条件和现象迷惑，才不会偏离正轨，才更容易获得成功。
C 从去年秋季至今年春季，近半年的干旱和紧接而来的暴雨在某种程度上使得西南地区的地质塌陷现象更为严重。
D 鸡蛋与生姜、洋葱不应放置在一起，因为生姜和洋葱有强烈气味，会透过蛋壳上的小气孔进入鸡蛋里，使鸡蛋变质。

A 부(赋)는 중국 문학사에서 매우 특별한 장르로, 시 같기도 하고 또 산문 같기도 하다. 부는 전국시대 후기에 생겨나 한대에 발전하고 성숙했다.
B 우리는 마음속에 먼저 목표가 있어야만 일을 할 때 여러 조건과 현상에 미혹되지 않고, 본래 의도에서 벗어나지 않아 쉽게 성공을 얻을 수 있다.
C 작년 가을부터 올해 봄까지 최근의 가뭄과 계속된 폭우는 어느 정도 서남지역의 지질 함몰현상이 더욱 심각해지는 데 영향을 주었다.
D 달걀과 생강, 양파는 한 곳에 같이 놓아두어서는 안 된다. 생강과 양파의 강한 냄새가 달걀 껍질의 조그마한 숨구멍을 뚫고 달걀 안으로 들어가 달걀을 변질시킬 수 있기 때문이다.

정답 A ……赋在战国后期产生，发展成熟于汉代。

해설 논리의 순서가 부적절하다. 문장은 시간의 순서대로 쓰는 것이 일반적이므로 먼저 '产生', 그 다음 '发展成熟'의 순서로 쓰는 것이 옳다. 시간상의 흐름도 战国后期가 먼저이고, 그 다음 汉代가 오는 것이 맞다.

단어 赋 fù 명 부[중국 고대 문체로 운문과 산문의 혼합형식] | 偏离 piānlí 동 빗나가다, 벗어나다, 일탈하다 | 正轨 zhèngguǐ 명 정상궤도, 정도 | 塌陷 tāxiàn 동 꺼지다, 무너지다 | 生姜 shēngjiāng 명 생강 | 洋葱 yángcōng 명 양파 | 蛋壳 dànké 명 달걀 껍데기 | 气孔 qìkǒng 명 (식물체 표면의) 기공, 숨구멍

06

A 一只风筝能否飞得高、放得远，关键看骨架的扎制。
B 仅仅满足于“说清”，而不注意“文采”，很可能达不到写作的目的。
C 如果说瞿塘峡像一道闸门，那么巫峡简直像江上一条迂回曲折的画廊。
D 在植物进行光合作用的过程中，叶绿素对于光能的传递、吸收和转化起着极为重要的作用。

A 연을 높이 날리고 멀리 띄울 수 있는 것의 관건은 뼈대를 튼튼하게 만드는 것이다.
B '명확하게 말하는 것'만 중시하고 '문체의 기교'를 소홀히 한다면, 진정한 작문의 목적에 다다를 수 없다.
C 취탕샤를 수문에 비유한다면 우샤는 그야말로 강 위에 꼬불꼬불 그려진 복도와 같다.
D 식물이 광합성작용을 하는 과정 중에서 엽록소는 빛 에너지의 전달과 전환, 흡수에 매우 중요한 역할을 한다.

정답 D ……叶绿素对于光能的传递、转化和吸收起着极为重要的作用。

해설 문장은 시간과 논리의 순서를 지켜야 한다. '传递、吸收和转化'의 논리순서가 부적절하다.

단어 风筝 fēngzheng 명 연 | 骨架 gǔjià 명 골격, 뼈대 | 文采 wéncǎi 명 화려하고 산뜻한 색채 | 瞿塘峡 Qútángxiá 지명 취탕샤[창장 삼협의 하나로 충칭시에 있음] | 闸门 zhámén 명 갑문, 수문 | 巫峡 Wūxiá 지명 우샤[창장 삼협의 하나로 충칭시 동쪽에 있음] | 迂回曲折 yūhuí qūzhé 성 길이 꼬불꼬불하다, 우여곡절을 겪다 | 画廊 huàláng 명 그림으로 장식된 복도 | 光合作用 guānghé zuòyòng 명 광합성작용 | 叶绿素 yèlǜsù 명 엽록소

07

A 最近中国研制出了一种类似鹰眼的搜索、观测技术系统，该系统能够有效提高和扩大飞行员的视野范围和视敏度。
B 植物需要从土壤中不断地获得无机元素和有机物质，以满足生长发育的需要，而这些物质只有溶解于水中才能被植物的根系吸收。
C 青少年的心智尚未成熟，对事物缺乏分辨力，好奇心又强，因此很容易受到大众媒介中不良信息的诱导，从而产生思想上和行为上的偏差。
D 我国的文化遗产是我们民族悠久历史的见证，是我们与祖先沟通的重要渠道，也是我们走向未来的坚实基础，因此我们应当永远珍惜古代的文明成果。

A 최근 중국은 매의 눈과 같은 검색, 관측기술 시스템을 연구 개발해냈다. 이 시스템은 우주비행사의 시각민감도를 제고하고 시야범위를 넓혔다.
B 식물은 토양에서 무기원소와 유기물질을 지속적으로 공급받아 생장발육의 수요를 충족시켜주어야 하는데, 이러한 물질은 물에서 용해되어야만 식물의 뿌리가 흡수할 수 있다.
C 청소년의 아이큐는 아직 미성숙해서 사물에 대한 분별력이 부족한 반면 호기심은 또 매우 강하다. 그래서 대중매체의 유해정보의 유혹을 쉽게 받고, 이로 인해 생각과 행동에서 오류를 범할 수 있다.
D 중국의 문화유산은 중국 민족의 유구한 역사의 증거이며, 우리가 선조들과 소통할 수 있는 중요한 통로가 될 뿐 아니라 중국이 미래로 나아가는 데 견실한 초석을 마련해준다. 그래서 중국은 고대문명의 성과를 영원히 소중하게 여겨야 한다.

정답 A ……该系统能够有效提高和扩大飞行员的视敏度和视野范围。
……该系统能够有效扩大和提高飞行员的视野范围和视敏度

해설 목적어 '视野范围和视敏度'와 술어 '提高和扩大'의 순서를 바르게 대응하여 써야 한다. 따라서 목적어의 순서를 바꾸거나 술어의 순서를 바꾸어야 한다.

단어 鹰 yīng 명 매 | 搜索 sōusuǒ 동 (인터넷에) 검색하다, 자세히 찾다 | 观测 guāncè 동 (천문 · 지리 · 기상 · 방향 등을) 관측하다 | 飞行员 fēixíngyuán 명 (비행기) 조종사, 비행사 | 土壤 tǔrǎng 명 토양, 흙 | 溶解 róngjiě 동 용해하다 | 根系 gēnxì 명 뿌리 | 分辨力 fēnbiànlì 명 분별력 | 大众媒介 dàzhòng méijiè 명 대중매체 | 诱导 yòudǎo 동 가르치다, 지도하다, 교도하다 | 偏差 piānchā 명 오류, 잘못, 틀림, 편향 | 文化遗产 wénhuà yíchǎn 명 문화유산 | 渠道 qúdào 명 경로, 방법 | 坚实 jiānshí 형 견실하다, 견고하다 | 珍惜 zhēnxī 동 진귀하게 여겨 아끼다, 귀중히 여기다

연습문제 6

p.41

정답	1	A	2	C	3	D	4	A	5	A	6	B	7	B

01

A 十几个学校的教授到北京大学参观学习。
B 只有真心爱人的人，才能获得别人的爱。
C 画在墙壁或天花板上的壁画，可以说是世界上最早出现的图画。
D 在中国园林里，山是永恒与稳定的象征，水是智慧与廉洁的象征。

A 십여 개 학교에서 온 교수들(한 학교의 교수 십여 명)이 베이징대학의 수업에 참관했다.
B 진심으로 사람을 사랑하는 사람만이 다른 이의 사랑을 받을 수 있다.
C 벽이나 천장에 그린 벽화가 세상에 가장 일찍 출현한 그림이라 할 수 있다.
D 중국 원림에서 산은 영원과 안정의 상징이며 물은 지혜와 청렴의 상징이다.

정답 A 来自十几个学校的教授到北京大学参观学习。
一所学校的十几个教授到北京大学参观学习。

해설 수량사로 인해 문장의 뜻이 모호해졌다. '십여 개 서로 다른 학교에서 온 교수'인지 '한 학교의 십여 명의 교수'인지 알 수 없다. 이러한 오류는 양사 '个'가 학교와 교수에 모두 쓸 수 있기 때문에 발생한 것이다. 따라서 양사를 바꾸거나 내용을 추가하여 그 뜻을 분명히 해야 한다.

단어 墙壁 qiángbì 명 (벽돌 · 돌 · 흙 등으로 쌓아 만든) 벽, 담장 | 天花板 tiānhuābǎn 명 천장판 | 壁画 bìhuà 명 벽화 | 永恒 yǒnghéng 형 영원히 변하지 않다, 영원하다 | 廉洁 liánjié 형 청렴결백하다

02

A 生气是用别人的错误来惩罚自己。
B 语言是作家与读者心灵沟通的桥梁。
C 老师交代我们，今天下午要买好书。
D 《山海经》保存了中国古代的许多神话。

A 분노는 다른 이의 잘못을 가지고 스스로를 벌하는 것이다.
B 언어는 작가와 독자의 마음이 통하는 다리이다.
C 선생님은 우리에게 오늘 오후에 좋은 책을 사라고 알려주셨다.
D ≪산해경≫은 중국 고대의 수많은 신화를 보존하고 있다.

정답 C ……今天下午要买一些好书
……今天下午要把书买好。

해설 다의어 '好' 때문에 문장의 뜻이 모호해졌다. '买好书'는 '좋은 책을 사다'의 뜻일 수도 있고, 단순히 '책을 사다'라는 동작이 완성됨을 나타낼 수도 있기 때문이다.(결과보어 '好')

단어 惩罚 chéngfá 명동 징벌(하다) | 心灵 xīnlíng 명 심령, 정신, 영혼 | 桥梁 qiáoliáng 명 교량, 다리 | 山海经 Shānhǎijīng 명 산해경[고대 중국의 지리책]

03

A 多吃蔬菜水果，少吃含脂肪的食物对降血压很有好处。
B 成功需要成本，时间也是一种成本，对时间的珍惜就是对成本的节约。
C 19世纪40年代，中国著名的盲人音乐家阿炳创作了二胡名曲《二泉映月》。
D 有人认为经济发展很重要，有人认为保护环境更重要，我十分赞同这种观点。

A 채소와 과일을 많이 먹고 지방이 함유된 음식을 적게 먹으면 혈압을 낮추는 데 많은 도움이 된다.
B 성공에는 자본이 필요하다. 시간 역시 일종의 자본이라 할 수 있는데, 시간을 소중히 여기는 것이야말로 자본을 절약하는 것이다.
C 1940년대, 중국의 유명한 맹인음악가 아빙은 얼후 명곡 ≪이천영월≫을 창작했다.
D 경제발전이 매우 중요하다고 생각하는 사람이 있는가 하면 환경보호가 더 중요하다고 생각하는 사람이 있는데, 나는 전자(후자)의 관점에 매우 동의한다.

정답 D ……我十分赞同前一种观点。
……我十分赞同后一种观点。

해설 대명사의 사용으로 문장의 뜻이 모호해졌다. '这种观点(이런 관점)'이 과연 전자의 '경제발전이 매우 중요하다'에 동의하는 것인지 아니면 후자의 '환경보호가 더 중요하다'에 동의하는 것인지 알 수 없다. 따라서 뜻이 모호한 대명사를 빼고 구체적으로 표시해야 한다.

단어 脂肪 zhīfáng 명 지방 | 血压 xuèyā 명 혈압 | 成本 chéngběn 명 원가, 자본금, 비용 | 二胡 èrhú 명 얼후[호금(胡琴)의 일종으로, 현이 두 줄인 악기] | 盲人 mángrén 명 눈먼 사람, 맹인, 장님

04

A 现在很多年轻人没有了解自己父母的想法。
B 我们都知道，把语言转化为行动比把行动转化为语言困难得多。
C 在颐和园的西堤六桥中，玉带桥是一座造型优美的拱桥，其余五座都是亭桥。
D 冷冻食品会刺激咽喉部，使咳嗽加重。因此，咳嗽时不应该吃冷饮或冷冻饮料。

A 부모님의 생각에 대해 현재 수많은 젊은이들이 잘 이해하지 못한다.
B 우리는 언어를 행동으로 바꾸는 것보다 행동을 언어로 바꾸는 것이 훨씬 더 어렵다는 것을 알고 있다.
C 이허위안의 서쪽 제방의 다리 여섯 개 중 옥대교는 아름다운 형상의 아치형다리이고 나머지 다섯 개는 모두 정자다리이다.
D 냉동식품은 목구멍을 자극해 기침을 가중시킬 수 있다. 그래서 기침을 할 때는 차가운 음료나 냉동음료를 먹지 않는 것이 좋다.

정답 A 对于自己父母的想法，现在很多年轻人不了解。
现在很多年轻人不想了解自己的父母。

해설 어법구조로 인해 문장의 뜻이 모호해졌다. '부모의 생각을 이해하지 못한다'는 것인지 '부모를 이해할 생각이 없다는 것'인지 알 수 없다.

단어 颐和园 Yíhéyuán 명 이허위안[베이징에 있는 유명한 황실정원의 하나] | 拱桥 gǒngqiáo 명 아치형다리, 무지개다리 | 咽喉 yānhóu 명 목구멍, 인후 | 咳嗽 késou 동 기침하다

05

A 每个人都希望他的朋友能严格要求自己。
B 专家建议，不要在空腹或饱腹的状态下晨练。
C 我们判断一个人的价值，应该看他奉献了什么，而不是取得了什么。
D 在戏曲舞台上，有些演员脸上用五颜六色描绘出种种纹样的图案，称为脸谱。

A 모든 사람이 그의 친구가 친구 자신에게(그에게) 엄격한 요구를 하길 원한다.
B 전문가는 공복이나 배가 부른 상태에서 아침운동을 하지 말 것을 제안한다.
C 우리는 한 사람의 가치를 판단할 때, 그가 무엇을 헌신했는지를 봐야지 무엇을 성취했는지를 보아서는 안 된다.
D 희곡무대에서 일부 연기자들은 얼굴에 가지각색의 분장을 하곤 하는데 이를 '검보'라고 한다.

정답 A 每个人都希望他的朋友能严格要求朋友自己。
每个人都希望他的朋友能严格要求他。

해설 '自己'라는 단어의 사용으로 인해 문장의 뜻이 모호해졌다. '自己'가 주어인 '모든 사람'을 지칭하는 것인지 아니면 바로 앞에 있는 '친구'를 지칭하는 것인지 알 수 없다. 그러므로 좀 더 구체적으로 표시해야 한다.

단어 空腹 kōngfù 명 공복, 빈속 | 晨练 chénliàn 동 (아침에) 훈련하다, 운동하다 | 奉献 fèngxiàn 동 삼가 바치다, 공헌하다, 이바지하다 | 五颜六色 wǔyán liùsè 성 색깔이 가지각색으로 다양하다 | 脸谱 liǎnpǔ 명 검보[중국 전통극에서 배우들의 얼굴에 하는 화려한 분장]

06

A 科学不怕挑战，怕挑战的不是科学。
B 张涛最近这段时间可烦了，公司里的同事谁也不搭理他。
C 一般而言，最佳生理状态和最不容易发生运动伤害的时间是在黄昏前后。
D 头发除了增加人的美感之外，还可以保护头脑：夏天可防烈日，冬天可御寒冷。

A 과학은 도전을 두려워하지 않고, 도전을 두려워하는 것은 과학이 아니다.
B 장타오가 요즘 짜증을 내서 회사의 동료들이 그를 상대해주지 않는다.
C 일반적으로 생리상태가 최적일 때와 운동 중 부상이 가장 적은 시간대는 황혼 전후이다.
D 머리카락은 사람의 아름다움을 더해주는 것 이외에도 여름에는 강렬한 태양으로부터, 겨울에는 추위로부터 두뇌를 보호해주는 역할을 한다.

정답 B ……所以公司里的同事谁也不搭理他。
……因为公司里的同事谁也不搭理他。

해설 앞뒤 문장 사이의 인과관계가 불분명하다. 이 문장은 '장타오가 최근 짜증이 났다' '그래서 회사의 동료들이 그를 상대해주지 않는다'라고 이해할 수도 있는 반면, '회사 동료들이 그를 상대해주지 않는다' '그래서 장타오는 요즘 짜증이 난다'라고 이해할 수도 있다. 그러므로 뒤의 문장 앞에 접속사를 써서 그 인과관계를 명확히 해주어야 한다.

단어 搭理 dāli 동 상대하다, (말)대꾸하다, 응대하다 | 烈日 lièrì 명 작열하는 태양, 강하게 내리쬐는 태양 | 寒冷 hánlěng 형 한랭하다, 춥고 차다

07

A 臭豆腐是一种流传于全中国的豆腐发酵制品。
B 他未按公司的决定，把谈判日期提前告诉给对方，以致产生了误会。
C 在生育年龄，女子的内分泌激素能使她们具有天然的抵御心脏病的能力。
D 当人类还未有家的意识与家的形式之前，祖先们是在无休止的迁徙中生活的。

A 취두부는 중국 전역에서 유행하는 일종의 발효두부 제품이다.
B 그는 회사의 결정을 따르지 않고 마음대로 상대방에게 협상날짜를 미리 알려주어 오해를 낳았다.
C 가임기 여성은 여자의 내분비호르몬으로 인해 천성적으로 심장병을 막아주는 능력을 갖게 된다.
D 인류가 아직 집에 대한 인식과 집의 형식을 갖기 전에 선조들은 끊임없이 이동생활을 했다.

정답 B 他未按公司的决定，**擅自**把谈判日期提前告诉给对方，以致产生了误会。

해설 '회사의 결정'이라는 내용이 불분명하다. 이는 '상대방에게 협상날짜를 미리 알려주다'가 될 수도 있고 '상대방에게 협상날짜를 미리 알려주어서는 안 된다'가 될 수도 있기 때문이다.

단어 **臭豆腐** chòudòufu 명 (냄새가 아주 특이한) 발효두부, 초두부 | **发酵** fājiào 동 발효하다, 발효시키다 | **谈判** tánpàn 동 담판하다, 회담하다 | **内分泌** nèifēnmì 명 내분비 | **激素** jīsù 명 호르몬 | **抵御** dǐyù 동 막아내다, 저항하다 | **心脏病** xīnzàngbìng 명 심장병 | **迁徙** qiānxǐ 동 옮겨 가다

연습문제 7

p.46

정답	1	A	2	A	3	B	4	B	5	C	6	D	7	B

01

A 人们陶醉在这首优美的乐曲声中。
B 我们可以通过快速走路的方式来消除疲劳。
C 社会就像一艘船，我们每个人都应该做好掌舵的准备。
D 农历正月初一是中华民族最重大的传统节日“春节”。

A 사람들은 이 우아하고 아름다운 음악작품 소리에 도취되었다.
B 우리는 빨리 걷는 방식을 통해 피로를 없앨 수 있다.
C 사회는 한 척의 배와 같아서 모든 사람은 배의 방향키를 잘 잡을 준비를 해야 한다.
D 음력 정월 초하루는 중화민족의 가장 중대한 전통 명절인 '춘절'이다.

정답 A 人们陶醉在**这首**优美的**乐曲中**。
人们陶醉在优美的**乐曲声中**。

해설 수량사 '这首'와 '乐曲声'은 어울릴 수 없다.

단어 **陶醉** táozuì 동 도취하다 | **消除** xiāochú 동 없애다, 해소하다, 제거하다 | **掌舵** zhǎngduò 동 배의 키를 잡다 | **正月初一** zhēngyuèchūyī 명 정월 초하루

02

A 这些天来的一连串巧合，十分出乎我的意料。
B 据历史记载，中国最早的翻译出现在战国时期。
C 相声是以语言为主要表演手段的一种喜剧性曲艺。
D 我们虽不能改变天气，但是我们能改变自己的心情。

A 하늘로부터 온 일련의 우연의 일치는 나의 예상을 훨씬 뛰어넘는다.
B 역사의 기록에 의하면 중국 최초의 통역사는 전국시대에 출현했다.
C 상성(相声)은 언어를 주요 표현수단으로 하는 일종의 희극적 설창예술이라 할 수 있다.
D 우리가 날씨를 바꿀 수는 없지만 스스로의 감정은 바꿀 수 있다.

정답 A 这些天来的一连串巧合，**大大**出乎我的意料。

해설 '十分'과 '出乎意料'는 같이 쓰지 않는다. 강조하는 경우에는 보통 부사 '大大'와 호응한다.

단어 **一连串** yìliánchuàn 형 일련의, 계속되는, 이어지는 | **巧合** qiǎohé 동 우연히 맞다, 우연히 일치하다 | **曲艺** qǔyì 명 (지방색채가 매우 강한) 각종 설창예술

03

A 我们要学会分享快乐，这样才能得到更多的快乐。

B 绍兴属于很多名人的故乡，如鲁迅、蔡元培、周恩来等都是绍兴人。

C 如果把语言比作高楼大厦，那么建筑这座大厦的材料就是词汇。

D 戏曲在长期发展过程中，逐渐形成唱、念、做、打等各种艺术手段。

A 우리는 기쁨을 나누는 법을 배워야 하는데, 이렇게 해야만 더 많은 즐거움을 얻을 수 있다.

B 샤오씽은 수많은 명인들의 고향인데, 예를 들어 노신, 채원배, 주은래 등은 모두 샤오씽 사람이다.

C 언어를 고층빌딩에 비유한다면 이렇게 고층빌딩을 짓는 자재는 바로 어휘이다.

D 희곡은 장기적으로 발전을 해오면서 노래와 대사낭독, 동작, 안무 등의 각종 예술적인 수단을 점차 형성하게 되었다.

정답 B 绍兴**是**很多名人的故乡，如鲁迅、蔡元培、周恩来等都是绍兴人。

해설 '属于'는 '어떠한 범위(소속)에 속하다'라는 의미로, '故乡'이란 어휘와 어울리지 않는다.

단어 **分享** fēnxiǎng 동 (기쁨 · 행복 · 좋은 점 등을) 함께 나누다, 누리다 | **绍兴** Shàoxīng 지명 샤오씽 | **鲁迅** Lǔ Xùn 인명 노신[중국의 소설가] | **蔡元培** Cài Yuánpéi 인명 채원배[중국의 사상가 · 저술가 · 교육가] | **周恩来** Zhōu Ēnlái 인명 주은래[중국의 정치가] | **大厦** dàshà 명 빌딩, (고층 · 대형) 건물

04

A 北京大学图书馆是中国最早、藏书最多的大学图书馆。

B 景德镇的瓷器造型轻巧、色彩绚丽、装饰精美，被称为中国的"瓷都"。

C 没有友情的人是终身可怜的孤独者，没有友情的社会是一片繁华的沙漠。

D 文学是一种用语言塑造形象的艺术，是艺术门类中最富有表现力的一种艺术。

A 베이징대학교 도서관은 중국에서 가장 오래되고 장서가 가장 많은 대학 도서관이다.

B 징더쩐은 중국의 '자기의 도시'라 불리는데, 그곳에서 생산된 자기는 가볍고 정교하며 색채가 화려하고 장식이 아름답다.

C 우정이 없는 사람은 생이 끝나는 날까지 불쌍한 외톨이이며 우정이 없는 사회는 번화한 사막과 같다.

D 문학은 일종의 언어로 형상을 만들어낸 예술이며, 예술의 종류 가운데서도 표현능력이 가장 풍부한 예술이다.

정답 B 景德镇**被称为中国的"瓷都"，那里生产的**瓷器造型轻巧、色彩绚丽、装饰精美。

해설 주어인 '瓷器'와 자기의 도시를 의미하는 '瓷都'는 서로 어울리지 않는다.

단어 **藏书** cángshū 명 장서, 소장도서 | **景德镇** Jǐngdézhèn 지명 징더쩐[도자기 산지로 유명한 장시성의 한 도시] | **轻巧** qīngqiǎo 형 가볍고 정교하다, 깜찍하다 | **绚丽** xuànlì 형 화려하고 아름답다, 눈부시게 아름답다

05

A 窑洞式住宅流行于河南、山西、陕西、甘肃等黄土地带。

B 苏州的拙政园和无锡的寄畅园是中国江南私家园林的代表。

C 是否具有积极的情绪会对人体的生理功能起着良好的作用，有利于健康。

D 青春在人的一生中只有一次，是人生中最美好，也最容易消逝的一段时光。

A 동굴식주택은 허난, 산시, 산시(섬서), 간쑤 등과 같은 황토지대에서 유행했다.

B 쑤저우의 졸정원과 우시의 기창원은 중국 강남 개인원림의 대표라 할 수 있다.

C 긍정적인 정서를 가지고 있는 것은 인체의 생리적인 기능에 긍정적인 작용을 하며 건강에도 이롭다.

D 청춘은 사람의 일생에 오직 한 번 있는 것으로, 인생 중 가장 아름답고 가장 쉽게 흘러가는 시간이기도 하다.

정답 C 具有积极的情绪会对人体的生理功能起着良好的作用，有利于健康。
是否具有积极的情绪会对人体的生理功能产生影响。

해설 긍정과 부정 두 가지 의미를 가진 양면적인 의미의 단어(是否)와 단면적인 의미의 단어가 함께 사용되었다. '是否具有积极的情绪'는 양면적인 의미를 나타내는 반면 '对人体的生理功能起良好的作用，有利于健康'은 단면적인 의미만 가졌기 때문에 함께 쓰는 것이 부자연스럽다.

단어 窑洞 yáodòng 명 동굴집, 토굴집 | 拙政园 Zhuōzhèngyuán 명 졸정원[쑤저우의 개인원림] | 消逝 xiāoshì 동 (시간이) 흘러가다, (사물이) 사라지다, 없어지다

06

A 这是我第三次见到西地平线上落日的景观。
B 在整个怀孕期间，母亲和胎儿之间都存在着持久的、强烈的感情上的交流。
C 花灯又名彩灯，是我国传统农业时代的文化产物，兼具生活功能与艺术特色。
D 《三国演义》这部电视剧出色地塑造了刘备、关羽、张飞、曹操、孙权等英雄的光辉事迹。

A 이것은 내가 서쪽 지평선에서 세 번째로 보는 석양의 경관이다.
B 임신을 한 기간 내내 어머니와 태아는 지속적이고 강력한 감정 상의 교류가 존재한다.
C 꽃등은 채색등이라고도 불리는데, 이는 중국 전통 농업시대의 문화적 산물로 생활적 기능과 예술적 특색을 겸비하고 있다.
D ≪삼국연의≫라는 텔레비전 드라마는 유비, 관우, 장비, 조조, 손권 등 영웅들의 찬란한 형상을 기막히게 그려냈다.

정답 D 《三国演义》这部电视剧出色地塑造了……形象。

해설 '塑造'와 '事迹'는 어울리지 않는다. 이는 '形象'으로 바꾸어야 한다.

단어 落日 luòrì 명 석양 | 持久 chíjiǔ 형 오래 유지되다, 지속되다 | 彩灯 cǎidēng 명 채색등, 컬러조명등 | 出色 chūsè 형 특별히 좋다, 대단히 뛰어나다 | 光辉 guānghuī 형 찬란하다, 밝게 빛나다 | 事迹 shìjì 명 사적

07

A 没有受过伤的人才会讥笑别人身上的创痕。
B 菊花是我国数千年来栽培历史最为漫长的一种花卉。
C 先秦两汉的散文质朴自由，不受格式约束，有利于反映现实生活、表达思想。
D 叹气和正常的呼吸在生理方面不会造成任何影响，但在心理上却有极大的差异。

A 상처를 받아본 적이 없는 사람은 다른 이의 아픔을 비웃을 수 있다.
B 국화는 중국에서 수천 년의 유구한 재배역사를 가진 화초이다.
C 선진 양한시대의 산문은 소박하고 자유로우며 격식에 구애받지 않아 현실생활을 반영하고 생각을 표현하는 데 유리했다.
D 탄식과 정상적인 호흡은 생리적인 측면에는 어떠한 영향도 끼치지 않지만 심리적으로는 현저한 차이를 보인다.

정답 B 菊花是我国数千年来栽培历史最为悠久的一种花卉。

해설 '历史'와 '漫长'은 어울리지 않는다. '역사가 오래되다'라고 할 경우 대개 '悠久'란 단어와 함께 쓴다.

단어 讥笑 jīxiào 동 비웃다, 조롱하다, 놀리다 | 创痕 chuānghén 명 상처 자국, 흉터 | 菊花 júhuā 명 국화 | 栽培 zāipéi 동 심어 가꾸다, 재배하다 | 花卉 huāhuì 명 화훼, 화초 | 质朴 zhìpǔ 형 질박하다, 소박하다 | 约束 yuēshù 동 단속하다, 속박하다, 구속하다 | 叹气 tànqì 동 탄식하다, 한숨짓다, 한탄하다

정답	1	B	2	D	3	B	4	A	5	B	6	B	7	A

01

A 中国戏曲源于民间歌舞、说唱和滑稽戏。
B 日本、朝鲜和越南都使用过汉字，因此情况各有不同。
C 在造纸术产生之前，丝帛是最好的写字、绘画的材料。
D 生活就像一杯酒，不经过多次的提炼，就不会甘醇可口。

A 중국 희곡은 민간가무와 설창, 골계희로부터 유래되었다.
B 일본, 한국 그리고 베트남은 모두 한자를 사용하지만, 상황이 각기 다르다.
C 제지술이 나타나기 전에는 명주천이 글씨를 쓰고 그림을 그리기에 가장 좋은 재료였다.
D 삶은 한 잔의 술과 같아서 여러 번 제련을 거치지 않으면 입에 쓰게 된다.

정답 B 日本、朝鲜和越南都使用过汉字，但是(然而)情况各有不同。

해설 두 문장의 문맥을 살펴볼 때, 접속사 '因此'의 사용이 부적절하다. '因此'는 인과관계에 쓰이는 접속사로, 이 문장의 관계는 전환관계를 나타내는 접속사(但是/然而)를 사용하는 것이 옳다.

단어 说唱 shuōchàng 명 설창, 강창[말하기도 하고 노래하기도 하는 민간예술] | 滑稽戏 huájīxì 명 골계희[익살스런 광대극] | 丝帛 sībó 명 명주 | 提炼 tíliàn 동 (물리 · 화학적인 방법을 통해) 추출하다, 정련하다 | 甘醇 gānchún 형 (술맛이) 깔끔하고 진하다, 순수하고 좋다 | 可口 kěkǒu 형 맛있다, 입에 맞다

02

A 秦始皇陵兵马俑被称为世界第八大奇迹。
B 各地民俗与当地的地域和气候有很大关系。
C 只有到了冬天，人们才知道是松树和柏树是最晚落叶的。
D 在中国的一些景点，淡季的票价比旺季的票价下降将近一倍。

A 진시황릉의 병마용은 세계 제8대 기적으로 불린다.
B 각 지역의 민속문화는 해당 지역의 지리, 기후와 관련이 깊다.
C 겨울이 되어야 사람들은 소나무와 측백나무의 잎이 가장 늦게 떨어진다는 것을 안다.
D 중국의 일부 관광지는 비수기 입장료를 성수기 입장료와 비교해서 반 가량 낮추어서 받는다.

정답 D ……淡季的票价比旺季的票价下降将近一半。

해설 '下降将近一倍'는 부적절한 표현이다. 감소를 나타내는 단어(下降)와 배수를 의미하는 단어(一倍)는 함께 사용할 수 없다.

단어 松树 sōngshù 명 소나무 | 柏树 bǎishù 명 측백나무 | 淡季 dànjì 명 비성수기, 불경기 계절 | 旺季 wàngjì 명 (영업 · 생산 · 여행 등이) 한창인 때, 성수기, 최성기

03

A 我们如果不能创造幸福，就没有权利享受幸福。
B 秦皇岛市评选十大历史遗迹，山海关长城首当其冲。
C 适当晨练可使人全天充满活力，并可减少焦虑、改善睡眠质量。
D 在中国戏曲中，"生"是男性角色的统称，"旦"是女性角色的统称。

A 만일 우리가 행복을 만들어낼 수 없다면 행복을 향유할 수 있는 권리도 없다.
B 친황다오시는 10대 역사유적을 선정하였는데, 그 중 산하이관 창청이 1위로 꼽혔다.
C 적당한 아침운동은 종일 활력이 충만하게 하고 초조함을 덜어주며 수면의 질을 개선해준다.
D 중국 희곡 중 '생(生)'은 남성 역할의 통칭이고 '단(旦)'은 여성 역할의 통칭이다.

정답 B ……山海关长城名列榜首。

해설 성어의 사용이 부적절하다. '首当其冲'은 '가장 먼저 재난을 당하다'라는 뜻으로, 보통 좋지 않은 일을 가장 먼저 당한다는 뜻을 가지고 있다. 문맥을 살펴보면 '1위를 차지하다'라는 의미의 '名列榜首'를 쓰는 것이 옳다.

단어 评选 píngxuǎn 동 (심사) 선정하다, 평가하여 선발하다 | 遗迹 yíjì 명 유적 | 山海关 Shānhǎiguān 지명 산하이관[창청의 기점으로 허베이성에 있음]

04

A 这个学校的氛围很好，老师非常敬爱学生。
B 在中国，人们十分看重朋友或亲人的到来或离别。
C 鼎在原始社会是烧煮食物的炊具，或是盛食物的容器，多用陶土制成。
D 衣服沾上菜汁时，立即把它放入冷水，泡5到10分钟，这样比较容易洗干净。

A 이 학교는 분위기가 참 좋고 학생도 선생님을 매우 존경하고 사랑한다.
B 중국에서 사람들은 친구 혹은 가족 간의 만남과 이별을 매우 중시한다.
C 정(鼎)은 원시사회에는 음식을 삶는 요리기구 혹은 음식을 담아두는 용기로 사용되었고, 대부분 고령토로 제작했다.
D 옷에 음식물이 묻었을 때 즉시 찬물에 5분에서 10분 정도 담가 놓으면 비교적 쉽게 씻어낼 수 있다.

정답 A ……老师非常关心学生。
……学生非常敬爱老师。

해설 '敬爱'라는 단어의 사용이 부적절하다. '敬爱'는 아랫사람이 윗사람에게만 사용하는 단어이다. 따라서 '老师非常关心学生(선생님이 학생에게 많은 관심을 갖는다)'이나 '学生非常敬爱老师(학생은 선생님을 매우 존경하고 사랑한다)'라고 바꾸어야 한다.

단어 氛围 fēnwéi 명 분위기 | 敬爱 jìng'ài 동 경애하다, 공경하고 사랑하다 | 鼎 dǐng 명 정[옛날, 다리가 세 개 또는 네 개이고 귀가 두 개 달린 솥] | 盛 chéng 동 (용기 등에) 물건을 담다 | 陶土 táotǔ 명 고령토[도자기의 원료가 되는 진흙]

05

A 不少人以为体格越小的狗，危害就越小。然而体型小的京巴狗很容易对人发起攻击，而且难以驯化，咬人事件时有发生。
B 这一次的选拔赛显示了女子体操队的冬训后果，虽然一些年轻运动员的动作还不是太稳定，但整体水平有了较大的提高。
C 中国古代，人们按照钟的大小、音律和音高把钟编成组，制成编钟。曾侯乙编钟是现存最大、保存最完整的一套大型编钟。
D 做菜时使用的酒称为"料酒"。料酒的作用主要是去除鱼、肉类的膻腥味，同时能增加菜肴的香气，有利于各种味道充分渗入菜肴中。

A 많은 이들은 체격이 작은 개일수록 덜 무섭다고 생각한다. 그러나 체형이 작은 페키니즈는 사람을 쉽게 공격하고 훈련시키기도 어려우며 사람을 무는 일도 있다.
B 이번 예선전은 여자 체조팀의 동계훈련의 결과를 잘 보여주었는데, 비록 일부 젊은 선수들의 동작이 아주 안정적이지는 않았으나 전체적인 수준은 크게 향상되었다.
C 중국 고대의 사람들은 종의 크기, 음률과 음의 높이에 따라 종을 편성하고 편종을 제작했다. 증후을 편종은 현존하는 가장 크고 보존상태가 가장 완정한 대형 편종이다.
D 음식을 할 때 쓰는 술을 '조리용 술'이라고 한다. 조리용 술은 주로 어류, 육류의 비린내를 제거하는 데 사용되며, 동시에 음식의 향을 더해주기 때문에 깊은 맛을 내는 각종 요리에 쓰인다.

정답 B 这一次的选拔赛显示了女子体操队的冬训成果，……

해설 '后果(결과)'는 부정적인 결과를 의미하는 단어이기 때문에 이 문장에서 사용하기에는 적절하지 않다. 따라서 긍정적인 의미를 가진 단어 '成果'로 바꿔야 한다.

단어 攻击 gōngjī 동 공격하다, 진공하다 | 驯化 xùnhuà 동 (동물을) 길들이다 | 京巴狗 jīngbāgǒu 명 페키니즈[개의 한 종류] | 选拔赛 xuǎnbásài 명 선발시합, 예선전 | 冬训 dōngxùn 동 동계훈련을 하다 | 音律 yīnlǜ 명 음률 | 编钟 biānzhōng 명 편종[중국 고대의 타악기] | 料酒 liàojiǔ 명 조리용 술 | 膻腥味 shānxīngwèi 명 비린내 | 菜肴 càiyáo 명 (식사나 안주용의) 요리, 음식, 반찬 | 渗入 shènrù 동 스며들다, 배다

06

A 妈妈把茶几擦得一尘不染。
B 王经理作风民主，处事武断，群众威信很高。
C 仅仅为了一点小事，他就跟曾经和自己同患难、共生死过的朋友分道扬镳了。
D 人们认为，野生动物中存在着一定的法规，使得他们不至于同类之间互相残杀。

A 어머니는 찻상을 먼지 하나 남기지 않고 깨끗하게 닦아내셨다.
B 왕 사장은 스타일이 민주적이고 결단성 있게 일을 처리해 사람들에게 높은 신임을 얻고 있다.
C 겨우 사소한 일 때문에 그는 일찍이 자신과 어려움을 같이하고 생사를 함께했던 친구와 각자 다른 길을 걸어가게 되었다.
D 사람들은 야생동물 사이에서도 일정한 규칙이 존재해 동족끼리는 서로를 해치지 않는다고 생각한다.

정답 B ……处事果断，群众威信很高。

해설 '武断'은 '독단적이다'라는 부정적 의미이므로 이 문장에서 사용하기에는 적절하지 않다. 문맥을 살펴볼 때 '果断(일 처리가 과감하다)'이라고 바꾸는 것이 옳다.

단어 茶几 chájī 명 찻상, 차탁자 | 一尘不染 yìchénbùrǎn 성 (환경 · 물체 등이) 매우 청결하다, 깨끗하다 | 作风 zuòfēng 명 (사상 · 일 · 생활 등의 일관된) 기풍, 태도, 풍격 | 武断 wǔduàn 형 독단적이다, 주관적이다 | 威信 wēixìn 명 위신, 신망, 위엄 | 患难 huànnàn 명 우환과 재난 | 分道扬镳 fēndào yángbiāo 성 (목표 등이 달라) 각자 자기의 길을 가다, 각자 자기의 일을 하다 | 残杀 cánshā 동 학살하다, 잔인하게 죽이다, 참살하다

07

A 这位老艺术家的表演，已经达到了惟妙惟肖、投机取巧的境界。
B 大熊猫是我国的国宝，既是世界上稀有的珍贵兽类之一，又是名贵的观赏动物。
C 有规律的体育锻炼能使思维更活跃，这是因为体育活动能促进脑组织的血氧增加。
D 好的作品往往以人生的安稳作底子来描写人生的飞扬，没有这底子，飞扬只能是浮沫。

A 이 노 예술가의 연기는 이미 현실과 똑같이 표현해내면서 절묘한 경지에 다다랐다.
B 판다는 중국의 국보로 세계적으로 희귀한 야생동물 중 하나이며 또 유명한 관상용 동물이기도 하다.
C 규칙적인 체력단련은 더욱 활력 있는 사고를 할 수 있도록 도와주는데, 이는 체육활동이 뇌조직의 혈액과 산소량을 증가시켜주기 때문이다.
D 좋은 작품은 종종 인생의 안락함을 기반으로 인생의 비상을 묘사해낸다. 이러한 기반이 없다면 비상은 그저 뜬구름에 불과하다.

정답 A ……已经达到了惟妙惟肖、出神入化的境界。

해설 성어의 사용이 적절하지 않다. '投机取巧'라는 성어는 '기회를 틈타 사리사욕을 취한다'는 의미로, 본문의 내용과 어울리지 않는다. 문장에서 생략하거나, '(기예가) 절묘한 경지에 이르다'라는 의미의 성어 '出神入化'를 쓰는 것이 좋다.

단어 惟妙惟肖 wéimiào wéixiào 성 진짜와 똑같이 모방하다, 실물처럼 생동감 있게 묘사하다 | 投机取巧 tóujī qǔqiǎo 성 노력의 대가를 치르지 않고 요행으로 목적을 달성하다 | 名贵 míngguì 형 유명하고 진귀하다 | 底子 dǐzi 명 기초, 기반, 토대 | 飞扬 fēiyáng 동 높이 오르다, 떠오르다

정답	1	B	2	A	3	A	4	C	5	A	6	C

01

A 女娲是中国上古神话中一位化育万物、造福人类的女神。
B 你既然来到中国，就应该到北京、上海、昆明、长城去看一看。
C 判断一个人的时候，我们不仅要看他说了什么，更要看他做了什么。
D 《十面埋伏》是一首著名的琵琶独奏曲，16世纪以前就流传于中国民间。

A 여와는 중국 상고신화에 나오는 인물로 만물을 돌보고 인류에게 복을 가져다주는 여신이다.
B 너 기왕 중국에 왔으니 베이징, 상하이, 쿤밍을 꼭 가서 봐라.
C 한 사람을 판단할 때, 우리는 그가 말한 것뿐 아니라 그의 행동까지도 봐야 한다.
D ≪십면매복≫은 유명한 비파독주곡으로 16세기 이전에 중국 민간에 전해졌다.

정답 B 你既然来到中国，就应该到**北京、上海、昆明**去看一看。

해설 '베이징', '상하이'와 '쿤밍'은 도시명인데 반해 '만리장성'은 관광지 이름이므로 함께 병렬할 수 없다.

단어 **女娲 Nǚwā** 인명 여와[중국 고대신화 속의 여신] | **化育 huàyù** 동 낳고 기르다, 양육하다, 육성하다 | **琵琶 pípá** 명 비파 | **独奏曲 dúzòuqǔ** 명 독주곡

02

A 他冒着瓢泼大雨和泥泞小路，艰难地向山上爬去。
B 中国是世界著名的产漆国，也是最早制作漆器的国家。
C 许多词不只有一个意思，同一个词在不同的句子中可以表示不同的意义。
D 中国古典园林以北方皇家园林和江南私家园林为代表，是宝贵的文化遗产。

A 그는 억수같이 쏟아지는 비를 뚫고 질퍽거리며 좁은 길을 걸어 산 위로 힘들게 올라갔다.
B 중국은 세계적으로 유명한 도료 생산국이며 최초로 칠기를 제작한 국가이다.
C 많은 단어들이 하나 이상의 뜻을 가지고 있어, 똑같은 단어 일지라도 문장에 따라 서로 다른 의미를 가질 수 있다.
D 중국 고전원림은 북방의 황가원림과 강남의 개인원림으로 대표할 수 있는데, 이는 중국의 소중한 문화유산이다.

정답 A 他冒着瓢泼大雨，**踩着泥泞小路**，……

해설 '冒着瓢泼大雨'는 될 수 있지만 '冒着泥泞小路'는 쓸 수 없다. 단문을 병렬해서 부자연스러운 문장이 만들어졌으므로, 어울리는 동사를 따로 넣어주어야 한다.

단어 **瓢泼大雨 piáopō dàyǔ** 명 억수같이 퍼붓는 비, 바가지로 퍼붓는 듯한 비 | **泥泞 nínìng** 형 질퍽거리다 | **漆 qī** 명 각종 도료(涂料)의 총칭 | **漆器 qīqì** 명 칠기 | **宝贵 bǎoguì** 형 진귀한, 귀중한, 소중한

03

A 根据绘画的内容，中国画大致可以分为人物画、山水画、工笔画和花鸟画。
B 北京故宫中的太和殿，俗称金銮殿，是皇帝召见大臣，处理国家大事的地方。
C 秦代以前，中原通用的字体是大篆；秦始皇统一六国后，秦代通用的标准字体是小篆。
D 奇异果与猕猴桃的最大区别在于，奇异果硬的时候比较好吃，而猕猴桃熟透了味道才好。

A 회화의 내용에 따라 중국 그림은 대략적으로 인물화, 산수화 그리고 화조화로 나뉜다.
B 베이징 고궁의 태화전은 세칭 금란전이라고도 불리는데, 이는 황제가 대신을 불러 모아 국가의 대사를 처리하던 곳이었다.
C 진대 이전 중원에서 통용되던 글자체는 대전(大篆)이었고 진시황이 6개 국을 통일한 후에 진나라에서 통용되던 표준글자체는 소전(小篆)이었다.
D 수입 키위와 중국산 키위의 가장 큰 차이점은 수입 키위는 덜 익었을 때에 비교적 맛있는 반면 중국산 키위는 익은 후에야 맛있다는 점이다.

정답 A ……中国画大致可以分为人物画、山水画和花鸟画。

해설 '세밀화(工笔画)'는 그림의 '내용'이 아니라 그림을 그리는 방법에 따라 분류한 것이다. 따라서 '인물화', '산수화', '화조화'와 함께 나열할 수 없다.

단어 工笔画 gōngbǐhuà 명 세밀화 | 花鸟画 huāniǎohuà 명 화조화[화훼·날짐승을 제재로 한 중국화] | 金銮殿 jīnluándiàn 명 금란전[황제가 정사를 처리하거나 성대한 의식을 거행하는 전당] | 大臣 dàchén 명 대신, 중신 | 大篆 dàzhuàn 명 대전[한자 서체의 하나] | 小篆 xiǎozhuàn 명 소전[한자 자체의 하나] | 猕猴桃 míhóutáo 명 키위, 양다래 | 熟透 shútòu 형 (과실이) 잘 익다

04

A 我们的生命是前人生命的延续，是现在共同生命的一部分，同时也是后人生命的开端。
B 中国诗歌源远流长，从第一部诗歌总集《诗经》算起，至今已有三千多年的历史了。
C 在中国，汉白玉出产于北京、河北、辽宁、陕西等省份，大石窝镇是最著名的产地之一。
D 发烧时不应该喝茶，因为茶叶所含的茶碱会提高人体温度，并影响药物的作用，加重病情。

A 우리의 생명은 이전 사람들의 생명의 연장선상에 있는 것이며 현재 공존하는 생명의 일부분이자 동시에 후손들의 생명의 시작이라고 할 수 있다.
B 중국의 시는 그 역사가 매우 유구하다. 첫 번째 시가총집 ≪시경≫에서부터 세어본다면, 이미 3천여 년의 역사를 가지고 있다.
C 중국에서 한백옥은 허난, 랴오닝, 산시 등과 같은 성에서 생산되며, 그 중 다스와진이 가장 유명한 생산지 중 하나로 꼽힌다.
D 열이 날 때는 차를 마시지 않는 것이 좋다. 찻잎에 함유되어 있는 디오필린 성분이 체온을 높일 수 있고 약물의 작용에 영향을 끼쳐 병상을 더욱 악화시키기 때문이다.

정답 C ……汉白玉出产于河北、辽宁、陕西等省份，……
……汉白玉出产于北京、河北、辽宁、陕西等省市，……

해설 '베이징'은 성이 아니라 시이다. 따라서 '北京'을 빼거나, 성 대신 성과 도시를 의미하는 '省市'라는 단어를 써야 한다.

단어 延续 yánxù 동 계속하다, 지속하다, 연장하다 | 开端 kāiduān 명 발단, 시작, 처음 | 源远流长 yuányuǎn liúcháng 성 역사가 유구하다, 아득히 멀고 오래다 | 汉白玉 hànbáiyù 명 한백옥, 흰 대리석[흰색 대리석의 하나로 건축이나 조각의 최고급 장식재료임] | 发烧 fāshāo 동 열이 나다 | 茶碱 chájiǎn 명 디오필린[찻잎에 함유된 카페인의 유기화합물]

05

A 小孩子最好每天吃四餐，其热量分配为：早餐20~30%，加餐10~15%，晚餐20~30%，午餐40%。

B 知识就像人体的血液一样宝贵。如果一个人缺少血液，身体就会衰弱；如果一个人缺少知识，头脑就会枯竭。

C 热油快炒是我国传统的烹制技术，这种炒法不仅可以保持蔬菜的原有色泽，还能使蔬菜吃起来味道鲜美，脆嫩可口。

D 从市场里买回来的海带上，一般附着一层白色的粉末，人们常常把这些粉末当成脏东西洗掉。事实上，这种粉末是一种有利于人体的物质。

A 어린이들은 매일 네 끼를 먹는 것이 가장 좋은데, 매끼 열량은 아침 20~30%, 점심 40%, 저녁 20~30%, 새참 10~15%로 나누는 것이 좋다.

B 지식은 체내의 혈액처럼 소중한 것이다. 사람은 혈액이 부족하면 몸이 바로 약해지듯이 지식이 부족하면 두뇌가 고갈되기 때문이다.

C 뜨거운 불에 빨리 볶아내는 것은 중국 전통의 요리기술로, 이런 볶음요리법은 채소 본연의 색깔을 유지할 수 있을 뿐 아니라 맛이 좋고 입안에서 아삭아삭 씹히는 느낌을 낼 수 있다.

D 시장에서 다시마를 사면 보통 겉에 흰색의 분말가루가 묻어 있는데, 사람들은 종종 이것이 더러운 것이라 생각하고 물에 씻어 버린다. 사실 이 분말은 인체에 매우 이로운 물질이다.

정답 A ……早餐20~30%，午餐40%，晚餐20~30%，加餐10~15%。

해설 병렬순서의 논리관계가 부적절하다. '점심'과 '저녁', '새참'의 순서로 바꾸는 것이 옳다.

단어 衰弱 shuāiruò 형 (신체기능이) 쇠약해지다, 약해지다 | 枯竭 kūjié 형 (체력 · 자원 등이) 고갈되다, 다 없어지다 | 烹制 pēngzhì 동 요리하다, 조리하다 | 色泽 sèzé 명 색깔과 광택 | 鲜美 xiānměi 형 (식품의) 맛이 좋다 | 脆嫩 cuìnèn 형 (과일이나 채소가) 사각사각하고 연하다 | 海带 hǎidài 명 다시마, 곤포 | 粉末 fěnmò 명 가루, 분말

06

A 花语，是用花来表达人的语言，表示人的某种感情或愿望。它由一定的社会历史条件逐渐形成而为大众所公认。

B 梦常能告诉我们一些醒着不能遇到的事情，并且在未知世界前启发我们，使我们在长期的生活实践中迸发出巨大的创造力。

C 春节期间，一只在中国土生土长的小羊风头正劲，吸引了电影界、电视界、文学界、传媒界、玩具界、音像界等各路专家的目光。

D 心理学家的研究结果表明，地理气候条件对人的性格形成有较大影响，特别是对同一地区、同一民族共同性格特征的形成影响较大。

A 꽃말은 꽃으로 사람을 표현하는 언어로, 사람의 감정 혹은 소망을 나타낸다. 이는 특정한 사회의 역사조건이 점차 형성되어 대중의 인정을 받은 것이다.

B 꿈은 우리가 깨어있을 때 겪을 수 없는 일들을 알려줄 수 있고, 또한 미지의 세계에 대한 영감을 불어넣어 우리가 살아가는 동안 엄청난 창의력을 발산할 수 있도록 해준다.

C 춘절 기간 중국에서 나고 자랐던 새끼 양이 큰 인기를 끌어 매스컴계, 장난감 업계, 영상업계 등 각 전문가들의 주목을 받았다.

D 심리학자의 연구결과는 지리기후 조건이 사람의 성격 형성에도 큰 영향을 미치며 특히 동일 지역, 동일 민족의 성격 특징의 형성에 커다란 영향을 미치는 것으로 나타났다.

정답 C ……吸引了传媒界、玩具界、音像界等各路专家的目光。

해설 병렬의 성분이 부적절하다. '电影界、电视界、文学界'는 모두 '传媒界'에 속하는 하위개념이다. 따라서 삭제해야 한다.

단어 公认 gōngrèn 동 공인하다, 모두가 인정하다 | 未知世界 wèizhī shìjiè 미지의 세계 | 启发 qǐfā 동 일깨우다, 계발하다, 시사하다 | 迸发 bèngfā 동 솟아나다, (밖으로) 내뿜다, 분출하다 | 土生土长 tǔshēng tǔzhǎng 성 현지에서 나고 자라다 | 传媒 chuánméi 명 TV · 라디오 · 신문 등의 매체 | 音像 yīnxiàng 명 녹음과 녹화, 녹음과 녹화 설비 | 研究 yánjiū 동 (사물의 본질 · 규율 등을) 연구하다, 탐구하다

연습문제 10 p.58

정답	1	A	2	A	3	B	4	D	5	A	6	C	7	B

01

A 谁也不能否认京剧不是中国最有名的剧种之一。
B 儿童的心灵是敏感的，它是为着接受一切好的东西而敞开的。
C 颐和园是中国皇家园林的代表作之一，面积四千多亩，主体是万寿山和昆明湖。
D 学习汉字，如果只知道一个字的读音，不懂得它表示的意思，就不能算真正掌握了这个字。

A 중국에서 경극이 가장 유명하다는 것은 누구나 인정한다.
B 어린이의 마음은 매우 민감해서 좋은 것은 마음을 활짝 열고 모두 받아들인다.
C 이허위안은 중국 황가원림의 대표적인 원림으로 그 면적이 4천여 묘에 달하며 주요 볼거리는 만수산과 곤명호이다.
D 한자를 배울 때 단지 글자의 독음만 알고 글자가 나타내는 의미를 모른다면 진짜로 글자를 마스터했다고 할 수 없다.

정답 A 谁也不能否认京剧是中国最有名的剧种之一。

해설 '不能', '否认', '不是'의 삼중부정으로 인해 최종적으로 부정문이 되었다. 즉 '경극은 중국의 가장 유명한 극이 아니다'라는 논리에 맞지 않는 문장이 되어버렸다. 따라서 '不是'에서 부정부사 '不'를 삭제해 이중부정, 즉 긍정형의 문장으로 만들어야 한다.

단어 敞开 chǎngkāi 동 (활짝) 열다 | 亩 mǔ 양 묘[중국식 토지면적의 단위] | 掌握 zhǎngwò 동 숙달하다, 정통하다, 파악하다

02

A 难道我们应该禁止虐待宠物吗?
B 中国古典舞在表现手法上讲究集中、夸张和虚拟。
C 用加了面粉的热水洗碗，可以将油腻的碗洗得非常干净。
D 科举制度是中国古代通过逐级考试的办法来选拔官员的制度。

A 진정 우리가 애완동물 학대를 금지하지 말아야 하는 것인가?
B 중국 고전춤은 표현적인 기법에서 집중과 과장, 허구성을 중시한다.
C 밀가루를 넣은 뜨거운 물에 설거지를 하면 기름기가 있는 그릇도 깨끗하게 씻을 수 있다.
D 과거제도는 한 단계씩 시험에 통과하는 방식으로 관리를 선발하던 중국의 고대 시험제도이다.

정답 A 难道我们不应该禁止虐待宠物吗?

해설 '禁止'와 반문구조는 이중부정을 만들어내므로 긍정문이 된다, 즉 '우리는 애완동물을 학대해야 한다'라는 논리에 맞지 않는 문장이 되었다. 따라서 부정부사 '不'를 넣어 삼중부정, 즉 부정형의 문장으로 만들어야 한다.

단어 虐待 nüèdài 동 학대하다 | 宠物 chǒngwù 명 애완 동물 | 夸张 kuāzhāng 동 과장하(여 말하)다 | 虚拟 xūnǐ 동 허구하다, 모의하다 | 面粉 miànfěn 명 밀가루 | 油腻 yóunì 형 기름지다, 기름기가 많다, 느끼하다 | 科举 kējǔ 명 과거 | 逐级 zhújí 부 (위에서부터 아래로 혹은 아래에서부터 위로) 한 단계 한 단계

03

A 楼阁是中国自然风景名胜和园林中经常出现的景观。

B 我们应该加强儿童的安全教育，避免防止意外的发生。

C 图腾是原始社会某一民族或部落的崇拜物，同时作为该民族或部落的标记。

D 榨菜是中国名特产之一，可以用于佐餐、炒菜和做汤。四川涪陵县出产的榨菜最为著名。

A 누각은 중국 자연풍경의 관광명소이자 원림에서 자주 볼 수 있는 경관이다.

B 우리는 아동의 안전교육을 더욱 강화해 불의의 사고를 방지해야 한다.

C 토템은 원시사회의 민족 혹은 부락의 숭배물이고 동시에 해당 민족과 부락의 상징으로 삼기도 했다.

D 갓은 중국 특산물 중 하나로 반찬이나 볶음, 국으로 끓여먹을 수 있다. 쓰촨 푸링현에서 생산되는 갓이 가장 유명하다.

정답 B 我们应该加强儿童的安全教育，避免意外的发生。
我们应该加强儿童的安全教育，防止意外的发生。

해설 '避免(피하다)'과 '防止(방지하다)'는 이중부정이어서 긍정의 의미를 나타낸다. 즉 '불의의 사고가 있어야 한다'라는 긍정의 의미가 되므로 논리에 맞지 않다. 따라서 이 두 단어 중 하나를 삭제해야 한다.

단어 楼阁 lóugé 명 누각과 망루, 누각 | 图腾 túténg 명 토템 | 崇拜 chóngbài 동 숭배하다 | 标记 biāojì 명 표기 | 榨菜 zhàcài 명 갓 | 佐餐 zuǒcān 동 반찬을 곁들여 밥을 먹다

04

A 音乐的节奏、旋律、音色、速度和力度，会影响人的情绪。不同的乐曲能使欣赏者产生不同的情绪。

B 苏州是一座水城，有"东方威尼斯"之称。苏州城里众多的古典园林，集中了我国园林建筑艺术的精华。

C 乘飞机前不应吃得过饱。因为吃得过饱一方面会加重心脏和血液循环的负担；另一方面会引起恶心、呕吐等症状。

D 我们在拒绝别人的邀请时，应该适当地表达我们的歉意。但是切忌不要过分地表达歉意，以免对方以为你不够真诚。

A 음악의 리듬과 멜로디, 음색, 속도와 강도는 사람의 정서에 영향을 미칠 수 있다. 각 곡은 감상하는 사람에게 각기 다른 정서를 느끼게 해준다.

B 쑤저우는 물의 도시로 '동양의 베니스'라고 불린다. 쑤저우에 있는 수많은 고전원림은 중국 원림건축예술의 정수를 모두 모아놓았다.

C 비행기에 탑승하기 전에 배불리 먹어서는 안 된다. 너무 배불리 먹으면 심장과 혈액순환에 부담을 줄 수 있고 메스꺼움과 구토 등의 증상을 유발할 수 있다.

D 우리가 다른 사람의 초대를 거절할 때는 적당한 말로 미안함을 표현해야 한다. 하지만 지나치게 미안함을 표현해서 상대방이 진심을 느끼지 못하게 해서는 안 된다.

정답 D ……但是切忌过分地表达歉意，以免对方以为你不够真诚。
……但是不要过分地表达歉意，以免对方以为你不够真诚。

해설 '切忌(절대 삼가다)'와 '不要(~해서는 안 된다)'가 같이 있으면 이중부정이 되어 긍정문이 된다. 즉 '과도하게 미안한 마음을 표현하라'는 뜻이 되므로 논리에 맞지 않다.

단어 旋律 xuánlǜ 명 선율, 멜로디 | 乐曲 yuèqǔ 명 악곡, 곡[음악작품의 총칭] | 威尼斯 Wēinísī 지명 베네치아, 베니스 | 精华 jīnghuá 명 정화, 정수 | 血液循环 xuèyè xúnhuán 명 혈액순환 | 恶心 ěxīn 동 구역이 나다, 속이 메스껍다 | 呕吐 ǒutù 동 구토하다 | 邀请 yāoqǐng 동 초청하다, 초대하다 | 歉意 qiànyì 명 미안한 마음 | 切忌 qièjì 동 절대 삼가다, 절대 방지하다 | 真诚 zhēnchéng 형 진실하다, 성실하다

05

A 世界上很多国家的专家提倡以大豆油代替动物油，以防止不发生心血管系统疾病，从而延长寿命。

B 很多著名的大型建筑，如故宫、十三陵、人民大会堂、毛主席纪念堂和中华世纪坛等，使用汉白玉作为建筑材料。

C 开朗的老师和严肃的老师，都会影响学生。因此，好的老师不一定只有一种类型，但他通常会给学生留下深刻的印象。

D 我们在煎鱼时，可以将锅烧热，用鲜姜在锅底涂上一层姜汁，然后放油，待油热后，再将鱼放进去煎，这样鱼就不会粘锅。

A 세계 여러 국가의 전문가들은 콩기름으로 동물성 기름을 대체해 혈관계통의 질병이 생기는 것을 막아 수명을 유지할 수 있도록 제창하고 있다.

B 유명한 많은 대형 건축물, 예를 들어 고궁, 십삼릉, 인민대회당, 마오주석 기념관과 중화세기단 등은 한백옥을 건축자재로 사용했다.

C 명랑한 교사와 엄격한 교사 모두 학생에게 영향을 끼칠 수 있다. 그래서 좋은 교사는 한 스타일만 고집하지 않지만 일반적으로 학생들에게 깊은 인상을 남길 수 있다.

D 생선을 구울 때는 프라이팬을 달군 뒤 신선한 생강으로 만든 생강즙을 팬 바닥에 두르고 기름을 넣은 후 기름이 달궈질 때까지 기다렸다가 생선을 올려 굽는 것이 좋은데, 이렇게 하면 냄비에 눌어붙지 않는다.

정답 A ……以防止发生心血管系统疾病，从而延长寿命。

해설 '防止(방지하다)'와 '不'가 같이 쓰이면 이중부정이 되어 긍정문이 된다. 즉 '혈관계통 질병을 유발해야 한다'라는 뜻이 되어 버리므로 논리에 맞지 않다.

단어 **提倡** tíchàng 동 제창하다 | **大豆油** dàdòuyóu 명 콩기름 | **动物油** dòngwùyóu 명 동물성 기름 | **寿命** shòumìng 명 수명, 명 | **汉白玉** hànbáiyù 명 흰색 대리석 | **严肃** yánsù 형 (품행 · 태도 등이) 엄격하고 진지하다 | **深刻** shēnkè 형 (인상이) 깊다, (느낌이) 매우 강렬하다 | **煎** jiān 동 (적은 기름에) 지지다, 부치다 | **锅** guō 명 솥, 냄비, 가마 | **姜汁** jiāngzhī 명 생강즙 | **粘锅** zhānguō 냄비에 눌어붙다

06

A 蜜蜂是不能单独生活而必须过群体生活的昆虫。

B 虽然天气炎热，但乡村公路上来往的车辆永远都不会停歇。

C 手机作为科技进步给人类带来的新工具，其本身并非没有利弊对错之分。

D 风筝最初是一种军事工具，唐、五代时逐渐转变为一种艺术性和观赏性很强的娱乐游戏。

A 꿀벌은 혼자서 생활할 수 없고 단체생활을 해야만 하는 곤충이다.

B 비록 날씨는 무더웠지만 마을의 도로를 오가던 차량은 영원히 끊이지 않을 것이다.

C 휴대전화는 과학기술의 진보가 인류에게 가져다준 새로운 수단으로 그 자체로는 좋은 점과 나쁜 점의 구분이 없다.

D 연은 최초에는 군사도구였으나 당, 오대에 점차 예술적이고 관상용의 성격을 띤 장난감으로 변했다.

정답 C ……其本身并没有利弊对错之分。

해설 '并非(~만은 아니다)'와 '没有'가 함께 쓰여 이중부정이 되어 긍정문을 만들어낸다. 따라서 전체적인 문장의 의미가 '이해의 구분이 있다'라는 뜻으로 바뀌어 본래 의미를 왜곡하게 된다.

단어 **蜜蜂** mìfēng 명 꿀벌 | **昆虫** kūnchóng 명 곤충 | **炎热** yánrè 형 (날씨가) 무덥다, 찌는 듯하다 | **乡村** xiāngcūn 명 농촌, 시골 | **停歇** tíngxiē 동 그치다, 정지하다 | **利弊** lìbì 명 이해(利害), 좋은 점과 나쁜 점, 이로움과 폐단 | **风筝** fēngzheng 명 연

07

A 每个人在不同的时期，对于家的概念有着千丝万缕的差别。
B 为了避免今后类似事件不再发生，小区保安采取了切实有效的安全措施。
C 在轻工产品诸多发明中，电炉的发明人是一位新闻记者，这也可算是一则“新闻”吧。
D 王夫人丧子之后再得一子，无论从母性本能还是自身权益出发，她对宝玉都会宠爱有加。

A 모든 사람이 각기 다른 시기에 가정에 대해 갖게 되는 생각이 천차만별로 차이가 있다.
B 이후에 비슷한 일이 다시 일어나지 않도록 하기 위해 단지 내 보안요원은 실용적이고 효과적인 안전조치를 취했다.
C 경공업의 수많은 발명품 중 전기난로는 한 신문기자가 발명한 것으로 진짜 '뉴스'라고 할 수 있다.
D 왕 부인은 자식을 잃은 뒤에 또 한 명의 자식을 얻었다. 모성애에서든지 자신의 권익에서든지 간에 그녀는 귀한 자식에 대한 사랑이 더욱 각별해졌다.

정답 B 为了避免今后类似事件再次发生，小区保安采取了切实有效的安全措施。

해설 '避免……不再发生'은 이중부정이므로 '避免……再次发生'으로 바꾸어야 한다.

단어 **千丝万缕** qiānsī wànlǚ 㚽 관계가 복잡하게 얽혀 있다, 매우 긴밀한 관계를 맺고 있다 | **小区** xiǎoqū 명 주택단지, 주택지구 | **切实** qièshí 형 실용적이다, 실제적이다, 효과적이다, 적합하다 | **轻工** qīnggōng 轻工业(경공업)의 약칭 | **电炉** diànlú 명 (가정용) 전기난로, 전기스토브 | **权益** quányì 명 권익 | **宠爱** chǒng'ài 동 총애하다, 각별히 사랑하다

연습문제 11

p.61

정답	1	B	2	B	3	B	4	C	5	A	6	A	7	A

01

A 苹果越新鲜，营养含量越高。因此苹果最好不要长期存放。
B 经过历代茶农的辛勤培育，使得中国茶品种丰富，茶质精良。
C 东城区和崇文区有很多文化古迹，是反映北京古都风貌的地区。
D 八大山人原名朱耷，是清代的一位大画家，他画的人物形象大都有较多的变形和夸张。

A 사과는 싱싱하면 할수록 영양소 함량이 높다. 때문에 사과는 장기간 보관하지 않는 것이 가장 좋다.
B 역대로 부지런히 지어온 차 농사를 통해 중국 차의 종류가 풍부해졌고 품질도 우수해졌다.
C 똥청구와 총원구에는 문화고적이 많아 고도인 베이징의 모습을 잘 반영해주고 있는 지역이다.
D 팔대산인의 본래 이름은 주탑으로 청대의 유명한 화가였는데, 그가 그린 인물형상은 대부분 변형되었거나 과장되어 있다.

정답 B 经过历代茶农的辛勤培育，中国茶品种丰富，茶质精良。
历代茶农的辛勤培育使得中国茶品种丰富，茶质精良。

해설 전치사 '经过'를 사용하여 문장 전체의 주어가 사라졌다.

단어 **存放** cúnfàng 동 맡기다, 보관해두다 | **辛勤** xīnqín 형 부지런하다, 근면하다 | **培育** péiyù 동 기르다, 재배하다, 키우다 | **精良** jīngliáng 형 정교하다, 우수하다, 훌륭하다 | **风貌** fēngmào 명 풍모, 풍채와 용모

02

A 南京一直以来都有“六朝古都”之称。
B 全球角度看，汽车是最严重的铅污染源。
C 洗澡时，水温应与体温接近，即40℃左右。
D 《牡丹亭》是明代著名戏剧家汤显祖的代表作，也是中国四大名剧之一。

A 난징은 줄곧 '육조고도'라 불렸다.
B 전 세계적으로 봤을 때, 자동차는 가장 심각한 납 오염원이다.
C 목욕할 때는 물의 온도와 체온이 비슷해야 하는데, 즉 40도 정도가 좋다.
D ≪모란정≫은 명대의 유명한 희극가 탕현조의 대표작으로 중국 4대 명극 중 하나이다.

정답 B 从全球角度看，汽车是最严重的铅污染源。

해설 전치사가 없다. '从……角度看'의 구문을 만들어야 한다.

단어 铅 qiān 명 납 | 洗澡 xǐzǎo 동 목욕하다, 몸을 씻다

03

A 中国早在七千年前就已经开始种植水稻。
B 关于同一句话的含义，我们在不同的语境下可能有不同的理解。
C 北京颐和园的十七孔桥是最长的园林桥；而在苏州古园林里，更多的是小巧的曲桥与石板桥。
D 无论你在什么时候开始，开始了就不要停止；无论你在什么时候结束，结束了就不要悔恨。

A 중국은 일찍이 7천 년 전부터 이미 벼를 심기 시작했다.
B 똑같은 말의 함의에 대해서도 우리는 각기 다른 언어 환경에서 각기 다르게 이해할 수 있다.
C 베이징 이허위안의 십칠공교는 이허위안에서 가장 오래된 목재다리이다. 그러나 쑤저우의 고원림 안에는 작고 정교한 곡선다리와 돌다리가 더 많다.
D 네가 언제부터 시작하든 간에 일단 시작을 했다면 멈추지 말고, 언제 끝을 내든 간에 일단 일을 끝냈으면 후회하지 마라.

정답 B 对同一句话的含义，我们在不同的语境下可能有不同的理解。

해설 전치사의 사용이 부적절하다. 여기에서는 대상을 나타내야 하므로, '关于(~에 관한)'가 아니라 '对(~에 대한)'로 고치는 것이 옳다.

단어 水稻 shuǐdào 명 (논)벼 | 小巧 xiǎoqiǎo 형 작고 정교하다, 작고 깜찍하다 | 停止 tíngzhǐ 동 멈추다, 정지하다, 중지하다 | 悔恨 huǐhèn 동 뼈저리게 뉘우치다, 후회하다

04

A 牡丹是中国的国花，河南洛阳的牡丹最为出名。
B 人在睡觉时对环境变化的适应能力会降低，很容易受凉生病。
C 从《红楼梦》中，让我们看到作家曹雪芹对那个时代的感受。
D 很多人喜欢拿过去和现在作比较，许多痛苦就是这样产生的。

A 모란은 중국 국화로 허난성 뤄양시의 모란이 가장 유명하다.
B 사람은 잠을 잘 때 환경변화에 대한 적응력이 낮아지므로 감기나 몸살에 걸리기 쉽다.
C ≪홍루몽≫에서 우리는 작가 조설근이 그 시대에 대해 느낀 바를 알 수 있다.
D 많은 이들이 과거와 현재를 비교하는 것을 좋아하는데, 수많은 아픔은 바로 이렇게 생겨난다.

정답 C 从《红楼梦》中，我们看到作家曹雪芹对那个时代的感受。
《红楼梦》让我们看到作家曹雪芹对那个时代的感受。

해설 문장 안에서 전치사 '从……中'을 사용해 주어가 사라졌다.

단어 牡丹 mǔdan 명 모란(꽃) | 受凉 shòuliáng 동 감기에 걸리다, 몸살이 나다 | 曹雪芹 Cáo Xuěqín 인명 조설근[중국 청대의 소설가] | 痛苦 tòngkǔ 명 고통, 아픔, 고초

05

A 蔬菜在烹调过程中，常常会损失大量的维生素C。为了减少维生素C的损失，我们可以从菜里加点醋。

B 行书是在楷书的基础上产生的，是实用性与艺术性结合得最好的字体。大书法家王羲之的《兰亭集序》是行书的代表作品。

C 中国文化遗产研究院收藏的古建筑木模型，大部分制作于新中国成立初期，还有一部分则源于中国营造学社等学术机构的旧藏。

D 超市、商店的购物收据和银行票单常常含有一种化工原料——双酚A，其毒性较大，会通过皮肤进入人体，长期接触对健康十分不利。

A 채소를 요리할 때 종종 대량의 비타민C가 소실될 수 있다. 비타민C의 손실을 막기 위해 요리에 식초를 조금 넣어도 좋다.

B 행서(行书)는 해서(楷书)를 바탕으로 하여 생겨난 것으로, 실용성과 예술성을 결합한 가장 훌륭한 글자체이다. 대 서예가인 왕희지의 ≪난정집서≫는 행서의 대표작이라 할 수 있다.

C 중국 문화유산 연구원이 소장하고 있는 고대 건축목 모형은 대부분 신중국 성립초기에 제작된 것으로 일부는 중국 건축학사 등과 같은 학사기구가 오래전부터 소장하고 있었던 것이다.

D 슈퍼마켓이나 상점의 구매영수증과 은행번호표에는 대부분 화공원료인 비스페놀A가 함유되어 있는데, 이는 독성이 매우 강하여 피부를 통해 인체로 유입될 수 있으며 장기간 노출될 경우 건강에 매우 해롭다.

정답 A ……为了减少维生素C的损失，我们可以往菜里加点醋。

해설 전치사의 사용이 부적절하다. '从'을 '往'으로 바꿔야 한다.

단어 烹调 pēngtiáo 동 요리하다, 조리하다 | 醋 cù 명 식초 | 行书 xíngshū 명 행서[한자 자체의 하나] | 楷书 kǎishū 명 해서[한자 자체의 하나] | 王羲之 Wáng Xīzhī 인명 왕희지[중국 진대의 서예가] | 收藏 shōucáng 동 수장하다, 소장하다 | 营造 yíngzào 동 (집 · 건물 등의) 건축물을 짓다 | 收据 shōujù 명 영수증, 인수증 | 化工原料 huàgōng yuánliào 화학공업 원료 | 双酚 shuāngfēn 명 비스페놀[인체에 유해한 환경호르몬의 일종] | 毒性 dúxìng 명 독성

06

A 这篇报告中，王勤所执笔的那一段写得最生动。

B 森林是以树木为主体的许许多多生物组成的生物群落。

C 他生长在偏僻的山区，因而从小就对农民有深厚的感情。

D 中药不仅能与一般的抗菌素媲美，而且副作用小、成本低。

A 이 보고서에서 왕친이 집필한 그 부분이 가장 생동감 있다.

B 산림은 수목이 주를 이루는 수많은 생물이 함께 모여 만들어진 생물군집이다.

C 그는 외진 산골마을에서 자라나 어렸을 때부터 농민들에 대해 두터운 감정을 가지고 있었다.

D 중의약은 일반적인 항생물질과도 견줄 수 있을 뿐 아니라 부작용도 적고 가격도 저렴하다.

정답 A 这篇报告中，王勤执笔的那一段写得最生动。

해설 '所'는 '명사+所+동사'의 형태로 쓰여, 중심어가 동사의 객체임을 나타낸다. 하지만 이때 동사는 타동사여야 하는데, '执笔'는 자동사이므로 전치사 '所'를 쓸 수 없다.

단어 执笔 zhíbǐ 동 글을 쓰다, 집필하다 | 群落 qúnluò 명 (동식물의) 군집, 군락, 떼 | 偏僻 piānpì 형 외지다, 궁벽하다, 구석지다 | 深厚 shēnhòu 형 (감정이) 깊다, 두텁다 | 抗菌素 kàngjūnsù 명 항생물질, 항균물질 | 媲美 pìměi 동 아름다움을 겨루다, 필적하다, 비견하다 | 副作用 fùzuòyòng 명 부작용

07

A 通过这几天的接触，我们都加深了对于彼此的了解。	A 요 며칠의 만남을 통해 우리는 서로에 대해 좀 더 잘 알게 되었다.
B 只有地球运行到月球和太阳之间时才会发生月食现象。	B 지구가 달과 태양 사이에서 움직이기만 한다면 월식현상을 볼 수 있다.
C 通过劳动模范们的感人事迹，我们明白了许多做人的道理。	C 모범근로자들의 감동적인 업적을 통해 우리는 많은 사람됨의 도리를 알게 되었다.
D 细菌和病毒都是可以致病的微生物，但二者之间区别很大。	D 세균과 바이러스는 모두 병을 유발할 수 있는 미생물이지만 양자 간에는 엄청난 차이가 존재한다.

정답 A 通过这几天的接触，我们都加深了**对**彼此的了解。

해설 전치사 '对于'의 사용이 틀렸다. '对于' 앞에는 일반적으로 부사나 조동사가 쓰이지 않으므로 '对于'를 '对'로 고쳐야 한다.

단어 加深 jiāshēn 동 깊어지다, 심화하다 | 月食 yuèshí 명 월식 | 劳动模范 láodòng mófàn 명 모범근로자[근무성적이 탁월하고 공헌도가 높은 모범근로자에게 주는 영광스런 칭호] | 细菌 xìjūn 명 세균 | 病毒 bìngdú 명 병원체, 병균, 바이러스 | 微生物 wēishēngwù 명 미생물, 세균

연습문제 12

p.67

정답	1	A	2	A	3	B	4	B	5	A	6	B	7	B

01

A 人类不断地改造生物圈，生物圈只能按照自己的内在规律变化、发展。	A 인류는 생물권을 지속적으로 바꾸어왔지만 생물권은 자신만의 내재적인 규칙에 따라 변하고 발전할 수 밖에 없다.
B 有的人本来很幸福，看起来却很烦恼；有的人本来应该烦恼，看起来却很幸福。	B 본래 행복한 사람도 근심스러워 보일 때가 있고, 걱정이 있는 사람도 행복해 보일 때가 있다.
C 据统计，中国正在使用的方言就有80多种，已经消亡的古代方言更是难以计算。	C 통계에 따르면, 현재 중국에서 사용되는 방언만 해도 80여 종이며 이미 소멸된 고대방언은 더욱 계산하기 어렵다고 한다.
D 糕点茶食是中国饮食文化一个十分重要的部分，有京式、广式和苏式三大糕点体系。	D 다과는 중국 전통음식문화의 중요한 부분으로 베이징식, 광둥식, 쑤저우식의 3대 다과 체계로 분류된다.

정답 A 人类不断地改造生物圈，**但是(然而)**生物圈只能按照自己的内在规律变化、发展。

해설 접속사가 없다. 앞뒤 문장이 전환관계이므로 전환관계를 나타내는 접속사를 넣어주어야 한다.

단어 生物圈 shēngwùquān 명 생물권 | 消亡 xiāowáng 동 쇠퇴하여 멸망하다, 쇠망하다 | 糕点 gāodiǎn 명 다과[케이크 · 과자 · 빵 · 떡 등의 총칭] | 茶食 cháshi 명 다과, 다식

02

A 一个人只要真正了解一种艺术，才有资格判断这种艺术的好坏与优劣。
B 西安的历史资源非常丰富，汉长安城遗址、大明宫等都是古西安的一部分。
C 啤酒的最佳饮用温度为8到10摄氏度，过量引用冰镇啤酒，会危害人的健康。
D 有些东西我们拥有得过多，反而感觉不到它的美好，何不将它分给那些有需要的人呢？

A 예술을 진정으로 이해해야지만 비로소 이러한 예술의 좋고 나쁨과 우열을 판단할 수 있는 자격이 주어진다.
B 시안의 역사자원은 매우 풍부하여 한대의 장안성 유적과 대명궁 등은 모두 옛 시안의 일부분이다.
C 맥주의 최적 음용온도는 8~10도로, 차가운 맥주를 과도하게 마실 경우에는 건강에 해로울 수 있다.
D 우리는 어떤 물건을 너무 많이 가지고 있는 경우가 있지만, 오히려 그것의 아름다움에 대해서는 느끼지 못할 때가 있다. 그렇다면 왜 그것을 정말로 필요한 사람에게 주지 않는 것일까?

정답 A 一个人**只有**真正了解一种艺术，才有资格判断这种艺术的好坏与优劣。

해설 접속사 '只要'의 사용이 부적절하다. '只要'는 보통 '就' 또는 '便'과 호응하여 '단지 ~하기만 하면 ~한다'는 의미를 나타낸다. 문맥을 살펴 볼 때, '(오직) ~해야만 비로소 ~'라는 의미의 '只有……才……'의 구문을 써야 한다.

단어 **优劣** yōuliè 명 나음과 못함, 우열 | **摄氏度** shèshìdù 양 섭씨(온도) | **冰镇** bīngzhèn 동 (얼음을 채워) 차게 하다, 시원하게 하다

03

A 自行车只有在前进的时候，才能立得住，不会倒。
B 因为老北京的路网像棋盘似的，所以路是纵横垂直的。
C 布艺单人沙发椅，给人温馨舒适的感觉，比较适合放在卧室、书房里。
D 一位烟瘾很大的人对医生说："其实戒烟很容易啊，我已经戒过好几次啦！"

A 자전거는 계속해서 전진할 때만이 똑바로 설 수 있고 넘어지지 않는다.
B 옛 베이징의 도로망은 가로세로로 뒤얽혀 있어서 마치 바둑판 같다.
C 1인용 퀼트소파는 아늑하고 편안한 느낌을 주기 때문에 비교적 거실이나 서재에 어울린다.
D 담배 중독이 심한 환자가 의사에게 "사실 금연은 쉬워요. 저는 이미 몇 번이고 금연을 했었는걸요!"하고 말했다.

정답 B 因为老北京的路**是纵横垂直的**，所以**路网像棋盘似的**。

해설 문장 전체의 논리(인과관계 또는 시간관계)를 살펴보아야 한다. 길이 '纵横垂直(가로세로로 뒤얽혀있다)'라는 것이 원인이고 도로망이 '像棋盘(바둑판 같다)'이라 한 것은 결과이다. 논리적인 순서가 뒤바뀌었다.

단어 **路网** lùwǎng 명 도로망 | **棋盘** qípán 명 바둑판, 장기판 | **纵横** zònghéng 형 가로세로가 뒤얽히는 모양 | **垂直** chuízhí 형 수직의 | **布艺** bùyì 명 퀼트 | **沙发椅** shāfāyǐ 명 소파 | **温馨** wēnxīn 형 온화하고 향기롭다, 따스하다, 아늑하다 | **烟瘾** yānyǐn 명 담배 중독 | **戒烟** jièyān 담배를 끊다

04

A 钓鱼的乐趣，不在于钓上鱼，而在于钓鱼的过程。
B 虽然草酸能帮助洗去铁锈和墨水痕迹，但是也会腐蚀衣服，使衣服掉色。
C 一项新的研究显示，每天睡眠时间不到7小时的人，患心血管疾病的概率较高。
D 窗花是贴在窗户玻璃上的剪纸，过去无论是在中国的南方或北方，春节期间都贴窗花。

A 낚시의 즐거움은 고기를 낚는 것에 있지 않고 낚시하는 과정에 있다.
B 비록 수산은 녹이나 잉크자국을 지우는 데 도움이 되지만 옷을 침식시켜 탈색이 될 수도 있다.
C 새로운 연구결과에 따르면 매일 수면시간이 7시간이 되지 않는 사람들이 심혈관질병에 걸릴 확률이 높은 것으로 나타났다.
D 창호지는 창문의 유리에 붙이는 전지로 과거에는 중국의 남방과 북방 지역을 막론하고 춘절에 모두 창호지를 붙였다.

정답 B 草酸虽然能帮助洗去铁锈和墨水痕迹……

해설 앞뒤 문장은 주어는 모두 '草酸'이다. 그러므로 '草酸'은 접속사 '虽然' 앞에 와야 한다. 참고로 앞뒤 문장의 주어가 다른 경우에는 각각 접속사 뒤에 위치한다.

단어 **钓鱼** diàoyú 동 낚시하다 | **草酸** cǎosuān 명 수산(蓚酸), 옥살산 | **铁锈** tiěxiù 명 (쇠에 스는) 녹 | **墨水** mòshuǐ 명 먹물, 잉크 | **痕迹** hénjì 명 흔적, 자국 | **腐蚀** fǔshí 동 부식하다, 썩어 문드러지다 | **掉色** diàoshǎi 동 탈색되다, 색이 바래다 | **概率** gàilǜ 명 확률 | **窗花** chuānghuā 명 창호지[창문을 장식하는 전지의 일종] | **剪纸** jiǎnzhǐ 명 전지

05

A 铁的熔点比铜高很多，冶铁技术的难度也大很多，然而，在人类发展史上，铁器时代要晚于青铜器时代。

B 生豆浆加热至大约90℃的时候，会产生大量的白色泡沫，其实此时豆浆并没有煮熟，应该继续加热3到5分钟，使泡沫完全消失。

C 北京某医院调查显示，在内科病人中，有将近40%的人实际上是情绪问题或者心理问题，如果这些问题解决了，他们的疾病就很容易治愈。

D 词是中国文学史上一种十分重要的文学体裁。词有许多种词调，每种词调有特定的名称，叫做词牌，如《西江月》、《满江红》、《如梦令》等。

A 철의 용점은 구리보다 훨씬 높아 더 뛰어난 제련기술을 요구한다. 그래서 인류의 발전사를 보면 철기시대가 청동기시대보다 훨씬 뒤에 있다는 것을 알 수 있다.

B 생콩국을 가열하여 90도 정도가 되면 흰색의 거품이 많이 생겨나지만, 사실 이때도 콩국이 완전히 삶아진 것이 아니어서 3~5분 정도 더 가열해야 거품을 완전히 없앨 수 있다.

C 베이징의 한 병원에서 조사한 결과, 내과환자 중 40% 정도는 사실 정서적 혹은 심리적인 문제와 관련이 있으며, 이 문제를 해결하면 병은 쉽게 치료될 수 있다.

D 사는 중국 문학사에서 매우 중요한 문학장르로, 수많은 사조가 있고 모든 사조는 특정한 명칭을 갖는다. 이를 사패라 부르는데, 예를 들면 ≪서강월≫, ≪만강홍≫, ≪여몽령≫ 등이 그러하다.

정답 A ……因此，在人类发展史上，铁器时代要晚于青铜器时代。

해설 연결어 '然而'의 사용이 부적절하다. 본문은 전환관계가 아니라 인과관계이다.

단어 **熔点** róngdiǎn 명 용점, 녹는점 | **铜** tóng 명 동, 구리 | **冶铁** yětiě 동 철광석을 제련하다 | **豆浆** dòujiāng 명 두유, 콩국 | **泡沫** pàomò 명 (물)거품 | **治愈** zhìyù 동 치유하다, 완치하다 | **体裁** tǐcái 명 체재, 장르, 표현양식 | **词调** cídiào 명 사(詞)의 곡조, 악보 | **词牌** cípái 명 사패[사(詞) 곡조의 명칭]

06

A 文字是无声的，却能够生动地刻画有声的音乐。

B 将一捧盐放进一杯水里，杯中的水平面不但不会升高，而且会有所降低。

C 如果在阴雨连绵的天气里，南瓜蔓梢由下垂转为上翘，那就表明阴雨天气即将结束。

D 在他面前，你绝不会因为他是名人而感到自卑，相反他会让你从心里感到你和他是平等的。

A 문자는 소리가 없지만 소리가 나는 음악을 생동감 있게 묘사할 수 있다.

B 컵 안의 물에 소금을 한 움큼 집어넣으면 반대로 컵 안의 수면은 상승하지 않고 오히려 하락한다.

C 장마가 계속되는 날씨에 호박넝쿨이 밑에서 위로 타고 올라간다면, 이는 장마가 곧 끝나게 될 것이라는 것을 의미한다.

D 그 사람이 유명하다고 해서 그 사람 앞에서 열등감을 느끼지 않을 것이다. 오히려 그 사람은 네가 너와 그 사람이 평등하다는 생각을 갖게 해줄 것이다.

정답 B ……杯中的水平面不但不会升高，反而会有所降低。

해설 접속사 '而且'의 사용이 부적절하다. '反而'로 고쳐주어 마지막에 예측한 것과 다른 결과가 나왔다는 것을 표현해주어야 한다.

단어 **刻画** kèhuà 동 (인물의 형상 · 성격 따위를) 묘사하다, 형상화하다 | **水平面** shuǐpíngmiàn 명 수평면 | **升高** shēnggāo 동 위로 오르다, 높이 오르다 | **降低** jiàngdī 동 내려가다 | **阴雨** yīnyǔ 명 장마 | **连绵** liánmián 동 (산맥 · 강 · 눈 · 비 등이) 잇대어 있다, 끊이지 않다, 이어지다 | **自卑** zìbēi 형 스스로 남보다 못하다고 느끼다, 스스로 열등하다

07

A 因为临时有事，我在长沙逗留了几天。
B 龟是水陆两栖动物，它们不仅在陆地上行动十分缓慢，但是到了水中就会变得十分敏捷。
C 入冬以来，天津水上公园开展了丰富多彩的雪上、冰上娱乐项目，深受广大市民欢迎。
D 在植物进行光合作用的过程中，叶绿素对于光能的吸收、传递和转化起着极为重要的作用。

A 임시적으로 처리할 일이 생겨서 나는 창사에서 며칠 머물렀다.
B 거북이는 수륙양서동물로 비록 육지에서는 행동이 매우 느리지만 물에서는 매우 민첩하게 변한다.
C 겨울이 되면 톈진 수상공원에서는 다양한 설상, 빙상 축제가 열려 많은 시민들의 사랑을 받는다.
D 식물이 광합성작용을 하는 과정에서 엽록소는 빛 에너지의 흡수와 전달, 전환에 매우 중요한 역할을 한다.

정답 B 龟是水陆两栖动物，它们虽然在陆地上行动十分缓慢，……

해설 접속사 '不仅'의 사용이 잘못되었다. 전환관계를 나타내므로 '虽然……，但是……' 구문으로 고쳐야 한다.

단어 逗留 dòuliú 동 (잠시) 머물다, 체류하다 | 两栖动物 liǎngqī dòngwù 명 양서동물 | 缓慢 huǎnmàn 형 (속도가) 느리다, 완만하다 | 敏捷 mǐnjié 형 (생각 · 동작 등이) 민첩하다, 빠르다 | 叶绿素 yèlǜsù 명 엽록소

실전문제

p.71

정답																			
1	B	2	A	3	B	4	A	5	D	6	B	7	C	8	C	9	B	10	C
11	A	12	B	13	A	14	C	15	A	16	A	17	B	18	B	19	B	20	C
21	B	22	A	23	C	24	B	25	A	26	B	27	B	28	B	29	B	30	A
31	B	32	B	33	C	34	A	35	B	36	A								

01

A 该电影是一部反映大学生学习生活的励志片。
B 他是有着三十年野外考古发掘经验的一位老考古学家。
C 通过阅读活动，人们能更好地了解生活，认识生活，并从生活中得到审美享受。
D 壶口瀑布位于中国的母亲河——黄河中游，其奔腾汹涌的气势是中华民族精神的象征。

A 이 영화는 대학생의 학습생활을 반영한 성장드라마이다.
B 그는 30년의 현지 고고학 발굴경험이 있는 노 고고학자이다.
C 독서활동을 통해 사람들은 삶을 더욱 잘 이해하고 생활을 알게 되며, 생활에서 아름다움을 발견해 향유할 수 있다
D 호구폭포는 중국의 어머니 강인 황하의 중류에 위치해 있는데, 그 세차게 흐르는 물줄기의 기세는 중화민족 정신의 상징이라 할 수 있다.

정답 B 他是一位有着三十年野外考古发掘经验的老考古学家。

해설 '老考古学家'의 관형어 순서가 부적절하다. '一位'라는 수량사를 다른 관형어들 앞에 넣어야 한다.

단어 励志 lìzhì 동 자신을 고무하다, 스스로 분발하다 | 考古 kǎogǔ 명 고고학 | 发掘 fājué 동 발굴하다, 캐내다 | 审美 shěnměi 명형 심미(적이다) | 瀑布 pùbù 명 폭포(수) | 奔腾 bēnténg 동 (물이) 거세게 흐르다 | 汹涌 xiōngyǒng 형 물이 용솟음치다, 물이 세차게 일어나다

02

A 这次活动的开展，旨在提高全社会保护环境。
B 森林资源按自然属性可划分为生物资源和非生物资源两大类。
C 夏至这天，太阳直射北回归线，是北半球一年中白昼最长的一天。
D 艾滋病是一种传染病，其病毒主要通过性接触或血液、母婴等途径传播。

A 이번 활동의 취지는 전 사회의 환경보호 의식을 제고시키기 위함에 있다.
B 산림자원은 자연의 속성에 따라 생물자원과 비생물 자원, 크게 두 가지로 나눌 수 있다.
C 하지인 오늘은 태양이 북회귀선을 내리쬐는, 북반구에서 1년 중 낮이 가장 긴 날이다.
D 에이즈는 전염병으로 병균은 주로 성관계나 혈액, 어머니의 뱃속에 있는 태아 등의 경로를 통해 전염된다.

정답 A ……旨在提高全社会保护环境的意识。

해설 술어 '提高'와 함께 해야 할 목적어가 빠져있다. 문맥을 살펴 볼 때, '意识(의식)'라는 단어와 호응해야 한다.

단어 直射 zhíshè 동 (목표를 조준하여) 바로 쏘다, 직사하다 | 北回归线 běihuí guīxiàn 명 북회귀선 | 北半球 běibànqiú 명 북반구 | 白昼 báizhòu 명 백주, 대낮 | 艾滋病 àizībìng 명 에이즈, 후천성 면역 결핍증 | 传染病 chuánrǎnbìng 명 전염병, 돌림병, 유행병 | 病毒 bìngdú 명 병원체, 병균 | 途径 tújìng 명 경로, 과정, 길

03

A 人类的活动是造成全球变暖的主要原因。
B 专家认为，减少烟害，特别是劝阻青少年戒烟，对预防肺癌有重要意义。
C 按照跳蚤的个儿和它的跳远距离的比例，如果它有人那么高，它可以跳远达四百米。
D 苏通大桥建造的初衷是拉近苏北、苏南的距离，进一步推动江苏省沿江开发战略的实施。

A 인류의 활동은 지구온난화의 주된 원인이다.
B 전문가는 담배로 인한 피해를 줄이는 것, 특히 청소년에게 흡연을 금지하는 것은 폐암을 예방하는 데 중요한 의미를 갖는다고 본다.
C 벼룩의 크기는 벼룩의 점프거리에 비례한다. 만약 크기가 큰 벼룩이라면 400m까지도 뛰어오를 수 있다.
D 쑤퉁대교 건설의 목적은 쑤베이와 쑤난 간의 거리를 좁혀 장쑤성 연해지역 개발전략 실시에 박차를 가하는 것이었다.

정답 B ……特别是劝说青少年戒烟，……
……特别是劝阻青少年吸烟，……

해설 '劝阻……戒烟'은 '금연을 금지한다'는 말이므로 어휘의 사용이 부적절하다. '劝阻'는 부정, 금지의 의미를 가지는 단어로 문맥을 살펴볼 때, '劝说青少年戒烟'나 '劝阻青少年吸烟'로 고쳐야 한다.

단어 全球变暖 quánqiú biànnuǎn 명 지구온난화 | 烟害 yānhài 명 담배의 해로움 | 劝阻 quànzǔ 동 그만두게 말리다 | 戒烟 jièyān 동 담배를 끊다 | 肺癌 fèi'ái 명 폐암 | 跳蚤 tiàozao 명 벼룩 | 初衷 chūzhōng 명 최초의 소망, 바람 | 推动 tuīdòng 동 추진하다, 나아가게 하다

04

A 我要去的部落位置位于喀麦隆、乍得交界一带。
B 有没有正确的环保观，是低碳生活能否实现的关键。
C 据科学家统计，蜜蜂每酿造一斤蜜，大约要采集50万朵花的花粉。
D 中秋是丰收的时节，人们往往利用中秋节的各种习俗表达对丰收的庆祝。

A 내가 가고 싶은 부락은 카메룬과 차드의 인접지역에 위치해있다.
B 올바른 환경보호관을 갖고 있느냐의 여부는 저탄소 생활을 실천하는 데 핵심이 되는 요소이다.
C 과학자들의 통계에 따르면, 꿀벌이 꿀 한 근을 만드는 데 약 50만 송이 꽃의 꽃가루를 채집해야 한다고 한다.
D 중추는 풍년의 계절로, 사람들은 종종 추석의 각종 풍습을 통해 풍년을 축원하곤 한다.

정답 A 我要去的部落位于喀麦隆、乍得交界一带。

해설 '位于……'는 '~에 위치하다'라는 의미로, '位置'와 '位于'가 함께 쓰여 의미가 중복되었다.

단어 喀麦隆 Kāmàilóng 지명 카메룬(Cameroon) | 乍得 Zhàdé 지명 차드(Chad) | 交界 jiāojiè 동 두 지역이 인접하다, 맞닿다 | 低碳 dītàn 저탄소 | 酿造 niàngzào 동 (술·식초·간장 등을) 양조하다 | 花粉 huāfěn 명 꽃가루, 화분 | 采集 cǎijí 동 채집하다, 수집하다 | 丰收 fēngshōu 명 풍작, 풍년

05

A 面对这样好的景色，我能无动于衷吗?

B 我身体不好，不能送你下楼，那就目送你走远了再关门吧。

C 语言文字本身是一种工具，日常生活少不了它，学习以及交流各科知识也少不了它。

D 汉族传统绘画多用毛笔蘸水、墨、彩等颜料作画于绢或纸上，这种画种被称为“中国画”。

A 이렇게 아름다운 경치를 보고도 아무런 느낌이 없을 수 있을까?

B 내가 몸이 안 좋아서 아래층까지 배웅을 못 해줄 것 같아. 그럼 너 가는 거 보고 문 잠글게.

C 언어문자는 그 자체가 하나의 도구로 일상생활뿐 아니라 각종 지식을 학습하고 교류할 때에도 없어서는 안 되는 중요한 요소이다.

D 한족의 전통회화는 붓에 물이나 먹, 물감 등으로 비단이나 종이에 그림을 그렸는데, 이러한 그림을 '중국화'라고 부른다.

정답 D 汉族传统绘画多用毛笔蘸水、墨、彩等作画于绢或纸上，这种画种被称为“中国画”。

해설 어휘의 나열에 오류가 있다. '물'은 '안료'에 해당하지 않으므로 '안료'라는 단어는 제거한다.

단어 无动于衷 wúdòngyúzhōng 성 (마음속에) 아무런 느낌이 없다, 마음에 전혀 와닿지 않다 | 蘸 zhàn 동 찍다, 묻히다 | 颜料 yánliào 명 안료, 물감, 색소 | 绢 juàn 명 견직물

06

A 一篇小说，能否得到读者的认可，得要看它是否立足于现实。

B 庆祝“国庆”演讲比赛将于今晚七点半在学校大礼堂开始举行。

C 法律是一个国家发展的基础，只要是制定的法律，就应该始终遵守。

D 研究表明，当一个人愉快的心境达到高峰时，其智力也会相应地达到顶峰。

A 한 소설이 독자의 인정을 받느냐 못 받느냐는 그 소설이 현실에 입각해 써졌는지를 봐야 한다.

B '국경절' 축하 웅변대회는 오늘 저녁 7시 30분 학교 대강당에서 거행될 것이다.

C 법률은 한 국가 발전의 기초가 되므로 법률을 제정했으면 처음부터 끝까지 이를 잘 준수해야 한다.

D 연구에 따르면, 사람의 마음이 가장 기쁠 때 지능 역시 최고조에 달하는 것으로 나타났다.

정답 B 庆祝“国庆”演讲比赛将于今晚七点半在学校大礼堂举行。

해설 '举行'은 '어떤 행사 등을 시작하다'라는 의미이다. 따라서 '开始'의 의미가 중복된다.

단어 立足 lìzú 동 근거하다, 입각하다, (입장에) 서다 | 演讲 yǎnjiǎng 명 강연, 연설 | 遵守 zūnshǒu 동 (규정 등을) 준수하다, 지키다 | 智力 zhìlì 명 지력, 지능 | 顶峰 dǐngfēng 명 (어떤 분야의) 최고봉, 정상, 독보적 위치

07

A 刺绣是中国民间传统手工艺之一，在中国至少有两三千年的历史。

B 文章能否准确地传达自己的意思，能否吸引读者，要靠文字的工夫。

C 世界上第一位对子午线测量的是在我国唐代天文学家僧一行的倡议和领导下进行的。

D 上下数千年，龙已渗透到了中国社会的各个方面，成为一种文化的凝聚和积淀。

A 자수는 중국의 전통 민간수공예로, 중국에서 최소 2~3천 년의 역사를 가지고 있다.

B 글이 자신의 생각을 잘 전달하고 있는지, 독자를 매료시킬 수 있는지의 여부는 글을 쓰는 데 들인 시간을 봐야 한다.

C 세계 최초의 자오선 측정 작업은 중국 당대의 천문학자 승일행의 제창과 지도 하에 진행된 것이다.

D 수천 년 전부터 용은 이미 중국 사회의 각 영역에 깊숙이 스며들어 일종의 문화가 응집되고 쌓이게 되었다.

정답 C 世界上首次对子午线的测量工作，是在我国唐代天文学家僧一行的倡议和领导下进行的。

해설 문장이 뒤섞였다. '世界上第一位对子午线测量的是我国唐代天文学家僧一行(세계 최초로 자오선 측량을 한 사람은 중국 당내 천문학자인 승일행이다)'라는 내용도 표현하고 '世界上第一次对子午线的测量是在我国唐代天文学家僧一行的倡议和领导下进行的(세계 최초의 자오선 측량 작업은 중국 당대의 천문학자 승일행의 제창과 지도 하에 진행되었다)'라는 내용을 동시에 표현하려다 두 문장이 섞이는 오류가 발생했다.

단어 刺绣 cìxiù 명 자수 | 吸引 xīyǐn 동 끌어당기다, 유인하다, 매료시키다 | 子午线 zǐwǔxiàn 명 경선, 자오선 | 测量 cèliáng 동 측량하다 | 渗透 shèntòu 동 (주로 추상적인 사물이나 세력이) 침투하다, 스며들다 | 凝聚 níngjù 동 모으다, 모이다 | 积淀 jīdiàn 동 누적되다, 쌓이다, 축적되다

08

A 字典宛如一只宝盒，里面藏有各种各样的知识，只要你勤于向它索取，它便会源源不绝地奉献。

B 如果人在长高时，能一直保持出生后头三个月那样的速度，那么人的平均高度就有五米六五。

C 一切事物的发展都是有起有伏、呈波浪式前进的，这是由于事物的内部矛盾以及自然和社会的种种外因影响所决定的结果。

D 他一见到我，脸上立即闪电般地出现了一个幸福的微笑，做出一种高兴的、热情奔放的样子，似乎这次偶然相遇让他欣喜若狂。

A 자전은 보물상자 같이 그 안에 수많은 지식을 담고 있어서, 당신이 그 지식을 얻고자 노력하기만 한다면 자전은 당신에게 무한대로 정보를 제공해줄 것이다.

B 만일 사람의 키가 출생 후 3개월 동안의 그러한 속도로 자란다면, 그 사람의 평균신장은 5m 65cm가 될 것이다.

C 모든 사물의 발전은 파도가 치듯 우여곡절을 겪기 마련으로, 이는 사물의 내재적인 충돌 및 자연과 사회의 각종 외부적 영향으로 인해 결정된 것이다.

D 그는 나를 보자마자 얼굴에 번개가 지나가듯 순식간에 행복한 미소가 번졌고, 매우 기쁘고 열정이 샘솟는 사람이 되었다. 이 우연한 만남이 그를 기쁨에 못 이기게 만든 것 같았다.

정답 C ……这是由事物的内部矛盾以及自然和社会的种种外因影响所决定的。

해설 '这是由于……所决定的结果'는 '这是由……所决定的'와 '这是由于……的结果'의 두 가지 문장이 뒤섞인 것이다.

단어 宛如 wǎnrú 동 마치 ~과 같다 | 索取 suǒqǔ 동 요구하다, 얻어내다, 받아내려고 독촉하다 | 源源不绝 yuányuánbùjué 성 끊임없이 계속되다 | 奉献 fèngxiàn 동 삼가 바치다, 공헌하다, 이바지하다 | 波浪 bōlàng 명 파도, 물결 | 闪电 shǎndiàn 명 번개 | 奔放 bēnfàng 형 (감정 · 사상 · 풍격 등이) 분방하다, 자유롭다 | 相遇 xiāngyù 동 만나다, 마주치다 | 欣喜若狂 xīnxǐruòkuáng 성 미친 듯 기쁘다

09

A 这次活动让我们开阔了眼界、增长了见识。
B 我们要与自然和谐相处，保护好共同的人类家园。
C 成熟的稻谷之所以会弯腰，是因为它经过默默地孕育，已经结出了成熟的果实。
D 皮影戏，是一种用灯光照射兽皮或纸板做成的人物剪影以表演故事的民间戏剧。

A 이번 캠페인으로 우리는 시야와 견문을 넓힐 수 있었다.
B 우리는 자연과 서로 조화롭게 공존하여 인류 공동의 정원을 잘 보호해야 한다.
C 익은 벼가 고개를 숙이는 이유는 묵묵히 성장의 과정을 거쳐 이미 성숙한 과실을 맺었기 때문이다.
D 피영희는 동물의 가죽이나 종이를 사람모양으로 오린 것에 조명을 비춰 공연을 하는 민간극이다.

정답 B …保护好人类共同的家园。

해설 '家园' 앞의 관형어의 순서가 잘못되었다. 일반적으로 '的'를 수반하는 관형어는 명사성 관형어 앞에 위치한다. 따라서 '共同的'가 '家园'을 직접 수식해야 한다.

단어 开阔 kāikuò 동 넓히다 | 眼界 yǎnjiè 명 시계, 시야 | 和谐 héxié 형 잘 어울리다, 조화롭다, 잘 맞다 | 弯腰 wānyāo 동 허리를 굽히다 | 孕育 yùnyù 동 낳아 기르다, 생육하다 | 皮影戏 píyǐngxì 명 피영희, (가죽인형) 그림자극 | 兽皮 shòupí 명 동물의 가죽 | 剪影 jiǎnyǐng 동 사람 또는 사물의 형상을 오리다

10

A 头发的颜色与头发里所含的金属元素有关。
B 熵是不能再被转化做功的能量的总和的测定单位。
C 张艺谋执导的《大红灯笼高高挂》对熟悉中国电影史的人是不陌生的。
D 为了防止此类交通事故再次发生，我们加强了交通安全的教育和管理。

A 머리카락의 색깔은 머리카락 속에 함유된 금속원소와 관련이 있다.
B 엔트로피는 더 이상 전환되어 가공할 수 없는 에너지의 총체적인 측량단위이다.
C 장이모우가 연출한 ≪홍등≫은 중국 영화사를 잘 알고 있는 사람에게 낯설지 않은 작품이다.
D 이와 비슷한 교통사고가 다시 발생하는 것을 막기 위해 우리는 교통안전 교육 및 관리를 더욱 강화했다.

정답 C 张艺谋执导的《大红灯笼高高挂》对于熟悉中国电影史的人来说是不陌生的。

해설 전치사 '对'의 잘못된 사용으로 인해 주객이 전도되었다.

단어 金属元素 jīnshǔ yuánsù 명 금속원소 | 熵 shāng 명 엔트로피[무작위 또는 무질서의 상태를 의미] | 测定 cèdìng 동 측정하다 | 大红灯笼高高挂 dàhóng dēnglóng gāogāoguà 명 홍등[장이모우 연출의 영화] | 陌生 mòshēng 형 생소하다, 낯설다, 눈에 익지 않다

11

A 这个人连校长都不认识。
B 九寨沟因沟内分布着九个藏族村寨而得名。
C 是否做过运动对人睡速度其实并没有影响。
D 血糖是脑组织的重要养料，只有在血糖充实的时候，大脑的思维才更敏捷。

A 이 사람은 교장선생님조차도 그를 잘 모른다.
B 지우자이거우는 계곡 사이로 아홉 개의 장족 마을이 분포되어 있어 유명해졌다.
C 사실 운동을 했는지의 여부는 잠이 드는 속도에는 별다른 영향을 끼치지 못한다.
D 혈당은 뇌조직의 중요한 양분으로 혈당이 충분해야만 대뇌의 사고가 더 빨라진다.

정답 A 这个人连校长都不认识他。
这个人他连校长都不认识。

해설 '不认识'의 주체와 객체가 분명하지 않다. 이는 '이 사람은 교장선생님도 모른다'라고 이해할 수도 있고 '교장선생님도 이 사람을 모른다'라고 이해할 수도 있다. 따라서 이를 분명히 밝히는 문장으로 고쳐야 한다.

단어 沟 gōu 명 협곡, 골짜기, 계곡 | 藏族 zàngzú 명 장족[중국 소수민족의 하나] | 村寨 cūnzhài 명 촌락, 마을 | 血糖 xuètáng 명 혈당 | 养料 yǎngliào 명 자양분, (영)양분 | 敏捷 mǐnjié 형 (생각 · 동작 등이) 민첩하다, 빠르다

12

A 文字形态的繁简是有其自身演变规律的。
B 他们担心过多的变革会使原来的社会运转受到障碍。
C 从不运动的人，应该要逐渐增加运动量，才有可能改善睡眠，而非干扰睡眠。
D “留得青山在，不愁没柴烧”这句俗语说的是人只要能生存下去，就能得到发展。

A 문자 형태의 복잡함과 간결함은 스스로의 변화 규율에 따른 것이다.
B 그들은 과도한 변혁이 본래 사회운영에 장애물이 되지 않을까 걱정했다.
C 운동을 하지 않는 사람은 운동량을 점차 늘려나가야만 깊은 잠에 들 수 있다. 그렇지 않으면 잠을 설치게 될 것이다.
D '푸른 산이 있는데 땔감을 걱정하랴'라는 속담은 사람은 살아 있기만 하면 발전할 수 있다는 뜻이다.

정답 B 他们担心过多的变革会使原来的社会运转**受到阻碍**。

해설 '受到障碍'에서 단어의 호응이 잘못되었다. 일반적으로 '受到阻碍'라고 쓴다.

단어 **演变** yǎnbiàn 동 변화 발전하다, 변천하다 | **变革** biàngé 동 (주로 사회제도를) 변혁하다 | **运转** yùnzhuǎn 동 (기구 · 조직 등이) 운행되다, 돌아가다 | **障碍** zhàng'ài 명 장애물, 방해물 | **干扰** gānrǎo 동 (남의 일에) 지장을 주다, 교란시키다 | **俗语** súyǔ 명 속어, 속담

13

A 我国粮食生产的自给率一直保持在95%以上。
B 大量的事实告诉我们，要想掌握天气的连续变化，最好每小时都进行观测。
C 传统读书教育是成功的，童年之时饱学于身，成年之后成为大家者，数不胜数。
D 所谓“强势文化”就是指能力较强、效率较高，从而包含文明价值较多的文化系统。

A 중국의 식량자급률은 줄곧 95% 이상을 유지하고 있다.
B 날씨의 지속적인 변화를 파악하고자 한다면, 매 시간마다 관측하는 것이 가장 좋다는 것을 많은 사실이 우리에게 증명해주고 있다.
C 전통적인 독서교육은 성공을 거두었는데, 아동기에 풍부한 학식을 가졌던 사람 중에 성인이 된 후 훌륭한 전문가가 된 이들이 수없이 많다.
D 소위 '하드파워 문화'란 파급력이 강하고 효율이 높아 문명적 가치를 많이 내포하고 있는 문화체제를 말한다.

정답 A 我国**粮食的自给率**一直保持在95%以上。

해설 '自给'는 '스스로 생산하다'라는 의미이므로, '粮食生产的自给率'은 잘못된 표현이다. '粮食的自给率'로 고쳐야 한다.

단어 **粮食** liángshi 명 양식, 식량 | **自给率** zìjǐlǜ 자급률 | **饱学** bǎoxué 형 학식이 풍부하다, 박식하다 | **数不胜数** shǔbúshèngshǔ 성 일일이 다 셀 수 없다, 세려야 셀 수 없다

14

A 在人们心目中，狮子是兽中之王，是威严的象征。
B 了解和关心他人疾苦的人才能得到他人的信任和拥护，这是历史已经证明了的真理。
C 苹果中含有大量叫栎素的防氧化物质，该物质可以保护人的肺部受大气污染的影响。
D 口语交际能力不仅显示着一个人的语言水平，更体现着一个人的自信与智慧、教养与风度。

A 사람들의 마음속에 사자는 동물의 왕이며 위엄의 상징으로 자리잡고 있다.
B 다른 이의 아픔을 이해하고 관심을 갖는 사람이야말로 다른 사람의 신임과 지지를 얻을 수 있다. 이는 역사가 이미 증명해준 진리이다.
C 사과에 함유되어 있는 대량의 쿠에르체트린이라 불리는 항산화 물질이 사람의 폐가 대기오염의 영향을 받지 않도록 보호할 수 있다.
D 말솜씨는 한 사람의 언어수준을 나타내줄 뿐 아니라 그 사람의 자신감과 지혜, 교양과 품격까지도 반영한다.

정답 C ……该物质可以**保护**人的肺部**不受**大气污染的影响。

해설 '保护……受大气污染影响'이라는 부정문은 말이 되지 않는다. '保护……不受……(~의 영향을 받지 않도록 보호하다)'로 고쳐야 한다.

단어 **威严** wēiyán 명 위엄, 위풍 | **疾苦** jíkǔ 명 고통, 괴로움, 질고 | **拥护** yōnghù 동 (당파 · 지도자 · 정책 · 노선 등을) 옹호하다, 지지하다 | **栎素** lìsù 명 쿠에르체트린 | **氧化** yǎnghuà 동 산화하다 | **肺部** fèibù 명 폐부 | **风度** fēngdù 명 품격, 풍모, 기품, 매너

15

A 他这个人太果断，什么事都不愿听取群众的意见。
B 扬州的春天烟雨蒙蒙，琼花盛开，花香扑鼻，正是旅游的黄金季节。
C 在你的身体最适应的时候运动，你会收获许多的附加价值，也会更享受运动的感觉。
D 在我们不经意的一次回头中，蓦地看见空旷的西地平线上，一轮血红的落日停滞在那里。

A 그는 너무 독단적이어서 무슨 일을 하든지 사람들의 의견을 듣지 않는다.
B 양저우의 봄은 안개비가 부슬부슬 내리고 사방에 불두화가 만개해 꽃향기가 진동해서 관광을 하기에는 황금 계절이라고 할 수 있다.
C 당신의 몸이 가장 적응을 잘할 때 운동을 하면 수많은 부가가치를 얻을 수 있을 것이고 진짜 운동을 했다는 느낌을 갖게 될 것이다.
D 우리도 모르는 사이 고개를 돌려보니 돌연 광활하게 펼쳐져 있는 서쪽 지평선 상에 떨어지는 붉은 해가 그곳에 멈춰 서 있는 걸 보게 되었다.

정답 A 他这个人太**武断**，什么事都不愿听取群众的意见。

해설 '果断'은 '결단력이 있다'라는 긍정적 의미를 가지고 있어 이 문장에는 부적절하다. 문장의 의미에 맞추어 부정적 의미를 가지고 있는 '武断(독단적이다)'이라는 단어로 바꿔야 한다.

단어 **果断** guǒduàn 형 과단성이 있다, 결단력이 있다 | **烟雨** yānyǔ 명 안개비 | **蒙蒙** méngméng 형 비가 부슬부슬 내리다 | **琼花** qiónghuā 명 불두화[잎은 연하고 윤기가 나며 꽃잎이 두터운 담황색 꽃으로, 밤에 꽃이 피는 진귀한 꽃] | **扑鼻** pūbí 동 (냄새가) 코를 찌르다, 진동하다 | **附加价值** fùjiā jiàzhí 명 부가가치 | **经意** jīngyì 동 조심하다, 주의하다, 유의하다 | **蓦地** mòdì 부 갑자기, 돌연히, 느닷없이 | **空旷** kōngkuàng 형 광활하다, 훤히 트이다

16

A 校长请来了一位数学家来指教同学们在学习中遇到的难题。
B 语言消亡的速度远远超出人们的想象，平均每隔两个星期就会有一种语言消失。
C 何谓幸福？每个人自有不同的思量和标准，虽然幸福的结局都是那样地皆大欢喜。
D 尽管天气条件和地理环境都极端不利，登山队员仍然克服了困难，胜利登上了顶峰。

A 교장선생님은 수학자 한 명을 초청해 학생들이 학습 중에 볼 수 있는 어려운 문제를 지도하도록 했다.
B 언어의 소멸 속도는 인간의 상상을 초월하는데, 평균 두 주에 한 번씩 언어 하나가 소멸된다.
C 무엇이 행복일까? 모든 사람은 자신만의 각기 다른 생각과 기준을 가지고 있지만, 결국 행복의 결말은 그렇게 모두가 함께 웃고 기뻐하는 것이다.
D 비록 기후조건과 지리환경이 너무나 열악했지만 등산 대원들은 그 모든 어려움을 이겨내고 마침내 정상에 올랐다.

정답 A 校长请来了一位数学家来**解答**同学们在学习中遇到的难题。

해설 '指教'는 '가르침을 청하다'라는 의미로 남에게 지도를 부탁할 때 쓰는 단어이다. 내용 상 겸손함을 나타내는 '指教'를 사용하는 것은 옳지 않다.

단어 **指教** zhǐjiào 동 지도하다, 가르치다 | **思量** sīliang 동 고려하다, 깊이 생각하다 | **结局** jiéjú 명 결말, 결국, 결과 | **皆大欢喜** jiēdàhuānxǐ 성 모두 몹시 기뻐하고 좋아하다, 모두가 만족스러워하다

17

A 大象的听觉异常灵敏，即使是耗子的脚步声也能轻易分辨。
B 苹果、黄瓜、西红柿等蔬菜中富含各种维生素，平常宜多吃。
C 无论在政府、企业还是在私人事务中，节约都是健全的财务结构的一项根本需要。
D 苹果中含有大量叫栎素的防氧化物质，该物质可以保护人的肺部不受大气污染的影响。

A 코끼리의 청각은 유달리 예민해서 설령 쥐의 발자국 소리라 할지라도 쉽게 알아차릴 수 있다.
B 오이, 토마토 등의 채소에는 각종 비타민이 함유되어 있기 때문에 평소에 많이 먹어두는 것이 좋다.
C 정부, 기업, 그리고 개인의 사무를 막론하고 절약은 건전한 재무구조의 기본적인 요구사항이 된다.
D 사과에 함유되어 있는 대량의 쿠에르체트린이라 불리는 항산화 물질이 사람의 폐가 대기오염의 영향을 받지 않도록 보호할 수 있다.

정답 B **黄瓜、西红柿等蔬菜**中富含各种维生素，平常宜多吃。

해설 어휘의 나열에 오류가 있다. '사과'는 채소의 범주에 속하지 않는다. 따라서 삭제해야 한다.

단어 灵敏 língmǐn 형 영민하다, 재빠르다, 예민하다 | 耗子 hàozi 명 쥐 | 节约 jiéyuē 동 절약하다, 아끼다 | 财务 cáiwù 명 재무, 재정[재정경리에 대한 사무]

18

A 农历九月九日是中国传统的重阳节。
B 跳高测验时，小陈差一点没跳过去，真可惜。
C 从科学的角度来看，任何饮料都无法替代白开水。
D 噪音往往能引发身体的疲劳与不适，对人的心理也会造成一定的伤害。

A 음력 9월 9일은 중국 전통의 중양절이다.
B 높이뛰기 시험에서 샤오천이 장대를 뛰어넘지 못해서 정말 아쉽다.
C 과학적인 각도에서 보자면 어떠한 음료도 끓인 물을 대신할 수 없다.
D 소음은 종종 신체의 피로와 불편함을 불러오며, 심리적인 상처를 주기도 한다.

정답 B ………小陈差一点**就跳过去了**，真可惜。

해설 '差一点没跳过去'는 결국 '뛰어 넘었다'는 의미인데 '可惜'라는 표현을 쓰는 것은 부적절하다. 문맥을 살펴볼 때, '거의 넘을 뻔 했지만 넘지 못해 아쉽다'라는 내용이 이어져야 한다.

단어 重阳节 Chóngyáng Jié 명 중양절 | 跳高 tiàogāo 명 높이뛰기 | 饮料 yǐnliào 명 음료 | 噪音 zàoyīn 명 소음

19

A 开卷未必有益，只有开好卷、会开卷，才能真正受益。
B 这个问题你要原原本本解释清楚，否则不可能让人产生怀疑。
C 中国戏剧的舞台动作在两千年的发展中形成了节奏感强烈和富有舞蹈表现力的基本风格。
D 玫瑰除供观赏外，还有极高的经济价值，它是制作玫瑰水、玫瑰露、玫瑰香水的重要原料。

A 오픈북 시험이 반드시 좋은 점만 있는 것은 아니다. 책에서 해당 문제를 찾을 수 있어야만 진짜 이득을 볼 수 있는 것이다.
B 이 문제에 대해 너는 근본적으로 정확하게 해석할 수 있어야 한다. 그렇지 않으면 사람들이 의심할 것이다.
C 중국 희극의 무대동작은 2천 년의 발전을 거쳐 강력한 리듬감과 춤으로 잘 표현해내는 기본적인 품격을 마련하게 되었다.
D 장미는 관상용 이외에도 엄청난 경제적 가치를 가지고 있다. 장미는 장미수, 장미시럽, 장미향수의 중요한 원료로 사용된다.

정답 B 这个问题你要原原本本解释清楚，否则**有可能**让人产生怀疑。

해설 '否则不可能'이라는 부정사의 사용이 부적절하다. 문맥을 살펴볼 때, '否则有可能让人产生怀疑(그렇지 않으면 사람들이 의심하게 될 것이다)'로 고쳐야 한다.

단어 开卷 kāijuàn 명 오픈북 시험 | 怀疑 huáiyí 동 의심하다, 의심을 품다 | 舞蹈 wǔdǎo 명 무도, 춤, 무용 | 玫瑰露 méiguīlù 명 장미시럽

20

A 通过这几天的接触，我们都加深了对彼此的了解。
B 冬眠，是某些动物抵御寒冷、维持生命的特有本领。
C 生物变异及相互适应的原因和方法，对于我们需要有个明确的了解。
D 维生素本身并不产生热量，它只是一种帮助释放食物中能量的化学物质。

A 요 며칠의 만남을 통해 우리는 서로에 대해 더 잘 이해하게 되었다.
B 겨울잠은 동물들이 혹독한 추위를 이겨내고 생명을 유지하기 위해 취하는 특유의 행위이다.
C 우리는 생물변이와 상호적응의 원인과 방법에 대해 명확하게 이해할 필요가 있다.
D 비타민은 그 자체로는 열량을 내지 않는다. 단지 음식물에 포함되어 있는 에너지를 방출하는 것을 돕는 화학물질일 뿐이다.

정답 C 我们对生物变异及相互适应的原因和方法需要有个明确的了解。

해설 전치사 '对于'의 사용으로 인해 '原因和方法'와 '我们' 사이의 주객이 전도되었다.

단어 冬眠 dōngmián 동 겨울잠을 자다, 동면하다 | 抵御 dǐyù 동 막아내다, 저항하다 | 释放 shìfàng 동 방출하다, 내보내다

21

A 我哥哥虽然很瘦，但是精神饱满。
B 李老师关于这所学校的情况非常熟悉。
C 这本杂志主要是面向计算机爱好者的。
D 在这次校运会上他打破了一项全国纪录。

A 우리 오빠는 몸은 말랐지만 활기차고 힘이 넘친다.
B 이 선생님은 학교의 일에 관해 굉장히 잘 알고 있다.
C 이 잡지는 주로 컴퓨터 마니아를 겨냥한 것이다.
D 이번 교내운동회에서 그는 전국기록을 깨뜨렸다.

정답 B 李老师对这所学校的情况非常熟悉。

해설 전치사 '关于'의 사용이 잘못되었다. 잘 알고 있는 대상을 이야기해야 하므로 '对'를 써야 한다.

단어 饱满 bǎomǎn 형 충만하다, 가득 차다 | 面向 miànxiàng 동 ~에 직면하다, ~로 향하다

22

A 不等大家到齐，就他一个人干起来了。
B 她的歌声把人们带到了美丽的河西走廊。
C 奥林匹克精神同纯粹的竞技精神是有区别的，奥林匹克精神既包括但又超越了竞技精神。
D 人的耳朵有一种“屏蔽”功能，能自动清除环境噪音，把那些我们感兴趣的声音捕捉出来。

A 사람들이 다 오기도 전에 그는 혼자서 일을 시작했다.
B 그녀의 노랫소리는 사람들을 아름다운 허시회랑으로 데려갔다.
C 올림픽정신과 순수한 승부정신에는 차이점이 존재하는데, 올림픽정신은 승부정신을 포함하면서도 이를 초월한다.
D 사람의 귀는 '방음벽' 역할을 하기도 하는데, 주변의 소음을 자동으로 차단하면서도 흥미로운 소리는 담아두기 때문이다.

정답 A 不等大家到齐，他就一个人干起来了。

해설 연결어 '就'의 위치가 잘못되었다. 주어인 '他'의 뒤, 술어 앞으로 옮겨야 한다.

단어 到齐 dàoqí 동 모두 도착하다, 다 오다 | 河西走廊 Héxī Zǒuláng 지명 허시회랑[간쑤성 서북부에 이어져 있는 좁고 긴 지대] | 奥林匹克 Àolínpǐkè 명 올림픽 | 竞技 jìngjì 동 기예를 겨루다 | 屏蔽 píngbì 명 장막, 장벽 | 清除 qīngchú 동 깨끗이 없애다 | 捕捉 bǔzhuō 동 잡다, 붙잡다, 체포하다

23

A 中国传统艺术早就突破了自然主义和形式主义的片面性，创造出独特的现实主义表现形式。

B 几乎每一项新发明的产生都是一个意志顽强的人始终坚信他或她自己的想象力的结果。

C 只有积极引导牧民开展多种经营，控制牲畜数量，减少对牧草的需求，退牧还草，就有可能从根本上拯救纯种野牦牛。

D 我国现实主义绘画大师徐悲鸿，还是一位杰出的艺术教育家。在他几十年美术教育实践中，为我国发现、培养了数以千计的美术人才。

A 중국 전통예술은 일찍이 자연주의와 형식주의의 단편성을 극복해, 독특한 현실주의의 표현방식을 창조해냈다.

B 거의 모든 새로운 발명의 탄생은 강한 의지력을 가진 사람들이 시종일관 자신의 상상력을 굳게 믿은 결과라고 할 수 있다.

C 목축민들이 다각경영을 할 수 있도록 적극적으로 이끌어주기만 하면 가축의 수를 통제할 수 있을 것이고 목초에 대한 수요도 줄어들어 목초량이 늘어나 야생 야크를 구하는 데 근본적인 도움을 줄 수 있을 것이다.

D 중국 현실주의 회화의 대가 쉬베이홍은 걸출한 예술교육가이기도 했다. 그는 수십 년간 강단에 서서 중국을 위해 수천 명의 미술인재를 발견하여 육성시켰다.

정답 C 只有(只要)积极引导牧民开展多种经营，控制牲畜数量，减少对牧草的需求，退牧还草，才(就)有可能从根本上拯救纯种野牦牛。

해설 연결어 '只有……就……'의 사용이 부적절하다. 이는 '只有……才……'나 '只要……就……'로 고쳐야 한다.

단어 突破 tūpò 동 (한계 · 난관을) 돌파하다, 극복하다 | 片面性 piànmiànxìng 명 단편성, 일방성, 편파성 | 顽强 wánqiáng 형 완강하다, 억세다, 강경하다 | 坚信 jiānxìn 동 굳게 믿다 | 牧民 mùmín 명 목축민 | 多种经营 duōzhǒng jīngyíng 명 다각경영 | 牲畜 shēngchù 명 가축 | 牧草 mùcǎo 명 목초 | 拯救 zhěngjiù 동 구조하다, 구출하다 | 牦牛 máoniú 명 야크[소의 일종] | 杰出 jiéchū 형 걸출한, 남보다 뛰어난, 출중한 | 数以千计 shùyǐqiānjì 수천을 헤아리다

24

A 因患病住院，88岁高龄的黄昆今天没能到现场领奖。

B 和他三十年前上任时一样，依然是孑然一身，两袖清风。

C 胎儿在身体、智力和情感上的发育，远比人们想象的要早。

D 女子虽然在速度和力量方面不如男子，但耐力却比男子要好。

A 병원에 입원하신 관계로, 88세 고령의 황쿤 씨는 오늘 시상식에 참석하지 못했습니다.

B 그가 30년 전 부임할 때와 마찬가지로 그는 여전히 혈혈단신에 청렴결백하다.

C 태아의 신체와 지능, 감성의 발육은 사람들이 생각하는 것보다 훨씬 먼저 이루어진다.

D 비록 여성은 속도, 힘 면에서 남성보다 떨어지지만 지구력은 오히려 남성보다 훨씬 뛰어나다.

정답 B 和三十年前上任时一样，他依然是孑然一身，两袖清风。

해설 '和……一样'의 구문을 사용하면서 전체 문장의 주어가 사라졌다.

단어 领奖 lǐngjiǎng 동 상(상장 · 상품 · 상금)을 타다 | 上任 shàngrèn 동 부임하다, 취임하다 | 孑然一身 jiérányìshēn 성 혈혈단신, 의지할 곳이 없는 외로운 홀몸 | 两袖清风 liǎngxiù qīngfēng 성 관료가 청렴결백하다 | 耐力 nàilì 명 지구력, 인내력

25

A 我们沿着一连串澜沧江边的村寨进行了一次远足。

B 未达到地面的闪电，也就是同一云层之中或两个云层之间的闪电，被称为云间闪电。

C 人的一生，几乎有三分之一是在睡眠中度过的，而人睡做梦，更是人人都有的经验。

D 文化冲撞所引起的变动从来就不是单向的，文化冲撞中没有哪一个文化是完全被动的。

A 우리는 검푸른 파도가 출렁이는 강변에 있는 마을을 따라 소풍을 왔다.

B 지면에 닿지 않는 번개, 즉 동일한 구름층 혹은 두 개 구름층 사이의 번개를 운간번개라 부른다.

C 사람의 일생은 거의 3분의 1정도는 자면서 보낸다고 할 수 있고, 또한 잠을 자면서 꿈을 꾸기 때문에 모든 사람들은 각기 다른 경험을 가지고 있다.

D 문화충돌로 인해 생겨난 변화는 단 한 번도 일방적인 것이 없고, 문화충돌 가운에 어떠한 문화도 완전히 수동적이지는 않다.

정답 A 我们沿着**澜沧江边的一连串村寨**进行了一次远足。

해설 '村寨'의 관형어 순서가 부적절하다. '一连串'은 '일련의, 이어지는'이란 의미를 가진 형용사로 명사인 '村寨'를 직접 수식해야 한다.

단어 **澜 lán** 명 파도, (큰) 물결 | **沧 cāng** 형 (물이) 검푸르다 | **村寨 cūnzhài** 명 촌락, 마을 | **远足 yuǎnzú** 동 소풍 가다 | **冲撞 chōngzhuàng** 동 부딪치다, 충돌하다 | **单向 dānxiàng** 형 일방의, 한 방향의

26

A 这次庆祝仪式是在极为祥和、欢乐的气氛中举行的。

B 可别小看这台仪器，它的造价高达三千万美元之巨。

C 睡眠有三忌：一忌睡前恼怒，二忌睡前饱食，三忌卧处当风。

D 凤凰是中国古代传说中的百鸟之王，和龙一样都是汉族的民族图腾。

A 이번 경축행사는 매우 평온하고 즐거운 분위기 속에서 거행되었다.

B 이 기계를 얕보지 마라. 제조비가 무려 3천만 달러에 달한다.

C 잠을 잘 때 세 가지 금기사항이 있는데, 첫째, 잠자기 전에 화내지 말 것. 둘째, 잠자긴 전에 과식하지 말 것. 셋째, 침실에 바람이 불어서는 안 된다는 것이다.

D 봉황은 중국 고대 전설 속에 나오는 새들의 왕으로 용과 함께 한족의 민족토템이었다.

정답 B 可别小看这台仪器，它的造价**高达**三千万美元。

해설 '高达(무려)'에는 '之巨(~만큼 비싸다)'의 의미가 포함되어 있다. 따라서 이 두 단어를 같이 사용할 수 없다.

단어 **祥和 xiánghé** 형 상서롭고 평온하다 | **仪器 yíqì** 명 측정기, 계측기 | **造价 zàojià** 명 (건축물 · 철도 · 도로 등의) 건설비, (자동차 · 선박 · 기계 등의) 제조비용 | **凤凰 fènghuáng** 명 봉황 | **百鸟 bǎiniǎo** 명 온갖 날짐승 | **图腾 túténg** 명 토템

27

A 你孩子的病，非吃这种药不可。

B 一个人变好还是变坏，关键在于内因起决定作用。

C 老鼠的天然食物主要由谷物和水果组成，这两种都富含糖类。

D 我国将加强对城市规划的调控，建立和完善城市建设的引导体系。

A 당신 아이의 병은 이 약을 먹지 않으면 안 된다.

B 한 사람이 좋은 사람이 되느냐 나쁜 사람이 되느냐의 관건은 내재적 요인의 작용에 달렸다.

C 쥐의 천연식품은 주로 곡물과 과일로 구성되어 있는데 이 두 가지는 탄수화물 함량이 높다.

D 중국은 앞으로 도시계획 조정을 더욱 강화해 도시건설의 유도시스템을 구축하고 완비할 것이다.

정답 B 一个人变好还是变坏，**关键在于内因起作用**。

해설 '关键在于内因起决定作用'는 '关键在于内因(관건은 내재적 요인에 달려 있다)'과 '内因起决定作用(내재적 요인이 결정적인 역할을 한다)'의 두 가지 문장이 뒤섞이는 오류가 발생했다.

단어 **老鼠 lǎoshǔ** 명 (집)쥐 | **谷物 gǔwù** 명 곡물, 곡식 | **糖类 tánglèi** 명 탄수화물 | **调控 tiáokòng** 동 제어하다, 조정하다 | **完善 wánshàn** 동 완벽하게 하다

28

A 怎样才能达到这一目的？关键在于使学生的学习由被动变为主动。
B 每天早晨，教室里一个人也没有，只有班长坐在那里认真地读书。
C 胎儿的视觉发展比较缓慢，因为子宫里一片黑暗，看东西的确不方便。
D 我国汉代科学家发明了世界上第一台专门用于监测地震的仪器——地动仪。

A 어떻게 하면 이 목표에 다다를 수 있을까? 관건은 학생의 학습이 수동적인 것에서 능동적인 것으로 바뀌는 것에 있다.
B 매일 이른 아침 교실에는 그저 반장만이 자리에 앉아 열심히 책을 읽고 있을 뿐, 다른 사람들은 없다.
C 태아의 시각발달은 비교적 느린 편인데, 왜냐하면 자궁 안은 아무런 빛도 없는 암흑이어서 무언가를 본다는 것은 어려운 일이기 때문이다.
D 중국 한대의 과학자는 세계 최초로 지진을 전문적으로 관측하는 지동의를 발명해냈다.

정답 B 每天早晨，教室里**只有班长坐在那里认真地读书，其余的一个人也没有**。

해설 '교실에는 단 한 사람도 없다'와 '반장이 앉아 있다'는 문장의 앞뒤 논리관계가 맞지 않다.

단어 缓慢 huǎnmàn 형 (속도가) 느리다, 완만하다 | 子宫 zǐgōng 명 자궁 | 地震 dìzhèn 명 지진 | 地动仪 dìdòngyí 후풍지동의 [候风地动仪: 중국 동한시대, 천문학자 장형(張衡)이 만든 세계 최초의 지진계]

29

A 好奇心是持续进步的必要条件。
B 他背着主任和副主任将这笔钱存入了银行。
C 陈寅恪先生是一个非常有代表性的学者。
D 以最近发表的《短篇三题》为转折点，他的文学创作进入了一个新的阶段。

A 호기심은 계속 진보할 수 있게 하는 필수조건이다.
B 그는 주임과 부주임을 배신하고 스스로 은행에 돈을 입금했다.
C 천인커 선생은 매우 대표적인 학자이다.
D 최근 발표된 ≪단편삼제≫를 전환점으로 삼아 그의 문학창작은 새로운 단계로 진입했다.

정답 B 他背着**主任和副主任，私自**将这笔钱存入了银行。
他背着**主任，和副主任一起**将这笔钱存入了银行。

해설 '和'라는 연결성분이 지시하는 대상이 불분명해 문장의 뜻이 모호해졌다. '그가 주임과 부주임 두 사람을 배신하고'라는 뜻이 될 수도 있고 '그가 부주임과 같이 주임을 배신하고'라는 뜻도 될 수 있다.

단어 好奇心 hàoqíxīn 명 호기심 | 转折点 zhuǎnzhédiǎn 명 전환점

30

A 当他经过原来的办公室时，却闻到了扑鼻的酒香和刺耳的狂笑。
B 由我国隋朝工匠李春设计建造的赵州桥，是世界上现存的最古老的一座石拱桥。
C 智商测试的成绩不是固定不变的，一个人所处的环境会对其智商产生重要影响。
D 在生理上，眉毛被称为眼睛的"卫士"，当汗流满面时，它可以阻止汗水流入眼睛。

A 그가 원래의 사무실을 지나갈 때, 코를 찌르는 술냄새가 났고 귀를 찢는 듯한 웃음소리가 들렸다.
B 중국 수나라의 공예장인 이춘이 설계하고 건축한 조주교는 세계에서 현존하는 가장 오래된 아치형 돌다리이다.
C 아이큐테스트 성적은 고정되어 변하지 않는 것이 아니어서, 사람이 처해있는 환경이 아이큐에 중대한 영향을 미친다.
D 생리적으로 볼 때 눈썹은 눈의 '보디가드'라고 불린다. 얼굴이 온통 땀으로 뒤범벅되었을 때 땀이 눈으로 들어오는 것을 눈썹이 막아준다.

정답 A 当他经过原来的办公室时，却闻到了扑鼻的酒香，**听到了刺耳的狂笑**。

해설 여러 동사와 목적어가 동시에 쓰이면서 어휘 간 호응에 오류가 발생했다. '闻到'와 '狂笑'의 호응이 어색하다. '听到'를 넣어 '狂笑'와 호응이 되도록 해야 한다.

단어 **刺耳** cì'ěr 형 (소리 · 말 등이) 귀를 찌르다, 자극하다 | **工匠** gōngjiàng 명 공예가, 장인 | **石拱桥** shígǒngqiáo 명 아치형 돌다리 | **智商** zhìshāng 명 지능지수(智力商数)의 약칭 | **眉毛** méimao 명 눈썹 | **卫士** wèishì 명 근위병, 호위병, 보디가드

31

A 战国问世、西汉编定的《黄帝内经》是我国现存较早的重要医学文献，奠定了我国医学的理论基础。

B 气团是一个范围很大的厚空气团。在这个大空气团里，温度、湿度以及各项气象指标都十分相似，而且变化很小。

C 狗的尾巴跟其他动物的尾巴一样，在快跑时可以保持身体的平衡。除了这个用处外，狗还能用它的尾巴来表达各种感情。

D 人的一生都会沾上一些黑点，只要我们在适当的地方将黑点调节起来，加上休止符，黑点就变成了一首美丽和谐的音乐。

A 전국시대에 세상에 모습을 드러내고 서한시대에 편찬 수정된 ≪황제내경≫은 중국의 현존하는 비교적 이른 시기의 중요한 의학문헌으로 중국의 의학이론에 든든한 초석이 되었다.

B 기단은 범위가 매우 크고 두꺼운 공기층이다. 이 공기층 안에서는 온도, 습도 등의 기상지표가 매우 유사한 모습을 나타내며 변화도 적다.

C 개의 꼬리는 다른 동물의 꼬리와 마찬가지로 빨리 뛸 때 몸의 균형을 유지하는 역할을 한다. 이러한 용도 외에, 개는 꼬리로 각종 감정을 나타내기도 한다.

D 사람의 일생에는 오점이 남을 수 있으나, 우리가 적당한 지점에서 이 오점을 적절히 조절하고 쉼표만 찍을 수 있다면, 이 오점은 아름다운 화음을 내는 음악으로 바뀔 수 있다.

정답 B ……在这个大空气团里，**温度、湿度等**气象指标都十分相似，而且变化很小。

해설 '温度、湿度'는 모두 '气象指标'의 범위에 속하는 것이므로 서로 병렬할 수 없다.

단어 **问世** wènshì 동 (저작물 · 발명품 · 신상품 등이) 발표되다, 출품되다, 출판되다 | **文献** wénxiàn 명 문헌 | **气团** qìtuán 명 기단[수평방향으로 걸쳐져 온도, 습도 등이 비교적 비슷한 공기덩어리] | **沾上** zhānshàng 동 (때가) 묻다 | **调节** tiáojié 동 조절하다 | **休止符** xiūzhǐfú 명 (악보 중의) 쉼표 | **和谐** héxié 형 잘 어울리다, 조화롭다, 잘 맞다

32

A 在世界文化史上，中国是最早出现文字的国家之一。

B 他昨天上班迟到了，车间主任当众批评了他，使他声名狼藉。

C 无人能否认电视带来的便利，问题在于，这种便利是推进了文化还是损害了文化。

D 能量守恒定律告诉我们能量虽既不能被创造又不能被消灭，但其存在形式可互相转化。

A 세계 문화사에서 중국은 최초로 문자를 사용한 국가이다.

B 그는 어제 회사에 지각을 했는데, 현장주임이 사람들 앞에서 그를 비난해 그는 매우 난감했다.

C 텔레비전이 가져온 편리함을 부인할 수 있는 사람은 없으나, 문제는 이러한 편리함이 문화를 추진했는지 아니면 문화를 손상시켰는지 하는 것이다.

D 에너지 보존의 법칙은 에너지는 창조될 수도 소멸될 수도 없지만 상호전환이 된다는 사실을 알려준다.

정답 B 他昨天上班迟到了，车间主任当众批评了他，使他**狼狈不堪**。

해설 '声名狼藉'는 명예가 최악의 끝을 달리는 것을 형용한 말로 '현장주임이 사람들 앞에서 그를 비난해 그의 명예가 최악으로 치닫게 되었다'는 의미가 되므로, 문맥을 살펴볼 때 적합하지 않다. 대신 '狼狈不堪(매우 난감하다, 곤경에 처해 있다)'로 바꿀 수 있다.

단어 **车间** chējiān 명 작업장, 작업현장 | **批评** pīpíng 동 비판하다, 지적하다 | **声名狼藉** shēngmíng lángjí 성 악명이 높다 | **能量守恒定律** néngliàng shǒuhéng dìnglǜ 에너지 보존의 법칙 | **消灭** xiāomiè 동 소멸하다, 사라지다

33

A 青少年是上网人群中的主力军，但最近几年，一些发达国家的老年人也纷纷“触网”，老年人“网虫”的数量激增。
B 有的文章主旨比较隐晦，不是用明白晓畅的文字直接表露出来，而是借用某种修辞手段或表现手法，含蓄地表现出来。
C 港商投资内地港口业的趋势是试探性投资港口边缘业务转向大举投资港口主体业务，由沿海地区开始向开阔的内地挺进。
D 所有的新思想，归根结底，都是借鉴于旧思想的，都是在旧思想的基础上添加一些东西，把它们结合起来或进行修改而成的。

A 청소년은 인터넷의 주요 이용자이지만 최근 몇 년간 일부 선진국의 노인들이 '인터넷을 접하게' 되면서 '노인 인터넷 중독자' 수가 급증했다.
B 어떠한 글은 그 취지가 비교적 모호한데, 이러한 글은 명백한 글로 표현해내는 것이 아니라 어떠한 수식어나 표현수단을 빌려 함축적으로 드러낸다.
C 홍콩 비즈니스가 내륙 항구업에 투자하려는 추세는 시범적으로 항구 주변업무에 투자하는 업무를 대대적인 항구 주력업무에 투자하도록 전향하면서 연해지역에서 넓은 내륙으로까지 뻗어나기 시작했다.
D 모든 신사상은 결국 모두 구사상에서 교훈을 얻은 것으로 사실 구사상의 기초에 새로운 것만 첨가해 결합하거나 혹은 수정을 거쳐 만들어진 것이다.

정답 C 港商投资内地港口业的趋势是**由**试探性投资港口边缘业务**转向**大举投资港口主体业务，……

해설 '试探性' 앞에 전치사가 없다. 앞에 '由'의 전치사를 넣어 '由……转向……(~에서 ~으로 변하다)'이라는 문장구조를 만들어야 한다.

단어 主力军 zhǔlìjūn 명 주력군 | 发达国家 fādá guójiā 명 선진국 | 触网 chùwǎng 동 인터넷에 접속하다 | 网虫 wǎngchóng 명 인터넷 중독자, 애호가, 마니아 | 激增 jīzēng 동 (수량 등이) 급격히 증가하다 | 隐晦 yǐnhuì 형 의미가 명확하지 않다, 불분명하다 | 晓畅 xiǎochàng 형 (언어나 글이) 명쾌하고 매끄럽다, 분명하고 유창하다 | 表露 biǎolù 동 나타내다, 드러내다 | 修辞 xiūcí 동 문장이나 글을 다듬다 | 含蓄 hánxù 동 함축하다, 포함하다 | 投资 tóuzī 동 (특정 목적을 위해) 투자하다, 자금을 투입하다 | 试探 shìtàn 동 (어떤 문제를) 탐색하다, 모색하다 | 边缘 biānyuán 명 가장자리 부분 | 归根结底 guīgēn jiédǐ 성 근본으로 돌아가다, 결국에 가서는 | 借鉴 jièjiàn 동 참고로 하다, 본보기로 삼다, 교훈으로 삼다

34

A 从教育学的角度来看，不仅算盘是一种计算工具，还是一种很好的教学用具。
B 猫睡觉时喜欢把一只耳朵伏在地面上，这样既可以保护耳朵，又可以听到周围的动静。
C 那些为群众长期热爱的小说创作多是立足于现实，至少不脱离现实的，否则就没有生命力。
D 中国印章有着两千多年的历史，它已由实用逐步发展成为一种具有独特审美的艺术门类。

A 교육학의 측면에서 봤을 때 주판은 계산도구일 뿐 아니라 훌륭한 학습도구이기도 하다.
B 고양이는 잠을 잘 때 귀를 땅에 대고 자는 것을 좋아하는데, 이렇게 하면 귀를 보호할 수도 있고 주변의 인기척을 들을 수도 있다.
C 오랜 시간 사람들의 사랑을 받은 소설 작품은 대부분 현실에 입각해서 쓰여진 것으로, 소설은 최소한 현실을 벗어나서는 안 되는데, 그렇지 않으면 생명력을 잃게 된다.
D 중국 도장은 2천여 년의 역사를 가지고 있는데, 실용적인 것에서 점차 독특하고 아름다운 예술의 부분까지 발전하게 되었다.

정답 A 从教育学的角度来看，**算盘不仅**是一种计算工具，……

해설 연결어 '不仅'의 위치가 잘못되어 전체 문장의 주어가 사라졌다. 이러한 복문에서 주어가 서로 같은 경우, 주어는 연결어 앞에 위치해야 한다. 즉 주어 '算盘'을 '不仅' 앞으로 옮겨야 한다.

단어 算盘 suànpán 명 주산, 주판 | 动静 dòngjing 명 동정, 동태, 낌새 | 脱离 tuōlí 동 (어떤 상황 · 환경에서) 벗어나다, 떠나다 | 印章 yìnzhāng 명 도장, 인장

35

A 夸奖别人还没有显现出来的长处，才能使人快乐。
B 在过去，流行性感冒、肺结核等都足以致命的疾病。
C 一个人如果获得了理解，就等于拥有了世界上最宝贵的财富。
D 每一个人不仅要做他所想做的或者应该做的，还要做他可能做的。

A 아직 드러나지 않은 다른 이의 장점을 칭찬하는 것이야말로 사람을 기쁘게 하는 일이다.
B 과거에 유행성 감기나 폐결핵 등은 충분히 치명적인 질병이었다.
C 한 사람이 누군가로부터 인정을 받았다면 세상에서 가장 귀한 자산을 얻은 것과 마찬가지이다.
D 모든 사람은 그가 생각하는 일과 반드시 해야 하는 일을 해야 할 뿐 아니라 할 수 있는 일까지도 해내야 한다.

정답 B 在过去，流行性感冒、肺结核等都**是**足以致命的疾病。

해설 문장 전체의 술어가 없다. '是……的疾病(~은 ~인(한) 질병이다)'이 되도록 동사를 넣어주어야 한다.

단어 **夸奖** kuājiǎng 동 칭찬하다 | **肺结核** fèijiéhé 명 폐결핵 | **财富** cáifù 명부, 재산, 자산

36

A 李明都走了一个多钟头了。
B 秦汉是我国古代出现的空前的大统一时期。
C 真正的谦虚是智者智慧的彰显，是仁者豁达的写照，更是强者实力的表征。
D 植物的新陈代谢是由许多生物化学反应所组成的，而这些反应都是以水为介质。

A 리밍이 떠난 지 한 시간 정도 됐다.
B 진한은 중국 고대에 등장한 전례 없는 거대한 통일시기였다.
C 진정한 겸손은 현자의 지혜의 상징이자 인자의 너그러운 특징이고, 강자의 힘의 표징이다.
D 식물의 신진대사는 수많은 생물 화학반응으로 이루어지며 이 모든 반응은 물을 매개체로 하고 있다.

정답 A 李明都**离开**一个多钟头了。

해설 다의어인 '走'의 의미가 불분명하다. '떠났다'라는 의미로 볼 수도 있고 '걷다'라는 의미로도 해석될 수 있다. 따라서 이를 분명히 파악할 수 있는 문장으로 바꾸어야 한다.

단어 **空前** kōngqián 형 공전의, 전례 없는, 전대미문의 | **谦虚** qiānxū 형 겸손하다, 겸허하다 | **彰显** zhāngxiǎn 동 충분히 나타내다, 잘 드러내다 | **豁达** huòdá 형 도량이 넓다, 속이 깊고 너그럽다 | **写照** xiězhào 명 묘사, 서술 | **表征** biǎozhēng 명 표징, 겉에 나타난 특징 | **新陈代谢** xīnchén dàixiè 명 신진대사, 물질대사 | **介质** jièzhì 명 매개체, 매개물

제2부분 단어 채우기

연습문제 1

p.104

정답																				
	1	B	2	C	3	C	4	B	5	D	6	C	7	B	8	C	9	A	10	A
	11	C	12	C	13	D	14	C	15	D										

01

海南省游客数量 ______ 上升，20年来，______ 国内外游客数量增长25倍，旅游收入增长161倍，旅游业已经发展为支柱产业，同时也为这座城市的房地产业的发展提供了 ______。

A 继续 × 接见 机遇
B 持续 接待 ○ 机会
C 不断 招待 × 道路
D 一直 迎接 × 出路

하이난성의 관광객 수가 지속적으로 증가하고 있다. 지난 20년 동안 받아들인 국내외 관광객 수는 25배, 관광소득은 161배 늘어났다. 관광산업은 이미 중점산업으로 발전했고, 또한 이 도시의 부동산업 발전에 기회를 제공하기도 했다.

A 계속하다 / 접견하다 / 기회
B 지속하다 / 접대하다 / 기회
C 끊임없이 / 접대하다 / 노선
D 줄곧 / 영접하다 / 활로

해설 ① 첫 번째 빈칸에 들어갈 보기 중 A의 '继续'는 잠시 중단한 다음 다시 이어서 한다는 의미이다. 문맥을 보면 관광객 수는 멈추었다 증가하는 것이 아니므로 A는 답이 될 수 없다.
② 두 번째 빈칸의 보기 중 B의 '接待'는 '방문하는 사람을 접대한다'는 뜻으로 문제가 요구하는 바를 만족시킨다. C의 '招待'는 손님에게 식사를 대접한다는 의미가 크고, D의 '迎接'는 특정한 곳에서 손님을 맞이한다는 뜻이므로, C와 D를 빈칸에 채우기는 부적합하다. 따라서 정답은 B가 된다.

단어 支柱产业 zhīzhù chǎnyè 명 기간산업, 중점산업 | 房地 fángdì 명 가옥과 토지

02

放弃其实就是一种选择，我们只有在困境中放弃沉重的负担，才会拥有必胜的 ______，才使我们走出阴雨绵绵的 ______，放弃可以另辟蹊径，人生一样会很 ______！

A 信心 岁月 漂亮 ×
B 想法 时间 × 美好
C 信念 日子 美丽
D 观念 时候 好过 ×

포기는 사실 일종의 선택으로, 우리는 어려움 속에서 무거운 부담을 포기해야지만 반드시 승리할 수 있다는 신념을 가질 수 있다. 또한 비가 내리는 흐린 날로부터 벗어날 수 있으며, 포기를 통해 새로운 길을 개척할 수 있고 인생 또한 아름다워질 수 있다!

A 자신감 / 세월 / 예쁘다
B 생각 / 시간 / 아름답다
C 신념 / 날(짜) / 아름답다
D 관념 / 시각 / 편안하다

해설 ① 마지막 빈칸에 들어갈 보기 중 B의 '美好'와 C의 '美丽'는 모두 '人生'을 수식할 수 있다. A와 D의 '漂亮'과 '好过'는 수식이 불가능하므로 정답이 될 수 없다.
② 두 번째 빈칸 앞의 '阴雨绵绵'은 '时间'을 수식할 수 없으므로 정답은 C이다.

단어 放弃 fàngqì 동 (원래 있던 권리 · 주장 · 의견 등을) 포기하다 | 沉重 chénzhòng 형 (무게가) 무겁다, (정도가) 깊다, 심대하다 | 辟蹊径 pì xījìng 길을 개척하다

03

北京人称门楼下的左右门枕石为“门墩儿”。北京的门墩儿品种和文化内容是极为复杂的。元代有铁狮子胡同，即现在的张自忠路，当时 ______ 因为铁狮子而得名，明清时大兴以汉白玉和青石为原料制作的门墩儿十分 ______ 。门墩儿艺术是中国民间艺术发展到高峰时期 ______ 的一种石雕艺术。

베이징 사람들은 문루 아래의 좌우 문침석을 ‘먼두얼’이라 부른다. 베이징 먼두얼의 종류와 문화적 함의는 매우 다양하다. 원대에는 철사자 후통, 즉 지금의 장쯔중로가 있었을 정도로 당시 확실히 철사자로 이름을 알렸다. 명청대에는 흰 대리석과 푸른빛의 응회암을 원료로 제작한 대흥의 먼두얼이 유명했다. 먼두얼 예술은 중국 민간예술 발전이 절정에 이르렀을 때 형성된 일종의 석조예술이다.

A	真的	出名	组成
B	实在	闻名 ×	成为
C	确实	有名	形成 ○
D	的确	著名	构成

A 진짜로 / 유명하다 / 구성하다
B 확실히 / 유명하다 / ~이 되다
C 확실히 / 유명하다 / 형성하다
D 확실히 / 유명하다 / 구성하다

해설 ① 두 번째 빈칸 앞에 놓인 ‘十分’은 형용사밖에 수식하지 못한다. B의 ‘闻名’은 동사로 형용사로는 쓰이지 않으므로 답이 될 수 없다.
② 세 번째 빈칸에 들어갈 보기 중 ‘形成’만이 발전과 변화의 의미를 나타내므로 정답은 C가 된다.

단어 **门楼 ménlóu** 명 문루[궐문이나 성문 위에 장식용으로 지은 아치형의 다락집] | **门枕石 ménzhěnshí** 명 문침석[문의 기둥을 지지하기 위해 설치하는 것] | **门墩儿 méndūnr** 명 문둔테[문짝의 회전축을 떠받치는 구멍이 뚫린 나무나 돌을 가리킴] | **汉白玉 hànbáiyù** 명 흰색 대리석 | **青石 qīngshí** 명 푸른 빛깔을 띤 응회암

04

“百家姓”是中国独有的文化现象， ______ 至今，影响极深。它所辑录的姓氏，体现了中国人对宗脉与血缘的 ______ 认同感。姓氏文化，或谱牒文化，是中国文化的重要 ______ 部分。

‘백가성’은 중국 고유의 문화현상으로, 현재까지 전해오면서 많은 영향을 끼쳤다. 백가성에 기록된 성씨는 핏줄과 혈연에 대한 중국인들의 강렬한 동질감을 보여준다. 성씨문화, 혹은 가보문화는 중국문화의 중요한 구성부분이다.

A	传播	猛烈	构成
B	流传	强烈	组成
C	传递	激烈	形成
D	传达	剧烈	组合

A 전파하다 / 맹렬하게 / 구성하다
B 전해지다 / 강렬하게 / 구성하다
C 전달하다 / 격렬하게 / 형성하다
D 전달하다 / 극렬하게 / 조합하다

해설 마지막 빈칸에서 A의 ‘构成’은 긴밀한 관계를 가진 개체를 하나로 결합시킨다는 의미이고 B의 ‘组成’은 독립된 개체를 시스템을 통해 하나로 엮는다는 의미이다. C의 ‘形成’은 발전과 변화를 통해 어떤 사물이 된다는 의미이고 D의 ‘组合’는 ‘由……组合而成’의 구조로 많이 쓰인다. 여기서 강조하는 것은 전체와 부분과의 관계이고 개개의 독립된 개체가 하나를 구성한다는 의미이므로 B가 정답이 된다.

단어 **百家姓 Bǎijiāxìng** 명 백가성[성(姓)자를 모아 사자구(四字句)로 압운하여 엮은 중국에서 가장 오랫동안 유행하고, 가장 광범위하게 전해진 교과서] | **辑录 jílù** 동 집록하다 | **谱牒 pǔdié** 명 가보(家譜)[한 집안의 친족관계나 내력을 계통적으로 적은 책]

05

自信取决于一个人的内在 ______ ，当人缺少自信时，就会 ______ 勇气，瞧不起自己，做事犹豫不决等。 ______ 可以使学生找回自信。

자신감은 한 사람의 내재적인 성품에 달려 있다. 자신감이 결여되어 있는 사람은 용기가 부족해지고 스스로를 경시하게 되어 일을 할 때 망설이게 된다. 격려는 학생들이 자신감을 되찾도록 해준다.

A 品性	不足 ×	鼓舞	A 품성 / 부족하다 / 고무하다
B 品行	缺少	奖励	B 품행 / 부족하다 / 장려하다
C 品德	不够 ×	鼓劲	C 인품 / 부족하다 / 북돋우다
D 品质	缺乏	鼓励	D 성품 / 부족하다 / 격려하다

해설 문장구조에 따라 두 번째 빈칸에는 동사가 들어가야 옳다. 따라서 형용사인 A, C는 답이 될 수 없다. B의 '缺少'는 셀 수 있는 사람이나 구체적인 사물에 많이 쓰이고 D '缺乏'의 목적어는 주로 추상명사가 온다. '勇气'는 추상명사이므로 정답은 D가 된다.

06

心理学家称，人们长期在过于 ______ 的环境中工作会感染落叶综合症。而声音可 ______ 起人们的不同感情。有些人尤其是老年人长期生活在极其安静的环境中，没有人与之聊天、谈心，也听不到富有生活气息的声音，时间长了就会变得性情孤僻，对周围的 ______ 漠不关心，从而丧失生活的 ______ ，健康状况日趋下降，甚至过早离开人世。

심리학자들은 사람들이 오랜 시간 동안 지나치게 조용한 환경에서 일하면 낙엽증후군에 전염될 수 있다고 말한다. 소리는 사람들의 여러 감정을 불러일으킨다. 어떤 사람들, 특히 노인들은 매우 조용한 환경에서 오랫동안 생활하여 이야기를 하거나 마음을 나눌 사람이 없어 활기 넘치는 생활의 소리를 듣지 못하는데, 이러한 시간이 길어지면 성질이 괴팍해지고 주위의 모든 것에 전혀 관심을 갖지 않게 된다. 이로 인해 생활의 자신감을 잃고 신체건강도 갈수록 나빠지며, 심지어 지나치게 일찍 세상을 떠나는 경우도 생긴다.

A 安静	激起 ×	全部	决心	A 조용하다 / 불러 일으키다 / 전부 / 결심
B 寂静	诱发 ×	全体	信念	B 적막하다 / 유발하다 / 전체 / 신념
C 宁静	激发	一切	信心	C 조용하다 / 불러 일으키다 / 모든 / 자신감
D 平静	唤起 ×	所有	信任	D 차분하다 / 환기시키다 / 모든 / 신뢰

해설 두 번째 빈칸에 들어갈 보기 A와 D의 '激起', '唤起'는 빈칸 뒤에 위치한 '起'와 중복되어 음절 상으로 적합하지 않다. 따라서 답으로 부적절하다. B의 '诱发'는 '유발하다'라는 의미로 문맥에 맞지 않다. C의 '激发'는, '자극을 주어 분발하게 하다'라는 뜻이다. 빈칸 앞뒤의 내용을 보면 소리가 사람에게 어느 정도 자극을 준다는 내용이 들어가야 함을 알 수 있다. 따라서 C의 '激发'는 빈칸에 적절한 단어로서 정답이 된다.

단어 **谈心** tánxīn 동 속마음을 이야기하다, 마음속의 말을 털어놓다 | **孤僻** gūpì 형 (성격이) 별나다, 이상하다, 괴팍하다 | **漠不关心** mòbùguānxīn 성 냉담하게 대하며 조금도 관심을 주지 않다 | **日趋** rìqū 부 나날이, 날마다

07

本次调整水价的主要目的有三个方面：一是建立和 ______ 本市水价形成机制。______ 发挥价格杠杆在水源配置、用水需求调节和水污染防治等方面的重要作用。二是 ______ 价格机制加大污水处理力度。三是运用价格机制 ______ 节约用水。

이번 수도요금 조정의 주요 목적은 다음 세 가지이다. 첫째, 우리 시의 수도요금 책정시스템을 구축하고 완비하기 위함이다. 가격의 지렛대 효과가 수자원의 효율적인 이용, 용수 수요 조절, 수질오염 예방 및 처리 등 측면에서 그 역할을 충분히 발휘할 수 있도록 하기 위함이다. 둘째, 요금 책정시스템을 활용하여 오수 처리를 강화하기 위함이다. 셋째, 요금 책정시스템을 활용하여 절수를 촉진시키기 위함이다.

A 健全	积极	应用	增进	A 완전하다 / 적극적으로 / 응용하다 / 증진하다
B 完善	充分	运用	促进	B 완벽하게 하다 / 충분히 / 활용하다 / 촉진하다
C 完备 ×	充实	使用	促使	C 완비하다 / 충분하다 / 사용하다 / ~하도록 촉진하다
D 完美 ×	充足	利用	推动	D 완벽하다 / 충분하다 / 이용하다 / 추진하다

해설 ① 어법구조로 보면 첫 번째 빈칸은 동사가 들어가야 한다. C의 '完备'와 D의 '完美'는 동사로 쓰이지 않으므로 답에서 제외된다.
② 마지막 빈칸에 들어갈 보기 중 A의 '增进'은 사물이 양적인 면에서 증가하고 있고 질적인 면에서 향상되고 있으며 속도 면에서 빨라지고 있음을 나타낸다. B의 '促进'은 사물이 본래의 기반 위에서 발전함을 뜻한다. 문맥을 보면 사람들이 물을 더욱 절약하게 해야 한다는 의미가 담긴 단어가 들어가야 한다. 따라서 정답은 B이다.

단어 **杠杆 gànggǎn** 명 지렛대, 균형을 맞추게 하는 것

08

自古以来中国人对于红色，都有着 ______ 的情结。在中国人眼中，红色并不单单只是一种颜色的代表，它 ______ 还象征着喜庆与祥和。在中国的民俗文化中，红色 ______ 也作为一个很重要的元素而存在，这一点中国与西方的差距相当的 ______ 。

A	独特	经常	始终	重要 ×
B	特别	常常	向来	重大 ×
C	特殊	往往	一直	巨大
D	尤其	时常	一向	宏大

예로부터 중국인은 붉은색에 특수한 감정을 가지고 있었다. 중국인들의 눈에 붉은색은 그저 하나의 색깔을 나타내는 것이 아니다. 붉은색은 종종 경사스러움과 상서로움을 상징한다. 중국의 민속문화에서 붉은색은 줄곧 매우 중요한 원소로서 존재해왔는데, 이 점은 중국과 서양의 차이가 매우 큰 부분이라 할 수 있다.

A 독특하다 / 자주 / 늘 / 중요한
B 특별하다 / 자주 / 줄곧 / 중대한
C 특수하다 / 종종 / 줄곧 / 매우 크다
D 특히 / 늘 / 내내 / 거대하다

해설 네 번째 빈칸에서 일반적으로 '差距'를 수식할 때는 '大'를 많이 쓰므로 마지막 빈칸에 들어갈 보기 중 A가 정답에서 제외된다. B의 '重大'는 크고 중요하다는 뜻이다. 여기서는 격차가 중요하다는 뜻이 아니라 그저 '격차가 크다'는 의미만을 강조해야 하므로 B 역시 답에서 제외된다. C의 '巨大'는 매우 크다는 의미이고 D의 '宏大'는 '规模', '建筑物', '志愿' 등과 같이 쓰인다. 따라서 정답은 C이다.

단어 **喜庆 xǐqìng** 형 경사스럽다 | **祥和 xiánghé** 형 상서롭고 화목하다

09

近年公司的发展令他深感 ______ ，总结公司 ______ 的原因，他 ______ ，除了国家政策支持以外，他们拥有一支不怕吃苦，团结奋进而又有创新精神的队伍，这是最为 ______ 的资源。

A	欣慰	兴旺	认为	宝贵 ○
B	快乐	发达	觉得	名贵
C	幸福	兴盛	以为	珍贵
D	快慰	繁荣	感觉	贵重

최근 회사의 발전에 그는 매우 기뻤다. 회사가 번창하게 된 원인을 총결해보니, 그는 국가의 정책적 지원 외에 궂은 일도 마다하지 않고 함께 힘을 모아 전진하고, 혁신정신으로 무장한 팀이 있었던 덕분이라고 생각하고 있다. 이것은 가장 귀중한 자원이다.

A 기쁘다 / 번창하다 / 생각하다 / 귀중하다
B 즐겁다 / 발달하다 / 생각하다 / 유명하고 진귀하다
C 행복하다 / 번창하다 / 생각하다 / 귀중하다
D 안심하다 / 번영하다 / 느끼다 / 귀중하다

해설 마지막 빈칸의 A '宝贵'는 중요하고 쉽게 구하기 어려워 매우 가치 있음을 나타낸다. B '名贵'는 유명하고 가치 있다는 의미이고 C의 '珍贵'는 희소하고 의미가 깊어 가치가 있다는 의미이다. D의 '贵重'은 가격이 높아 가치가 있다는 뜻이다. 여기서는 쉽게 만날 수 없는 인재임을 강조하고 있으므로 '宝贵'가 가장 적합하다. 따라서 정답은 A이다.

10

春节晚会 ______ 了短信交流平台，您可以通过发送手机短信 ______ 出最喜爱的节目也可以送上自己的祝福，如果文采出众，您的短信将有 ______ 在春节晚会现场向全国观众播出，详情请 ______ 我们的网站主页。

A 开通 ○	评选	机会	参考
B 开创	选择	机遇	参照
C 开办	挑选	时机	看见
D 开始	遴选	指望	参见

춘지에 완후이가 문자교류 시스템을 개통했습니다. 여러분은 휴대전화 문자메시지를 발송하여 가장 좋아하는 프로그램을 선정할 수도 있고, 자신의 축복을 기원할 수도 있습니다. 글솜씨가 훌륭하다면 여러분의 문자는 춘지에 완후이 현장에서 전국의 관중들에게 방송될 기회를 얻을 수 있을 것입니다. 자세한 내용은 우리 홈페이지를 참고해주세요.

A 개통하다 / 선출하다 / 기회 / 참고하다
B 창설하다 / 선택하다 / 기회 / 참조하다
C 설립하다 / 고르다 / 시기 / 보다
D 시작하다 / 선발하다 / 희망하다 / 참조하다

해설 첫 번째 빈칸에 들어갈 보기 중 A의 '开通'은 교통노선, 통신경로가 사용되기 시작한다는 의미이다. B의 '开创'은 창설, 창건의 뜻이 있고 C의 '开办'은 '讲座', '培训班', '节目' 등과 함께 쓰인다. D의 '开始' 뒤에는 동사가 자주 온다. 지문에서 '手机交流平台'는 통신경로로서 정답은 A가 된다.

단어 文采 wéncǎi 명 문예 방면의 재능 | 出众 chūzhòng 형 출중하다, 뛰어나다

11

对自己做错的事，知道悔悟和责备自己，这是人们进步和发展的基础。那些不会 ______ 的人不会知道自己的 ______ 和过失，他们不悔悟，也就无从 ______ 自己、 ______ 自己，进而提高工作的效率。

A 思考	短处	改良	完备
B 反思	弱点	改善	完美
C 反省	缺点	改进	完善 ○
D 考虑	不足	改正	完全

자신이 잘못한 일에 대해 스스로 뉘우치고 나무랄 줄 아는 것은 진보와 발전의 기반이라 할 수 있다. 반성할 줄 모르는 사람은 자신의 결점과 과실을 모르고 뉘우칠 줄도 모르며, 자신을 개선하고 스스로를 완벽하게 만들어 업무효율을 향상시키지도 못한다.

A 사고하다 / 단점 / 개량하다 / 완비하다
B 반성하다 / 약점 / 개선하다 / 완벽하다
C 반성하다 / 결점 / 개선하다 / 완벽하게 하다
D 고려하다 / 부족하다 / 바르게 고치다 / 완전하다

해설 마지막 빈칸에는 동사가 들어가야 한다. 여기서 동사로 쓰이는 것은 C '完善'밖에 없다. 따라서 정답은 C이다.

12

中国菜做起来相对 ______ 麻烦，如果你想 ______ 做几道菜 ______ 亲朋好友的话，最好不要 ______ 较复杂的菜。

A 特别	亲手	款待	选拔 ×
B 非常	亲身 ×	接待	挑选
C 比较	亲自	招待	选择
D 十分	亲临 ×	对待	选出

중국 요리는 상대적으로 요리하기가 비교적 번거롭다. 당신이 만약 직접 몇 가지 요리를 만들어 친구들에게 대접하려 한다면, 조리가 비교적 복잡한 음식은 선택하지 않는 것이 좋다.

A 특별하다 / 손수 / 정성껏 대접하다 / 선발하다
B 매우 / 친히 / 응접하다 / 고르다
C 비교적 / 직접 / 대접하다 / 선택하다
D 굉장히 / 몸소 나오다 / 대하다 / 고르다

해설 ① 두 번째 빈칸은 앞뒤 문장을 살펴보면 몇 가지 요리를 만들어 친구에게 대접한다는 의미가 들어가야 한다. B의 '亲身'은 사용범위가 좁은 단어로서 '经历', '感受', '体会', '体验' 등의 단어와 함께 쓰인다. 해당 문장과 의미하는 바가 다르기 때문에 여기서는 적절하지 않다. D의 '亲临'은 친히 왕림한다는 뜻으로 문장의 의미와 맞지 않는다. 따라서 B와 D는 답이 될 수 없다.
② 네 번째 빈칸의 A '选拔'는 사람에게만 쓰므로 답에서 제외된다. 그러므로 정답은 C이다.

13

不管工作报酬的高低，只要工作 ______ 自己的发展就该使出浑身解数，以高度的 ______ 投入到工作中去，这于己将是生命的质量提升，于事业将是 ______ 与希望的积累，于社会将是 ______ 的贡献。

급여가 많고 적음을 떠나 업무가 자기개발에 적합하기만 하다면, 내 모든 능력을 끌어내고 고도의 열정을 업무에 투입해야 한다. 이는 스스로에게 있어서는 삶의 질을 향상시키는 일이자, 사업에 있어서는 성취와 희망을 쌓는 일이며 사회에는 유익한 공헌을 하는 일이 될 것이다.

A	恰当 ×	热闹	效果	有效
B	合适 ×	热烈	成果	有用
C	符合 ×	热心	成绩	有利
D	适合	热情 ○	成就	有益

A 합당하다 / 활기찬 / 효과 / 효과적이다
B 적합하다 / 열렬한 / 성과 / 유용하다
C 부합하다 / 열심히 / 성적 / 유리하다
D 적합하다 / 열정 / 성취 / 유익하다

해설 ① 첫 번째 빈칸은 목적어 '自己的发展'을 받아줄 동사가 필요하다. A와 B '恰当', '合适'는 모두 형용사이므로 정답이 될 수 없다. C의 동사 '符合'의 목적어는 일반적으로 어떤 기준이나 요구가 되므로 역시 정답이 될 수 없다. 이로써 정답은 D가 된다.
② 두 번째 빈칸에서 개사 '以'의 뒤에는 반드시 명사가 와야 하므로 D '热情'만이 정답으로 쓰일 수 있다. 또한 '工作有热情'이라는 표현을 쓰므로 정답은 D가 될 수 밖에 없다.

단어 **报酬** bàochou 명 보수, 사례비, 수고비 | **解数** xièshù 명 수단, 능력, 재주, 솜씨 | **积累** jīlěi 동명 (사물이 조금씩) 쌓이다, 축적하다/축적, 누적

14

总部 ______ 这里的这家电子集团，是世界 ______ 的电子产品制造商之一，它在全球47个国家 ______ 了多家大型生产基地，______ 的办事机构和销售公司多达100多个。

본부가 이곳에 설립된 이 전자그룹은 세계에서 앞서 가는 전자제품 제조업체 중 하나이다. 이 그룹은 전 세계 47개 국가에 대규모 생산기지를 구축했고, 설립한 행정기관과 판매회사만 100여 개에 달한다.

A	设置	领导	建造	开设
B	位于	现代	建筑	位置
C	设在	领先	建立 ○	设立
D	定于 ×	先进	建设	设有

A 설치하다 / 지도하다 / 건축하다 / 개설하다
B 위치하다 / 현대의 / 건축물 / 위치
C ~에 설립되다 / 앞서가다 / 구축하다 / 설립하다
D ~이 예정되다 / 선진의 / 세우다 / 설립되다

해설 ① 첫 번째 빈칸에는 지리적 위치를 강조하는 말이 들어가야 한다. 따라서 D는 쓰일 수 없다.
② 세 번째 빈칸에서 A의 '建造'는 '铁路', '公路', '机器', '轮船' 등의 단어와 함께 쓰이고, B의 '建筑'는 동사로는 거의 쓰이지 않는다. C의 '建立'는 '感情', '友谊', '公司', '家庭' 등의 단어와 함께 쓰인다. D의 '建设'는 '家乡', '祖国', '城市' 등을 목적어로 취한다. 따라서 정답은 C이다.

15

从1943年首次提出孤独症以来，治疗手段 ______ 很快。研究者 ______ 也还在积极寻求更好的治疗方法。他们认为在正确方法的指导下孤独症症状可得以 ______，孤独症患者可 ______ 适应正常生活。

1943년, 처음으로 자폐증의 개념이 제시되고부터 치료수단이 빠르게 발전해왔다. 연구원들은 지금도 적극적으로 더 나은 치료방법을 찾고 있다. 연구원들은 정확한 방법으로 지도한다면 자폐증 증상은 개선될 수 있고, 자폐증 환자들 역시 점차 정상적인 생활에 적응해갈 수 있다고 생각한다.

A	开展	眼前	改进	快速
B	发达	当前	改良	渐渐
C	进步 ○	眼下	改正	逐步
D	发展 ○	目前	改善	逐渐

A 전개하다 / 현재 / 개선하다 / 빠르게
B 발달하다 / 지금 / 개량하다 / 점점
C 진보하다 / 목전 / 개정하다 / 단계적으로
D 발전하다 / 지금 / 개선하다 / 점차

해설 ① 첫 번째 빈칸에서 '很快'와 함께 쓰일 수 있는 것은 C와 D뿐이다.
② 세 번째 빈칸의 C '改正'은 '缺点', '错误', '毛病' 등의 단어를 목적어로 취한다. D '改善'의 경우에는 '条件', '生活', '方法', '环境'과 함께 쓰인다. 따라서 정답은 D가 된다.

단어 孤独 gūdúzhèng 명 자폐증

연습문제 2

p.113

정답	1	B	2	D	3	A	4	B	5	D	6	A	7	B	8	A	9	C	10	A

01

强强集团的出现引起社会各界 ________ 是企业界的极大关注。________ 地域文化和历史发展的因素，温州企业界“宁做鸡头，不做凤尾”的“情结” ________ ，所以温州企业总难做大，强强集团在观念上的新突破，势必冲击其他行业企业经营者的经营理念。

A 特别　因为 ○　严格
B 尤其　由于 ○　严重
C 特殊　因而　严峻
D 格外　因此　严肃

창창그룹의 출현은 사회 각계, 특히 기업계의 커다란 관심을 끌었다. 지역문화와 역사발전의 요소 때문에 원저우 기업계에서는 '닭의 머리가 될지언정 봉황의 꼬리는 되지 않겠다'는 정서가 만연해 있어서 원저우의 기업들은 규모를 확장하기 어려운데, 창창그룹이 관념적으로 새로운 돌파구를 찾으려면 반드시 다른 업계 기업경영인들의 경영 마인드를 타파해야 한다.

A 특별하다 / 때문에 / 엄격하다
B 특히 / 때문에 / 심각하다
C 특수하다 / 그리하여 / 심각하다
D 아주 / 그러므로 / 근엄하다

해설 ① 두 번째 빈칸 앞뒤에 있는 문장의 논리관계를 살펴보면 '地域文化和历史发展的因素'가 원인임을 알 수 있다. 따라서 두 번째 빈칸은 A나 B의 '因为', '由于'로 연결되어야 한다.
② 세 번째 빈칸에 들어갈 단어를 살펴보면, A의 '严格'는 제도나 기준에 따른다는 의미를 강조하고 B의 '严重'은 정도가 크고 영향이 크다는 의미이다. 여기서는 '情绪'의 정도가 크다는 의미를 나타내야 하므로 정답은 B가 된다.

Tip+ 예 宁做鸡头，不做凤尾 níng zuò jītóu, búzuò fèngwěi 속 닭의 머리가 될지언정 쇠꼬리는 되지 마라

단어 情结 qíngjié 명 (마음속의) 응어리, 착잡한 마음, 콤플렉스

02

核桃、花生、芝麻等果仁中，________ 维生素E，维生素E能 ________ 细胞分裂、再生，延缓细胞变老，恢复皮肤弹性的作用，________ 沉着的色素减退，________ 使皮肤更加细腻。

A 富裕 ×　驱使　引起　然而
B 包含　促使　导致　因而
C 含有　督促　迫使　而且
D 富含　促进 ○　致使　从而 ○

호두, 땅콩, 참깨 등 견과류에는 비타민 E가 풍부하게 함유되어 있는데, 비타민 E는 세포분열과 재생을 촉진시키고 세포의 노화를 늦추며 피부탄력 작용을 회복시키고, 침착된 색소를 줄어들게 하여, 그럼으로써 피부를 더욱 매끄럽고 고와지게 한다.

A 부유하다 / 부추기다 / 일으키다 / 그러나
B 포함하다 / ~하도록 추진하다 / 야기하다 / 따라서
C 함유하다 / 독촉하다 / 강요하다 / 게다가
D 풍부하게 함유하다 / 촉진하다 / ~하게 되다 / 따라서

해설 ① 어법구조로 보아 첫 번째 빈칸에는 동사가 들어가야 하므로 B, C, D 중 하나가 답이다.
② 두 번째 빈칸에 들어갈 보기 중 A의 '驱使'는 다른 사람을 내 의지와 행동에 맞추도록 강요한다는 의미이고 B의 '促使'는 사물이 변화하게끔 하거나 어떤 행동으로 일정한 목적을 실현하게 한다는 뜻이다. D의 '促进'은 어떤 사물이 원래의 기반 위에서 앞으로 나아가게 한다는 의미이다. 따라서 내용상 '促进'을 넣는 것이 가장 적합하다.
③ 마지막 빈칸에 들어갈 말 중 '因而'은 앞뒷절의 주어가 같을 수도, 다를 수도 있지만 '从而'은 반드시 같아야 한다. 여기서는 비타민E가 앞뒤 절의 주어로 같으므로 D가 가장 적합하다.

단어 **核桃** hétao 명 호두나무, 호두 | **芝麻** zhīma 명 참깨 | **细胞分裂** xìbāo fēnliè 세포분열 | **细胞变老** xìbāo biànlǎo 세포노화 | **皮肤弹性** pífū tánxìng 피부탄력 | **沉着** chénzhuó 동 침착하다[색소, 칼슘 등의 비세포성 물질이 유기체의 조직 속에 가라앉아 쌓이는 것을 말함] | **色素** sèsù 명 색소

03

金庸笔下的武功描写非常独特，同时 ______ 不离谱，它不 ______ 指武功本身，______ 有着丰富的文化内涵。不同的人有着不同的武功，______ 不同的兵器，他们便有着不同的武功境界，同时也有着不同的人生境界。

진용이 그려내는 무공 묘사는 매우 독특함과 동시에 또한 현실적이다. 단순히 무공 자체만 가리키는 것이 아니라 사실 풍부한 문화적 함의가 있다. 사람마다 각기 다른 무공을 갖고 있고 다른 병기를 사용하며, 각기 다른 무공의 경지에 다다랐고 동시에 각기 다른 인생의 경지에 다다르기도 했다.

A 又	单纯	其实	使用 ○
B 并	纯洁 ×	事实	运用
C 而	简单	实际	采用
D 和	干净 ×	实在	应用

A 또한 / 단순히 / 사실은 / 사용하다
B 그리고 / 순수하다 / 사실 / 활용하다
C ~하고 / 간단히 / 실제로 / 채택하다
D ~와 / 깨끗하다 / 정말로 / 응용하다

해설 ① 두 번째 빈칸의 B '纯洁'는 동사 앞에 쓰지 않고, D의 '干净' 역시 형용사로서 동사 앞에 놓이지 않으므로 B와 D는 답에서 제외된다.
② 네 번째 빈칸의 C '采用'은 '技术', '方式', '方法'를 목적어로 취한다. A '使用'의 대상은 사람, 도구, 자금 등이다. 문장 중 '兵器'는 일종의 도구로서 정답은 A가 된다.

단어 **离谱** lípǔ 형 (말이나 행동 · 일처리 등이) 격식에 벗어나다, 실제와 맞지 않다

04

举办世博会，有助于 ______ 主办国经济、旅游、文化和艺术交流等的发展，______ 城市居民的居住环境。______ 举办世博会时所建的标志性建筑，在世博会结束后多被 ______ 下来，成为社会、文化、科技、建筑和美学等方面的时代印记。

EXPO를 개최하는 것은 개최국의 경제, 관광, 문화와 예술 교류 등의 발전을 추진하고 도시주민의 거주환경을 개선하는 데 도움이 된다. 게다가 EXPO를 개최할 때 세운 상징적인 건물은 EXPO가 끝난 후 대부분 보존되어 사회, 문화, 과학기술, 건축과 미술 등 분야의 시대적인 발자취가 된다.

A 促进	改进	况且	保存
B 推动	改善	而且 ○	保留
C 推进	改良	并且 ○	保管 ×
D 促使	改正	姑且	保持

A 촉진하다 / 개선하다 / 게다가 / 보존하다
B 추진하다 / 개선하다 / 게다가 / 보존하다
C 추진하다 / 개량하다 / 게다가 / 보관하다
D ~하도록 추진하다 / 바르게 고치다 / 잠시 / 유지하다

해설 ① 지문의 의미를 파악해보면 세 번째 빈칸의 앞뒤는 점진관계이다. 이를 통해 답은 B, C 중 하나임을 알 수 있다.
② 네 번째 빈칸에 놓일 단어 중 B의 '保留'는 훼손되지 않게 보존한다는 의미로서 '建筑'와 함께 쓰일 수 있다. 반면 C의 '保管'은 구체적인 사물만을 목적어로 취하므로 '建筑'와는 함께 쓰일 수 없으므로 정답은 B이다.

단어 **世博会** shìbóhuì 명 '世界博览会(세계박람회)'의 줄임말 | **印记** yìnjì 명 자취, 자국, 흔적

05

______ 高考的日益临近，考生觉得紧张是在所 ______ 的，可是对于考生而言，保持良好的心态是正常发挥的关键，考生要 ______ 选择适合自己的放松方式，尽量多休息，保持充沛的 ______。

A 伴随	未免	看重	力量
B 由于	避免	重视	能量
C 因为	不免	着重	精神
D 随着	难免 ○	注意	精力 ○

대입시험이 나날이 다가옴에 따라 수험생이 긴장감을 느끼는 것은 불가피한 일이다. 하지만 수험생에게 있어 평상심을 유지하는 것은 평소 실력을 발휘하도록 하는 핵심 요소이다. 수험생은 자신에게 적합한 긴장해소 방식을 선택하고 가능한 한 많이 쉬며 충분한 기운을 유지하는 데 주의해야 한다.

A 따르다 / 좀 ~하다 / 중시하다 / 능력
B ~때문에 / 피하다 / 중시하다 / 에너지
C ~때문에 / 면할 수 없다 / 중시하다 / 정신
D ~함에 따라 / 불가피하다 / 주의하다 / 기운

해설 ① 첫 번째 빈칸에 들어갈 보기만으로는 정답을 찾아내기 힘들다.
② 두 번째 빈칸의 A '未免'은 말을 하지 않을 수 없음을 나타내는 단어로 지나친 행동이나 상황을 부정하는 데 많이 쓰인다. 따라서 반대하거나 동의하지 않는다는 뉘앙스가 있다. B의 '避免'은 어떤 일이 발생하지 않도록 방법을 강구한다는 의미이다. C의 '不免'은 불가피하다는 뜻으로 이미 발생한 일에 많이 쓰며, D의 '难免'은 피할 수 없다는 의미로 '是……的' 구문에서 술어로 쓰인다. 따라서 D가 답이 되어야 한다.
③ 네 번째 빈칸에서 '充沛'는 일반적으로 '精力'를 수식한다. 따라서 이 역시 D가 정답이라는 근거가 된다.

단어 在所难免 zàisuǒnánmiǎn 불가피하다, 피할 수 없다 | 充沛 chōngpèi 형 (충분하여) 왕성하다, 넘치다

06

圆明园比故宫的全部建筑面积还多一万平方米。园内的建筑物，既 ______ 了历代宫殿式建筑的优点，______ 在平面配置、外观造型、群体组合诸多方面 ______ 了官式规范的束缚，广征博采，形式多样。创造出许多在我国南方和北方都极为 ______ 的建筑形式。

A 吸取	又 ○	突破	罕见
B 吸收	且	冲破	稀有
C 借鉴	还	打破	稀少
D 接近 ×	也	突出	少见

원명원은 고궁의 전체 건축면적보다 1만여m^2가 넓다. 원명원 내의 건축물은 역대 궁궐식 건축의 장점을 흡수하였고, 또한 평면배치, 외관형태, 구성 및 조합 측면에서 관료식 규범의 속박을 타파하고 장점을 널리 받아들여 형식이 다양하다. 중국 남방 및 북방지역에서 매우 보기 드문 건축형식을 창조해냈다.

A 흡수하다 / 또 / 타파하다 / 보기 드물다
B 흡수하다 / 또한 / 돌파하다 / 희소하다
C 본보기로 삼다 / 여전히 / 타파하다 / 희소하다
D 접근하다 / ~도 또한 / 두드러지다 / 보기 드물다

해설 ① 첫 번째 빈칸에 들어갈 보기 중 A, B, C의 '吸取', '吸收', '借鉴'은 '优点'과 함께 쓰일 수 있다. 따라서 D는 답에서 제외된다.
② 두 번째 빈칸에는 '既……又……'가 자주 붙어 다니는 연결어이므로, 정답은 A가 된다.

단어 圆明园 Yuánmíngyuán 명 원명원[청대의 황실 정원] | 广征博采 guǎngzhēng bócǎi 장점과 좋은 것을 널리 받아들이다

07

伟大的母亲，在孩子 ______ 病痛和灾难时，总是不离不弃，甚至会不惜 ______ 自己的生命去换取孩子的生命；孩子需要帮助时，能在身后尽其所能地 ______ 支持；孩子感到孤独无助时，能给予关怀和理解，鼓励他们 ______ 地向前走。

위대한 어머니는 아이가 병이나 재난에 맞닥뜨렸을 때 항상 곁을 떠나거나 포기하지도 않고, 심지어 자신의 생명을 불사함으로써 아이의 생명과 바꾸려고 한다. 아이가 도움이 필요할 때 뒤에서 할 수 있는 한 묵묵히 지원하려 하고, 아이가 외로움을 느낄 때 보살핌과 이해를 주고 아이들이 용감히 앞으로 나아갈 수 있도록 북돋아준다.

A 遇见	借 ×	悄悄	大胆	A 만나다 / ~를 빌려 / 살며시 / 대담하다
B 遇到	以	默默	勇敢	B 마주치다 / ~함으로써 / 묵묵히 / 용감하다
C 碰到	靠	暗暗	勇气 ×	C 만나다 / ~에 기대어 / 암암리에 / 용기
D 碰见	用	静静 ×	勇猛	D 마주치다 / ~를 사용하여 / 조용히 / 용맹하다

해설 ① 문맥을 살펴보면 두 번째 빈칸에서는 A가 제외된다.
② 세 번째 빈칸의 경우 여기서 강조하는 것은 조용함이 아니라 뒤에서 아이가 모르게 묵묵히 지원해주는 것이기 때문에 D가 정답에서 제외된다.
③ 어법구조를 보면 마지막 빈칸에는 형용사가 필요하므로 명사 C '勇气'는 부적합하다. 따라서 정답은 B가 된다.

08

________丽江古城的时候，我们既看不到城门，________看不到城墙，因为古城________就没有城墙和城门，据说因为纳西族的头领姓木，________建了城墙和城门就变成了"困"字，所以古城没有城墙，也没有城门。

리장 고성을 참관할 때 우리는 성문을 볼 수 없을 뿐만 아니라 또한 성벽도 볼 수 없는데, 왜냐하면 고성에는 성벽과 성문이 원래 없었기 때문이다. 나시족 족장의 성이 목(木)이었기 때문에 만약 성벽과 성문을 세운다면 '困' 자가 되므로 고성에는 성벽도 없고 성문도 없다고 한다.

A 参观	也 ○	本来	如果	A 참관하다 / ~도 또한 / 본래 / 만약
B 旅游 ×	又 ○	原来	要是	B 여행하다 / 다시 / 원래 / 만약
C 游览	还	原先	假如	C 유람하다 / 여전히 / 원래 / 만약
D 访问	和	根本	假若	D 방문하다 / ~와 / 근본적으로 / 가령

해설 ① 첫 번째 빈칸의 B '旅游' 뒤에는 목적어가 올 수 없으므로 B는 제외된다.
② 두 번째 빈칸의 경우 '既'는 '也'나 '又'와 함께 쓰이므로 정답으로는 A가 가장 적합하다.

단어 **纳西族** nàxīzú 명 나시족[중국 윈난성과 쓰촨성 등지에 거주하는 소수민족] | **头领** tóulǐng 명 우두머리, 수령, 두목

09

"要天天看书，终生以书为友。"________是假期，我们也要________不断地学习，要不断地________自己，跟上时代的脚步。只有通过读书才能更新自己的________，丰富自己的头脑。

'매일 책을 보면 평생 책을 벗으로 삼을 수 있다.' 설령 휴가기간이라 할지라도 우리는 지속적으로 끊임없이 공부하고, 쉼 없이 스스로의 내실을 다져 시대에 뒤처져서는 안 된다. 독서를 통해서만이 자신의 지식을 업데이트할 수 있고 자신의 사고능력을 풍부하게 할 수 있다.

A 虽然	连续	充要	见解	A 비록 / 연속하다 / 충분하고 필요하다 / 견해
B 尽管	继续	充足	观点	B 비록 / 지속하다 / 충분하다 / 관점
C 即使 ○	持续	充实 ○	知识	C 설령 / 지속하다 / 충실하다 / 지식
D 就是 ○	接续	充分 ×	看法	D 설령 / 계속하다 / 충분하다 / 견해

해설 ① 첫 번째 빈칸에 필요한 것은 접속사 중 뒷절의 '也'와 함께 대응하여 쓰일 수 있는 단어를 찾아야 한다. 보기 중 C와 D의 '即使', '就是'만이 '也'와 함께 쓰일 수 있다.
② 세 번째 빈칸 자리에 필요한 것은 술어로 쓰일 동사이다. '充分'은 명사만 수식하고 '充实'는 동사로 쓰이므로 정답은 C이다.

단어 **跟上** gēnshang 동 뒤를 쫓다, 따라붙다, 뒤따르다 | **脚步** jiǎobù 명 보폭, 걸음걸이

10

价值观的 ______ 受环境的影响。当你还是孩子时，父母 ______ 你建立价值观，他们以自己的价值观为标准，当你的行为 ______ 这些标准时，就会得到父母的赞赏，______ 的话就会受到处罚。此外，小时候的玩伴也是影响你价值观的因素，你可能会 ______ 自己的价值观以配合他们的价值观。

가치관의 형성은 환경의 영향을 받는다. 당신이 아직 어린아이일 때 부모는 당신의 가치관 수립을 도왔다. 부모는 자신의 가치관을 기준으로 당신의 행위가 이 기준에 부합할 때는 칭찬을 하고, 그렇지 않으면 벌을 줬다. 이외에 어렸을 때의 놀이친구 역시 당신의 가치관에 영향을 주는 요소로, 당신은 아마도 친구들의 가치관에 부합하도록 자신의 가치관을 바꾸었을 것이다.

A 形成　帮助　符合　否则 ○　改变
B 构成　协助 ×　适合　不然　变动
C 组成　帮忙 ×　满足　相反　变化
D 完成　指导　满意　要不　变革

A 형성하다 / 돕다 / 부합하다 / 그렇지 않으면 / 바꾸다
B 구성하다 / 협조하다 / 적합하다 / 그렇지 않으면 / 변동하다
C 조성하다 / 돕다 / 만족하다 / 상반되다 / 변화하다
D 완성하다 / 지도하다 / 만족하다 / 그렇지 않으면 / 변혁하다

해설 ① 두 번째 빈칸 뒤에 목적어가 있으므로 C의 '帮忙'은 올 수 없다. 따라서 C는 정답에서 제외된다. '协助'는 업무, 사업, 임무 등에 자주 쓰이는 단어로 B 역시 제외된다.
② 네 번째 빈칸의 A와 D '否则'와 '要不'의 경우 의미는 비슷하지만 '否则'만이 '……的话'와 같이 쓰이지 '要不'는 함께 쓰지 않으므로 정답은 A가 된다.

단어 赞赏 zànshǎng 동 칭찬하다, 높이 평가하다 | 玩伴 wánbàn 명 놀이동무, 놀이친구

연습문제 3

p.120

정답	1	B	2	A	3	D	4	C	5	A	6	C	7	A	8	B	9	C	10	D

01

有研究表明，______ 能够缓解我们的压力，使我们不再想麻烦的人际关系或者一天的 ______ 工作。它可以让我们有一种令人 ______ 的控制感。

연구에 따르면 취미는 우리의 스트레스를 풀어줌으로써 우리가 귀찮은 인간관계나 하루의 고된 업무를 더 이상 생각하지 않을 수 있게 해준다고 한다. 이는 우리가 자신을 컨트롤 했다는 만족감을 느끼게 해준다.

A 喜欢 ×　坚苦　称心
B 爱好　辛苦 ○　满意
C 喜爱 ×　艰苦　满足
D 兴趣　辛勤　知足

A 좋아하다 / 힘들다 / 마음에 들다
B 취미 / 고되다 / 만족스럽다
C 좋아하다 / 고달프다 / 만족하다
D 흥미 / 부지런하다 / 만족스럽게 여기다

해설 ① 첫 번째 빈칸에서 A, C의 '喜欢'과 '喜爱'의 형태가 비슷해 응시자들은 답이 둘 중에 하나라고 생각하기가 쉽다. 하지만 문장에 주어가 없기 때문에 주어로 쓰일 수 있는 B, D의 '爱好'와 '兴趣'가 더 적합하다.
② 두 번째 빈칸의 B '辛苦'는 '苦'가 강조된 것으로 '지치고 피곤함'을 뜻한다. D의 '辛勤'은 '勤'이 강조되어 '부지런함'을 뜻한다. 문장 속의 '귀찮은 인간관계'는 우리가 피하고 싶은 것이기 때문에 뒤에 병렬되는 단어도 좋지 않은 것이어야 한다. 따라서 '辛苦'가 적합하다. 그러므로 답은 B이다.

단어 称心 chènxīn 동 마음에 들다, 흡족하다 | 辛勤 xīnqín 형 근면하다, 매우 부지런하다

02

老师要教给学生学习方法，使他们 ______ 正确的学习方法，顺利 ______ 知识，体验成功后的乐趣，增添学习兴趣；使设计的教法 ______ 学生的学法，持之以恒地结合知识进行学习方法的指引和训练；使学生掌握求知识的“钥匙”，增添学习兴趣。

A 运用　掌握　符合
B 使用　把握 ×　适合
C 采用　了解　一致 ×
D 应用　理解　相同 ×

선생님은 학생들에게 학습방법을 가르침으로써, 학생들이 정확한 학습방법을 활용해 쉽게 지식을 이해하고 성공 후의 즐거움을 체험하며, 학습의 흥미를 더하고자 한다. 설계된 교습법을 학생의 학습법에 부합하도록 하고 지속적으로 지식을 결합해 학습방법에 관한 지도와 훈련을 진행하는데, 이로써 학생들이 지식을 구하는 '열쇠'를 얻도록 하고 학습에 대한 흥미를 더하게 하는 것이다.

A 활용하다 / 이해하다 / 부합하다
B 사용하다 / 파악하다 / 적당하다
C 채용하다 / 이해하다 / 일치하다
D 응용하다 / 이해하다 / 같다

해설 ① 두 번째 빈칸에서 A의 '掌握'는 '知识', '语言', '方法' 등과 자주 함께 쓰이나 B의 '把握'는 이러한 단어와 함께 쓸 수 없다. C의 '了解'는 사물을 아는 상황이나 과정을 강조하는 것으로 감성적인 인식을 뜻한다. D의 '理解'는 왜 그런지에 대한 이해를 말하며 이성적인 인식을 말한다. 이로써 B를 제거할 수 있다.
② 세 번째 빈칸에서 C의 '一致'는 '与……一致'의 형식으로 쓰이고 D의 '相同'도 '与……相同'의 형식으로 자주 쓰인다. 그러므로 C와 D도 제거할 수 있다. 따라서 답은 A이다.

단어 **持之以恒** chízhīyǐhéng 성 오랫동안 견지하다, 오랫동안 꾸준하게 나아가다

03

正确的读书应是使思索连续的行为和过程。通过读书，使 ______ 的理想和信念更加执著坚定，使生命的思索 ______ 理性的超越，使灰色的 ______ 不再延续。

A 神圣　完成　回想
B 高尚　达到　回顾
C 高贵　到达　回忆
D 崇高 ○　实现　记忆

올바른 독서는 사색을 지속시키는 행위이자 과정이어야 한다. 독서를 통해 숭고한 이상과 신념이 더욱더 공고해지도록 하고 생명의 사색이 이성적인 초월을 실현토록 하며 어두운 기억이 더 이상 지속되지 않게 할 수 있다.

A 신성하다 / 완성하다 / 회상하다
B 고상하다 / 달성하다 / 회고하다
C 고귀하다 / 도착하다 / 기억하다
D 숭고하다 / 실현하다 / 기억하다

해설 첫 번째 빈칸에서 A '神圣'은 '职业', '事业', '感情', '使命'을 수식할 때 자주 사용되고, B '高尚'은 사람의 도덕성이 높고 행실이 좋으며 비범한 경우에 쓴다. C '高贵'를 사람에 쓸 때는 사회적 지위가 높고 생활이 수준이 높은 경우를 말한다. D의 '崇高'는 '敬意', '声望', '形象', '威望', '理想', '事业', '目标' 등을 묘사할 때 자주 쓰인다. 이로써 D를 답으로 고를 수 있다.

단어 **执著** zhízhuó 동 집착하다, 집요하다 | **坚定** jiāndìng 형 (입장 · 주장 · 의지 등이) 확고하다, 굳다

04

时尚潮流是一个 ______ 的话题，服饰更是时尚最为凸显的一个顶点，时尚秀 ______ 时尚前沿，以活色生香 ______ 时尚潮流中的至高地位。

A 永久　领导　夺得
B 永远　率领　获得
C 永恒　带领 ○　赢得
D 长远　指导　取得

유행의 흐름은 영원한 화제이다. 패션은 유행에서 가장 두드러지는 정점이라고 할 수 있어, 패션쇼는 유행의 선두주자를 이끌어 생생하게 유행의 흐름 속에서 최고의 자리를 얻도록 해준다.

A 영원한 / 지도하다 / 얻다
B 영원한 / 인솔하다 / 얻다
C 영원한 / 이끌다 / 얻다
D 길다 / 지도하다 / 얻다

해설 두 번째 빈칸에서 A와 D '领导', '指导'의 목적어는 사람이어야 한다. B의 '率领'은 일반적으로 공식적인 장소에서 쓰이며 대부분 대상이 군대나 정치단체이다. 그러므로 답은 C이다.

단어 潮流 cháoliú 명 조류, 흐름 | 凸显 tūxiǎn 동 분명하게 드러나다, 똑똑히 보이다 | 时尚秀 shíshàngxiù 명 패션쇼 | 前沿 qiányán 명 최첨단, 선두주자

05

碛口是明清时期晋商在黄河的一个口岸，______ 商贾往来，好不 ______，所以这个具有黄河和窑洞两大 ______ 风景的地方也被披上了一层厚厚的人文色彩。如果去碛口，______ 找一家窑洞客栈，好好儿住上几天。

A 曾经	繁荣	特色	适合
B 已经 ×	发达	特征	适宜
C 以前	兴旺	特点	符合 ×
D 过去	繁华	特性	合适 ×

치커우는 명청시기 진나라 상인이 있던 황허의 항구로, 일찍이 상인들이 드나들면서 크게 번성하였고, 이로써 이 항구는 황허와 동굴집이라는 두 가지 특색 있는 경관을 갖춘 곳으로 짙은 인문적 색채를 지니게 되었다. 만약 치커우에 가게 된다면 동굴 객잔을 찾아 며칠 묵기에 안성맞춤일 것이다.

A 일찍이 / 번성하다 / 특색 / 적당하다
B 이미 / 발달하다 / 특징 / 알맞다
C 이전에 / 흥성하다 / 특징 / 적합하다
D 과거에 / 번화하다 / 특성 / 적당하다

해설 ① 첫 번째 빈칸에서 B의 '已经'은 늘 주어 뒤에 오므로 적합하지 않다. 그러므로 일단 B를 제거한다.
② 두 번째와 세 번째 빈칸으로 답을 선택하는 것은 어렵다.
③ 네 번째 빈칸을 보면 A의 '适合' 뒤에는 명사, 대명사 혹은 동사가 올 수 있다. C의 '符合' 뒤에는 명사만 올 수 있다. D의 '合适'는 형용사로 어법구조 상 맞지 않는다. 그러므로 답은 A이다.

단어 商贾 shānggǔ 명 상인 | 窑洞 yáodòng 명 동굴집, 토굴집, 굴집 | 披 pī 동 (옷 · 스카프 · 장식물 등을 어깨에) 걸치다, 감다, 감싸다

06

最近 ______ 的新规定取消了在校 ______ 大学生不能结婚的规定，今后对于大学生结婚，既不 ______，也不禁止。这一改动，在社会各界都产生了不同的 ______。

A 发布	阶段	鼓励	意见 ×
B 发出	时间	欢迎 ×	反映
C 颁发	期间	提倡	反响
D 制定	时候	同意 ×	反应

최근에 공포된 새로운 규정에서 재학기간에 대학생이 결혼하지 못하도록 한 규정이 취소되어, 앞으로 대학생의 결혼에 대해 장려하지도 금지하지도 않을 것이다. 이러한 변화는 사회 각계의 여러 가지 반향을 불러일으킬 것으로 보인다.

A 선포하다 / 단계 / 격려하다 / 의견
B 발표하다 / 시간 / 환영하다 / 반영
C 공포하다 / 기간 / 장려하다 / 반향
D 제정하다 / 때 / 동의하다 / 반응

해설 ① 문장의미 상 세 번째 빈칸의 B와 D는 적합하지 않다.
② 마지막 빈칸에서 사회 각계가 규정에 대해 '의견'을 내는 것은 필요하지 않다. 그러므로 A도 아니다. 사회 각계에서 규정에 대해 반응하고 반향을 일으키는 것이 맞으므로 C가 가장 적합하다.

07

春季天气变暖，北方湿度低、风沙大，干燥是主要气候 ______，这样容易造成我们的肌肤 ______ 水分，所以我们 ______ 适时为自己补充水分，______ 达到保养皮肤的功效。

봄철 기온이 올라가고 있다. 북방지역은 습도가 낮고 모래바람이 심하며 건조한 것이 주요 기후적 특징이다. 이는 우리 피부의 수분을 부족하게 만들기 때문에 우리는 반드시 제때에 자신을 위해 수분을 보충해줌으로써 피부보호의 효과를 얻을 수 있다.

A 特点	缺少	必须	以 ○	A 특징 / 부족하다 / 반드시 ~해야 한다 / ~로써
B 特征	缺乏	必需	使	B 특징 / 부족하다 / 꼭 필요하다 / ~하게 하다
C 特色 ×	欠缺	需要	来	C 특색 / 부족하다 / 필요하다 / ~으로
D 特性	损失 ×	必要	好	D 특성 / 손해보다 / 필요로 하다 / 좋다

해설 ① 첫 번째 빈칸에서 C의 '特色'는 사물의 장점을 말할 때 더 자주 쓰인다. 문장에서 '风沙大', '干燥'는 좋은 것이 아니므로 C를 제거할 수 있다.
② 두 번째 빈칸은 문장내용 상 '缺乏', '不够'의 뜻을 가진 단어가 필요하다. 그러므로 D는 적합하지 않다.
③ 마지막 빈칸에서 '제때에 수분을 보충'함으로써 '피부보호의 효과를 얻을 수 있다'는 것을 알 수 있기 때문에 빈칸에 목적관계를 나타내는 단어가 필요함을 알 수 있다. 이에 따라 A가 가장 적합함을 알 수 있다.

08

人最 ______ 的是生命，活着就是最大的快乐。在任何时候，都不要选择死亡。因为在选择 ______ ，固然远离了自己的忧伤，但也放弃了享受生命快乐的 ______ ，同时也给身边的亲人朋友造成永远无法弥补的 ______ 。

사람에게 가장 귀중한 것은 생명이며 살아 있는 것이 바로 가장 큰 기쁨이다. 어느 순간에도 죽음을 선택해서는 안 된다. 왜냐하면 죽음을 선택한 후에 자신의 고뇌와는 멀어질 수 있지만 이는 생명의 기쁨을 누릴 권리도 함께 포기한 것이며, 동시에 주변의 가족과 친구들에게 영원히 치유할 수 없는 고통을 남겨주기 때문이다.

A 贵重 ×	以后	权益	悲哀	A 귀중하다 / 이후에 / 권익 / 비애
B 宝贵	之后	权利	悲痛	B 귀중하다 / ~한 후에 / 권리 / 고통
C 名贵 ×	后来	权力	悲伤	C 유명하고 진귀하다 / 그 후 / 권력 / 상심
D 珍贵	过后 ×	权势	伤痛	D 진귀하다 / 이후에 / 권세 / 아픔

해설 ① 첫 번째 빈칸에서 A의 '贵重'과 C의 '名贵'는 구체적인 물품을 형용할 때 자주 쓰인다. 문장 속의 '生命'은 물품이 아니므로 A와 C를 제거할 수 있다.
② 두 번째 빈칸에서 B의 '之后'는 대부분 다른 단어의 뒤에 오며 시작 시점이 매우 분명하다. D의 '后来'는 시작시점이 모호하고 다른 단어의 뒤에 바로 쓸 수 없다. 문장 속의 '选择'를 시작시점으로 볼 수 있으므로 정답은 B이다.

09

人在身处逆境时，适应环境的能力 ______ 惊人。人可以 ______ 不幸，也可以 ______ 不幸，因为人有着惊人的潜力，只要立志发挥它，就一定能 ______ 难关。

사람이 고난에 처했을 때 환경에 적응하는 능력은 실로 놀랍다. 사람은 불행을 견뎌낼 수도 있고 불행을 이겨낼 수도 있다. 왜냐하면 사람에게는 놀라운 잠재력이 있기 때문이다. 뜻을 세우고 이를 발휘하기만 하면 반드시 난관을 뛰어넘을 수 있다.

A 的确	忍耐	克服	度过 ×	A 확실히 / 견디다 / 극복하다 / 지내다
B 确实	经受	打败 ×	通过	B 확실히 / 겪다 / 물리치다 / 통과하다
C 实在	忍受	战胜	渡过	C 실로 / 견디다 / 이기다 / 넘기다
D 真的	接受	打倒 ×	经过	D 진짜로 / 받다 / 무너뜨리다 / 통과하다

해설 ① 세 번째 빈칸에서 B와 D '打败', '打倒'는 '不幸'과 함께 쓰이지 않는다. 그러므로 B와 D를 제거할 수 있다.
② 네 번째 빈칸에서 A '度过'의 대상은 일반적으로 시간이 오고 C '渡过' 대상은 대개 공간이 온다. 그러므로 C가 정답이다.

10

杭州是我国七大古都之一，早在新石器时代，良渚和萧山跨湖桥一带就 ______ 了灿烂的史前文化，______ 的历史为杭州博物馆的 ______ 提供了肥沃的土壤。为了 ______ 杭州的历史文化，杭州市新建了很多博物馆、纪念馆，这些博物馆纪念馆的 ______ ，保护了杭州的历史文物，丰富了杭州的文化内涵。

항저우는 중국의 7대 고도 중 하나로, 일찍이 신석기 시대에 량주와 샤오산의 콰후챠오 일대에 찬란한 선사문화가 창조되었으며, 유구한 역사는 항저우 박물관의 발전에 비옥한 토양을 제공했다. 항저우의 역사문화를 전시하기 위해 항저우시는 많은 박물관과 기념관을 신설했고, 이러한 박물관과 기념관의 건립은 항저우의 역사문물을 보호하고 항저우의 문화적 내용을 풍부하게 해주었다.

A	创立	长久	发达	展现	成立
B	创建	永久	繁荣	展出	建造
C	创作	古老	兴旺	展览	建设
D	创造 ○	悠久	发展	展示	建立

A 창립하다 / 오래된 / 발달 / 나타나다 / 성립하다
B 창립하다 / 영구적인 / 번영 / 전시하다 / 세우다
C 창작하다 / 오래된 / 번창 / 전람하다 / 건설하다
D 창조하다 / 유구한 / 발전 / 전시하다 / 건설하다

해설 첫 번째 빈칸에서 A '创立'는 조직, 구조, 이론, 학설 등을 처음으로 세웠음을 뜻하며 대부분 추상적인 대상이 온다. B '创建'은 '理论', '政权', '学校', '文化' 등과 함께 쓰일 수 있다. C '创作'는 대부분 문화, 예술작품과 함께 쓰이고 D '创造'는 '历史', '奇迹', '记录', '文化' 등과 함께 쓰인다. 그러므로 정답은 D이다.

단어 新石器时代 Xīnshíqì shídài 명 신석기 시대 | 肥沃 féiwò 형 (토지가) 기름지다, 비옥하다

연습문제 4

p.126

정답	1	A	2	D	3	B	4	B	5	A	6	C	7	B	8	A	9	C	10	C

01

社会稳定与经济发展 ______ 、不可分割。社会稳定是经济发展的基础，经济发展又有助于保持社会稳定。而 ______ 一个地区、一名领导干部的政绩，______ 要看经济的增长，而且要看社会的稳定状况。只有保持社会稳定，才能实现人民群众的 ______ 。

사회안정과 경제발전은 서로 보완하고 도움을 주는 불가분의 관계이다. 사회안정은 경제발전의 기반이고 경제발전은 사회안정을 유지하는 데 도움을 준다. 한 지역의 지도자와 간부의 정치적 업적을 검증할 때는 경제 성장뿐만 아니라 사회의 안정상황도 고려해야 한다. 사회안정이 유지되어야만 국민이 즐겁게 생활하고 일하는 것이 실현될 수 있다.

A	相辅相成	检验	不仅	安居乐业 ○
B	休戚相关	检查	不但	称心如意
C	息息相关	肯定	不止	家喻户晓
D	密切相关	认可	不管	无能为力

A 서로 보완하고 돕다 / 검증하다 / ~뿐만 아니라 / 즐겁게 생활하고 일하다
B 관계가 밀접하여 이해가 일치하다 / 검사하다 / ~뿐만 아니라 / 마음에 꼭 들다
C 관계가 아주 밀접하다 / 긍정적으로 평가하다 / ~에 그치지 않다 / 모두 다 알다
D 밀접한 관련이 있다 / 승낙하다 / ~을 막론하고 / 능력이 미치지 못하다

해설 마지막 빈칸에서 A의 '安居乐业'는 즐겁고 안정적으로 생활하고 일한다는 뜻이다. B의 '称心如意'는 일이 마음에 들게 발전하고 있음을 나타내며 '使……心满意足(~를 만족시키다)'의 형식으로 자주 쓰인다. C의 '家喻户晓'는 모든 사람이 다 알고 있음을 나타내며 어떤 사건이나 사람과 함께 쓰인다. D의 '无能为力'는 힘이나 능력이 없어 어떤 일을 하지 못하거나 해결하지 못함을 말한다. 여기에서는 사회가 안정되고 국민이 잘 살 수 있어야 한다는 내용이므로 A가 가장 적합하다.

02

很多高校都给灾区的学生提供了一些帮助，______了解，上海交大推出针对西南旱灾地区学生的专项资助措施，比如划拨了临时困难补助金对受灾学生予以生活______；为受灾地区学生专门______了国家助学贷款绿色通道等，解除他们的______。

A 依	保证	建立	当务之急
B 按	保护	成立	雪上加霜 ×
C 凭	保护	设置	急功近利 ×
D 据 ○	保障	设立	后顾之忧

많은 대학교에서 재난지역의 학생에게 도움을 준다. 알려진 바에 따르면, 상하이 교통대학은 시난 가뭄재해지역의 학생을 대상으로 한 특별지원조치를 내놓았다. 예를 들어 임시재난보조금을 할당해 피해지역 학생의 생활을 보장하고 피해지역 학생을 위해 특별히 국가학자금대출 녹색창구 등을 설립해 학생의 걱정을 없애는 것이다.

A ~에 따라 / 보증하다 / 건립하다 / 시급히 해결해야 하는 일
B ~에 의거하여 / 보호하다 / 창립하다 / 설상가상
C ~에 근거하여 / 보호하다 / 설치하다 / 눈앞의 이익에만 급급하다
D ~에 근거하여 / 보장하다 / 설립하다 / 뒷걱정

해설 ① 네 번째 빈칸 A의 '当务之急'는 임무 중 가장 시급히 해결해야 하는 일을 뜻한다. B의 '雪上加霜'은 재난을 계속 당해 손해가 계속 커짐을 의미한다. C의 '急功近利'는 눈앞의 성과와 이익에만 급급한다는 뜻하다. D의 '后顾之忧'는 뒷걱정, 뒷근심이라는 뜻이므로 문장에 적용해보면 걱정을 해소한다는 의미가 될 수 있다. 문장의미 상 B와 C를 우선 제거할 수 있다.
② 첫 번째 빈칸에서 '据'는 '了解'와 자주 함께 쓰이므로 D가 정답이다.

단어 专项 zhuānxiàng 명 전문적으로 설립한 항목, 특별항목 | 划拨 huàbō 동 (재물 등을) 나누어주다, 갈라주다 | 助学贷款 zhùxué dàikuǎn 명 학자금대출

03

没有人能够不______失败就获得成功，不管是谁都是这样。在走向成功的道路上______会遇到这样或那样的困难和挫折，______不被困难吓倒，迎难而上，才能取得最后的成功，才能让你的人生更加精彩。面对挫折和失败，我们可能会退缩，也可能会动摇。然而，要想获得成功，要想你的人生更加精彩，你决不能______。

A 经验	往往	只要	浅尝辄止
B 经历	常常	只有 ○	半途而废
C 经过	经常	不但	无精打采
D 经受	时常	不仅	无动于衷

어떤 사람도 실패를 경험하지 않고는 성공할 수 없고, 누구든 이러한 경험을 한다. 성공으로 가는 과정 속에서 늘 이런저런 어려움과 좌절도 만나게 된다. 어려움에 닥쳤을 때 당황하지 않고 맞서 헤쳐나가야만 최후의 성공을 얻을 수 있고 당신의 인생을 더욱 빛나게 할 수 있다. 좌절과 실패 앞에서 우리는 위축될 수도 있고 흔들릴 수도 있다. 하지만 성공하고 싶다면, 당신의 인생을 더욱 멋지게 하고 싶다면, 절대로 중도에 포기해서는 안 된다.

A 경험하다 / 자주 / ~하기만 하면 / 조금 해보고 그만두다
B 경험하다 / 늘 / ~해야만 / 중도에 포기하다
C 지나다 / 언제나 / ~뿐만 아니라 / 풀이 죽다
D 겪다 / 늘 / ~뿐만 아니라 / 전혀 무관심하다

해설 ① 네 번째 빈칸 A의 '浅尝辄止'는 조금 해보고 그만두어 깊이 파고들지 않는 것을 말한다. B의 '半途而废'는 끝까지 하지 않고 중도에 그만둔다는 뜻이다. C의 '无精打采'는 풀이 죽고 기운이 없는 모습을 비유한 것이다. D의 '无动于衷'은 마음이 움직이지 않고 감정변화가 없음을 나타낸다. 즉, 관심을 가져야 할 것에 관심이 없고 주의를 기울이지 않는 것을 말한다.
② 세 번째 빈칸에서 '只有'는 '才'와 함께 쓰이므로 정답은 B이다.

단어 迎难而上 yíngnán'érshàng 성 어려움에 맞서 헤쳐나가다 | 退缩 tuìsuō 동 뒷걸음질치다, 움츠러들다, 위축되다

04

路上______的车辆来来回回；两边小商小贩的叫喊声，车辆的鸣笛声，行人的喧杂声给夜市______了几分热闹的______。我也融入了那热闹的市景中去，跟人们一起______着城市的夜市。

길에는 꼬리에 꼬리를 물고 차들이 왔다갔다하고 양쪽 길가의 노점상인들의 외침소리, 차들의 경적소리, 지나다니는 사람들의 떠들썩한 소리가 야시장에 활기찬 분위기를 더하고 있다. 나도 시끌벅적한 시장으로 들어가 사람들과 함께 도시의 야시장을 즐겼다.

A 络绎不绝 ○ 增加 氛围 享乐 ×
B 川流不息 ○ 增添 气氛 享受
C 断断续续 增进 范围 享用
D 争先恐后 增长 范畴 欣赏

A 왕래가 빈번하다 / 증가하다 / 분위기 / 즐기다
B 꼬리에 꼬리를 물고 이어지다 / 더하다 / 분위기 / 즐기다
C 끊어졌다 이어짐을 반복하다 / 증진하다 / 범위 / 누리다
D 앞다투다 / 늘어나다 / 범주 / 감상하다

해설 ① 첫 번째 빈칸 A의 '络绎不绝'는 사람이나 말, 수레 따위의 왕래가 빈번함을 뜻하고, B의 '川流不息'는 사람이나 수레 등이 물이 흐르는 것처럼 꼬리에 꼬리를 물고 이어짐을 뜻한다. C의 '断断续续'는 끊어졌다 이어짐이 반복됨을 말한다. D의 '争先恐后'는 뒤쳐질까 두려워 앞을 다툰다는 뜻이다. 첫 번째 빈칸 뒤에 '차량이 왔다갔다하다'라는 내용이 있으므로 A와 B가 적합하다.
② 네 번째 빈칸에는 어법적으로 동사가 필요하므로 '享受'가 더 적합하다. 그러므로 답은 B이다.

단어 小商小贩 xiǎoshāng xiǎofàn 명 소상인, 노점상인 | 鸣笛 míngdí 명 경적을 울리다

05

九寨沟的篝火、烤羊、锅庄和古老而美丽的传说，______出藏羌人热情强悍的民族风情。九寨沟以原始的生态环境，______的清新空气和雪山、森林、湖泊组合成神妙、奇幻、幽美的自然风光，______"自然的美，美的自然"。被誉为"童话世界"九寨沟的高峰、彩林、翠海、叠瀑和藏情被称为"五绝"。______其独有的原始景观，______的动植物资源被誉为"人间仙境"。

주자이거우의 모닥불과 양고기구이, 궈장 그리고 오래되고 아름다운 전설은 장강족 사람들의 친절하면서도 강하고 용맹스러운 민족특색을 나타낸다. 주자이거우는 원시의 생태환경, 오염되지 않은 맑은 공기와 설산, 숲, 호수가 어우러져 불가사의하고 환상적이며 아름다운 자연경관을 만들어내 '자연의 미, 미의 자연'을 보여준다. '동화 속의 나라'로 불리는 주자이거우의 높은 산과 아름다운 숲, 푸른 바다, 굽이 치는 폭포, 그리고 장족의 정은 '오색'으로 칭송받는다. 그 독특한 원시모습과 풍부한 동식물 자원 때문에 '신선의 나라'라 불리기도 한다.

A 展现 ○ 一尘不染 显现 因 丰富
B 展出 × 干干净净 呈现 以 丰盛
C 展示 一干二净 表现 靠 富裕
D 表现 一清二楚 体现 依 充足

A 나타내다 / 전혀 물들지 않다 / 보이다 / ~때문에 / 풍부하다
B 전시하다 / 깨끗하다 / 드러나다 / ~로써 / 풍성하다
C 나타내다 / 깨끗하다 / 표현하다 / 의지하다 / 부유하다
D 표현하다 / 분명하다 / 구현하다 / ~에 따라 / 충분하다

해설 ① 두 번째 빈칸 A의 '一尘不染'은 나쁜 습관이나 분위기에 전혀 물들지 않음을 뜻한다. 또 매우 청결하고 깨끗함을 비유하기도 한다. B의 '干干净净'과 C의 '一干二净'은 모두 아주 깨끗함을 의미한다. D의 '一清二楚'는 매우 확실하게 이해함을 뜻한다.
② 첫 번째 빈칸에서 B를 제거할 수 있으며 원인을 나타내고 있으므로 A가 적합하다는 것을 알 수 있다.

단어 篝火 gōuhuǒ 명 모닥불, 캠프파이어 | 锅庄 Guōzhuāng 명 궈장[남녀가 원을 그리며 왼쪽으로 돌면서 노래하며 추는 장족의 민속무용] | 藏羌人 zàngqiāngrén 명 장강족 사람, 장족과 강족 사람 | 强悍 qiánghàn 형 강하고 용맹스럽다, 억세고 사납다 | 神妙 shénmiào 형 신묘하다, 교묘하다, 불가사의하다 | 仙境 xiānjìng 명 선경, 선계 | 彩林 cǎilín 명 아름다운 숲 | 翠海 cuìhǎi 명 푸른 바다 | 叠瀑 diépù 명 굽이 치는 폭포

06

人参不仅有独特的药用 ______ ，还可以 ______ 许多方面的深加工产品。 ______ ，在文学名著中，有关人参的传说故事更是 ______ 的。

A 价钱	制造	另外	层出不穷
B 用处	生产	除外	无穷无尽
C 价值	制作	此外	不胜枚举 ○
D 用途	铸造	而且	微不足道

인삼은 독특한 약용가치를 가지고 있을 뿐만 아니라 여러 방면의 2차 가공상품을 제조할 수 도 있다. 그 밖에도 문학명저에 인삼과 관련된 전설과 이야기가 셀 수 없이 많다.

A 가격 / 만들다 / 그 밖에 / 끝이 없다
B 용도 / 생산하다 / 제외하다 / 끝도 없고 한계도 없다
C 가치 / 제조하다 / 그 밖에 / 셀 수 없이 많다
D 용도 / 주조하다 / 또한 / 너무 작아 말할 가치도 없다

해설 네 번째 빈칸 A의 '层出不穷'은 계속해서 출현함, 끝이 없음을 나타낸다. B의 '无穷无尽'은 끝도 없고 한계도 없다는 뜻이고, C의 '不可枚举'는 하나하나 나열할 수 없을 정도로 수량이나 종류가 많다는 것을 비유할 때 쓰인다. D의 '微不足道'는 크기가 너무 작거나 의미, 가치가 매우 적어서 말할 가치가 없음을 나타낸다. 문장에서 봤을 때 인삼에 대한 전설과 이야기의 양은 유한하고 이미 존재하는 것이므로 C가 가장 적합하다.

07

风和日丽时，你站在上海东方明珠塔上 ______ ，外滩的万国建筑博览群、南浦大桥等都可以 ______ ， ______ 可以饱览上海全貌。旋转餐厅里的自助餐虽然有点贵， ______ 非常值得品尝。

A 极目远望 ○	一马平川	简直	而
B 举目远望 ○	尽收眼底 ○	几乎	却
C 美不胜收	一览无余	差不多	可
D 琳琅满目	一望无际	差点儿	但

바람과 햇빛이 좋은 날에 상하이 동방명주 탑에 서서 와이탄의 만국 건축물들과 난푸대교 등을 눈을 들어 바라보면, 한 눈에 들어와 상하이의 거의 모든 것을 느낄 수 있다. 건물 꼭대기 회전식당의 뷔페는 조금 비싸긴 하지만 오히려 한번 먹어볼 만하다.

A 최대한 멀리 바라보다 / 광활한 평원 / 그야말로 / 그러나
B 눈을 들어 멀리 내다보다 / 한 눈에 들어오다 / 거의 / 오히려
C 아름다운 물건이 매우 많아 일일이 다 볼 수 없다 / 한 눈에 들어오다 / 대체로 / 그러나
D 아름다운 것이 매우 많다 / 광활하고 끝이 없다 / 하마터면 / 하지만

해설 ① 첫 번째 빈칸 A의 '极目远望'은 있는 최대한 멀리 바라보는 것을 뜻한다. B의 '举目远望'은 눈을 들어 멀리 내다보는 것을 말한다. C의 '美不胜收'는 아름다운 물건이 매우 많아 일일이 다 볼 수 없음을 뜻하고 D의 '琳琅满目'도 아름다운 것이 매우 많음을 뜻한다. 문장에서 상하이 동방명주 탑에 서면 와이탄의 건물들과 난푸대교 등을 볼 수 있다고 했으니 A와 B가 문장의 내용에 부합한다.
② 두 번째 빈칸에서 A의 '一马平川'는 광활한 평원을 뜻하고 B의 '尽收眼底'는 한눈에 들어오는 것을 뜻하므로 B가 가장 적합하다.

08

我们要 ______ 我们所拥有的，不要为那些不属于我们的东西而 ______ ；我们也要学会 ______ 别人，不要 ______ 去做伤害别人的事情。

A 珍惜	费劲脑汁	尊重	有意
B 爱惜	煞费苦心	敬爱 ×	故意
C 珍爱	小心翼翼 ×	尊敬	特意
D 珍藏	千方百计 ×	敬重	特地

우리는 우리가 가진 모든 것을 소중히 여겨야 하며 우리에게 속하지 않은 것 때문에 많은 생각을 할 필요가 없다. 또한 우리는 남을 존중할 줄 알아야 하고 일부러 남을 해하는 일을 해서는 안 된다.

A 소중히 여기다 / 많은 생각을 하다 / 존중하다 / 일부러
B 아끼다 / 마음을 쓰다 / 경애하다 / 고의로
C 아끼고 사랑하다 / 신중히 하다 / 존경하다 / 특별히
D 소중히 간직하다 / 각종 방법을 다 써보다 / 존경하다 / 특별히

해설 ① 두 번째 빈칸 A의 '费劲脑汁'는 머리를 쓴다는 뜻이며 생각이 많음을 나타낸다. B의 '煞费苦心'은 마음을 쓴다는 뜻이다. C의 '小心翼翼'는 매우 신중하고 감히 소홀히 하지 못함을 나타낸다. D의 '千方百计'는 모든 방법을 다 생각해내거나 다 써보는 것을 말하며 문장에서 동사의 앞에 놓인다. 그러므로 C와 D를 제거할 수 있다.
② 세 번째 빈칸에서 B의 '敬爱'는 대상이 일반적으로 윗사람이거나 상사이어야 하므로 B를 제거하고 정답은 A가 된다

09

"兴趣是最好的老师"，它可以为学习一门外语提供 ______ 的动力，有了兴趣，学习就会 ______ 。而兴趣不是 ______ 的，所以要想学会一门语言，就 ______ 先培养你对它的兴趣。

A	伟大	无能为力	刻不容缓	必要
B	宏大	无可奈何	喜从天降	必需
C	巨大	事半功倍 ○	与生俱来	需要
D	重大	事倍功半	一成不变	必须

'흥미는 최고의 선생님'으로 흥미는 외국어를 공부하는 데 있어 큰 원동력이 된다. 흥미가 생기면 공부할 때 힘을 덜 들이고도 큰 효과를 볼 수 있다. 하지만 흥미는 처음부터 가지고 태어나는 것이 아니다. 그렇기 때문에 외국어를 배우려면 우선 그 외국어에 대한 흥미를 키워야 한다.

A 위대하다 / 능력이 없다 / 늦출 수 없다 / 반드시 필요하다
B 거대하다 / 어쩔 수 없다 / 기쁜 일이 갑자기 생기다 / 반드시 필요하다
C 크다 / 힘을 덜 들이고 큰 효과를 보다 / 가지고 태어나다 / 반드시 ~해야 한다
D 중대하다 / 힘을 많이 들이고 효과는 적다 / 한 번 정해지면 고칠 수 없다 / 반드시 ~해야 한다.

해설 두 번째 빈칸 A의 '无能为力'와 B의 '无可奈何'는 능력이 없어 어쩔 수 없음을 나타낸다. C의 '事半功倍'는 일을 하는 방법이 적합해 힘을 덜 들이고도 수확을 많이 함을 뜻한다. D의 '事倍功半'은 C와 반대로 일을 하는 데 힘은 들였으나 수확이 적음을 뜻한다. 그러므로 정답은 C이다.

10

布达拉宫重重叠叠，迂回曲折，同山体融合在一起，高高耸立，壮观巍峨。宫墙红白相间，宫顶 ______ ，具有 ______ 的艺术感染力。它是拉萨城的 ______ ，也是西藏人民巨大创造力的象征，是西藏建筑艺术的 ______ 财富，也是 ______ 的雪城高原上的人类文化遗产。

A	日新月异 ×	激烈	象征	宝贵	得天独厚
B	饱经沧桑	猛烈	记号 ×	名贵	举世瞩目
C	金碧辉煌	强烈	标志	珍贵	独一无二
D	名副其实 ×	剧烈	代表	贵重	举世闻名

포탈라궁은 겹겹이 이어지고 구불구불한 것이 산과 하나가 되어 잘 어우러져 있으며 높게 우뚝 솟아 경관이 수려하다. 궁의 벽은 붉은색과 백색으로 되어 있고 지붕은 아름답고 격조 있어, 강한 예술적 감화력을 품고 있다. 포탈라궁은 라싸의 상징이고 티베트 자치구민의 거대한 창의력의 상징이며, 티베트 건축예술의 귀중한 자산이자 하나뿐인 설상고원에 세워진 인류의 문화유산이다.

A 매일 변화하다 / 격렬하다 / 상징 / 귀중한 / 천혜의 자연조건
B 세상만사의 변화를 실컷 경험하다 / 맹렬하다 / 기호 / 진귀한 / 전 세계가 관심을 가지다
C 아름답고 격조 있다 / 강렬한 / 상징 / 귀중한 / 유일무이하다
D 명실상부 / 격렬한 / 대표 / 귀중한 / 세계적으로 유명하다

해설 ① 첫 번째 빈칸에서 A의 '日新月异'는 매일 변화하여 변화가 매우 빠름을 나타낸다. 문장에서 '포탈라궁의 지붕'은 매일 변화할 수도 변화가 빠를 수도 없다. 그러므로 내용 상 A를 제거할 수 있다. D의 '名副其实'는 명성이 실상과 부합함을 의미하고 대부분 명성에 해당하는 단어와 실제상황에 해당하는 단어가 함께 온다. 문장에는 다른 사람이 포탈라궁에 대한 평가가 없으므로 D는 적합하지 않다.
② 세 번째 빈칸에서 B의 '记号'는 구체적인 것이며 주의를 끌고 기억을 돕기 위해 만든 기호를 말한다. 하지만 포탈라궁은 기억을 위해 만든 기호가 아니기 때문에 B를 제거할 수 있다. 그러므로 정답은 C이다.

단어 **布达拉宫** Bùdálā Gōng 명 포탈라궁[중국 티베트자치구의 라싸에 있는 라마교 사원] | **迂回曲折** yūhuí qūzhé 길이 꼬불꼬불 하다, 우여곡절을 겪다 | **耸立** sǒnglì 동 우뚝 서다, 높이 솟다 | **壮观巍峨** zhuàngguān wēi'é 크게 우뚝 솟아 경관이 수려하다

연습문제 5 p.136

정답	1	C	2	B	3	D	4	A	5	D	6	A	7	C	8	A	9	D	10	D

01

燕窝既是 ______ 的烹饪原料， ______ 是营养价值极高的补品。它不是普通燕子的窝， ______ 一种特殊的燕子。 ______ 筑巢的地方可分为屋燕和洞燕两种。

A 珍贵　也　就是 ×　遵照
B 宝贵　还 ×　只是　依照
C 名贵　又　而是　按照
D 贵重　而 ×　仅是　根据

옌워는 유명하고 귀한 요리재료이며 또한 영양가가 높은 보양식품이다. 옌워는 일반적인 제비의 둥지가 아니고 독특한 제비의 것이다. 둥지를 트는 장소에 따라 집 제비와 동굴 제비로 나눌 수 있다.

A 귀하다 / ~도 / 설령 ~라도 / ~에 따르다
B 귀중하다 / ~도 / ~일 뿐이다 / ~에 따라
C 유명하고 귀하다 / 또한 (~가 아니라) / ~이다 / ~에 따라
D 귀중하다 / 하지만 / ~일 뿐이다 / ~에 따라

해설 ① 두 번째 빈칸에서 자주 사용되는 조합이 '既……也……'와 '既……又……'이므로 B와 D를 제거할 수 있다.
② 세 번째 빈칸의 A '不是……就是……'는 선택관계를 나타내므로 늘 함께 다닌다. C의 '不是……而是……'는 '不是' 뒷부분을 부정하고 '而是' 뒷부분의 내용을 강조한다. 상식적으로 여기에는 선택관계가 필요 없기 때문에 정답은 C이다.

단어 燕窝 yànwō 명 제비집 | 巢 cháo 명 새집, 둥지

02

儿童艺术剧方面的专家 ______ ，理想的动漫舞台剧应该是 ______ 中国动漫作品改编 ______ ；动漫思维， ______ 是动漫和舞台形式的简单叠加。

A 觉得　依据　拥有 ×　不单
B 认为　根据　具有　不只
C 以为　借鉴 ×　持有　不仅
D 指出　借助 ×　具备　不光

아동예술극 방면의 전문가들은 이상적인 동화극은 반드시 중국 동화작품에 따라 각색을 더해야만 하고 동화적인 사고방식을 가지고 있어야 한다고 여긴다. 이는 동화와 무대형식의 간단한 접목일 뿐이다.

A ~라고 생각하다 / ~의 따라 / 가지고 있다 / ~뿐만 아니라
B ~라고 여기다 / ~에 따라 / 가지고 있다 / ~일 뿐이다
C ~라고 여기다 / 본보기로 삼다 / 가지고 있다 / ~뿐만 아니라
D 밝히다 / ~을 본받다 / 갖추다 / ~만이 아니다

해설 ① 두 번째 빈칸에서 A와 B의 '依据/根据……改编'이라고 자주 쓰므로 C와 D를 제거한다.
② 세 번째 빈칸 A의 '拥有'는 자주 오는 대상이 '健康', '知识', '权利', '土地', '资源', '财产' 등이다. B의 '具有'와 자주 쓰이는 것은 '意义', '信心', '能力', '特点', '水平' 등이다. 문장에서 '动漫思维'는 일종의 능력이므로 B가 정답이다.

단어 舞台剧 wǔtáijù 명 무대극 | 改编 gǎibiān 동 (원작을) 각색하다, 개작하다 | 叠加 diéjiā 동 서로 중첩되다, 중첩되어 겹치다

03

挫折的影响 ______ 体现为物质上的损失，更多的体现为心灵的伤害。面对挫折时，我们 ______ 不能对生活失去信心，而是应该越挫越勇， ______ 阳光总在风雨后。

좌절의 영향은 물질 상의 손해로 나타날 뿐만 아니라 더 많은 경우 심적인 상처로 나타난다. 좌절을 만났을 때 우리는 절대로 생활에 대한 자신감을 잃어서는 안 될 뿐만 아니라 좌절할수록 더 용감해져야 한다. 왜냐하면 햇빛은 늘 비바람이 온 뒤에 나타나기 때문이다.

A 不管 ×	就	由于	A ~을 막론하고 / 바로 / 때문에
B 不但	都	因此 ×	B ~뿐만 아니라 / 모두 / 그래서
C 不只	只	为了 ×	C ~뿐만 아니라 / 다만 / ~을 위해
D 不仅	绝	因为	D ~뿐만 아니라 / 절대로 / 왜냐하면

해설 ① 첫 번째 빈칸에서 '不管'은 내용 상 맞지 않으므로 A를 제거한다.
② 마지막 빈칸에는 맥락에 따라 원인을 나타내는 연결어가 필요하기 때문에 B와 C를 제거하면 정답은 D이다.

04

对一般人来说，同时有机会得到鱼和熊掌______是极不容易的，而当你有机会______的时候，你______会感到很痛苦，因为______鱼还是熊掌，都意味着要放弃另一个。

일반 사람에게 있어서 동시에 물고기와 곰의 발바닥을 가질 수 있는 기회가 생긴다면 이것은 분명히 어려운 일일 것이다. 그리고 당신이 이러한 선택의 기회를 얻었을 때 오히려 고통스러울 것이다. 왜냐하면 물고기든 곰의 발바닥이든 간에 다른 하나를 포기해야 한다는 뜻이기 때문이다.

A 一定	选择	却 ○	无论	A 분명히 / 선택 / 오히려 / ~을 막론하고
B 必定	挑选	但	不论	B 반드시 / 고르다 / 하지만 / ~을 막론하고
C 必然	决定	而	不管	C 결국 / 결정 / 그러나 / ~을 막론하고
D 肯定	判断	可	尽管 ×	D 분명히 / 판단 / 하지만 / 비록 ~일지라도

해설 ① 마지막 빈칸에서 A, B, C는 모두 '都'와 조합이 가능하여 '无论/不论/不管……都……'의 형식으로 쓰인다. 그러므로 D를 제거한다.
② 세 번째 빈칸에 전환관계의 단어가 와야 하는데 '却'만 주어의 뒤에 올 수 있기 때문에 답은 A이다.

단어 **熊掌** xióngzhǎng 명 곰 발바닥

05

每年11月，上海全民健身节节日期间将______多项大型活动，数十万人踊跃______，给市民百姓带来了健身的______。期间举办的上海国际马拉松赛更是全民健身节的焦点，参赛省市以及参赛国家和地区呈逐年递增趋势，知名度和受______程度不断上升。

매년 11월 상하이 시민건강 페스티벌 기간 동안에 여러 가지 대형이벤트가 개최되며 수십만 명이 적극적으로 참여하는데, 이는 시민들에게 운동의 즐거움을 가져다준다. 축제기간 동안 개최되는 상하이 국제마라톤대회는 시민건강 페스티벌의 하이라이트로, 참가 성시와 국가, 지역이 점차 느는 추세를 보이고 있으며 지명도와 인기도 계속 높아지고 있다.

A 进行	参加	高兴	喜欢	A 진행하다 / 참가하다 / 기쁘다 / 좋아하다
B 举动	参选	欢乐	迎接	B 행위 / 선거에 출마하다 / 즐겁다 / 맞이하다
C 举办	参观	愉快	喜爱	C 개최하다 / 참관하다 / 유쾌하다 / 좋아하다
D 举行	参与	快乐	欢迎 ○	D 개최하다 / 참여하다 / 즐겁다 / 환영하다

해설 마지막 빈칸에서 D의 '欢迎'만 빈칸 앞의 '受'와 조합이 가능하기 때문에 정답은 D이다.

단어 **踊跃** yǒngyuè 형 (분위기가) 열렬하다, 활기차다 | **焦点** jiāodiǎn 명 초점, 하이라이트 | **逐年** zhúnián 부 해마다

06

在我们的生活中，有一种人非常值得______，他们总是默默无闻地躲在暗处，任劳任怨，不求______，为社会做出了______的贡献；这些人身上都有着无私奉献的优秀本质，也正是这种奉献精神一直______着他们工作。

우리 생활 속에는 매우 존경할 만한 사람들이 있다. 그들은 늘 소리 없이 뒤에 숨어서 열심히 일하고 불평하지 않고 받아들이며, 보상도 바라지 않고 사회에 유익한 공헌을 한다. 이러한 사람들은 모두 사심 없이 봉사하는 훌륭한 성품을 지니고 있으며, 바로 이러한 봉사정신이 그들의 일을 더욱 고무시킨다.

A 尊敬	回报 ○	有益	鼓舞
B 忠实 ×	工钱	有利	加油
C 忠诚 ×	工资	利益	鼓励
D 尊重	薪水	有害	奖励

A 존경하다 / 보상 / 유익하다 / 고무하다
B 충실하다 / 임금 / 이롭다 / 응원하다
C 충성하다 / 임금 / 이익 / 장려하다
D 존중하다 / 급여 / 유해하다 / 표창하다

해설 ① 첫 번째 빈칸에서 '值得' 뒤에는 반드시 동사가 와야 한다. 그러므로 형용사 B와 C '忠实', '忠诚'은 제거할 수 있다.
② 두 번째 빈칸에서 B, C, D '工钱'과 '工资', '薪水'는 모두 구체적인 것으로 일한 후에 받는 돈을 말한다. 하지만 '回报'는 물질일 수도 있고 정신적인 것일 수도 있다. 그러므로 답은 A이다.

단어 默默无闻 mòmòwúwén 성 이름이 세상에 알려지지 않다 | 任劳任怨 rènláo rènyuàn 성 고생을 겁내지 않고, 원망을 기꺼이 받아들이다 | 无私奉献 wúsī fèngxiàn 성 사심 없이 공헌하다

07

老人______年过九旬，但干起技艺要求严格的装裱活来，依然手不颤、眼不花，______。当与陈有崧先生谈起祖传的装裱手艺时，老人家就______，兴奋起来。______介绍，陈有崧的祖父和父亲都是潮汕地区有名的字画装裱师傅。

노인은 비록 90세를 넘겼지만, 기술적 요구치가 높은 표구를 할 때 손도 떨지 않고 눈도 침침해하지 않았으며 모든 것이 자유자재였다. 천여우비 선생과 조상대대로 전해진 표구 수공예에 대해서 이야기할 때 노인은 희색이 만연하여 흥분했다. 소개에 따르면 천여우비 선생의 조부와 부친이 모두 차오산 지역의 유명한 서화표구의 대가였다고 한다.

A 尽管	熟能生巧	兴致勃勃	依
B 即使	驾轻就熟	兴高采烈	凭
C 虽然	得心应手	眉飞色舞	据 ○
D 既然	左右逢源	眉开眼笑	由

A 비록 ~라 하더라도 / 익숙해지면 요령이 생긴다 / 흥미진진하다 / ~에 따라
B 설령 ~라 할지라도 / 일이 숙달되어 매우 쉽다 / 매우 기쁘다 / ~에 의거하여
C 비록 ~하지만 / 자유자재로 하다 / 희색이 만연하다 / ~에 따라
D ~된 바에야 / 일이 모두 순조롭다 / 몹시 좋아하다 / ~으로 인하여

해설 마지막 빈칸에는 C의 '据'만 '介绍'와 조합을 이룰 수 있다. 그러므로 답은 C이다.

단어 九旬 jiǔxún 명 90세 | 装裱 zhuāngbiǎo 명 표구 | 颤 chàn 명 떨다

08

以前，我们认为男追女才是正常的，可是如今，______我们不提倡含蓄女人主动出击，但也不能______似的等待白马王子的到来，毕竟王子比较______。于是，我们就要略施小计，______，收获爱情。

이전에 우리는 남자가 여자를 쫓아다니는 것이 정상이라고 여겼지만, 지금은 비록 여자가 너무 적극적으로 나서는 것을 좋아하지 않는다고 해도 수주대토처럼 백마 탄 왕자가 오기만을 기다릴 수도 없다고 생각한다. 왜냐면 백마 탄 왕자는 비교적 드물기 때문이다. 그래서 우리는 어느 정도는 계획을 세우고 밀고 당기기를 함으로써 사랑을 쟁취해야 한다.

A	虽然	守株待兔 ○	稀有	欲擒故纵
B	尽管	东张西望	稀少	欲罢不能
C	即使 ×	空前绝后	缺少	欲言又止
D	假设 ×	走马观花	缺乏	诱敌深入

A 비록 ~하지만 / 수주대토 / 드물다 / 더욱 통제하기 위하여 일부러 느슨하게 하다
B 비록 ~라 하더라도 / 여기저기 두리번거리다 / 적다 / 그만두려 해도 그만둘 수 없다
C 설령 ~라 할지라도 / 전무후무하다 / 부족하다 / 말하려다 멈추다
D 가정하다 / 대충 보고 지나가다 / 부족하다 / 적을 깊숙이 유인하다

해설 ① 첫 번째 빈칸에서 '但'과의 조합을 고려해 C와 D를 우선 제거할 수 있다.
② 두 번째 빈칸 A의 '守株待兔'는 원래 노력을 하지 않고 성공을 바라는 요행심리를 비유한 것이었으나 지금은 경험만을 고집하고 변화하지 않는 것을 뜻한다. B의 '东张西望'은 여기저기 두리번거리는 것을 말한다. 문장 속에서 '等待'와 '守株待兔'의 의미가 부합하기 때문에 정답을 A로 고를 수 있다.

단어 **含蓄 hánxù** 형 (사상이나 감정 따위를) 쉽게 드러내지 않다, 함축적이다 | **出击 chūjī** 동 (투쟁이나 시합에서) 공세를 취하다 | **守株待兔 shǒuzhū dàitù** 성 수주대토하다, 요행만을 바라다 | **欲擒故纵 yùqín gùzòng** 성 더욱 단압하기 위해 고의로 풀어 놓다, 더욱 통제하기 위하여 일부러 느슨하게 하다

09

全聚德 ______ 于1864年，至今已有140年的历史。它以做北京烤鸭 ______ ，跨越了三个世纪，______ 了晚清衰亡、民国建立等几个重大历史时期；新中国成立后，______ 了老店，为百年老字号的 ______ 奠定了坚实的基础。

A	开业	优异	经验	扩大	兴旺
B	开始	优秀	经过	扩张	繁荣
C	创始	有名	历经	扩展	发达
D	始建	闻名 ○	经历	扩建	发展

1864년에 개업한 취엔쥐더는 이미 140년의 역사를 가지고 있다. 취엔쥐더는 베이징 오리구이로 유명하며 3세기를 뛰어넘어 만청의 쇠락과 멸망, 중화민국 수립 등 여러 중대한 역사적인 시기를 겪었다. 신중국 수립 이후 옛 점포를 확장해 오랜 전통이 있는 가게의 발전을 위한 튼튼한 기반을 만들었다.

A 개업하다 / 특출하다 / 경험하다 / 확대하다 / 번창하다
B 시작하다 / 우수하다 / 지나가다 / 확장하다 / 번영하다
C 창시하다 / 유명하다 / 겪다 / 확장하다 / 발달하다
D 시작하다 / 유명하다 / 겪다 / 확장하다 / 발전하다

해설 두 번째 빈칸에서 '以……闻名'는 고정문형이다. 그러므로 답은 D이다.

10

前门外的大栅栏 ______ 是北京有名的闹市，以老字号众多闻名。同仁堂药铺就是其中一家老字号。北京同仁堂创办于清康熙八年（1669年），______ 雍正元年（1723年），雍正下旨同仁堂供奉清皇家御药房用药，______ 八代皇帝，长达188年。这就 ______ 了同仁堂人在制药 ______ 中精益求精的严细精神。

A	已经	从	经验 ×	铸造	程序
B	目前	经 ×	经历	成就	历程
C	至今	由 ×	经过	造成	经过
D	曾经	自	历经	造就	过程

첸먼 밖의 따자란은 일찍이 베이징의 유명한 시장이었으며 오랜 전통이 있는 가게가 많은 것으로 유명했다. 통런탕 약방도 그 오래된 점포 가운데 하나이다. 베이징 통런탕은 청나라 강희 8년(1669년)에 개업했으며 옹정원년(1723년)부터 옹정황제가 통런탕에 명을 내려 청 황실의 약방에서 사용할 약을 공급하도록 했다. 8대 황제를 거쳤으며 기간은 188년에 달한다. 이러한 역사는 통런탕이 약을 제작하는 과정에서 더욱더 완벽을 추구하는 치밀한 정신을 가지도록 만들었다.

A 이미 / ~부터 / 경험 / 주조하다 / 절차
B 현재 / 거치다 / 경험하다 / 성과 / 과정
C 지금까지 / ~로부터 / 지나다 / 만들다 / 지나다
D 일찍이 / ~부터 / 경험하다 / 만들어내다 / 과정

해설 ① 두 번째 빈칸에 '经'과 '自'는 모두 시간을 뜻하는 단어 앞에 올 수 있다. 그러므로 B와 C를 제거한다.
② 세 번째 빈칸에는 동사가 필요하므로 A를 제거하면 D가 답이 된다.

단어 **闹市 nàoshì** 명 (도시의) 번화가 | **药铺 yàopù** 명 한약방 | **精益求精 jīngyì qiújīng** 성 훌륭하지만 더욱 더 완벽을 추구하다 | **严细 yánxì** 형 엄밀하고 세밀하다, 치밀하다, 주도면밀하다

연습문제 6

p.142

정답	1	B	2	A	3	D	4	C	5	A	6	B	7	D	8	B	9	C	10	A

01

最近我通过自己的努力，终于赚到了人生第一______钱。

A 份　B 笔　C 项　D 件

최근 나는 스스로의 노력을 통해 마침내 생애 처음으로 큰 돈을 벌었다.

A 부　B 몫　C 항목　D 건

해설 A 份: ① 조각[전체를 나눈 부분을 세는 단위] 예 **把苹果分成两份儿** 사과를 두 조각으로 나누다
② 벌, 세트[배합하여 한 벌이 되는 것을 세는 단위] 예 **两份盒饭** 도시락 두 개
③ 부, 통, 권[신문 · 잡지 · 문건 등을 세는 단위] 예 **一份杂志** 잡지 한 권
B 笔: 몫, 건[돈이나 그와 관련된 것에 쓰임] 예 **一笔钱** (큰) 돈 / **一笔收入** (한 몫의) 수입
C 项: 가지, 항목, 조목, 조항, 항 예 **两项开支** 두 항목의 지출
D 件: 건, 개[하나하나로 셀 수 있는 물건을 세는 단위] 예 **三件行李** 짐 세 개

02

我看完这______消息以后，感到非常震惊。

A 则　B 张　C 页　D 片

나는 이 뉴스 한 토막을 본 후 매우 놀랐다.

A 편　B 장　C 쪽　D 편

해설 A 则: 조항, 문제, 편, 토막[조목으로 나누어진 것이나 단락을 이루는 문장의 수를 표시하는 데 쓰는 단위 = '条']
예 **一则(条)消息** 뉴스 한 토막
B 张: 장[종이나 가죽 등을 세는 단위] 예 **一张纸** 종이 한 장
C 页: 면, 쪽, 페이지[양면을 인쇄한 책의 한 쪽] 예 **第12页** 제12쪽
D 片: ① 편평하고 얇은 모양의 것에 쓰임 예 **一片儿药** 약 한 알
② 풍경, 기상, 언어, 소리, 마음 등에 쓰임 예 **一片春色** (완연한) 봄기운

03

在这里陈列着一件珍贵的历史文物，它是一______用红色的粗棉布制作的五星红旗。

A 张　B 条　C 件　D 面

여기에 진귀한 역사 문물이 진열되어 있는데, 그것은 붉은색 거친 무명으로 짠 오성홍기 한 개이다.

A 장　B 항　C 건　D 개

해설 B 条: 조, 항, 조목, 항목, 가지[항목으로 나누어진 것을 세는 단위] 예 **一条新闻** 뉴스 한 토막
D 面: ① 개, 폭[편평한 물건을 세는 단위] 예 **一面旗** 깃발 한 개
② 번, 회, 차례[만나는 횟수를 세는 단위] 예 **见过一面** 한 번 만난 적이 있다

단어 **粗棉布 cū miánbù** 거친 면, 거친 무명

04

她最近非常高兴，因为她终于能说一______流利的汉语了。

A 句　B 段　C 口　D 篇

그녀는 최근에 매우 즐거운데, 왜냐하면 그녀가 드디어 유창한 중국어를 한 마디 할 수 있게 됐기 때문이다.

A 마디　B 단락　C 마디　D 편

해설 A 句: 마디, 구, 편[언어나 시문을 세는 단위] 예 他只说了一句话。 그는 겨우 한 마디 말만 했다.
B 段: ① 단락, 토막[사물의 한 부분을 나타냄] 예 一段文章 문장 한 단락
② (한)동안, 얼마간, 기간, 단계, 시기, 구역[시간이나 공간의 일정한 거리를 나타냄] 예 一段时间 한동안
C 口: ① 입, 모금, 마디[입과 관련 있는 동작이나 사물을 세는 단위] 예 一口流利的汉语 유창한 중국어 한 마디
② 입구가 있거나 날이 있는 물건을 세는 단위 예 两口井 우물 두 개
D 篇: 편, 장[문장 · 종이 등을 세는 단위] 예 一篇散文 에세이 한 편

05

今天早上在大桥上发生了一______交通事故，所幸无人员伤亡。

A 起　B 件　C 次　D 所

오늘 아침 대교 위에서 교통사고 한 건이 발생했지만 다행히 사상자는 없었다.

A 건　B 건　C 차례　D 개

해설 A 起: 건, 가지[사건이나 안건 등을 세는 단위] 예 一起交通事故 교통사고 한 건
C 次: 차례, 번, 회 예 我去过两次。 나는 두 번 간 적이 있다.
D 所: 개, 하나[학교 · 병원을 세는 단위] 예 一所学校 학교 하나

06

女儿的一______话，让我感到她比我想象中的成熟了很多。

A 只　B 番　C 口　D 片

여자의 한 차례 말에 나는 그녀가 내 상상보다 훨씬 성숙함을 느꼈다.

A 마리　B 차례　C 마디　D 항목

해설 A 只: ① 쪽, 짝[쌍으로 이루어진 것 중 하나를 세는 단위] 예 一只手 한쪽 손
② 마리[주로 날짐승이나 길짐승을 세는 단위] 예 一只羊 양 한 마리
③ 척[배를 세는 단위] 예 两只船 배 두 척
B 番: 회, 차례, 번, 바탕['回', '次'와 마찬가지로 동작의 횟수를 세는 단위]
예 一番话 말 한 번(바탕) / 讨论一番 한 차례 토론하다

07

一______最新调查显示：大部分居民生活的环境都存在噪音污染。

A 件　B 条　C 种　D 项

최근 한 항목의 조사에 따르면 대부분 주민의 생활환경에 소음공해가 존재하는 것으로 나타났다.

A 건　B 항　C 종　D항목

해설 C 种: 종류, 부류, 가지 예 两种书 책 두 종류

08

他在这届奥运会上共获得三______金牌。

A 面　B 枚　C 条　D 个

그는 이번 올림픽에서 모두 세 개의 금메달을 땄다.

A 번　B 개　C 항　D 개

해설 B 枚: ① 매, 장, 개[주로 비교적 작은 조각으로 된 사물을 세는 단위] 예 一枚金牌 금메달 한 개 / 一枚硬币 동전 한 개
② 개, 발[일부 무기를 세는 단위] 예 一枚导弹 미사일 한 기(발)
D 个: ① 개, 사람, 명[개개의 사람이나 물건에 쓰임] 예 三个人 세 사람
② 전용 양사가 없는 사물에 두루 쓰임 예 两个小时 두 시간 / 一个想法 한 생각
③ 일부 동사와 보어 사이에 쓰여 보어를 이끄는 '得'와 비슷한 역할을 함 예 玩儿个痛快 마음껏 놀다

09 我觉得这 ______ 电影的男主角演得非常好。

A 位　B 片　C 部　D 本

나는 이 영화 한 편의 남자 주인공이 연기를 아주 잘한 것 같다.

A 분　B 편　C 편　D 권

해설 A 位: 분, 명[사람을 셀 때 쓰는 단위로 공경의 뜻을 내포함] 예 三位老师 선생님 세 분
C 部: 부, 편[서적이나 영화 편수 등을 세는 단위] 예 一部电影 영화 한 편 / 两部小说 소설 두 편
D 本: 책 등을 셀 때 쓰는 단위 예 一本书 책 한 권

10 透过那 ______ 玻璃窗，我们可以看到蓝蓝的天空。

A 扇　B 片　C 面　D 条

그 한 장의 유리창을 통해 우리는 푸른 하늘을 볼 수 있다.

A 판　B 편　C 번　D 항

해설 A 扇: 짝, 틀, 장, 폭[문, 창문 등에 쓰임] 예 一扇窗 창문 한 짝 / 两扇门 문 두 짝

실전문제

p.145

정답																				
	1	D	2	B	3	C	4	C	5	B	6	B	7	D	8	C	9	B	10	D
	11	D	12	A	13	C	14	B	15	B	16	A	17	D	18	C	19	C	20	B

01 他因母亲的去世而 ______ ，又因独自一人 ______ 往事，想起和母亲一起生活的点点滴滴，与母亲做灵魂的交流而感到幸福和温馨， ______ 又产生了一种享受感。

A 失望 ×　回想　所以
B 悲哀　回顾　并且 ×
C 悲痛　记忆 ×　因而
D 悲伤　回忆　从而

그는 어머니의 별세로 매우 슬퍼하며 홀로 지난날을 회상하다가 어머니와 함께 생활하던 사소한 일상과 어머니와의 영혼의 교감으로 느꼈던 행복과 따뜻함을 떠올렸고 이로 인해 향수에 젖었다.

A 실망하다 / 회상하다 / 따라서
B 상심하다 / 회고하다 / 게다가
C 비통하다 / 기억하다 / 그리하여
D 슬프다 / 회상하다 / 이로 인해

해설 ① 첫 번째 빈칸에 들어갈 A의 '失望'은 어떤 사람이나 일에 실망했다는 뜻이다. 이 문장에서는 대상이 되는 사람이나 일이 명시되지 않았으므로 정답으로 적합하지 않다. A는 제외할 수 있다.
② 두 번째 빈칸에 들어갈 동사의 대상은 '往事'이며, 이미 일어난 일에 대해 이야기하고 있으므로 지난날을 되돌아본다는 의미가 들어가야 한다. 따라서 C의 '记忆'는 답에서 제외된다.
③ 세 번째 빈칸의 경우 지문의 논리관계를 살펴보면, 지난날을 회상했기 때문에 향수에 젖은 것으로 점진관계가 아니라 인과관계라는 사실을 알 수 있다. 따라서 B '并且'는 정답이 될 수 없다. 정답은 D가 된다.

단어 **点点滴滴** diǎndiǎn dīdī 명 자질구레한 것, 사소한 것 | **温馨** wēnxīn 형 온화하고 향기롭다, 따뜻하다, 따스하다

02

作为全国首批沿海开放城市之一，湛江______走在经济大潮的最前沿，______了辉煌的品牌史，城市也因此______于世，人称“北有青岛，南有湛江”。

A 以前　创办 ×　出名
B 曾经　创造　闻名 ○
C 已经　创立 ×　有名
D 过去　建立 ×　著名

전국에서 처음으로 대외개방을 한 연해도시로서 잔장은 일찍이 경제조류의 최전선에서 찬란한 브랜드 역사를 창조했다. 도시 역시 이로써 세계에 이름을 떨치게 됐고, 사람들은 '북쪽에 칭다오가 있다면 남쪽에는 잔장이 있다.'라고 말하게 됐다.

A 이전 / 설립하다 / 유명하다
B 일찍이 / 창조하다 / 이름이 널리 알려지다
C 이미 / 창립하다 / 유명하다
D 과거 / 건립하다 / 유명하다

해설 ① 두 번째 빈칸에서 빈칸 뒤의 '……史'는 B '创造'와 함께 쓰이는 단어이다. A, C, D의 '创办', '创立', '建立'와는 함께 쓸 수 없다.
② 세 번째 빈칸 역시 '闻名于世'라는 고정표현이 있음을 감안하면 정답은 B가 된다.

03

教师要想上好课，______做到以下“五好”：上课带着好心情，和学生建立好关系，______设计好点拨，______给予好评价，留给学生好作业。

A 必需 ×　精细　按时
B 必要 ×　精致　准时
C 必须　精心 ○　及时
D 务必　精美 ×　定时

교사가 수업을 잘 하려면 반드시 다음의 '다섯 가지를 잘해야' 한다. 좋은 마음으로 수업에 임해야 하고, 학생들과 좋은 관계를 맺어야 한다. 세심하게 잘 지적을 해야 하고 제때 좋은 평가를 해야 하며 숙제를 잘 내주어야 한다.

A 꼭 필요하다 / 정교하다 / 규정된 시간에 따라
B 필요하다 / 정교하다 / 시간에 맞춰
C 반드시 / 세심하다 / 제때에
D 기필코 / 정교하고 아름답다 / 정해진 시간에 따라

해설 ① 첫 번째 빈칸의 A '必需'와 B '必要'는 동사 앞에 쓸 수 없다. '做'는 동사이기 때문에 A와 B는 정답이 될 수 없다.
② 두 번째 빈칸의 C '精心'은 '心'이라는 단어를 포함하고 있으므로 이것이 사람의 행위와 관련이 있음을 유추할 수 있다. D의 '精美'는 사물의 외관을 묘사할 때 많이 쓰인다. '设计好点拨'는 교사의 행위이므로 정답은 C가 된다.

단어 **点拨** diǎnbo 동 지적하여 알게 하다, 분명하게 지적하다

04

做饭的时候，要注意烹调技法与火候运用______相关，比如中火适用于炸制菜，凡是外面挂糊______的，在下油锅炸时，多______旺火下锅中火炸制，逐渐加油的方法，______较好。

요리할 때 조리방법 및 불의 세기와 시간 운용의 밀접한 관계에 주의해야 한다. 예를 들어 중불은 볶음요리에 적합하고, 모든 표면에 튀김옷을 입히는 재료는 기름 솥에 넣어 튀길 때 센 불을 사용하고 재료를 넣고 중불에 튀기면서 점차 기름을 입히는 방법을 쓰면 효과가 비교적 좋다.

A 亲密 ×	资料	采用	结果	A 친밀하다 / 자료 / 채택하다 / 결과
B 紧密	材料	应用	后果 ×	B 긴밀하다 / 재료 / 활용하다 / 결과
C 密切	原料	使用	效果	C 밀접하다 / 원료 / 사용하다 / 효과
D 亲切 ×	资源	利用	成果	D 친절하다 / 자원 / 이용하다 / 성과

해설 ① 첫 번째 빈칸은 앞뒤 문장을 감안하면 '烹调技法'와 '火候运用'의 관계를 강조함을 알 수 있다. A의 '亲密'는 사람과 사람 사이의 관계를 묘사하고, D '亲切'는 사람의 언어, 미소, 태도와 온화함, 다가가기 쉬움 등을 나타낸다. 따라서 A와 D는 정답으로 적합하지 않다.
② 마지막 빈칸에서 B의 '后果'는 나쁜 결과를 나타내는 말이므로 이 역시 답이 될 수 없다. 따라서 정답은 C이다.

단어 **火候** huǒhou 명 (태울 때) 불의 세기와 시간 | **中火** zhōnghuǒ 명 중불, 중간 정도의 센 불 | **炸制菜** zházhìcài 명 볶음요리 | **挂糊** guàhú 튀김옷을 입히다 | **下油锅** xià yóuguō 기름 솥에 빠지다 | **旺火** wànghuǒ 명 센 불

05

老舍先生创作了很多优秀的话剧，《茶馆》是这些______之一，全剧以老北京一家大茶馆的兴衰变迁为______，向人们______了从清末到抗战胜利后的50年间，北京的社会风貌及各阶层人物的不同______。

노사 선생은 우수한 연극을 다수 창작했다. ≪차관≫은 명저의 하나로 전체 극은 옛 베이징에 있던 한 찻집의 흥망성쇠를 배경으로 하며, 사람들에게 청대 말기에서부터 항일 전쟁에서 승리한 후의 50년 세월과 베이징의 사회모습 및 각 계층 인물들의 다른 운명을 보여준다.

A 名誉	内容	展现	运气	A 명성 / 내용 / 나타내다 / 운수
B 名著 ○	背景	展示 ○	命运	B 명저 / 배경 / 나타내다 / 운명
C 著名	线索	展开	生活	C 유명하다 / 단서 / 전개하다 / 생활
D 名作 ○	知识	展望	情况	D 명작 / 지식 / 전망하다 / 상황

해설 ① ≪茶馆≫은 저서로서 첫 번째 빈칸에 들어갈 보기 중 B와 D는 정답이 될 가능성이 있다.
② 세 번째 빈칸의 B '展示'는 분명하게 보여준다는 의미이고, D의 '展望'은 사물의 발전과 앞날을 전망한다는 뜻이다. 따라서 지문의 전반적 의미에 따라 정답은 B가 된다.

06

去别人家做客的时候，要注意______主人时，应该尽量不给主人添麻烦。______给主人工作或生活造成了麻烦，应______表示歉意，并努力将负面影响缩到最小。______表达他们的歉意，很容易加深主人对他们的好感。

초대를 받아서 손님으로서 다른 사람의 집을 방문할 때 되도록 집주인을 성가시게 해서는 안 됨에 주의해야 한다. 만약 주인의 업무와 생활에 불편함을 초래했다면 반드시 사과의 뜻을 알맞게 표현해야 하고, 아울러 부정적 영향을 최소화해야 한다. 제때 사과를 표시하면 집주인이 더욱 쉽게 호감을 느끼게 된다.

A 采访 ×	要是	适合	按时	A 인터뷰하다 / 만약에 / 적합하다 / 규정된 시간에 따라
B 拜访	如果	适当	及时 ○	B 방문하다 / 만약에 / 알맞다 / 제때
C 访问	倘若	恰当	准时	C 방문하다 / 가령 / 타당하다 / 시간에 맞다
D 看望 ×	假如	妥当	临时	D 방문하다 / 가령 / 타당하다 / 임시로

해설 ① 첫 번째 빈칸은 손님으로서 다른 사람 집에 방문한다는 의미여야 하므로 A와 D는 문맥에 맞지 않다.
② 네 번째 빈칸에서 B '及时'의 시간은 사건의 발생에 따라 확정되는 것으로 '적절한 때, 제때'라는 뜻을 나타낸다. D의 '临时'는 '사건의 발생이 임박했을 때 사전에 예상하지 못한, 임시의'란 의미다. 따라서 B가 정답이 된다.

07

当有害的物质进入洁净的水中，水污染就发生了。水污染产生的 ______ 非常大，比如未经 ______ 的城市生活污水、造纸污水等会 ______ 水中缺氧，致使需要氧气的微生物死亡。而正是这些微生物因能够分解有机质， ______ 着河流、小溪的自我净化能力。

유해한 물질이 깨끗한 물에 들어갈 때 수질오염이 발생한다. 수질오염이 야기하는 피해는 매우 크다. 예를 들어 처리를 거치지 않은 도시의 생활오수, 제지오수 등이 물 속에 산소부족을 야기하고, 산소를 필요로 하는 미생물을 죽이는 원인이 된다. 이러한 미생물은 유기질을 분해할 수 있고 하천이나 계곡의 자기정화능력을 유지시켜준다.

A	灾害	办理 ×	致使	保持
B	损害	加工	造成	维护 ×
C	伤害 ×	净化	引起	保护
D	危害	处理	导致	维持

A 재해 / 처리하다 / ~하게 되다 / 유지하다
B 손해 / 가공하다 / 야기하다 / 보호하다
C 상해 / 정화하다 / 일으키다 / 보호하다
D 위해 / 처리하다 / 야기하다 / 유지하다

해설 ① 첫 번째 빈칸에서 C '伤害'의 '伤'은 목숨과 관련된 일에 쓰는 어휘이다. 지문은 목숨과 관련된 내용이 아니므로 C는 정답에서 제외된다.
② 두 번째 빈칸에 들어갈 보기 중 A '办理'의 대상은 '业务', '手续', '签证' 등이므로 여기서는 적합하지 않다.
③ 네 번째 빈칸의 B '维护'는 '国家', '祖国', '和平', '自由' 등의 단어와 함께 쓰이므로 정답이 될 수 없다. 따라서 정답은 D이다.

단어 缺氧 quēyǎng 산소가 부족하다 | 氧气 yǎngqì 명 산소 | 微生物 wēishēngwù 명 미생물 | 分解 fēnjiě 동 분해하다 | 有机质 yǒujīzhì 명 유기질, 유기물질 | 小溪 xiǎoxī 명 시내, 계곡

08

华佗是一位杰出的医学家，他曾把自己丰富的医疗经验 ______ 成一部医学著作，名曰《青囊经》， ______ 没能流传下来。但不能说，他的医学经验 ______ 就完全湮没了。因为他有许多 ______ 的学生，把他的经验部分地继承了下来。

화타는 걸출한 의학자로서 일찍이 자신의 풍부한 의료경험을 정리하여 의학저서를 썼다. 제목은 ≪청낭경≫으로 안타깝게도 지금까지 전해오지는 않는다. 하지만 그의 의학경험이 이러한 이유로 그 빛을 잃지는 않았다. 그는 많은 우수한 학생들이 있었기 때문에 그의 경험은 일부 계승되어 왔다.

A	编辑	惋惜	所以	优良
B	收拾 ×	遗憾	因而	良好
C	整理	可惜 ○	因此	优秀
D	清理 ×	可是	由此	优异

A 편집하다 / 애석하다 / 따라서 / 우수하다
B 수습하다 / 유감이다 / 그리하여 / 만족스럽다
C 정리하다 / 안타깝다 / 따라서 / 우수한
D 정리하다 / 하지만 / 이로써 / 뛰어나다

해설 ① 첫 번째 빈칸 B '收拾'의 대상은 '房间', '行李' 등이고, D '清理'의 대상으로는 쓸데없는 것이 주로 온다. 즉, B와 D는 문장의 의미와 맞지 않으므로 정답으로는 부적절하다.
② 두 번째 빈칸에서 A의 '惋惜'는 사람들의 불행이나 사물의 의외의 변화가 대상이 된다. C의 '可惜'는 사물의 유실이나 피해에 안타까워한다는 뜻이다. 여기서는 ≪청낭경≫이 지금까지 전해 내려오지 않아 안타깝다는 의미로 쓰였으므로 C가 정답으로 가장 적절하다.

단어 华佗 Huàtuó 인명 화타[중국 한대의 전설적인 명의] | 湮没 yānmò 동 묻다, 감추다, 가리다

09

如果孩子比较听话，＿＿＿＿，对于做父母的来说，自然是一件令人＿＿＿＿的事情。可是，处于青春期的孩子，由于生理和心理的原因，他们急于在万事万物中＿＿＿＿独立的方式，所以常常会表现出一副和父母＿＿＿＿的姿态。父母说好的，他偏要说差；父母说差的，他偏要说好。

만약 아이가 비교적 말을 잘 듣고 순종적인 편이라면 부모에게는 자연히 기쁜 일이 아닐 수 없다. 하지만 사춘기의 아이들은 생리적, 심리적인 원인으로 모든 일에서 독립적인 방식을 찾으려는 데 급급하기 때문에 부모에게 사사건건 반항하는 모습을 보일 것이다. 부모가 옳다고 하면 아이들은 한사코 아니라고 하고, 부모가 아니라고 하는 것을 아이들은 굳이 옳다고 한다.

A 唯命是从　高兴　寻觅　反目成仇
B 百依百顺 ○　欣慰　寻找　格格不入
C 俯首帖耳　喜悦　探求　咬牙切齿
D 称心如意　安慰　搜索　不相上下

A 복종하다 / 기쁘다 / 찾다 / 적이 되다
B 순종하다 / 기쁘다 / 찾다 / 매번 부딪히다
C 비굴하다 / 유쾌하다 / 탐구하다 / 격분하다
D 마음에 들다 / 위안하다 / 자세히 뒤지다 / 차이가 없다

해설 첫 번째 빈칸 A의 '唯命是从'은 시키면 시키는 대로 복종하고 절대로 반항하지 않는다는 뜻으로 부정적인 의미가 담겨있다. B의 '百依百顺'은 무엇이든지 복종하고 모든 것을 남의 말에 따른다는 의미를 나타낸다. C의 '俯首帖耳'은 비굴하게 굽신거리는 모습을 묘사하고 D의 '称心如意'는 마음대로 되어 매우 만족스럽다는 의미이다. 따라서 정답은 B가 된다.

단어 **反目成仇** fǎnmù chéngchóu 성 반목하여 적이 되다 | **格格不入** gégébúrù 성 맞지 않아서 어울리지 못하다 | **咬牙切齿** yǎoyá qièchǐ 성 원수처럼 대하다, 몹시 화를 내다 | **不相上下** bùxiāngshàngxià 성 막상막하다, 서로 우열을 가릴 수 없다

10

薪酬更多时候体现了一个人的能力和职位，＿＿＿＿，挑战高薪职位＿＿＿＿每个职场人士追求的目标，但＿＿＿＿高薪职位要有三个方面的准备：第一，要＿＿＿＿一定的实力；第二，要有一定的野心和＿＿＿＿；第三，要学会推销自己，把自己当做一个产品销售出去的思路。

임금은 한 사람의 능력과 직위를 나타낼 때가 많다. 따라서 고임금직에 도전하는 것은 모든 직장인이 추구하는 목표가 되었다. 하지만 고임금직을 얻기 위해서는 세 가지 측면에서 준비가 되어 있어야 한다. 첫째, 일정한 실력을 구비해야 한다. 둘째, 일정한 야심과 꿈을 가져야 한다. 셋째, 자신을 알리고 자신을 상품으로 판매할 수 있는 사고를 배워야 한다.

A 于是　变为 ×　赢得　具有　理想
B 因而　作为　得到　占有　幻想 ×
C 所以　变成　取得　拥有　空想 ×
D 因此　成为　获得　具备　梦想

A 그래서 / ~로 변하다 / 얻다 / 갖추다 / 이상
B 그리하여 / ~로 삼다 / 얻다 / 점유하다 / 환상
C 그래서 / ~로 변하다 / 얻다 / 갖다 / 공상
D 따라서 / ~가 되다 / 얻다 / 구비하다 / 꿈

해설 ① 두 번째 빈칸에서 A '变为'의 뒤에는 목적어를 쓸 수 없으므로 정답이 될 수 없다.
② 마지막 빈칸에서 B의 '幻想'과 C의 '空想' 모두 실현 불가능한 생각이므로 역시 정답으로 부적절하다. 따라서 정답은 D가 된다.

단어 **薪酬** xīnchóu 명 봉급, 보수

11

朱熹是继孔子＿＿＿＿中国历史上最伟大的思想家、哲学家和教育家，是儒学思想文化＿＿＿＿的代表。至今，世界上几十个国家的专家、学者仍致力于朱熹学说的＿＿＿＿。

주자는 공자를 이은 이후 중국 역사상 가장 위대한 사상가이자 철학자, 교육가로 유가사상 문화의 뛰어난 대표이다. 지금까지도 전 세계 수십 개 국가의 전문가, 학자가 여전히 주자학설 연구에 매진하고 있다.

A 以后	优异	探索 ×	A 이후 / 우수하다 / 탐색하다
B 然后 ×	优秀	探讨	B 그런 후에 / 우수하다 / 토론하다
C 后来 ×	突出	钻研	C 훗날 / 두드러지다 / 깊이 연구하다
D 之后	杰出	研究	D 이후 / 뛰어나다 / 연구하다

해설 ① 첫 번째 빈칸의 A '以后'와 D의 '之后'는 다른 단어 뒤에 바로 쓰여 시작지점이 분명히 표시된다. 반면 B는 접속사로서 동작이나 상황이 발생한 후 연이어 다른 동작이나 상황이 발생함을 나타낸다. C의 '后来'는 시간의 시작시점이 모호하고 다른 단어 뒤에 바로 쓰일 수 없다. 이로 미루어 보아 B, C는 정답에서 제외된다.
② 세 번째 빈칸에서 A '探索'의 목적어로는 '奥秘', '真理', '原因', '本质', '人生' 등이 올 수 있으므로 역시 정답으로는 부적절하다. 따라서 정답은 D이다.

단어 朱熹 Zhū Xī 인명 주희, 주자[중국 남송의 유학자]

12

人们逛庙会逛得时间久了，必然又饿又累。看到各种好吃的，______产生食欲，所以庙会上那种小吃摊自然也就座无虚席了。庙会上的小吃多______半是北京日常街头巷尾叫卖的吃食，具有北京地方______，适合北京人的口味。

사람들이 사당의 임시시장에 놀러 갔을 때 둘러보는 시간이 길어지면 분명 배고파지고 피곤해질 것이다. 각종 먹거리를 보게 되면 식욕이 생기는 것을 피할 수 없다. 따라서 사당 안의 노점상은 자연히 빈자리가 없을 정도다. 사당 안의 먹거리는 사실 대다수가 베이징의 평소 거리와 골목에서 파는 음식으로 베이징 지역의 특색을 가지고 있고 베이징 사람들의 입맛에 맞는다.

A 不免	其实 ○	特色	A 면할 수 없다 / 실은 / 특색
B 难免	实际	特点	B 면하기 어렵다 / 실제의 / 특징
C 未免 ×	实在	特点	C 좀 ~하다 / 확실히 / 특징
D 避免 ×	真实	特征	D 피하다 / 진실한 / 특징

해설 ① 첫 번째 빈칸에 들어갈 보기 중 C와 D는 지문의 의미와 어울리지 않는다.
② 두 번째 빈칸의 A '其实'는 사실이거나 진실한 상황에 놓여있다는 말이고 B의 '实际'는 '실제'란 뜻으로 '实际上'으로 많이 쓰인다. 따라서 정답은 A이다.

단어 逛庙 guàngmiào 동 (옛날 사당이나 절 안에서 행사가 있을 때 임시로 개장된 시장에) 물건을 사러 가다, 물건을 팔러 가다, 놀러 가다 | 座无虚席 zuòwúxūxí 성 빈자리가 없다 | 庙会 miàohuì 명 절 안이나 부근에 세운 시장 | 街头巷尾 jiētóu xiàngwěi 성 거리와 골목

13

遗憾是人生中想表达"不满意"，又不能说出的一种难以言表的______，在人生历程中，因为我们对自己和生活永远不能______，所以我们才有了遗憾。没有遗憾的人生是一个不______的人生；一个没有遗憾的人，他没有资格和权利去书写人生的酸甜苦辣。

유감은 인생에서 '만족하지 못한'다고 나타내고 싶은데 말로는 표현하지 못하는 감정이다. 인생이라는 여정에서 우리는 자신과 생활에 대해 항상 만족할 수 없기 때문에 우리는 유감스러운 감정을 느끼게 된다. 유감스럽지 않은 인생은 완전하지 못한 인생이다. 유감스러움을 느끼지 못하는 사람은 인생의 희로애락을 글로 쓸 자격과 권리가 없다.

A 心情	如意	完全 ×	A 심정 / 뜻대로 되다 / 완전하다
B 激情	满意 ×	完美	B 격정 / 만족하다 / 완벽하고 아름답다
C 感情	满足	完整	C 감정 / 만족하다 / 완전하다
D 表情 ×	知足	全部	D 표정 / 만족하다 / 전부

해설 ① 본문 중 '说出'는 이러한 감정이 마음으로부터 비롯되었으며 언어를 통해 표현되었음을 암시한다. 첫 번째 빈칸에서 D의 '表情'은 얼굴에 나타난 표정을 의미하므로 답이 될 수 없다.
② 두 번째 빈칸 B의 '满意'은 '对……满意'로 쓰이지 않는다.
③ 세 번째 빈칸에서 A의 '完全'은 부사로서 명사를 수식하지 않는다. 따라서 정답은 C가 된다.

14

故宫是几百年前劳动人民 ______ 和血汗的结晶。在 ______ 的社会生产条件下，能 ______ 这样宏伟高大的建筑群，充分 ______ 了中国古代劳动人民的高度智能和创造才能。

고궁은 수백 년 전 노동인민들의 지혜와 피땀의 결정체이다. 당시의 사회 생산여건 하에서 이렇게 으리으리하고 웅장한 건축물을 지을 수 있다는 것은 중국 고대 노동인민의 많은 지혜와 창조력이 있었음을 여실히 보여주는 것이다.

A	智能	这时 ×	建筑	表现
B	智慧	当时	建造	反映
C	智力 ×	那时	建设	反应
D	聪明 ×	古时	修建	体现

A 지능 / 이때 / 건축하다 / 드러나다
B 지혜 / 당시 / 건설하다 / 반영하다
C 지력 / 그때 / 건설하다 / 반응하다
D 똑똑하다 / 옛날 / 시공하다 / 구현하다

해설 ① 단어의 의미로 살펴보면 첫 번째 빈칸에 들어갈 C의 '智力'는 지적인 능력을 일컫는 말로 여기서는 의미 상 정답으로 부적절하다. 첫 번째 빈칸은 뒤에 나오는 '血汗'과 병렬구조를 이루어야 하므로 당연히 명사가 와야 한다. D의 '聪明'은 형용사로서 정답이 될 수 없다.
② 두 번째 빈칸에서 A의 '这时'가 과거의 상황을 설명한다고 가정하면 '这时' 앞에는 정확한 시간의 지점이 있어야 하지만 본문에는 명시되어있지 않으므로 정답이 될 수 없다. 따라서 정답은 B이다.

15

朋友聚会的时候，大家 ______ 带一个自己的拿手菜，到了聚会地之后，______ 加热，吃饭的时候，大家还可以互相 ______ 一下厨艺，这样能使气氛变得更加轻松 ______ 。

친구들과 모임을 할 때, 스스로가 가장 자신 있는 요리를 선보이는 것도 무방하다. 모임장소에 도착한 후, 요리를 조금 데우고 밥 먹을 때 모두가 서로 요리비법을 나눌 수도 있다. 이렇게 하면 분위기가 더욱 편안해지고 자연스러워진다.

A	不如	稍稍	交换	自在
B	不妨	略微	交流 ○	自然
C	不免	稍微	交际	自如
D	要不	大略	交往	自由

A ~만 못하다 / 약간 / 교환하다 / 자유롭다
B 무방하다 / 조금 / 교류하다 / 자연스럽다
C 면할 수 없다 / 약간 / 교제하다 / 자유롭다
D 그렇지 않으면 / 대략 / 왕래하다 / 자유롭다

해설 세 번째 빈칸에서 A '交换'의 목적어는 보통 구체적인 사물이고, 추상적인 사물일 경우는 '看法', '意见' 등의 매우 제한적인 단어만 온다. B의 '交流'는 추상적인 사물에 많이 쓰이고 C의 '交际'는 사람 간의 사교활동을 나타내는 말로 구체적이고 확정적인 사람이나 단체에는 쓰지 않고 추상적이고 포괄적인 개념으로 사용된다. D의 '交往'은 주로 구체적인 접촉이나 사람 간의 왕래를 가리킨다. '厨艺'는 추상적인 사물이므로 정답은 B가 된다.

16

专家建议，如果老年朋友的身体 ______ ，可 ______ 地照料一个孩子，这样可以给他们的生活带来无穷的 ______ ，使他们显得更年轻，头脑也变得更 ______ ，同时也能使心情更愉快，身体更健康。

전문가들은 만약 노인들이 건강만 허락한다면, 적당히 아이를 돌봐도 좋다고 조언한다. 이렇게 하면 노인들의 생활에 무한한 재미를 줄 수 있다. 아이들은 노인들을 더욱 젊게 만들고, 사고능력 또한 더욱 유연해질 뿐만 아니라, 동시에 마음도 즐겁고 신체도 더욱 건강해질 수 있다고 말한다.

A	允许	适当	乐趣	灵活
B	同意 ×	合适	快乐	机灵
C	容许	适应 ×	兴趣	灵巧
D	许可	适合 ×	趣味	灵敏

A 허락하다 / 적당하다 / 재미 / 유연하다
B 동의하다 / 적합하다 / 즐거움 / 영리하다
C 허가하다 / 적응하다 / 흥미 / 기민하다
D 승낙하다 / 적합하다 / 재미 / 민감하다

해설 ① 첫 번째 빈칸에 들어갈 보기 중 B의 '同意'는 다른 이의 요구에 응한다는 의미이다. 따라서 '老年人的身体' 뒤에 B가 놓이는 것은 적절치 않다.
② 두 번째 빈칸에서 C '适应'은 동사로 많이 쓰이는 단어로서 목적어는 '环境', '气候', '工作' 등이 온다. '适应'은 명사의 앞에 위치해야 하므로 동사 '照料' 앞에 쓸 수 없다. D의 '适合' 역시 동사로서 명사나 동사구를 목적어로 취하므로 여기서는 적절하지 않다. 따라서 정답은 A이다.

17

颐和园是我国现存规模最大，______ 最完整的皇家园林。始建于清乾隆十五年，______ 十五年竣工。颐和园 ______ 其丰厚的历史文化积淀，______ 的自然环境景观，卓越的保护管理工作被联合国教科文组织列入《世界遗产名录》。

이허위안은 중국에서 현존하는 가장 규모가 크고 완벽하게 보존되어 있는 황실정원이다. 청대 건륭 15년에 세워졌고 15년이라는 시일이 걸려 완공됐다. 이허위안은 풍부한 역사문화의 축적과 아름다운 자연경관, 뛰어난 보호관리 업무로 유네스코의 세계문화유산으로 지정되었다.

A 保护　经历 ×　因　漂亮
B 维护 ×　持续　靠　美丽
C 保留　经过　用　精美 ×
D 保存　历时　以　优美

A 보호하다 / 겪다 / 때문에 / 예쁘다
B 보호하다 / 지속하다 / ~에 기대어 / 아름답다
C 보존하다 / 거치다 / ~를 사용하여 / 정교하다
D 보존하다 / 시일이 걸리다 / ~으로 / 아름답다

해설 ① 두 번째 빈칸에서 A의 '经历'는 직접 보거나 경험한다는 의미이다. B, C, D는 모두 시간과 관계된 단어와 쓰인다.
② 네 번째 빈칸에서 C '精美'는 건축물, 식품, 공예품, 의류, 포장, 선물 등을 수식하는 단어로 여기서는 정답으로 적절하지 않다.
③ 첫 번째 빈칸에서 B의 '维护'는 사물이 손상되지 않도록 좋은 상태를 유지한다는 의미로 '国家安全', '社会秩序', '道德'와 함께 쓰인다. 여기서는 이러한 의미가 아니므로 정답에서 제외된다. 따라서 정답은 D이다.

단어 **积淀** jīdiàn 명 오랫동안 축적된 것[주로 문화, 지식, 경험 등을 가리킴] | **联合国教科文组织** Liánhéguó jiàokēwén zǔzhī 명 유네스코 | **世界遗产名录** shìjiè yíchǎn mínglù 명 세계문화유산

18

交际主要靠语言来实现，语言是最重要的交际工具，但交际不完全 ______ 语言，还需要体态、眼神、表情等辅助手段。而这些辅助手段的交际效果 ______ 是独到的，有"此处无声胜有声"的效果。更为重要的是：眼睛能 ______ 出语言所不能或不便表现的信息。______ 运用眼神传情达意，将使你的交际 ______ 。

사람과의 사귐은 주로 언어를 통해 실현되므로 언어는 가장 중요한 사교의 도구라 할 수 있다. 하지만 사람과의 사귐은 완전히 언어에만 의지하는 것이 아니라 자세, 눈빛, 표정 등 보조적 수단이 필요하다. 이러한 보조수단을 통한 사교는 종종 독특한 효과를 낳는데, '침묵하는 것이 이야기하는 것보다 더 좋은' 효과가 있다. 더욱 중요한 것은 눈은 언어가 표현하지 못하거나 또는 나타내기 적합하지 않은 정보를 전달하는 데 능숙하다는 점이다. 눈빛을 활용하여 감정을 전달하는 데 능숙해지면 당신의 사교능력은 호랑이가 날개를 단 것과 같아질 것이다.

A 依赖　常常　转达　完善　称心如意
B 依据　经常　表达　擅长　雪上加霜 ×
C 依靠　往往　传达　善于 ○　如虎添翼
D 凭借　有时　表现　妥善　雪中送炭 ×

A 기대다 / 자주 / 전하다 / 완벽하게 하다 / 뜻대로 되어 만족하다
B ~에 따르면 / 자주 / 표현하다 / 숙달하다 / 설상가상이다
C 의지하다 / 종종 / 전달하다 / ~에 능숙하다 / 호랑이가 날개를 단 듯하다
D ~를 통하다 / 이따금 / 나타나다 / 적절하다 / 정신적, 물질적 도움을 주다

해설 ① 마지막 빈칸의 A '称心如意'는 일이 뜻대로 되어 만족스럽다는 의미이고 B의 '雪上加霜'은 재난이나 손해가 갈수록 심해진다는 뜻이다. C의 '如虎添翼'는 호랑이가 날개를 단 듯하다의 뜻으로 힘 있는 사람의 도움을 받아 더욱 강력해진다는 의미이고, D의 '雪中送炭'은 어려움이 있는 사람에게 물질적, 정신적으로 도움을 준다는 뜻이다. 지문의 전반적인 의미와 B, D는 어울리지 않으므로 정답에서 제외된다.
② 네 번째 빈칸에서 A의 '完善'은 사물을 완벽하게 만든다는 의미이고 C의 '善于'는 특정 일에 능숙하다는 뜻이다. 따라서 C가 정답이다.

단어 **此处无声胜有声** cǐ chù wúshēng shèng yǒushēng 침묵하는 것이 이야기하는 것보다 더 좋다

19

"布艺中国"系列活动举办得非常成功，使得深圳国际家纺布艺展览会已 ______ 一般展览会进行产品交易场所的功能，成为 ______ 家纺品牌，引领时尚 ______ ， ______ 行业发展的盛会。

'중국 직물공예전'의 각종 행사는 매우 성공리에 개최되었다. 이 덕분에 선전 국제 가정용 직물공예 전람회는 이미 상품거래소의 역할에 불과했던 일반 전람회의 기능을 뛰어넘어 가정용 직물브랜드를 육성하고 유행소비를 이끌며 업계발전을 촉진하는 축제가 되었다.

A	超出	培养 ×	花费	促使	뛰어넘다 / 양성하다 / 소비하다 / ~하도록 추진시키다
B	超过	栽培	消耗 ×	推动	초과하다 / 재배하다 / 소모하다 / 추진하다
C	超越	培育	消费	促进	뛰어넘다 / 기르다 / 소비하다 / 촉진하다
D	超级 ×	培训	费用	推进	최고의 / 훈련하다 / 비용 / 추진하다

해설 ① 첫 번째 빈칸에는 동사가 필요하다. D '超级'는 형용사로서 답에서 제외시킬 수 있다.
② 세 번째 빈칸에 들어갈 보기 중 A의 '花费'는 자금을 정상적으로 쓴다는 의미이고 B의 '消耗'는 비정상적으로 써 손실을 입을 때 쓰는 표현이다. C의 '消费'는 생활이나 생산 등의 기본적 수요를 위해 돈과 물건을 소비한다는 의미이다. 따라서 B가 답에서 제외된다.
③ 두 번째 빈칸에서 A '培养'의 대상은 사람이 될 경우가 많다. 따라서 A가 아닌 C가 정답이 된다.

20

哲人说，"生活中本不缺少美，缺少的是发现美的眼睛"。是的，生活也的确是如此。不要总在 ______ 着自己的不幸，这样做只能使你生活得更加不幸。你觉得"不幸"是因为你无法乐观地面对生活，生活总是充满着 ______ 的。只要你 ______ 抬抬头，看看阳光，你就能 ______ 到温暖。在温暖中乐观地去 ______ 美好的人生，你自然能够发现美的。

철인은 '삶에서 아름다움이 없는 것이 아니고 아름다움을 발견할 줄 아는 눈이 없는 것이다.'라고 말했다. 그렇다. 삶은 분명 이런 것이다. 자신의 불행을 걱정하기만 해서는 안 된다. 이렇게 되면 당신의 생활은 더욱 불행해진다. '불행하다'라고 느낀다면 그것은 당신이 낙관적인 태도로 생활을 바라보고 있지 않기 때문이다. 삶은 항상 희망으로 가득 차있다. 당신이 종종 고개를 들고 해를 바라보기만 해도 따뜻함을 추구하게 될 것이다. 따뜻함 속에서 아름다운 인생을 낙관적으로 느껴보자. 당신은 자연히 아름다움을 발견할 수 있을 것이다.

A	想念	盼望 ×	经常	寻求	感觉	그리워하다 / 간절히 바라다 / 자주 / 찾다 / 느끼다
B	惦记	希望	常常	追求	感受	걱정하다 / 희망 / 자주 / 추구하다 / 느끼다
C	惦念	愿望	往往	需求 ×	感想	염려하다 / 바람 / 종종 / 수요 / 감상
D	思念	渴望 ×	不断	追逐	体会	그리워하다 / 갈망하다 / 끊임없이 / 좇다 / 체득하다

해설 ① 두 번째 빈칸에는 명사가 놓여야 하는데 A '盼望'과 D '渴望'은 동사로만 쓰이기 때문에 정답이 될 수 없다.
② 네 번째 빈칸은 뒤에 보어 '到'가 있음을 감안해야 한다. C의 '需求'는 보어를 쓸 수 없고 바로 목적어가 와야 한다. 반면 '追求'는 보어 '到'를 취할 수 있으므로 정답은 B가 된다.

제3부분 문장 채우기

연습문제 1

p.157

정답	1	B	2	A	3	E	4	D	5	C	6	B	7	D	8	C	9	A	10	E

01-05

我国的建筑，从古代的宫殿到近代的普通住房，绝大部分是对称的，左边怎么样，右边也怎么样。苏州园林可绝不讲究对称，(1) ________。东边有了一个亭子或者一道回廊，西边绝不会来一个同样的亭子或者一道同样的回廊。这是为什么？我想，(2) ________，对称的建筑是图案画，不是美术画，而园林是美术画，美术画要求自然之趣，是不讲究对称的。

苏州园林里都有假山和池沼。假山的堆叠，(3) ________。或者是重峦叠嶂，或者是几座小山配合着竹子花木，全在乎设计者和匠师们生平多阅历，胸中有丘壑，才能使游览者攀登的时候忘却苏州城市，只觉得身在山间。至于池沼，大多引用活水。有些园林池沼宽敞，就把池沼作为全园的中心，其他景物配合着布置。水面假如成河道模样，往往安排桥梁。(4) ________，那就一座一个样，绝不雷同。

池沼或河道的边沿很少砌齐整的石岸，(5) ________。还在那儿布置几块玲珑的石头，或者种些花草。这也是为了取得从各个角度看都成一幅画的效果。池沼里养着金鱼或各色鲤鱼，夏秋季节荷花或睡莲开放，游览者看"鱼戏莲叶间"，又是入画的一景。

A 用图画来比方
B 好像故意避免似的
C 总是高低屈曲任其自然
D 假如安排两座以上的桥梁
E 可以说是一项艺术而不仅是技术

중국의 건축물은 고대의 궁궐부터 근대의 일반주택까지 대부분 좌측과 우측이 대칭을 이루고 있다. 그러나 쑤저우의 원림은 결코 대칭을 중시하지 않고 (1) B 마치 일부러 피한 것 같다. 동쪽에 정자나 회랑이 있다고 해서 서쪽에도 똑같은 정자나 비슷한 회랑을 만들지 않았다. 무엇 때문일까? 내 생각엔 (2) A 그림으로 비유하면 대칭으로 된 건축물은 그저 설계도안이지 미술작품이 아니지만, 원림은 미술작품이고, 미술작품은 자연의 멋을 따지지 대칭을 중시하지는 않기 때문인 것 같다.

쑤저우의 원림에는 석가산과 연못이 있다. 석가산에 쌓아 올린 돌은 (3) E 단순한 기술이 아닌 하나의 예술이라 할 수 있다. 겹겹이 둘러싸인 산봉우리나 대나무와 꽃, 나무가 작은 산과 어우러져 모두 설계자와 장인의 평생 경험과 깊은 식견에 달려 있는데, 그래야만 이곳을 찾는 이들이 작은 산에 올라섰을 때 쑤저우라는 도시를 잊고, 그저 자신이 진짜로 산에 있다고 느낄 수 있기 때문이었다. 연못은 대부분 흐르는 물을 끌어왔다. 어떤 원림은 연못이 널찍한데 그 연못을 중심으로 하여 다른 경관이 어우러지도록 배치해놓았다. 수면이 만일 수로 모양처럼 되어 있다면 종종 다리를 놓기도 했다. (4) D 다리를 두 개 이상 놓아야 할 때면 각기 다른 모양으로 설계하여, 똑같지 않도록 했다.

연못 또는 수로의 가장자리는 아주 작은 가지런한 돌이나 암석으로 이루어져 있는데, (5) C 항상 높낮이가 고르지 않고 자연스러운 모습을 하고 있다. 그리고 그곳에 정교한 바위를 놓아두거나 화초를 심어놓기도 했다. 이것 역시 여러 각도에서 보더라도 모두 한 폭의 그림 같은 효과를 내기 위함이었다. 연못 안에는 금붕어와 총천연색의 잉어를 길렀고, 여름과 가을이 되면 연꽃이나 수련이 피기도 했다. 사람들이 '물고기가 연잎 사이에서 노니는 모습'을 보는 것 또한 그림 같은 풍경이 되었다.

A 그림으로 비유하면
B 마치 일부러 피한 것과 같다
C 항상 높낮이가 고르지 않고 자연스러운 모습을 하고 있다
D 다리를 두 개 이상 놓아야 할 때면
E 단순한 기술이 아닌 하나의 예술이라고 할 수 있다

해설 (1) 앞문장은 주로 중국의 건축물이 대칭미를 중시하지만, 쑤저우 원림은 대칭이 되지 않는다는 내용이다. 빈칸의 다음 문장은 쑤저우 원림의 '비대칭성'에 대해 예를 들어 설명하고 있는데 '绝不会……'를 통해 쑤저우 원림이 때로는 '일부러' 대칭성을 회피한다는 사실을 알 수 있으므로 B의 의미와 부합한다고 할 수 있다.

(2) 빈칸의 뒷문장 '대칭으로 된 건축물은 그저 설계도안이지… 그런데 원림은 미술작품이다'를 통해 필자는 쑤저우 원림과 대칭을 추구하는 다른 건축물의 차이점을 '그림'으로 비유하고 있음을 알 수 있다. 그러므로 A가 정답이다.

(3) 이 문장은 주로 쑤저우 원림의 '석가산에 쌓아 올린 돌'에 대한 내용이다. 석가산에 돌을 쌓아 올릴 때에는 우선 기본적인 기술을 갖춘 다음 돌을 쌓아 올려야 한다. 또한, 빈칸의 뒷문장에 나오는 석가산에 대한 묘사와 설계자, 장인에 대한 칭찬을 통해 쑤저우 원림의 석가산이 예술품에 훨씬 가깝다는 것을 짐작할 수 있으므로 E가 답이다.

(4) 다리를 설명하는 내용으로 빈칸의 뒷문장 '那就一座一个样'을 보면, 우선 '那就'를 통해 앞문장에 가정문이 있음을 알 수 있으므로 정답이 D라는 것을 쉽게 알 수 있다. 또한, D의 '两座以上的桥梁'와 '一座一个样'도 의미 상 서로 대응된다.

(5) '돌과 암석'에 대한 내용으로 빈칸 앞의 '아주 작은 가지런한 돌이나 암석'을 보면 다음 문장에는 분명히 이것과 상대되는 성분이 등장함을 알 수 있다. 보기 C의 '높낮이가 고르지 못하고, 자연스럽게 그대로 내버려두었다'는 '가지런하지 못하다'는 의미와 서로 통한다.

단어 **宫殿 gōngdiàn** 명 궁전 | **对称 duìchèn** 형 (도형이나 물체가) 대칭이다 | **园林 yuánlín** 명 원림, 정원 | **讲究 jiǎngjiu** 동 중요시하다, 소중히 여기다, ~에 정성을 들이다, ~에 신경 쓰다 | **亭子 tíngzi** 명 정자 | **回廊 huíláng** 명 회랑 | **池沼 chízhǎo** 명 (비교적 큰) 못, 늪 | **假山 jiǎshān** 명 (정원에 만든) 석가산(石假山) | **堆叠 duīdié** 동 겹겹이 쌓(아올리)다 | **重峦叠嶂 chóngluán diézhàng** 성 겹겹이 둘러싸인 산봉우리 | **丘壑 qiūhè** 명 언덕과 골짜기, 깊은 견식 | **攀登 pāndēng** 동 등반하다, 타고 오르다 | **宽敞 kuānchang** 형 넓다, 드넓다, 널찍하다, 크다 | **雷同 léitóng** 형 (같지 않아야 할 것이) 같다, 비슷하다, 유사하다 | **玲珑 línglóng** 형 정교하다 | **鲤鱼 lǐyú** 명 잉어 | **睡莲 shuìlián** 명 수련 | **比方 bǐfang** 동 비유하다 | **任其自然 rènqí zìrán** 성 자연스럽게 그대로 내버려두다

06-10

中国的第一大岛、台湾省的主岛台湾，位于中国大陆架的东南方，地处东海和南海之间，隔着台湾海峡和大陆相望。天气晴朗的时候，(6) ____________，就可以隐隐约约地望见岛上的高山和云朵。

台湾岛形状狭长，从东到西，最宽处只有一百四十多公里；由南至北，最长的地方约有三百九十多公里。地形像一个纺织用的梭子。台湾岛上的山脉纵贯南北，(7) ____________。西部为海拔近四千米的玉山山脉，是中国东部的最高峰。(8) ____________，其余为山地。岛内有缎带般的瀑布，蓝宝石似的湖泊，四季常青的森林和果园，自然景色十分优美。西南部的阿里山和日月潭，台北市郊的大屯山风景区，都是闻名世界的游览胜地。台湾岛地处热带和温带之间，四面环海，雨水充足，(9) ____________，冬暖夏凉，四季如春，这给水稻和果木生长提供了优越的条件。水稻、甘蔗、樟脑是台湾的“三宝”。岛上还盛产鲜果和鱼虾。

台湾岛还是一个闻名世界的“蝴蝶王国”。岛上的蝴蝶共有四百多个品种，(10) ____________。岛上还有不少鸟语花香的蝴蝶谷，岛上居民利用蝴蝶制作的标本和艺术品，远销许多国家。

중국의 가장 큰 섬이자 타이완성(省)의 주요 섬인 타이완은 중국 대륙붕의 동남쪽에 위치해있고, 동해와 남해 사이에 자리 잡고 있으며 타이완 해협을 사이에 두고 중국 대륙과 마주하고 있다. 날씨가 구름 한 점 없이 맑을 때 (6) B 푸젠성 연해지역의 비교적 높은 곳에 서면 어렴풋하게 섬의 높은 산과 구름을 볼 수 있다.

타이완 섬의 형상은 폭이 좁고 긴데, 동쪽에서 서쪽까지의 최대 너비는 140여 km밖에 되지 않고, 남쪽에서 북쪽까지의 최장거리는 약 390여 km가 된다. 지형은 방직용 베틀 북을 닮았다. 타이완 섬의 산맥은 남북을 가로지르고 (7) D 섬 중간에 위치한 중앙산맥은 마치 섬 전체의 척추와 같다. 서쪽에는 해발이 약 4,000m에 육박하는 위산산맥이 있는데 중국 동부의 최고봉이라 할 수 있다. (8) C 섬 전체의 약 3분의 1은 평지이고 나머지는 산지이다. 섬 안에는 리본 같은 폭포가 있고, 사파이어 같은 호수, 사시사철 푸르른 삼림과 과수원이 있어 자연경치가 매우 아름답다. 서남쪽의 아리산과 르웨탄, 타이베이시 교외의 따툰산 관광지구는 모두 세계적으로 유명한 관광명승지이다. 타이완 섬은 열대와 온대기후 지역 사이에 위치해있는데, 사면이 바다로 둘러싸여 있어 강수량이 풍부하며 (9) A 기온은 바다의 영향을 받아 겨울에는 따뜻하고 여름에는 시원하여 사계절이 봄과 같은 기후로 벼와 과수의 생장에 우월한 조건을 가져다준다. 벼, 사탕수수, 장뇌는 타이완의 '삼대 보물'이다. 섬에는 또한 신선한 과일과 새우가 많이 난다.

타이완 섬은 또한 세계적으로 유명한 '나비 왕국'이다. 섬에는 총 400여 종의 나비가 있으며, (10) E 그중 대부분이 세계에서 보기 드문 귀한 품종이다. 섬에는 새가 지저귀고 꽃이 향기를 풍기는 아름다운 나비 골짜기가 많고, 섬의 주민들은 나비로 표본과 예술품을 만들어 세계 여러 나라로 판매한다.

A 气温受到海洋的调剂	A 기온은 바다의 영향을 받아
B 站在福建沿海较高的地方	B 푸젠성 연해지역의 비교적 높은 곳에 서면
C 全岛约有三分之一的地方是平地	C 섬 전체의 약 3분의 1은 평지이고
D 中间的中央山脉犹如全岛的脊梁	D 섬 중간에 위치한 중앙산맥은 마치 섬 전체의 척추와 같다
E 其中有不少是世界稀有的珍贵品种	E 그중 대부분이 세계에서 보기 드문 귀한 품종이다

해설 (6) 빈칸 앞문장에서 타이완이 중국 대륙과 타이완 해협을 사이에 두고 '서로 마주하고 있다'고 언급했으므로 빈칸 뒷문장의 '어렴풋하게 섬의 고산과 구름을 볼 수 있다'는 '서로 마주하고 있다'는 의미에 대한 보충설명이다. 보기 B가 '서로 마주하고' 있는 지점을 가리키고 있으므로 B가 정답이다. 이 문제는 중국의 지리에 대해 어느 정도 이해를 요하는 문제이다.

(7) 타이완의 산맥에 대한 내용으로 빈칸의 뒷문장 '서쪽에는 ~'를 통해 필자가 주로 공간의 방위로 타이완의 산맥 분포상황을 소개하고 있음을 알 수 있다. D의 '중간'과 '서쪽'은 서로 대응되고, D의 내용도 산맥에 대한 것이므로 D가 답이다.

(8) 이 단락의 앞부분은 주로 타이완의 지형을 설명하고 있다. 빈칸의 뒷문장 '나머지는 산지이다'를 통해 빈칸의 내용은 타이완의 다른 지형의 분포상황이 들어감을 알 수 있다. 보기 C의 '섬 전체의 3분의 1이 평지'라는 내용은 수량성분과 지형요소를 모두 포함하고 있으므로 C가 정답이다.

(9) 빈칸의 앞뒤 문장은 주로 타이완의 기후상황을 설명하고 있으므로 기후와 관련 있는 보기 A가 답이다.

(10) 마지막 단락은 타이완의 나비에 대한 내용이며, 빈칸의 앞문장은 나비의 품종에 대해 구체적으로 언급하고 있다. 보기 E는 '품종'과 관련이 있고, '其中'은 빈칸의 앞문장 '有'와 서로 호응이 되므로 E가 답이다.

단어 **大陆架** dàlùjià 명 대륙붕 | **海峡** hǎixiá 명 해협 | **相望** xiāngwàng 동 서로 바라보다, 마주 보다 | **晴朗** qínglǎng 형 쾌청하다, 구름 한 점 없이 맑다 | **隐隐约约** yǐnyinyuēyuē 형 희미하다, 흐릿하다, 어렴풋하다 | **狭长** xiácháng 형 좁고 길다 | **公里** gōnglǐ 양 킬로미터(km) | **纺织** fǎngzhī 동 방직하다 | **梭子** suōzi 명 (베틀)북 | **缎带** duàndài 명 댕기, 리본 | **瀑布** pùbù 명 폭포(수) | **蓝宝石** lánbǎoshí 명 사파이어, 청옥 | **湖泊** húpō 명 호수의 통칭 | **水稻** shuǐdào 명 (논)벼 | **甘蔗** gānzhe 명 사탕수수 | **樟脑** zhāngnǎo 명 장뇌 | **蝴蝶** húdié 명 나비 | **鸟语花香** niǎoyǔ huāxiāng 정 새가 지저귀고 꽃이 향기를 풍기다 | **远销** yuǎnxiāo 동 먼 곳까지 팔리다 | **调剂** tiáojì 동 조절하다, 조정하다 | **脊梁** jǐliáng 명 척추, 중추

연습문제 2

p.162

정답	1	A	2	B	3	E	4	C	5	D	6	E	7	A	8	C	9	D	10	B

01-05

在湾仔，香港最热闹的地方，有一棵榕树，它是最贵的一棵树，不光在香港，在全世界，都是最贵的。树，活的树，又不卖何言其贵？只因它老，它粗，(1) ______，香港人不忍看着它被砍伐，或者被移走，便跟要占用这片山坡的建筑商谈条件：可以在这儿建大楼盖商厦，但一不准砍树，二不准挪树，(2) ______，成为香港闹市中的一景。

홍콩에서 가장 번화한 지역인 완차이에는 반얀나무 한 그루가 있는데, 이 나무는 가장 비싼 나무로 홍콩에서뿐만 아니라 전 세계에서 가장 비싸다. 나무, 살아 있는 나무, 그것도 팔지도 않는 나무가 왜 이렇게 비싸다고 하는 것일까? 단지 이 나무가 오래되고 굵으며 (1) A 온갖 풍파를 겪어온 홍콩의 산 증거이기 때문이다. 홍콩사람들은 그 나무가 벌목되거나 옮겨지는 것을 차마 보지 못해서 이 산비탈을 차지하려는 건설업자와 협상을 할 때도 이곳에 상업적인 건물을 짓되 첫째, 나무를 베거나 둘째, 나무를 옮겨서는 안 되며, (2) B 반드시 원래의 자리에서 정성 들여 키워서 홍콩 번화가의 한 풍경으로 만들어야 한다는 조건을 제시했다.

太古大厦的建筑商最后签了合同，占用这个大山坡建豪华商厦的先决条件是同意保护这棵老树。树长在半山坡上，计划将树下面的成千上万吨山石全部掏空取走，腾出地方来盖楼，把树架在大楼上面，(3) ______________。建筑商就地造了一个直径18米、深10米的大花盆，先固定好这棵老树，再在大花盆底下盖楼。光这一项就花了2389万港币，(4) ______________。太古大厦落成之后，人们可以乘滚动扶梯一次到位，来到太古大厦的顶层，出后门，那儿是一片自然景色。

一棵大树出现在人们面前，树干有一米半粗，树冠直径足有二十多米，独木成林，非常壮观，(5) ______________，取名叫“榕圃”。树前面插着铜牌，说明缘由。此情此景，如不看铜牌的说明，绝对想不到巨树根底下还有一座宏伟的现代大楼。

A 它是香港百年沧桑的活见证
B 必须把它原地精心养起来
C 堪称是最昂贵的保护措施了
D 形成一座以它为中心的小公园
E 仿佛它原本是长在楼顶上似的

타이구 빌딩의 건설업자가 결국 계약서에 서명했는데, 산비탈을 이용해 호화로운 빌딩을 세우는 계약조건은 이 고목 보호에 동의해야 한다는 것이었다. 나무는 산비탈 중간에 심어져 있었기 때문에, 나무 아래의 수만 톤의 돌을 전부 옮긴 뒤 비워진 공간에 건물을 짓고, 나무는 건물 위에 받쳐놓을 계획이었다. (3) E 마치 원래 꼭대기에서 자란 것처럼 말이다. 건설업자는 지름 18m, 깊이 10m의 대형 화분을 만들어 우선 이 고목을 고정한 다음 큰 화분 아래에 다시 건물을 지었다. 이 작업에만 2,389만 홍콩달러를 투입하였으니 (4) C 가장 값비싼 보호조치라 할 만했다. 타이구 빌딩이 완공된 후, 사람들은 에스컬레이터를 타고 한 번에 타이구 빌딩의 맨 꼭대기 층까지 갈 수 있었고, 밖으로 나가면 그곳엔 자연경치가 펼쳐졌다.

한 그루의 큰 나무가 사람들 앞에 모습을 드러냈다. 나무줄기의 굵기는 1.5m이고 수관의 지름은 20여 m에 달한다. 한 그루의 나무가 숲을 이룬 모습이 매우 훌륭하고 장대한데, (5) D 이 나무를 중심으로 작은 공원을 만들고 '반얀화원'이라고 이름을 지었다. 나무 앞에는 유래를 설명하는 표지판이 꽂혀 있다. 만약 표지판의 설명을 보지 않으면, 거대한 나무의 뿌리 밑에 웅장한 현대식 빌딩이 있을 줄은 생각지도 못할 것이다.

A (그 나무는) 온갖 풍파를 겪어온 홍콩의 산 증거이다
B 반드시 원래의 자리에서 정성 들여 키워야 한다
C 가장 값비싼 보호조치라 할 만하다
D 이 나무를 중심으로 작은 공원을 만들었다
E 마치 원래 꼭대기에서 자란 것 같다

해설 (1) 앞에서 반얀나무가 매우 비싸다고 언급했지만, 그것의 경제적 가치 때문에 비싸다고 한 것이 아니므로 홍콩사람들의 마음속에 이 나무가 훨씬 많은 것을 의미하고 있다는 것이 분명하다. '老'를 통해 이 나무가 수령이 오래된 고목이기 때문에 홍콩사람들과 정이 들었음을 알 수 있다. 보기 A에서 이 나무의 소중함을 언급하고 있으므로 A가 답이 된다.

(2) 빈칸 앞문장을 통해 홍콩사람들이 건설업자에게 건물을 세울 때 이 나무를 손상시켜서도 안 되고, 정성을 들여 보호해야 한다고 요구했음을 알 수 있다. 따라서 B가 정답이다.

(3) 타이구 빌딩 건설업자의 계획을 소개하는 내용으로 앞부분의 묘사를 통해 나무 아래를 비운 뒤 빌딩을 세워 나무가 건물 위에서 자란 것처럼 보이게 한다는 계획임을 알 수 있다. 보기 E는 계획한 결과와 가장 근접하므로 답이 된다.

(4) 앞문장에서 화분의 제조 비용이 비싸고, 이 화분으로 나무를 보호한다고 언급했으므로 '가장 값비싼 보호조치'라는 내용을 담고 있는 보기 C가 정답이다.

(5) 지문에서 타이구 빌딩은 이미 완공되었다고 언급했고, 나무와 함께 어우러져 사람들이 좋아하는 자연의 정경을 이루었다고 했으므로 현지인들에게 여기는 마치 공원과 같은 곳이다. 따라서 D가 답이다.

단어 **榕树 róngshù** 명 반얀나무 | **砍伐 kǎnfá** 동 (톱 · 도끼 등으로) 나무를 베다, 자르다, 벌목하다 | **豪华 háohuá** 형 (건축 · 설비 · 장식 등이) 화려하고 웅장하다 | **成千上万 chéngqiān shàngwàn** 성 매우 많은, 수천만의 | **直径 zhíjìng** 명 직경 | **花盆 huāpén** 명 화분 | **港币 Gǎngbì** 명 홍콩달러 | **落成 luòchéng** 동 준공되다, 낙성되다 | **滚动扶梯 gǔndòng fútī** 명 에스컬레이터 | **树冠 shùguān** 명 수관[나무 위쪽의 가지와 잎이 무성하여 갓 모양을 이룬 부분] | **铜牌 tóngpái** 명 (동제) 표지판 | **宏伟 hóngwěi** 형 (규모 · 기세 따위가) 웅장하다, 웅대하다, 굉장하다 | **措施 cuòshī** 명 조치, 대책 | **堪称 kānchēng** 동 ~라고 할 만하다, ~라고 할 수 있다 | **仿佛 fǎngfú** 부 마치 ~인 것 같다, 마치 ~인 듯하다 | **沧桑 cāngsāng** 명 세상의 온갖 풍파 | **活见证 huójiànzhèng** 명 산 증인, 산 증거

06-10

张云是一个伐木工人。一天早晨，张云像平时一样驾着吉普车去森林干活。由于刚下过一场暴雨，路上到处坑坑洼洼。(6) ________。他走下车，拿了斧子和电锯，朝着林子深处又走了大约两英里路。张云打量了一下周围的树木，决定把一棵直径超过两英尺的松树锯倒。

出人意料的是：松树倒下时，上端猛地撞在附近的一棵大树上，一下子松树弯成了一张弓，(7) ________，重重地压在张云的右腿上。剧烈的疼痛使张云只觉得眼前一片漆黑。但他知道，自己首先要做的事是保持清醒。他试图把腿抽回来，可是办不到。腿给压得死死的，一点也动弹不得。张云很清楚，自己很可能会因流血过多而死去，只能靠自己了。张云拿起手边的斧子，狠命朝树身砍去。可是，由于用力过猛，砍了三四下后，斧子柄便断了。张云觉得自己真的什么都完了。他喘了口气，朝四周望了望。还好，电锯就在不远处躺着。他用手里的断斧柄，(8) ________，把它移到自己手够得着的地方，然后拿起电锯开始锯树。但他发现，(9) ________，巨大的压力随时会把锯条卡住，如果电锯出了故障，那么他只能束手待毙了。

左思右想，张云终于认定，(10) ________。他狠了狠心，拿起电锯，对准自己的右腿，进行截肢。张云把断腿简单包扎了一下，他决定爬回去。一路上张云忍着剧痛，一寸一寸地爬着；他一次次地昏迷过去，又一次次地苏醒过来，心中只有一个念头：一定要活着回去！最终，他创造了奇迹。

A 旋即又反弹回来
B 只有唯一一条路可走了
C 一点一点地够着电锯
D 由于倒下的松树呈45度角
E 好不容易才把车开到路的尽头

장원은 벌목공이다. 어느 날 아침 장원은 평소처럼 지프차를 운전해 숲으로 일을 하러 갔다. 금방 폭우가 한차례 쏟아졌기 때문에 길이 울퉁불퉁했다. (6) E 가까스로 차를 길 끝까지 몰아서는 차에서 내려 도끼와 전기톱을 가지고 숲 속 깊은 곳으로 약 2마일 정도를 더 걸어갔다. 장원은 주변의 나무를 한번 훑어보고, 지름이 2피트가 넘는 소나무를 톱질하기로 결정했다.

뜻밖에도 소나무가 쓰러지면서 꼭대기가 근처에 있던 큰 나무와 세게 부딪혔고 소나무가 활처럼 굽더니 (7) A 곧 다시 반대방향으로 튕겨져 나와 장원의 오른쪽 다리를 세게 짓눌렀다. 극심한 고통에 장원은 눈앞이 캄캄해졌다. 하지만 그는 정신을 가다듬는 것이 가장 먼저라는 것을 알았다. 그는 다리를 빼내보려고 했지만 할 수 없었다. 다리가 너무 꽉 눌려 있어서 조금도 움직일 수 없었다. 장원은 자신이 과다출혈로 죽을 수도 있다는 사실을 잘 알고 있었으나, 스스로를 의지할 수밖에 없었다. 장원은 손에 도끼를 들고 나무를 향해 필사적으로 내리쳤다. 하지만 너무 세게 힘을 주었는지 서너 번 내리치자 도낏자루가 부러지고 말았다. 장원은 스스로 이제 정말 모든 것이 끝났다고 생각했다. 그는 한숨을 쉬며 사방을 둘러보았다. 다행히도 멀리 떨어지지 않은 곳에 전기톱이 있었다. 그는 부러진 도낏자루를 손에 쥐고 (8) C 조금씩 전기톱을 끌었고, 전기톱을 손에 닿을 만큼 옮긴 후 전기톱으로 나무를 베기 시작했다. 그러나 그는 (9) D 넘어진 소나무가 45도 각도로 기울어져 있었기 때문에 거대한 압력에 톱날이 언제든지 걸릴 수도 있고, 만약 전기톱이 고장 나면 그는 속수무책으로 죽음을 기다릴 수밖에 없을 것이란 사실을 알아챘다.

이리저리 생각한 끝에 장원은 결국 (10) B 방법은 딱 한 가지뿐이라고 결론지었다. 그는 모질게 마음을 먹고 전기톱을 들어 자신의 오른쪽 다리를 겨누어 절단했다. 장원은 잘린 다리를 단단히 싸맨 후 기어서 돌아가기로 했다. 장원은 고통을 참으며 조금씩 기어갔다. 그는 계속 정신을 잃었다가 다시 깨어나기를 반복했으나, 마음속에는 한 가지 생각뿐이었다. 반드시 살아서 돌아가야 해! 결국 그는 기적을 만들어냈다.

A 곧 다시 반대방향으로 튕겨져 나왔다
B 방법은 딱 한 가지뿐이다
C 조금씩 전기톱을 끌었다
D 넘어진 소나무가 45도 각도로 기울어져 있었기 때문에
E 가까스로 차를 길 끝까지 몰았다

해설 (6) 앞뒤 문장을 보면, 장원은 비가 내린 어느 날 아침 지프차를 운전해 숲으로 일하러 갔고, 목적지에 도착했다. 차를 몰았다는 내용과 관련이 있는 보기는 E뿐이며, E의 차를 끝까지 몰고 왔다는 내용은 앞뒤 문장과 자연스럽게 연결되므로 정답이 된다.

(7) 앞문장의 소나무가 '활처럼 굽어졌다'와 뒷문장의 소나무가 '장원의 오른쪽 다리를 세게 눌렀다'는 의미상 서로 관련이 있음을 의미한다. '활처럼'이라는 표현을 통해 소나무가 어떻게 장원의 다리를 누르게 되었는지 추측할 수 있다. 즉, '다시 원래 모습으로 돌아온 것'이다. '원래 모습으로 돌아오는' 것은 활의 속성이다. 또한 지문에서 이야기한 소나무가 사람을 누른 상황에 부합하는 A가 정답이다.

(8) 앞뒤 문장을 통해 그가 '부러진 도낏자루를 쥐고' 멀리 떨어지지 않은 곳에 있는 전기톱을 '손에 닿을 만한 곳까지 옮기려 한다'는 것을 알 수 있다. 이 과정을 묘사한 C가 정답이 된다.

(9) 앞뒤 문장을 통해 장원은 전기톱으로 나무를 벨 수 없었음을 알 수 있다. 왜냐하면 '거대한 압력에 톱날이 언제든지 걸릴 수도 있기' 때문이다. 그렇다면 왜 '거대한 압력'이 생긴 것일까? 이것이 바로 빈칸에 들어가야 할 내용이 된다. 보기 D는 이 원인을 설명하고 있고, '由于'는 인과관계를 나타내는 연결어이므로 D가 답이 된다.

(10) 빈칸의 뒷문장을 통해 각종 방법을 시도해본 장원이 결국 자신의 다리를 절단하기로 결정했음을 알 수 있다. 이것은 부득이한 상황 때문이기도 했고, 당시에 그가 살 수 있는 유일한 출구였다. 그러므로 B가 답이 된다.

단어 **吉普车** jípǔchē 명 지프차(jeep) | **森林** sēnlín 명 삼림, 숲, 산림 | **坑坑洼洼** kēngkengwāwā 형 울퉁불퉁하다 | **斧子** fǔzi 명 도끼 | **电锯** diànjù 명 전기톱 | **剧烈** jùliè 형 극렬하다, 격렬하다 | **漆黑** qīhēi 형 칠흑같이 어둡다, 캄캄하다 | **动弹** dòngtan 동 움직이다, 활동하다 | **狠命** hěnmìng 부 필사적으로, 죽기 살기로 | **够得着** gòudezháo 동 (손이) 닿다, 미치다 | **锯条** jùtiáo 명 톱날 | **卡住** qiǎzhù 동 막히다, 끼(이)다, 걸리다 | **束手待毙** shùshǒu dàibì 성 가만히 앉아서 패망을 기다리다, 팔짱 끼고 죽음을 기다리다, 속수무책이다 | **左思右想** zuǒsī yòuxiǎng 성 여러 가지로 생각하다, 이리저리 생각하다 | **狠心** hěnxīn 동 모질게 마음먹다 | **截肢** jiézhī 동 팔이나 다리를 자르다, 절제하다 | **昏迷** hūnmí 동 혼미하다, 의식불명이다 | **苏醒** sūxǐng 동 되살아나다, 소생하다, 의식을 회복하다 | **奇迹** qíjì 명 기적 | **旋即** xuánjí 부 곧, 금방 | **尽头** jìntóu 명 끝, 종점

연습문제 3

p.167

정답	1	D	2	B	3	C	4	A	5	E	6	B	7	C	8	A	9	D	10	E

01-05

享受幸福是需要学习的，当它即将来临的时刻需要提醒。人可以自然而然地学会感官的享乐，(1) ＿＿＿＿＿＿。灵魂的快意同器官的舒适像一对孪生兄弟，时而相傍相依，时而南辕北辙。幸福是一种心灵的震颤。它像会倾听音乐的耳朵一样，需要不断地训练。简而言之，幸福就是没有痛苦的时刻。它出现的频率并不像我们想象的那样少。

人们常常只是在幸福的金马车已经驶过去很远时，才拣起地上的金鬃毛说，原来我见过它。人们喜爱回味幸福的标本，却忽略它披着露水散发清香的时刻。那时候我们往往步履匆匆，(2) ＿＿＿＿＿＿。世上有预报台风的，有预报蝗灾的，有预报瘟疫的，有预报地震的。没有人预报幸福。其实幸福和世界万物一样，有它的征兆。幸

행복을 누리기 위해서는 학습이 필요하고, 행복이 다가올 때는 상기할 필요가 있다. 인간은 감각기관이 느끼는 즐거움은 자연스럽게 배우지만 (1) D 선천적으로 행복의 리듬은 익힐 수 없다. 영혼의 즐거움과 신체기관의 편안함은 마치 쌍둥이형제처럼 때로는 서로 의지하고 기대다가 때로는 상반되는 모습을 보이기도 한다. 행복은 영혼의 떨림이다. 행복은 음악을 듣는 귀와 같이 끊임없는 훈련이 필요하다. 간단히 말해 행복은 고통이 없는 순간이다. 행복이 나타나는 빈도는 우리가 상상하는 것처럼 그렇게 적지 않다.

사람들은 흔히 행복의 황금마차가 이미 멀리 지나가 버리고 나서야 땅 위의 황금갈기를 주우며 '알고 보니 나는 행복을 보았었어'라고 말한다. 사람들은 행복의 표본을 회상하는 것을 좋아하지만, 정작 행복이 이슬을 머금고 은은한 향기를 풍기는 순간을 소홀히 한다. 이때 우리는 종종 발걸음을 재촉하지만, (2) B 이리저리 살펴봐도 뭐가 그리 바쁜지 알지 못한다. 세상에는 태풍, 메뚜기 피해, 급성 전염병, 지진을 미리 알리는 예보가 있지만, 행복을 예보하는 사람은 없다. 사실 행복은 세상만물과 마

福常常是朦胧的，很有节制地向我们喷洒甘霖。你不要总希望轰轰烈烈的幸福，(3) ________。你也不要企图把水龙头拧得更大，那样它会很快地流失。你需要静静地以平和之心，体验它的真谛。幸福绝大多数是朴素的。(4) ________，在很高的天际闪烁红色的光芒。它披着本色的外衣，亲切温暖地包裹起我们。

幸福不喜欢喧嚣浮华，它常常在暗淡中降临。贫困中相濡以沫的一块糕饼，患难中心心相印的一个眼神，父亲一次粗糙的抚摸，女友一张温馨的字条。这都是千金难买的幸福啊，(5) ________，在凄凉中愈发熠熠夺目。

A 它不会像信号弹似的
B 瞻前顾后不知在忙着什么
C 它多半只是悄悄地扑面而来
D 却无法天生地掌握幸福的韵律
E 像一粒粒缀在旧绸子上的红宝石

찬가지로 먼저 징조가 나타난다. 행복은 늘 희미하며, 우리에게 매우 절제 있게 단비를 뿌린다. 항상 활기 넘치는 행복을 바라서는 안 된다. (3) C 행복은 항상 조용히 우리 곁을 스쳐온다. 수도꼭지를 더 세게 잠그려고 해서도 안 되는데, 이렇게 되면 행복은 금세 사라지게 된다. 차분하게 평온한 마음으로 행복의 참뜻을 느껴야 한다. 행복은 대부분 소박한 것이다. (4) A 행복은 신호탄 같은 것이 아닌 높은 하늘에서 반짝이는 붉은빛이다. 행복은 본래의 모습으로 다정하고 따뜻하게 우리를 감싸 안는다.

행복은 소란스럽고 화려한 것을 좋아하지 않으며, 언제나 어둠 속에서 나타난다. 가난함 속에서 서로 의지하고 도우며 나눠 먹는 빵 한 조각, 고난 속에서도 서로 통하는 눈빛, 아버지의 서툰 어루만짐, 여자친구의 따스한 메모. 이것이야말로 모두 천금을 주고도 사지 못할 행복이 아니겠는가? (5) E 행복은 낡은 천에 알알이 박힌 루비처럼 쓸쓸함 속에서 더욱 반짝반짝 눈부시게 빛난다.

A 그것은 신호탄 같지 않다
B 이리저리 살펴봐도 뭐가 그리 바쁜지 알지 못한다
C (행복은) 항상 조용히 우리 곁을 스쳐온다
D 선천적으로 행복의 리듬은 익힐 수 없다
E 낡은 천에 알알이 박힌 루비처럼

해설 (1) 빈칸 앞의 문장 '인간은 감각기관이 느끼는 즐거움을 자연스럽게 배운다'를 통해 전체 문장은 전환문이고 빈칸의 뒷문장에는 전환관계를 나타내는 연결어가 나올 것이며, '감각기관이 느끼는 즐거움'과 상대적인 성분이 등장하게 될 것임을 짐작할 수 있다. 이러한 조건과 부합하는 보기는 D밖에 없다.

(2) 빈칸의 앞문장에서 사람들은 행복을 회상하는 것만 좋아하고 행복할 때에는 종종 그것을 소홀히 하며 '발걸음을 재촉하고' 바쁘기만 하다고 했다. 단어의 의미에 따라 B가 정답임을 알 수 있다.

(3) 빈칸의 바로 앞문장 '항상 활기 넘치는 행복을 바라면 안 된다'는 부분을 부정하는 것으로 뒷문장에는 반드시 진정한 행복이 다가오는 방식이 '활기 넘치는' 것과 달리 '조용히' 찾아옴을 언급해주어야 한다. 따라서 C가 답이 된다.

(4) 이 문제는 빈칸의 뒷문장 '높은 하늘에서 반짝이는 붉은 빛이다'를 보고 답을 골라야 한다. 이 문장에서는 행복 자체를 서술하는 것이 아니다. 필자는 비유법을 사용하고 있는데 보기 A의 '신호탄'은 '반짝이는 붉은빛'의 의미와 가장 어울리므로 A가 정답이다.

(5) 빈칸의 뒷문장 '반짝반짝 눈부시게 빛난다'를 통해 이 문장에서도 비유법을 사용하여 행복을 논하고 있음을 알 수 있다. 이 형용사는 '루비'와 가장 적절하게 호응되며, '알알이'는 앞에서 필자가 열거한 여러 가지 행복에 대응되므로 E가 답이 된다.

단어 自然而然 zìrán'érrán 성 자연히, 저절로 | 感官 gǎnguān 명 感觉器官(감각기관)의 약칭 | 快意 kuàiyì 형 (기분이) 상쾌하다, 후련하다, 개운하다 | 孪生兄弟 luánshēng xiōngdi 명 쌍둥이형제 | 南辕北辙 nányuán běizhé 성 행동과 목적이 상반되다 | 震颤 zhènchàn 동 떨다, 떨리다, 떨리게 하다 | 频率 pínlǜ 명 주파수, 진동수 | 鬃毛 zōngmáo 명 갈기 | 清香 qīngxiāng 명 은은한 향기, 담백한 향기 | 步履 bùlǚ 명 행보, 걸음걸이 | 蝗灾 huángzāi 명 메뚜기 피해 | 瘟疫 wēnyì 명 급성 전염병 | 朦胧 ménglóng 형 (달빛이) 흐리다, 흐릿하다 | 喷洒 pēnsǎ 동 (액체 등을) 흩어 뿌리다, 살포하다 | 甘霖 gānlín 명 (오랜 가뭄 끝에 내리는) 단비 | 轰轰烈烈 hōnghōng lièliè 형 기백이 세고 기세가 드높다 | 真谛 zhēndì 명 진리, 참뜻 | 闪烁 shǎnshuò 동 반짝이다, 깜빡이다 | 光芒 guāngmáng 명 빛 | 包裹 bāoguǒ 동 싸다, 싸매다 | 喧嚣 xuānxiāo 형 시끄럽다, 소란스럽다 | 浮华 fúhuá 형 실속 없이 겉만 화려하다 | 相濡以沫 xiāngrú yǐmò 성 곤경 속에서 서로 의지하고 돕다 | 糕饼 gāobǐng 명 케이크, 파이 | 心心相印 xīnxīn xiāngyìn 성 서로 생각과 감정이 완전히 일치하다, 서로 마음이 통하다 | 熠熠 yìyì 형 번쩍번쩍하다 | 瞻前顾后 zhānqián gùhòu 성 앞뒤를 살피다 | 扑面 pūmiàn 동 얼굴을 향해 덮쳐 오다, 얼굴에 확 스쳐오다 | 韵律 yùnlǜ 명 리듬, 운율

06-10

墙壁上，一只虫子在艰难地往上爬，爬到了一半，忽然跌落了下来。这是它又一次失败的记录。然而，过了一会儿，它又沿着墙根，(6) ________。

第一个人注视着这只虫子，感叹地说："一只小小的虫子，这样的执著、顽强，失败了，不屈服；跌倒了，从头干；真是百折不回啊！我遭到了一点挫折，我能气馁、退缩、自暴自弃吗？难道我还不如这只虫子？"

第二个人注视着它，禁不住叹气说："可怜的虫子！这样盲目地爬行，什么时候才能爬到墙头呢？只要稍微改变一下方位，它就能很容易地爬上去；可是它就是不愿反省，不肯看一看。唉——可悲的虫子！反省反省我自己吧，我正在做的那件事一再失利，我该学得聪明一点，(7) ________——我是个有头脑的人，可不是虫子。"

第三个人询问智者："观察同一只虫子，两个人的见解和判断截然相反，(8) ________。可敬的智者，请您说说，他们哪一个对呢？"智者回答："两个人都对。"询问者感到困惑："怎么会都对呢？您是不愿还是不敢分辨是非呢？"智者笑了笑，回答道："太阳在白天放射光明，月亮在夜晚投洒清辉，它们是相反的。你能不能告诉我：太阳和月亮，究竟谁是谁非？但是，世界并不是简单的是非组合体。同样观察虫子，两个人所处的角度不同，(9) ________，他们获得的启示也就有差异。你只看到两个人之间的异，却没有看到他们之间的同；他们同样有反省和进取的精神。形式的差异，往往蕴含着精神实质的一致；表面的相似，(10) ________。"

A 得到的启示迥然不同
B 一点一点地往上爬了
C 不能再闷着头蛮干一气了
D 他们的感觉和判断就不可能一致
E 倒可能掩藏着内在的不可调和的对立

담장 위에서 벌레 한 마리가 힘겹게 기어 올라가고 있었는데, 절반쯤 기어오르더니 갑자기 아래로 미끄러졌다. 벌레가 또 한 차례 실패를 기록한 것이다. 그러나 잠시 후, 벌레는 다시 담장 밑을 따라서 (6) B 조금씩 기어 올라갔다.

첫 번째 사람이 이 벌레를 주의 깊게 살펴보더니 "작은 벌레 한 마리가 이렇게 고집스럽고 필사적이라니! 실패했어도 굴하지 않고, 넘어졌어도 다시 올라가네. 정말 의지가 대단해! 내가 별것 아닌 좌절에도 낙담하고 주눅이 들어 자포자기해서야 되겠어? 내가 이 벌레보다도 못하단 말이야?"라며 감탄했다.

두 번째 사람이 이 벌레를 지켜보더니 탄식을 금치 못하며 "가여운 벌레! 이렇게 무작정 기어가서 언제쯤 담장 꼭대기까지 올라갈 수 있을까? 방향을 조금만 바꾸면 쉽게 올라갈 수 있을 텐데. 그런데도 반성하거나 되돌아보려 하지 않다니. 어휴, 가여운 벌레! 나는 나 자신을 돌아보자. 내가 지금 하는 일이 또 다시 실패하면, 더 현명해져야지 (7) C 억지로 계속 밀어붙여서는 안 돼. 나는 생각을 할 줄 아는 사람이지 벌레가 아니잖아."라고 말했다.

세 번째 사람은 현자에게 물어보았다. "같은 벌레를 관찰한 두 사람의 생각과 판단이 완전히 다르고, (8) A 깨달은 바도 전혀 다릅니다. 존경하는 현자여, 당신께서 그들 가운데 누가 옳은지 말씀해주시겠습니까?" 현자는 이렇게 대답했다. "두 사람 모두 옳다네." 질문을 한 사람은 당혹스러웠다. "어째서 모두 옳다는 것이죠? 옳고 그름을 따지고 싶지 않으신 것인가요, 아니면 감히 그렇게 하지 못하시는 것인가요?" 현자는 웃으며 대답했다. "해는 낮에 빛을 비추고, 달은 밤에 환한 빛을 비추니 상반되는 것들이지. 자네가 나에게 해와 달 중 대체 어느 것이 옳고 어느 것이 그른지 알려주겠나? 그러니 세상은 단순히 옳고 그름으로 이루어진 것이 아닐세. 마찬가지로 벌레를 관찰한 두 사람의 처한 각도가 달라 (9) D 두 사람의 생각과 판단이 동일할 수 없듯 그들이 깨달은 바도 차이가 있다네. 자네는 단지 두 사람 사이의 차이점만 보았지 같은 점은 보지 않았네. 그들은 모두 반성과 진취적인 정신을 가졌다는 점이지. 형식적으로 차이가 난다 하더라도 정신의 본질은 일치할 수 있고, 표면적으로 비슷해도 (10) E 내재된 타협할 수 없는 대립은 감출 수 있네."

A 깨달은 바가 전혀 다르다
B 조금씩 기어 올라갔다
C 억지로 계속 밀어붙여서는 안 된다
D 그들의 생각과 판단은 동일할 수 없다
E 내재된 타협할 수 없는 대립을 감출 수 있다

해설 (6) 빈칸 앞문장의 '然而', '又' 등의 키워드를 통해 벌레가 떨어진 후 용기를 잃지 않고 계속 위로 기어가는 것을 선택했음을 알 수 있으므로 B가 정답이다.

(7) 두 번째 사람의 관점은 무턱대고 억지로 해서는 안 되며 '더 현명해져야 한다'는 것이므로 C가 정답이다.

(8) 세 번째 사람은 문제를 상세히 논하고 있다. 즉 빈칸의 앞문장 '두 사람의 생각과 판단이 완전히 다르다'와 서로 대응되는 것은 '깨달은 바도 전혀 다르다'이므로 A가 정답이다.

(9) 앞뒤 문장에 따르면 이 부분은 세 번째 사람의 궁금증을 풀이하는 내용으로, 두 사람이 문제를 바라보는 각도가 다르기 때문에 얻은 결론도 다르다는 것이 대략적인 관점이다. 이 부분은 네 번째 단락 처음에 제시된 문제와 서로 대응되는 내용이다. 네 번째 단락의 시작 부분에서는 '두 사람의 생각과 판단이 완전히 다르다'라고 언급한 후, '깨달은 바도 전혀 다르다'고 했으므로 이 부분에서도 '생각과 판단'을 먼저 언급한 다음 '깨달은 바'에 대해 말해야 한다. 따라서 D가 정답이다.

(10) 이 부분은 훨씬 심층적인 이치를 논하고 있으며, 필자는 긍정과 부정이라는 측면에서 이야기를 풀어나가고 있으므로 답은 매우 간단하다. 앞부분에서는 표면적 차이와 내재적 일치를 말하고 있기 때문에 빈칸에서는 표면적 유사성과 내재적 불일치를 언급해주어야 한다. 따라서 E가 정답이다.

단어 **跌落** diēluò 동 (물체가) 떨어지다 | **执著** zhízhuó 형 집착하다, 끈기 있다 | **顽强** wánqiáng 형 완강하다, 억세다, 드세다 | **屈服** qūfú 동 굴복하다 | **百折不回** bǎizhé bùhuí 성 의지가 매우 강인하다 | **气馁** qìněi 동 낙심하다, 풀이 죽다, 용기를 잃다 | **退缩** tuìsuō 동 뒷걸음질치다, 움츠러들다, 주눅이 들다 | **自暴自弃** zìbào zìqì 성 자포자기하다 | **失利** shīlì 동 (시합에서) 지다, 패배하다 | **询问** xúnwèn 동 알아보다, 물어 보다, 의견을 구하다 | **截然** jiérán 부 뚜렷이, 분명하게, 명백하게 | **清辉** qīnghuī 명 환한 빛 | **启示** qǐshì 동 계시하다, 시사하다, 계발하다 | **蕴含** yùnhán 동 포함하다, 내포하다, 담겨 있다 | **迥然不同** jiǒngrán bùtóng 성 서로 완전히 다르다, 서로 현저하게 차이가 나다 | **蛮干** mángàn 동 무리하게 하다, 무턱대고 하다 | **掩藏** yǎncáng 동 숨기다, 감추다

연습문제 4

p.172

정답	1	B	2	A	3	D	4	E	5	C	6	D	7	B	8	E	9	C	10	A

01-05

秦二世时，丞相赵高野心勃勃，日夜盘算着要篡夺皇位。可朝中大臣有多少人能听他摆布，有多少人反对他，他心中没底。于是，他想了一个办法，(1) ______________，同时也可以摸清敢于反对他的人。

一天上朝时，赵高让人牵来一只鹿，满脸堆笑地对秦二世说："陛下，我献给您一匹好马。"秦二世一看，心想：这哪里是马，这分明是一只鹿嘛！便笑着对赵高说："丞相搞错了，这是一只鹿，你怎么说是马呢？"赵高面不改色心不跳地说："请陛下看清楚，这的确是一匹千里马。"秦二世又看了看那只鹿，将信将疑地说："马的头上怎么会长角呢？"赵高一转身，(2) ______________，大声说："陛下如果不信我的话，可以问问众位大臣。"大臣们都被赵高的一派胡言搞得不知所措，

진나라 2대 황제 때 승상이었던 조고는 야심이 가득한 사람으로 밤낮으로 보위 찬탈을 궁리했다. 조정의 대신 가운데 몇몇은 그의 말을 따랐지만, 그를 반대하는 대신도 있어 자신이 없던 그는 한 가지 방법을 생각해냈다. (1) B 자신의 위엄을 시험해보고자 하였는데, 동시에 자신을 반대하는 사람을 분명하게 파악할 수도 있었다.

조정에서 회의를 하던 어느 날, 조고는 사람을 시켜 사슴 한 마리를 끌어오게 하고는 얼굴에 웃음을 띠며 2대 황제에게 이렇게 말했다. "폐하, 제가 폐하께 좋은 말 한 필을 바치나이다." 2대 황제는 사슴을 보며 '이게 어디 말이란 말이야. 사슴인 게 분명한데!'라고 생각했다. 그리고는 웃으며 조고에게 말했다. "승상이 틀렸네. 이것은 사슴인데 승상은 어찌 말이라고 하는 것인가?" 조고는 얼굴빛 하나 변하지 않고 이렇게 말했다. "폐하께서 자세히 보시지요. 이것은 틀림없이 천리마입니다." 2대 황제는 사슴을 다시 한번 살펴보더니 반신반의하며 말했다. "말의 머리에 어떻게 긴 뿔이 달릴 수 있는가?" 조고는 몸을 돌려 (2) A 손으로 여러 대신들을 가리키며 큰 소리로 말했다. "폐하께서 저의 말을 믿지 않으신다면 다른 여러 대신들에게 물어

私下里嘀咕：这个赵高搞什么名堂？是鹿是马这不是明摆着嘛！(3) ____________，两只眼睛骨碌碌轮流地盯着每个人的时候，大臣们忽然明白了他的用意。

(4) ____________，不敢说话，因为说假话，对不起自己的良心，说真话又怕日后被赵高所害。有些正直的人，(5) ____________。而有一些平时就紧跟赵高的奸佞之人立刻表示拥护赵高的说法，对皇上说："这确是一匹千里马！"事后，赵高通过各种手段把那些不顺从自己的正直大臣纷纷治罪，甚至满门抄斩。

A 用手指着众大臣
B 准备试一试自己的威信
C 坚持认为是鹿而不是马
D 当看到赵高脸上露出阴险的笑容
E 一些胆小又有正义感的人都低下头

보시지요." 대신들은 모두 조고의 허튼소리에 어찌할 바를 몰라 하며 수군거리기 시작했다. '저 조고는 무슨 속셈인 거야? 사슴이냐 말이냐 이거 뻔한 거 아니야!' (3) D 조고가 얼굴에 음험한 미소를 드러내며 두 눈동자를 이리저리 굴리면서 한 사람 한 사람 번갈아 노려볼 때, 대신들은 문득 그의 속셈을 알아차렸다.

(4) E 정의감은 있었지만 겁이 많았던 대신들은 모두 고개를 숙이고 아무 말도 할 수 없었다. 거짓말을 하자니 양심에 부끄럽고, 진실을 말하자니 조고의 후환이 두려웠기 때문이다. 정직한 대신들은 (5) C 사슴이지 말이 아니라는 생각을 고수했다. 그러나 평소에 조고에게 아첨을 잘하던 간신들은 곧장 조고를 감싸는 의견을 내놓으며 황제에게 말했다. "이것은 분명 천리마입니다!" 이 일이 있은 후, 조고는 각종 수단으로 자신을 순순히 따르지 않는 정직한 대신들을 잇달아 벌했고, 심지어 그들의 재산을 몽땅 몰수하고 온 집안을 참형에 처했다.

A 손으로 여러 대신들을 가리켰다
B 자신의 위엄을 시험해보고자 했다.
C 사슴이지 말이 아니라는 생각을 고수했다
D 조고가 얼굴에 음험한 미소를 드러냈다
E 정의감은 있었지만 겁이 많았던 대신들은 모두 고개를 숙였다

해설 (1) 이 지문은 '지록위마(指鹿爲馬)'라는 성어에 관한 이야기이다. 빈칸 앞부분에 언급된 내용대로 조고는 조정의 대신 가운데 그가 하자는 대로 좌지우지되는 대신이 몇 명인지, 그를 반대하는 대신이 몇 명인지 알고 싶었다. 이것은 사실 위신의 문제이다. 그는 자신의 위신이 어느 정도인지 알고 싶어서 방법을 생각해냈으므로 B가 정답이다.
(2) 빈칸 앞에서 '조고는 몸을 돌려'라고 했고, 빈칸 뒷문장에서 조고가 황제에게 각 대신에게 물어보라고 했으므로 이때 그는 아래에 서있는 대신들을 가리키는 동작을 취했을 가능성이 크다. 그러므로 A가 답이 된다.
(3) 빈칸 다음 문장의 '두 눈동자를 이리저리 굴리면서 한 사람 한 사람 번갈아 노려보았다'라는 말을 통해 이 문장의 주체는 조고임을 알 수 있다. 보기에서 D만 조고의 표정을 묘사하고 있으므로 D가 정답이다.
(4) 빈칸 뒷문장의 '아무 말도 할 수 없었다'를 보면 이것이 일부 대신들의 반응이라는 것을 알 수 있고, '고개를 숙였다'는 이 사람들이 어떤 사실을 숨기고 있음을 의미하므로 E가 정답이다.
(5) 이 부분은 일부 정직한 사람들의 반응으로 정직한 사람은 분명히 감히 진실을 말하고 조고의 권력을 두려워하지 않을 것이므로 그것이 사슴이라는 생각을 고수했을 것이다. 따라서 C가 정답이다.

단어 **秦二世** 명 호해(胡亥)[진시황의 둘째 아들로 진나라의 2대 황제가 됨] | **丞相 chéngxiàng** 명 승상[고대, 군주를 보좌하던 최고 대신] | **盘算 pánsuan** 명 속셈, 작정, 예상 | **篡夺 cuànduó** 동 (부당한 방법으로 지위나 권력을) 찬탈하다 | **大臣 dàchén** 명 대신, 중신[군주국가의 고급 관리] | **摆布 bǎibu** 동 배치하다, 설치하다, 진열하다 | **摸清 mōqīng** 동 분명하게 파악하다, 분명히 찾아내다 | **上朝 shàngcháo** 동 임금이 조정에서 집무를 보다 | **鹿 lù** 명 사슴 | **堆笑 duīxiào** 동 (얼굴 가득) 웃음을 띠다, 웃는 표정을 짓다 | **陛下 bìxià** 명 폐하 | **面不改色 miànbùgǎisè** 성 얼굴빛 하나 변하지 않다 | **将信将疑 jiāngxìn jiāngyí** 성 믿기도 하고 의심하기도 하다, 반신반의하다 | **胡言 húyán** 명 허튼소리, 헛소리 | **不知所措 bùzhī suǒcuò** 성 어쩔 줄을 모르다, 어떻게 해야 할지 모르다 | **私下里 sīxiàli** 부 살짝, 몰래, 비공식으로 | **嘀咕 dígu** 동 수군거리다, 속닥거리다 | **骨碌碌 gūlūlū** 형 빨리 구르는 모양, 데굴데굴, 뱅글뱅글 | **奸佞 jiānnìng** 형 간사하고 아첨을 잘하다 | **治罪 zhìzuì** 동 죄를 다스리다, 응분의 처벌을 하다 | **抄斩 chāozhǎn** 동 (중죄인의) 재산을 몰수하고 참수하다 | **威信 wēixìn** 명 위신, 위엄과 신망

06-10

在冀州的南部，黄河的北岸，有两座高山叫做太行和王屋，北山住着一位叫做愚公的老翁，他年纪已经将近九十岁了，他就住在这两座高山的正对面。由于这两座高山阻挡了往北的通道，(6) ＿＿＿＿＿＿，愚公对这个情况非常地头痛。

一天他召集全家人一起商量，他说："我想和大家一起尽力来铲平这两座山，修一条畅通无阻的路直达豫州南部，汉水南岸，大家觉得如何？"家人纷纷表示赞同，于是家人讨论了一番，决定开始行动。愚公就挑了三个比较能够挑负重担的子孙，跟着他一起去凿石头，挖泥土，(7) ＿＿＿＿＿＿，用畚箕运到渤海边上。河曲智叟看到愚公他们这么辛苦，就讥笑他说："你呀也太没有自知之明，太自不量力了吧，你看你这么大把年纪，又这么一点点力气，(8) ＿＿＿＿＿＿，你怎能奈何得了那么多土石呢？"愚公长叹一声回答他说："唉，你的思想太顽固了，我就是死了，我还有儿子在呀，儿子又生孙子，孙子又生儿子，儿子又生儿子，儿子又生孙子，这子子孙孙是没有穷尽的，(9) ＿＿＿＿＿＿，又不会长大，我有什么好担心挖不平他们的呢？"河曲智叟听愚公这么一说哑口无言。

山神听说了这件事情，他真的很担心愚公要领着子孙这样世世代代的挖下去，所以，他把这件事情报告了天帝。天帝知道以后，(10) ＿＿＿＿＿＿，命令大力神夸娥氏的两个儿子各背负一座山，一座放到朔方的东边（山西省的东部），一座放到雍州的南部（现今陕西、甘肃省一带地区）。从此以后，冀州的南部，汉水的南岸再也没有高山阻隔了。

A 被愚公的坚毅所感动
B 然后他们把挖下来的土石
C 但是这两座山又不会长高
D 无论进出都要绕很远的路
E 我看你连山上的一根草都对付不了

기주의 남부, 황하의 북쪽 해안에 태행산과 왕옥산이라는 두 개의 높은 산이 있었다. 북산에는 우공이라는 노인이 살고 있었는데, 그의 나이는 이미 90세에 가까웠다. 그는 두 개의 높은 산 바로 맞은 편에 살고 있었는데, 두 개의 높은 산이 북쪽으로 가는 통로를 막고 있었기 때문에 (6) D 지나다니려면 항상 먼 길로 돌아가야 해서, 우공은 이 문제로 매우 골치가 아팠다.

어느 날 그는 온 식구들을 불러 이 문제를 논의하며 말했다. "나는 우리가 함께 힘을 모아 이 두 산을 평평하게 팠으면 좋겠다. 막힘 없이 잘 통하는 길을 닦으면 예주 남쪽과 한수 남쪽 해안으로 바로 갈 수 있는데, 다들 어떻게 생각해?" 가족들은 모두 동의했고, 그래서 가족들은 한차례 토론을 벌인 뒤 실천에 옮기기로 결정했다. 우공은 무거운 짐을 질 수 있는 아들과 손자 세 명을 골라 함께 돌과 흙을 파냈다. (7) B 그런 다음 그들은 파낸 흙과 돌을 삼태기를 이용해 발해 변으로 옮겼다. 강굽이에 있던 지혜로운 노인은 우공 가족이 이렇게 힘들어하는 모습을 보고 비웃으며 말했다. "자네 정말 자신의 능력도 정확히 모르고, 주제 파악도 못 하고 있군. 자넨 이렇게 나이도 많고 기력도 얼마 없지 않나. (8) E 내가 보기에 자네는 산에 있는 풀 한 포기도 들지 못할 것 같은데, 자네가 어떻게 그렇게 많은 돌과 흙을 들 수 있겠나?" 우공은 길게 한숨을 내쉬며 이렇게 대답했다. "아, 당신의 생각은 너무 완고하군요. 내가 죽는다고 해도 내 아들이 있잖아요. 아들은 또 손자를 낳고, 손자가 또 아들을 낳고, 아들은 또 그 아들을 낳고, 아들은 또 손자를 낳고, 이렇게 대대손손 끊이지 않을 겁니다. (9) C 하지만 이 두 개의 높은 산은 더 이상 높아질 리 없지 않습니까, 또 더 커지지도 않을 거예요. 내가 그것들을 평평하게 고르지 못할 걱정이 뭐가 있겠어요?" 강굽이의 지혜로운 노인은 우공이 이렇게 말하는 것을 듣고 말문이 막혔다.

산신이 이 일을 전해 듣고는 우공이 자손들을 이끌고 대대손손 파내려갈까 봐 몹시 걱정했다. 그래서 산신은 이 일을 천제에게 알렸다. 천제가 이 사실을 알고 (10) A 우공의 강직함에 감동하여, 대력신 과아씨의 두 아들에게 명령하여 산을 하나씩 짊어지고, 하나는 삭방의 동쪽(산서성의 동쪽)으로 옮기고, 하나는 옹주의 남쪽(지금의 섬서성, 감숙성 일대 지역)으로 옮기게 했다. 그 뒤로 기주의 남쪽과 한수의 남쪽 해안은 더 이상 높은 산으로 가로막히지 않았다.

A 우공의 강직함에 감동했다
B 그런 다음 그들은 파낸 흙과 돌을
C 하지만 이 두 개의 높은 산은 더 이상 높아질리 없다
D 지나다니려면 항상 먼 길로 돌아가야 했다
E 내가 보기에 자네는 산에 있는 풀 한 포기도 들지 못할 것 같다

해설 (6) 이 지문은 '우공이산(愚公移山)' 이야기이다. 빈칸 앞의 문장 '두 개의 높은 산이 북쪽으로 가는 통로를 막고 있었다'와 인과관계를 나타내는 연결어 '由于'를 보면 통로가 막힘으로써 드나듦을 불편하게 하여 길을 멀리 돌아가야 한다는 사실을 알 수 있다. 따라서 D가 정답이다.

(7) 빈칸 앞의 문장 '돌과 흙을 파냈다'와 뒤의 문장 '삼태기를 이용해 발해로 옮겼다'를 통해 빈칸에는 운반한 물건, 즉 앞에서 그들이 파낸 돌과 흙이 들어갈 것이다. 따라서 B가 답이다.

(8) 이 부분은 지혜로운 노인이 힘없는 우공을 비웃는 내용으로 빈칸 뒷문장 '어떻게 그렇게 많은 돌과 흙을 들 수 있겠나?'를 통해 앞뒤에 점진관계를 나타내는 복문이 들어감을 알 수 있다. 보기 E의 '산에 있는 풀 한 포기도 들지 못해'라는 내용은 이러한 논술방법에 부합한다. 즉 최소한의 힘을 부정함으로써 모든 것을 부정하는 것이다.

(9) 이 부분은 우공의 논리에 대한 내용이다. 그는 자신의 자손이 대대손손 끊이지 않고 이어질 것이지만 산은 더 높아지지도 더 커지지도 않을 것이므로 산을 평평하게 고를 수 있다고 생각한다. 따라서 C가 답이 된다.

(10) 이 지문은 주로 우공이산의 정신에 대해 말하고 있다. 천제가 천신에게 두 산을 옮기라고 명령한 것은 우공의 정신에 감동했기 때문일 것이다. 따라서 A가 정답이다.

단어 **阻挡 zǔdǎng** 동 저지하다, 가로막다 | **召集 zhàojí** 동 소집하다, 불러 모으다 | **尽力 jìnlì** 동 온 힘을 다하다, 전력을 다하다 | **铲平 chǎnpíng** 동 평평하게 파다 | **凿石头 záoshítou** 석수질 | **畚箕 běnjī** 명 삼태기[농산물이나 흙, 자갈 등을 옮길 때 사용하는 농기구] | **渤海 Bóhǎi** 지명 발해[헤이룽장성, 산둥성, 저장성에 위치함] | **河曲 héqū** 명 강굽이 | **叟 sǒu** 노인[나이가 많은 남자를 가리킴] | **自知之明 zìzhīzhīmíng** 성 자신의 결점이나 분수, 처지 등을 정확히 아는 능력 | **自不量力 zìbúliànglì** 성 자신의 능력을 정확하게 헤아리지 못하다, 주제를 모르다 | **奈何 nàihé** 대 어떻게 ~한가, 왜[반어에 쓰임] | **顽固 wángù** 형 완고하다, 고집스럽다 | **穷尽 qióngjìn** 명 끝, 종점 | **哑口无言 yǎkǒu wúyán** 성 벙어리처럼 말을 못 하다, (질문 · 반박 등에) 말문이 막히다 | **阻隔 zǔgé** 동 조격하다, 막혀서 통하지 못하다

연습문제 5

p.177

정답	1	A	2	E	3	B	4	C	5	D	6	D	7	C	8	A	9	E	10	B

01-05

死海是怎样形成的呢？请先听一个古老的传说吧。远古时候，这儿原来是一片大陆。村里男子有一种恶习，先知鲁特劝他们改邪归正，(1) ____________。上天决定惩罚他们，便暗中谕告鲁特，叫他携带家眷在某年某月某日离开村庄，并且告诫他离开村庄以后，(2) ____________，都不准回过头去看。

鲁特按照规定的时间离开了村庄，走了没多远，他的妻子因为好奇，(3) ____________。哎哟，转瞬之间，好端端的村庄塌陷了，出现在她眼前的是一片汪洋大海，这就是死海。她因为违背上天的告诫，立即变成了石人。(4) ____________，她仍然立在死海附近的山坡上，扭着头日日夜夜望着死海。上天惩罚那些执迷不悟的人们：让他们既没有淡水喝，也没有淡水种庄稼。这当然是神话，是人们无法认识死海形成过程的一种猜测。

사해는 어떻게 형성된 것일까? 우선 오래된 전설 하나를 들어보기로 하자. 아주 먼 옛날, 이곳은 원래 대륙이었다. 마을의 남자들에게는 나쁜 습관이 있어, 선지자 롯은 그들에게 잘못을 깨닫고 바른길로 돌아오라고 권했지만, (1) A 그러나 그들은 회개하려 하지 않았다. 하느님은 그들을 벌하기로 하고 몰래 이 사실을 롯에게 알려 몇 년 몇 월 며칠에 아내를 데리고 마을을 떠나라고 하고는 그에게 마을을 떠난 후에는 (2) E 뒤에서 어떠한 중대한 사고가 일어나도 뒤를 돌아보아서는 안 된다고 경고했다.

롯은 정해진 시간에 마을을 떠났고 얼마 못 가 그의 아내는 호기심 때문에 (3) B 몰래 고개를 돌려 흘끗 보았다. 아이고, 눈 깜짝할 사이에 멀쩡했던 마을은 내려앉았고 그녀의 눈앞에는 망망대해만이 펼쳐져 있을 뿐이었는데, 이것이 바로 사해였다. 그녀는 하느님의 경고를 어겼기 때문에 바로 석상으로 변했다. (4) C 비록 수세기에 걸쳐 갖은 고초를 겪었지만, 그녀는 여전히 사해 근처의 산비탈에 서서 고개를 돌린 채 밤낮으로 사해를 바라보고 있다. 하느님은 잘못을 깨닫지 못하는 사람들을 벌했다. 그들에게 마실 물도, 농사지을 물도 주지 않았다. 이것은 물론 신화이며 사람들이 사해가 형성된 과정을 몰랐을 때 추측해 낸 이야기이다.

其实，死海是一个咸水湖，(5) ________。死海地处约旦和巴勒斯坦之间南北走向的大裂谷的中段，它的南北长75公里，东西宽5至16公里，海水平均深度146米，最深的地方大约有400米。死海的源头主要是约旦河，河水含有很多的盐分。河水流入死海，不断蒸发，盐类沉淀下来，经年累月，越积越浓，便形成了今天世界上最咸的咸水湖——死海。

A 但他们拒绝悔改
B 偷偷地回过头看了一眼
C 虽然经过多少世纪的风雨
D 它的形成是自然界变化的结果
E 不管身后发生多么重大的事故

사실 사해는 염호로서 (5) D 그것의 형성은 자연계 변화의 결과이다. 사해는 요르단과 팔레스타인 사이에 걸쳐 있는 큰 분지의 중간에 위치해있다. 남북의 길이는 75km, 동서의 폭은 5~16km이며 평균 수심은 146m로 가장 깊은 곳은 약 400m가 된다. 사해는 요르단 강에서 시작되며 이 강물에는 많은 염분이 함유되어 있다. 강물은 사해로 유입된 후 계속 증발되고 염류는 가라앉는데 오랜 세월을 거쳐 침전될수록 염분의 농도가 강해진다. 이리하여 오늘날 세계에서 가장 짠 염호인 사해가 형성되었다.

A 그러나 그들은 회개하려 하지 않았다
B 몰래 고개를 돌려 흘끗 보았다
C 비록 수세기에 걸쳐 갖은 고초를 겪었지만
D 그것의 형성은 자연계 변화의 결과이다
E 뒤에서 어떠한 중대한 사고가 일어나도

해설 (1) 빈칸의 다음 문장 '하느님은 그들을 벌하기로 했다'를 통해 마을 남자들이 '잘못을 깨닫고 바른길로 돌아오라'고 했던 선지자의 권고를 듣지 않았음을 알 수 있다. 그러므로 A가 답이 된다.
(2) 빈칸의 다음 문장 '뒤를 돌아보아서는 안 된다'를 보면, 앞문장에는 보편성을 나타내는 조건문이 위치할 가능성이 크다. 보기 E의 '不管'이 바로 '都'와 호응을 이루는, 보편적 조건을 나타내는 연결어이다.
(3) 앞에서 하느님은 그들이 떠날 때 뒤를 돌아보지 말라고 했지만, 뒷부분에 그의 아내는 '하느님의 경고를 어겼다'는 내용이 나온다. 이를 통해 그의 아내는 호기심 때문에 마을을 떠날 때 뒤를 돌아보았다는 것을 알 수 있다. 따라서 B가 답이 된다.
(4) 빈칸 다음 문장의 '仍然'을 통해 이 부분이 전환복문임을 알 수 있다. 보기 C의 '虽然'은 문장 앞에 위치해 전환관계를 나타내는 연결어이며, '수백 년의 고초를 겪었다'는 '여전히 사해 근처의 산비탈에 서서'와 의미 상으로도 전환관계를 이룬다.
(5) 앞부분에서는 사해가 형성된 것에 관한 신화만을 언급했다. 그런데 마지막 단락 처음에 쓰인 '其实'는 필자가 과학적인 각도에서 사해의 형성과정에 대해 설명할 것임을 보여준다. 지리에 대한 지식이 있다면 사해가 자연적인 변화로 인해 생겼다는 사실을 쉽게 알 수 있을 것이다. 마지막 단락에서 필자도 이 변화과정을 비교적 간략하게 서술하고 있으므로 D가 답이 된다.

단어 **传说** chuánshuō 명 전설 | **恶习** èxí 명 악습, 나쁜 버릇 | **改邪归正** gǎixié guīzhèng 성 개과천선하다, 잘못을 깨닫고 바른 길로 돌아오다 | **上天** shàngtiān 명 (자연과 인류를 주재하는) 하늘, 하느님 | **惩罚** chéngfá 명동 징벌(하다) | **谕告** yùgào 동 훈계하다 | **家眷** jiājuàn 명 아내, 부인 | **告诫** gàojiè 동 훈계하다, 타이르다 | **好奇** hàoqí 형 호기심을 갖다, 궁금하게 생각하다 | **转瞬** zhuǎnshùn 명 눈 깜짝할 사이 | **好端端** hǎoduānduān 형 (사람이) 온전하다, 멀쩡하다, 아무 탈 없다 | **塌陷** tāxiàn 동 꺼지다, 무너지다 | **执迷不悟** zhímí búwù 성 잘못에서 깨어날 줄을 모르다, 깨닫지 못하다 | **种庄稼** zhòngzhuāngjia 농작물을 재배하다, 농사를 짓다 | **咸水湖** xiánshuǐhú 명 염호, 짠물 호수 | **约旦** Yuēdàn 지명 요르단(Jordan) | **巴勒斯坦** Bālèsītǎn 지명 팔레스타인(Palestine) | **裂谷** liègǔ 명 열곡, 분지 | **源头** yuántóu 명 수원(水源) | **蒸发** zhēngfā 동 증발하다 | **沉淀** chéndiàn 동 침전하다, 가라앉다 | **经年累月** jīngnián lěiyuè 성 오랜 세월을 겪다, 오랜 시간 동안 | **悔改** huǐgǎi 동 회개하다, (잘못을) 뉘우치고 고치다

06-10

很早很早以前，猫并不吃老鼠。有一只猫和一只老鼠住到了一起。冬天快到了，它们买了一坛子猪油准备过冬吃。老鼠说："猪油放在家里，我嘴馋，(6) ________，到冬天再取来吃。"猫说："行啊。"它们趁天黑，把这坛子猪油送到离家十里远的大庙里藏起来。

有一天，老鼠突然对猫说："我大姐要生孩子，捎信让我去呢。"猫说："去吧，路上要小心狗。"天快黑时，老鼠回来了，肚子吃得鼓鼓的，

아주 오래전 고양이는 쥐를 먹지 않았다. 고양이 한 마리와 쥐 한 마리가 함께 살고 있었다. 겨울이 가까워져 오자 고양이와 쥐는 돼지기름 한 단지를 사 겨울을 날 준비를 했다. 쥐가 "돼지기름을 집안에 두면 먹고 싶어지니까 (6) D 조금 먼 곳에 숨겨두는 것이 나을 것 같아. 겨울이 되면 다시 꺼내서 먹자."라고 말하자 고양이가 "그래."라고 대답했다. 그들은 날이 어두워진 틈을 타 돼지기름 단지를 집에서 10리 떨어진 사찰에 숨겨두었다.

어느 날 쥐가 갑자기 고양이에게 말했다. "우리 큰누나가 곧 새끼를 낳으려고 한다는데 한번 가봐야겠어." 고양이는 "가봐. 가는 길에 개 조심하고."라고 말했다. 날이 어둑해질 무렵 쥐가

嘴巴油光光的。猫问："你大姐生了啥？""生个白胖小子。"猫又问："起了个什么名字？"老鼠转一转眼珠说："叫，叫一层。"又过了十来天，老鼠又对猫说："我二姐又要生孩子，请我去吃饭。"猫说："早去早回。"老鼠边答应边往外走。天黑了，老鼠回来了，腆着肚子，满嘴都是油。猫问："你二姐生了啥呀？""生个白胖丫头。""起了个什么名字？""叫一半。"又过了七八天，老鼠又对猫说："我三姐生孩子，请我吃饭。"猫说："别回来晚了。"天大黑时，老鼠回来了，(7) ＿＿＿＿＿＿，对猫说："我三姐也生了白胖小子，起名叫见底。"三九天到了，一连下了三四天的大雪。猫说："快过年了，(8) ＿＿＿＿＿＿，明天咱把猪油取回来吧。"

第二天一早，老鼠走在前边，猫跟在后边，奔大庙走去。到了大庙里，(9) ＿＿＿＿＿＿，坛子像被开过。猫急忙打开坛子一看，猪油见底了。猫一下子全明白了，瞪圆双眼大声说："是你给吃见底了？"老鼠刚张口，见猫已经扑过来，就转身跳下地。猫紧追它，(10) ＿＿＿＿＿＿，一急眼，老鼠钻到砖缝里去了。后来，老鼠见猫就逃，猫见老鼠就抓。

A 什么食儿也找不到
B 眼看就要被猫追上了
C 一进屋带来一股油味
D 不如藏到远一点的地方去
E 猫第一眼就看到过梁上满是老鼠脚印

돌아왔는데, 배는 터질 듯이 볼록했고 입은 번들번들했다. 고양이는 "큰누나가 새끼 낳았어?"라고 물었다. "뽀얗고 통통한 수컷을 낳았어." 고양이는 다시 "이름은 뭐라고 지었어?"라고 물었다. 쥐는 눈동자를 굴리며 "한, 한 층이라고 해."라고 답했다. 그리고 열흘쯤 지났다. 쥐가 또 고양이에게 말했다. "둘째 누나가 또 새끼를 낳으려고 한다는데 나더러 와서 밥을 먹으래." 고양이는 "일찍 갔다가 일찍 돌아와."라고 말했다. 쥐는 대답을 하며 밖으로 나갔다. 날이 어두워지자 쥐가 돌아왔는데, 배는 불룩 나와 있었고 입 주변은 기름이 가득했다. 고양이가 물었다. "둘째 누나는 새끼 잘 낳았어?", "뽀얗고 통통한 암컷을 낳았어.", "이름은 뭐라고 지었어?", "절반이라고 해." 다시 7, 8일이 지나자 쥐는 또 고양이에게 말했다. "셋째 누나가 새끼를 낳는데 내게 밥을 대접하겠대." 고양이는 말했다. "늦게 오지 마." 날이 아주 어두워졌을 때 쥐가 돌아왔다. (7) C 방에 들어오자마자 기름 냄새가 진동했다. 쥐는 고양이에게 "우리 셋째 누나도 뽀얗고 통통한 수컷을 낳았어. 이름은 바닥이라고 해."라고 말했다. 추운 겨울이 되었고, 사나흘 동안 계속 큰 눈이 내렸다. 고양이는 "이제 곧 설날인데 (8) A 먹을 것을 구하지 못했으니 내일 우리 돼지기름을 가지고 오자."라고 말했다.

이튿날 아침, 앞장선 쥐를 따라 고양이는 사찰로 향했다. 사찰에 다다르자 (9) E 고양이는 첫눈에 대들보 위가 온통 쥐의 발자국이라는 사실을 알아챘고 단지도 열린 적이 있는 듯했다. 고양이가 황급히 단지를 열어 보았더니 돼지기름은 바닥이 나 있었다. 고양이는 대번에 모든 것을 이해했고, 두 눈을 부릅뜨고 쥐에게 소리쳤다. "네가 바닥나도록 먹어치운 거지?" 쥐가 막 입을 열었을 때 이미 덤벼드는 고양이를 보고는 몸을 돌려 뛰어내렸다. 고양이는 쥐를 바싹 뒤쫓았다. (10) B 곧 고양이에게 따라 잡힐 듯했다. 다급해진 쥐는 벽돌 틈 사이로 파고 들어갔다. 이후 쥐는 고양이만 보면 달아났고 고양이는 쥐만 보면 잡으려 들었다.

A 먹을 것을 구하지 못했다
B 곧 고양이에게 따라 잡힐 듯했다
C 방으로 들어오자마자 기름 냄새가 진동했다
D 조금 먼 곳에 숨겨두는 것이 낫다
E 고양이는 첫눈에 대들보 위가 온통 쥐의 발자국이라는 사실을 알아챘다

해설 (6) 지문을 끝까지 읽으면 고양이와 쥐가 겨울철 비상식량으로 돼지기름을 '집에서 10리 떨어진 사찰'에 두었다는 것을 알 수 있다. 그러므로 돼지기름을 조금 먼 곳에 놓아두자고 제의한 것은 쥐가 한 말이 된다. 이렇게 해야 '먹고 싶어지는 것'을 막을 수 있기 때문에 D가 답이 된다.

(7) 앞뒤 문장을 통해 쥐가 외출한 것은 마찬가지로 몰래 기름을 먹기 위해서였음을 알 수 있다. 필자는 앞에서 두 차례 외출할 때마다 나타난 쥐의 상황에 대해 묘사하였다. 또한 '입은 번들번들', '입 주변은 기름이 가득'이라는 표현은 '기름'과 관련이 있기 때문에 빈칸 부분에서도 비슷한 묘사를 했을 가능성이 크다. 보기 C만 '기름'과 관련이 있고, '집으로 들어가자마자 기름 냄새를 몰고 왔다', 즉 '기름 냄새가 진동했다'는 표현도 쥐가 몰래 기름을 먹은 뒤의 상황과 부합하므로 C가 답이 된다.

(8) 추운 겨울이 되었고, 빈칸 다음 문장에서 고양이는 돼지기름을 가지고 오자고 말했다. 이것은 그들에게 이미 먹을 음식이 없음을 의미하므로 A가 답이 된다.

(9) 빈칸 다음 문장을 통해 쥐가 몰래 기름을 먹은 일이 드러나게 됐음을 알 수 있다. 단지를 보기 전에 고양이는 쥐가 몰래 기름을 먹었을 때 남긴 발자국을 먼저 보았을 것이다. 그러므로 E가 답이다.

(10) 이 부분은 고양이가 쥐를 쫓는 장면으로 빈칸 다음 문장의 '다급해진'이라는 말을 통해 고양이가 쥐를 거의 따라잡게 되자 쥐가 다급한 가운데 좋은 생각을 떠올려 벽돌 틈으로 달아나게 되었음을 알 수 있다. 그러므로 B가 정답이다.

단어 **老鼠** lǎoshǔ 명 쥐 | **坛子** tánzi 명 단지[아가리가 작고 배가 불룩한 도자기 그릇] | **猪油** zhūyóu 명 돼지기름 | **嘴馋** zuǐchán 형 게걸스럽다, 식탐하다 | **捎信** shāoxìn 동 인편에 (구두 · 서신으로) 소식을 전하다 | **鼓鼓** gǔgǔ 형 불룩하다, 볼록하다 | **油光光的** yóuguāngguāngde 형 반질반질하고 빛이 나다, 반들반들하다 | **啥** shá 대 무엇, 무슨, 어느, 어떤 | **眼珠** yǎnzhū 명 안구, 눈알 | **腆** tiǎn 동 (배 · 가슴을) 불룩 내밀다 | **丫头** yātou 명 계집아이, 여자아이 | **三九天** sānjiǔtiān 명 삼동(三冬)[겨울의 석 달을 가리킴] | **瞪** dèng 동 (눈을) 크게 뜨다, 휘둥그레 뜨다 | **砖缝** zhuānfèng 명 (담장 따위의) 벽돌을 쌓은 틈 | **过梁** guòliáng 명 대들보 | **脚印** jiǎoyìn 명 발자국, 발자취, 족적

연습문제 6

p.187

정답	1	E	2	D	3	C	4	B	5	A	6	C	7	D	8	E	9	A	10	B

01-05

一位挑水夫，有两个水桶，分别吊在扁担的两头，其中一个桶子有裂缝，另一个则完好无缺。在每趟长途的挑运之后，完好无缺的桶子，总是能将满满一桶水从溪边送到主人家中，(1) ＿＿＿＿＿＿，却只剩下半桶水。两年来，挑水夫就这样每天挑一桶半的水到主人家。当然，好桶子对自己能够送满整桶水感到很自豪。破桶子呢？(2) ＿＿＿＿＿＿，他为只能负起责任的一半，感到非常难过。

(3) ＿＿＿＿＿＿，破桶子终于忍不住，在小溪旁对挑水夫说："我很惭愧，必须向你道歉。""为什么呢？"挑水夫问道："你为什么觉得惭愧？""过去两年，因为水从我这边一路的漏，我只能送半桶水到你主人家，我的缺陷，使你做了全部的工作，(4) ＿＿＿＿＿＿。"破桶子说。挑水夫替破桶子感到难过，他充满爱心地说："我们回到主人家的路上，我要你留意路旁盛开的花朵。"果真，他们走在山坡上，破桶子眼前一亮，看到缤纷的花朵，开满路的一旁，沐浴在温暖的阳光之下，这景象使他开心了很多！但是，走到小路的尽头，它又难受了，因为一半的水又在路上漏掉了！

破桶子再次向挑水夫道歉。挑水夫温和地说："你有没有注意到小路两旁，只有你的那一边有花，好桶子的那一边却没有开花呢？我明白你有缺陷，(5) ＿＿＿＿＿＿，在你那边的路旁撒了花

한 물장수가 물통 두 개를 멜대 양 끝에 각각 나눠 걸었는데, 그 중 한 통은 금이 가 있었고 다른 한 통은 전혀 흠이 없었다. 매번 장거리로 메어 나를 때면, 흠이 없는 물통은 시냇가에서 주인집으로 항상 물을 한가득 보낼 수 있었으나 (1) E 금이 간 물통은 주인집에 도착하면 물이 절반밖에 남아 있지 않았다. 2년 동안 물장수는 이렇게 매일 절반의 물을 주인집으로 날랐다. 당연히 좋은 물통은 자신이 한가득 물을 나를 수 있어서 뿌듯함을 느꼈다. 망가진 물통은? (2) D 자신의 부족한 점에 대해 매우 부끄러워했고 단지 절반의 책임밖에 질 수 없다는 것에 매우 고통스러워했다.

(3) C 2년 동안 실패의 고통을 충분히 맛본 망가진 물통은 결국 참지 못하고 시냇가에서 물장수에게 이렇게 말했다. "저는 너무 창피해서 당신께 사과를 드려야만 해요." "왜?" 물장수는 물었다. "너 왜 창피하다는 거야?" "지난 2년 동안 제가 있는 쪽에서 물이 새는 바람에 절반의 물밖에 주인집에 나를 수 없었잖아요. 저의 부족함으로 당신은 제대로 일을 했지만, (4) B 절반의 성과밖에 거두지 못했잖아요." 망가진 물통은 이렇게 말했다. 물장수는 망가진 물통을 대신해 괴로워했고, 그는 사랑을 가득 담아 말했다. "우리가 주인집으로 가는 길에 길가에 활짝 핀 꽃을 주의 깊게 살펴봐." 정말로 그들이 산비탈을 걸어갈 때 망가진 물통의 눈앞이 번쩍 띄었다. 화려한 꽃이 길가에 가득 피어 따뜻한 햇볕을 받고 있었던 것이다. 이 광경은 망가진 물통을 매우 기쁘게 했다! 그러나 길 끝에 이르렀을 때 물통은 다시 괴로워했다. 왜냐하면, 절반의 물이 또 길가에 새나갔기 때문이다!

망가진 물통은 다시 물장수에게 사과했다. 물장수는 부드럽게 말했다. "길 양쪽에 네가 있는 쪽에만 꽃이 피고, 좋은 물통 쪽에는 피지 않았다는 것을 보았니? 나는 너에게 부족한 점이 있다는 것을 알고 있어. (5) A 그래서 나는 그걸 이용해서 네가 있는 쪽 길가에 꽃씨를 뿌렸어. 매번 내가 시냇가에서 돌아올 때 네가 나 대신 꽃에 물을 주었잖아! 2년 동안 이 아름다운 꽃

种，每回我从溪边来，你就替我一路浇了花！两年来，这些美丽的花朵装饰了主人的餐桌。如果你不是这个样子，主人的桌上也没有这么好看的花朵了！”

A 因此我善加利用
B 却只收到一半的成果
C 饱尝了两年失败的苦楚
D 对于自己的缺陷则非常羞愧
E 但是有裂缝的桶子到达主人家时

들이 주인의 식탁을 장식했어. 만일 네가 이렇지 않았다면 주인의 식탁에 이렇게 아름다운 꽃은 없었을 거야!"

A 그래서 나는 그것을 잘 이용했다
B 절반의 성과밖에 거두지 못했다
C 2년 동안 실패의 고통을 충분히 맛보았다
D 자신의 부족한 점에 대해 매우 부끄러워했다
E 그러나 금이 간 물통은 주인집에 도착하면

해설 (1) 문장의 첫 부분에서 두 개의 물통을 언급했고, 흠이 없는 물통은 항상 물을 한가득 주인집으로 보냈다고 말했다. 빈칸 다음 문장의 '물이 절반밖에 남아 있지 않았다'를 통해 여기에서 말하는 것은 금이 간 물통임을 알 수 있으므로 E가 답이 된다. 연결어 '但是'는 전환을 의미함으로써 대비의 의미를 더욱 강조해주었다.

(2) 이 문제는 (1)번 문제와 마찬가지로 물통 두 개의 느낌을 각각 이야기하고 있다. 빈칸의 앞문장을 통해 두 개의 느낌이 상반되어야 함을 알 수 있다. 좋은 물통이 뿌듯함을 느낀다면 금이 간 물통은 부끄러움을 느낄 것이다. 그러므로 D가 가장 적합하다.

(3) 빈칸 다음 문장에서 '망가진 물통은 결국 참을 수 없었다'라고 언급했다. 보기 C의 '고통을 충분히 맛보았다'와 '2년'이라는 표현은 '终于'와 호응을 이룸으로써 망가진 물통이 이미 오랫동안 괴로움에 시달렸음을 보여준다. 또한 보기 C는 앞부분에 대한 내용을 정리함으로써 위의 글과 아래의 글을 이어주는 역할을 한다.

(4) 이 부분은 물통이 주인에게 왜 자신이 부끄러움을 느끼는지에 대해 설명하는 내용이다. 빈칸 앞문장에서는 '당신은 일을 제대로 했지만'이라고 언급했다. 보기 B의 '却'는 전환을 나타내고 있으며, B의 '절반의 성과'는 '일을 제대로 했다'와 대비되면서 망가진 물통이 부끄러워하는 원인을 말하고 있다. 전환복문은 이러한 언어환경에서 사용된다는 것을 주의해야 한다.

(5) 앞부분의 서술을 통해 물장수가 망가진 물통에서 새는 물을 꽃에 주었음을 알 수 있다. 이것은 사실 망가진 물통의 부족한 점을 이용한 것이므로 보기 A의 내용이 가장 적절하다. '因此'는 앞뒤 문장 사이의 인과관계를 이끌어내므로 물장수는 물통의 부족한 점을 발견한 후 길가에 꽃씨를 뿌렸음을 알 수 있다.

단어 **水夫** shuǐfū 명 물지게꾼, 뱃사람 | **扁担** biǎndan 명 멜대 | **裂缝** lièfèng 동 틈이 갈라지다, 금이 가다 | **完好** wánhǎo 형 (흠이 없고) 성하다, 멀쩡하다, 온전하다 | **长途** chángtú 형 장거리의, 먼 거리의 | **挑运** tiāoyùn 동 (멜대로) 메어 나르다 | **溪边** xībiān 명 시냇가 | **自豪** zìháo 형 스스로 긍지를 느끼다, 스스로 자랑스럽게 생각하다 | **惭愧** cánkuì 형 부끄럽다, 창피하다, 송구스럽다 | **漏** lòu 동 (물체가 구멍이나 틈이 생겨) 새다 | **缺陷** quēxiàn 명 결함, 결점, 부족한 점 | **留意** liúyì 동 유의하다, 주의하다, 조심하다 | **缤纷** bīnfēn 형 너저분하다, 난잡하다 | **沐浴** mùyù 동 목욕하다 | **羞愧** xiūkuì 형 부끄럽다, 창피하다 | **饱尝** bǎocháng 동 실컷 맛보다, 장기간 경험하고 체험하다

06-10

清晨起来，拉开窗帘，一个银亮的世界展现在我的眼前。我一看见这纯白的雪片，就直想尽快扑进这雪白的世界。妈妈送我走出家门，(6) ________。我只顾观赏雪景，自然觉得妈妈啰唆。“回去吧，真烦人！”便头也不回地上路了。“妈妈，快，快拉我跑！”雪地中一位年轻的母亲拉着身后的小女儿跑着，笑着。忽然，母亲脚下一滑，摔倒在雪地上。我忙跑过去拉起她，她却不顾自己，(7) ________。女儿也很懂事地给妈妈拍去头发上的雪，轻轻地问了一声：“妈妈，您疼不疼？”母亲由衷地笑了，笑得那么舒心。

아침 일찍 일어나 커튼을 젖히니 은빛 찬란한 세계가 나의 눈앞에 펼쳐진다. 나는 순백의 눈꽃을 보자마자 이 새하얀 세계로 되도록 빨리 뛰어들고 싶어졌다. 엄마는 집을 나서는 나를 배웅하면서 (6) C 수차례 나에게 길에서 조심하라고 신신당부했다. 나는 오로지 설경 감상에만 정신이 팔려 당연히 엄마의 말이 잔소리로 들렸다. "들어가세요, 정말 귀찮게!" 그리고는 뒤도 안 돌아보고 길을 나섰다. "엄마, 빨리, 빨리 나 좀 끌어줘!" 눈이 쌓인 길에 한 젊은 엄마가 뒤에 있는 어린 딸을 끌고 달리며 웃고 있었다. 갑자기 엄마는 미끄러져 눈밭 위에 넘어졌다. 나는 서둘러 달려가 그녀를 일으켰는데, 그녀는 오히려 자신을 돌보지도 않고 (7) D 곧바로 길 위에 앉아 있는 어린 딸아이를 일으켰다. 딸도 어른스럽게 엄마의 머리 위에 묻은 눈을 털어주며 가만히 물었다. "엄마, 아파요?" 엄마는 정말로 기분이 좋은 것처럼 진심으로 미소를 지었다.

(8) ________，我的脑海里立刻映出了十年前似曾相似的一幕：那时我也曾十分乖巧地为妈妈拍雪，扶妈妈走路。可十年后同样的雪天，我却只顾自己的兴致把妈妈的关心搁在一边。(9) ________，但十七岁的我应该理解父母的苦心，因为在他们的眼里我永远是个长不大的孩子。也许刚才的那位母亲摔得很重，可小女儿简单的一句"妈妈，您疼不疼？"便已化解了她的疼痛。不管外界多冷，一股股暖流也会涌上心头，(10) ________，也是像雪一样纯的真情。

雪花飘啊飘，我目送那对母女远去，便急切地回转身，我要回家去对父母说："爸爸、妈妈，雪大路滑，当心啊！"

A 也许妈妈并未留意我的话
B 这便是世上最动人的欣慰
C 并三番五次地叮嘱我路上小心
D 而是马上扶起坐在地上的小女儿
E 望着雪片纷飞中母女俩紧紧相偎的身影

(8) E 눈꽃이 흩날리는 곳에서 모녀가 서로 다정하게 기대있는 모습을 보고 있노라니 나의 뇌리에 십 년 전 어디선가 본 듯한 장면이 막 떠올랐다. 그때 나도 매우 사랑스럽게 엄마를 위해 눈을 털어주었고, 엄마를 부축하며 길을 걸었다. 그러나 십 년이 지난 후 똑같이 눈이 내리는 날인데도 나는 내 재미만 생각하고 엄마의 마음은 거들떠도 보지 않았다. (9) A 어쩌면 엄마는 내 말을 크게 신경 쓰지 않았을 수도 있다. 그러나 열일곱 살인 나는 부모님의 마음을 이해했어야 한다. 왜냐하면 부모의 눈에 나는 영원히 어린 아이이기 때문이다. 방금 전의 그 엄마는 심하게 넘어졌지만 '엄마, 아파요?'라는 딸아이의 간단한 말 한마디가 그녀의 아픔을 녹아내리게 했을 것이다. 밖이 얼마나 추웠든지 간에 마음속에서 훈훈함이 느껴지기 시작했다. (10) B 이것은 곧 세상에서 가장 감동적인 기쁨이자 눈처럼 순수한 감정이었다.

눈송이가 날린다. 나는 그 모녀가 멀어져가는 모습을 바라보고 있다. 그리고는 황급히 몸을 돌려 집으로 돌아가 부모님께 말할 것이다. "아빠, 엄마. 눈이 많이 와서 길이 미끄러우니 조심하세요!"

A 어쩌면 엄마는 내 말을 크게 신경 쓰지 않았을 수도 있다
B 이것은 곧 세상에서 가장 감동적인 기쁨이다
C 수차례 나에게 길에서 조심하라고 신신당부했다
D 곧바로 길 위에 앉아 있는 어린 딸아이를 일으켰다
E 눈꽃이 흩날리는 곳에서 모녀가 서로 다정하게 기대있는 모습을 보고 있노라니

해설 (6) 빈칸의 다음 문장 '당연히 엄마의 말이 잔소리로 들렸다'를 통해 지문에 등장하는 엄마는 그를 배웅하면서 분명히 계속 그에게 무언가를 당부했음을 알 수 있다. 보기 C가 이러한 내용을 말하고 있으므로 정답이 된다.

(7) 앞뒤 문장을 통해 모녀가 눈밭에 넘어지자 '내가' 어린아이의 엄마에게 달려가 그녀를 일으켰지만, 그녀는 '오히려 자신을 돌보지도 않았다'는 사실을 알 수 있다. 이것은 전환관계를 나타내며 '자신을 돌보지 않았다'는 그녀가 자신의 딸을 걱정했음을 의미한다. 보기 D의 연결어 '而是'는 당시 그녀의 반응을 이끌어냈다. 즉, 그녀의 딸을 일으켰다는 것이다.

(8) 빈칸의 다음 문장 '나의 뇌리에 ~'를 보면, 이 부분은 눈앞의 정경을 보고 어떤 특별한 감정이 생김을 보여주는 작문법의 전형적인 예라고 할 수 있다. 즉 필자는 어떤 장면에 대해 자신이 겪었던 비슷한 장면을 떠올리게 되는 것이다. 보기 E의 '望着……(~하는 모습을 보고 있노라니)'는 앞에서 언급한 장면에 대해 묘사한 것이며, 자신의 기억을 자연스럽게 이끌어내고 있다. 그러므로 E가 답이 된다.

(9) 빈칸 다음 문장에 나오는 '但'은 전체 문장이 전환복문임을 나타낸다. 보기 A의 내용은 '但' 다음의 내용과 전환관계를 이루고 있다. 이러한 전환복문은 '也许……可……'와 형식이 같다.

(10) 빈칸 다음 문장의 '也是'는 앞에 이미 '是……'의 구문이 있음을 의미한다. 또한 '是'의 주어도 빈칸에 포함되어 있는데 보기 B는 이 두 개의 요소를 모두 갖추고 있으므로 답이 된다. B의 '这'는 앞에서 말한 '마음속에서 훈훈함이 느껴지기 시작했다'를 가리킨다.

단어 银亮 yínliàng 형 반짝거리다, 은빛 찬란하다 | 只顾 zhǐgù 부 오로지, 단지, 다만 | 啰唆 luōsuo 형 말이 많다, 수다스럽다 | 由衷 yóuzhōng 형 충심의, 마음속에서 우러나오는 | 舒心 shūxīn 형 마음이 편하다, 기분이 좋다, 한가롭다 | 乖巧 guāiqiǎo 형 영리하다 | 搁 gē 동 방치하다, 내버려두다, 그만두다 | 真情 zhēnqíng 명 실제 상황, 진실한 마음 | 目送 mùsòng 동 눈으로 전송하다, 눈으로 뒤쫓다 | 欣慰 xīnwèi 형 기쁘고 안심이 되다, 기쁘고 위안이 되다 | 三番五次 sānfān wǔcì 성 여러 번, 수 차례 | 纷飞 fēnfēi 동 (눈 · 꽃 등이) 흩어져 날리다, 흩날리다

실전문제

p.190

정답																				
	1	D	2	B	3	E	4	A	5	C	6	B	7	D	8	C	9	E	10	A
	11	A	12	C	13	B	14	E	15	D	16	B	17	A	18	C	19	D	20	E

01-05

三十年代初，胡适在北京大学任教授。(1) ＿＿＿＿＿＿，引起一些只喜欢文言文而不喜欢白话文的学生的不满。一次，胡适正讲到得意处，一位姓魏的学生突然站了起来，生气地问："胡先生，难道说白话文就毫无缺点吗？"胡适微笑着回答说："没有。"那位学生更加激动了："肯定有！(2) ＿＿＿＿＿＿，打电报用字多，花钱多。"胡适的目光顿时变亮了，轻声地解释说："不一定吧！前几天有位朋友给我打来电报，请我去政府部门工作，我决定不去，就回电拒绝了。复电是用白话写的，看来也很省字。请同学们根据我这个意思，用文言文写一个回电，看看究竟是白话文省字，还是文言文省字？"胡教授刚说完，同学们立刻认真地写了起来。

十五分钟过去了，胡适让同学举手，报告用字的数目，(3) ＿＿＿＿＿＿，电文是这样写的："才疏学浅，恐难胜任，不堪从命。"白话文的意思是：学问不深，恐怕很难担任这项工作，不能服从安排。胡适说，这份写得确实不错，仅用了十二个字。但我的白话文电报却只用了五个字："干不了，谢谢！"胡适又解释说："干不了"就有才疏学浅、恐难胜任的意思；"谢谢"既对朋友的介绍表示感谢，(4) ＿＿＿＿＿＿。所以，废话多不多，并不看它是文言文还是白话文，(5) ＿＿＿＿＿＿，白话文是可以比文言文更省字的。

A 又有拒绝的意思
B 白话文废话太多
C 只要注意选用字词
D 讲课时他常常对白话文大加称赞
E 然后挑了一份用字最少的文言文电报稿

1930년대 초, 후스는 베이징 대학에서 교수로 재직 중이었다. (1) D 강의할 때 그는 항상 백화문을 크게 칭찬했기 때문에 문언문만 좋아하고 백화문을 좋아하지 않는 학생들의 불만을 샀다. 한 번은 후스가 마음에 드는 부분에 대해 강의를 하고 있을 때 성이 웨이인 학생이 갑자기 일어나 화를 내며 물었다. "후 선생님, 설마 백화문에 부족한 점이 하나도 없겠어요?" 후스는 미소를 지으며 대답했다. "없어." 그 학생은 더욱 흥분했다. "분명히 있을 거예요! (2) B 백화문은 쓸데없이 말이 너무 많기 때문에 전보를 칠 때 글자 수가 많아서 돈도 많이 들어요." 후스는 갑자기 눈빛을 반짝이며 작은 소리로 설명했다. "꼭 그런 것만은 아니야! 며칠 전 한 친구가 나에게 정부 부처에서 일하라는 전보를 보내왔어. 나는 가지 않기로 결정해서 답전을 보내 거절했네. 답전은 백화로 썼는데 보기에도 글자를 많이 생략할 수 있었어. 여러분이 내 이 뜻에 맞춰 문언문으로 답전을 한 통 써 보고, 도대체 백화문과 문언문 중 어느 것이 글자를 더 생략 가능한지 살펴볼까?" 후 교수가 말을 마치자 학생들은 바로 진지하게 써내려갔다.

15분이 흘렀고, 후스는 학생들에게 손을 들어 글자수를 보고하게끔 했다. (3) E 그런 다음 글자 수가 가장 적은 문언문 전보문을 골랐다. 전보문은 이렇게 쓰여 있었다. '才疏学浅，恐难胜任，不堪从命(식견이 넓지 못하고 학문도 깊지 못해 아마 감당하기가 어려울 것 같으니 부탁을 받아들일 수 없네)' 백화문으로는 '지식이 부족해 이 일을 맡기 힘들 것 같으니 배정에 따를 수 없다'였다. 후스는 전보문에 단지 열두 글자밖에 쓰이지 않았고 확실히 잘 쓴 글이라고 말했다. 그러나 후스의 백화문 전보는 '干不了，谢谢！(일을 맡을 수 없어, 고마워!)'라는 다섯 글자만 사용했다. 후스는 이어 '干不了'에 식견이 넓지 못하고 학문도 깊지 못해 아마 감당하기 어려울 것이라는 의미가 담겨 있고 '谢谢'는 친구의 소개에 고마움을 표시하기도 하고 (4) A 또한 거절의 의미도 있다고 설명했다. 그래서 쓸데없이 말이 많으냐 적으냐는 그것이 문언문인지 백화문인지를 따질 것이 아니라 (5) C 단어를 선택하는 데 신경만 쓰면 백화문이 문언문보다 글자를 훨씬 많이 줄일 수 있다고 덧붙였다.

A 또한 거절의 의미도 있다
B 백화문은 쓸데없는 말이 너무 많다
C 단어를 선택하는 데 신경만 쓰면
D 강의를 할 때 그는 항상 백화문을 크게 칭찬했다
E 그런 다음 글자 수가 가장 적은 문언문 전보문을 골랐다

해설 (1) 빈칸의 다음 문장 '문언문만 좋아하고 백화문을 좋아하지 않는 학생들의 불만을 샀다'를 통해 후스가 비교적 백화문을 높이 평가하고 문언문은 그렇게 생각하지 않는다는 것을 알 수 있다. 그러므로 D가 가장 적절하다.

(2) 앞뒤 문장을 보면, 이 부분은 학생이 백화문의 부족한 점을 열거하고 있는 내용임을 알 수 있다. 빈칸 다음 문장에서 전보를 칠 때 글자수도 많고 돈도 많이 든다고 했으므로 이 학생은 백화문이 비교적 길다고 말했을 것이다. 그러므로 B가 가장 적절하다.

(3) 앞뒤 문장을 보면, 이 부분은 백화문과 문언문 중 어떤 것이 글자를 더 생략할 수 있는지 비교하는 내용이다. 비교의 설득력을 높이기 위해 후스는 글자 수가 가장 적은 문언문 전보문을 골라 백화문과 비교했을 것이다. 그러므로 E가 답이 된다.

(4) 빈칸 앞에 병렬관계를 나타내는 연결어 '既'는 보통 부사 '又'와 서로 호응을 이룬다. 또한, 이 문장에서는 '고마워'라는 말이 나타내는 의미를 언급하고 있는데, 보통 '고마워'는 비교적 예의를 갖춰 거절하는 것을 의미하기도 한다. 그러므로 A가 답이 된다.

(5) 이 문장은 가정 조건문으로 실제로 전보의 글자 수에 영향을 미치는 요소는 백화문이나 문언문이 아니라 글자를 골라 쓰는 것에 있다고 말한다. 그러므로 C가 답이 된다.

단어 **文言文** wényánwén 명 문언문[문어체(文語體)로 쓰인 문장] | **白话文** báihuàwén 명 백화문[백화(白話)로 쓰인 문장] | **毫无** háowú 동 조금도 ~이 없다, 전혀 ~이 없다 | **激动** jīdòng 동 (감정 등이) 격하게 움직이다, 감격하다, 감동하다 | **电报** diànbào 명 전보문, 전문 | **复电** fùdiàn 동 (전화나 전보로) 회답하다, 답전을 치다 | **才疏学浅** cáishū xuéqiǎn 성 (주로 겸손함을 나타내어) 재능이 모자라고 학문에 깊이가 없다, 식견이 넓지 못하고 학문도 깊지 못하다 | **恐难胜任** kǒngnán shèngrèn 아마 감당하기가 어려울 것이다 | **不堪** bùkān 동 감당할 수 없다 | **从命** cóngmìng 동 명령에 복종하다, 분부에 따르다 | **废话** fèihuà 명 쓸데없는 말

06-10

在浩瀚无垠的沙漠里，有一片美丽的绿洲，绿洲里藏着一颗闪光的珍珠。这颗珍珠就是敦煌莫高窟。它坐落在我国甘肃省敦煌市三危山和鸣沙山的怀抱中。鸣沙山东麓是平均高度为17米的崖壁。在1600多米长的崖壁上，凿有大小洞窟700余个，(6) ______。其中492个洞窟中，共有彩色塑像2100余尊，各种壁画共4.5万多平方米。

莫高窟是我国古代无数艺术匠师留给人类的珍贵文化遗产。莫高窟的彩塑，(7) ______。最大的有九层楼那么高，最小的还不如一个手掌大。这些彩塑个性鲜明，神态各异。有慈眉善目的菩萨，有威风凛凛的天王，还有强壮勇猛的力士。莫高窟壁画的内容丰富多彩，有的是描绘古代劳动人民打猎、捕鱼、耕田、收割的情景，有的是描绘人们奏乐、舞蹈、演杂技的场面，还有的是描绘大自然的美丽风光。(8) ______。壁画上的飞天，有的臂挎花篮，采摘鲜花；有的反弹琵琶，轻拨银弦；有的倒悬身子，自天而降；有的彩带飘拂，漫天遨游；有的舒展着双臂，翩翩起舞。看着这些精美动人的壁画，(9) ______。

莫高窟里还有一个面积不大的洞窟——藏经洞。洞里曾藏有我国古代的各种经卷、文书、帛画、刺绣、铜像等共六万多件。(10) ______，大量珍贵的文物被掠走。仅存的部分经卷，现在藏于国家图书馆等处。莫高窟是举世闻名的艺术宝库。这里的每一尊彩塑、每一幅壁画、每一件文物，都是中国古代人民智慧的结晶。

끝없이 드넓은 사막에 아름다운 오아시스가 있다. 오아시스 안에는 반짝이는 진주가 숨겨져 있다. 이 진주는 바로 돈황 막고굴이다. 막고굴은 중국 감숙성 돈황시 삼위산과 명사산 사이에 위치해있다. 명사산 동쪽 기슭은 평균 높이가 17m인 절벽이다. 1,600여 m 길이의 절벽에는 크고 작은 동굴이 700여 개로 (6) B 웅장한 규모의 석굴군을 형성하고 있다. 이 가운데 492개 동굴에는 2,100여 개의 유색 조각상과 총 4만 5천여 m^2에 달하는 각종 벽화도 있다.

막고굴은 중국 고대의 수많은 예술장인이 인류에게 남긴 진귀한 문화유산이다. 막고굴의 소상은 (7) D 모든 소상이 정교한 예술품으로 가장 큰 것은 건물 9층 높이이고 가장 작은 것은 손바닥만한 것도 있다. 이러한 소상은 각기 개성이 뚜렷하고 표정도 전부 다르다. 인자하고 선한 얼굴의 보살도 있고, 위풍당당한 천왕도 있으며, 강건하고 용맹스러운 장사도 있다. 막고굴 벽화의 내용은 풍부하고 다채로운데, 어떤 벽화는 고대 노동자들의 사냥, 수렵, 농사, 수확의 모습을 묘사했고, 어떤 벽화는 사람들의 음악연주, 춤, 기예공연의 장면을 묘사했으며, 어떤 벽화는 대자연의 아름다운 풍경을 그려냈다. (8) C 이 가운데 가장 사람들의 시선을 끄는 것은 비천이다. 벽화 위의 비천은 꽃바구니를 팔에 걸고 꽃을 따는 모습, 비파를 들고 은빛 줄을 가볍게 튕기는 모습, 거꾸로 매달려 하늘에서 내려오는 모습, 오색 비단 끈을 휘날리며 하늘을 유람하는 모습, 두 팔을 뻗어 나풀나풀 춤추는 모습 등이 있다. 이러한 아름답고 감동적인 벽화들을 보면 (9) E 마치 휘황찬란한 예술의 전당에 들어선 것 같다.

막고굴에는 면적이 크지 않은 동굴인 장경동이 있다. 동굴 안에는 중국 고대의 각종 경전, 문서, 비단에 그린 그림, 자수, 동상 등 모두 6만여 개의 유물이 보관되어 있다. (10) A 청나라 정부가 부패하고 무능했기 때문에 대량의 진귀한 문물이 약탈당했다. 얼마 남지 않은 일부 경전은 현재 국가도서관 등지에 소장되어 있다. 막고굴은 세계적으로 유명한 예술의 보고이다. 이곳의 모든 소상, 모든 벽화, 모든 문물은 모두 중국 고대인들의 지혜를 집약시켜 놓은 결정체이다.

A 由于清朝政府腐败无能	A 청나라 정부가 부패하고 무능했기 때문에
B 形成了规模宏伟的石窟群	B 웅장한 규모의 석굴군을 형성하고 있다
C 其中最引人注目的是飞天	C 이 가운데 가장 사람들의 시선을 끄는 것은 비천이다
D 每一尊都是一件精美的艺术品	D 모든 소상이 정교한 예술품이다
E 就像走进了灿烂辉煌的艺术殿堂	E 마치 휘황찬란한 예술의 전당으로 들어선 것 같다

해설 (6) 숫자를 나열하는 방법으로 돈황 막고굴의 수가 많음을 설명하고 있다. 이렇게 수많은 동굴은 자연히 '웅장한 규모의 석굴군'을 형성할 수 있으므로 B가 답이 된다.

(7) 이 부분은 막고굴의 소상에 대한 구체적인 설명이다. 빈칸의 앞문장 '막고굴은 중국 고대의 수많은 예술장인이 인류에게 남긴 진귀한 문화유산이다'를 통해 막고굴의 소상은 예술장인들이 남긴 예술품이 되었음을 알 수 있다. 또한, 보기 D의 '每一尊'이란 표현은 '소상'과 서로 호응을 이룬다.

(8) 빈칸 다음 문장에서는 벽화 위의 비천을 중점적으로 묘사했다. 그러므로 빈칸에서 '비천'을 언급했을 가능성이 크다. 그러므로 보기 C가 답이 된다.

(9) 많은 정교한 예술품을 묘사한 다음, 필자는 빈칸 부분에서 감정을 드러냈다. 그러므로 빈칸에는 이러한 예술품을 본 후 생기는 느낌이 들어가야 한다. 보기 E는 이러한 느낌을 매우 생생하게 전달하고 있으므로 답으로 적합하다.

(10) 중국의 역사를 잘 알고 있다면 비교적 쉽게 답을 찾을 수 있을 것이다. 빈칸의 다음 문장에서 많은 문물이 약탈당했다고 언급했는데, 이것은 주로 당시 정부가 부패하고 무능하여 제대로 보호할 수 없었기 때문이었다. 당시 중국은 청나라 시대였으므로 A가 답이 된다.

단어 **浩瀚** hàohàn 형 드넓다, 광활하다 | **无垠** wúyín 동 한이 없다, 끝이 없다, 무한하다 | **绿洲** lǜzhōu 명 오아시스 | **闪光** shǎnguāng 명 반짝이는 불빛 | **敦煌** Dūnhuáng 지명 돈황[감숙성에 있는 지명] | **东麓** dōnglù 명 동쪽 기슭 | **崖壁** yábì 명 절벽, 낭떠러지 | **凿** záo 동 구멍을 뚫다, 파다 | **洞窟** dòngkū 명 동굴 | **塑像** sùxiàng 명 (석고나 점토로 만든) 인물상, 조각상 | **尊** zūn 양 기[불상을 세는 단위] | **彩塑** cǎisù 명 (채색한) 소조, 소상 | **神态** shéntài 명 표정과 태도, 기색과 자태 | **慈眉善目** címéi shànmù 성 인자하고 선한 모습 | **菩萨** púsà 명 보살 | **威风凛凛** wēifēng lǐnlǐn 성 위풍당당하다 | **勇猛** yǒngměng 형 용맹스럽다 | **打猎** dǎliè 동 사냥하다, 수렵하다 | **捕鱼** bǔyú 생선을 잡다 | **耕田** gēngtián 동 농사짓다, 밭을 갈다 | **收割** shōugē 동 (익은 농작물을) 거두다, 수확하다 | **奏乐** zòuyuè 동 악곡을 연주하다 | **倒悬** dàoxuán 동 거꾸로 매달리다, 위급한 상황에 처하다 | **飘拂** piāofú 동 가볍게 휘날리다, 펄럭이다, 너울거리다 | **漫天** màntiān 동 온 하늘에 가득하다, 자욱하다 | **遨游** áoyóu 동 유람하다, 한가로이 구경하며 노닐다 | **刺绣** cìxiù 명 자수 | **结晶** jiéjīng 명 결정, 소중한 성과 | **帛画** bóhuà 명 (중국 고대에) 비단에 그린 그림 | **腐败** fǔbài 형 (제도·조직·기구·조치 등이) 문란하다, 부패하다, 썩다

11-15

育才小学校长陶行知在校园看到学生王友用泥块砸自己班上的同学，陶行知当即喝止了他，并令他放学后到校长室去。无疑，陶行知是要好好儿教育这个"顽皮"的学生。那么他是如何教育的呢?

下课后，陶行知回到校长室，王友已经等在门口准备挨训了。可一见面，陶行知却掏出一块糖果送给王友，并说："这是奖给你的，因为你按时来到这里，(11) ______________。"王友惊疑地接过糖果。随后，陶行知又掏出一块糖果放到他手里，说："这第二块糖果也是奖给你的，(12) ______________，你立即就住手了，这说明你很尊重我，我应该奖你。"王友更惊疑了，(13) ______________。陶行知又掏出第三块糖果塞到王友手里，说："我调查过了，你用泥块砸那些男生，是因为他们不守游戏规则，欺负女生；你砸他们，说明你很正直善良，(14) ______________，应该奖励你啊！"

위차이 초등학교의 타오싱즈 교장은 교정에서 왕여우라는 학생이 흙덩이로 같은 반 친구를 내리치는 장면을 보았다. 타오싱즈는 즉시 큰소리로 그를 제지했고, 그에게 방과 후 교장실로 오라고 지시했다. 두말할 것 없이, 타오싱즈는 이 '말썽꾸러기' 학생을 제대로 가르치려고 했다. 그렇다면 그는 학생을 어떻게 교육했을까?

방과 후 타오싱즈가 교장실로 돌아와보니 왕여우는 이미 입구에서 꾸중 들을 준비를 하고 있었다. 그러나 타오싱즈는 왕여우를 보자마자 사탕을 건네주며 이렇게 말했다. "이건 너에게 상을 주는 거란다. 제시간에 여기에 왔잖니. (11) A 그러나 내가 오히려 늦게 왔네." 왕여우는 의아해하며 사탕을 받았다. 그런 다음 타오싱즈는 또 사탕을 꺼내 왕여우의 손에 놓으며 말했다. "이 두 번째 사탕도 너에게 상을 주는 거란다. (12) C 왜냐하면 내가 네게 다시는 사람을 때리지 말라고 말했을 때 네가 바로 손을 멈췄기 때문이야. 이건 네가 나를 존중한다는 뜻이니까 너를 칭찬해주어야지." 왕여우는 더욱 의아해 (13) B 눈을 커다랗게 떴다. 타오싱즈는 또 세 번째 사탕을 꺼내 왕여우의 손에 쥐여주며 말했다. "내가 조사해 보았는데 네가 흙덩이로 그 남학생들을 내리쳤던 것은 그들이 게임의 규칙을 지키지 않고, 여학생들을 괴롭혔기 때문

王友感动极了，他流着眼泪后悔地喊道：“陶……陶校长你打我两下吧！我砸的不是坏人，而是自己的同学啊。”陶行知满意地笑了，他随即掏出第四块糖果递给王友，说：“为你正确地认识错误，我再奖给你一块糖果，(15) ＿＿＿＿＿＿。我的糖果没有了，我看我们的谈话也该结束了吧！”说完，就走出了校长室。

이더구나. 네가 그들을 내리친 것은 네가 매우 정직하고 착하며 (14) E 또한 잘못된 행동을 비판하는 용기가 있다는 것을 말해주기 때문에 반드시 너를 칭찬해주어야지!"

왕여우는 매우 감동하여 눈물을 흘리면서 후회를 했고 이렇게 외쳤다. "교… 교장 선생님, 저를 몇 대 때려주세요! 제가 내리친 것은 나쁜 아이가 아니라 저랑 같은 반 친구였어요." 타오싱즈는 만족스러운 웃음을 짓고는 바로 네 번째 사탕을 꺼내 왕여우에게 주며 이렇게 말했다. "잘못을 확실히 알았으니 다시 너에게 사탕을 주는 거야. (15) D 사탕이 한 개밖에 남지 않아서 아쉽네. 나는 이제 더 이상 사탕이 없으니, 우리의 이야기도 여기서 끝마쳐야겠다!" 말을 마친 타오싱즈는 바로 교장실을 나갔다.

A 而我却迟到了
B 他眼睛睁得大大的
C 因为当我不让你再打人时
D 只可惜我只有这一块糖果了
E 且有批评不良行为的勇气

A 그러나 내가 오히려 늦게 도착했다
B 그는 눈을 커다랗게 떴다
C 왜냐하면 내가 네게 다시는 사람을 때리지 말라고 했을 때
D 사탕이 한 개밖에 남지 않아서 아쉽다
E 또한 잘못된 행동을 비판하는 용기가 있다

해설 (11) 앞문장을 통해 왕여우가 교장실에 왔을 때 타오싱즈는 아직 도착하지 않았음을 알 수 있다. 그래서 왕여우는 '제때에 여기에 왔다'와 상대되는 보기 A의 '나는 늦게 도착했다'가 답이 된다.

(12) 타오싱즈가 왕여우에게 첫 번째 사탕을 주며 한 칭찬을 통해 빈칸에는 그가 두 번째 사탕을 주며 칭찬한 원인이 나올 가능성이 크다. 따라서 '因为'가 이끄는 단문이어야 한다. 빈칸 다음의 문장 '너는 바로 손을 멈추었으니까'를 통해 이 단문의 내용은 보기 C의 '내가 다시는 사람을 때리지 말라고 했을 때'임을 알 수 있다.

(13) 잘못을 저지른 왕여우는 원래 꾸중을 들을 계획이었지만 교장실에 도착한 다음 두 개의 사탕과 함께 칭찬을 들었다. 그래서 매우 '의아'했다. '의아'해하면서 왕여우의 얼굴에는 그에 따른 표정이 드러났을 것이다. 보기 B의 '눈을 커다랗게 떴다'는 '의아함'을 느낄 때 나타나는 표정이다.

(14) 타오싱즈가 조사한 내용을 보면, 왕여우는 남학생들의 나쁜 행동 때문에 그들을 때렸음을 알 수 있다. 그러므로 빈칸 앞의 '정직하고 착하다'에 대한 보충 설명으로 '나쁜 행동을 나무라는 용기도 있다'는 사람을 때리는 왕여우에게 긍정적으로 평가할만한 부분임을 나타낸다. 그러므로 E가 답이 된다.

(15) 빈칸의 다음 문장 '사탕은 이제 없다'를 통해 네 번째 사탕은 타오싱즈의 손에 남은 마지막 사탕이었음을 알 수 있다. 그러므로 D가 답이 된다.

단어 **育才** yùcái 동 (인재를) 기르다, 양성하다 | **泥块** níkuài 명 흙 등의 덩어리 | **砸** zá 동 (무거운 것으로) 내리치다, 찧다 | **喝止** hèzhǐ 동 큰소리로 제지하다 | **无疑** wúyí 형 의심할 바 없다, 틀림이 없다 | **顽皮** wánpí 형 (아이가) 장난이 심하다, 말을 듣지 않다 | **挨训** áixùn 혼나다 | **掏出** tāochū 동 (손이나 공구로) 끄집어 내다, 꺼내다 | **糖果** tángguǒ 명 사탕, 캔디, 과자 | **惊疑** jīngyí 동 놀라다, 의아해하다 | **欺负** qīfu 동 얕보다, 괴롭히다 | **奖励** jiǎnglì 동 장려하다, 표창하다 | **后悔** hòuhuǐ 동 후회하다, 뉘우치다

16-20

中国西部我们通常是指黄河与秦岭相连一线以西，包括西北和西南的12个省、市、自治区。这块广袤的土地面积为546万平方公里，占国土总面积的57%；人口2.8亿，占全国总人口的23%。

西部是华夏文明的源头。华夏祖先的脚步是顺着水边走的：长江上游出土过元谋人牙齿化石，距今约170万年；(16) ＿＿＿＿＿＿，距今约70万年。这两处古人类都比距今约50万年的北京

중국 서부지역이라고 하면 보통 황하와 진령이 서쪽으로 서로 이어져 있고, 북서쪽과 남서쪽의 12개 성, 시, 자치구를 포함하고 있는 지역을 말한다. 이 광활한 지역의 토지면적은 546만 m^2로 국토 총면적의 57%를 차지하며, 인구는 2억 8천만 명으로 전국 총인구의 23%를 차지한다.

서부지역은 화하문명의 발원지이다. 화하 선조의 발자취는 물가를 따라 움직인다. 장강 상류에는 원모인의 치아 화석이 출토되었는데 지금으로부터 약 170만 년 전의 것이었다. (16) B 황하 중류에서는 남전인의 두개골이 출토되었는데 지금으로부

猿人资格更老。西部地区是华夏文明的重要发源地，秦皇汉武以后，东西方文化在这里交汇融合，(17) ＿＿＿＿＿，佛院深寺的暮鼓晨钟。敦煌莫高窟是世界文化史上的一个奇迹，它在继承汉晋艺术传统的基础上，(18) ＿＿＿＿＿，展现出精美绝伦的艺术形式和博大精深的文化内涵。秦始皇兵马俑、西夏王陵、楼兰古国、布达拉宫、三星堆、大足石刻等历史文化遗产，同样为世界所瞩目，成为中华文化重要的象征。西部地区又是少数民族及其文化的集萃地，(19) ＿＿＿＿＿。

在一些偏远的少数民族地区，仍保留了一些久远时代的艺术品种，成为珍贵的"活化石"，如纳西古乐、戏曲、剪纸、刺绣、岩画等民间艺术和宗教艺术。特色鲜明、丰富多彩，(20) ＿＿＿＿＿。我们要充分重视和利用这些得天独厚的资源优势，建立良好的民族民间文化生态环境，为西部大开发做出贡献。

A 从而有了丝绸之路的驼铃声声
B 黄河中游出土过蓝田人头盖骨
C 形成了自己兼收并蓄的恢弘气度
D 几乎包括了我国所有的少数民族
E 犹如一个巨大的民族民间文化艺术宝库

터 약 70만 년 전 것이었다. 이 두 고대 인류는 모두 지금으로부터 약 50만 년 전에 출현한 북경원인보다 훨씬 오래되었다. 서부지역은 화하문명의 중요한 발원지로 진시황과 한무제 이후 동서양의 문화가 이곳에서 서로 융합되어 (17) A 이로써 실크로드의 낙타 방울소리가 울렸고 불교 사찰에서는 북소리와 종소리가 울리기 시작했다. 돈황 막고굴은 세계문화사의 기적으로, 막고굴은 한나라와 진나라의 예술전통을 계승한 토대 위에서 (18) C 자신과 다른 것을 모두 수용하는 넓은 도량을 형성하여 정교하고 뛰어난 예술형식과 심오한 문화적 의미를 드러낸다. 진시황의 병마용, 서하왕릉, 누란왕국, 포탈라궁, 삼성퇴, 대족석각 등의 역사문화유산 역시 세계에서 주목받고 있으며, 중화문화의 중요한 상징이 되었다. 서부지역은 또한 소수민족과 그 문화가 한데 모여 있는 곳으로서 (19) D 중국의 거의 모든 소수민족을 포함하고 있다.

일부 외진 곳에 위치한 소수민족 지구에는 여전히 오래된 시대의 예술품이 보존되어 있어 진귀한 '살아 있는 화석'이 되었는데, 납서고락, 희곡, 전지공예, 자수, 암벽화 등 민간예술과 종교예술 등을 예로 들 수 있다. 뚜렷한 특색과 풍부하고 다채로운 예술품은 (20) E 흡사 거대한 민족 민간문화예술의 보물창고와 같다. 우리는 이러한 천혜의 자원을 중시하고 이용하여 우수한 민족 민간문화의 생태환경을 조성하여 서부 대개발 사업에 이바지해야 한다.

A 이로써 실크로드의 낙타 방울소리가 울렸다
B 황하 중류에서는 남전인의 두개골이 출토되었다
C 자신과 다른 것을 모두 수용하는 넓은 도량을 형성했다
D 중국의 거의 모든 소수민족을 포함하고 있다
E 흡사 거대한 민족 민간문화예술의 보물창고와 같다

해설 (16) 빈칸의 다음 문장을 통해 두 고대 인류의 유적을 주로 언급하고 있음을 알 수 있다. 그 중 첫 번째 단문에서는 장강 상류의 원모인을 언급했다. 다섯 개의 보기 가운데 B만 나머지 다른 고대 인류의 유적, 즉 황하 중류의 남전인을 언급했다. 또한 보기 B의 문장구조는 빈칸 앞의 단문구조와 동일하므로 정답이 된다.

(17) 이 부분은 진나라와 한나라 시기의 중국과 외국의 문화교류에 관한 내용이다. 중국 역사에 대해 잘 알고 있다면 진한 시기의 실크로드가 중국과 서양의 문화교류의 산물임을 알 수 있을 것이다. 또한 A의 '실크로드의 낙타 방울소리'는 빈칸 다음 문장에 이어지는 '불교 사찰의 북소리와 종소리'와 구조가 동일하고, 병렬의 의미를 나타내므로 답이 된다.

(18) '한나라와 진나라의 예술전통을 계승한 토대 위에'라는 앞문장 다음에 '막고굴'의 자체적인 발전에 대한 언급이 이어져야 한다. 보기 C의 내용은 빈칸 앞문장의 의미를 지속시키고 있으므로 답이 된다.

(19) 빈칸 앞문장에서 이미 서부지역의 소수민족을 언급했고, 소수민족이 한데 모여 있는 곳이라고 했으므로 빈칸은 소수민족과 관련된 내용이 들어가야 한다. 보기 D의 '중국의 거의 모든 소수민족을 포함한다'는 앞문장의 '한데 모여 있는 곳'에 대한 주석이 된다.

(20) 이 단락은 주로 일부 소수민족의 문화예술에 대한 내용으로 열거된 각종 예술형식은 이곳을 마치 예술의 보고처럼 만들었다고 이야기했다. 보기 E의 비유가 가장 적절하므로 답이 된다.

단어 **秦岭 Qínlǐng** 명 진령[중국 중부를 가로지르는 큰 산맥] | **广袤 guǎngmào** 형 광활하다, 넓다 | **元谋人 Yuánmóurén** 명 원모인[중국 원인의 하나] | **北京猿人 Běijīng yuánrén** 명 북경원인 | **交汇 jiāohuì** 동 (수류 · 기류 등이) 합류하다, 모이다 | **融合 rónghé** 동 융합하다 | **暮鼓晨钟 mùgǔ chénzhōng** 성 (사찰에서) 저녁에 울리는 북과 새벽에 치는 종 | **继承 jìchéng** 동 (이전 사람의 기풍 · 문화 · 지식 등을) 이어받다, 계승하다 | **绝伦 juélún** 동 하나밖에 없다, 견줄 데가 없다, 비할 것이 없다 | **布达拉宫 Bùdálāgōng** 명 포탈라궁[중국 티베트자치구의 라싸 북서부에 있는 라마교 사원] | **集萃 jícuì** 동 (좋은 것들이 한데) 모이다 | **偏远 piānyuǎn** 형 궁벽하다, 외지다 | **剪纸 jiǎnzhǐ** 동 전지하다[일종의 민간공예로 각종 사람, 사물의 형상을 종이로 오리는 것] | **岩画 yánhuà** 명 암벽화 | **得天独厚 détiān dúhòu** 성 처한 환경이 남달리 좋다 | **驼铃 tuólíng** 명 낙타 방울[낙타의 목 아래에 다는 방울로 움직이면 소리가 남] | **蓝田人 Lántiánrén** 명 남전인[약 5~6만 년 전에 생존하였던 인류] | **兼收并蓄 jiānshōu bìngxù** 성 (내용 · 성질이 다른 것을) 전부 받아들여 아울러 보존하다 | **恢弘 huīhóng** 형 넓다, 드넓다, 광대하다

연습문제 1 p.203

정답																				
	81	C	82	B	83	B	84	D	85	D	86	C	87	A	88	B	89	D	90	A
	91	B	92	C	93	C	94	D	95	B	96	B	97	B	98	A	99	D	100	D

81-84

技师在退休时反复告诫自己的小徒弟："[81]无论在何时，你都要少说话，多做事，凡是靠劳动吃饭的人，都得有一手过硬的本领。"小徒弟听了连连点头。十年后，小徒弟早已不再是徒弟了，他也成了技师。有一天，他找到师傅，苦着脸说："师傅，我一直都是按照您的方法做的，不管做什么事，从不多说一句话，只知道埋头苦干，不但为工厂干了许多实事，也学得了一身好本领。[82]可是，令我不明白的是，那些比我技术差、资历浅的都升职加薪了，可我还是拿着过去的工资。"师傅说："你确信你在工厂的位置已经无人代替了吗？"他点了点头："是的。"师傅说："不管你以什么理由都行，你一定得请一天假。因为一盏灯如果一直亮着，那么就没人会注意到它，只有熄上一次，才会引起别人的注意。"他明白了师傅的意思，请了一天假。

[83]果然，第二天上班时，厂长找到他，说要让他当全厂的总技师，还要给他加薪。原来，在他请假的那一天，厂长发现工厂是离不开他的，因为平时很多故障都是他去处理的，别人根本不会处理。他很高兴，也暗暗在心里佩服师傅的高明。

薪水提高了，他的日子也好过了。以后，只要感觉自己不被重视，他便要请上一天假。每次请假后，厂长都会给他加薪。究竟请了多少次假，他不记得了。就在他最后一次请假后准备去上班时，他被门卫拦在了门外。他去找厂长，厂长说："你不用来上班了！"他苦恼地去找师傅："师傅，我都是按您说的去做的啊。"师傅说："那天，你只听

한 전문기술자가 퇴직할 때 자신의 어린 제자에게 거듭 훈계했다. "[81] 어느 때든 너는 말을 적게 하고 일을 많이 해야 한다. 무릇 노동으로 먹고사는 사람은 모두 탄탄한 능력을 갖춰야 해." 어린 제자는 연신 고개를 끄덕였다. 십 년 후 어린 제자는 이미 더 이상 제자가 아닌 기술자로 성장했다. 어느 날 그는 스승을 찾아가 수심에 가득 찬 얼굴로 말했다. "스승님, 저는 계속 스승님의 방법에 따라 일했고, 어떤 일을 하든 불평한 적 없이 그저 몰두해서 부지런히 일하는 것밖에 몰랐죠. 공장을 위해 많은 실용적인 일을 했을 뿐만 아니라 훌륭한 기량도 익혔습니다. [82] 그러나 제가 이해가 안 되는 것은 저보다 기술이 떨어지고 경력이 부족한 사람들은 모두 승진이 되고 임금이 올랐으나 저는 아직도 예전의 임금을 받고 있다는 것입니다." 스승은 말했다. "너는 공장에서 너의 위치를 대체할 사람이 이미 없다고 확신하느냐?" 그는 고개를 끄덕였다. "그렇습니다." 스승은 말했다. "네가 어떤 이유를 대든 다 괜찮으니 반드시 하루 동안 휴가를 내야 한다. 이는 만약 등불이 계속 켜져 있으면 그것에 신경을 쓰는 사람이 없기 때문이다. 불이 한 번 꺼져야 다른 사람의 주의를 끌게 되지." 그는 스승의 뜻을 이해하고 하루 동안 휴가를 냈다.

[83] 아니나 다를까 이튿날 출근을 했을 때 공장장은 그를 찾아와 그에게 공장 총괄기술자를 맡겼고, 임금을 인상해주겠다고 말했다. 알고 보니 그가 휴가를 냈던 그날 공장장은 공장에 그가 없어서는 안 된다는 것을 발견한 것이다. 왜냐하면 평소에 많은 고장을 모두 그가 처리해와서, 다른 사람은 아예 처리할 수 없었기 때문이다. 그는 매우 기뻤고, 혼자 마음속으로 스승의 고명함에 탄복했다.

임금이 오르자 그의 생활도 풍족해졌다. 이후 자신이 인정을 받지 못한다고 느끼면 그는 휴가를 하루 냈다. 매번 휴가를 내고 나면 공장장은 항상 그의 임금을 올려주었다. 도대체 몇 번이나 휴가를 냈는지 그는 기억하지 못했다. 그가 마지막 한 차례의 휴가를 보낸 후 출근을 하려고 했을 때, 경비가 그를 들어가지 못하게 저지했다. 그는 공장장을 찾아갔고, 공장장은 이렇게 말했다. "자네 출근할 필요 없네!" 그는 몹시 괴로워하며 스승을 찾아갔다. "스승님, 저는 스승님께서 말씀하신 대로 했

了半截道理就迫不及待地去请假了。”他急切地问：“师傅，那还有半截道理是什么？”师傅意味深长地说：“要知道，一盏灯如果一直亮着，确实没人会注意到它，只有熄灭一次才会引起别人的注意；[84]可是如果它总是熄灭，那么就会有被取代的危险，谁会需要一盏时亮时熄的灯呢？”

습니다.” 스승은 말했다. “그날, 너는 절반의 이치만 듣고 잠시도 지체하지 않고 가서 휴가를 냈다.” 그는 절박하게 물었다. “스승님, 그럼 나머지 절반의 이치는 무엇입니까?” 스승은 의미심장하게 말했다. “등불이 계속 켜져 있으면 그것에 신경을 쓰는 사람은 틀림없이 없을 것이며, 한 번 꺼져야만 다른 사람의 주의를 끌게 된다는 것을 알아야 한다. [84] 하지만 그것이 항상 꺼져 있다면 대체될 위험이 있지. 켜졌다 꺼졌다 하는 등불을 누가 필요로 하겠나?”

81. 技师在退休的时候告诫徒弟：
A 要有信心
B 学会吃亏
C 要脚踏实地
D 要任劳任怨

81. 기술자가 퇴직할 때 제자에게 훈계한 것은 무엇인가?
A 자신감을 가져야 한다
B 손해 보는 것을 배워야 한다
C 착실하게 일해야 한다
D 열심히 일하면서도 불평하지 않아야 한다

82. 十年后徒弟为什么去找师傅？
A 给他出主意
B 不被工厂重视
C 请教技术问题
D 在工厂位置不重要

82. 십 년 후 제자가 스승을 찾아간 이유는 무엇인가?
A 그에게 아이디어를 내놓기 위해
B 공장에서 중시를 받지 못해서
C 기술문제에 대해 물어보기 위해
D 공장에서의 위치가 중요하지 않아서

83. 徒弟第一次请假后上班：
A 要求升职
B 如愿以偿
C 厂长很感激
D 发现工厂很乱

83. 제자가 처음으로 휴가를 낸 후 출근을 했을 때 어떠한 상황이 벌어졌는가?
A 승진을 요구했다
B 희망이 이루어졌다
C 공장장이 매우 감격했다
D 공장이 매우 어수선하다는 것을 발견했다

84. 为什么徒弟被解雇了？
A 得罪了厂长
B 不听师傅的话
C 经常要求加薪
D 请假过于频繁

84. 제자가 해고된 이유는 무엇인가?
A 공장장의 미움을 샀기 때문에
B 스승의 말을 듣지 않았기 때문에
C 임금 인상을 자주 요구했기 때문에
D 휴가를 너무 자주 냈기 때문에

해설 81. 기술자가 제자에게 한 말을 통해 그는 제자가 말을 적게 하고 자신의 능력으로 살아가길 바란다는 것을 알 수 있다. 즉 그에게 착실하게 일해야 한다고 타이른 것이다. 그런데 '任劳任怨'은 어려움과 불공평한 대우에 직면해도 원망해서는 안 됨을 강조하므로 내용과 부합하지 않는다. 따라서 C가 답이 된다.

82. 제자가 스승에게 한 말을 통해 공장에서 인정받지 못해 스승을 찾아가 괴로움을 토로했다는 것을 알 수 있다.

83. 제자가 휴가를 낸 목적은 인정을 받기 위해서였다. 그는 공장으로 돌아온 후 과연 소원대로 공장장의 관심을 받았다.

84. 스승이 말한 등불의 비유를 통해 제자는 항상 휴가를 내고 업무에 책임을 지지 않았기 때문에 해고되었다는 것을 알 수 있다.

단어 **退休** tuìxiū 동 퇴직하다, 퇴임하다, 은퇴하다 | **告诫** gàojiè 동 경고하다, 타이르다, 훈계하다 | **徒弟** túdì 명 도제, 제자 | **过硬** guòyìng 형 (기술이나 솜씨 등이) 훌륭하다, 탄탄하다 | **本领** běnlǐng 명 기량, 능력, 수완, 재능, 솜씨 | **技师** jìshī 명 기사, 기술자 | **埋头苦干** máitóu kǔgàn 성 몰두하여 열심히 일하다 | **资历浅** zīlì qiǎn 경력이 부족하다 | **升职** shēngzhí 명 승진 | **加薪** jiāxīn 동 임금이 오르다 | **盏** zhǎn 양 등·잔 등을 세는 양사 | **高明** gāomíng 형명 (견해·기능이) 훌륭하다, 빼어나다 / 뛰어난 사람, 빼어난 사람 | **拦** lán 동 가로막다, 저지하다 | **半截** bànjié 명 (과정의) 중도, 중간 | **迫不及待** pòbùjídài 성 일각도 지체할 수 없다, 잠시도 늦출 수 없다 | **意味深长** yìwèi shēncháng 성 의미심장하다, 뜻하는 바가 매우 깊다 | **熄灭** xīmiè 동 (등이나 불이) 꺼지다, 소멸하다 | **脚踏实地** jiǎotà shídì 성 일하는 것이 착실하고 견실하다 | **任劳任怨** rènláo rènyuàn 성 열심히 일하면서도 불평하지 않다 | **如愿以偿** rúyuàn yǐcháng 성 마음속으로 바라던 바를 만족하다

85-88

李华很小就没了父母，他和奶奶相依为命。他很喜欢画画，想成为一名出色的画家。一天，李华兴奋地告诉奶奶："著名画家王龙要到市里举办画展，我要带上自己的画作，求王龙帮忙指点。"晚上，李华一脸沮丧地回来了，他把自己的画撕得粉碎，伤心地说："[85]王龙看完我的画说我根本不是画画的料，没有天赋，劝我放弃。所以我决定以后再也不碰画笔了。"沉默了一会儿，奶奶对李华说："孩子，我有一幅收藏了几十年的画，可一直不知道这幅画值多少钱，既然王龙是著名画家，我想让他帮我看一下。"

[86]可当奶奶从箱底拿出那幅画，李华很失望：画上没有主题，也没有署名，画得也很粗糙。李华扶着奶奶找到了王龙。王龙看完奶奶收藏的画，摇摇头，笑道："老人家，这画画风简单，用笔稚嫩，立意不明确，不是名家所画，不值一文。"奶奶有些失望地问：[87]"你看画这幅画的人，如果继续画下去，能成功吗？"王龙十分肯定地说："老人家，恕我直言，朽木不可雕，再画下去也成不了气候。"这时奶奶才说，几十年前，她在一所幼儿园当老师，画是她的一个学生画的，当年那个学生是全班画画最差的，交作业时，他没有勇气把自己的名字写在正面，而是写在了背面。她没有批评那个学生，反而鼓励说："你画得很不错，继续努力，我相信你将来一定能成为一名出色的画家。"没想到过了若干年，那个学生真的成了一位大画家！

王龙惊讶地愣住了，他不相信地翻过画，背面赫然写着自己的名字。王龙慢慢地回忆起来了，喃喃地说："您是李老师？"奶奶笑着点点头，说："几十年过去了，但我依然认得你。"停了一下，奶奶又说："[88]虽然我不懂艺术，可我知道该怎样去教育孩子。"王龙面红耳赤，羞愧地说："对不起老师，我错了。谢谢您的教诲！"奶奶把目光转向李华，李华终于明白奶奶为什么要带自己来鉴画。他满怀信心地说，以后绝不会轻易放弃努力。

리화는 아주 어렸을 때 부모님을 여의고 할머니와 서로 굳게 의지하며 살아갔다. 그는 그림 그리는 것을 좋아해 훌륭한 화가가 되고 싶었다. 하루는 리화가 흥분하며 할머니에게 말했다. "유명한 화가 왕룽이 시내에서 전시회를 연대요. 제 그림을 가지고 가서 왕룽에게 지도해 달라고 부탁하려고요." 저녁에 리화는 풀이 죽은 얼굴로 돌아와서는 자신의 그림을 갈기갈기 찢어 버리고 슬퍼하며 말했다. "[85]왕룽이 제 그림을 보더니 저는 그림을 그릴 재목도 아니고, 타고난 자질도 없다면서 저보고 포기하래요. 그래서 저는 앞으로 다시는 붓에 손도 대지 않기로 결정했어요." 한동안 침묵하더니 할머니는 리화에게 말했다. "얘야, 내가 수십 년이 된 그림을 소장하고 있는데, 이 그림의 가치가 얼마나 되는지 모르겠어. 기왕에 왕룽이 유명한 화가라고 하니 그에게 이 그림을 좀 봐달라고 해야겠다."

[86]그러나 할머니가 상자에서 그 그림을 꺼내자 리화는 매우 실망했다. 그림에는 제목도 없고, 서명도 없었으며, 그린 것도 매우 엉성했다. 리화는 할머니를 부축하고 왕룽을 찾아갔다. 왕룽은 할머니가 소장하고 있는 그림을 보더니 고개를 저으며 웃었다. "어르신, 이 그림은 화풍이 단순하고 붓놀림도 어설퍼요. 구상도 명확하지 않고 명인의 그림도 아니니 한 푼의 값어치도 안 되겠네요." 할머니는 다소 실망하며 물었다. [87]"당신이 보기에 이 그림을 그린 사람이 만일 계속 그림을 그린다면 성공할 수 있겠소?" 왕룽은 매우 확고하게 말했다. "어르신, 솔직하게 말씀을 드려도 이해해주시기 바랍니다. 썩은 나무는 조각할 수 없듯이 계속 그림을 그린다고 해도 성공할 수 없습니다." 이때서야 할머니는 이야기를 꺼냈다. 수십 년 전 할머니는 한 유치원의 교사였다. 그림은 그녀의 학생이 그린 것이었는데 당시 그 학생은 반 전체에서 그림을 가장 못 그렸다. 숙제를 낼 때 그는 자신의 이름을 앞면에 쓸 용기가 없어 뒷면에 썼다. 그녀는 그 학생을 나무라지 않고 오히려 격려하며 말했다. "너는 그림을 아주 잘 그렸어. 계속 노력하면 나중에 분명 유명한 화가가 될 수 있을 거라고 믿어." 뜻밖에 몇 년 후에 그 학생은 정말 위대한 화가가 되었다!

왕룽은 놀라 멍해졌고, 믿지 못하겠다는 듯이 그림을 뒤집어 보았다. 뒷면에는 느닷없이 자신의 이름이 쓰여 있었다. 왕룽은 천천히 기억을 더듬었고 중얼거리며 말했다. "어르신이 리 선생님이십니까?" 할머니는 웃으며 고개를 끄덕이며 말했다. "수십 년이 흘렀구나. 하지만 나는 아직도 너를 알아볼 수 있어." 잠깐의 침묵 뒤에 할머니가 다시 말했다. "[88]비록 나는 예술을 모르지만 어떻게 아이들을 가르쳐야 한다는 것은 알고 있지." 왕룽은 얼굴이 귀밑까지 빨개져 부끄러워하며 말했다. "죄송해요, 선생님. 제가 잘못했습니다. 선생님의 가르침에 감사합니다!" 할머니는 시선을 리화에게 돌렸고, 리화는 마침내 할머니가 왜 자신을 데리고 그림 감정을 받으러 가자고 했는지 알았다. 그는 자신만만해하며 앞으로 다시는 함부로 노력을 포기하지 않겠다고 말했다.

85. 李华为什么垂头丧气地回来了?
A 很自卑
B 没有看画展
C 王龙看不起他
D 王龙认为他没有前途

85. 리화는 왜 풀이 죽어 돌아왔는가?
A 열등감을 느껴서
B 전시회를 보지 못해서
C 왕룽이 그를 업신여겨서
D 왕룽이 그는 장래가 없다고 여겨서

86. 李华看到奶奶拿出的画之后:
A 很生气
B 很兴奋
C 觉得画得不好
D 赶紧拿给王龙看

86. 리화는 할머니가 꺼낸 그림을 본 이후에 어떠했는가?
A 화가 났다
B 흥분했다
C 그림을 못 그렸다고 생각했다
D 당장 왕룽에게 가져가 보여주었다

87. 关于王龙，下面正确的是:
A 不会教育学生
B 画画很有天赋
C 是奶奶的老朋友
D 决定收李华为徒

87. 왕룽과 관련하여 다음 중 정확한 것은?
A 학생을 가르칠 줄 모른다
B 그림을 그리는 데 타고난 자질이 있다
C 할머니의 오랜 친구이다
D 리화를 제자로 받아들이기로 결정했다

88. 关于奶奶，可以知道什么?
A 很了解艺术
B 是位好老师
C 对王龙很不满
D 不希望李华画画

88. 할머니에 관해 알 수 있는 것은 무엇인가?
A 예술을 잘 알고 있다
B 좋은 선생님이다
C 왕룽에 대해 매우 불만이다
D 리화가 그림 그리는 것을 바라지 않는다

해설 85. 왕룽은 리화에게 타고난 자질이 없다고 여겨 그에게 그림그리기를 포기하라고 권했다. '不是画画的料'는 그림을 그릴 천부적인 소질이 부족함을 의미한다.
86. 리화는 그림이 매우 엉성하다고 생각했다. 즉, 그는 그림을 못 그렸다고 생각했다.
87. 왕룽의 말은 리화의 자신감에 타격을 주었다. 이를 통해 그가 학생을 어떻게 격려하고 가르치는지를 모른다는 것을 알 수 있다.
88. 할머니는 아이들을 어떻게 가르치는지 알고 있다고 말했다. 왕룽은 그녀의 격려 속에 화가가 되었으므로 할머니는 좋은 선생님이라는 것을 알 수 있다.

단어 **相依为命 xiāngyī wéimìng** 성 서로 굳게 의지하며 살아가다 | **画展 huàzhǎn** 명 회화 전시회 | **指点 zhǐdiǎn** 동 지적해주다, 바로잡아 주다, 지도하다 | **沮丧 jǔsàng** 형 낙담하다, 풀이 죽다 | **撕 sī** 동 (손으로) 찢다, 뜯다, 떼어내다 | **粉碎 fěnsuì** 형 산산조각나다, 박살나다 | **天赋 tiānfù** 명 타고난 자질, 소질 | **粗糙 cūcāo** 형 (일하는 데 있어) 서투르다, 어설프다, 엉성하다 | **稚嫩 zhìnèn** 형 유치하다, 미숙하다 | **立意 lìyì** 명 (작품의) 구상, 착상 | **朽木不可雕 xiǔmù bùkě diāo** 성 썩은 나무는 조각할 수 없다, 자질이 우둔하거나 타락한 사람은 재목이 될 수 없다 | **愣住 lèngzhù** 동 넋이 나가다, 어안이 벙벙해지다 | **赫然 hèrán** 형 갑자기, 불쑥, 느닷없이 | **喃喃 nánnán** 의성 웅얼웅얼, 중얼중얼 | **教诲 jiàohuì** 동 가르치다, 깨우치다, 타이르다 | **面红耳赤 miànhóng ěrchì** 성 얼굴이 귀밑까지 빨개지다

89-92

[89] 小赵初来公司应聘时，连份像样的简历都没有，只一张白纸，寥寥几百字介绍了一下自己的身世，第一关就被人事部刷下来。[90] 后来因为新招的几个业务员有两个不堪压力，招呼不打一声就走了，不得不进行补招，我便把他约来。面试时，我问一句他说一句，我不问他就一声不吭坐在那里，这是业务员最忌讳的。但是看他已经在这个城市寻寻觅觅两个多月，不免有些心软，便决定给他一个月的时间试试。

小赵的任务是推销我们新代理的一款管理软件。市场上同类软件多如牛毛，究竟有没有市场，谁心里都没底。公司能提供的只有一本厚厚的电信黄页，但上面的电话不是人事部就是门房，一听是推销"啪"的一声就挂了，听得心惊肉跳。[91] 后来小赵提出，就按黄页上的地址去找，说不定会有收获。

一个礼拜下来，又跑丢了两个业务员。正当我一筹莫展的时候，小赵带回了第一单生意。这个客户是开发区的一家制造公司，新投产的一条生产线正需要这款软件。不仅如此，他还顺藤摸瓜，牵出一大片，令人刮目相看。

[92] 一般业务员出去，不是到人才市场，就是回家睡觉，唯有他按着黄页上的地址一家一家去找去问，别人带回来的都是抱怨，唯有他任劳任怨，带回了订单。

后来小赵的才干引起了一家厂商的注意，被挖了去。有一天我清理桌面资料，翻出他的那份简历，发现这样一句话：饱满的稻穗，往往是下垂的；低俯之草，往往更经风霜。

[89] 샤오자오가 처음 회사에 지원하러 왔을 때는 그럴싸한 이력도 없었고, 달랑 종이 한 장에 겨우 몇백 자로 자신의 경험을 소개했을 뿐이어서, 첫 번째 관문에서 인사팀에 의해 떨어지고 말았다. [90] 그 후 새로 채용한 몇몇 직원 중 두 명이 스트레스를 감당하지 못하고 인사 한마디 없이 떠나자 어쩔 수 없이 추가채용이 진행되어서 나는 바로 샤오자오를 불러들였다. 면접에서 그는 내가 질문을 할 때만 겨우 그 질문에 대답했고, 질문을 하지 않을 때는 아무 소리도 내지 않고 그저 자리에 앉아만 있었는데, 이런 모습은 실무관계자들이 제일 꺼려하는 모습이었다. 그러나 그가 이미 이 도시에서 두 달여 동안 직업을 찾아 헤매다 보니 마음이 약해진 것이라 보고, 그에게 한 달이라는 시간의 기회를 주기로 결정했다.

샤오자오의 임무는 우리가 새로 대행하는 관리 소프트웨어를 판매하는 것이었다. 시장에는 같은 종류의 소프트웨어가 헤아릴 수 없을 만큼 많았기 때문에 환영을 받을지 아닐지 누구도 자신이 없었다. 회사가 제공할 수 있는 것은 단지 두꺼운 전화번호부 한 권뿐이었다. 그러나 앞부분의 전화는 인사부 아니면 경비실이었기 때문에 판매라는 말만 들으면 '툭'하고 전화를 끊어버려 듣기에 놀라고 두려웠다. [91] 그 후 샤오자오는 전화번호부 상의 주소를 따라 직접 찾아가면 수확이 있을지도 모른다는 의견을 내놓았다.

일주일 사이에 또 두 명의 사원이 그만두었다. 내가 속수무책이었을 때, 샤오자오는 첫 번째 주문서를 가지고 돌아왔다. 이 고객은 개발구역의 한 제조회사로 새로 가동되는 생산라인에 이 소프트웨어를 필요로 했다. 이뿐만 아니라 그는 열심히 찾아다니며 노력한 끝에 대어를 낚기도 해 주위의 많은 사람들로부터 인정을 받기 시작했다.

[92] 대부분의 직원들은 나가면 인력시장에 가든지 아니면 집으로 돌아가 잠을 잤는데, 오직 그만이 전화번호부 상의 주소를 따라 한 집 한 집씩 찾아다니며 알아보곤 했다. 다른 사람들이 가지고 돌아오는 것은 모두 원망뿐이었는데, 오직 그만이 불만 없이 수고를 마다하면서 주문서를 가지고 회사로 돌아왔다.

후에 샤오자오의 능력이 한 제조업자의 관심을 끌어 샤오자오는 스카우트되었다. 어느 날 나는 책상 위의 자료를 정리하다가 그의 이력을 찾아보았는데 이러한 문구를 발견했다. '벼는 익을수록 고개를 숙이고, 풀은 고개를 숙일수록 시련을 견뎌낸다.'

89. 小赵为什么没过面试第一关?
A 不善表达
B 不能吃苦
C 面试成绩差
D 简历太简单

89. 샤오자오는 왜 면접의 첫 번째 관문을 통과하지 못했는가?
A 표현을 잘하지 못해서
B 고통을 당할 수 없어서
C 면접 성적이 낮아서
D 경력이 너무 평범해서

90. "我"为什么要把小赵约来进行面试?
A 缺人手
B 想给他个机会
C 可怜他
D 觉得他有能力

90. '나'는 왜 샤오자오를 불러 면접을 진행해야 했는가?
A 일손이 부족해서
B 그에게 기회를 주고 싶어서
C 그가 불쌍해서
D 그에게 능력이 있다고 생각해서

91. 对于管理软件的推销，小赵建议：
A 做好宣传
B 上门拜访
C 坚持打电话
D 要以开发区为主要对象

92. 上文主要想告诉我们什么？
A 要善于交际
B 要善于抓住机会
C 努力就会有收获
D 外在的形式不重要

91. 관리 소프트웨어의 판매에 대해 샤오자오가 제안한 것은?
A 홍보하기
B 방문 판매
C 계속 전화하기
D 개발구역을 주요 타깃으로 삼기

92. 지문이 우리에게 알려주고자 하는 것은 무엇인가?
A 사교에 능해야 한다
B 기회를 잘 잡아야 한다
C 노력하면 성과를 거둘 수 있다
D 외적인 형식은 중요하지 않다

해설 89. '只一张白纸'는 샤오자오의 이력이 매우 간단하여 인사부가 그의 이력을 변변찮게 생각했음을 말해준다.
90. 샤오자오를 부른 것은 어떤 직원이 회사를 떠나 일손이 부족했기 때문이다.
91. '按黄页上的地址去找'는 전화번호부에 제공된 기업의 주소를 따라 한곳씩 '직접 방문'한다는 의미이다.
92. 샤오자오가 성공한 원인은 그가 힘들어도 불평하지 않고 줄곧 노력해서 열심히 일했기 때문이다.

단어 **应聘** yìngpìn 동 초빙에 응하다, 지원하다 | **像样** xiàngyàng 형 그럴싸하다, 볼품이 있다, 그럴듯하다 | **简历** jiǎnlì 명 약력 | **寥寥** liáoliáo 형 매우 적다, 드물다 | **一声不吭** yìshēng bùkēng 한 마디도 하지 않다 | **忌讳** jìhuì 동 (말이나 행동을) 금기하다, 기피하다 | **推销** tuīxiāo 동 판로를 확장하다, (어떠한 제품을) 마케팅 하다, 널리 팔다 | **多如牛毛** duōrúniúmáo 성 쇠털같이 많다, 헤아릴 수 없을 만큼 많다 | **没有市场** méiyǒu shìchǎng 환영을 받지 못하다, 받아들이지 못하다 | **黄页** huángyè 명 전화번호부 | **门房** ménfáng 명 수위실, 경비실 | **心惊肉跳** xīnjīng ròutiào 성 혼비백산하다, 놀라서 얼이 빠지다 | **一筹莫展** yìchóu mòzhǎn 성 속수무책이다, 어쩔 도리가 없다 | **顺藤摸瓜** shùnténg mōguā 성 실마리를 쫓아 일의 진상을 밝히다 | **刮目相看** guāmù xiāngkàn 성 괄목상대하다, 새로운 안목으로 대하다 | **任劳任怨** rènláo rènyuàn 성 노고를 마다하지 않고, 원망을 두려워하지 않다, 열심히 일하면서도 불평하지 않다 | **订单** dìngdān 명 (상품·물품의) 주문서, 주문명세서 | **稻穗** dàosuì 명 벼이삭 | **宣传** xuānchuán 동 (대중을 향하여) 선전하다, 홍보하다 | **上门** shàngmén 동 방문하다, 찾아뵙다 | **拜访** bàifǎng 동 삼가 방문하다, 예방하다

93-96

李峰是一零售商店的老板，商店的生意很不景气，以致仓库里堆满了积压的货品，成了老鼠栖身的场所。李峰不得不经常到仓库里灭老鼠。这让他发现了一种奇特的现象：[93]往往在一个老鼠洞里能掏出一窝老鼠，但很少发现有老鼠单独居住的。

李峰是精明的生意人，善于把从老鼠身上发现的奇特现象运用到经营中来。

他在一块胶合板上凿了4个洞。洞边分别编上10%、20%、30%、40%的号码。再在胶合板后面安上一排瓶子，瓶子里装着他从仓库里捕捉的老鼠。当他把这些放到柜台上时，吸引了很多顾客看热闹。李峰对围观的顾客说："他把瓶子里的老鼠放出来，老鼠钻进哪个洞，便按洞边标明的折扣出售商品。"

[94]围观的顾客感到非常有趣，都纷纷要求购货。李峰便一次次放出老鼠。它们分别钻进了一个个洞里。[95]但奇怪的是，这些老鼠钻进的都是标明降价10%或20%的洞，从不去钻30%或40%的洞。

리평은 소매상점의 사장이었다. 상점의 장사가 잘되지 않아 창고에는 잔품이 가득 쌓였고, 창고는 쥐들이 사는 장소가 되었다. 리평은 어쩔 수 없이 자주 창고로 가서 쥐를 없애야 했는데 이 일로 그는 매우 기이한 현상을 발견하게 되었다. [93]종종 쥐구멍 한 곳에서 같은 굴에 사는 쥐들을 끄집어낼 수는 있었지만, 쥐 한 마리만 따로 살고 있는 곳은 발견하기 어려웠다.

리평은 총명하고 재치가 있는 장사꾼이어서 쥐의 몸에서 발견한 기이한 현상을 경영활동에 잘 활용할 수 있었다.

그는 합판 위에 네 개의 구멍을 뚫고 구멍 옆에 각각 10%, 20%, 30%, 40%의 번호를 붙였다. 다시 합판 뒷면에 병을 늘어놓고, 병 안에는 그가 창고에서 잡은 쥐를 넣어놓았다. 그가 이것들을 카운터 위에 올려놓자 많은 고객이 구경을 하러 다가왔다. 리평은 구경하는 고객들에게 말했다. "병 안에 든 쥐를 빼내면 쥐가 어느 구멍에 들어가든 구멍에 표시된 할인율에 따라 상품을 판매합니다."

[94]구경하던 고객들은 매우 흥미를 느꼈고 잇달아 물건을 사고자 했다. 리평은 바로 쥐를 내보냈다. 쥐들은 각각 구멍 속으로 파고 들어갔다. [95]그러나 이상한 점은 이 쥐들이 파고들어간 곳이 모두 10%나 20% 할인이라고 표시된 구멍이었지 30%나 40% 구멍으로는 절대로 들어가지 않았다는 것이었다.

顾客们纷纷议论："难道这些老鼠是经过特殊训练的吗？"李峰笑容满面地说："这一点请放心，我也没有这么大的本领来训练老鼠。"

原来，李峰利用并非人所共知的老鼠喜欢住在一起的特性，在需要它们钻的洞上涂一些老鼠的粪便，老鼠就自然而然地钻进了洞里。顾客毕竟是带流动性的，他们谁也没有对李峰的办法做深入研究。他们每次购货，能看到老鼠钻洞的表演，还能得到10%或20%的优惠，他们就心满意足了。[96]不久，李峰的库存货物就销售一空。

고객들은 의견이 분분했다. "설마 이 쥐들이 특수훈련을 받은 것은 아니겠죠?" 리펑은 얼굴에 웃음이 가득한 채로 말했다. "그건 걱정하지 마세요. 저는 쥐를 훈련시킬 만큼 그렇게 대단한 능력이 없습니다."

알고 보니 리펑은 아무도 모르는 쥐의 특성, 쥐가 함께 사는 것을 좋아한다는 점을 이용했다. 쥐들이 들어가야 하는 구멍에 쥐의 대소변을 발라두었기 때문에 쥐들은 자연히 구멍 안으로 파고 들어갔다. 손님들은 어쨌든 유동성을 가지고 있기에 그들 누구도 리펑의 방법에 대해 깊이 있게 연구하지 않았다. 그들은 상품을 구매할 때마다 쥐가 구멍으로 들어가는 공연을 볼 수 있었고, 10%나 20%의 할인혜택까지도 얻을 수 있어서 매우 만족해했다. [96] 머지않아 리펑의 재고상품은 완전히 다 팔렸다.

93. 李峰到仓库灭老鼠，发现：
A 老鼠灭不完
B 老鼠洞很特别
C 老鼠喜欢群居
D 老鼠偷吃货品

93. 리펑이 창고로 가서 쥐를 없애고 발견한 것은 무엇인가?
A 쥐는 소멸되지 않는다
B 쥐구멍은 매우 특별하다
C 쥐는 무리를 지어 사는 것을 좋아한다
D 쥐가 물건을 훔쳐 먹는다

94. 顾客为什么都纷纷要求购货？
A 非常优惠
B 想碰运气
C 货品质量好
D 销售方法很新颖

94. 고객들은 왜 잇달아 물품을 구매하고자 했는가?
A 특별혜택이 있었기 때문에
B 요행을 바랐기 때문에
C 제품의 질이 좋았기 때문에
D 판매방법이 참신했기 때문에

95. 李峰放出老鼠之后，老鼠：
A 都跑去仓库
B 钻进优惠较少的洞里
C 都钻进减价10%的洞里
D 有的钻进减价30%的洞里

95. 리펑이 쥐를 내보낸 후 쥐는 어떻게 되었는가?
A 모두 창고를 뛰어나갔다
B 혜택이 비교적 적은 구멍으로 들어갔다
C 모두 10% 할인이 표시된 구멍으로 들어갔다
D 어떤 쥐는 30% 할인이 표시된 구멍으로 들어갔다

96. 关于李峰，可以知道：
A 欺骗顾客
B 卖完了所有货品
C 用食物引诱老鼠
D 对老鼠进行了特殊训练

96. 리펑에 관해 알 수 있는 것은 무엇인가?
A 고객을 기만했다
B 모든 상품을 다 팔았다
C 먹을 것으로 쥐를 유인했다
D 쥐에 대해 특수훈련을 진행했다

해설 93. 리펑은 쥐가 단독으로 서식하지 않고 모두 무리를 지어 산다는 사실을 발견했다.
94. 고객들은 리펑이 물건을 파는 방법에 흥미를 느껴 구매하고자 했다.
95. 지문의 묘사를 보면, 쥐는 항상 할인혜택이 비교적 적은 구멍으로 들어갔다.
96. 지문 맨마지막의 '销售一空'는 모든 상품이 다 팔렸다는 의미이다.

단어 **零售商** língshòushāng 소매상인 | **仓库** cāngkù 명 창고, 곳간 | **堆满** duīmǎn (상다리가 휘어질 정도로) 많다, 가득 차다 | **积压** jīyā 동 (오랫 동안) 내버려 두다, 방치해 두다 | **栖身** qīshēn 동 (잠시) 머물다, 거주하다 | **胶合板** jiāohébǎn 명 (여러 겹으로 된) 합판 | **捕捉** bǔzhuō 동 잡다, 붙잡다, 체포하다 | **看热闹** kàn rènao 구경하다 | **折扣** zhékòu 명 할인, 에누리 | **标明** biāomíng 동 명시하다, 명기하다 | **降价** jiàngjià 동 가격을 낮추다, 인하하다, 할인하다 | **人所共知** rénsuǒgòngzhī 성 (여러 사람들이) 두루 알다, 보편적으로 알다 | **粪便** fènbiàn 명 대소변, 똥오줌 | **优惠** yōuhuì 형 특혜의, 우대의 | **欺骗** qīpiàn 동 (허위적인 말과 행동으로) 속이다, 기만하다 | **引诱** yǐnyòu 동 꾀어내다, 유인하다

97-100

一位年迈的鞋匠决定把补鞋这门本事传给三个年轻人。在老鞋匠的悉心教导下，三个年轻人进步很快。当他们学艺已精，准备去闯荡时，老鞋匠只嘱咐了一句："千万记住，补鞋底只能用四颗钉子。"三个年轻人似懂非懂地点了点头，踏上了旅途。三个年轻人来到了一座大城市各自安家落户，从此，这座城市就有了三个年轻的鞋匠。同一行业必然有竞争。但由于三个年轻人的技艺都不相上下，日子也就风平浪静地过着。过了些日子后，第一个鞋匠感到很苦恼。[97]因为他每次用四颗钉子总不能使鞋底完全修复，可师命不敢违，于是他整天冥思苦想，但无论怎样想他都认为办不到。终于，他不能解脱烦恼，只好扛着锄头回家种田去了。第二个鞋匠也为四颗钉子苦恼过，可他发现，用四颗钉子补好鞋底后，鞋坏的人总要来第二次才能修好，[98]结果来修鞋的人总要付出双倍的钱。第二个鞋匠为此暗喜，他自认为懂得了老鞋匠最后一句话的真谛。

第三个鞋匠也同样发现了这个秘密，在苦恼过后他发现，其实只要多钉一颗钉子就能一次把鞋补好。第三个鞋匠想了一夜，终于决定加上那一颗钉子，[99]他认为这样能节省顾客的时间和金钱，更重要的是他自己也会安心。

又过了数月，人们渐渐发现了两个鞋匠的不同。[100]于是第二个鞋匠的铺面里越来越冷清，而去第三个鞋匠那儿补鞋的人越来越多。最终，第二个鞋匠铺也关门了。日子就这样持续下去，第三个鞋匠依然和从前一样兢兢业业为这个城市的居民服务。

나이가 지긋한 한 구두장이가 구두수선 기술을 세 명의 젊은이에게 전수하기로 결정했다. 나이 많은 구두장이의 정성스러운 가르침 아래 세 젊은이는 빠른 속도로 발전했다. 그들의 기술이 이미 상당한 수준에 올라 이제는 세상으로 나아가 경험을 쌓을 준비를 할 때가 되어 나이 많은 구두장이가 그들에게 한마디 당부를 했다. "반드시 기억해라. 구두 밑창을 수선할 때는 단지 네 개의 못만 사용할 수 있다." 세 젊은이는 알 듯 모를 듯 고개를 끄덕이며 여정의 첫 발을 내디뎠다. 세 젊은이는 한 대도시에 각자 자리를 잡아 정착했고, 이때부터 이 도시에는 세 명의 젊은 구두장이가 생겼다. 동종 업계는 필연적으로 경쟁이 생기기 마련이다. 그러나 세 젊은이의 기술은 우열을 가릴 수 없었기 때문에 시간은 별 탈 없이 흘러갔다. 며칠이 지나자 첫 번째 구두장이는 매우 괴로워했다. [97]왜냐하면 그는 매번 네 개의 못을 사용해도 항상 구두 밑창을 완전히 복구할 수 없었기 때문이다. 하지만 스승의 명령이니 감히 어길 수 없었고, 그래서 그는 종일 고민했지만 아무리 생각해보아도 해낼 수 없다고 생각했다. 결국 그는 고민에서 벗어나지 못하고 어쩔 수 없이 호미를 메고 집으로 돌아가 농사를 지었다. 두 번째 구두장이도 네 개의 못 때문에 고민했다. 그러나 그는 네 개의 못으로 구두 밑창을 수선한 후 신발이 망가진 사람이 어김없이 두 번째 찾아왔을 때에서야 비로소 구두를 완전히 수선할 수 있었고, [98]그 결과 신발을 고치러 온 사람은 항상 두 배의 돈을 지불하게 된다는 사실을 발견했다. 두 번째 구두장이는 이 때문에 속으로 몰래 기뻐했고, 스스로 나이 많은 구두장이의 마지막 말의 참뜻을 이해했다고 생각했다.

세 번째 구두장이도 마찬가지로 이 비밀을 발견했다. 고민을 한 후에 그는 사실 못 하나를 더 박기만 하면 한 번에 구두를 잘 수선할 수 있다는 사실을 발견했다. 세 번째 구두장이는 밤새 생각했고, 결국 못을 하나 더 추가하기로 결정했다. [99]그는 이렇게 하면 고객의 시간과 돈을 아낄 수 있고, 보다 중요한 점은 그 자신도 마음을 놓을 수 있다고 생각했다.

다시 몇 개월이 흘렀다. 사람들은 점점 두 구두장이의 다른 점을 발견했다. [100]그래서 두 번째 구두장이의 가게는 갈수록 한산해졌지만 세 번째 구두장이에게 가서 구두를 수선하는 사람은 갈수록 많아졌다. 결국 두 번째 구두장이 가게도 문을 닫게 되었다. 세월이 이렇게 계속 흘렀고, 세 번째 구두장이는 여전히 예전처럼 부지런하고 성실하게 이 도시의 주민들을 위해 봉사하고 있다.

97. 第一个鞋匠为什么回家种田了?
A 赚不到钱
B 思想很矛盾
C 竞争太厉害
D 觉得师傅是错的

97. 첫 번째 구두장이는 왜 집으로 돌아가 농사를 지었는가?
A 돈을 벌지 못해서
B 사상이 모순되어서
C 경쟁이 치열해서
D 스승이 틀렸다고 생각해서

98. 关于第二个鞋匠，可以知道:
A 很贪婪
B 一直很苦恼
C 不想违背师傅的嘱咐
D 懂得了师傅嘱咐的真正含义

98. 두 번째 구두장이에 관해 알 수 있는 것은 무엇인가?
A 매우 탐욕스럽다
B 계속 고민했다
C 스승의 당부를 어기고 싶지 않았다
D 스승이 당부한 말의 진정한 의미를 깨달았다

99. 关于第三个鞋匠，可以知道:
A 生意很清淡
B 没有苦恼过
C 只用四个钉子
D 会为顾客着想

99. 세 번째 구두장이에 관해 알 수 있는 것은 무엇인가?
A 장사가 잘되지 않았다
B 고민한 적이 없다
C 단지 네 개의 못만 사용했다
D 고객을 위해 고려할 것이다

100. 上文主要想告诉我们什么?
A 要迎难而上
B 做人要踏实
C 不要半途而废
D 要创新但不要有贪念

100. 본문이 우리에게 알려주고자 하는 것은 무엇인가?
A 어려움이 닥쳐도 이겨내야 한다
B 사람은 성실해야 한다
C 중도에 그만두어서는 안 된다
D 창조적이어야 하지만 탐욕스러워서는 안 된다

해설 97. 첫 번째 구두장이는 못 네 개로는 구두 밑창을 완전히 복구할 수 없고, 스승의 명령도 감히 거역할 수 없어서 매우 고민했다. 이러한 모순된 생각이 그가 구두수선을 포기하고 집으로 돌아가 농사를 짓게끔 했다.

98. 두 번째 구두장이는 스승의 명령엔 따랐지만 고객의 요구에는 관심이 없고, 오직 돈을 많이 벌려고만 했다. 이를 통해 그가 매우 탐욕스러움을 알 수 있다.

99. 세 번째 구두장이는 매번 구두 밑창을 수선할 때마다 다섯 개의 못을 사용했다. 비록 스승의 요구를 어겼지만 고객들이 재차 찾아오지 않도록 하여 편리하게 해주었다.

100. 결국 두 번째 구두장이의 가게를 찾는 손님은 점점 사라졌지만, 세 번째 구두장이 가게는 더욱 장사가 잘되었다. 지문의 내용은 사람은 지나치게 욕심을 부리면 안 된다는 것을 알려주고 있다.

단어 **年迈** niánmài 형 나이가 많다, 연로하다 | **悉心** xīxīn 부 온 마음으로, 전심전력으로, | **闯荡** chuǎngdàng 동 세상을 떠돌며 경험을 쌓다 | **嘱咐** zhǔfù 동 분부하다, 당부하다, 알아듣게 말하다 | **似懂非懂** sìdǒng fēidǒng 성 아는 듯 모르는 듯하다 | **安家落户** ānjiā luòhù 성 (새로운 곳에서) 가정을 꾸리다, 정착하다 | **不相上下** bùxiāngshàngxià 성 우열을 가릴 수 없다, 막상막하 | **风平浪静** fēngpíng làngjìng 성 풍랑이 없이 잔잔하다, (생활 · 형국 등이) 무사 평온하다 | **冥思苦想** míngsī kǔxiǎng 성 심사숙고하다, 깊이 사색하다 | **解脱** jiětuō 동 어려움으로부터 벗어나다, 해탈하다 | **锄头** chútou 명 중국 남방지역에서 사용하는 곡괭이 모양의 농기구 | **真谛** zhēndì 명 진리, 정확한 도리, 참뜻, 진수, 정수, 본질 | **铺面** pùmiàn 명 가게 앞면[상점 건물에서 길 쪽으로 향한 부분] | **兢兢业业** jīngjīngyèyè 성 근면하고 성실하게 업무에 임하다 | **贪婪** tānlán 형 탐욕스럽다, 만족할 줄 모르다 | **清淡** qīngdàn 형 (장사가) 잘되지 않다, 불경기이다 | **半途而废** bàntú'érfèi 성 (어떤 일을 완성하지 않고) 중도에 그만두다 | **踏实** tāshi 형 (학습이나 업무 태도 등이) 착실하다, 성실하다

정답																				
	81	C	82	D	83	D	84	D	85	B	86	D	87	A	88	D	89	C	90	C
	91	B	92	C	93	D	94	C	95	D	96	B	97	B	98	D	99	B	100	D

81-84

我和同学胡波、李翔大学毕业后南下广州求职。我们在一家电子厂找到了工作。上班第一天，经理把我们带到车间生产流水线旁，他对领班说："这是几位新来的员工，你要让他们尽快熟悉岗位。"然后对我们说："你们的试用期是一个月，一个月后我们再决定是否继续聘用你们。"随着日复一日的简单重复劳动，大学里憧憬的美好未来似乎离我们渐行渐远了，但我们心里还存有一份期望，[81] 期望过了试用期后厂里会让我们做一些技术工作，至少不会还让我们当流水线的操作员了。公司订单很多，一天二十四小时开足马力生产，我们白班、中班、夜班交替着上。最难熬的是从半夜一点到早上八点的夜班，我们不但要上好班，还要和阵阵袭来的瞌睡虫较量。当我们下班后疲惫不堪地回到宿舍，连早餐都不想吃了，倒在床上就睡。

一个月的试用期转眼就要结束了，我们计算着日子，试用期的最后一天是一个夜班。我们自认为表现不错，通过试用应该没问题。那天去上夜班时，很远就看见经理在厂房门口站着，他见到我们就说："[82] 实在抱歉，你们三人都没有通过公司的试用，这个夜班上完后，请你们离开工厂。"说完，他把这个月的工资交给我们就走了。我们呆呆地站在那里一言不发。过了很久，我说："上班时间到了，我们还是去上班吧！""把我们炒了鱿鱼，还上什么夜班？你傻啊！"胡波冲我吼道。"反正工资已经拿了，最后一个夜班我才不去呢！"李翔说。我心里其实也很难过，但我不愿看到因为我们不来上夜班而影响整条生产流水线。"就站好最后一班岗吧！"我对他们说，但他们却头也不回地走了。最后一个夜班，多了一份疲惫，更多出一份失落，我强打精神，尽量使情绪不影响工作。下班铃响了，我离开工作台时又忍不住朝那里多望了几眼，毕竟它伴随了我整整一个月，竟有些依恋了。

나와 나의 친구 후보, 리샹은 대학 졸업 후 남쪽으로 내려가 광저우에서 직업을 구했다. 우리는 한 전자공장에서 일자리를 찾았다. 출근 첫날 사장은 우리를 작업장 생산 조립라인으로 데리고 가 반장에게 말했다. "여기는 새로 들어온 직원들이네. 이들이 되도록 빨리 일을 익힐 수 있도록 하게." 그리고는 우리에게 말했다. "자네들의 수습기간은 한 달이네. 한 달 후에 우리는 자네들을 계속 고용할지 말지를 결정할 거야." 날이면 날마다 단순노동이 되풀이되면서 대학에서 동경했던 아름다운 미래는 마치 우리에게서 갈수록 점점 멀어지는 것 같았다. 하지만 우리의 마음속에는 아직 희망이 있었다. [81] 수습기간이 지나면 적어도 우리를 조립라인의 운영자로 고용할 리는 없으니 공장에서 우리에게 기술적인 업무를 맡겨주기를 바랐다. 회사에는 주문이 많아 하루 24시간 풀가동 생산을 했고, 우리는 아침반, 오후반, 야간반으로 번갈아 가며 근무했다. 가장 견디기 어려운 것은 새벽 1시부터 아침 8시까지의 야간반이었는데, 우리는 근무도 근무지만 이따금 몰려오는 졸음과도 싸워야 했다. 우리는 퇴근 후에 견디지 못할 정도로 피곤해 기숙사로 돌아가 아침을 먹을 생각도 안 하고 침대 위에 쓰러져 그대로 곯아떨어지곤 했다.

한달 간의 수습기간이 눈 깜짝할 사이에 끝나갔다. 우리가 날짜를 계산해보니 수습기간의 마지막 날은 야간반이었다. 우리는 스스로 근무태도가 좋다고 여겼기 때문에 수습기간을 통과하는 데 문제가 없을 것이라 생각했다. 그날 야간조로 출근을 하는데 멀리서 사장이 공장 입구에 서 있는 것을 보았다. 그는 우리를 보더니 말했다. "[82] 정말 미안하네. 자네 셋은 모두 회사의 수습기간을 통과하지 못했어. 이 야간근무가 끝나면 공장을 떠나주게." 그는 말을 마치고 이번 달 급여를 우리에게 주고는 가버렸다. 우리는 멍하니 그 자리에 서서 한마디도 하지 않았다. 한참이 지나고서야 나는 말했다. "출근시간이 됐어. 우리 그래도 출근하러 가자!" "우리를 해고했는데 무슨 야간근무야? 이 멍청아!" 후보는 나를 향해 소리쳤다. "어차피 급여는 이미 받았겠다, 마지막 야간근무에 나는 정말 안 갈 거야!" 리샹이 말했다. 나는 마음속으로 매우 괴로웠지만 우리가 야간근무를 가지 않아 모든 생산 조립라인에 영향을 주는 것은 원하지 않았다. "그래도 마지막 근무를 충실히 하는 게 좋을 거 같아!" 나는 그들에게 말했지만 그들은 뒤도 안 돌아보고 가버렸다. 마지막 야간근무는 피로감도 더했고 상실감도 훨씬 컸으나, 나는 기운을 내서 최대한 감정이 일에 영향을 주지 않도록 했다. 퇴근벨이 울렸고, 나는 작업대를 떠나면서 참지 못하고 그곳을 몇 번이고 바라보았다. 어쨌든 그곳은 나와 꼬박 한달 간을 함께 해서인지 아쉬움이 남았다.

我走出厂房，经理却站在厂房门口等我，他微笑着对我说："小何，你的试用期正式结束了，83明天到厂办公楼接受新职位的任命！"我简直不敢相信自己的耳朵，经理看到我满脸的疑惑，意味深长地说："你们三个人都很优秀，但我们要选择一位最优秀的。84你和他们相比，多了一份难能可贵的责任心，因此我们选择了你！"

내가 공장을 나오자 사장은 공장 입구에서 나를 기다리고 있었고, 웃으며 나에게 말했다. "샤오허, 자네의 수습기간이 정식으로 끝났네. 83 내일 공장사무실로 와서 새로운 직위임명을 받게!" 나는 정말이지 내 귀를 믿을 수가 없었다. 사장은 의심으로 가득한 내 얼굴을 보더니 의미심장하게 말했다. "자네 세 명은 모두 뛰어났지만 우리는 가장 우수한 사람 한 명을 선택해야 했네. 84 자네는 그들에 비해 아주 훌륭한 책임감을 가지고 있었네. 그래서 우리는 자네를 선택했지!"

81. 他们的期望是什么？

A 涨工资
B 当操作员
C 成为技术工人
D 成为正式员工

81. 그들의 희망은 무엇이었는가?

A 임금이 오르는 것
B 운영자가 되는 것
C 기술자가 되는 것
D 정식사원이 되는 것

82. 最后一个夜班，经理告诉他们：

A 去领工资
B 表现不优秀
C 不用上夜班了
D 都没有被录用

82. 마지막 야간근무에 사장이 그들에게 말한 것은 무엇인가?

A 급여를 수령하라
B 태도가 뛰어나지 않다
C 야간근무를 할 필요 없다
D 모두 채용되지 않았다

83. "我"走出厂房时：

A 很自豪
B 泪流满面
C 天已经亮了
D 听到好消息

83. '나'는 공장을 나왔을 때 어떠했는가?

A 스스로 자랑스러웠다
B 눈물이 앞을 가렸다
C 날이 이미 밝았다
D 좋은 소식을 들었다

84. 上文主要想告诉我们：

A 工作要认真
B 不要盲目自信
C 坚持就是胜利
D 责任心成就新天地

84. 지문이 우리에게 알려주고자 하는 것은 무엇인가?

A 착실하게 일해야 한다
B 지나치게 자신만만해서는 안 된다
C 계속 지속하는 것이 성공하는 것이다
D 책임감은 새로운 환경을 이루어낸다

해설 81. 그들은 되풀이되는 단순노동을 좋아하지 않았고, 기술적인 업무를 할 수 있기를 바랐다. 그러므로 C가 정답이다.
82. 사장이 그들에게 한 말을 통해 그들은 모두 채용되지 않았다는 것을 알 수 있다.
83. '나'는 원래 직장을 잃었다고 생각했지만, 사장은 '내'가 채용되었다고 말했다. 따라서 뜻밖의 기쁨이라고 할 수 있다.
84. 마지막에 사장이 한 말을 통해 지문이 강조하고자 하는 바는 책임감의 중요성임을 알 수 있다.

단어 **求职** qiúzhí 동 구직하다, 직업을 찾다 | **流水线** liúshuǐxiàn 명 생산라인 | **领班** lǐngbān 동명 (회사 · 공장 · 광산 · 작업장 등에서) 반을 이끌다, 조를 지도하다 / 반장, 조장 | **岗位** gǎngwèi 명 직장, 부서, 근무처 | **试用期** shìyòngqī 명 수습기간 | **聘用** pìnyòng 동 초빙하다, 모셔 오다 | **日复一日** rìfù yírì 성 하루가 지나면 또 하루가 오다, 시간이 헛되이 지나가다 | **憧憬** chōngjǐng 동 동경하다, 지향하다 | **开足马力** kāizú mǎlì 전속력을 내다, 전력투구하다 | **难熬** nán'áo 형 (아픔이나 고생스러운 생활 등을) 참기 힘들다, 견디기 어렵다 | **阵阵** zhènzhèn 부 이따금, 간간이 | **袭来** xílái 동 엄습하다, 덮쳐오다 | **瞌睡虫** kēshuìchóng 명 잘 조는 사람, 졸음벌레 | **疲惫** píbèi 형 대단히 피곤하다, 대단히 지치다 | **一言不发** yìyán bùfā 성 한 마디도 하지 않다 | **炒鱿鱼** chǎo yóuyú 해고하다, 파면하다 | **站岗** zhàngǎng 동 직무를 수행하다, 근무를 하다 | **难能可贵** nánnéng kěguì 성 쉽지 않은 일을 해내어 대견스럽다 | **操作** cāozuò 동 조작하다, 다루다

85-88

我已经应聘到这家公司三个月整了，人力资源部通知我和小王说下午老板要请吃饭。我明白，这是老板最后拍板决定我们两个人中哪一个会被留下来。论资历，我当然要比小王强，我们电脑操作不相上下，但我文字处理能力要强他很多，我手上有发表在大大小小报刊的文章好几十篇；论人际关系，我当然也比他强，公司上下就属我人缘好，[85]而他竟然冒失鬼一样和两名同事红过脸，更不可原谅的是他竟然固执地坚持自己的观点和女老板争吵，弄得她很生气。人力资源部经理向我透露过，我们女老板很赏识我，说我有才干，协调能力强。这还用说吗？下午的宴会就是正式决定让我做经理助理的时候了。

吃饭的时候，我被安排坐在老板的左手位置，小王坐在她的右手位置。我们的女老板是个左撇子，[86]她的高脚酒杯总是放在左侧，以至于影响我伸筷子搛菜，只好就近搛点菜吃，弄得最后只吃了个半饱，但让我高兴的是，老板兴致很高，把我们两个都表扬了一番，[87]并且特别夸奖了我的文笔，说我是难得的人才。人力资源部经理向我暗做庆贺的动作，我心领神会。就目前状况来看，我是稳操胜券了。

第二天一早我就奔公司而去。人力资源部经理通知我去交接工作，然后到财务结算工资。小王正式做了经理助理。我大吃一惊，赶忙问问题出在哪里。他说："经理对你的能力评价很高，本来打算让你做助理职位的，可昨天下午的酒宴让她改变了主意。她故意把高脚酒杯朝你那里放，妨碍你吃菜，[88]而你竟然不大胆提出这个问题来，而是逆来顺受，最终肯定没有吃好吧？于是，她觉得你缺乏大胆革新的精神。另外，她还说了一句话——选择最好的并不一定是最好的选择。"

85. 关于小王，可以知道：

A 资历深

B 容易得罪人

C 文字功底深厚

D 微机操作能力很强

내가 이 회사에 지원한 지 벌써 3개월이 되었고, 인사부에서 나와 샤오왕에게 오후에 사장이 식사를 대접할 것이라는 소식을 알렸다. 나는 이것이 사장이 우리 두 사람 중 누구를 남겨둘 것인지 최후 결정을 내리는 것이라고 이해했다. 경력을 놓고 보면 내가 당연히 샤오왕보다 뛰어났다. 우리의 컴퓨터 운영실력은 우열을 가릴 수 없었지만, 나는 문장처리 능력이 그보다 훨씬 뛰어나 크고 작은 간행물에 발표한 글이 수십 편은 되었다. 대인관계를 놓고 보아도 내가 당연히 그보다 뛰어났다. 회사의 위아래에서 나는 인복이 많았지만 [85]그는 의외로 덜렁이 같아서 두 명의 동료와 서로 얼굴을 붉힌 적이 있었고, 더욱 이해할 수 없는 것은 그가 고집스럽게 자신의 관점을 견지하다가 여 사장과 언쟁을 벌여 그녀가 화를 내게 만들었다는 것이다. 인사부 책임자는 나에게 내가 유능하고 조화능력이 뛰어나다고 말했다며, 여 사장이 나를 높이 평가하였다고 털어놓은 적이 있었다. 이것은 말할 것도 없지 않은가? 오후의 연회는 나를 보조책임자로 정식 임명하는 때인 것이다.

밥을 먹을 때 나는 사장의 왼쪽에 앉게 되고, 샤오왕은 그녀의 오른쪽에 앉게 됐다. 여 사장은 왼손잡이였다. [86]그녀의 와인잔은 항상 왼쪽에 놓여 있어서 나는 젓가락을 뻗어 음식을 집기가 힘들었다. 그래서 가까운 곳에 있는 음식만 집어 먹을 수밖에 없었고, 마지막에는 반밖에 못 먹었다. 하지만 내가 기뻤던 것은 사장이 흥미 있게 우리 둘을 한 번씩 칭찬했고 [87]특히 나의 글을 칭찬하면서 내가 얻기 힘든 인재라고 한 것이었다. 인사부 책임자는 나에게 몰래 축하하는 동작을 해 보였고, 나는 그 뜻을 알아차렸다. 지금 상황으로 볼 때 나는 승산이 있었다.

이튿날 아침 나는 회사로 달려갔다. 인사부 책임자는 나에게 업무를 인수인계한 다음 재무부로 가서 급여를 결산하라고 통지했다. 샤오왕이 정식으로 보조책임자가 된 것이다. 나는 크게 놀라 얼른 문제가 무엇이냐고 물었다. 그는 말했다. "사장은 자네의 능력에 대해 높이 평가했고, 본래 자네를 보조 자리에 앉히려고 했지. 하지만 어제 오후 술자리에서 그녀는 생각을 바꿨어. 그녀는 일부러 와인잔을 자네 쪽에 놓아두고 자네가 먹는 것을 방해했지. [88]그런데 자네는 뜻밖에 대담하지 못하게 이 문제를 제기하지 않고 그저 참고 견뎠어. 결국 제대로 밥을 먹지 못했겠지? 그래서 그녀는 자네가 대담하고 혁신적인 정신이 부족하다고 느꼈지. 또한 그녀는 한 마디 덧붙이더군. '가장 훌륭한 사람을 선택하는 것이 반드시 가장 훌륭한 선택은 아니다.' 라고 말이야."

85. 샤오왕에 관해 알 수 있는 것은 무엇인가?

A 경력이 풍부하다

B 쉽게 남의 미움을 산다

C 글쓰기의 기초가 튼튼하다

D 컴퓨터 운영능력이 강하다

86. 第二段中画线词语“左撇子”的主要意思是：
A 很果断
B 有点极端
C 没有右手
D 喜欢用左手

86. 두 번째 단락의 밑줄 친 '左撇子'의 주된 의미는 무엇인가?
A 결단력이 있다
B 다소 극단적이다
C 오른손이 없다
D 왼손을 쓰는 것을 좋아한다

87. “我”为什么觉得自己胜券在握？
A 老板很欣赏他
B 小王表现很差
C 认为自己有才华
D 资源部经理喜欢他

87. '나'는 왜 승리에 대한 확신이 있었는가?
A 사장이 그를 마음에 들어 했으므로
B 샤오왕의 능력이 떨어졌기 때문에
C 자신에게 능력이 있다고 생각했기 때문에
D 인사부 책임자가 그를 좋아했기 때문에

88. “我”为什么没有当上经理助理？
A 能力不够
B 没有全局观念
C 人际关系不好
D 不敢表达意见

88. '나'는 왜 보조책임자 되지 못했는가?
A 능력이 부족해서
B 전체적인 관념이 없어서
C 대인관계가 좋지 못해서
D 의견을 과감하게 표현하지 못해서

해설 85. 샤오왕은 두 명의 동료와 서로 얼굴을 붉힌 적이 있고, 사장과 언쟁을 벌인 적도 있다. 이를 통해 그가 쉽게 남의 미움을 산다는 것을 알 수 있다.
86. 사장은 항상 술잔을 왼쪽에 놓았으므로 '左撇子'는 왼손을 쓰는 것을 좋아한다는 의미임을 알 수 있다.
87. 그에 대한 사장의 칭찬은 그가 확신을 갖게끔 했다.
88. 인사부 책임자의 말을 통해 '나'는 의견을 과감하게 표현하지 못했기 때문에 보조책임자가 되지 못했음을 알 수 있다.

단어 **拍板** pāibǎn 동 (책임자가) 결정을 내리다 | **操作** cāozuò 동 조작하다, 다루다 | **不相上下** bùxiāngshàngxià 성 우열을 가릴 수 없다, 막상막하 | **竟然** jìngrán 부 뜻밖에도, 의외로, 상상 외로, 놀랍게도 | **冒失鬼** màoshiguǐ 명 (언행이) 경망스러운 사람, 무례한 사람, 덤벙대는 사람 | **透露** tòulù 동 (정보 · 상황 · 의중 등을) 넌지시 드러내다, 누설하다, 흘리다 | **协调** xiétiáo 동 (의견 · 관계 등을) 조정하다, 협조하다 | **宴会** yànhuì 명 연회, 파티 | **高脚酒杯** gāojiǎojiǔbēi 명 와인잔 | **搛** jiān 동 (젓가락을 이용하여) 집다 | **心领神会** xīnlǐngshénhuì 성 굳이 말을 하지 않아도 이미 상대방의 의도를 깨닫다 | **稳操胜券** wěncāo shèngquàn 성 승리할 수 있다고 확신하다, 승산이 있다 | **左撇子** zuǒpiězi 명 왼손잡이 | **妨碍** fáng'ài 동 지장을 주다, 방해하다, 저해하다 | **逆来顺受** nìlái shùnshòu 성 열악한 환경이나 무례한 대우를 참고 견디다 | **功底深厚** gōngdǐ shēnhòu 기초가 튼튼하다 | **微机** wēijī 명 마이크로 컴퓨터[마이크로 프로세서를 써서 만든 컴퓨터]

89-92

孙峰在一家国际贸易公司上班，他很不满意自己的工作，愤愤地对朋友说：“[89]我的老板一点儿也不把我放在眼里，每次开会、聚会都无视我的存在，但是做苦力跑腿的时候却找到了我。跟这样不爱惜人才的老板工作，太没劲了，真想拍桌子辞职不干了。”“你对公司的业务完全弄清楚了吗？对于他们做国际贸易的窍门都搞懂了吗？”他的朋友反问。“没有！”“要想走，也可以，[90]我建议你好好儿把公司的贸易技巧、商业文书和公司的运营搞通，甚至如何修理复印机的小故障都学会，然后再

쑨펑은 한 국제무역회사에서 일했다. 그는 자신의 일이 매우 불만스러워 화를 내며 친구에게 말했다. "[89]우리 사장은 나를 조금도 안중에 두지 않아. 매번 회의나 모임을 할 때도 나의 존재를 무시해. 하지만 힘든 심부름을 시킬 일이 있으면 나를 찾아. 이렇게 인재를 소중히 여기지 않는 사장과 일하는 건 정말 힘 빠지는 일이야. 정말 책상 때려 부수고 그만두고 싶어." 그의 친구는 "회사 업무는 완전히 파악했니? 국제무역에 대한 노하우도 터득했고?"라고 물었다. "아니!" 그러자 친구는 "그만두고 싶으면 그렇게 해도 되지만 [90]난 네가 회사의 무역기술, 비즈니스 공문서, 회사경영을 모두 다 잘 파악하는 편이 좋을 것 같아. 심지어 복사기의 작은 고장을 어떻게 수리하는지도 알게 되면 그때 그만 두는 것이 낫지 않을까."라고 말했다. 친구는 또 "넌

辞职不干。”朋友说，“你可以把他们的公司当做免费学习的地方，什么东西都学会了之后，再一走了之，这样不是既有收获又出气了吗？”孙峰听从了朋友的建议，从此便默记偷学，下班之后也留在办公室研究商业文书。

一年之后，朋友问他：“你现在许多东西都学会了，可以准备拍桌子不干了吧？”“可是，我发现近半年，91 老板对我刮目相看了，对我不断委以重任，又升官又加薪，我现在是公司的红人了！”“这是我早就料到的。当初老板不重视你，是因为你的能力不足，你却不努力学习；而后你经过努力，能力不断提高，老板当然会对你刮目相看了。”朋友笑着说。

大部分的人，好像不知道职位的晋升是建立在忠实履行日常工作职责的基础上的。只有全力以赴、尽职尽责地做好目前工作，才能使自己的价值渐渐地提升。其实在极其平凡的职业中、极其低微的岗位上，往往蕴藏着巨大的机会。92 只有把自己的工作做得比别人更迅速、更完美，调动自己全部的智慧，从中找出方法来，才能吸引别人的注意，自己也会有施展才干的机会。

그들의 회사를 네가 무료로 배우는 곳이라고 생각하면 돼. 무엇이든 전부 다 배운 다음 떠나면 되잖아. 이렇게 하면 성과도 있고 화풀이도 할 수 있는 거 아니야?" 쑨펑은 친구의 제안에 따라 이때부터 어깨너머로 몰래몰래 배우기 시작했고, 퇴근 후에도 사무실에 남아 비즈니스 공문서를 연구했다.

일년 후 친구는 그에게 물었다. "너 이제 많은 것을 배웠으니 그만둘 준비를 해도 되지 않아?" "하지만 난 최근 반년 동안 91 사장이 나를 새로운 안목으로 대하는 것을 발견했어. 나에게 계속 중요한 임무를 맡겼고, 승진도 시켜주고 임금도 올려줬어. 나는 이제 회사에서 총애받는 사람이라고!" "내가 진작에 이럴 줄 알았지. 처음에 사장이 너를 중시하지 않은 것은 너의 능력이 부족했기 때문인데 너는 배우려는 노력을 안 했던 거야. 이후에 너는 노력을 통해 능력을 계속 향상시켰으니 사장이 너를 새롭게 보는 것도 당연한 거지." 친구는 웃으며 말했다.

대부분의 사람이 직위의 승진은 일상업무의 직책을 충실히 이행하는 것에 기반을 두고 있다는 사실을 모르는 것 같다. 전력투구하여 자기의 소임을 다해 지금의 업무를 제대로 해야만 자신의 가치를 점점 높일 수 있다. 사실 지극히 평범한 직업과 지극히 보잘것없는 일자리에는 거대한 기회가 숨겨져 있다. 92 자신의 일을 남보다 훨씬 빨리, 훨씬 완벽하게 해내고, 자신의 모든 지혜를 동원하여 그 속에서 방법을 찾아내야만 다른 이의 주의를 끌 수 있으며, 자신도 능력을 펼칠 기회를 갖게 될 것이다.

89. 孙峰为什么对自己的工作不满意?
A 工资低　　B 人缘差
C 不被重视　　D 做的是苦力活

89. 쑨펑이 자신의 일에 불만을 품은 이유는 무엇인가?
A 임금이 낮아서　　B 인복이 없어서
C 중시를 받지 못해서　　D 하는 일이 힘들어서

90. 朋友建议孙峰:
A 多做事情
B 马上辞职
C 要充实自己
D 要任劳任怨

90. 친구는 쑨펑에게 무슨 제안을 했는가?
A 일을 많이 하라
B 바로 직장을 그만두어라
C 자신을 풍부하게 하라
D 열심히 일하면서도 불평하지 마라

91. 一年之后，孙峰:
A 能力不足
B 得到老板重视
C 仍然对工作不满
D 成为老板助理

91. 일년 후 쑨펑은 어떻게 변하였는가?
A 능력이 부족해졌다
B 사장의 중시를 받게 되었다
C 여전히 일에 만족하지 않았다
D 사장의 비서가 되었다

92. 上文主要想告诉我们什么?
A 要把握机会
B 职业没有高低之分
C 要不断地完善自己
D 要善于发现自己的优点

92. 지문이 우리에게 알려주고자 하는 것은 무엇인가?
A 기회를 잡아야 한다
B 직업에는 귀천이 없다
C 끊임없이 자신을 완전하게 갖춰야 한다
D 자신의 장점을 발견하는 데 능숙해야 한다

해설 89. 쑨펑은 자신이 중시를 받지 못한다고 생각해서 불만스러웠고, 심지어 직장을 그만둘 생각까지 했다.
90. 친구는 쑨펑에게 일을 통해 각종 기술을 익히라고 제안했다. 다시 말해 자신을 충실하고 풍부하게 무장하라고 한 것이다.
91. 쑨펑의 말을 통해 그가 사장의 중시를 받게 되었음을 알 수 있다.
92. 마지막 문장은 지문의 핵심내용으로 끊임없이 자신을 완벽하게 만들어야 한다는 사실을 알려주고 있다.

단어 **贸易公司** màoyì gōngsī 명 무역회사 | **愤愤** fènfèn 형 매우 화가 난 모양, 몹시 분개하는 모양 | **无视** wúshì 동 냉담하게 대하다, 도외시하다, 업신여기다 | **开会** kāihuì 동 회의를 열다, 회의를 하다 | **苦力** kǔlì 명 고된 노동력 | **跑腿** pǎotuǐ 심부름 가다 | **爱惜** àixī 동 아끼다, 소중히 여기다 | **没劲** méijìn 형 재미없다, 시시하다, 무미건조하다 | **窍门** qiàomén 명 (문제를 해결할) 방법, 비결 | **搞通** gǎotōng 동 납득하다, 이해하다 | **出气** chūqì 동 분노를 발설하다, 분풀이를 하다, 화풀이를 하다 | **默记** mòjì 동 암기하다, 기억하다 | **偷学** tōuxué 동 공부하기 싫어 도망가다 | **升官** shēngguān 동 관직이 오르다, 직위가 오르다 | **红人** hóngrén 명 윗사람에게 인정(총애)받는 사람, 잘나가는 사람 | **料到** liàodào 동 미리 내다보다, 예측하다 | **晋升** jìnshēng 동 승진하다, 진급하다 | **忠实履行** zhōngshí lǚxíng 충실히 이행하다 | **全力以赴** quánlì yǐfù 성 (어떤 일에) 전력 투구하다, 최선을 다하다 | **低微** dīwēi 형 (매우) 적다, 미약하다, 보잘것없다 | **蕴藏** yùncáng 동 (마음에) 잠재하다, 간직해 두다 | **施展** shīzhǎn 동 (수완이나 재능을) 발휘하다, 펼치다, 보이다 | **人缘** rényuán 명 (사람과의) 관계, 인맥 | **任劳任怨** rènláo rènyuàn 성 일할 때 고생을 마다하지 않고 다른 사람의 원망을 두려워하지 않다

93-96

上午，华鑫公司门口围满了应聘者。李龙海也在其中，93他刚从部队转业回来。几天之前，他从报纸上看到华鑫公司欲招聘一名经理助理的广告，决心来搏一搏。

9点的时候，一位漂亮的小姐将众人带进会议室。少顷，该公司经理微笑着走了进来。他先习惯地用手扶了扶架在鼻梁上的金丝眼镜，然后说："非常感谢诸位到本公司应聘，但由于名额所限，只好对诸位进行三轮考核之后，再做决定。"

第一轮考核是文秘专业知识答卷，94这正是李龙海的专长。他与另外19位应聘者进入了下一轮的角逐。第二轮考核开始了，公司经理给众人出了一道设计题：华鑫公司在某楼的第23层上设有一个办事处。每天下班之后，里面的职员都要乘电梯下来。可是，电梯的承载量有限，95有不少女职员在等电梯时经常抱怨速度太慢。因此，经理便让每一位应聘者大胆设计一个最简单的方法，来解决这个问题。之后，有的应聘者提议再增加一部电梯，或者加大电梯的承载量。而李龙海却提议，在电梯入口旁边的墙壁上安装一面大镜子。其他人都用迷惑的目光注视着他，唯有公司经理满意地朝他点了点头。于是，李龙海又跟另外三位应聘者幸运地进入了最后一轮的角逐。

那位经理给他们每人发了一张白纸，而后严肃地说："为了考验诸位对本公司的诚意，请把你们知道的原先所在单位里的秘密，尽可能多地写出来。"时间在一分一秒地过去，李龙海紧皱着眉

오전, 화신회사 입구 주변은 사방이 지원자로 가득했다. 리룽하이도 그 가운데 있었는데, 93 그는 이제 막 직업군인 생활을 그만 둔 상태였다. 며칠 전 그는 한 신문에서 화신회사가 지배인의 비서를 채용한다는 광고를 보고 도전해보기로 결심했다.

9시가 되자 한 미모의 여성이 사람들을 회의실로 데리고 들어갔다. 잠시 후 이 회사의 지배인이 웃으며 들어왔다. 그는 우선 습관적으로 콧등 위의 금테 안경을 손으로 올린 후 말했다. "저희 회사에 지원해주신 여러분 정말 감사합니다. 하지만 정원이 제한되어 있으므로 여러분을 세 차례 심사한 후 다시 결정할 수밖에 없습니다."

첫 번째 심사는 문서와 비서에 대한 전문지식 시험으로 94 이것은 리룽하이의 특기였다. 그는 다른 열아홉 명의 지원자들과 다음 경쟁에 돌입했다. 두 번째 심사가 시작되었고, 회사 지배인은 사람들에게 설계문제 하나를 냈다. 화신회사는 어떤 건물 23층에 사무실을 마련했다. 매일 퇴근 후 그 사무실의 직원들은 모두 엘리베이터를 타고 내려와야 했는데 엘리베이터의 적재량이 제한되어 있어 95 많은 여직원이 엘리베이터를 기다릴 때 속도가 너무 느리다며 자주 불평을 했다. 그래서 지배인은 모든 지원자들에게 가장 간단한 방법을 과감하게 설계하여 이 문제를 해결하라고 지시했다. 그 후 어떤 지원자는 엘리베이터를 한 대 더 늘리거나 엘리베이터의 적재량을 늘리자고 제안했다. 그러나 리룽하이는 엘리베이터 입구 옆 벽에 큰 거울을 설치하자고 제안했다. 다른 사람들은 의심의 눈초리로 그를 주시했지만, 오로지 회사 지배인만 만족스럽게 그를 향해 고개를 끄덕였다. 그래서 리룽하이는 다른 세 명의 지원자와 운 좋게 마지막 관문에 들어섰다.

지배인은 그들에게 흰 종이를 한 장씩 나눠준 다음 진지하게 말했다. "우리 회사에 대한 여러분의 진심을 테스트하기 위함이니 여러분이 알고 있는 전 직장의 기밀을 적어주십시오. 최대한 많이 써주시기 바랍니다." 시간은 일분 일초 흘러갔고, 리룽하이는 미간을 찡그린 채 펜을 들지 못하고 있었다. 하지만 다른 세 명의 지원자는 모두 빠르게 써 내려갔고, 차례로 답안지를 제출했다. 결국 리룽하이는 결심을 내리며 일어섰고, 미안해하

头，未见动笔。而另外三位应聘者都在挥笔疾书，并且先后交了答卷。终于，李龙海下定决心站了起来，歉意地对亲自监考的经理说：“对不起，我不能接受贵公司的这份答卷。[96]因为我曾是一名军人，而保守机密是军人的天职。”结果，经理单独将李龙海留了下来，对他说：“祝贺你，明天你就可以到本公司任职了。”随后，便热情地朝他伸过手来。

며 직접 시험을 감독하는 지배인에게 말했다. “죄송합니다. 저는 당신 회사의 시험문제에 답을 할 수 없습니다. [96] 저는 군인이었는데 기밀을 지키는 것은 군인이 마땅히 해야 할 일이기 때문이죠.” 그 결과 지배인은 리룽하이만 남겨 두었고, 그에게 말했다. “축하합니다. 내일부터 우리 회사에서 일을 할 수 있게 되었어요.” 그런 다음 열정적으로 그에게 손을 내밀었다.

93. 关于李龙海，可以知道：
A 很自信
B 以前做过助理
C 对应聘很有经验
D 以前是一位军人

93. 리룽하이에 관해 알 수 있는 것은 무엇인가?
A 자신감이 있다
B 예전에 비서를 했었다
C 지원에 대한 경험이 많다
D 예전에 군인이었다

94. 关于第一轮考核，可以知道：
A 很简单
B 主要考应用
C 李龙海很轻松
D 有19位应聘者通过

94. 첫 번째 심사에 관해 알 수 있는 것은 무엇인가?
A 매우 간단하다
B 주로 응용능력을 테스트한다
C 리룽하이에게 매우 수월했다
D 열아홉 명의 지원자가 통과했다

95. 李龙海为什么会提议安装镜子？
A 成本少
B 提醒员工注意形象
C 装饰性强
D 女职员喜欢照镜子

95. 리룽하이가 거울을 설치하자고 제안한 이유는 무엇인가?
A 원가가 적어서
B 직원들이 이미지에 신경 쓸 것을 일깨워주려고
C 장식용으로 적당해서
D 여직원들이 거울 보는 것을 좋아하기 때문에

96. 李龙华为什么被录用了？
A 能力很强
B 能够保密
C 喜欢创新
D 对公司很忠诚

96. 리룽하이가 채용된 이유는 무엇인가?
A 능력이 뛰어나서
B 비밀을 지킬 수 있어서
C 창조적인 것을 좋아해서
D 회사에 대해 충성스러워서

해설 93. 그는 이제 막 부대에서 전역을 했다. 다시 말하자면 그는 예전에 군인이었음을 알 수 있다.
94. 첫 번째 심사의 내용은 리룽하이의 특기였기 때문에 그가 수월하게 통과했음을 짐작할 수 있다.
95. 상식으로 미루어볼 때 엘리베이터 앞에 거울을 설치하면 여직원들이 인내심을 가지고 기다릴 수 있을 것이므로, 답은 D이다.
96. 마지막 부분 리룽하이의 대답을 통해 사장이 그를 마음에 들어 한 것은 그가 비밀을 지킬 수 있기 때문임을 알 수 있다.

단어 **转业 zhuǎnyè** 동 전업하다, 업종을 바꾸다 | **助理 zhùlǐ** 명 보좌인, 보좌관, 비서 | **搏 bó** 동 덮쳐 잡다 | **少顷 shǎoqǐng** 명 잠깐, 잠시 | **鼻梁 bíliáng** 명 콧날, 콧등, 콧마루 | **名额 míng'é** 명 정원, 인원 수 | **轮 lún** 동 (순서에 따라) 교대로 하다, 순번이 되다 | **考核 kǎohé** 동 심사하다 | **文秘 wénmì** 명 서기(文書)와 비서(秘書) | **答卷 dájuàn** 명 답안, 답안지 | **角逐 juézhú** 동 겨루다, 경쟁하다 | **承载 chéngzài** 동 (무게를) 지탱하다, 견디다 | **迷惑 míhuò** 동 미혹되다, 현혹되다, 매혹시키다 | **皱眉 zhòuméi** 동 눈살을 찌푸리다, 얼굴을 찡그리다 | **疾书 jíshū** 동 (글을) 빨리 써 나가다 | **歉意 qiànyì** 명 미안한 마음 | **天职 tiānzhí** 명 천직, 타고난 직업, 마땅히 해야 할 직분

97-100

我曾经在一家私营企业做白领，[97]老板第一次给我们上课就说，每位员工的忠诚是企业最大的财富。于是我们牢记老板的话，换言之，每个员工对企业的忠诚，最大内容就是对老板的忠诚，这也是没有错的，因为他领头带我们去拼市场。我在那个企业半年干下来，觉得周围的人对老板非常顺从，步调一致，[98]老板的资产有几个亿，他几乎在员工眼里就是个“神”。但是老虎再威猛，也有打盹的时候。有一次老板看好了一种货品，他非常自信地要下个星期飞到北京跟人家供货方签大宗订单，在事前分析会上老板阐明了自己的观点，大家纷纷点头。这时候我红着脸站了起来提出反对的意见，[99]认为这种货品在下半年很有可能降价，市场需求量也可能不大。这个观点正好与老板的市场观点相反。一阵冷场之后，大家都明确地站在老板的一边，就差没有指着我说：“一个毛孩子，你懂什么！”后来，我又几次到老板的办公室劝说公司不能签订这宗大单，这样有可能让公司蒙受损失。结果我被老板和几位副总轰出办公室。当老板一群人去北京签订合同时，我也辞了职。

半年后，市场果然滑了坡，验证了我这个“毛孩子”的话。老板直接加上间接的损失共计亏了一千多万。这时候身边的几个副总面对惨痛的市场教训不敢做声了。老板蒙了好一阵子，等醒过闷来时他给人力部门下了个命令：不惜一切手段，要把我这个“毛孩子”找回来。最后公司两位副总四处打听我的消息，才知道我到深圳发展了。第二天他们直接飞到深圳，在一家公司里把我找到了。[100]回到原来公司后，老板立刻任命我为常务副总。

97. 公司老板最初比较看重员工什么？

A 能力　　B 忠心

C 品德　　D 毅力

98. 员工为什么把老板看做“神”？

A 有拼劲

B 能力很强

C 对员工很好

D 财富实力雄厚

나는 일찍이 한 민간기업에서 사무직 근로자로 일했다. [97]사장은 처음 우리에게 강의를 하며 모든 직원의 충성은 기업의 가장 큰 자산이라고 말했다. 그래서 우리는 사장의 말을 깊이 새겼고 바꾸어 말하면, 모든 직원의 기업에 대한 충성은 결국 사장에 대한 충성이다. 이것도 맞는 말이었다. 왜냐하면 그가 우리를 이끌고 필사적으로 시장을 공략하기 때문이다. 나는 그 회사에서 반년 동안 일하면서 주위 사람들이 사장에게 순종하고 또 동조한다고 생각했다. [98]사장의 자산은 수억 위안이었는데 그는 직원들 사이에서 거의 '신'이었다. 그러나 호랑이가 아무리 용맹스러워도 가끔은 눈을 붙일 때도 있는 법이다. 한 번은 한 제품이 잘되리라고 예측한 사장이 매우 자신만만하게 다음 주에 베이징으로 날아가 공급 업체의 대량 주문서에 계약을 해야겠다고 했다. 사전 분석 회의에서 사장은 자신의 관점을 명백하게 밝혔고, 모두 계속해서 고개를 끄덕였다. 이때 나는 얼굴을 붉히며 일어나서 반대 의견을 내놓았다. [99]이 상품은 하반기에 가격이 떨어질 가능성이 커서 시장 수요가 많지 않을 것이라고 생각했기 때문이다. 이 관점은 사장의 시장 관점과 정반대였다. 한참 침묵이 흐른 뒤 모두가 사장 편에 서서 나를 가리키며 말했다. "애송이, 네가 뭘 알아!" 그 후 나는 다시 몇 차례 사장의 사무실로 가서 회사가 이번 대량 주문서에 계약을 해서는 안 되며, 그렇게 되면 회사가 손실을 입게 될 수도 있다고 설득했다. 그 결과 나는 사장과 몇몇 부사장에 의해 사무실에서 내쫓겼다. 사장 일행이 베이징으로 가서 계약서에 서명을 할 때 나는 직장을 그만두었다.

반년 후 시장은 예상한 대로 하락했고, 이 '애송이'의 말은 검증되었다. 사장의 직간접적인 손실은 총 1천여만 위안에 달했다. 이때 주변의 몇몇 부사장은 비참한 시장의 교훈에 대해 감히 어떤 말도 꺼내지 못했다. 사장은 한참을 고생하고 난 다음 근심에서 벗어나 인사부에 어떠한 수단을 써서라도 이 '애송이'를 찾아와야 한다고 명령을 내렸다. 결국 두 명의 부사장은 사방으로 나의 소식을 알아봤고, 비로소 내가 선전에서 잘 나가고 있다는 사실을 알게 되었다. 이튿날 그들은 직접 비행기를 타고 선전으로 와 회사에서 나를 찾았다. [100]원래의 회사로 돌아간 후, 사장은 바로 나를 상무 부사장으로 임명했다.

97. 처음에 사장은 직원의 어떤 부분을 비교적 중시했는가?

A 능력　　B 충성심

C 성품　　D 굳센 의지

98. 직원들은 왜 사장을 '신'이라고 여겼는가?

A 악착스러움이 있어서

B 능력이 뛰어나서

C 직원에게 잘해 주어서

D 재산이 많아서

99. “我”提出反对的理由是：
A 老板很武断
B 新货品没有市场
C 新货品质量不好
D 老板不听员工意见

100. 关于“我”，可以知道：
A 很想升职
B 对老板不忠诚
C 想在深圳发展
D 最后又回到了公司

99. '나'는 왜 반대 의견을 내놓았는가?
A 사장이 독단적이어서
B 새 상품이 환영을 받지 못해서
C 새 상품의 품질이 좋지 않아서
D 사장이 직원들의 의견을 듣지 않아서

100. '나'에 관해 알 수 있는 것은 무엇인가?
A 승진을 하고 싶다
B 사장에 대해 충성스럽지 않다
C 선전에서 발전하고 싶다
D 결국 다시 회사로 돌아왔다

해설 97. 지문 첫 부분의 '忠诚'과 보기항 B의 '忠心'은 둘 다 '충성하다'란 뜻으로 서로 비슷하다.
98. 직원들이 사장을 '신'이라고 여긴 이유는 사장이 수억에 달하는 자산을 가진 성공한 사람이기 때문이다.
99. '나'는 새 상품의 하반기 시장 수요가 많지 않을 것이라고 생각했다. 바꾸어 말하면 새 상품이 환영을 받지 못한다는 의미이다.
100. 사장은 사람을 보내 '나'를 선전에서 회사로 다시 돌아오게 했다.

단어 **私营** sīyíng 형 민간인이 경영하는 | **白领** báilǐng 명 화이트칼라 계층, 정신 노동자 계층 | **牢记** láojì 동 마음속에 깊이 새기다, 명심하다 | **换言之** huànyánzhī 바꾸어 말하면, 환언하면 | **拼** pīn 동 서로 잇다, 서로 맞붙이다, 서로 합치다 | **领头** lǐngtóu 동 이끌다, 리드하다, 앞장서다 | **顺从** shùncóng 동 순종하다, 순순히 복종하다 | **步调一致** bùdiào yízhì 발이 맞다 | **威猛** wēiměng 형 용맹스럽다, 사납다 | **打盹** dǎdǔn 졸다 | **大宗** dàzōng 형 거액의, 대량의 | **阐明** chǎnmíng 동 (이치를) 천명하다, 명백하게 밝히다 | **冷场** lěngchǎng 동 (연극 · 전통극에서 배우가 늦게 무대에 오르거나 대사를 잊어버려서, 또는 관객이 적어서) 상황이 썰렁하게 되다 | **毛孩子** máoháizi 명 풋내기, 철부지, 애송이 | **蒙受** méngshòu 동 입다, 받다, 당하다 | **滑坡** huápō 동 내려가다, 떨어지다 | **惨痛** cǎntòng 형 비통하다, 가슴아프다 | **深圳** Shēnzhèn 지명 선전 | **雄厚** xiónghòu 형 (인력 · 물자 등이) 풍부하다, 충분하다

연습문제 3

p.226

정답																				
	81	A	82	D	83	D	84	D	85	A	86	B	87	C	88	C	89	B	90	A
	91	B	92	D	93	B	94	A	95	B	96	D	97	A	98	C	99	B	100	A

81-84

昆曲又被称为昆剧。昆曲产生于江苏昆山一带，昆曲是我国传统戏曲中最古老的剧种之一，[81]也是我国传统文化艺术，特别是戏曲艺术中的珍品，被称为百花园中的一朵“兰花”。明朝中叶至清代中叶戏曲中影响最大的声腔剧种，很多剧种都是在昆剧的基础上发展起来的，所以昆剧又有“中国戏曲之母”的雅称。昆剧是中国戏曲史上具有最完整表演体系的剧种，它的基础深厚，遗产丰富，是我国民族文化艺术高度发展的成果。昆剧行腔优

곤곡은 곤극이라고도 불린다. 곤곡은 장쑤성 쿤산현 일대에서 나타났으며, 곤곡은 중국 전통극 가운데 가장 오래된 종류 중 하나로 [81] 중국 전통문화 예술, 특히 전통극 예술의 진품으로서 화원 속의 한 떨기 '난초'라 불린다. 명대 중엽에서 청대 중엽까지 전통극 중 가장 큰 영향을 미쳤던 곡조는 대부분 모두 곤극을 토대로 발전한 것인데, 그래서 곤극은 '중국 전통극의 어머니'라는 별칭도 있다. 곤극은 중국 전통극 역사에서 가장 완벽한 연출체계를 갖춘 종류로, 기초가 튼튼하고 유산이 풍부하여 중국 민족문화 예술이 매우 발전한 성과라 하겠다. 곤극은 성조와 곡조에 맞추어 음을 길게 뽑으며 노래하는 것이 아름답고, 구성지고 감미로우며 부드럽고 차분한 노랫소리를 장점으

美，以缠绵婉转、柔曼悠远见长。“水磨腔”这种新腔奠定了昆剧演唱的特色，充分体现在南曲的慢曲子中，具体表现为放慢拍子，延缓节奏，以便在旋律进行中运用较多的装饰性花腔。

相对而言，北曲的声情偏于跌宕豪爽，跳跃性强。它使用七声音阶和南曲用五声音阶不同，但在昆山腔的长期吸收北曲演唱过程中，[82]原来北曲的特性也渐渐被融化成为“南曲化”的演唱风格，因此在昆剧演出剧目中，北曲既有成套的使用，也有单支曲牌的摘用，还有“南北合套”。“南北合套”的使用很有特色：一般情况是北曲由一个角色应唱，南曲则由几个不同的角色分唱。[83]这几种南北曲的配合使用办法，完全从剧情出发，使音乐尽可能完美地服从戏剧内容的需要。

在演唱技巧上，昆剧注重声音的控制，节奏速度的快慢以及咬字发音，以及各类角色的性格唱法。音乐的板式节拍，除了南曲“赠板”将四拍子的慢曲放慢一倍外，无论南北曲，都包括通常使用的三眼板、一眼板、流水板和散板。[84]它们在实际演唱时自有许多变化，一切服从于戏情和角色应有的情绪。

로 한다. '수마강'이라는 새로운 곡조는 곤극 공연의 특색을 다졌으며, 현재 남곡의 느린 곡조에 충분히 구현되어 느린 박자와 템포를 구체적으로 표현하는데, 이는 멜로디가 진행되는 가운데 비교적 많은 콜로라투라를 활용하기 위함이다.

상대적으로 북곡의 곡조와 감정은 리드미컬하고 시원시원한 편으로 율동감이 살아있다. 7성 음계를 사용하는 북곡은 5성 음계를 사용하는 남곡과 서로 다르지만, 곤산강이 오랫동안 북곡 공연을 흡수하는 과정에서 [82] 원래 북곡의 특성도 점점 '남곡화' 공연 스타일에 융화되었다. 그래서 곤극 공연 레파토리 중에 북곡은 그룹 공연, 단독 공연 그리고 '남북합동공연'도 포함되어 있다. '남북합동공연'의 사용은 매우 특색이 있는데 일반적으로 북곡의 한 배역이 노래를 하면 남곡의 다른 배역들이 나누어 노래를 한다. 이러한 [83] 남북곡의 합동공연은 완벽하게 줄거리를 기초로 하여 음악은 최대한 극의 내용에 아름답게 어울리게끔 한다.

공연기교에 있어서 곤극은 목소리의 조절, 리듬속도 및 발음, 각 배역의 개성 있는 창법에 중점을 둔다. 음악의 박자는 남곡 '증판'이 4박자의 느린 곡을 두 배 느리게 한 것 외에 남곡이든 북곡이든 모두 일반적으로 사용하는 4박자, 2박자, 1박자 및 자유박자를 포함한다. [84] 이들은 실제공연을 할 때 저마다 많은 변화를 가지고 있으며 줄거리와 역할에 반드시 있어야 할 감정에 따른다.

81. 关于昆剧，可以知道：
A 比较珍贵
B 节奏很舒缓
C 演出技巧很高
D 体系比较完美

81. 곤극에 관해 알 수 있는 것은 무엇인가?
A 비교적 귀중하다
B 박자가 매우 느리다
C 공연기교가 뛰어나다
D 체계가 비교적 완벽하다

82. 关于北曲，可以知道：
A 唱腔优美
B 只是成套使用
C 使用五声音阶
D 特性发生了改变

82. 북곡에 관해 알 수 있는 것은 무엇인가?
A 곡조가 아름답다
B 그룹 공연에만 사용된다
C 5성 음계를 사용한다
D 특성이 변했다

83. “南北合套”的使用以什么为出发点？
A 节奏速度　　B 角色情绪
C 演唱技巧　　D 剧情需要

83. '남북합동공연'의 사용은 무엇을 출발점으로 하고 있는가?
A 리듬속도　　B 배역의 감정
C 공연기교　　D 줄거리의 요구

84. 根据上文，下列哪项正确？
A 昆曲的节奏很快
B 南曲跳跃性较强
C 北曲属于慢曲子
D 昆曲在实际演唱中有变化

84. 지문에 의하면 다음 중 옳은 것은 무엇인가?
A 곤곡의 리듬은 매우 빠르다
B 남곡은 율동감이 살아 있다
C 북곡은 느린 곡조에 속한다
D 곤곡은 실제공연에서 변화가 있다

해설 81. 지문에서 곤곡은 일종의 '진품(珍品)'이라고 했으므로 곤곡이 비교적 귀중하다는 것을 알 수 있다.
82. '남곡화' 스타일에 융화되어 북곡의 특성은 변했다는 내용을 본문에서 확인할 수 있다.
83. 남곡과 북곡의 합동공연은 줄거리에 따라 사용 여부가 결정된다.
84. 곤곡은 실제공연 과정에서 줄거리와 감정에 따라 상응하는 변화가 나타난다.

단어 **昆曲** kūnqǔ 명 곤곡, 곤강[중국 전통극의 곡조 중 하나] | **声腔** shēngqiāng 명 곡조, 선율 | **行腔** xíngqiāng 동 (중국 전통극 배우가 글자의 성조와 악보의 선율에 맞추어) 음을 길게 뽑으며 노래하다 | **缠绵** chánmián 형 (노랫가락 등이) 구성지다, 멋들어지다 | **婉转** wǎnzhuǎn 형 (소리 따위가) 구성지다, 감미롭다 | **柔曼** róumàn 형 (노랫소리나 무용 동작이) 부드럽고 차분하다 | **见长** jiàncháng 동 (어떤 방면에) 뛰어나다, 특출하다 | **奠定** diàndìng 동 다지다, 닦다 | **花腔** huāqiāng 명 콜로라투라[중국 전통극이나 성악에서 기본 곡조를 일부러 굴절, 변화시키는 창법] | **跌宕** diēdàng 형 (가락이) 리드미컬하다, 율동적이다 | **昆山腔** kūnshānqiāng 명 곤산강, 곤강 | **成套** chéngtào 동 한 세트를 이루다, 조를 이루다 | **咬字** yǎozì 동 중국 전통극이나 설창 문예에서 정확하게 또는 전통적인 음으로 글을 읽거나 가사를 창하다 | **板式** bǎnshì 명 중국 전통극 노래 곡조의 박자 형식 | **三眼板** sānyǎnbǎn 명 (전통극의 음악에서) 4박자 | **一眼板** yīyǎnbǎn 명 (전통극의 음악에서) 2박자 | **散板** sǎnbǎn 명 중국 음악에서 대곡(大曲)을 전후(前後)해서 연주하는 자유곡

85-88

琴、棋、书、画是中国古代文人的四个朋友，其中所谈到的琴，就是现在所说的古琴。

琴的历史是非常悠久的，85河南（中国中部）安阳出土的殷墟墓葬中有两件非常类似琴的石器，说明了最早在殷代（公元前17世纪—公元前11世纪）就已经有了琴这一类的乐器，足以见得琴的历史之悠久。

琴，在汉魏（公元前206年—公元265年）时期定型，款式有：仲尼式、落霞式、蕉叶式。一般琴有130厘米长，20厘米宽，厚大约5厘米。86面板用桐木，背板用梓木，下面有大小两个出音孔。大孔为“龙池”，小孔命“凤沼”。通常琴都是黑色的，但也有少数用棕色或红色。87琴的面板上有13个小圆徽，用来标记音的位置，上面镶嵌着贝壳，讲究一些的有用玉石或者是纯金来镶嵌。

早期的琴是用来为歌咏伴奏的，有名的曲目有《阳关三叠》、《胡笳十八拍》。单是古琴曲，自古流传下来的有三千首之多。88琴曲可以表达非常细腻的心情，也可以描绘大自然的景象。1971年8月20日，由美国宇宙飞船带往太空的众多曲目中，中国的代表曲目就是由古琴演奏的，描写大自然风光的名曲《流水》。

85. 最早的琴是:
A 石制的
B 铁制的
C 用来陪葬的
D 文人的朋友

금, 기, 서, 화는 중국 고대 문인의 네 가지 벗으로, 그 중 금이라고 하는 것이 바로 요즘 말하는 칠현금이다.

칠현금의 역사는 매우 유구하다. 85 허난(중국 중부) 안양에서 출토된 은허 고분에는 칠현금과 매우 유사한 석기가 두 개 있었는데, 이는 최초로 은대(기원전 17세기~기원전 11세기)에 이미 칠현금과 같은 악기가 있었다는 사실을 설명하는 것으로, 이로써 칠현금의 역사가 유구함을 족히 알 수 있다.

칠현금은 한위(기원전 206년~기원후 265년)시대에 형태가 완성되었고, 양식으로는 중니식, 낙하식, 초엽식이 있다. 일반적으로 칠현금의 길이는 130cm, 넓이는 20cm, 두께는 약 5cm이다. 86 칠현금의 앞판은 오동나무를 사용하고, 뒷판은 개오동나무를 사용하며, 아랫부분에는 소리를 내는 큰 구멍과 작은 구멍이 두 개 나있다. 큰 구멍은 '용지'라 부르고, 작은 구멍은 '봉소'라 부른다. 보통 칠현금은 모두 검은색이지만 일부는 갈색이거나 붉은색이다. 87 칠현금 판 위에는 13개의 작은 휘가 있어 이것으로 음의 위치를 표기하는데, 위에는 조개껍질이 박혀있고, 옥이나 순금을 박은 것도 있다.

초기의 칠현금은 노래 반주에 쓰이며, 유명한 곡으로는 ≪양관삼첩≫, ≪호가십팔박≫이 있다. 칠현금 곡만 봐도 옛날부터 전해 내려온 곡이 3천여 곡이나 된다. 88 금곡은 매우 섬세한 감정을 표현할 수 있으며, 대자연의 정경을 묘사할 수 있다. 1971년 8월 20일 미국 우주선이 우주로 가지고 간 많은 노래 가운데 중국의 대표곡은 바로 칠현금으로 연주하고, 대자연의 경치를 묘사한 명곡 ≪유수≫였다.

85. 최초의 칠현금에 대한 설명으로 맞는 것은 무엇인가?
A 돌로 만들었다
B 쇠로 만들었다
C 순장하는 데 쓰였다
D 문인의 벗이었다

86. 定型后的琴主要是:
A 贝壳制成的
B 木制而成的
C 玉石镶嵌而成
D 纯金铸造成的

87. 琴的面板上的小圆徽:
A 镶嵌着玉石
B 通常是红色的
C 代表不同的音
D 一般用纯金镶嵌

88. 关于古琴曲，下面说法正确的是:
A 一共有三千多首
B 已经流传到了美国
C 可以传达丰富的意味
D 最有代表性的是《流水》

86. 형태가 완성된 후의 칠현금에 대한 설명으로 맞는 것은?
A 조개껍질로 만들었다
B 나무로 만들었다
C 옥을 박아 만들었다
D 순금을 주조하여 만들었다

87. 칠현금 판 위의 작은 휘에 대한 설명으로 맞는 것은?
A 옥이 박혀있다
B 보통 붉은색이다
C 서로 다른 음을 대표한다
D 보통 순금이 박혀있다

88. 금곡에 관해 다음 중 옳은 것은 무엇인가?
A 총 3천여 곡이 있다
B 이미 미국에 전해졌다
C 풍부한 정취를 전달할 수 있다
D 가장 대표적인 곡은 ≪유수≫이다

해설 85. 두 번째 단락의 첫 번째 줄을 보면, 허난에서 출토된 칠현금과 유사한 석기가 가장 먼저 출현한 칠현금이라고 하였다.
86. '칠현금의 앞판은 오동나무를 사용하고, 뒷판은 개오동나무를 사용한다'는 칠현금의 앞판과 뒷판이 각각 서로 다른 나무로 만들었음을 의미한다.
87. 작은 휘는 음의 위치를 표기하는 데 쓰이므로 서로 다른 휘는 서로 다른 음을 대표하고 있음을 알 수 있다. A와 B는 단지 일부 칠현금의 특징에 관한 것이지 모든 칠현금이 이렇다는 것은 아니다.
88. 금곡은 감정을 표현할 수 있으며 자연을 묘사할 수도 있다. 그러므로 C가 정답이다.

단어 **琴 qín** 명 칠현금, 거문고[현악기의 일종] | **棋 qí** 명 장기, 바둑, 체스 | **古琴 gǔqín** 명 칠현금[고대 중국에서 사용하던 현악기의 하나로 오현금(五絃琴)에 문무현(文武絃)을 더해 일곱 줄로 만들었음] | **悠久 yōujiǔ** 형 유구하다, 장구하다, 아득하게 오래다 | **出土 chūtǔ** 동 (옛날의 기물 등을 땅 밑에서) 출토하다, 발굴하다 | **殷墟 Yīnxū** 지명 은허[중국 허난성 안양현에 있는 은대 후기 도읍의 유적지] | **墓葬 mùzàng** 명 (고고학적 가치가 있는) 고분 | **厘米 límǐ** 양 센티미터(cm) | **梓 zǐ** 명 개오동나무 | **棕色 zōngsè** 명 갈색 | **镶嵌 xiāngqiàn** 동 끼워 넣다, 박아 넣다 | **贝壳 bèiké** 명 조가비, 패갑(貝甲) | **歌咏 gēyǒng** 동 노래하다 | **伴奏 bànzòu** 명동 반주(하다) | **细腻 xìnì** 형 (묘사나 연기 등이) 섬세하다, 세밀하다 | **陪葬 péizàng** 동 순장하다

89-92

民间艺人用天然的或廉价的材料，就能够做出精美小巧的工艺品，博得民众的喜爱。在明清以后，民间彩塑赢得了老百姓的青睐，其中最著名的是天津的"泥人张"。

"泥人张"是北方流传的一派民间彩塑，它创始于清代末年。"泥人张"创始人叫张明山，生于天津，[89]家境贫寒，从小跟父亲以捏泥人为业，养家糊口。张明山心灵手巧，富于想象，[90]时常在集市上观察各行各业的人，在戏院里看多种角色，偷偷地在袖口里捏制。他捏制出来的泥人居然个个神态毕肖，一时传为佳话。张明山继承传统的泥塑艺

민간 예술인은 천연 혹은 저렴한 재료를 사용해서 정교하고 앙증맞은 공예품을 만들어 민중의 사랑을 널리 받는다. 명청 시대 이후 민간 소조는 서민의 사랑을 받았고, 그중 가장 유명한 것은 톈진의 진흙인형 '니런장'이다.

'니런장'은 북방에서 대대로 전해 내려오는 민간 소조로 청대 말기에 시작되었다. '니런장'의 창시자는 장밍산으로 그는 톈진에서 태어났으며 [89]가정형편이 어려워 어렸을 때부터 아버지와 함께 진흙인형을 빚는 것을 업으로 삼아 가족을 부양했다. 장밍산은 총명한 데다 손재주도 있었고 상상력이 풍부하여, [90]자주 재래시장에서 각종 직업을 가진 사람들을 관찰했고, 극장에서 다양한 배역을 보고는 몰래몰래 소매에서 빚어보곤 했다. 그가 빚어낸 진흙인형은 놀랍게도 하나하나가 표정이 다 똑같아 한때 미담으로 전해졌다. 장밍산은 전통 소조예술을 계승했고, 회

术，从绘画、戏曲、民间木版年画等姊妹艺术中吸收营养。经过数十年的辛勤努力，一生中创作了一万多件作品。他的艺术独具一格而蜚声四海，老百姓都喜爱他的作品，亲切地送给他一个昵称“泥人张”。

张明山的泥人，有民间故事中的人物，也有小说戏曲中的角色，有表现劳动人民现实生活中瞬间的形象，有正面人物，还有反面人物。[91]他的作品具有浓厚的趣味性。例如他塑造的“蒋门神”，就非常传神。蒋门神像通高只有11厘米，人头不过蚕豆大小，却是有个性而又令人可憎的形象，生动地呈现在读者眼前。青筋露起的脖颈，满面杀气的面孔，眉目上挑，嘴角下撇，把一个恶霸刻画得淋漓尽致。泥人张对反面人物的刻画，表现了对恶势力的揭露和抨击。这个蒋门神不是肖像写生，但造型比较准确，塑法娴熟有力，充分体现了作者高度的写实能力。“泥人张”善于在泥塑中运用绘画技巧，使泥塑单纯雅致，富于装饰趣味，作品透出一种明快清新的气息，也表现了弃恶扬善的道德意义。

[92]泥塑艺术是中华民族民间艺术的一种，它早已走出国门，成为中外文化交流的使者，远涉重洋，为越来越多的国家和人民所接受和珍爱。

89. 张明山为什么从小就捏泥人？
A 觉得好玩儿
B 是生活所迫
C 继承祖传手艺
D 想成为民间艺人

90. 关于张明山，可以知道：
A 善于观察
B 从舞蹈中寻找灵感
C 喜欢刻画正面人物
D 作品大都爱憎分明

91. 张明山塑造的“蒋门神”：
A 很有争议
B 具有趣味性
C 形象很可爱
D 富有装饰性

화, 전통극, 민간 목판세화 등 관련 예술영역에서 영양분을 흡수했다. 그는 수십 년간 부지런히 노력한 끝에 평생 1만여 개의 작품을 창작했다. 그의 예술은 독자적으로 하나의 품격을 갖추어 전국 각지에서 이름을 날렸다. 서민들은 그의 작품을 좋아했고 친근하게도 그에게 '니런장'이라는 애칭을 붙여주었다.

장밍산의 진흙인형에는 민간이야기에 나오는 인물도 있고 소설 희곡에 나오는 배역도 있으며, 노동자의 현실생활에 나타나는 순간적 이미지를 표현한 것도 있으며, 긍정적인 인물도 있고, 부정적인 인물도 있다. [91]그의 작품은 농후한 해학미를 가지고 있는데, 예를 들면 그가 빚은 '장문신'은 매우 생동감이 넘친다. 장문신의 전체 높이는 11㎝ 밖에 되지 않고, 머리는 누에콩 크기에 불과하지만 개성 있고 밉살스러운 이미지는 보는 이의 눈앞에 생생하게 나타난다. 핏줄이 눈에 선히 보이는 목덜미, 살기가 가득한 얼굴, 위로 솟은 눈썹, 아래로 처진 입가, 이러한 악인의 모습을 어느 하나 빠짐없이 세세하게 묘사했다. 니런장의 부정적인 인물에 대한 묘사는 악한 세력에 대한 폭로와 비난을 나타냈다. 이 장문신은 사람의 얼굴을 그린 것은 아니지만 조형이 비교적 정확하며 조소법이 숙련되고 힘이 있어 작가의 생생한 묘사능력을 충분히 구현했다. '니런장'은 인형을 빚음에 있어 회화기교 활용에 능숙하여, 진흙인형을 심플하면서도 우아하게 완성시켰고, 장식으로서도 충분한 가치를 지녀서 작품은 신선하고 상쾌한 분위기를 풍긴다. 또한 악을 버리고 선을 칭찬하는 도덕적 의미 또한 표현하고 있다 하겠다.

[92]소조예술은 중화민족 민간예술의 한 종류로 일찍이 해외로 뻗어나가 중국과 외국의 문화교류의 사절이 되었으며, 멀리 바다를 건너 더욱 더 많은 나라와 국민들의 사랑을 받고 있다.

89. 장밍산은 왜 어렸을 때부터 진흙인형을 빚었는가?
A 재미있게 느껴져서
B 생활이 절박해서
C 조상 대대로 전해진 수공기술을 계승하려고
D 민간 예술인이 되고 싶어서

90. 장밍산에 관해 알 수 있는 것은 무엇인가?
A 관찰을 잘한다
B 춤에서 영감을 찾는다
C 긍정적인 인물묘사를 좋아한다
D 작품은 대부분 좋고 싫은 것이 분명하다

91. 장밍산이 빚은 '장문신'에 대한 설명으로 맞는 것은?
A 논란의 여지가 있다
B 해학성을 가지고 있다
C 이미지가 매우 사랑스럽다
D 장식적 요소가 풍부하다

92. 根据上文，下列哪项正确？
A “泥人张”善于虚构
B “泥人张”作品很沉重
C “泥人张”泥塑人物很单一
D 泥塑艺术是中国文化象征

92. 지문에 의하면 다음 중 옳은 것은 무엇인가?
A '니런장'은 꾸며내는 것을 잘한다
B '니런장' 작품은 매우 우울하다
C '니런장' 소조인물은 단일하다
D 소조예술은 중국 문화의 상징이다

해설 89. 장밍산은 어렸을 때부터 가정형편이 어려웠기 때문에 생계를 위해 아버지를 따라 진흙인형을 빚었다고 하였다.
90. '자주 재래시장에서 각종 직업을 가진 사람들을 관찰했고, 극장에서 다양한 배역을 보고 몰래몰래 소매에서 빚어보곤 했다'는 장밍산이 관찰하는 것에 능숙했음을 말해준다. 그러므로 A가 답이다. 나머지 보기는 지문에 언급되지 않은 내용들이다.
91. 세 번째 단락의 '具有浓厚的趣味性'과 보기항 B의 '非常有趣'는 뜻이 서로 비슷하다.
92. 마지막 단락을 통해 소조예술은 이미 중국 문화의 상징이 되었다는 것을 알 수 있다. 그러므로 D가 정답이다. 나머지 보기는 지문에 제시된 정보와 일치하지 않는다.

단어 **廉价** liánjià 명 염가, 싼 값 | **小巧** xiǎoqiǎo 형 작고 정교하다, 작고 깜찍하다 | **博得** bódé 동 (호감 · 동정 등을) 갖다, 얻다 | **彩塑** cǎisù 명 (민간공예품의 일종인) 채색 지점토인형 | **青睐** qīnglài 명 총애, 호감, 인기 | **贫寒** pínhán 형 빈곤하다, 가난하다 | **家境** jiājìng 명 살림형편, 가정형편 | **养家糊口** yǎngjiā húkǒu 성 식구들을 가까스로 부양하다 | **心灵手巧** xīnlíng shǒuqiǎo 성 (주로 여자가) 지혜롭고 손재주가 뛰어나다 | **集市** jíshì 명 (농촌 · 소도시의) 재래시장 | **袖口** xiùkǒu 명 소맷부리 | **毕肖** bìxiào 동 꼭 같다, 완전히 닮다 | **年画** niánhuà 명 세화[설날 때 실내에 붙이는 즐거움과 상서로움을 나타내는 그림] | **姊妹** zǐmèi 명 자매, 가까운 여성 사이의 호칭 | **蜚声** fēishēng 동 이름을 날리다, 유명해지다 | **传神** chuánshén 형 (문학 · 예술 작품의 인물이나 사물에 대한 묘사가) 생생하다, 매우 생동하다 | **蚕豆** cándòu 명 잠두, 누에콩 | **青筋** qīngjīn 명 혈관, 핏줄 | **恶霸** èbà 명 악질 | **淋漓尽致** línlíjìnzhì 성 남김없이 드러내다, 표현하다 | **肖像** xiàoxiàng 명 초상 | **娴熟** xiánshú 형 능숙하다, 숙련되다 | **雅致** yǎzhì 형 (의복 · 기물 · 건물 등이) 품위가 있다, 고상하다, 격조가 높다 | **远涉重洋** yuǎnshè chóngyáng 성 멀리 바다를 건너가다

93-96

北京的老字号非常多，一说起“王致和”臭豆腐，大家没有不知道的，一个“臭”字名扬万里，传遍了全中国。王致和臭豆腐是以含蛋白质高的优质黄豆为原料，经过泡豆、磨浆、后期发酵等多道工序制成的。[93]其中腌制是关键，盐多了，豆腐不臭；盐少了，易造成腐乳的糟烂甚至腐烂。

相传清朝康熙八年，由安徽来京赶考的王致和金榜落第，想在京攻读，准备再次应试，又距下科试期甚远。无奈，只得在京暂谋生计。王致和的家庭原非富有，其父在家乡开设豆腐坊，王致和幼年曾学过做豆腐，于是便在附近租赁了几间房，购置了一些简单的用具，每天磨上几升豆子的豆腐，沿街叫卖。时值夏季，有时卖剩下的豆腐很快发霉，无法食用，[94]但又不甘心废弃。他苦思对策，就将这些豆腐切成小块，稍加晾晒，寻得一口小缸，用盐腌了起来。之后一心攻读，渐渐地便把此事忘了。后来，王致和又想重操旧业，再做豆腐来卖。蓦地想起那缸腌制的豆腐，赶忙打开缸盖，一股臭气扑鼻而来，[95]取出一看，豆腐已呈青灰色，用口尝试，觉得臭味之余却蕴藏着一股浓郁的香气，送给邻里品尝，都称赞不已。王致和喜出望外，立刻

베이징에는 오랜 전통을 가진 가게가 매우 많은데, 일명 '왕즈허' 취두부라고 하면 모르는 사람이 없어 '취'라는 글자는 널리 명성을 떨쳐 전 중국에 두루 퍼졌다. 왕즈허 취두부는 단백질 함량이 높은 양질의 황두를 원료로 하는데 콩을 물에 담그기, 맷돌에 갈기, 후기 발효 등 여러 제조공정을 거쳐 만들어진다. [93] 그중 절이는 것이 관건인데 소금이 많으면 두부가 발효되지 않고, 소금이 적으면 삭힌 두부가 쉽게 썩거나 부패한다.

전해지는 말에 따르면, 청대 강희 8년에 안후이에서 베이징으로 과거를 보러 떠난 왕즈허가 시험에 낙제해 베이징에서 공부하며 다시 시험을 치를 준비를 하고자 했으나, 다음 시험까지 아직 한참이나 남아 있어서 그는 어쩔 수 없이 베이징에서 잠시 생계를 모색해야 했다. 왕즈허의 집은 원래 부유하지 않았다. 그의 아버지는 고향에서 두부공장을 세웠는데 왕즈허는 어린 시절 두부 만드는 법을 배운 적이 있어서, 근처에 방을 몇 칸 빌려서는 간단한 도구를 구입해 매일 몇 리터의 콩을 갈아 만든 두부를 거리를 다니며 팔았다. 여름이 되자 간혹 팔고 남은 두부는 빨리 곰팡이가 피어 먹을 수 없었는데, [94] 하지만 버리는 것도 달갑지 않아서 그는 고심 끝에 대책을 생각해냈다. 이 두부들을 작게 잘라 햇빛에 살짝 말린 다음 작은 항아리에 넣고 소금으로 절이기로 한 것이다. 그 후 그는 학업에 정진했고 이 일은 점점 기억 속에서 잊혀졌다. 후에 왕즈허는 예전 일을 다시 하고 싶어져 다시 두부를 만들어 팔기 시작했다. 문득 예전에 소금에 절여두었던 두부가 떠올라 서둘러 뚜껑을 열어보았는데, 악취가 코를 찔렀고 [95] 꺼내보니 두부는 이미 청회색을 띠었다. 그러나 한입 먹어보니 악취가 나면서도 짙은 향기가 느껴져

把全部豆腐搬出店外摆摊叫卖。市人从未见过这种豆腐，有的出于好奇之心，买几块回去；有的尝过之后，虽感臭气不雅，但觉味道尚佳。结果一传十，十传百，不到一上午，臭豆腐售卖一空。

王致和后来弃学经商，按过去试做的方法加工起臭豆腐来。此物价格低廉，可以佐餐下饭，适合收入低的劳动人食用，所以渐渐打开销路，生意日渐兴隆。后来又经多次改进，逐渐摸索出一套臭豆腐的生产工艺，生产规模不断扩大，质量更好，名声更高。传说慈禧太后在秋末冬初也喜欢吃它，还将其列为御膳小菜，96但嫌其名称不雅，按其青色方正的特点，取名"青方"。一日，她半夜用膳，忽然要吃小窝头就臭豆腐，立即遣人到王致和豆腐店买青方。自那以后，王致和的臭豆腐名气大振，买卖也越发兴隆了。

동네 사람들에게 먹어보라고 했는데 모두들 칭찬을 아끼지 않았다. 왕즈허는 기뻐서 어쩔 줄 몰랐고, 당장 모든 두부를 가게 밖에 펼쳐놓고 크게 소리치며 두부를 팔았다. 시장 사람들은 이러한 두부를 본 적이 한 번도 없었기에, 어떤 사람은 호기심에 몇 조각을 사갔고, 어떤 사람은 맛을 본 후 악취는 심하지만 맛은 훌륭하다고 했다. 그 결과 소식이 빨리 퍼져 나가, 오전이 지나기도 전에 취두부는 전부 팔렸다.

왕즈허는 이후 학업을 포기하고 장사를 하기로 하였고 예전에 만들어보았던 방법으로 취두부를 가공하여 만들었다. 그 가격이 저렴하여 반찬으로 할 수 있었고, 소득이 낮은 노동자들이 먹기에 적합해서 점점 판로를 확장해갔고 사업은 갈수록 번창했다. 이후 여러 번의 개선을 거쳐 점차 취두부의 생산 작업기술을 모색해나갔고, 생산규모는 계속 확대되었으며, 품질은 훨씬 좋아지고 명성도 훨씬 높아졌다. 전해지는 말로는 자희태후가 늦가을 초겨울에도 이것을 즐겨 먹었고, 그것을 수라간 요리에도 포함시켰으나 96 그 이름이 우아하지 못하다고 여겨 푸른색의 네모 반듯한 그 특징을 고려하여 '청방'이라고 이름을 짓게 했다고 한다. 하루는 자희태후가 한밤중에 식사를 하는데 갑자기 작은 옥수수빵에 취두부를 곁들여 먹고 싶어져 즉시 왕즈허의 두부가게로 사람을 보내 청방을 사오도록 했다. 그 이후 왕즈허 취두부의 인기는 하늘을 찔렀고, 사업도 더욱 번창했다.

93. 臭豆腐质量受什么影响?

A 原料　　B 盐量
C 发酵　　D 佐料

93. 발효두부의 품질은 무엇의 영향을 받는가?

A 원료　　B 소금의 양
C 발효　　D 양념

94. 为什么王致和会把豆腐腌制起来?

A 为了保存
B 味道更好
C 腌制的好卖
D 生产得太多了

94. 왜 왕즈허는 두부를 소금에 절였는가?

A 보관하기 위해서
B 맛을 훨씬 좋게 하기 위해서
C 소금에 절인 것이 잘 팔려서
D 너무 많이 만들어서

95. 王致和揭开缸盖之后，发现豆腐:

A 全坏了　　B 变色了
C 很难吃　　D 很有营养

95. 왕즈허는 항아리 뚜껑을 연 후 두부가 어떻게 된 것을 발견했는가?

A 전부 상했다　　B 색이 변했다
C 매우 맛이 없었다　　D 영양이 풍부했다

96. 慈禧为什么给臭豆腐取名"青方"?

A 会更好卖
B 比较吉利
C 一直没有名字
D 嫌名称不好听

96. 서태후는 왜 발효두부에 '청방'이라 이름을 지어주었는가?

A 훨씬 잘 팔릴 수 있어서
B 비교적 길하고 순조로워서
C 계속 이름이 없었기 때문에
D 듣기 싫은 이름이 마음에 들지 않아서

해설 93. 첫 번째 단락의 마지막 문장을 통해 소금의 양이 많고 적음이 취두부 제조에 큰 영향을 미친다는 것을 알 수 있다.
94. 왕즈허는 여름에 두부가 쉽게 상하여 팔다가 남은 두부를 보관하기 위해 그것을 소금에 절였다.
95. 두 번째 단락에서 두부가 이미 청회색을 띠었다고 언급했다. 다시 말해 색이 변했음을 의미한다.
96. 마지막 단락의 '不雅'는 '듣기 싫다'는 의미이다.

단어 **臭豆腐** chòudòufu 명 취두부[냄새가 아주 특이한 발효두부] | **蛋白质** dànbáizhì 명 단백질 | **发酵** fājiào 동 발효하다, 발효시키다 | **腌制** yānzhì 동 (음식물을 소금 · 설탕 · 간장 · 술 등에) 절이다 | **腐乳** fǔrǔ 삭힌 두부 | **糟烂** zāolàn 형 썩다, 부패하다 | **腐烂** fǔlàn 동 (물질이) 부패하다, 부식하다 | **赶考** gǎnkǎo 동 과거를 보러 가다 | **金榜** jīnbǎng 명 금방[옛날, 과거시험의 합격자 명단을 붙이던 방] | **落第** luòdì 동 (시험에서) 떨어지다, 낙방하다 | **攻读** gōngdú 동 공부하다, 연마하다 | **无奈** wúnài 동 어찌 해볼 도리가 없다, 하는 수 없다 | **谋生** móushēng 동 생계를 찾다, 살 방도를 찾다 | **租赁** zūlìn 동 임차하다, (세를 주고) 빌리다, 임차하다 | **发霉** fāméi 동 곰팡이가 피어 변질되다 | **废弃** fèiqì 동 폐기하다 | **晾晒** liàngshài 명 햇볕에 널어 말리다 | **重操旧业** chóngcāo jiùyè 성 이전에 했던 일을 다시 시작하다 | **蓦地** mòdì 부 갑자기, 돌연히, 느닷없이 | **蕴藏** yùncáng 동 (마음에) 간직해 두다, (광물 등이) 매장되다, 묻히다 | **浓郁** nóngyù 형 (향기 등이) 짙다, 그윽하다 | **喜出望外** xǐchū wàngwài 성 뜻밖의 기쁜 일을 만나 기뻐서 어쩔 줄 모르다 | **一传十，十传百** yì chuán shí, shí chuán bǎi 성 (소식 등이) 무척 빨리 퍼져 나가다 | **佐餐** zuǒcān 동 반찬을 곁들여 밥을 먹다 | **下饭** xiàfàn 동명 반찬을 곁들여서 밥을 먹다/찬, 반찬, 밥반찬 | **御膳** yùshàn 명 수라[임금에게 올리는 밥] | **用膳** yòngshàn 동 식사하다, 밥을 먹다 | **窝头** wōtóu 명 옥수수빵[옥수수가루나 수수가루 따위의 잡곡가루를 원뿔 모양으로 빚어서 찐 음식] | **佐料** zuǒliào 명 양념(감), 조미료 | **嫌名** xiánmíng 명 사람의 성명과 음이 비슷한 글자

97-100

在香港人们不大习惯称查良镛为金庸，而称他查先生。在内地，金庸的“粉丝”很多，人们对金庸这个名字耳熟能详。

和金庸先生聊天肯定离不开文学，离不开古装戏的写法，离不开正剧、正史与文艺作品的关系。金庸先生轻声细语、绵里藏针：人们不能在小说和戏剧中去找历史。古今中外，任何文艺作品都是三分真七分虚。历史资料常常是很平淡的，我们选择材料时当然要从中选择精彩的、动人心魄的内容。就好比历史上，明明是周瑜打败曹操，诸葛亮一点功劳也没有，而《三国演义》却写了“诸葛亮借东风”、“草船借箭”，[97]这使作品很生动，没有这些就索然无味了。但这不是历史本身，是艺术的创造。如果是从小说、戏剧中去找历史的绝对真实是不可能的。我听出，他的话是有针对性的。我知道他在为自己的作品辩解，我理解他对文学与历史及影视作品的评价。

[98]多年前金庸先生就不再写小说，开始写一些关于政治、法律问题的文章。他参与起草了《香港基本法》，近年来有关法律问题的重大讨论金庸先生都参加。他说他离文学远了一点。

尽管金庸先生不写小说了，但读者对于他的小说仍然非常关注，[99]也不间断地有一些批评和指责。所以金庸先生说：想丢掉作家这个帽子还丢不掉。[100]我做学者的长处是我的文字还可以。我对历史的思考，我自认为独到的见解，可以用擅长的笔法深入浅出地表现出来，用文学性的语言写学术性的文章，使各个层面的读者都可以了解。我说，作为作家和学者，您身上潜在的政治素质是被实践证明了的，也是人们有目共睹的。金庸先生认为这得益于做过四十年报纸，搞报纸的人不注意政治是不可能的。

홍콩 사람들은 차량용을 진용이라고 부르는 것에 그다지 익숙하지 않고, 그를 차 선생이라 부른다. 대륙에는 진용의 '팬'이 많고, 사람들은 진용이라는 이 이름에 매우 친숙하다.

진용 선생과 대화를 할 때면 문학이나 사극에 대한 이야기를 하지 않을 수 없고, 또한 정극이나 정사와 문학작품의 관계에 대한 이야기도 빼놓을 수 없을 것이다. 진용 선생은 작고 부드럽지만 굳건한 어조로 다음과 같이 말했다. "사람들은 소설과 전통극에서는 역사를 찾을 수 없다. 동서고금을 막론하고 어떠한 문학작품도 10분의 3은 실화이고, 10분의 7은 허구이다. 역사자료는 항상 무미건조한데, 우리는 소재를 선택할 때 당연히 다채롭고 사람의 마음을 뒤흔들어 놓을 만한 내용을 선택한다. 예를 들어 역사에서는 분명 주유가 조조를 물리쳤고, 제갈량은 조금의 공로도 없었지만 ≪삼국연의≫에서는 '제갈량이 동풍을 불러들였고', '풀로 만든 배로 화살을 빌렸다'고 서술했는데, [97] 이는 작품을 생동감 넘치게 하며, 이러한 것들이 없으면 작품은 단조롭고 무미건조해진다. 그러나 이것은 역사 자체가 아니라 예술의 창조이다. 만일 소설이나 전통극에서 역사의 절대적 진실을 찾는다면 그건 불가능하다." 나는 그의 말을 듣고 그가 뚜렷한 방향과 목적을 가지고 있음을 알 수 있었다. 그가 자신의 작품에 대해 어떻게 바라보고 있는지, 또한 문화, 역사 그리고 영화 작품에 대해 어떠한 평가를 내리고 있는지를 알 수 있었다.

[98] 오래전부터 진용 선생은 더 이상 소설을 쓰지 않고, 정치와 법률문제에 관한 글을 쓰기 시작했다. 그는 ≪홍콩기본법≫의 초안 작성에 참여했고, 최근에는 법률문제와 관련한 중대 토론에도 참가했다. 그는 그가 문학과 조금 멀어졌다고 말했다.

비록 진용 선생이 소설을 쓰지는 않지만 독자들은 그의 소설에 대해 여전히 많은 관심을 가지고 있고, [99] 계속해서 비평과 지적을 하고 있다. 이에 진용 선생은 다음과 같이 말했다. "작가라는 이 꼬리표를 버리고 싶어도 버리지 못한다. [100] 나의 학자로서의 장점은 나의 글이 그런대로 괜찮다는 데 있다. 역사를 바라보는 나의 관점은 내가 봐도 독특하다고 생각하는데, 나의 특기를 살려 어려운 내용을 쉽게 풀어나가고, 학술적인 내용을 문학적인 언어로 표현하면 각계각층의 독자들이 쉽게 이해할 수 있을 것이라고 본다." 내가 보기에 작가 그리고 학자로서 진용의 마음속에 잠재되어 있는 정치적 소양은 그의 실천을 통해 증명되었으며, 이는 누구나 다 인정하는 사실이다. 진용 선생은 이러한 것이 모두 지난 40년간 신문기사를 작성해왔던 덕분이며 이 업종에 있는 사람이 정치를 등한시한다는 건 있을 수 없는 일이라고 생각했다.

97. 文学作品为什么要对历史进行改动?
A 追求生动性
B 历史不精彩
C 历史不感人
D 有助于读者了解

98. 关于金庸，可以知道:
A 不想谈文学
B 不再关注小说
C 比较关心政治
D 曾经当过报纸编辑

99. 根据上文，下列哪项正确?
A 金庸想当评论家
B 金庸的小说有争议
C 文学作品是不真实的
D “我”对金庸小说很关注

100. 金庸做学者的优势在于:
A 文笔好
B 见解独到
C 思想深刻
D 具有创造性

97. 문학작품은 왜 역사를 고쳐야 하는가?
A 생동감을 추구하기 위해
B 역사가 다채롭지 않아서
C 역사가 감동적이지 않아서
D 독자의 이해를 돕기 위해

98. 진용에 관해 알 수 있는 것은 무엇인가?
A 문학에 대해 말하고 싶지 않다
B 더 이상 소설에 관심을 가지지 않는다
C 정치에 비교적 관심을 가진다
D 예전에 신문사 편집장이었다

99. 지문에 의하면 다음 중 옳은 것은 무엇인가?
A 진용은 평론가가 되고 싶다
B 진용의 소설은 논란의 여지가 있다
C 문학작품은 진실하지 않은 것이다
D '나'는 진용 소설에 많은 관심을 가지고 있다

100. 진용의 학자로서의 장점은 무엇인가?
A 문필이 좋다
B 견해가 독특하다
C 사상이 심오하다
D 창조적이다

해설 97. 지문에 역사를 고치는 것은 문학작품에 생동감을 더하기 위해서라고 나와 있다.
98. 진용은 소설을 쓰지 않은 이후 정치와 법률문제에 관심을 갖기 시작했다. 그러므로 C가 답이 된다.
99. 독자들이 진용의 소설에 대해 비평과 지적을 하고 있다고 했다. 이를 통해 그의 소설은 논란의 여지가 있음을 알 수 있다.
100. '글이 그런대로 괜찮다'는 진용의 겸손한 표현으로 그의 문필이 좋다는 것을 분명하게 드러낸다.

단어 **粉丝** fěnsī 명 (가수의) 팬 | **耳熟能详** ěrshú néngxiáng 성 귀에 익어서 자세히 말할 수 있다 | **古装戏** gǔzhuāngxì 명 (고대 복장으로 분장한) 시대극, 전통극 | **绵里藏针** miánlǐ cángzhēn 성 외유내강, 부드러움 속에 강함이 있다 | **动人心魄** dòngrén xīnpò 성 사람의 마음(넋)을 뒤흔들어 놓다 | **打败** dǎbài 동 (적이나 맞수를) 싸워 이기다, 물리치다 | **草船借箭** cǎochuán jièjiàn 외부적 힘에 의거하여 자아발전을 도모하다[제갈공명이 짚더미를 쌓은 배 20척을 이끌고 조조 진영에 다가가 화살을 쏘게 하여 10만 대에 달하는 화살을 획득했던 고사에서 유래] | **索然无味** suǒrán wúwèi 성 단조롭고 무미건조하다 | **针对性** zhēnduìxìng 명 정곡을 찌르는 성질, 겨냥하는 바 | **辩解** biànjiě 동 해명하다, 변명하다 | **指责** zhǐzé 동 (실수나 허물 등을 들추어내) 탓하다, 꾸짖다, 나무라다 | **独到** dúdào 형 독창적이다, 독특하다 | **深入浅出** shēnrù qiǎnchū 성 심오한 내용을 알기 쉽게 표현하다 | **有目共睹** yǒumù gòngdǔ 성 누구나 다 볼 수 있다, 눈만 달려 있으면 다 볼 수 있다 | **得益于** déyìyú ~덕분이다

정답	81	C	82	A	83	A	84	B	85	C	86	D	87	A	88	D	89	A	90	D
	91	D	92	A	93	A	94	B	95	D	96	C	97	A	98	C	99	D	100	D

81-84

[81]古代世界的建筑因为文化背景的不同，曾经有过大约七个独立体系，其中有的或早已中断，或流传不广，成就和影响也就相对有限，如古埃及、古代西亚、古代印度和古代美洲建筑等，只有中国建筑、欧洲建筑、伊斯兰建筑被认为是世界三大建筑体系，[82]又以中国建筑和欧洲建筑延续时代最长，流域最广，成就也就更为辉煌。

中国建筑以中国文化为中心，以汉族文化为主体，在漫长的发展过程中，始终完整保持了稳定的风格。原始社会至汉代是中国古建筑体系的形成时期。[83]在原始社会早期，原始人群曾利用天然崖洞作为居住处所。到了原始社会晚期，在北方，我们的祖先在利用黄土层为壁体的土穴上，用木架和草泥建造简单的穴居或浅穴居，以后逐步发展到地面上。南方出现了干栏式木构建筑。进入阶级社会以后，在商代，已经有了较成熟的夯土技术，建造了规模相当大的宫室和陵墓。西周及春秋时期，统治阶级营造了很多以宫室为中心的城市。原来简单的木构架，经商周以来的不断改进，已成为中国建筑的主要结构方式。[84]瓦的出现与使用，解决了屋顶防水问题，是中国古建筑的一个重要进步。

[81] 고대 세계의 건축물은 문화적 배경이 서로 달랐기 때문에 일찍이 약 일곱 개의 독립적인 체계를 가지고 있었다. 그중 어떤 것은 일찌감치 중단되었거나 널리 전해지지 못했고, 성과와 영향도 상대적으로 한계가 있었다. 예를 들어 고대 이집트, 고대 서아시아, 고대 인도 그리고 고대 미주 건축 등이다. 오직 중국 건축, 유럽 건축, 이슬람 건축만이 세계 3대 건축체계라 여겨졌고, [82] 중국과 유럽의 건축은 가장 오랜 기간 동안 지속되어 왔고 해당 지역이 가장 컸기 때문에 성과 역시 더욱 눈부셨다.

중국 건축은 중국 문화를 중심으로 하고 한족 문화를 주체로 하여, 오랜 발전과정 속에서 줄곧 안정적인 풍격을 유지했다. 원시사회에서 한대까지는 중국 고대건축 체계의 형성시기이다. [83] 원시사회 초기에 원시 무리는 일찍이 천연 절벽동굴을 주거지로 삼았다. 원시사회 말기에는 북방지역에서 우리의 선조들이 황토층을 벽으로 삼은 흙구덩이 위에 나무 선반과 진흙으로 간단한 동굴집이나 얕은 동굴집을 만들어 거주했고, 이후 점차 지상으로 올라오게 됐다. 남쪽지역에서는 간란식 목조건축이 나타났다. 계급사회로 접어든 이후, 상대에는 비교적 성숙한 달구질 기술이 생겨 규모가 상당히 큰 궁궐과 왕릉이 세워졌다. 서주와 춘추시기에는 통치계급이 궁궐을 중심으로 한 도시를 많이 조성했다. 원래의 간단한 목조골자는 상과 주대 이후에 계속 개선되면서 중국 건축의 주요 구조방식으로 자리 잡았다. [84] 기와의 발명과 사용은 지붕의 방수 문제를 해결했고, 이는 중국 고대건축의 중요한 발전이었다.

81. 古代世界七个建筑体系的区别在于：
A 产生于不同的国家里
B 使用不同的建筑材料
C 处在不同的文化氛围
D 持续的时间长短不同

81. 일곱 개의 고대 세계 건축체계에는 어떠한 구별이 있는가?
A 서로 다른 국가에서 나타났다
B 서로 다른 건축자재를 사용한다
C 서로 다른 문화 분위기에 처해 있다
D 지속된 시간의 길이가 서로 다르다

82. 下面关于中国建筑的说法，不正确的是：
A 持续时间最长
B 成就辉煌
C 风格比较统一
D 受汉族文化影响

82. 중국 건축에 관해 다음 중 옳지 않은 것은?
A 지속된 시간이 가장 길다
B 성과가 눈부시다
C 풍격이 비교적 통일되었다
D 한족 문화의 영향을 받았다

83. 原始社会早期的人们:

A 住在山洞里

B 建造了宫室

C 住简单的木建筑

D 建筑技术较成熟

83. 원시사회 초기의 사람들은 어떠했는가?

A 산속 굴에서 살았다

B 궁궐을 세웠다

C 간단한 목조건축에서 살았다

D 건축기술이 비교적 성숙했다

84. 瓦的使用是一种重要进步是因为:

A 有助于木架构的改进

B 解决了屋顶漏水的问题

C 有利于大规模地建造宫室

D 是中国建筑的主要结构方式

84. 기와의 사용이 중요한 발전이었던 이유는 무엇인가?

A 목조골자의 개선에 도움이 되었으므로

B 지붕의 누수문제를 해결했으므로

C 대규모 궁궐 건설에 유리했으므로

D 중국 건축의 주요 구조방식이었으므로

해설 81. 첫 부분에 고대 건축은 서로 다른 문화적 배경에 따라 일곱 개의 서로 다른 체계로 나뉘었다고 하였으므로 C가 정답이다.

82. 지문에서 다른 건축체계와 비교해보면, 중국 건축과 유럽 건축은 지속된 시기가 가장 길다고 하였다. 그러나 지문에서는 중국이 유럽보다 지속된 시기가 길다고 언급하지 않았으므로 A의 내용은 옳지 않다.

83. 지문에서 초기의 사람들은 천연 절벽동굴을 주거지로 삼았다고 언급했으므로 사람들이 산속 굴에서 살았다는 것을 알 수 있다.

84. '防水'는 지붕의 누수를 막는다는 의미이므로 B가 정답이다.

단어 **独立** dúlì 동 (한 부문에서) 독립해 나가다, 떨어져 나가다 | **体系** tǐxì 명 체계 | **中断** zhōngduàn 동 중단하다, 중도에서 끊다 | **流传** liúchuán 동 유전하다, 대대로 전해 내려오다 | **埃及** Āijí 지명 이집트 | **西亚** XīYà 지명 서아시아 | **伊斯兰** Yīsīlán 명 이슬람 | **辉煌** huīhuáng 형 (빛이) 휘황찬란하다, 눈부시다 | **崖** yá 명 절벽 | **穴居** xuéjū 동 혈거하다, 동굴에서 살다 | **夯土** hāngtǔ 동 달구질하다, 땅을 다지다 | **宫室** gōngshì 명 가옥, 궁궐 | **陵墓** língmù 명 왕릉, 능묘 | **屋顶** wūdǐng 명 옥상, 지붕 | **防水** fángshuǐ 동 방수하다

85-88

鹰一般指鹰属鸟类。由于鹰眼的视网膜的黄斑处有两个中央凹，[85]不仅比一般动物多一个，而且中央凹的感光细胞每平方毫米多达100万个，人眼仅约15万个。所以鹰的视觉异常敏锐，在高空飞翔时，能清晰地看到地面上活动的猎物。鹰的上喙尖锐弯曲，下喙较短。四趾具有锐利的钩爪，适于抓捕猎物。鹰视觉敏锐，性情凶猛，在弱肉强食的自然界，鹰几乎没有天敌，一只成年鹰的体重能达到4公斤，翼长约300厘米，双爪的力量能抓起一只羊或者刚出生的小牛崽。

鹰不但捕食地面上的小型动物，还捕食其他鸟类。[86]鹰一旦发现其他鸟类的巢穴，便会在其上空盘旋，看准了再俯冲而下，一举将其捕获。在鹰能捕食的鸟类中，却不包括必胜鸟。主要以昆虫为食的必胜鸟，体形与体重不足鹰的十分之一，在鸟类中算得上是弱者，但却是鹰唯一不敢捕食的鸟类。其实，在很多年以前，必胜鸟也常常会遭遇到鹰的捕杀，为了逃避鹰的骚扰，必胜鸟不但将自己的巢筑得比鹰还高，而且苦练飞翔的本领。它们从来不

매는 보통 조류에 속한다. 매 눈의 망막 황반에는 중앙에 파인 부분이 두 개 있어서, [85] 일반 동물보다 하나가 더 많을 뿐만 아니라 중앙의 파인 곳의 감광세포는 1mm²당 100만 개나 되지만, 인간의 눈은 약 15만 개밖에 되지 않는다. 따라서 매의 시각적 능력은 매우 예민하여 하늘을 날 때 지상에서 움직이는 사냥감을 분명하게 볼 수 있다. 매의 윗부리는 날카롭게 구부러져 있으며 아랫부리는 비교적 짧다. 네 개의 날카로운 갈고리발톱을 가지고 있어서 사냥감을 잡기에 적합하다. 매는 시각이 예리하고 성질이 사나워서 약육강식의 자연계에서 천적이 거의 없고, 다 자란 매의 체중은 4킬로그램에 달하며 날개 길이는 300센티미터이고, 두 발의 힘으로 양 한 마리나 갓 태어난 송아지를 들 수 있다.

매는 지상의 작은 동물을 잡아먹을 뿐만 아니라 다른 조류도 잡아먹는다. [86] 매가 일단 다른 조류의 둥지를 발견하면 그 공중을 빙빙 돌다가 먹이를 포착하고 급강하하여 내려가 단번에 잡는다. 매가 잡아먹을 수 있는 조류 가운데 킹버드는 포함되지 않는다. 주로 곤충을 먹고 사는 킹버드는 체형과 체중이 매의 10분의 1도 되지 않아서 조류 가운데에서도 약자에 속하지만, 매가 유일하게 잡아먹지 못하는 새이다. 사실 오래전에는 킹버드도 종종 매에게 잡아먹혔는데, 매의 훼방을 벗어나기 위해 킹버드는 자신의 둥지를 매보다 훨씬 높은 곳에 지었을 뿐만 아니라 꾸준히 나는 연습을 했다. 킹버드는 같은 곳에 반년 이상 서식하지 않으며, 설령 그곳에 먹을 곤충이 아무리 많이 있

在同一个地方居住超过半年时间，就算那里有再多的昆虫可吃，也要迁向遥远的地方，[87]只为锻炼自己的飞行能力。在必胜鸟出生不久，成年必胜鸟便会将它们带到高空向下抛，当然，这时小必胜鸟还不会飞翔，就在快要坠地时，其他成年必胜鸟就会将其“救”下。每天吃饱后，还要去高空参加搏击运动，首先是与成年必胜鸟“搏击”，后来就是小必胜鸟之间相互搏击，必胜鸟的一生中都不会停止长途迁移与搏击这两项运动，[88]必胜鸟就是这样代代相传，持之以恒地练出高超的飞行与搏斗技巧的。

如果有涉世不深的鹰胆敢侵略必胜鸟，那么必定会吃大亏。如果必胜鸟发现有鹰在自己的巢穴上空盘旋，它会立即冲向空中，飞得比鹰还高后，再突然向鹰扑去，双爪紧紧地抓住鹰的脖子，再用尖利的喙啄鹰的脑袋。任凭鹰怎么尖叫、挣扎、翻飞，都无济于事。最后因筋疲力尽而死。强者之所有强，并不是因为其体形和力量的强大；弱者之所以弱小，也不是因为其体形和力量的弱小。

어도 먼 곳으로 이동하는데, [87]이는 단지 비행능력을 단련하기 위해서이다. 킹버드는 태어난 지 얼마 되지 않을 때 다 자란 킹버드는 새끼들을 고공으로 데리고 가서 아래로 던지는데, 이때 새끼 킹버드는 당연히 날지 못해 땅에 떨어지려고 할 때 킹버드가 새끼를 '구조'한다. 매일 배불리 먹고 나면 고공으로 가서 훈련에도 참가해야 하는데, 우선 어미 킹버드와 '싸우고' 나중에는 새끼들끼리 서로 싸우도록 하여 킹버드는 일생 동안 장거리 이동과 싸움 이 두 가지 훈련을 멈추지 않는다. [88]킹버드는 이렇게 대대로 전하여 뛰어난 비행과 격투기교를 꾸준히 훈련한다.

만일 세상물정을 잘 모르는 매가 대담하게도 킹버드를 공격한다면 분명 큰 피해를 입을 것이다. 킹버드가 자신의 둥지 상공에서 빙빙 돌고 있는 매를 발견하면, 바로 공중으로 돌진해 매보다 훨씬 높은 곳까지 날아오른 다음, 순식간에 매를 향해 달려들어 두 발로 매의 목을 단단히 붙잡고 날카로운 부리로 매의 머리를 쫀다. 매가 아무리 비명을 지르고 발버둥치며 이리저리 날아도 아무 소용이 없다. 결국 매는 기진맥진하여 죽고 만다. 강자가 강한 이유는 체형과 힘의 강력함 때문이 아니며, 약자가 약한 이유는 체형과 힘의 약소함 때문이 아니다.

85. 关于鹰，可以知道：
A 比较温顺
B 没有任何敌人
C 视觉比人灵敏
D 视网膜比一般动物大

85. 매에 관해 알 수 있는 것은 무엇인가?
A 비교적 온순하다
B 어떠한 적도 없다
C 시각이 사람보다 민감하다
D 망막이 보통 동물보다 크다

86. 鹰如果发现其他鸟类的巢穴，就会：
A 非常急躁
B 通知其他鹰
C 马上去抓捕猎物
D 先在高空中来回飞

86. 매가 다른 조류의 둥지를 발견하면 어떻게 행동하는가?
A 매우 조급해진다
B 다른 매에게 알린다
C 바로 사냥감을 잡으러 간다
D 우선 고공에서 왔다갔다 날아다닌다

87. 必胜鸟为什么不在同一地方居住超过半年时间？
A 练习本领
B 怕鹰来骚扰
C 没有食物吃
D 喜欢新环境

87. 킹버드가 같은 곳에 반년 이상 서식하지 않는 이유는 무엇인가?
A 능력을 익히기 위해
B 매가 날아와 훼방을 놓는 것이 두려워서
C 먹을 음식이 없어서
D 새로운 환경을 좋아해서

88. 鹰不敢捕捉必胜鸟，是因为对方：
A 力量大
B 体形大
C 很凶猛
D 功夫深

88. 매가 감히 킹버드를 잡지 못하는 이유는 무엇인가?
A 힘이 대단해서
B 체형이 커서
C 매우 사나워서
D 능력이 뛰어나서

해설 85. 매는 특수한 망막구조를 가지고 있어서 사람의 시각보다 훨씬 민감하다.
86. '盘旋'은 '왔다갔다 날아다닌다'는 의미이다.
87. 킹버드가 곳곳으로 옮겨 다니는 것은 자신의 비행능력을 단련하기 위해서이다.
88. 킹버드는 힘든 단련을 통해 뛰어난 기술을 터득하여 매를 이길 수 있다. 그러므로 D가 정답이다. 나머지 보기는 지문에 제시된 정보와 일치하지 않는다.

단어 **鹰** yīng 명 매 | **视网膜** shìwǎngmó 명 망막 | **黄斑** huángbān 명 황반 | **凹** āo 형 오목하다, 우묵하다 | **细胞** xìbāo 명 세포 | **平方毫米** píngfānghǎomǐ 양 제곱밀리미터(mm²) | **敏锐** mǐnruì 형 (감각이) 빠르다, 예민하다, (눈빛이) 날카롭다 | **飞翔** fēixiáng 동 하늘을 빙빙 돌며 날다, 비상하다 | **猎物** lièwù 명 사냥감 | **喙** huì 명 (새의) 부리 | **尖锐** jiānruì 형 날카롭다, 예리하다 | **弯曲** wānqū 형 꼬불꼬불하다, 구불구불하다 | **趾** zhǐ 명 발가락 | **锐利** ruìlì 형 예리하다, 날카롭다 | **钩爪** gōuzhǎo 명 동물의 갈고리 발톱 | **弱肉强食** ruòròu qiángshí 성 약육강식 | **牛崽** niúzǎi 명 송아지 | **捕食** bǔshí 동 (동물이) 먹이를 잡다 | **巢穴** cháoxué 명 (새나 짐승의) 집, 보금자리 | **盘旋** pánxuán 동 선회하다, 맴돌다 | **俯冲** fǔchōng 동 (비행기 · 맹금류 등이) 급강하하다 | **必胜鸟** bìshèngniǎo 명 킹버드[미국산 딱새의 일종] | **昆虫** kūnchóng 명 곤충 | **捕杀** bǔshā 동 잡아죽이다 | **骚扰** sāorǎo 동 소란을 피우다, 교란하다, 훼방놓다 | **遥远** yáoyuǎn 형 (시간이나 거리가) 요원하다, 아득히 멀다 | **搏击** bójī 동 힘껏 맞붙어 싸우다 | **代代相传** dàidàixiāngchuán 성 대대로 전해 내려오다, 길이 전하다 | **持之以恒** chízhīyǐhéng 성 오랫동안 견지하다, 오랫동안 꾸준하게 나아가다 | **搏斗** bódòu 동 격렬하게 싸우다, 격투하다 | **涉世** shèshì 동 세상물정을 겪다, 세상경험을 하다 | **尖利** jiānlì 형 날카롭다, 예리하다 | **啄** zhuó 동 부리로 쪼다, 쪼아 먹다 | **尖叫** jiānjiào 동 날카로운 소리를 내다, 비명을 지르다 | **翻飞** fānfēi 동 오르락내리락 날다, 훨훨 날아다니다 | **无济于事** wújìyúshì 성 일에 아무런 도움이 안 되다, 아무 쓸모 없다 | **筋疲力尽** jīnpílìjìn 성 기진맥진하다, 녹초가 되다

89-92

野狸猫的身上，会发出一种很难闻的气味。这种气味足以对草丛中的小昆虫进行迷惑，让它们找不到方向。受到迷惑的小昆虫，往往会因为迷失了逃跑的路线而成为野狸猫的囊中之物。野狸猫还会把这种气味喷射到小昆虫的洞里，让它们自动地钻出洞穴，野狸猫趁机将它们捕获。这是野狸猫的诡计，野狸猫的一生，就是靠着这种迷惑人的诡计而生存的。土豹很爱吃野狸猫，本来土豹是找不到野狸猫的。但野狸猫散发出来的难闻的气味却暴露了自己的行踪。每当野狸猫施展自己的诡计时，也就对自己构成了威胁。它在迷惑别人时，同时也给自己布下了陷阱。[89]土豹顺着这种气味便可以轻松地找到野狸猫，并将它吃掉。

[90]墨斗鱼在水下会喷出一团儿黑黑的墨液来隐藏自己。在它逃跑或是进攻敌人时，每次都能成功。喷墨液是墨斗鱼的一个诡计。因此它不费吹灰之力，便能捕捉小鱼小虾。而它逃跑的时候，同样也会施展如此的诡计，搅混海水。渔民们想要捕捉到墨斗鱼，本来并不容易，但墨斗鱼喷出的墨液，却会浮上水面。渔民们根据水下冒出的一团团墨液，撒下大网，一捕一个准儿，轻松的让人难以想象。

卷叶虫是一种树虫，有手指那么大，卷叶虫没有嘴，它的整个身体就是一张嘴，大得很。卷叶虫常常会把自己缩成一团儿，伪装成树上的一片卷起

야생살쾡이의 몸에서는 고약한 냄새가 난다. 이 냄새는 수풀 속의 작은 곤충을 현혹시켜 방향을 잃게 한다. 현혹된 작은 곤충은 종종 달아날 길을 잃어 야생살쾡이의 먹이가 된다. 야생살쾡이는 이 냄새를 작은 곤충의 동굴에 뿜어 곤충들이 스스로 동굴에서 나오게 하는데, 이때 야생살쾡이는 기회를 틈타 곤충을 잡는다. 이것이 야생살쾡이가 먹이를 잡는 수법이다. 야생살쾡이의 일생은 이렇게 남을 현혹시키는 수법에 의지해 생존한다. 적표범은 야생살쾡이를 잡아먹는 것을 좋아하는데, 원래 적표범은 야생살쾡이를 잘 찾지 못했다. 그러나 야생살쾡이가 뿜어낸 고약한 냄새로 오히려 스스로의 행적이 드러나고 만다. 매번 야생살쾡이가 자신의 먹이잡기 수법을 사용할 때마다 자신에게도 위협이 되었다. 이는 다른 이들을 현혹시키는 동시에 자신에게도 함정을 만드는 격이었다. [89]적표범은 이 냄새를 따라 야생살쾡이를 수월하게 찾아 먹어 치운다.

[90]쇠갑오징어는 물속에서 검은 먹물을 내뿜어 자신을 숨긴다. 이는 달아나거나 적을 공격할 때 매번 성공의 요인이 된다. 먹물을 내뿜는 것 역시 쇠갑오징어의 수법이다. 이를 통해 손쉽게 작은 물고기와 작은 새우를 잡을 수 있다. 그런데 달아날 때도 마찬가지로 이러한 수법을 펼쳐 바닷물을 뒤섞는다. 어민들이 쇠갑오징어를 잡는 것은 결코 쉬운 일은 아니다. 하지만 쇠갑오징어가 내뿜는 먹물이 수면으로 떠올라, 어민들은 물속에서 솟아나는 먹물을 따라 큰 그물을 치고 하나씩 잡아들여 쇠갑오징어 잡이는 이렇게 상상도 못할 정도로 수월하다.

잎말이나방은 나무벌레의 한 종류로 큰 날개를 가지고 있는데, 잎말이나방은 입이 없으나 몸 전체가 큰 입 역할을 할 정도로 크다. 잎말이나방은 항상 자신을 잔뜩 움츠려 나무 위의 말린 잎으로 가장해 나뭇가지에 매달려 있는데, 이것도 물론 일종의 수법이다. 보금자리가 필요한 벌레는 종종 이것이 정말로 말린 잎인 줄 알고 기어올라 안으로 파고들어가 보금자리를 마련하기 시작한다. 이것이 잎말이나방의 큰 입안으로 기어오르게

来的叶子，并且吊在树枝上，这当然是一种诡计。那些需要做窝的虫子，往往真以为这是一片卷起来的叶子，于是便爬上去，钻到里面，开始在里面做窝。谁知，这正好是爬到了卷叶虫的大嘴里。卷叶虫缩紧身子，将钻进来的虫子吃掉。世界上再也没有比这更简单的事情了。倒霉的是，伪装的卷叶虫碰上了黄翅鸟这一天敌。[91] 黄翅鸟辨别卷叶虫的方法，就是观察树叶中哪一片叶子卷成了一团儿，并且吊在树枝上。黄翅鸟专挑卷起的叶子啄食。如此毙命，卷叶虫就变得很不幸了。

据一项调查表明，世界上那些喜欢利用诡计生存的动物，反而更容易受到威胁。它们遭遇危险的概率，或干脆说，它们被其他动物吃掉的概率，总是大于那些没有伎俩可施的动物。更何况，总爱施展诡计的人，是那么的让人厌恶。做一个老实忠厚的人，虽然没有多少心眼儿和计谋，但这样的人生却是无懈可击的。正因为如此，老实人在社会和人群中，也是相对安全的。从人的一生中看，还是做一个没有诡计、不懂阴谋的老实人风险更为少些，活得也更为安逸些。

된 것인지 누가 알았겠는가? 잎말이나방은 몸을 바싹 움츠리고 안으로 들어온 벌레를 먹어 치운다. 세상에 이보다 더 간단한 일은 없다. 하지만 위장한 잎말이나방이 가장 불운할 때는 천적인 노랑날개새를 만났을 때이다. [91] 노랑날개새가 잎말이나방을 구별해내는 방법은 나뭇잎 가운데 어느 잎이 둘둘 말려 나뭇가지에 걸려있는지 관찰하는 것이다. 노랑날개새는 말린 잎만 골라 부리로 쪼아 먹는다. 잎말이나방은 이렇게 불행하게 죽게 된다.

한 조사에 따르면 세상에서 자신만의 수법을 이용해 생존하는 동물들이 오히려 훨씬 쉽게 위협을 받는다고 한다. 위험에 빠질 확률, 혹은 다른 동물에 잡아먹힐 확률은 아무런 수법이 없는 동물들보다 항상 크다. 더군다나 계략을 펼치기 좋아하는 사람도 그렇게나 남들의 미움을 받지 않는가? 충직하고 성실한 사람은 기지와 계책이 없어도 공격받지 않는 인생을 산다. 그러므로 성실한 사람은 사회와 군중 속에서도 상대적으로 안전하다. 사람의 일생을 보더라도 계략과 음모를 꾸미지 않는 성실한 사람은 위험이 훨씬 적고 보다 편안하게 생활한다.

89. 土豹靠什么来捕捉野狸猫?

A 嗅觉　　B 味觉
C 触觉　　D 视觉

90. 墨斗鱼为什么要喷墨液?

A 迷惑猎物
B 伪装自己
C 躲避渔民捕捉
D 使猎物不容易发现自己

91. 关于卷叶虫，可以知道:

A 比树叶小
B 嘴巴很小
C 喜欢把身体展开
D 逃不过黄翅鸟的眼睛

92. 最适合做上文标题的是:

A 动物的诡计
B 动物的天敌
C 动物的生活习性
D 动物的捕食绝招

89. 적표범은 무엇으로 야생살쾡이를 잡는가?

A 후각　　B 미각
C 촉각　　D 시각

90. 쇠갑오징어가 먹물을 내뿜는 이유는 무엇인가?

A 사냥감을 현혹시키려고
B 자신을 위장하려고
C 어민에게 잡히는 것을 피하려고
D 사냥감이 자신을 쉽게 발견하지 못하게 하려고

91. 잎말이나방에 관해 알 수 있는 것은 무엇인가?

A 나뭇잎보다 작다
B 입이 매우 작다
C 몸을 펼치기를 좋아한다
D 노랑날개새의 눈을 벗어날 수 없다

92. 윗글의 제목으로 가장 적절한 것은 무엇인가?

A 동물의 수법
B 동물의 천적
C 동물의 생활습성
D 동물의 먹이 잡는 솜씨

해설 89. 적표범은 냄새를 따라 야생살쾡이를 잡는다. 그러므로 적표범이 의지하는 것은 후각이라고 할 수 있다.
90. 쇠갑오징어가 먹물을 내뿜는 이유는 자신을 숨겨 사냥감이 자신을 쉽게 발견하지 못하게 하기 위해서이다.
91. 노랑날개새는 잎말이나방이 몸을 숨긴 곳을 쉽게 구별해낼 수 있다.
92. 지문이 서술하고 있는 것은 동물이 사용하는 각종 수법이므로 A가 정답이다.

단어 **野狸猫 yělímāo** 명 야생살쾡이 | **难闻 nánwén** 형 냄새가 좋지 않다, 냄새가 고약하다 | **草丛 cǎocóng** 명 덤불, 풀숲, 무성한 수풀 | **迷失 míshī** 동 (방향 · 길 등을) 잃다, 잃어버리다 | **囊中之物 nángzhōngzhīwù** 주머니 속의 물건 | **喷射 pēnshè** 동 분사하다, 내뿜다 | **洞穴 dòngxué** 명 (지하나 산중의) 땅굴, 동굴 | **诡计 guǐjì** 명 모략, 계략 | **土豹 tǔbào** 명 적표범 | **施展 shīzhǎn** 동 (수완이나 재능을) 발휘하다, 펼치다, 보이다 | **陷阱 xiànjǐng** 명 함정 | **墨斗鱼 mòdǒuyú** 명 쇠갑오징어의 일종 | **隐藏 yǐncáng** 동 숨기다, 감추다, 비밀로 하다 | **进攻 jìngōng** 동 공격하다, 진공하다, 진격하다 | **不费吹灰之力 búfèi chuīhuīzhīlì** 성 손쉽게 하다, 식은 죽 먹기이다 | **搅混 jiǎohun** 동 혼합하다, 뒤섞다 | **卷叶虫 juǎnyèchóng** 명 잎말이나방 | **伪装 wěizhuāng** 동 위장하다 | **啄食 zhuóshí** 동 (조류가) 부리로 쪼아 먹다 | **毙命 bìmìng** 동 목숨을 잃다, 죽다 | **概率 gàilǜ** 명 확률 | **老实忠厚 lǎoshí zhōnghòu** 충직하고 성실하다 | **无懈可击 wúxiè kějī** 성 공격 당할 만한 허술한 곳이 없다, 흠잡을 데가 없다 | **阴谋 yīnmóu** 명 음모 | **安逸 ānyì** 형 편안하고 한가하다, 편히 생활하다 | **嗅觉 xiùjué** 명 후각 | **躲避 duǒbì** 동 (일부러) 피하다, 도피하다 | **绝招 juézhāo** 명 뛰어난 재능(재간), 특기

93-96

“用进废退”，这恐怕已是被人们广泛认同的一种生物学现象。但近期人们发现，这种说法作为表明动植物进化发展的趋势，无疑是正确的，而某种动植物在某种特定时段，其表现却不尽然。

譬如蛇，就有着很强的代表性。最新研究表明，蛇在无食可进的绝对饥饿状态下能够存活两年。蛇何以有着如此超强的生命力？科学家们对其奥秘已经有所揭示，[93]一般认为，蛇主要是靠消化自己的部分心脏来维持生命。科学家们曾对响尾蛇、捕鼠蛇等蛇进行过研究。在历经168天的饥饿后，它们的体积会减少9~24%。其间，它们的平均能量消耗也降低了80%左右。随着饥饿时间延长，蛇便开始消耗自己的心肌了。心脏是一切动物的生命之源，是生命的中枢系统，蛇何以就敢冒如此大的风险，对自己的心脏进行消耗？科学家们却解释说：“如果机体能量消耗较低，那么对维持循环的要求也就跟着降低，因此心肌退缩也是一种正常现象。”此解释也许与“用进废退”的说法有些一致。但同是饥饿状态下，有一种现象却与此相左。[94]这就是，在研究中科学家们还发现，越是饥饿，蛇的头部不是越来越小，而是变得越来越大了。在能量极度缺乏的情况下，它们为何还要匀出一部分对头部进行特供，让其增大？科学家们说：“原来它们这也是为了生存。[95]因为蛇不会咀嚼，只有当它们的头骨增大时，也就意味着它们对食物的选择性更大。”这也就能解释某些巨蟒为什么会突然张开大口吞下一整条鳄鱼。

‘용불용설’은 아마도 사람들에게 널리 인정받은 생물학 현상일 것이다. 그러나 최근 사람들은 이러한 견해가 동식물의 진화 발전의 추세를 분명하게 보여주는 것으로서 의심할 여지없이 정확한 현상이지만, 어떤 동식물은 특정한 시기에 이 현상을 따르지 않는다는 사실을 발견했다.

예를 들면 뱀이 가장 대표적인 예라 할 수 있다. 최근의 연구에 따르면, 뱀은 먹이가 없는 절대적 기아상태에서도 2년 동안 생존할 수 있다고 한다. 뱀이 이렇게 엄청난 생명력을 가질 수 있는 이유는 무엇일까? 과학자들이 이미 그 비밀을 밝혀냈는데, [93] 일반적으로 뱀은 주로 심장의 일부를 소화시켜 생명을 유지한다고 한다. 과학자들은 이미 방울뱀과 쥐잡이뱀 등에 대한 연구를 진행한 바 있다. 168일 동안의 기아상태 후 뱀의 크기는 9~24% 감소했다. 이 기간 동안 뱀의 평균 에너지 소모량 역시 80% 정도 줄어들었다. 굶주린 시간이 늘어날수록 뱀은 자신의 심근을 소모하기 시작했다. 심장은 모든 동물의 생명의 근원이며 생명의 중추계통인데, 뱀은 왜 이렇게 큰 위험을 무릅쓰면서까지 자신의 심장을 소모하는 것일까? 과학자들은 ‘만일 유기체의 에너지 소모가 비교적 낮으면 순환유지에 대한 필요치도 같이 낮아지는데, 따라서 심근수축은 정상적인 현상이다.’라고 설명했다. 이 설명은 어쩌면 ‘용불용설’이라는 말과 다소 일치한다고 볼 수 있다. 그러나 똑같이 굶주린 상태에서도 이와는 다른 모습을 보이는 현상이 있다. [94] 과학자들은 연구를 통해 먹이를 먹지 못할수록 뱀의 머리부위는 갈수록 줄어드는 것이 아닌 갈수록 커진다는 사실을 알아냈다. 에너지가 극도로 부족한 상황에서 뱀은 왜 머리부위에 에너지를 공급해 크기를 크게 만드는 것일까? 과학자들은 “알고 보니 이 역시 생존을 위한 것이다. [95] 뱀은 먹이를 씹을 수 없기 때문에 머리뼈가 클 때만이 먹이에 대한 선택의 폭이 커진다.”고 말했다. 이 또한 커다란 구렁이들이 왜 입을 크게 벌리고 악어를 통째로 삼키는지, 그 이유를 설명해준다.

但是很快就有人提出疑问：在食物奇缺的情况下，蛇的头骨增得再大，并不能保证就有更大的食物让它们吞食，这岂不是白白浪费了弥足珍贵的能量？科学家们最终又有了新的发现：蛇不惜拼老本增大头骨，只因让它们能获取更多的有关食物的信息量——在食物极度匮乏的情况下，这才是它们要解决的首要问题。原来，蛇是一种没有耳朵与鼓膜的动物。故而多年来，专家们认为蛇是没有听力的，只是借助嗅觉、味觉以及鼻子附近的一种与热相关的特殊感觉器官来感知外界，判断猎物的有关情况。

그러나 이에 대해 의문을 제기하는 사람들도 있었다. 먹이가 심각하게 부족한 상황에서 뱀의 머리뼈가 커진다 하더라도 더 큰 먹이가 나타난다는 보장을 할 수 없는데, 이야말로 귀중한 에너지를 헛되게 낭비하는 일이 아니겠는가? 과학자들이 최종적으로 새로운 발견을 했는데, 뱀이 아낄 수 있는 것을 아끼지 않고 머리뼈를 크게 만드는 것은 먹이와 관련된 정보를 더 많이 얻기 위해서라는 것이다. 먹이가 극도로 부족한 상황이야말로 바로 뱀이 해결해야 할 가장 중요한 문제인 것이다. 원래 뱀은 귀와 고막이 없는 동물이다. 그래서 오랫동안 전문가들은 뱀은 청력이 없고, 단지 후각과 미각, 코 근처에 있는 일종의 열 감지용 특수 감각기관을 통해 외부를 감지하며 사냥감의 상황을 판단한다고 여겼다.

93. 蛇经过长时间的饥饿之后：

A 靠心脏生存
B 能量消耗增加
C 消化系统衰退
D 体重减轻了大半

93. 뱀은 장시간 굶주리고 나면 어떻게 되는가?

A 심장에 의지해 생존한다
B 에너지 소모가 늘어난다
C 소화계통이 약해진다
D 체중이 절반으로 줄어든다

94. 第二段中画线词语“相左”最有可能是什么意思？

A 补充　B 不同
C 辅助　D 相近

94. 두 번째 단락의 밑줄 친 ‘相左’는 어떤 의미인가?

A 보충하다　B 같지 않다
C 보조하다　D 비슷하다

95. 蛇为什么在极度饥饿的情况下，头会变大？

A 不会咀嚼
B 身体机能变异
C 减少身体消耗
D 有利于吞食食物

95. 극도로 굶주린 상황에서 뱀의 머리가 커지는 이유는?

A 씹을 수 없어서
B 신체기능이 변이해서
C 신체 소모가 감소해서
D 음식물을 삼키는 데 도움이 돼서

96. 关于蛇，可以知道：

A 没有视觉
B 没有牙齿
C 生命力很强
D 靠听力获取食物信息

96. 뱀에 관해 알 수 있는 것은 무엇인가?

A 시각이 없다
B 치아가 없다
C 생명력이 강하다
D 청력에 의지해 음식물에 관한 정보를 얻는다

해설 93. 뱀은 먹이가 없는 상황에서 자신의 심장을 소화시켜 생존할 수 있다.
94. 위의 서술내용으로 보면, 뱀의 머리 부위에서 나타난 변화는 '용불용설'에 부합하지 않는다. 따라서 '相左'는 '같지 않다'의 의미임을 알 수 있다.
95. 뱀 머리가 커지는 이유는 다른 먹이에 적응하여 삼키는 데 도움이 되기 때문이다.
96. 뱀은 먹이가 극도로 부족한 상황에서 온갖 방법을 다 생각해내 음식물을 얻는다. 그러므로 뱀의 생명력이 매우 질기다는 것을 알 수 있다.

단어 不尽然 bújìnrán 완전히 그런 것은 아니다, 반드시 그런 것은 아니다 | 譬如 pìrú 동 예를 들다 | 饥饿 jī'è 형 배고프다, 굶주리다, 기아에 허덕이다 | 存活 cúnhuó 동 생존하다 | 奥秘 àomì 명 신비, 비밀 | 揭示 jiēshì 동 드러내어 보이다, 지적해내다, 밝히다 | 响尾蛇 xiǎngwěishé 명 방울뱀 | 捕鼠蛇 bǔshǔshé 명 쥐잡이뱀 | 消耗 xiāohào 동 (정신 · 힘 · 물자 등을) 소모하다 | 降低 jiàngdī 동 내리다, 인하하다, 줄이다 | 心肌 xīnjī 명 심근 | 延长 yáncháng 동 (주로 거리 · 시간 등을) 연장하다, 늘이다 | 中枢 zhōngshū 명 중추, 중심 | 机体 jītǐ 명 생물체, 유기체 | 退缩 tuìsuō 동 위축되다, 주눅이 들다 | 相左 xiāngzuǒ 동 어긋나다, 일치하지 않다 | 特供 tègōng 형 특별히 공급된 | 咀嚼 jǔjué 동 (음식물을) 씹다 | 蟒 mǎng 명 이무기, 구렁이 | 鳄鱼 èyú 명 악어 | 奇缺 qíquē 동 아주 부족하다, 심히 결핍되다 | 老本 lǎoběn 명 밑천, 본전 | 匮乏 kuìfá 형 부족하다, 결핍되다 | 鼓膜 gǔmó 명 고막 | 故而 gù'ér 접 그리하여, 그러므로, 따라서 | 感觉器官 gǎnjué qìguān 명 감각기관

97-100

四川有国宝熊猫，这几乎无人不知。然而，还有另外一宝知道的人则不多，这一宝的名字叫乌木。[97]乌木，由于像熊猫一样稀少，所以极其珍贵，在民间有“软黄金”之称。古人云：“家有乌木半方，胜过财宝一箱。”今人说：“乌木，集日月之精华，乃万木之灵，灵木之尊。”外国人惊叹：“啊！东方神木。”

乌木为何如此尊贵？[98]乌木，多呈黑褐色，黑红色，且永不褪色；其木质坚硬，木纹细腻，切面光滑，可以打磨出镜面的效果；它不腐朽，不生虫，是制作高级工艺品、佛像和仿古家具等的上好之材，历朝历代都把它作为贡品或辟邪之物。乌木是如何长成的？这里不能用长成，应该用形成。因为乌木虽然是树，但并非一个树种，也并非在地上长成，而是多种树在地下形成的。古代四川，曾经发生过地震、泥石流等自然灾害，致使房倒屋塌，香樟、楠木等各种各样的树木连根拔起，一些树木被洪水冲到了河床的低洼处，沉积下来，又被土石、淤泥掩埋，从此不见天日。冲击途中，被乱石撞击，被鱼虫撕咬，它们矢志不移；被掩埋之后，在缺氧的环境下，背负沉重，承受高压，它们忍辱负重。经过数千年数万年之后，终于有一天，它们被挖掘出来，重见天日。人们惊奇地发现，经过清理，那些历尽沧桑的树木不仅风韵犹存，而且变得质地如玉，色泽如墨，由此，后人把它们称为乌木。其实，并非所有沉积河底的树木都成了乌木，一些已经腐烂了，[99]只有那些具有杀菌特性的树种才成了乌木。我们常说的“十年树木”，是说一般情况下，树长成有用之材，需要历经十年的工夫。但是，造就像乌木那样的特殊木料，不是一朝一夕之功，而是需要数千年数万年的时间，而且不是所有的树都能成为乌木。除了自身具有的品质特性

쓰촨에 국보 판다가 있다는 것을 모르는 사람은 없다. 그러나 또 다른 보물이 있다는 것을 아는 사람은 많지 않은데, 이 보물의 이름은 바로 흑단이다. [97]흑단은 판다처럼 희소하기 때문에 매우 진귀한데, 민간에는 '부드러운 황금'이라는 명칭으로 불린다. 옛사람들은 '집안에 0.5평방미터의 흑단만 있어도 보물 한 상자를 가지고 있는 것보다 낫다'라고 했다. 요즘 사람들은 '흑단은 해와 달의 정수를 모아 놓았으니 모든 나무의 영장이요, 영목의 지존이다'라고 말한다. 외국인들은 '오! 동방의 신목'이라며 감탄한다.

흑단이 왜 이렇게 귀중한 것일까? [98]흑단은 대부분 흑갈색과 검붉은색을 띠며 색이 전혀 퇴색되지 않는다. 목질은 단단하며, 결은 부드럽고, 단면은 매끄러워서 거울을 갈아 윤을 낸 효과를 낼 수 있다. 부패되지 않고 벌레가 생기지 않아서 고급 공예품, 불상, 고가구 등을 만드는 최고급 재료일 뿐 아니라 역대 왕조에서는 공물이나 액막이를 할 때 사용했다. 흑단은 어떻게 자랄까? 흑단에는 자란다기보다 형성된다는 말이 더 어울릴 것이다. 흑단은 비록 나무이지만 결코 나무의 한 종류가 아니며 지상에서 자라지 않고 지하에서 형성되기 때문이다. 고대 쓰촨에서 일찍이 지진과 산사태 등 자연재해가 발생하여 집이 무너졌고, 장목과 목나무 등 각종 나무들이 뿌리째 뽑혔으며, 일부 나무는 홍수에 의해 강바닥의 웅덩이까지 밀려와 가라앉았고, 돌과 진흙에 덮여 이때부터 태양을 보지 못했다. 세차게 부딪치면서 돌에 부딪치고 물벼룩에 물어 뜯겨도 망가지지 않았다. 진흙에 덮인 후 산소가 부족한 환경에서도 고압과 각종 압력을 견뎌 치욕을 참아가며 중임을 해냈다. 수천 년 수만 년이 흐른 뒤 어느 날 발굴되어 암흑에서 벗어나 다시 해를 보게 되었다. 깨끗이 정리하자 세상의 온갖 풍파를 다 겪었지만 우아한 자태가 변함없었을 뿐만 아니라 재질은 옥과 같고, 색깔과 광택이 먹과 같이 변한 나무를 발견하고 사람들은 매우 놀라워했는데, 이에 후세 사람들이 이를 흑단이라고 부른 것이다. 사실 강바닥에 가라앉은 모든 나무가 흑단이 된 것은 아니어서 일부는 부패되었고 [99]살균 특성을 가진 나무만이 흑단이 되었다. 우리가 흔히 말하는 '나무를 기르는 데는 십 년이 필요하다'는 말은 일반적인 상황에서 쓸모 있는 재료로 키우려면 십 년의 시간이 필요하다는 의미다. 그러나 흑단처럼 특수한 목재를 만들어내는 것은 하루아침에 이루어지는 것이 아니라 수천수만 년의 시간이 필요하며 또한 모든 나무가 흑단이 될 수 있는 것도 아니다. 자신이 가지고 있는 품성과 특성 외에도 강인하여 흔들리지 않고 치욕을 참

外，还需要有坚韧不拔、忍辱负重的毅力，拒腐防变、百侵不易的品格，以及不怕冷落、甘受寂寞的精神。

아 가며 중임을 맡을 수 있는 굳센 의지, 사상이 부패하거나 변질되지 않고 아무리 힘들어도 흔들리지 않는 성품, 그리고 냉대를 두려워하지 않고 기꺼이 외로움을 감수할 수 있는 정신이 필요하다.

97. 乌木为什么有“软黄金”之称?

A 数量少

B 木料好

C 有灵性

D 可以辟邪

97. 흑단이 ‘부드러운 황금’이라는 명칭을 얻은 이유는?

A 수량이 적어서

B 목재가 좋아서

C 타고난 능력이 있어서

D 요괴를 물리칠 수 있어서

98. 关于乌木，可以知道:

A 香味浓郁

B 外表很光滑

C 颜色不会变化

D 是一种罕见树种

98. 흑단에 관해 알 수 있는 것은 무엇인가?

A 향기가 진하다

B 표면이 매끄럽다

C 색이 변하지 않는다

D 보기 드문 나무이다

99. 哪些树有可能成为乌木?

A 被埋在地下的

B 不容易生虫的

C 带有香味儿的

D 能杀灭细菌的

99. 어떤 나무들이 흑단이 될 가능성이 있는가?

A 지하에 묻혀 있는 나무들

B 쉽게 벌레가 생기지 않는 나무들

C 향기를 가진 나무들

D 세균을 박멸할 수 있는 나무들

100. 上文主要介绍了:

A 乌木的价值

B 乌木的传说

C 怎样保护乌木

D 乌木是怎样形成的

100. 지문의 주된 내용은 무엇인가?

A 흑단의 가치

B 흑단의 전설

C 흑단을 어떻게 보호할 것인가

D 흑단은 어떻게 형성되었나

해설 97. 흑단이 ‘부드러운 황금’이라고 불리는 이유는 흑단이 드물어서 매우 진귀하기 때문이다. 따라서 A가 정답이다.
98. 두 번째 단락의 첫 번째 줄에서 ‘대부분 흑갈색과 검붉은색을 띠며 영원히 퇴색되지 않는다’고 언급했으므로 C가 답이 된다.
99. 지하에 묻힌 나무가 전부 흑단이 될 수는 없고 ‘살균 특성’을 가지고 있어야만 가능하다고 했으므로 D가 정답이다.
100. 지문의 내용은 주로 흑단의 형성과정에 대해 서술하고 있다.

단어 **熊猫** xióngmāo 명 판다 | **乌木** wūmù 명 흑단(黑檀) | **稀少** xīshǎo 형 적다, 드물다, 희귀하다, 진기하다 | **极其** jíqí 부 극히, 매우, 몹시 | **精华** jīnghuá 명 정화, 정수 | **黑褐色** hēihésè 명 흑갈색 | **褪色** tuìshǎi 동 (천 · 옷의) 색이 바래다, 퇴색하다 | **木纹** mùwén 명 나무결 | **细腻** xìnì 형 부드럽다, 매끄럽다 | **切面** qiēmiàn 명 절단면, 단면 | **腐朽** fǔxiǔ 동 (목재나 기타 섬유 물질이) 썩다, 부패하다 | **仿古** fǎnggǔ 동 옛날 기물이나 예술품을 모방하다, 본떠서 만들다 | **上好** shànghǎo 형 매우 좋은, 최고의 | **贡品** gòngpǐn 명 (옛날, 제왕에게 바치는) 공물, 진상물 | **辟邪** bìxié 명 (고대 전설에 요괴와 사악한 것을 물리친다는) 신령스러운 짐승 | **泥石流** níshíliú 명 진흙과 모래와 돌 등이 섞인 물사태 | **房倒屋塌** fángdǎo wūtā 집이 무너지다 | **香樟** xiāngzhāng 명 장목 | **楠木** nánmù 명 녹나무 | **低洼** dīwā 형 (주위보다) 지대가 낮은 | **淤泥** yūní 명 어니, 진흙 | **不见天日** bújiàn tiānrì 성 정치가 암담해서 희망이 보이지 않는다 | **鱼虫** yúchóng 명 물벼룩 | **矢志不移** shǐzhìbùyí 성 한 번 맹세한 것은 절대 바꾸지 않는다, 의지가 매우 굳다 | **掩埋** yǎnmái 동 묻다, 매장하다 | **忍辱负重** rěnrǔ fùzhòng 성 치욕을 참아 가며 중임을 맡다 | **沧桑** cāngsāng 명 푸른 물과 뽕나무밭 | **杀菌** shājūn 동 (햇빛 · 고온 · 약물 등으로) 살균하다 | **风韵** fēngyùn 명 (주로 여인의) 우아한 자태, 아름다움 | **坚韧不拔** jiānrèn bùbá 성 의지가 매우 강인하여 흔들리지 않다 | **拒腐防变** jùfǔ fángbiàn 성 (사상 등이) 부패하고 변질되지 않도록 하다 | **灵性** língxìng 명 (사람의 타고난) 지혜, 재능

실전문제 1

p.243

정답																				
	81	B	82	D	83	D	84	D	85	D	86	C	87	C	88	A	89	D	90	B
	91	B	92	D	93	B	94	B	95	B	96	B	97	D	98	C	99	C	100	D

81-84

毕业那年，五位同学受学校推荐去报社应聘，结果唯有刘安落选。那四位同学进了报社后，彼此默默地展开了竞争，每个人的发稿量均在报社中名列前茅，且有些颇具影响力的佳作。这时，在某中学教学的刘安，[81]落寞地连连感叹——没有给自己那样的机遇，否则，凭自己的文学功底，丝毫不会逊色于那四位同学的。而现在他只能待在校园这方天地里，难以接触到大千世界里的那些丰富多彩的人生了。

一日，刘安陪记者去大山深处采访一位剪纸老人。[82]刘安惊讶于那位一生未曾走出大山又不识字的老人高超娴熟的技艺——只见他随便地拿过一张纸。折叠几下，剪刀如笔走龙蛇，眨眼工夫，便魔术般地变成了一幅精致的作品。轻巧的构图、顺畅的线条、形态万千，那样自然、巧妙，又那样美观、大方，让他和记者看得都呆了。刘安禁不住问老人："您几乎足不出户，怎么能够剪出这么漂亮的图案？"老人笑了："因为我心里有啊，[83]心里有个精彩的世界，才能在手上表现出来呀。"刘安怦然心动：原来，自己总以为只有面对精彩的世界，才能有精彩的创造。孰不知如果暗淡了心灵，即使面对再精彩的生活，也会熟视无睹的。

此后，刘安怀着一腔热情边教书边写作，他的精美的文章频频地出现在各类报纸杂志上，他利用寒暑假采写的纪实作品也连连获奖。数年后，他又考取了研究生，成为一所高校里颇受同学敬佩的副教授，还是国内颇有名气的自由撰稿人，其名气早已远远超出那四位当初让他羡慕不已的同学。那个秋天，我和我的许多同学正为大学毕业后工作无着落或不理想而苦恼，刘安给我们讲述了自己的这段经历，整个教室里掀起了雷鸣般的掌声，大家真正读懂了黑板上的六个大字——精彩的是心灵。

졸업하던 해, 다섯 명의 학생이 학교의 추천을 받아 신문사에 지원했는데 리우안만 떨어졌다. 네 명의 친구는 신문사에 입사한 후 서로 묵묵히 경쟁을 펼쳤는데, 네 사람의 원고 발송량은 모두 신문사에서 상위권이었고 이중에는 영향력 있는 우수한 작품도 있었다. 이때 중학교에서 학생들을 가르치던 리우안은 [81] 자신에게는 그런 기회가 주어지지 않았고, 기회만 있었다면 자신의 문학적 기반으로 네 명의 친구들과 어깨를 나란히 할 수 있었을 텐데 지금 그는 단지 학교라는 세상에 갇혀 세계의 풍부하고 다채로운 인생을 누리지 못하고 있다고 연신 한탄했다.

어느 날 리우안은 기자와 함께 산속 깊은 곳에 가서 전지공예를 하는 노인을 인터뷰했다. [82] 리우안은 평생 산을 벗어난 적이 없고 글도 모르는 그 노인의 뛰어나고 숙련된 기술에 놀랐다. 그가 종이 한 장을 마음대로 쥐고 있는 모습만 보았지만 말이다. 종이를 몇 번 접은 다음 생동감 넘치고 거리낌 없이 가위질을 하더니 눈 깜짝할 사이에 마술처럼 정교한 작품으로 변했다. 가볍고 정교한 구도, 매끄러운 선, 다양한 형태는 자연스럽고 오묘하면서도 아름답고 세련되어서 지켜보고 있던 그와 기자의 넋을 나가게 했다. 리우안은 참지 못하고 노인에게 물었다. "당신은 거의 집 밖을 나서지도 않는데 어떻게 이렇게 아름다운 도안을 오려낼 수 있는 겁니까?" 노인은 웃으며 말했다. "나의 마음속에 있기 때문이죠. [83] 마음속에 다채로운 세계가 있기에 손으로 표현해낼 수 있는 거요." 리우안은 가슴이 두근거렸다. 그는 항상 다채로운 세계를 대면해야만 다채로운 창작을 할 수 있다고 여겼다. 마음이 어두우면 설령 아무리 다채로운 생활에 직면해도 알아보지 못한다는 사실은 알지 못했던 것이다.

그후 리우안은 가슴 가득 열정을 품고 학생들을 가르치며 창작을 했고, 그의 아름다운 글은 각종 신문과 잡지에 빈번하게 게재되었으며 여름, 겨울 방학을 이용하여 취재하고 기록한 작품 또한 계속하여 상을 탔다. 수년 후 그는 대학원 시험에 합격하여 대학에서 학생들의 존경을 받는 부교수가 되었고, 국내에서 명성이 자자한 프리랜서 작가로도 활동했다. 그의 명성은 이미 처음에 그가 부러워 마지않았던 네 명의 친구들을 넘어섰다. 그해 가을, 나와 나의 많은 친구들은 대학 졸업 후 일자리가 없거나 만족스럽지 않아 고민하고 있었는데, 리우안은 우리에게 자신의 경험을 들려주었고 교실에서는 우레와 같은 박수소리가 터져 나왔으며 모두들 칠판 위 '精彩的是心灵'이라는 여섯 글자의 의미를 깨달았다.

81. 刘安为什么会感慨?

A 不如同学

B 机遇不好

C 工作单位差

D 生活很单调

81. 리우안이 아쉬워한 이유는 무엇인가?

A 친구들보다 못해서

B 기회가 좋지 않아서

C 근무지가 나빠서

D 생활이 단조로워서

82. 刘安对什么感到吃惊?

A 剪纸　　B 精彩世界

C 老人的生活　　D 老人的技术

82. 리우안은 무엇을 보고 놀랐는가?

A 전지 공예　　B 다채로운 세계

C 노인의 생활　　D 노인의 기술

83. 老人为什么会剪出很漂亮的剪纸?

A 见识很广

B 经验丰富

C 生活很精彩

D 内心世界很丰富

83. 노인이 종이를 아름답게 오릴 수 있었던 이유는?

A 견문이 넓어서

B 경험이 풍부해서

C 생활이 다채로워서

D 마음의 세계가 풍부해서

84. 后来，刘安怎么了?

A 辞职了

B 当了记者

C 坚持写作

D 不再安于现状

84. 이후 리우안은 어떻게 되었는가?

A 직장을 그만두었다

B 기자가 되었다

C 창작을 계속했다

D 다시는 현실에 만족하지 않았다

해설 81. 리우안은 자신이 신문사에 들어가지 못했기 때문에 기회를 놓쳤다고 생각했다.
82. 리우안은 노인의 뛰어난 전지 공예기술에 놀랐다.
83. 노인의 말을 통해 그가 종이를 아름답게 오릴 수 있는 이유는 그에게 풍부한 마음의 세계가 있기 때문임을 알 수 있다.
84. 리우안이 한 일들을 보면, 그는 현실에 만족하지 않고 끊임없이 노력하여 새로운 성과를 거두었음을 알 수 있다.

단어 **落选** luòxuǎn 동 낙선하다 | **发稿** fāgǎo 동 원고를 전송하다, 원고를 보내다 | **功底** gōngdǐ 명 기초, 기본 | **名列前茅** míngliè qiánmáo 성 이름이나 서열이 선두에 있다 | **落寞** luòmò 형 외롭다, 쓸쓸하다 | **丝毫** sīháo 부 조금도, 추호도, 털끝만치도 | **逊色** xùnsè 명 손색 형 좋지 않다, 떨어지다, 뒤처지다 | **大千世界** dàqiān shìjiè 성 끝없이 광활한 세계 | **丰富多彩** fēngfù duōcǎi 성 풍부하고 다채롭다, 내용이 알차고 형식이 다양하다 | **未曾** wèicéng 부 (일찍이) ~한 적이 없다 | **娴熟** xiánshú 형 익숙하다, 능숙하다 | **折叠** zhédié 동 개다, 접다 | **笔走龙蛇** bǐzǒu lóngshé 성 필치에 생동감이 넘치고 거리낌 없이 분방하다 | **眨眼工夫** zhǎyǎn gōngfu 눈 깜박할 사이 | **构图** gòutú 동 구도를 잡다 | **万千** wànqiān 수 수량이 많음을 형용 | **足不出户** zúbùchūhù 성 집에서 떠나지 않다, 두문불출이다 | **怦然** pēngrán 형 두근거리다 | **孰** shú 대 누구, 어느 (것), 무엇 | **熟视无睹** shúshì wúdǔ 성 본체만체하다 | **采写** cǎixiě 동 취재하여 기사를 쓰다, 인터뷰하여 글을 쓰다 | **纪实** jìshí 명 실제 사건의 기록, 현장 기록[주로 편명 · 서명으로 쓰임] | **撰稿** zhuàngǎo 동 원고를 쓰다, 기고하다 | **着落** zhuóluò 명 나올 곳, 생길 곳 | **掀起** xiānqǐ 동 불러일으키다, 행동하게 하다 | **雷鸣** léimíng 형 (소리가) 우레 같다

85-88

我在一家知名的民营企业工作了7年。7年间，我在各个部门间调来调去，还是一个小职员。难受的是，我新调去的部门主管，[85]是个毛头小子，只读过中专。我这个科班出身且苦干多年的“老将”，怎么也想不通。毛头小子干脆果断的工作作风，在我眼中变成小人得志的轻狂。他看我的目光，也有意无意地带着几分怜悯和嘲讽。在那

나는 유명한 민영기업에서 7년 동안 일했다. 7년 동안 나는 여러 부서를 이리저리 옮겨 다녔지만 여전히 일개 사원에 불과했다. 가장 견딜 수 없었던 것은 내가 새로 옮겨간 부서의 팀장이었다. [85] 그는 젊은 애송이였고 중등전문학교밖에 나오지 않았다. 정규교육 출신에다가 여러 해 동안 열심히 일해 '베테랑'이라 자부했던 나는 도무지 납득할 수 없었다. 애송이의 명쾌하고 결단력 있는 업무태도는 내 눈에 소인이 설치는 경망스러움으로 보였다. 그가 나를 보는 눈빛도 의식적이든 무의식적이든

种环境下煎熬，我度日如年。[86]一天，因为工作问题，我与毛头小子有了一场争执，决定辞职。还有两个月就过年了，我决定有始有终，坚持到年底。做出决定后，我抑郁的心结就此解开。

此后，每天早晨上班，我一改过去摆老资格的作风，规规矩矩戴好工牌，轻声快步地走进公司。我不再计较毛头小子安排任务时的语气，不再计较哪个同事升职、哪位同事加薪，不再计较年轻同事在背后叫我外号。我仿佛又回到刚进公司时的状态，浑身是劲。我认真做好分内工作，每天带头把检验仪器擦得铿亮；我会电脑平面设计，有关部门搞活动，需要做海报或是简易广告，我利用业余时间完成，客客气气送过去。所有的理由，都只为一个——我就要走了。

我要走了，所以应该给所有人留下好印象；我要走了，所以我低头做事，不在意名利；我要走了，同事可能再没机会找我帮忙，所以我不找借口推辞。眼看离我预定的辞职日期只有一周。这天下班前，人力资源部经理打来电话，让我去她办公室。我想，今天正好去辞职也不错。刚到办公室，她就递给我一张《职员晋升提报表》，表上提议我担任部门副主管，"部门主管意见"一栏中，赫然署着毛头小子的大名。[87]我吃惊得说不出话来。

동정과 비웃음을 띠고 있었다. 이러한 환경에서 시련을 겪으며 나는 힘든 나날을 보냈다. [86]어느 날 업무문제 때문에 애송이와 논쟁을 벌였고 직장을 그만두기로 결정했다. 두 달만 지나면 새해를 맞이하기 때문에 나는 유종의 미를 거두기 위해 연말까지만 버티기로 했다. 이렇게 결정 내린 후 내 우울했던 마음의 문제는 이것으로 해결되었다.

그후 매일 아침 출근을 할 때 나는 예전에 고참행세 태도를 바꾸어서 정직하고 반듯하게 패찰을 달고 작고 빠른 걸음으로 회사로 걸어 들어갔다. 나는 더 이상 애송이가 임무를 배정할 때의 말투를 따지지 않았고, 어떤 동료가 승진을 했는지 어떤 동료의 임금이 올랐는지 더 이상 신경 쓰지 않았으며, 젊은 동료가 뒤에서 내 별명을 부르는 것을 문제 삼지 않았다. 나는 마치 이제 막 회사에 입사했을 때로 돌아간 것처럼 온몸에 기운이 넘쳤다. 맡은 일을 착실히 했고 매일 솔선수범하여 검사 측정기를 반짝반짝 광이 나게 닦았다. 나는 컴퓨터그래픽 디자인을 할 줄 알았고, 관련 부서가 이벤트를 하면 포스터나 간단한 광고를 만들어야 했는데 업무시간을 활용해 완성하며 아무 불평 없이 보내주었다. 이 모든 것은 '나는 곧 떠날 것이다'라는 한 가지 이유 때문이었다.

나는 떠난다. 그래서 모든 사람에게 좋은 인상을 남겨주어야 한다고 생각했다. 나는 떠난다. 그래서 머리를 숙이고 일을 하며 명예와 이익에 개의치 않았다. 나는 떠난다. 동료들은 더 이상 나에게 도움을 청할 기회가 없을 것이므로 거절할 구실을 찾지 않았다. 이제 예정된 사직 날짜가 일주일밖에 남지 않았다. 마지막 날 퇴근하기 전, 인사부 책임자가 내게 전화를 해서는 그녀의 사무실을 방문하라고 했다. 나는 오늘이 마침 그만두는 날이니 이것도 나쁘지 않다고 생각했다. 내가 사무실에 도착하자마자 그녀는 나에게 ≪직원 승진 제출보고서≫를 건넸다. 보고서에는 나에게 부팀장을 맡기자는 제안이 담겨 있었고 '팀장 의견'란에는 생각지도 못했던 애송이의 이름이 적혀 있었다. [87]나는 너무 놀라 아무 말도 할 수 없었다.

85. "我"为什么感到很难受?
A 职位低
B 工作不稳定
C 主管很轻狂
D 上司很年轻

85. '내'가 견디기 어려웠던 이유는 무엇인가?
A 직위가 낮아서
B 근무가 불안정해서
C 팀장이 경박스러워서
D 상사가 어려서

86. "我"为什么决定辞职?
A 工作没做好
B 上司看不起他
C 和上司闹矛盾
D 找到更好的工作

86. '내'가 직장을 그만두기로 했던 이유는 무엇인가?
A 일이 잘 되지 않아서
B 상사가 그를 무시해서
C 상사와 사이가 나빠서
D 더 좋은 일자리를 찾아서

87. 后来，"我"变得:
A 很老实
B 很烦躁
C 心胸宽广
D 喜欢和上司做对

87. 이후 '나'는 어떻게 변했는가?
A 매우 성실해졌다
B 매우 초조해졌다
C 마음이 넓어졌다
D 상사와 서로 맞서는 것을 좋아했다

88. 当"我"看到职员晋升表后，感到: A 很意外　　B 很自豪 C 很兴奋　　D 很激动	88. '나'는 직원 승진표를 본 후에 어떤 감정을 느꼈는가? A 뜻밖이었다　　B 자랑스럽게 생각했다 C 흥분했다　　D 감격했다

해설 85. '毛头小子'는 매우 어리다는 의미이다.

86. '나'는 상사와 논쟁을 벌이고 사이가 틀어져서 직장을 그만두기로 결정했다고 했다.

87. '나'는 이미 직장을 그만두려고 했기 때문에 상사나 동료와 더 이상 대립할 필요가 없었다. 두 번째 단락에서 '나'를 구체적으로 서술한 여러 상황은 퇴사 결정으로 인해 '나'의 마음이 확실히 넓어졌음을 보여준다.

88. '나'는 원래 직장을 그만두려고 했는데 오히려 승진할 기회가 생겨서 뜻밖이라고 생각했다.

단어 **民营企业** mínyíng qǐyè 명 민영기업 | **调** diào 동 옮기다, 이동하다 | **毛头** máotóu 명 풋내기, 애송이 | **中专** zhōngzhuān 명 중등전문학교(中等专业学校)의 약칭 | **科班** kēbān 명 정규교육, 훈련 | **老将** lǎojiàng 명 노장, 베테랑 | **小人得志** xiǎorén dézhì 성 소인이 득세하자 본분을 잊고 거만스레 남을 능멸하는 모양 | **轻狂** qīngkuáng 형 경망스럽다, 방정맞다 | **有意无意** yǒuyì wúyì 성 무심코, 아무 생각 없이, 자기도 모르게 | **怜悯** liánmǐn 동 연민하다, 가엾게 여기다, 동정하다 | **嘲讽** cháofěng 동 비꼬다, 풍자하다 | **煎熬** jiān'áo 동 시달리다, 시련을 겪다 | **度日如年** dùrì rúnián 성 하루를 일년같이 보내다, 힘든 나날을 보내다 | **争执** zhēngzhí 동 (자신의 의견을 굽히지 않고) 말다툼하다, 논쟁하다 | **有始有终** yǒushǐ yǒuzhōng 성 유종의 미를 거두다 | **抑郁** yìyù 형 (불만을 호소할 수 없어) 우울하다, 울적하다 | **心结** xīnjié 명 (마음속으로) 해결하기 어려운 문제, (감정상의) 갈등 | **老资格** lǎozīgé 명 고참 | **规规矩矩** guīguījǔjǔ 형 규칙을 준수하다, 정직하고 반듯하다 | **计较** jìjiào 동 계산하여 비교하다, 따지다, 언쟁하다 | **外号** wàihào 명 별명 | **浑身** húnshēn 명 전신, 온몸 | **分内** fènnèi 명 본분상 당연히 해야 하는 것 | **仪器** yíqì 명 측정기구, 관측기구 | **锃亮** zèngliàng 형 (기물 등이) 반짝반짝 빛나다, 반질반질 광이 나다 | **海报** hǎibào 명 (문예 공연 · 영화 · 운동경기 등의) 포스터, 광고전단, 벽보 | **低头** dītóu 동 머리를 숙이다, 굴복하다 | **赫然** hèrán 형 갑자기, 별안간, 느닷없이

89-92

1998年，我中专毕业了，在一家集团公司总部当收发员。我的工作大多数时间在喝茶聊天。[89]实在太无聊了，一年还没有到，我就产生了换岗的念头。听说分厂想招一名污水技术处理工。我立即到经理办公室，提出想做这份工作的请求。经理先是愣住了，然后不解地问我，为什么会有这个念头呢？我告诉经理，我读中专时曾学过污水处理的课程，现在分厂里需要这样一个人，与其从外面招，不如就在自己公司里找，我可以先去干着试试。经理还是有些不放心，他紧紧地盯着我："你知道，那个工作有多脏多累吗？你本来是总部人员，到分厂去，那是降低地位呀。再说你到了分厂，工资待遇由他们说了算，肯定没有在总部这么好了。"

经理最后批准了我的请求。[90]污水处理工作确实既脏又累，工作三班倒，非常辛苦，而工资却比收发员足足少了一半，刚开始心理确实有很大的落差，我只好把全部的热情用到工作上。一年以后，我的才能和工作热情，得到了分厂厂长的赏识，他任命我为污水处理车间副主任，我靠努力使自己的事业上了一个新台阶。

不久，有一条内部消息传入我耳中，公司准备去西部某省投资，新建一个镀膜分厂，此时正在

1998년 나는 중등전문학교를 졸업하고 한 그룹회사 본부의 문서수발원이 되었다. 나는 일하는 대부분의 시간에 차를 마시며 잡담을 했다. [89] 정말 너무 따분해서 일년도 채 되지 않아 부서를 바꾸고 싶은 생각이 들었다. 듣자니 공장에서 오수처리 기술공을 뽑는다고 했다. 나는 즉시 사장실로 가서 이 일을 하고 싶다는 요구를 제출했다. 사장은 어안이 벙벙해지더니 이해하지 못하겠다며 왜 이런 생각을 하게 되었냐고 물었다. 나는 사장에게 중등전문학교에 다닐 때 오수처리 과정을 배운 적이 있고, 지금 공장에는 이러한 사람이 필요하며 또 외부에서 사람을 채용하는 것보다는 회사 내에서 찾는 것이 나으므로 내가 먼저 가서 해보겠노라고 이야기했다. 사장은 그래도 불안해하며 나를 뚫어져라 쳐다보았다. "자네, 그 일은 지저분하고 힘든 일이라는 것을 알고 있나? 자네는 원래 본부직원인데 공장으로 가면 직위가 낮아지는 거라네. 게다가 공장으로 가면 임금도 공장에서 임의로 결정하기 때문에 분명 본부만큼 좋지 않을 거야."

사장은 결국 나의 요청을 수락했다. [90] 오수처리 일은 확실히 지저분하고 힘들고, 삼교대 근무로 매우 고됐지만 임금은 오히려 문서수발원으로 일할 때의 절반밖에 되지 않았다. 심리적으로 큰 격차를 느끼기 시작한 나는 모든 열정을 일에 쏟을 수밖에 없었다. 일년 후 나의 재능과 업무에 대한 열정이 공장장에게 높이 평가되어, 그는 나를 오수처리 현장의 부주임으로 임명했고, 나는 노력을 통해 내 일을 새로운 단계로 끌어 올렸다.

얼마 지나지 않아 회사에서 한 소식이 들려왔다. 회사가 서부 지역의 한 성에 투자하여 도금막 공장을 신축할 준비를 하고 있는데, 지금 인사이동으로 골머리를 앓고 있다는 것이었다. 그곳은 서부 산간지역에 속했기 때문에 강남 평원에 비해 조건이 많이 열악해서 모두 가고 싶어 하지 않았다. 나는 당장 서부로 가서 새 공장의 업무에 참가하겠다고 신청했다. 기획책임자

为人员调动的事而伤脑筋。因为那里属于西部山区，相对于我们江南平原，条件差很多，大家都不想去。我当即申请，去西部参加新厂的工作。筹建负责人十分高兴，当即同意了我的请求。朋友问我为什么要报名去西部？我告诉他，[91]我是在寻找自己最有价值的位置。就这样我到了西部分厂。老实说，那里的工作条件比想象中还要差，一切都要从头做起。由于人员短缺，许多事没人干，我这个基层干部被临时委任为副厂长，负责工人招聘和技术辅导。

经过一番艰苦努力，工厂顺利生产。如今几年过去了，分厂早已根深叶茂，壮大了几倍。而我也已经被调回本部，被委以副经理的重任。在这个企业里，我是三个副经理中最年轻的一位。

는 매우 기뻐하며 바로 내 요청을 수락했다. 친구는 나에게 왜 서부로 가겠다고 지원했는지 물었다. 나는 그에게 [91] 스스로에게 가장 가치 있는 위치를 찾고 있다고 말했다. 이렇게 해서 나는 서부공장에 가게 되었다. 솔직히 말하면 그곳의 근무조건은 상상했던 것보다 훨씬 열악했고, 모든 것을 처음부터 시작해야 했다. 일은 많고 인력은 부족했기 때문에 말단관리자인 나는 임시로 부공장장에 위임되었고, 사원채용과 기술지도를 책임지게 되었다.

고달픈 노력 끝에 공장은 순조롭게 생산에 돌입했다. 몇 년이 흘러 공장은 크게 발전하여 규모가 몇 배나 커졌다. 나 역시 본부로 돌아와 부사장이라는 중임을 맡게 되었다. 나는 회사 내 세 명의 부사장 가운데 가장 젊은 사람이다.

89. “我”为什么想要换工作?
A 想升职
B 工资不高
C 工作太累
D 无所事事

89. '나'는 왜 업무를 바꾸려고 했는가?
A 승진하고 싶어서
B 임금이 낮아서
C 업무가 너무 힘들어서
D 하는 일이 없어서

90. 关于“污水处理工作”，可以知道:
A 比较清闲
B 待遇不高
C 招不到工人
D 很没有前途

90. '오수처리 업무'에 관해 알 수 있는 것은?
A 비교적 한가하다
B 대우가 좋지 않다
C 직원을 뽑지 못했다
D 전망이 없다

91. 第二段中画线词语“落差”的主要意思是:
A 差别　　B 失落
C 痛苦　　D 打击

91. 두 번째 단락의 밑줄 친 '落差'의 주된 의미는?
A 차이　　B 상실감
C 고통　　D 타격

92. “我”为什么要去西部?
A 想当厂长
B 没人愿意去
C 公司委派的
D 实现自己的价值

92. '나'는 왜 서부로 가고자 했는가?
A 공장장이 되고 싶어서
B 가고 싶어하는 사람이 없어서
C 회사에서 파견되어서
D 자신의 가치를 실현하려고

해설 89. '나'는 해야 할 일이 많지 않아서 매우 따분했다고 했으므로, 다시 말해 하는 일이 없었다고 할 수 있다.
90. 임금이 예전보다 절반으로 줄었으므로 대우가 좋지 않다는 것을 알 수 있다.
91. 앞뒤 문장으로 보면, 일은 고생스러운데 소득은 적다고 언급했으므로 '나'는 상실감을 느꼈을 것이라고 짐작할 수 있다.
92. 왜 서부로 가냐는 친구의 물음에 '나'는 그곳은 '나'같은 인재가 필요하며, 그곳에서 '나'는 보다 큰 역할을 발휘하여 자신의 가치를 실현시킬 수 있다고 말했다.

단어 **收发** shōufā 동명 수발(受發)하다/공문서 수발 업무자 | **换岗** huàngǎng 동 부서를 바꾸다, 이동하다 | **污水** wūshuǐ 명 오수, 더러운 물, 폐수 | **说了算** shuōle suàn 한 말에 책임을 지다, 말한 대로 실행하다 | **批准** pīzhǔn 동 비준하다, 허가하다 | **三班倒** sānbāndǎo 명 1일 3교대제, 삼교대 | **落差** luòchā 명 격차, 차이 | **赏识** shǎngshí 동 귀히 여기다, 높이 평가하다 | **镀** dù 동 도금하다 | **伤脑筋** shāng nǎojīn 골치를 앓다, 골머리를 썩이다 | **筹建** chóujiàn 동 기획하고 건립하다 | **根深叶茂** gēnshēn yèmào 성 기초를 잘 다지면 사업이 왕성하게 뻗어 나간다

93-96

一位建筑设计大师一生杰作无数。在过完65岁寿诞之后，他向外界宣称：等完成封笔之作便“金盆洗手，归隐林泉”。一言方出，求他设计楼宇者便踏破门庭。在封笔之作中，他想打破传统的楼房设计形式，[93] 力求在住户之间开辟一条交流和交往的通道，使人们相互之间不再隔离而充满大家庭般的欢乐与温馨。

一位颇具胆识和超前意识的房地产商很赞同他的观点和理念，[94] 出巨资请他设计，果然不同凡响。令人惊异的是，大师的全新设计却叫好不叫座。炒得火热，市场反应却非常冷漠，楼盘成交额处于低迷状态，乃至创出了楼市新低。房地产商急了，责成公司信息部门去做市场调研。调研结果出来，不由得让人大跌眼镜：人们不肯掏钱买房的原因，是嫌这样的设计虽然令人耳目一新，也觉得更清爽，但邻里之间交往多了，不利于处理相互之间的关系；孩子们在这样的环境里活动空间是大了，但又不好看管；还有，空间一大，人员复杂，于防盗之类人人担心的事十分不利等等。

设计大师听到了这个反馈，心中绞痛不已，他退还了所有的设计费，办理了退休手续，与老伴回乡下老家隐居去了。临行前，他对众人感慨道：我只识图纸不识人，这是我一生中最大的败笔。我们可以拆除隔断空间的砖墙，而谁又能拆除人与人之间坚厚的心墙?

한 건축가는 일생 동안 수많은 걸작을 남겼다. 65세 생일이 지난 후, 그는 마지막 작품을 완성하면 '완전히 손을 떼고 고향으로 돌아갈 것'이라고 외부에 밝혔다. 이 한 마디로 건물설계를 부탁하는 사람들이 그의 집을 문지방이 닳도록 드나들었다. 마지막 작품에서 그는 전통적인 층집 설계형식을 타파하고, [93] 이웃들이 서로 교류하고 왕래할 수 있도록 통로를 만들어 상호 간에 더 이상 단절되지 않고 대가족처럼 즐거움과 아늑함이 가득하기를 바랐다.

담력과 식견, 시대를 앞서 가는 생각을 갖춘 한 부동산 업자는 그의 관점과 이념을 높이 평가하고 [94] 거액의 자금을 출자하여 그에게 설계를 부탁했는데, 과연 그의 설계는 예사롭지 않았다. 하지만 놀라운 점은 건축가의 참신한 설계가 호평을 얻었지만 인기를 끌지는 못했다는 것이다. 대대적인 광고에도 불구하고 시장의 반응은 매우 냉담했고, 매물 거래규모도 매우 낮은 수준으로, 심지어 부동산 시장에서 최저가를 기록하기도 했다. 부동산 업자는 다급해졌고, 회사 마케팅팀에 시장조사를 일임했다. 연구결과가 나오자 사람들은 매우 놀랄 수밖에 없었다. 사람들이 집을 사려 하지 않는 원인은 바로 설계를 마음에 들어 하지 않았기 때문이었는데, 사람들은 비록 새롭고 훨씬 쾌적하게 느껴지는 설계라 할지라도 이웃 간에 왕래가 많아지면 상호 간의 관계에 도움이 되지 않는다고 생각했다. 아이들이 이러한 환경에서는 뛰어노는 공간이 커졌을지 모르지만 또 돌보기가 어려울 것이고, 공간이 커지고 사람이 많아지면 도난 문제처럼 걱정해야 하는 일 등등이 생길 것이라고 생각했던 것이다.

건축가는 이러한 반응을 듣고 마음 아파하며 그는 모든 설계 비용을 돌려주고 자리에서 물러나 아내와 함께 고향집으로 돌아와 칩거했다. 세상을 떠나기 전 그는 사람들에게 이렇게 말했다. "나는 설계도만 볼 줄 알았지 사람은 이해하지 못했다는 것, 이것은 내 일생의 가장 큰 실수입니다. 공간을 단절시킨 담을 허물 수는 있습니다. 하지만 사람과 사람 사이의 단단한 마음의 벽은 누가 허물 수 있을까요?"

93. 设计大师封笔之作追求的目标是:

A 多元化　B 加强沟通
C 房子好卖　D 成本最小化

93. 건축가가 마지막 작품에서 추구한 목표는 무엇인가?

A 다원화　B 소통의 강화
C 잘 팔리는 집　D 비용의 최소화

94. 关于大师的设计，可以知道:

A 很普通
B 设计费很高
C 理念很陈旧
D 市场反应很好

94. 건축가의 설계에 관해 알 수 있는 것은 무엇인가?

A 매우 평범하다
B 설계비용이 높다
C 생각이 케케묵었다
D 시장의 반응이 매우 좋다

95. 第二段中画线词语“大跌眼镜”的主要意思是:

A 佩服　B 意外
C 生气　D 失望

95. 두 번째 단락의 밑줄 친 '大跌眼镜'의 주된 의미는 무엇인가?

A 탄복하다　B 뜻밖이다
C 화를 내다　D 실망하다

96. 关于设计大师，可以知道：
A 不想退休
B 愿望未能实现
C 设计水平下降
D 无人欣赏他的理念

96. 설계 대가에 관해 알 수 있는 것은 무엇인가?
A 퇴직하고 싶지 않다
B 희망을 이루지 못했다
C 설계수준이 떨어진다
D 그의 생각을 마음에 들어하는 사람이 없다

해설 93. 건축가는 통로를 만들어 모두가 더 많이 소통하게 하기 위해 벽을 허물고자 했다.
94. '거액의 자금'은 설계비용이 높다는 의미이다.
95. 앞뒤 문장의 의미로 보아 조사결과는 예상을 벗어났으므로 뜻밖에 매우 놀랐다는 뜻이라 할 수 있다.
96. 건축물은 비록 잘 지어졌지만 많은 사람이 건축가의 생각을 받아들이지는 않았다. 사람들이 보다 소통을 강화하기를 바라는 건축가의 희망은 이루어지지 않았으므로 B가 정답이다.

단어 **杰作 jiézuò** 명 걸작 | **寿诞 shòudàn** 명 생신, 생일 | **宣称 xuānchēng** 동 표명하다, 밝히다 | **封笔 fēngbǐ** 동 (작가 · 화가 등이) 창작활동을 중단하다, 절필하다 | **金盆洗手 jīnpén xǐshǒu** 성 어떤 직종에 있는 사람이 정식으로 그 직종을 떠나다, 완전히 손을 떼다 | **归隐 guīyǐn** 동 민간이나 고향으로 돌아가서 은거하다 | **林泉 línquán** 명 숨어사는 곳, 은거하는 곳 | **楼宇 lóuyǔ** 명 다층 건물의 통칭 | **门庭 méntíng** 명 문과 정원 | **开辟 kāipì** 동 길을 열다, 개척하다 | **隔离 gélí** 동 분리시키다, 떼어놓다 | **胆识 dǎnshí** 명 담력과 식견 | **超前意识 chāoqián yìshí** 명 시대를 앞서가는 의식 | **不同凡响 bùtóng fánxiǎng** 성 (문예작품 등이) 뛰어나다 | **叫座 jiàozuò** 형 (연극 · 영화 또는 배우 등이) 관객을 끌다 | **炒 chǎo** 동 (대대적으로) 선전하다, 광고하다 | **火热 huǒrè** 형 격렬하다, 치열하다 | **冷漠 lěngmò** 형 (사람이나 사물에 대하여) 냉담하다, 무관심하다 | **楼盘 lóupán** 명 (부동산의) 매물 | **低迷 dīmí** 형 활발하지 않다, 불경기의, 슬럼프의 | **新低 xīndī** 명 (수량 · 수준 등이 떨어져 세운) 최저 신기록, 최저치 | **责成 zéchéng** 동 책임지고 완성하게 하다, 일임하다 | **耳目一新 ěrmù yìxīn** 성 보고 듣는 것이 다 새롭다, 귀와 눈이 번쩍 뜨이다 | **反馈 fǎnkuì** 동 (정보나 반응이) 되돌아오다, 피드백하다 | **绞痛 jiǎotòng** 형 (주리를 틀거나 칼로 후비 듯이) 매우 아프다 | **隐居 yǐnjū** 동 은거하다, 은둔하다 | **败笔 bàibǐ** 명 (시문 · 서예 · 그림 등에서의) 결함, 흠

97-100

在非洲内陆的水域中，最强大的水生物种莫过于鳄鱼。它们仰仗其庞大的身躯和冷酷的猎杀手段成为纵横交错的河流湖泊中当之无愧的霸主。[97]令人惊叹的是，在鳄鱼的领地，有一种足以与它分庭抗礼的种群，竟是身躯只有10厘米左右的小鱼——非洲鲥鱼。非洲鲥鱼是鱼类当中的小不点，可是它们的数量多得惊人。一条河流中，其他所有鱼类的总量还不及它们的一半，这种规模优势使它们的生存显得相对的从容和有利。正因为如此，它们变得让自然界中其他生物不可小觑。

同样的生活环境，为什么独独非洲鲥鱼的数量可以超越其他的鱼类呢？其中的奥秘在于非洲鲥鱼独特的繁殖方式。众所周知，鱼类是将卵产在水里让它孵化的。可是，鱼卵在水里要面对太多的危险。[98]大鱼、水鸟、水獭、蛇、螃蟹等天敌都会把它列入自己的食谱。这也正是其他鱼类的数量难以增加的根本原因。非洲鲥鱼却独辟蹊径，没有将卵产在水里孵化。到了产卵期，非洲鲥鱼会仔细搜寻，寻找岸边有大树的水域。当它发现有树枝伸到水面，便选择距水面有一段距离的某片合适的树叶作为产房。然后，它尽力从水中跃起，[99]将身子紧

아프리카 내륙의 수역에서 가장 강대한 수생종은 악어이다. 악어는 방대한 몸집과 냉혹한 사냥 수단으로 이리저리 얽혀 있는 강이나 호수에서 강력한 맹주가 되었다. [97] 놀라운 점은 악어가 몰려 있는 지역에 악어와 서로 대립할만한 종군이 있다는 것인데, 이는 뜻밖에도 몸집이 10cm 정도밖에 되지 않는 작은 물고기, 바로 아프리카 붕어이다. 아프리카 붕어는 어류 가운데서도 크기가 매우 작은 축에 속하지만 개체 수는 놀라울 정도로 많다. 강에 있는 다른 모든 어류의 총 개체 수가 아프리카 붕어의 절반에도 미치지 못하며, 규모에서의 이러한 우위 때문에 아프리카 붕어의 생존은 상대적으로 여유 있고 유리해 보인다. 또한 이러한 이유 때문에 아프리카 붕어는 자연계의 다른 생물이 얕볼 수 없는 종이 되었다.

같은 서식환경에도 불구하고 유독 아프리카 붕어의 개체 수만 다른 어류보다 훨씬 많은 이유는 무엇일까? 그것의 비밀은 아프리카 붕어의 독특한 번식방법에 있다. 주지하다시피 어류는 수중에서 알을 낳고 부화시킨다. 그러나 물고기 알은 수중에서 매우 많은 위험에 처하게 된다. [98] 큰 물고기, 물새, 수달, 뱀, 게 등의 천적이 모두 알을 자신의 먹이로 삼는다. 이것은 또한 다른 어류의 수가 증가하기 어려운 근본적인 원인이기도 하다. 아프리카 붕어는 오히려 독자적으로 방법을 창조해냈는데, 수중에서 알을 낳아 부화시키지 않는다. 산란기가 되면 아프리카 붕어는 물가에 큰 나무가 있는 수역을 물색한다. 수면까지 뻗어있는 나뭇가지를 발견하면, 수면과 어느 정도 거리가 있는 적당한 나뭇잎을 골라 알을 낳을 장소로 삼는다. 그런 다음 물속에서 힘껏 뛰어올라 [99] 몸을 잎의 아랫부분에 딱 붙이고 알을 윗부분

紧黏附在叶片朝下的一面，将卵排在上面。卵附着在悬在水面半米高的树叶上，几乎隔绝了所有天空中陆地上以及水里的天敌。随后，它会一直待在这里，不间断地甩动尾巴，以便激起水花溅到树叶上的卵上面，保证卵始终处于湿润状态，直到小鱼孵出落到水里。正因为选择了这种独特的孵化方式，非洲鲋鱼的庞大数量才有了绝对的保障。

生存是一件极其艰难的事情，而智慧恰恰是解决所有难题的灵丹妙药。不囿于常规，全力求新求异，也许生存不仅会显得比较容易，更会焕发出夺目的性灵之光。

에 차례로 배열한다. 알은 수면보다 0.5m 높은 곳에 매달린 나뭇잎에 붙어 있어 하늘과 육지 그리고 물에 사는 모든 천적을 거의 다 차단할 수 있다. 그 다음 계속 근처에 머무르며 꼬리로 물을 끊임없이 휘저어 물보라를 일으켜 나뭇잎 위의 알까지 물이 튀게 함으로써 작은 물고기가 부화되어 수중서식을 할 수 있을 때까지 알을 계속 촉촉한 상태로 유지하려 하는 것이다. 이렇게 독특한 부화방식을 선택했기 때문에 아프리카 붕어는 개체 수를 절대적으로 유지할 수 있다.

생존은 매우 어려운 일이나 지혜는 바로 모든 난제를 해결하는 묘책이다. 관습에 얽매이지 않고 모든 힘을 다해 새로운 것을 추구하면 아마도 생존은 쉬워질 뿐 아니라 눈부신 성령의 빛을 발산하게 될 것이다.

97. 关于鲋鱼，可以知道：

A 很凶猛

B 生存艰难

C 身躯庞大

D 敢和鳄鱼抗衡

97. 아프리카 붕어에 관해 알 수 있는 것은?

A 매우 사납다

B 생존하기 어렵다

C 몸집이 거대하다

D 과감하게 악어에 맞선다

98. 为什么其他鱼类的数量很少？

A 产的鱼卵少

B 被鳄鱼吃掉了

C 鱼卵成活率低

D 没有生存的环境

98. 다른 어류의 개체 수가 적은 이유는 무엇인가?

A 산란하는 알이 적어서

B 악어에게 잡아 먹혀서

C 알의 생존율이 낮아서

D 생존환경이 없어서

99. 鲋鱼将鱼卵产在什么地方？

A 水里　　B 水草上

C 树叶上　　D 树枝上

99. 아프리카 붕어는 어디에서 알을 낳는가?

A 물속　　B 수초 위

C 나뭇잎 위　　D 나뭇가지 위

100. 上文主要介绍了：

A 鱼的种类

B 鲋鱼的生活习性

C 鳄鱼和鲋鱼的关系

D 鲋鱼的生存之道

100. 윗글이 주로 서술한 것은 무엇인가?

A 물고기의 종류

B 붕어의 생활습성

C 악어와 붕어의 관계

D 붕어의 생존방법

해설 97. 지문의 성어 '分庭抗礼'와 보기 D의 '抗衡'은 뜻이 서로 비슷하다. 나머지 보기는 붕어가 아닌 악어에 관한 내용이다.

98. 물고기 알은 다른 동물에 쉽게 잡아 먹혀 생존율이 낮다.

99. 붕어는 알이 잡아 먹히는 것을 막기 위해 나뭇잎 위에 알을 낳는다.

100. 지문이 주로 서술하는 내용은 붕어의 생존지혜에 관한 것이다. 붕어는 비록 작고 약하지만 독특한 번식방식으로 규모 상의 우위를 지켰다는 것이 주요 내용이다.

단어 **内陆** nèilù 명 내륙 | **仰仗** yǎngzhàng 동 기대다, 의지하다 | **身躯** shēnqū 명 몸, 신체, 몸집 | **猎杀** lièshā 동 사냥하여 잡아죽이다 | **纵横交错** zònghéng jiāocuò 성 얼기설기 얽혀 있다, 종횡으로 교차하다 | **当之无愧** dāngzhīwúkuì 성 (능력이 있어서) 그 임무를 맡아도 손색이 없다 | **霸主** bàzhǔ 명 (어떤 지역 혹은 영역의) 패자, 지배자 | **足以** zúyǐ 동 충분히(완전히) ~할 수 있다, ~하기에 족하다 | **分庭抗礼** fēntíng kànglǐ 성 지위가 대등하다, 상호 대립하다 | **厘米** límǐ 양 센티미터(cm) | **鲋鱼** fùyú 명 붕어 | **从容** cóngróng 형 침착하다, 조용하다 | **不可小觑** bùkě xiǎoqù 얕보아서는 안 된다 | **奥秘** àomì 명 (심오하여 남들에게 아직 알려지지 않은) 비밀 | **繁殖** fánzhí 동 번식하다, 증가하다, 불어나다 | **众所周知** zhòngsuǒ zhōuzhī 성 모든 사람이 다 알고 있다 | **卵** luǎn 명 (곤충학상의) 수정란 | **孵化** fūhuà 동 부화하다, 알을 까다 | **水獭** shuǐtǎ 명 수달 | **螃蟹** pángxiè 명 게 | **天敌** tiāndí 명 천적 | **独辟蹊径** dúpì xījìng 성 독자적으로 새로운 풍격이나 방법을 창조해 내다, 자력으로 길을 개척하다 | **产房** chǎnfáng 명 분만실 | **黏附** niánfù 동 (점성이 있는 것을) 접착하다, 부착하다 | **水花** shuǐhuā 명 물보라, 물방울 | **灵丹妙药** língdān miàoyào 성 모든 문제를 해결할 수 있는 좋은 방법, 만병통치약 | **囿于** yòuyú 동 ~에 국한되다, ~에 얽매이다 | **常规** chángguī 명 관습, 관례 | **求新** qiúxīn 동 새로운 것을 추구하다 | **焕发** huànfā 형 휘황하게 빛나다, 반짝이다 | **抗衡** kànghéng 동 맞서다, 필적하다

실전문제 2

p.250

정답																				
	81	B	82	C	83	C	84	A	85	B	86	B	87	A	88	C	89	C	90	B
	91	A	92	C	93	A	94	D	95	D	96	C	97	D	98	A	99	B	100	C

81-84

从前，有这么一个故事：一老一小两个相依为命的瞎子，每日里靠弹琴卖艺维持生活。一天老瞎子病倒了，他自知不久将离开人世，便把小瞎子叫到床头，紧紧拉着小瞎子的手，吃力地说："孩子，[81] 我这里有个秘方，这个秘方可以使你重见光明。我把它藏在琴里面了，但你千万记住，你必须在弹断第一千根琴弦的时候才能把它取出来，否则，你是不会看见光明的。"小瞎子流着眼泪答应了师父。老瞎子含笑离去。

一天又一天，一年又一年，小瞎子用心记着师父的遗嘱，不停地弹啊弹，将一根根弹断的琴弦收藏着，铭记在心。当他弹断第一千根琴弦的时候，当年那个弱不禁风的少年小瞎子已到垂暮之年，变成一位饱经沧桑的老者。他按捺不住内心的喜悦，双手颤抖着，慢慢地打开琴盒，取出秘方。

然而，别人告诉他，那是一张白纸，上面什么都没有。[82/83] 泪水滴落在纸上，他笑了。

老瞎子骗了小瞎子？

这位过去的小瞎子如今的老瞎子，拿着一张什么都没有的白纸，为什么反倒笑了？

就在拿出"秘方"的那一瞬间，他突然明白

예전에 이러한 이야기가 있었다. 눈이 보이지 않아 서로 의지하며 살아가던 한 노인과 아이가 매일 칠현금 공연으로 생계를 유지했다. 어느 날 노인은 병으로 드러눕게 되었고, 자신이 머지않아 곧 세상을 떠나게 될 것이라는 사실을 알았다. 노인은 아이를 침대 머리맡으로 불러 손을 꼭 잡고 힘겹게 말했다. "아가야, [81] 나에게 비방이 하나 있는데, 이 비방은 네가 다시 빛을 보게 할 수 있단다. 나는 이 비방을 칠현금 안에 숨겨두었지. 하지만 반드시 기억해야 할 것이 있단다. 칠현금의 천 번째 줄이 끊어져야만 비방을 꺼낼 수 있단다. 그렇지 않으면 너는 빛을 볼 수 없을 거야." 아이는 눈물을 흘리며 스승에게 그러겠노라 약속했고 노인은 미소를 지으며 세상을 떠났다.

하루 또 하루, 한해 또 한해, 아이는 열심히 스승의 유언을 되새기며 쉬지 않고 칠현금을 탔고, 끊어진 칠현금 줄을 하나씩 모으며 마음에 새겼다. 천 번째 줄이 끊어지게 되었을 때 작디작았던 그 아이는 이미 세상만사를 경험한 노인으로 변해 있었다. 그는 마음속의 기쁨을 감추지 못하고 두 손을 떨며 천천히 칠현금을 열어 비방을 꺼냈다.

그러나 이를 지켜본 사람은 이것이 그저 백지일 뿐이고 위에는 아무 것도 쓰여있지 않다고 말해주었다. [82/83] 눈물이 한 방울씩 종이 위로 떨어졌고 그는 웃었다.

노인이 아이를 속였던 것일까?

과거 아이였던 지금의 노인은 아무 것도 없는 백지를 들고 왜 웃었던 것일까?

'비방'을 꺼낸 그 순간 그는 스승의 의도를 알아차렸다. 비록 백지이지만 한 글자도 쓰여있지 않았기 때문에 훔치기 어려운

了师父的用心，虽然是一张白纸，但却是一个没有写字的秘方，一个难以窃取的秘方。只有他，从小到老弹断一千根琴弦后，才能了悟这无字秘方的真谛。

[84]那秘方是希望之光，是在漫漫无边的黑暗摸索与苦难的煎熬中，师父为他点燃的一盏希望的灯。倘若没有它，他或许早就会被黑暗吞没，或许早就在苦难中倒下。就是因为有这么一盏希望的灯的支撑，他才坚持弹断了一千根琴弦。他渴望见到光明，并坚定不移地相信，黑暗不是永远，只要永不放弃努力，黑暗过去，就会是无限光明……

비방이었다. 어린 시절부터 나이를 먹을 때까지 천 개의 줄을 끊은 그만이 이 아무런 글도 없는 비방의 참뜻을 깨달을 수 있었다.

[84] 비방은 바로 희망의 빛이었고, 끝없는 어둠과 고난의 시달림 속에서 스승이 그를 위해 붙인 희망의 등불이었다. 만일 그것이 없다면 그는 어쩌면 어둠에 잠겨버렸거나 고난 속에서 쓰러졌을 지도 모른다. 희망의 등불이라는 버팀목이 있었기에 그는 천 개의 줄을 끊을 수 있었다. 그는 빛을 보기를 간절히 바랐고, 어둠은 영원한 것이 아니며 영원히 노력을 포기하지 않는다면 어둠은 지나가고 무한한 빛이 있을 것이라고 확고하게 믿었다…….

81. 师父临死的时候:
A 帮助徒弟重见光明
B 告诉徒弟一个秘密
C 弹断了一千根琴弦
D 传授给徒弟弹琴的秘诀

81. 스승은 죽음을 앞에 두고 무엇을 하였는가?
A 제자가 빛을 다시 볼 수 있도록 도와주었다
B 제자에게 비방을 알려주었다
C 천 개의 칠현금 줄을 끊었다
D 제자에게 칠현금 타는 비결을 전수했다

82. 徒弟弹断一千根琴弦后:
A 变得更加年轻了
B 重新见到了光明
C 明白了师父说的话
D 得到了治疗眼睛的秘方

82. 제자는 천 개의 줄을 끊은 후에 어떻게 되었는가?
A 훨씬 젊어졌다
B 다시 빛을 보게 되었다
C 스승이 한 말을 이해했다
D 눈을 고치는 비방을 얻게 되었다

83. 徒弟知道秘方是一张白纸的时候的心情可能是:
A 生气　　B 失望
C 感动　　D 沮丧

83. 비방이 백지라는 사실을 알았을 때, 제자의 심정은 어떠했는가?
A 화가 났다　　B 실망했다
C 감동했다　　D 낙담했다

84. 徒弟明白了师傅的用心，这个用心是:
A 要充满希望地生活
B 刻苦勤奋才能把琴弹好
C 要耐心等待光明的来临
D 真正的秘方是不存在的

84. 제자가 깨달은 스승의 의도는 무엇인가?
A 희망을 가지고 생활해야 한다
B 고생을 참아내고 열심히 해야만 칠현금을 잘 탈 수 있다
C 인내심을 가지고 빛이 다가옴을 기다려야 한다
D 진정한 비방은 존재하지 않는다

해설 81. 스승의 말을 통해 그가 제자에게 비방을 알려주었다는 것을 알 수 있다. 나머지 보기는 지문에 제시된 정보와 부합하지 않는다.
82. 제자는 비방을 꺼냈다. 비록 아무것도 없었지만 그는 스승이 한 말의 의미를 이해했다.
83. 제자는 스승이 한 말과 스승의 의도를 이해했다. 따라서 그는 감동했을 것이라고 짐작할 수 있다. 나머지 보기는 적합하지 않다.
84. 스승은 비록 제자에게 비방을 남겨주지는 않았지만 제자에게 생활의 희망을 주었다.

단어 相依为命 xiāngyīwéimìng 성 서로 굳게 의지하며 살아가다 | 瞎子 xiāzi 명 장님, 맹인, 시각장애자 | 卖艺 màiyì 동 기예를 팔아 생활하다 | 维持 wéichí 동 유지하다, 지키다 | 吃力 chīlì 동 힘을 감당하다, 견디다 | 秘方 mìfāng 명 비방 | 琴弦 qínxián 명 거문고의 줄, 현 | 遗嘱 yízhǔ 명동 유언(하다) | 铭记在心 míngjì zàixīn 가슴에 새기다 | 弱不禁风 ruòbùjīnfēng 성 몸이 너무 약해서 바람에도 쓰러질 것 같다 | 垂暮 chuímù 명 늘그막, 노년 | 饱经沧桑 bǎojīng cāngsāng 성 세상만사의 변화를 실컷 경험하다 | 按捺 ànnà 동 통제하다, 억제하다 | 颤抖 zhàndǒu 동 벌벌 떨다 | 滴落 dīluò 동 (액체가) 한 방울씩 떨어지다 | 窃取 qièqǔ 동 (주로 추상적인 것을) 훔치다 | 真谛 zhēndì 명 진리, 참뜻, 본질 | 摸索 mōsuǒ 동 (방법 · 경험 따위를) 모색하다 | 倘若 tǎngruò 접 만일 ~한다면 | 吞没 tūnmò 동 (공공 재물이나 대신 관리하는 재물을) 착복하다, 횡령하다 | 坚定不移 jiāndìngbùyí 성 (입장 · 주장 · 의지 등이) 확고 부동하여 조금도 흔들림이 없다

85-88

工作是一种态度，它决定了我们快乐与否。同样都是石匠，同样在雕塑石像，如果你问他们："你在这里做什么？"他们中的一个人可能就会说："你看到了嘛，我正在凿石头，凿完这个我就可以回家了。"[85]这种人永远视工作为惩罚，在他嘴里最常吐出的一个字就是"累"。

另一个人可能会说："你看到了嘛，我正在做雕像。这是一份很辛苦的工作，但是酬劳很高。[86]毕竟我有太太和四个孩子，他们需要温饱。"这种人永远视工作为负担，在他嘴里经常吐出的一句话就是"养家糊口"。

第三个人可能会放下锤子，骄傲地指着石雕说："你看到了嘛，我正在做一件艺术品。"[87]这种人永远能从工作中获得乐趣，他嘴里最常吐出的一句话是"这个工作很有意义"。

天堂与地狱都由自己建造。如果你赋予工作意义，不论工作大小，你都会感到快乐。如果你不喜欢做的话，任何简单的事都会变得困难、无趣，当你叫喊着这个工作很累人时，即使你不卖力气，你也会感到精疲力竭，反之就大不相同。事情就是这样。

[88]如果你视工作为一种乐趣，人生就是天堂；如果你视工作为一种义务，人生就是地狱。检视一下你的工作态度，那会让我们都感觉愉快。

85. 第一种石匠：
A 喜欢自己的工作
B 讨厌自己的工作
C 总是受到惩罚
D 认为工作是为了赚钱

일은 일종의 태도로서 우리의 행복 여부를 결정한다. 똑같은 석공들이 똑같이 석상을 새기고 있을 때, 만약 그들에게 "당신은 여기에서 무엇을 하고 있습니까?"라고 묻는다면 그들 중 한 명은 이렇게 대답할지도 모른다. "내가 돌을 파고 있는 것을 보지 않았습니까, 이것을 다 파내면 나는 집으로 갈 겁니다." [85]이런 사람은 항상 일을 벌로 생각하며 '힘들어'라는 말을 가장 많이 내뱉을 것이다.

다른 사람은 이렇게 말할지도 모른다. "내가 조각하고 있는 것을 보지 않았습니까, 이건 매우 고된 일이긴 하지만 보수가 아주 높습니다. [86]나는 부인과 네 명의 자식이 있으니, 먹고 살아야지요." 이런 사람은 항상 일을 부담으로 생각하며 '가족을 부양해야 해'라는 말을 자주 할 것이다.

세 번째 사람은 망치를 놓고 돌 조각을 가리키며 자랑스럽게 말할지도 모른다. "내가 이 예술품을 만들고 있는 것을 보지 않았습니까." [87]이런 사람은 항상 일에서 즐거움을 얻고, '이 일은 정말 보람차'라는 말을 자주 할 것이다.

천당과 지옥은 모두 자신이 만들어내는 것이다. 만일 당신이 일에 의미를 부여한다면 일이 크든 작든 즐거움을 느낄 수 있을 것이다. 만약 당신이 하고 있는 일을 좋아하지 않는다면 어떠한 단순한 일이라도 어렵고 따분하게 변할 것이고, 이 일은 정말 고단하다고 외칠 때 힘을 들이지 않더라도 극도로 피곤할 것이며, 이와 반대는 매우 큰 차이가 있다. 일이란 것은 다 그렇다.

[88]만일 당신이 일을 즐거움으로 생각하면 인생은 천당이 되고, 일을 의무로 생각하면 인생은 지옥이 될 것이므로 당신의 업무태도를 한번 관찰해보고 모두 즐거움을 느낄 수 있도록 하자.

85. 첫 번째 석공은 어떠한가?
A 자신의 일을 좋아한다
B 자신의 일을 싫어한다
C 항상 벌을 받는다
D 돈을 벌기 위해 일을 한다고 생각한다

86. 第二段中画线词语“养家糊口”的意思可能是：
A 不得不离开家去工作
B 为了家人的生活而赚钱
C 为了自己的兴趣而工作
D 为了自己的生存而工作

87. 第三个工人认为“这个工作很有意义”是因为：
A 他喜欢工作
B 他能挣到很多钱
C 他是一个艺术家
D 他做的工作有更大价值

88. 本文作者认为：
A 工作是为了挣钱
B 要完成工作的义务
C 应该享受工作的乐趣
D 不喜欢工作会受到惩罚

86. 두 번째 단락의 밑줄 친 '养家糊口'의 의미는 무엇인가?
A 어쩔 수 없이 집을 떠나 일하러 간다
B 가족의 생활을 위해 돈을 번다
C 자신의 흥미를 위해 일한다
D 자신의 생존을 위해 일한다

87. 세 번째 석공이 '这个工作很有意义'라고 생각하는 이유는 무엇인가?
A 그가 일을 좋아해서
B 그가 돈을 많이 벌 수 있어서
C 그가 예술가이기 때문에
D 그가 하는 일이 보다 큰 가치가 있기 때문에

88. 지문에 따르면 필자의 주된 견해는 무엇인가?
A 일하는 것은 돈을 벌기 위함이다
B 일의 의무를 완성해야 한다
C 일의 즐거움을 누려야 한다
D 일을 좋아하지 않으면 벌을 받게 된다

해설 85. 첫 번째 석공은 언제나 일을 벌로 생각했기 때문에 그가 자신의 일을 싫어한다고 할 수 있다.
86. 두 번째 석공은 아내와 아이들의 생활을 위해 돈을 번다. 따라서 '养家糊口'의 의미는 가족의 생활을 위해 돈을 번다는 것임을 알 수 있다.
87. 세 번째 석공은 일 속에서 즐거움을 얻을 수 있기 때문에 그가 자신의 일을 좋아한다는 것을 알 수 있다.
88. 마지막 단락을 통해 필자는 일의 즐거움을 누려야 한다고 생각함을 알 수 있다.

단어 **与否** yǔfǒu 여부 | **石匠** shíjiang 명 석장, 석공 | **雕塑** diāosù 동 조소하다, 조각하다 | **石像** shíxiàng 명 석상 | **凿** záo 동 (끌이나 정으로) 구멍을 파다, 홈을 내다 | **惩罚** chéngfá 명동 징벌(하다) | **吐出** tǔchū 뱉어내다 | **酬劳** chóuláo 명 보수, 사례금 | **温饱** wēnbǎo 명 따뜻하고 배부른 생활 | **养家糊口** yǎngjiā húkǒu 성 집안 식구를 가까스로 부양하다 | **锤** chuí 동 쇠망치로 치다, 단련하다 | **卖力气** mài lìqi 형 전심전력하다, 최선을 다하다 | **精疲力竭** jīngpí lìjié 성 기진맥진하다 | **大不相同** dàbùxiāngtóng 성 크게 다르다, 매우 큰 차이가 있다 | **检视** jiǎnshì 동 검시하다

89-92

有一个女孩，高中毕业后没有考上大学，被安排在本村的小学教书。[89]但她的表达能力不好，学生不喜欢她讲课。她不到一星期就回了家。

母亲安慰她：“满肚子的东西，有的人倒得出来，有的人倒不出来，你不会教书不要紧，也许有更合适的事情等着你去做。”

[90]后来，这女孩先后当过纺织工，干过市场管理员，做过会计，但是无一例外都半途而废了。

[91]然而，每次女儿失败回来，母亲总是安慰她，从来没有抱怨的话。

30岁的时候，女儿做了聋哑学校的一位辅导员，后来又开办了一家自己的残障学校，并且在许

한 여자아이가 고등학교 졸업 후 대학에 들어가지 못해 마을의 초등학교에서 학생들을 가르치게 되었다. [89] 그러나 그녀는 표현능력이 좋지 못해 학생들이 그녀의 수업을 싫어했다. 그녀는 일주일도 채 되지 않아 집으로 돌아갔다.

어머니는 "뱃속에 가득한 것을 어떤 사람은 쏟아낼 수 있지만 어떤 사람은 쏟아내지 못한단다. 네가 학생들을 가르치지 못하더라도 괜찮아. 아마 더 적합한 일이 너를 기다리고 있을 거야."라며 그녀를 위로했다.

[90] 그후 이 여자아이는 잇달아 방직공이 되었다가 시장 관리자로 일하기도 했다가 회계를 업무를 맡아보기도 했으나 예외없이 모두 중도에 포기했다.

[91] 그러나 매번 그녀가 실패를 하고 돌아와도 어머니는 원망하는 말을 한 번도 하지 않았고, 오히려 항상 그녀를 위로해주었다.

多城市开办了残障人用品连锁店，有了自己的一片天地。

有一天，功成名就的女儿问母亲："那些年我连连失败，自己都觉得前途非常渺茫，可你为什么总对我那么有信心呢？"母亲的回答朴素而简单："[92]一块地，不适合种麦子，可以试试种豆子；豆子也种不好的话，可以种瓜果；瓜果也种不好的话，也许能种荞麦。终归会有一粒种子适合它，也总会有属于它的一片收成。"

30세가 되었을 때 딸은 농아학교의 지도원이 되었고, 이후 자신의 장애인 학교를 설립했으며 또한 많은 도시에서 장애인 용품 체인점을 개업하여 자신만의 영역을 개척하게 되었다.

어느 날 성공과 명성을 얻게 된 딸이 어머니에게 "여러 해 동안 내가 계속해서 실패했을 때 스스로도 앞길이 매우 막막했는데, 어머니는 어떻게 항상 나에 대한 믿음이 있었어요?"라고 물었다.

어머니의 대답은 소박하고 간단했다. "[92] 한 뙈기의 밭이 밀을 심기에 적합하지 않다면 콩을 심어볼 수 있어. 콩도 심기에 나쁘다면 과일을 심어볼 수 있지. 과일도 심기에 나쁘다면 어쩌면 메밀을 심을 수 있을 거야. 결국에는 적합한 씨앗이 나올 테고, 또한 이에 따른 수확은 항상 생기기 마련이지."

89. 女孩离开小学回家的原因是：

A 不喜欢这个工作

B 有更适合的工作了

C 不能做好这个工作

D 母亲希望她换个工作

89. 딸이 초등학교를 떠나 집으로 돌아온 이유는 무엇인가?

A 그 일을 좋아하지 않아서

B 보다 적합한 일이 생겨서

C 이 일을 잘할 수 없어서

D 어머니가 직업을 바꾸기를 바라셔서

90. 第三段中画线词语"半途而废"的意思最可能是：

A 浪费了很多时间

B 没有做完就放弃了

C 用一半时间就做完了

D 做的工作不适合自己

90. 세 번째 단락의 밑줄 친 '半途而废'에 가장 근접하는 의미는 무엇인가?

A 많은 시간을 낭비했다

B 일을 끝내지 않고 포기했다

C 절반의 시간을 들여 일을 끝냈다

D 하는 일이 자신에게 적합하지 않다

91. 女孩的母亲，说法正确的是：

A 一直对女孩很宽容

B 对女孩失去了信心

C 有着丰富的种地经验

D 相信女儿能做个好教师

91. 어머니에 관한 내용 중 옳은 것은 무엇인가?

A 줄곧 딸에 대해 너그러웠다

B 딸에 대한 믿음을 잃어버렸다

C 풍부한 농사 경험이 있다

D 딸이 좋은 교사가 될 수 있다고 믿는다

92. 上文主要告诉我们：

A 人生要多经历一些事情

B 要坚持自己所做的选择

C 要努力寻找适合自己的生活

D 不应该轻易做出自己的选择

92. 지문이 우리에게 알려주고자 하는 것은 무엇인가?

A 인생은 많은 일을 겪어보아야 한다

B 자신이 한 선택을 견지해야 한다

C 자신에게 적합한 생활을 찾기 위해 노력해야 한다

D 함부로 스스로의 선택을 해서는 안 된다

해설 89. 딸은 표현능력이 좋지 못해 수업을 잘할 수 없었다.

90. 딸은 여러 번 직업을 바꾸었고 매번 실패하고 돌아왔다. 그러므로 '半途而废'의 의미는 B의 내용임을 알 수 있다.

91. 딸이 여러 번 실패했지만 어머니는 한 번도 원망한 적이 없었고 언제나 그녀를 위로했다. 따라서 어머니는 딸에 대해 항상 너그러웠다는 것을 알 수 있다.

92. 마지막 어머니의 말을 보면, 사람은 자신에게 적합한 생활을 찾기 위해 노력해야 한다는 것이 그녀의 생각임을 알 수 있다.

단어 **讲课 jiǎngkè** 통 강의하다, 학문이나 기술을 가르치다 | **安慰 ānwèi** 통 위로하다, 안위하다 | **纺织工 fǎngzhīgōng** 명 방직공 | **会计 kuàijì** 명 회계, 경리 | **无一例外 wúyílìwài** 성 하나도 예외가 없다 | **半途而废 bàntú'érfèi** 성 일을 중도에 그만두다, 도중에 포기하다 | **聋哑 lóngyǎ** 형 귀가 먹고 말도 못하다 | **残障 cánzhàng** 명 불구, 장애, 장애인 | **功成名就 gōngchéng míngjiù** 성 공을 세워 이름을 떨치다 | **渺茫 miǎománg** 형 아득하다, 막연하다, 막막하다 | **朴素 pǔsù** 형 소박하다, 화려하지 않다 | **荞麦 qiáomài** 명 메밀 | **终归 zhōngguī** 부 결국에는, 마침내, 어쨌든

93-96

那天，因为去乡下的泥路上开了一趟，回到城里后我便打算清洗一下车子。恰好看到路边有一块"洗车10元"的牌子，我便按照牌子上的箭头所指把车给开了过去。[93]那洗车店在路的尽头，是属于一个比较冷清的地方，如果没有那牌子的指引根本没人会找到这个地方。洗车店也很简陋，是两间小平房，只是在屋前摆放了几样洗车的水枪和水桶等工具，其洗车条件和那些在路边显眼的大洗车店是不可相提并论的。我想我只是来洗车的，只要把车子洗干净就行，也就不再讲究这些了。

一旁的几个工人忙碌着给我洗车，我无聊地看着那几个工人给我洗车，虽然这店很是简陋，可洗车的程序却和别的店并无区别，撒泡沫、擦拭，再用清水冲洗干净，我那辆本来满是泥泞的车就一下子变得光亮如新了。就在我以为那车已洗好了时候，[94]店主却从一旁拉过一台吸尘器，亲自为我吸起车内的灰尘来。我倒是挺奇怪的，因为在这个小城里洗车，为了赶时间，极少有洗车店会主动给顾客吸车内的灰尘。一般都是在车主的要求下才会不情愿地吸上几下。可那店主显得很认真，拿着吸尘器将车的前前后后都吸了个遍，遇到不干净的地方，还拿来清洁剂和毛巾擦拭几下。忙活了好一会儿，店主才将车内吸附干净。我付了钱刚想上车，店主却叫住了我。我以为是我付的钱不够，可那牌子上明明是写着这个价，一下子我的心底里就生出对这店主的厌恶。[95]店主却笑着从一旁取来一块垫子，放在我的车门边，示意我可以上车。我这才明白这是店主的一番好意，因为洗了车，车旁边全是污水了，店主是让我踩在垫子上进入车内，这样就不会弄脏刚洗干净的车子了。

坐进车子，我感到车内的空气变得清新，我知道是我对这个洗车店的感觉起了变化，这个偏僻的洗车店用几个小小的细节俘虏了我，我早已决定下次洗车还来这个地方。不但如此，在以后的日子里，我还为这个偏僻的洗车店介绍了好些朋友去洗车，而朋友洗完车回来告诉我，那里的细节服务也感动了他们，他们也介绍了好些朋友去那洗车。我知道这家简陋的洗车店能生存下去的答案了，[96]就是用心去服务客人，而心与心的交融是最让人感动的。

그날 지방으로 가려고 흙탕길을 달려갔기 때문에 도시로 돌아온 후 나는 깨끗하게 세차를 하려고 했다. 마침 길가에 '세차 10위안'이라는 팻말 하나를 보고, 팻말의 화살표를 따라 차를 몰고 갔다. [93] 길 끝에 위치한 세차장은 비교적 한산한 곳에 있었다. 만일 팻말의 안내가 없었다면 이곳을 찾을 수 있는 사람은 없을 것이다. 두 공간으로 나누어진 세차장은 매우 초라하여 세차장 앞에는 세차를 위한 분사기와 물통 등 몇 가지 도구만 놓여있을 뿐이어서, 이 세차장의 여건은 길가에 이목을 끄는 대형세차장과 비교할 수 없을 정도로 열악했다. 나는 단지 세차를 하러 그곳에 갔고, 세차만 깨끗이 하면 그만이었기 때문에 더 이상 이런 것들에 신경 쓰지 않았다.

옆에 있던 몇몇 직원들이 바쁘게 내 차를 닦았고 나는 그 직원들이 세차하는 모습을 무료하게 바라보고 있었다. 비록 세차장 자체는 초라했지만 세차방식은 여타 다른 세차장과 전혀 다르지 않았다. 거품을 내고, 닦고, 다시 깨끗한 물로 말끔히 씻어냈다. 진흙으로 엉망진창이었던 내 차는 단번에 새것처럼 빛이 났다. 이미 세차가 끝났다고 생각했을 때 [94] 세차장 주인이 진공청소기를 들고 오더니 직접 차 안의 먼지를 빨아들였다. 나는 매우 의아했다. 왜냐하면 이 작은 도시에서 세차를 할 경우 시간을 맞추기 위해 자발적으로 차 안의 먼지를 청소해주는 세차장은 거의 없기 때문이다. 대부분 차 주인이 요구할 때만 어쩔 수 없이 대충 청소해주곤 한다. 그러나 이 세차장 주인은 매우 열심이었고, 진공청소기를 가져와 차의 앞뒤를 모두 청소하고, 청소가 안 된 부분을 발견하면 세척제와 수건을 가지고 와서 몇 번 더 닦았다. 한참을 일하더니 주인은 차 내부도 깔끔하게 정리했다. 세차비용을 지불하고 차에 오르려 할 때 주인은 나를 불러 세웠다. 팻말 위에는 분명히 이 가격이 명시되어 있었기 때문에 내가 지불한 돈이 부족해서 인 줄 알고, 갑자기 나는 속으로 세차장 주인에 대한 혐오감이 생겼다. [95] 그러나 주인은 웃으며 옆에서 깔개 하나를 꺼내 차문 앞에 놓고는 내게 차를 타도 된다는 표시를 했다. 나는 그제서야 이것이 주인의 호의라는 것을 알았다. 세차한 후 주변이 온통 오수로 가득했기 때문에 주인은 나에게 깔개를 밟고 차에 타게끔 한 것이다. 이렇게 하면 방금 깨끗하게 닦은 차를 더럽히지 않아도 되니까 말이다.

차에 오른 나는 차 내부 공기가 산뜻하게 바뀐 것을 느꼈고, 이 세차장에 대한 나의 생각도 바뀌었다. 이 외진 세차장은 몇몇 사소한 서비스로 나를 사로잡았고, 다음 번 세차 역시 이곳에서 하기로 마음먹었다. 이뿐만이 아니다. 이후 나는 여러 친구들에게 이 외진 세차장을 소개해주었고, 친구들 역시 세차를 하고 돌아와 그곳의 세심한 서비스에 감동했다고 말하며 그들도 여러 친구들에게 다시 소개해주었다고 한다. 나는 이 초라한 세차장이 경영을 이어갈 수 있었던 해답을 찾았다. [96] 바로 심혈을 기울여 고객에게 서비스하고 마음으로 대하는 것, 이것이야 말로 가장 사람을 감동시킨다.

93. 关于洗车店，可以知道：
A 很偏僻
B 店面很大
C 生意比较差
D 设备很先进

93. 세차장에 관해 알 수 있는 것은 무엇인가?
A 외지다
B 가게가 크다
C 장사가 잘 되지 않는다
D 설비가 최신식이다

94. “我”对什么感到很奇怪？
A 店主的话
B 洗车的价格
C 洗车的程序
D 清理车内的灰尘

94. ‘나’는 무엇을 보고 의아해 했는가?
A 가게 주인의 말
B 세차 가격
C 세차 순서
D 차 안의 먼지를 깨끗이 청소하는 것

95. 店主为什么叫住“我”？
A 没有付钱
B 让我介绍生意
C 车还没有洗好
D 给我垫脚的东西

95. 가게 주인이 ‘나’를 불러 세운 이유는 무엇인가?
A 돈을 내지 않아서
B 나에게 사업을 소개하게끔 하려고
C 차가 아직 잘 닦이지 않아서
D 나에게 발로 밟을 물건을 주려고

96. 洗车店生存下去的理由是：
A 收费合理
B 房租便宜
C 真诚服务
D 工人工资低

96. 세차장이 생존할 수 있었던 이유는 무엇인가?
A 합리적인 비용
B 값싼 임대료
C 진실한 서비스
D 낮은 임금

해설 93. 세차장 위치에 대한 서술을 통해 외진 곳에 있다는 것을 알 수 있다.
94. ‘나’는 가게 주인이 차 안의 먼지를 깨끗이 정리하는 것을 보고 의아했다.
95. 가게 주인은 깔개를 꺼내 차문 쪽에 놓고 ‘내’가 깔개 위에 서서 차를 타게끔 했다고 했다.
96. 세차장은 심혈을 기울여 봉사하고, 진실하게 손님을 대한다. 이것이 바로 세차장이 생존할 수 있는 이유이다.

단어 **泥路 nílù** 명 진창길. 흙탕길 | **清洗 qīngxǐ** 동 깨끗하게 씻다 | **箭头 jiàntóu** 명 화살표 | **尽头 jìntóu** 명 막바지. 말단. 말미 | **简陋 jiǎnlòu** 형 (가옥 · 설비 등이) 초라하다. 누추하다 | **水枪 shuǐqiāng** 명 분사관창[물을 높고 먼 곳까지 분사시킬 수 있는 소방 기구의 일종] | **显眼 xiǎnyǎn** 형 눈에 띄다. 두드러지다 | **相提并论 xiāngtíbìnglùn** 성 (성질이 다르거나 차이가 크게 나는 사람이나 사물을) 같이 이야기하다. 한데 섞어 논하다 | **泡沫 pàomò** 명 (물)거품. 포말 | **擦拭 cāshì** 동 닦다 | **泥泞 nínìng** 명 진창 | **吸尘器 xīchénqì** 명 진공청소기 | **灰尘 huīchén** 명 먼지 | **清洁剂 qīngjiéjì** 명 청정제. 세척제 | **垫子 diànzi** 명 깔개. 매트 | **示意 shìyì** 동 (동작 · 표정 · 함축된 말 등으로) 의사를 나타내다. 뜻을 표시하다 | **偏僻 piānpì** 형 외지다. 구석지다 | **俘虏 fúlǔ** 동 (사상이나 세력에) 사로잡히다. 포로가 되다 | **交融 jiāoróng** 동 한데 융합하다. 뒤섞이다. 어우러지다

97-100

一位技艺高超的走钢丝的演员准备给观众带来一场没有保险带保护的表演，而且钢丝的高度提高到16米。海报贴出后，立即引来了大批观众。[97]他们都想知道这位演员如何在没有保护的情况下，从容自若地在细细的钢丝上完成一系列的高难度动作。这样的表演，他早就胸有成竹，有十二分的把握走好。

演出那天，观众黑压压坐满了整个表演现场。他一出场，就引来全场观众热烈的掌声。他慢慢爬上了云梯，助手在钢丝尽头的吊篮中把平衡木交给他。他站在16米的高空中，微笑着对观众挥挥手。观众再次发出雷鸣般的掌声。他开始走向钢丝，钢丝微微抖着，[98]但他的身体像一块磁石一样粘在钢丝上，一切动作都如行云流水。助手站在钢丝的一端紧张而又欣赏地看着他，暗暗为他加油。突然，他停止了表演。刚才还兴奋的观众马上被他的动作吸引住了，认为他有更为惊险的动作，整个表演场地马上平静下来。但助手觉得这极不正常，助手马上意识到他可能遇上了麻烦。他背向着助手，助手不知道发生了什么。助手只是感觉到钢丝越来越抖，他在竭力平衡自己的身体。助手的额头渗出了细密的冷汗。经验丰富的助手知道此刻不能向他问话，否则会让他分心，导致难以想象的后果。助手全身微微抖着，紧张地看着空中的他。时间一秒一秒地过去，突然他开始向钢丝另一头走了一步，然后动作又恢复了正常。助手长长松了一口气。他很快表演完了，从云梯上回到地面。人们发现他的眼睛血红，好像还有泪痕。

演员们全都围了过来。他到处找他的助手，见助手从人群外跑来，他一把抱住了助手说：“兄弟，谢谢你。刚才一阵微风吹下了屋顶的灰尘，掉入了我的眼睛，[99]我在16米高空中‘失明’了。我的第一个念头就是我今天命该如此，但我心又不甘，我对自己说，我应该坚持，我在心中一秒一秒地数着，就在刹那之间，我感觉到泪水来了，这是救命的圣水。它很快把灰尘冲了出来。[100]但是，如果你那时唤我一声，我肯定会分心或者依赖你来救助，但这样做谁都知道后果是什么。”他刚说完，所有人都为他和他的助手鼓起掌来。

기예가 뛰어난 한 외줄타기 배우가 관중들에게 안전띠의 보호가 없는 공연을 선사할 준비를 했다. 또한 줄의 높이는 16m까지 높였다. 포스터가 붙고 난 후 바로 많은 관중이 몰려들었다. [97] 관중들은 모두 이 배우가 어떻게 아무런 보호장치가 없는 상황에서 침착하게 가느다란 줄을 타고 고난도 동작을 완성하는지 알고 싶었다. 이 공연을 위해 그는 이미 모든 준비가 되어 있었고, 해낼 수 있다는 확신이 있었다.

공연 당일, 공연장은 관중들로 가득했다. 그가 무대에 오르자 관중들은 열렬한 박수를 보냈다. 그는 천천히 사다리를 기어 올라갔고, 조수는 줄 끝에 있는 안전대에서 평균대를 그에게 건넸다. 그는 16미터 고공에 서서 미소를 지으며 관중에게 손을 흔들었다. 관중들은 다시 우레와 같은 박수를 보냈다. 그는 줄을 타기 시작했고, 줄은 미세하게 흔들리고 있었다. [98] 그러나 그의 몸은 마치 자석처럼 줄 위에 붙어 있었고 모든 동작은 마치 떠다니는 구름과 흐르는 물 같았다. 조수는 줄 한쪽 끝에 서서 긴장하면서도 감상하듯이 그를 바라보며 마음속으로 응원했다. 갑자기 그가 공연을 멈추었다. 방금 전까지 흥분했던 관중들은 바로 그의 동작에 시선을 사로잡혔고, 그가 훨씬 손에 땀을 쥐게 하는 동작을 보여줄 것이라고 생각해 공연장 전체는 이내 조용해졌다. 그러나 조수는 매우 이상하다고 느꼈고 바로 그에게 문제가 생겼다는 것을 알았다. 그는 조수를 등지고 있어서 조수는 무슨 일이 일어났는지 알지 못했다. 조수는 단지 줄이 갈수록 흔들리고 있으며, 그는 있는 힘을 다해 몸의 균형을 잡으려고 한다는 것밖에 느끼지 못했다. 조수의 이마에는 식은땀이 흘렀다. 조수는 경험이 풍부했기 때문에 지금 그에게 질문해서는 안 되며, 그렇지 않으면 마음이 분산되어 상상할 수 없는 결과를 가져올 것이라는 것을 알고 있었다. 조수는 온몸이 조금씩 떨렸고 긴장하며 공중에 있는 그를 바라봤다. 시간이 일 초 이 초 흐르자 갑자기 그가 다른 쪽을 향해 한걸음 내딛기 시작했고 동작은 다시 정상으로 되돌아갔다. 조수는 안도의 한숨을 내쉬었다. 그는 공연을 재빨리 끝마치고 사다리에서 땅으로 내려왔다. 사람들은 그의 충혈된 눈과 눈물을 흘린 것 같은 흔적을 보았다.

배우들이 모두 그를 둘러쌌다. 그는 계속 조수를 찾았고 조수가 사람들 사이에서 달려오는 것을 보았다. 그는 조수를 안으며 이렇게 말했다. “동생, 고마워. 방금 바람이 불어서 지붕의 먼지가 내 눈으로 들어갔었어. [99] 나는 16m 고공에서 눈 앞이 캄캄했었어. 처음 든 생각은 ‘나는 오늘 이렇게 될 운명이구나’였어. 하지만 마음을 다잡고 스스로에게 반드시 버텨야 한다고 말했어. 마음속으로 일 초 이 초 세고 있었는데 바로 눈물이 나오는 것을 느꼈지. 이것은 내 목숨을 구해줄 성수였어. 덕분에 먼지가 흘러나왔어. [100] 하지만 네가 그때 나를 불렀다면 나는 아마 마음이 분산되었거나 네가 나를 구조하기를 기다렸을 거야. 그러나 그렇게 하면 결과가 어떠할지 누구나 다 알고 있지.” 그가 말을 끝내자 모든 사람은 그와 그의 조수를 위해 박수를 쳤다.

97. 表演为什么会引来很多观众?
A 演员很有名
B 宣传做得好
C 演员技艺高超
D 表演的难度系数高

97. 공연이 어떻게 많은 관중을 끌어들일 수 있었는가?
A 배우가 유명해서
B 홍보를 잘해서
C 배우의 기예가 뛰어나서
D 공연의 난이도가 높아서

98. 第二段中画线词语"行云流水"的主要意思是:
A 很顺利　　B 很优美
C 很惊险　　D 很正常

98. 두 번째 단락의 밑줄 친 '行云流水'의 주된 의미는 무엇인가?
A 순조롭다　　B 아름답다
C 아슬아슬하다　　D 정상적이다

99. 那位演员为什么突然停止了表演?
A 故意吸引观众
B 眼睛看不见了
C 不敢再往前走了
D 想做更惊险的动作

99. 배우 갑자기 공연을 멈춘 이유는 무엇인가?
A 일부러 관중을 사로잡으려고
B 눈이 보이지 않아서
C 더 이상 앞으로 가지 못해서
D 보다 아슬아슬한 동작을 하고 싶어서

100. 那位演员为什么要感谢助手?
A 给了他力量
B 为他暗暗加油
C 没有让他分心
D 帮助他平衡了身体

100. 배우가 조수에게 고마워한 이유는 무엇인가?
A 그에게 힘을 주어서
B 그를 위해 몰래 응원해주어서
C 그의 마음이 분산되지 않게 해주어서
D 그가 몸의 균형을 잡을 수 있게 도와주어서

해설 97. 모두가 흥미를 가지는 것은 배우가 어떻게 높은 곳에서 안전장치도 없이 고난도 동작을 완성하는가 하는 것이다. 따라서 D가 정답이다.
98. 지문을 통해 배우의 동작이 매우 훌륭했고 순조롭게 진행되었음을 알 수 있다.
99. 공연 후 그가 조수에게 한 말을 보면 그가 당시에 먼지로 인해 눈이 잘 보이지 않았다는 것을 알 수 있다.
100. 배우는 조수가 그에게 아무 말도 하지 않고, 그의 마음이 분산되지 않게 해주었기에 몰두해서 공연을 완성할 수 있었다고 하였으므로 답은 C이다.

단어 **高超 gāochāo** 형 뛰어나다, 훌륭하다 | **走钢丝 zǒugāngsī** 명 (곡예에서) 외줄타기 | **保险带 bǎoxiǎndài** 명 안전벨트, 안전띠 | **从容自若 cóngróng zìruò** 성 태연자약하다, 침착하고 태연하다 | **胸有成竹 xiōngyǒu chéngzhú** 성 일을 하기 전에 이미 모든 준비가 되어 있다 | **十二分 shí'èrfēn** 형 대단한, 아주, 매우 | **黑压压 hēiyāyā** 형 (사람이나 물건 등이 많이 밀집된 것을 나타내어) 새까맣다 | **云梯 yúntī** 명 성(城)을 공격하거나 불을 끄는 데 사용하던 긴 사다리 | **吊 diào** 동 (끈 따위로 매서) 내려놓다, 들어올리다 | **挥手 huīshǒu** 동 손을 흔들다, 내젓다 | **雷鸣 léimíng** 동 천둥이 치다, (소리가) 우레와 같이 울리다 | **抖 dǒu** 동 떨다, 진동하다, 흔들다 | **磁石 císhí** 명 자철광, 자철석 | **行云流水 xíngyún liúshuǐ** 성 떠다니는 구름 같고 흐르는 물 같다 | **惊险 jīngxiǎn** 형 아슬아슬하다, 손에 땀을 쥐게 하다 | **渗出 shènchū** 동 스며 나오다, 배어 나오다 | **冷汗 lěnghàn** 명 식은땀, 마른땀 | **松一口气 sōngyìkǒuqì** 한숨이 놓이다, 한시름 놓다 | **泪痕 lèihén** 명 눈물 흔적(자국) | **救助 jiùzhù** 동 구조하다, 도와 주다

실전모의고사 1

p.258

정답																				
	51	B	52	C	53	A	54	B	55	C	56	A	57	B	58	C	59	A	60	B
	61	D	62	C	63	C	64	A	65	B	66	C	67	B	68	C	69	B	70	C
	71	D	72	C	73	B	74	A	75	E	76	A	77	E	78	B	79	D	80	C
	81	B	82	C	83	D	84	D	85	A	86	B	87	B	88	D	89	B	90	B
	91	C	92	D	93	B	94	A	95	D	96	D	97	D	98	D	99	D	100	B

제1부분

51

A 所谓生态农业，就是按照生态规律来发展农业。
B 活字印刷术是一位中国宋朝的平民发明家毕昇发明的。
C 到了夏天，雪碧、可乐等碳酸饮料往往深受消费者青睐。
D 大学毕业后，他主动要求到这所偏远的学校当英语教师。

A 이른바 생태농업이란 생태규율에 따라 농업을 발전시키는 것이다.
B 활자인쇄술은 중국 송나라의 평민 발명가 필승이 발명한 것이다.
C 여름이면 사이다, 콜라 등 탄산음료가 소비자의 사랑을 크게 받곤 한다.
D 대학 졸업 후 그는 자발적으로 이 외진 학교로 와서 영어 교사가 되고자 했다.

정답 B 活字印刷术是中国宋朝的一位平民发明家毕昇发明的。

해설 수량사 '一位'와 '中国宋朝的'의 순서가 적절하지 않으므로 위치를 서로 바꾸어야 한다.

단어 生态农业 shēngtài nóngyè 명 생태농업, 환경친화적 농업 | 按照 ànzhào 전 ~에 의해, ~에 따라 | 规律 guīlǜ 명 규율, 법칙, 규칙 | 印刷 yìnshuā 동 인쇄하다 | 雪碧 Xuěbì 명 스프라이트[탄산음료의 한 브랜드 명칭] | 碳酸饮料 tànsuān yǐnliào 명 탄산음료 | 青睐 qīnglài 명 총애, 호감, 인기 | 偏远 piānyuǎn 형 궁벽하다, 외지다

52

A 观看日食时不能直接用肉眼，以免对眼睛造成伤害。
B 新建成的立交桥将大大缓解市区交通高峰期的拥堵问题。
C 我跟他是大学同学，无论是学习还是工作，都给人留下了深刻的印象。
D 将一捧盐放进一杯水里，杯中的水平面不仅不会升高，反而会有所降低。

A 일식을 볼 때 눈이 다치지 않으려면 맨눈으로 직접 보아서는 안 된다.
B 새로 세워진 입체교차로는 시내 교통 러시아워의 정체 문제를 크게 완화시킬 것이다.
C 나와 그는 대학동창인데, 그는 공부든 일이든 모두 사람들에게 깊은 인상을 남겼다.
D 소금 한 움큼을 물에 넣으면, 컵 안의 수평면이 높게 올라가기는커녕 오히려 조금 낮아진다.

정답 C 我跟他是大学同学，无论是学习还是工作，他都给人留下了深刻的印象。

해설 '无论…都…' 구문에 명확한 주어가 없다.

단어 观看 guānkàn 동 보다, 참관하다, 관람하다 | 日食 rìshí 명 일식 | 肉眼 ròuyǎn 명 육안, 맨눈 | 以免 yǐmiǎn 접 ~하지 않도록, ~않기 위해서 | 伤害 shānghài 동 (몸을) 상하게 하다, 다치게 하다 | 立交桥 lìjiāoqiáo 명 입체교차로 | 缓解 huǎnjiě 동 (정도를) 완화시키다, 호전시키다 | 交通高峰期 jiāotōng gāofēngqī 명 러시아워(rush hour) | 拥堵 yōngdǔ 동 (사람이나 차량 등이 한데 몰려) 길이 막히다, 꽉 차다 | 捧 pěng 양 물건을 한 손으로 움켜쥔 분량을 세는 단위 | 降低 jiàngdī 동 내려가다

53

A 知道了事情的真相后，我在心里由衷地感谢他。	A 일의 진상을 알고 난 후, 나는 진심으로 그에게 고마워했다.
B 从她的脸上，我看到了一种与年龄并不相符的镇静和成熟。	B 그녀의 얼굴에서 나는 그녀의 나이와 전혀 어울리지 않는 침착함과 성숙함을 보았다.
C 人到了老年，眉毛虽会变白、变稀，但一般不会出现脱眉现象。	C 사람은 노년이 되면 눈썹이 하얘지고 드물어지지만, 일반적으로 눈썹이 빠지는 현상은 나타나지 않는다.
D 热饮热食不但对食物的消化吸收不利，而且与肿瘤的发生有关。	D 뜨거운 음료와 뜨거운 음식은 음식물의 소화 흡수에 도움이 되지 않을 뿐만 아니라 종양의 발생과도 관련이 있다.

정답 A 知道了事情的真相后，我由衷地感谢他。

해설 '心里'와 '由衷'의 의미가 중복된다. '由衷' 자체에 '마음속에'라는 의미가 포함되어 있다.

단어 由衷 yóuzhōng 형 충심의, 마음속에서 우러나오는 | 相符 xiāngfú 동 서로 일치하다, 서로 들어맞다 | 镇静 zhènjìng 형 냉정하다, 침착하다 | 成熟 chéngshú 형 (생물체가) 성숙하다 | 热饮热食 rèyǐn rèshí 명 뜨거운 음료와 뜨거운 음식 | 吸收 xīshōu 동 섭취하다, 흡수하다 | 肿瘤 zhǒngliú 명 종양

54

A 话剧剧本的创作，要严格遵循时间和空间高度集中的原则。	A 연극대본을 창작하려면 시간과 공간이 고도로 집중된 원칙을 엄격히 준수해야 한다.
B 据有关专家鉴定认为，这项科研成果已经达到了国际先进水平。	B 관련 전문가의 감정에 따르면 이 과학연구 성과는 이미 국제 선진수준에 도달했다.
C 虽然我已经看过这部电影，但如果有时间的话，我还想再看一遍。	C 나는 이미 이 영화를 본 적이 있지만, 만약 시간이 있다면 다시 한 번 보고 싶다.
D 人需要被别人承认的需求是无止境的，越被人承认，幸福感就越强。	D 사람은 다른 사람에게 인정받고자 하는 욕구가 끝이 없는데, 사람에게 인정받을수록 행복감은 강해진다.

정답 B 据有关专家鉴定，这项科研成果已经达到了国际先进水平。
有关专家认为，这项科研成果已经达到了国际先进水平。

해설 '据有关专家鉴定认为'는 '据有关专家鉴定'와 '有关专家认为'라는 두 가지 문장 구조가 뒤섞인 것이다.

단어 话剧 huàjù 명 연극 | 剧本 jùběn 명 극본, 각본, 대본 | 遵循 zūnxún 동 따르다 | 鉴定 jiàndìng 명 (사람에 대한) 평가 | 无止境 wúzhǐjìng 형 끝이 없다, 무한하다

55

A 只有具备了较强的自学能力，才能掌握更多的知识。
B 写作的目的是让读者了解自己的真实想法和真实感情。
C 大会的主办方认真研究并听取了与会专家提出的意见和建议。
D 必然性和偶然性不仅互为依存，在一定条件下还会互相转化。

A 비교적 강한 독학능력을 갖춰야만 보다 많은 지식을 장악할 수 있다.
B 글을 쓰는 목적은 독자가 자신의 진실된 생각과 감정을 이해하도록 하는 것이다.
C 대회의 주최 측은 참석한 전문가가 제기한 의견과 건의를 진지하게 경청하고 검토했다.
D 필연성과 우연성은 서로 의존할 뿐만 아니라 일정한 조건에서 서로 바뀐다.

정답 C 大会的主办方认真**听取并研究了**与会专家提出的意见和建议。

해설 '研究'와 '听取'의 논리 순서가 옳지 않다. '听取'가 '研究' 앞에 위치해야 한다.

단어 **自学** zìxué 동 독학하다 | **掌握** zhǎngwò 동 숙달하다, 파악하다, 정복하다 | **听取** tīngqǔ 동 (의견 · 보고 등을) 경청하다, 귀담아듣다 | **偶然性** ǒuránxìng 명 우연성 | **依存** yīcún 동 의존하다 | **转化** zhuǎnhuà 동 바꾸다, 전환하다

56

A 去趟西安，他就买了三件礼品回来。
B 生姜具有暖胃驱寒的功效，是很好的保健食材。
C 编钟是我国古代的一种乐器，历来多是用铜铸造而成。
D 只要有人，只要有生活，人性就会演绎出多彩的故事。

A 시안에 다녀온 그는 선물을 겨우 세 개만 사가지고 돌아왔다.
B 생강은 위를 따뜻하게 하고 추위를 이기는 효과가 있는 아주 좋은 건강 음식재료이다.
C 편종은 중국 고대의 악기로 줄곧 구리로 주조하여 만들었다.
D 사람이 있고 생활이 있는 곳이라면 인성은 곧 다채로운 이야기를 만들어내곤 한다.

정답 A 去**了**趟西安，他**仅仅**买了三件礼品回来。

해설 A는 두 가지 뜻으로 해석이 가능하다. 우선 '단지 시안에 다녀왔을 뿐인데 그는 선물을 세 개나 사가지고 돌아왔다'로 이해할 수 있어 선물이 많음을 말한다. 다음으로 '시안에 다녀왔는데 그는 겨우 세 개의 선물만을 사가지고 돌아왔다'로 이해할 수 있는데 이는 선물이 적음을 말한다.

단어 **礼品** lǐpǐn 명 선물 | **生姜** shēngjiāng 명 생강 | **驱寒** qūhán 동 추위를 쫓다 | **编钟** biānzhōng 명 편종[고대 타악기의 일종] | **铸造** zhùzào 동 주조하다 | **演绎** yǎnyì 동 보이다, 나타내다

57

A 他答应是答应了，只是一直没有时间去办。
B 老所长的从警生涯，破获了许多大案要案。
C 考试开始半个小时后，就陆续有人做完交卷了。
D 生物学专家给大家讲了许多有关人类起源的知识。

A 그는 대답을 하긴 했지만 그동안 줄곧 처리할 시간이 없었을 뿐이다.
B 나이 든 소장은 경찰로 근무한 세월 동안 많은 큰 사건을 적발해냈다.
C 시험이 시작된 지 30분 후, 사람들은 속속 문제를 다 풀고 답안지를 제출했다.
D 생물학 전문가는 모두에게 인류의 기원과 관련된 많은 지식에 대해 말했다.

정답 B 老所长**在其**从警生涯**中**，破获了许多大案要案。

해설 B에서 주요 성분만을 빼내어 문장을 만들어보면 '생애는 큰 사건을 적발해냈다'가 되므로 호응하지 않는다.

단어 **从警** cóngjǐng 동 경찰 업무에 종사하다, 경찰직을 맡다 | **生涯** shēngyá 명 생애, 일생 | **破获** pòhuò 동 사건을 해결하여 용의자를 체포하다 | **要案** yào'àn 명 중대한 안건, 중요한 사건 | **陆续** lùxù 부 끊임없이, 연이어 | **起源** qǐyuán 명 기원

58

A 在电视专题片《故宫》拍摄的过程中，文物专家严谨的治学态度给摄制组留下了深刻的印象。

B 峨眉山以优美的自然风光、悠久的佛教文化、丰富的动植物资源、独特的地质地貌而著称于世。

C 淮北钢铁集团采取了有效的节水措施，日用水量由去年同期的40吨下降为现在的10吨，整整下降了三倍。

D 荞麦具有降低毛细血管脆性、改善微循环、增强免疫力的作用，可用于高血压、高血脂、冠心病、中风等疾病的辅助治疗。

A TV 특집프로그램 ≪고궁≫의 촬영과정 중, 문화재 전문가의 빈틈없는 학문연구 태도는 촬영 제작팀에게 깊은 인상을 남겼다.

B 어메이산은 아름다운 자연풍경, 유구한 불교문화, 풍부한 동식물자원, 독특한 지질지형으로 세계적으로 유명하다.

C 화이베이 철강그룹은 효과적인 절수조치를 취하여, 하루 용수량이 작년 같은 시기의 40톤에서 지금의 10톤으로 줄여 꼬박 4분의 3 정도 낮아졌다.

D 메밀은 모세혈관이 파괴되는 성질을 줄이고, 미순환을 개선하며, 면역력을 강화하는 작용이 있어 고혈압, 고지혈, 관상동맥경화증, 중풍 등 질병의 보조 치료에 쓰인다.

정답 C ……，整整下降了四分之三。

해설 C에서 '三倍'의 어휘 사용이 적절하지 않다. 양이 감소했거나 줄어들었다는 것은 배수로 표현하지 않고 보통 분수로 나타낸다.

단어 **专题片** zhuāntípiàn 명 특집프로그램 | **严谨** yánjǐn 형 엄격하다, 신중하다 | **治学** zhìxué 동 학문을 하다 | **摄制** shèzhì 동 (영화나 TV용 영상물을) 촬영하여 제작하다, 촬영하여 만들다 | **峨眉山** Éméishān 지명 어메이산[쓰촨성에 있는 산 이름] | **地貌** dìmào 명 지세, 지형 | **著称** zhùchēng 동 유명하다, 저명하다 | **节水** jiéshuǐ 동 물을 절약하다, 절수하다 | **荞麦** qiáomài 명 메밀 | **毛细血管** máoxì xuèguǎn 명 모세혈관 | **脆性** cuìxìng 명 부서지기 쉬운 성질 | **微循环** wēixúnhuán 동 미순환 | **免疫力** miǎnyìlì 명 면역력 | **高血压** gāoxuèyā 명 고혈압 | **高血脂** gāoxuèzhī 명 고지혈 | **冠心病** guānxīnbìng 명 관상동맥경화증(冠状动脉粥样硬化性心脏病)의 약칭

59

A 中国残疾人艺术团在香港演出的大型音乐舞蹈《我的梦》，广泛地得到了当地观众的好评。

B 科学绝不是一种自私自利的享乐。有幸能够致力于科学研究的人，首先应该拿自己的学识为人类服务。

C 张教授带着他的研究生，共走访了二十多个社区、近四百户家庭，获得了进行该项研究所需的第一手数据。

D 无论什么动物都不能像人那样会说话，即使是聪明的类人猿，也只不过是高兴时跳跳，生气时怒吼一番而已。

A 중국 장애인예술단이 홍콩에서 공연한 대형 음악무용 ≪나의 꿈≫은 현지 관중들의 폭넓은 호평을 받았다.

B 과학은 절대 이기적인 향락이 아니다. 운이 좋게도 과학연구에 주력할 수 있는 사람은 우선 자신의 학식을 가지고 인류를 위해 봉사해야 한다.

C 장 교수는 그의 연구생을 데리고 20여 개 지역사회와 약 400가구를 방문하여 이 연구에 필요한 1차 데이터를 얻었다.

D 어떤 동물이든 모두 사람처럼 말을 할 수는 없는데, 설령 똑똑한 유인원이라 할지라도 기쁠 때 뛰고, 화가 날 때 한 번 울부짖을 뿐이다.

정답 A ……，得到了当地观众的广泛好评。

해설 A에서 '广泛'은 '好评'을 직접 수식해야 한다.

단어 **残疾人** cánjírén 명 장애우, 장애인 | **自私自利** zìsī zìlì 성 자신의 이익만을 생각하고 다른 사람을 생각하지 않다 | **享乐** xiǎnglè 동 향락하다, 즐기다, 탐닉하다 | **致力** zhìlì 동 (어떤 일을 하거나 이루기 위해) 애쓰다, 힘쓰다 | **走访** zǒufǎng 동 방문하다 | **社区** shèqū 명 지역사회, (아파트 등의) 단지 | **数据** shùjù 명 데이터, 통계수치 | **类人猿** lèirényuán 명 유인원 | **怒吼** nùhǒu 동 (맹수가) 포효하다, 울부짖다.

60

A 中国的传统文化，不仅体现在圣哲贤人的经典著作中，也体现在与之有着一定关联的民间文化里。

B 未成年人要注意文明上网，在网络的虚拟世界里不但要避免对坏人的警惕，还要遵守法律和道德规范。

C 企业有权在国家政策允许的范围内，通过增加生产、提高质量、扩大经营、降低物耗等途径来增加利润。

D 隋代开通大运河后，扬州成为中国东南地区政治、经济、文化活动的中心和国际交往、对外贸易的重要港埠。

A 중국의 전통문화는 성철현인의 권위 있는 저작에 나타날 뿐만 아니라 그것과 일정한 관련이 있는 민간문화에도 나타난다.

B 미성년자는 인터넷 예절에 주의해야 하는데, 인터넷이라는 가상세계에서 나쁜 사람에 대한 경계심을 높이고, 법률과 도덕규범을 준수해야 한다.

C 기업은 국가 정책이 허락하는 범위 내에서 생산을 늘리고, 품질을 향상시키며, 경영을 확대하고, 물자 소모를 줄이는 등의 방법을 통해 이윤을 늘릴 권리가 있다.

D 수대에 대운하가 개통된 후, 양저우는 중국 동남 지역의 정치, 경제, 문화활동의 중심이자 국제교류, 대외무역의 중요한 항구가 되었다.

정답 B ……，在网络的虚拟世界里不但要提高对坏人的警惕，……。

해설 B에서 '避免对坏人的警惕'에서 '避免'의 사용이 적절하지 않다. '提高……警惕'로 바꾸어야 한다.

단어 贤人 xiánrén 명 현인, 현자, 성품이 좋고 재능과 식견이 있는 사람 | 经典 jīngdiǎn 형 (저작이) 권위 있는 | 未成年人 wèichéngniánrén 명 미성년(자) | 虚拟 xūnǐ 형 가설의, 가정의, 가상의 | 避免 bìmiǎn 동 피하다, (모)면하다, (나쁜 상황을) 방지하다 | 警惕 jǐngtì 동 (발생할 위험상황이나 실수에 대해) 경계심을 가지다, 경계하다 | 允许 yǔnxǔ 동 동의하다, 허가하다 | 物耗 wùhào 명 물자소모 | 途径 tújìng 명 방법, 방도, 수단 | 大运河 dàyùnhé 명 대운하 | 港埠 gǎngbù 명 항구

제2부분

61

在别人需要帮助时，伸出 ______ 之手；而当别人帮助自己时，以真诚的微笑表达 ______；当你悲伤时，有人会抽出时间来 ______ 你等等，这些小小的细节都是一颗感恩的心。

다른 사람이 도움을 필요로 할 때 구원의 손길을 내밀고, 다른 사람이 자신을 도와줄 때 진실한 미소로 감사를 표현하며, 당신이 슬플 때 누군가 시간을 내어 당신을 위로해주는 것 등등, 이러한 사소한 부분이 모두 감사하는 마음이다.

A 帮忙 感动 × 探望
B 帮助 感激 × 看望
C 支援 谢谢 慰问 ×
D 援助 ○ 感谢 安慰

A 도와주다 / 감동하다 / 문안하다
B 돕다 / 감격하다 / 방문하다
C 지원하다 / 감사하다 / 위문하다
D 원조하다 / 감사하다 / 위로하다

해설 ① 첫째 칸에서 '援助之手'는 고정적으로 호응하는 표현이므로 D가 정답임을 짐작할 수 있다.
② 둘째 칸은 기본적인 상식에 비추어 보면, 다른 사람의 도움을 받으면 우리는 감사를 표시해야 하므로 A와 B는 제외된다.
③ 셋째 칸에서 C의 '慰问'과 호응하는 대상은 보통 환자나 재해지역 주민 등 불행을 겪은 사람이므로 이 문장에는 적합하지 않다. 따라서 D가 정답이다.

단어 悲伤 bēishāng 형 마음이 아프다, 상심하다 | 抽出时间 chōuchū shíjiān 시간을 내다 | 细节 xìjié 명 자세한 사정, 세부(사항), 사소한 부분 | 探望 tànwàng 동 방문하다, 문안하다

62

泰山是中国历史上唯一受过皇帝封禅的名山，同时泰山也是佛、道两教 ______ 之地，是历代帝王朝拜之山。历代名人宗师对泰山亦仰慕备至，纷纷到此 ______ 。历代 ______ 泰山的诗词、歌赋多达一千余首。

A 发达　　参加 ×　　赞扬
B 兴旺　　游览　　表扬 ×
C 兴盛　　旅行　　称赞
D 发展　　观察 ×　　赞颂

타이산은 중국 역사상 유일하게 황제의 봉선을 받은 명산이며, 동시에 타이산은 불교와 도교 두 종교가 흥성했던 땅으로 역대 제왕이 참배하던 산이다. 역대 명인종사는 타이산에 대해 극도로 앙모하여 잇달아 이곳을 여행하였다. 역대로 타이산을 칭송하는 시와 노래는 1천여 편에 달한다.

A 발달하다 / 참가하다 / 칭찬하다
B 번창하다 / 유람하다 / 칭찬하다
C 흥성하다 / 여행하다 / 칭찬하다
D 발전하다 / 관찰하다 / 찬송하다

해설 ① 우선 제시된 보기를 보면 첫째 칸의 몇몇 단어는 다소 난이도가 있으므로 둘째 칸부터 접근해보자. A '参加'의 대상은 보통 활동이나 경기 등이므로 이 문장에는 적합하지 않다. D의 '观察'가 호응하는 대상은 보통 '地形', '现场', '问题', '情况' 등이므로 여기에서 쓰일 수 없다. 따라서 A와 D는 제외된다.
② 셋째 칸에서 B '表扬'은 보통 사람을 대상으로 한다. 문장 속의 주어는 '泰山'이므로 '表扬'은 여기에 적합하지 않다. 따라서 B는 제외되므로 정답은 C이다.

단어 **封禅 fēngshàn** 동 제왕이 타이산에 올라가 하늘과 땅에 제사를 올리다 | **朝拜 cháobài** 동 참배하다 | **宗师 zōngshī** 명 모든 사람이 높이 우러러 존경하는 사람, 종사 | **仰慕 yǎngmù** 동 앙모하다, 우러러 그리워하다 | **备至 bèizhì** 형 (사람에 대한 관심 등이) 극에 달하다, 극진하다

63

天津泥人张彩塑是一种深得百姓喜爱的民间美术品。泥人张几代艺人的作品不仅在国内有着 ______ 的影响和市场。每年到彩塑工作室参观的中外 ______ 达百万人以上。同时，泥人张彩塑还走出国门与世界 ______ 。

A 普通 ×　　旅客　　交际 ×
B 广阔 ×　　客人　　交换
C 广泛　　游客　　交流
D 普遍　　顾客　　交往

톈진의 니런장 소조(채색 점토인형)는 백성의 사랑을 크게 받는 민간미술품이다. 니런장의 몇 대에 걸친 예술인의 작품은 국내에서 광범위한 영향력과 시장을 가지고 있을 뿐만 아니라 매년 소조작업실을 참관하는 중국인과 외국인 관광객은 백만 명 이상에 달한다. 또한 니런장 소조는 국경을 넘어 세계와 교류하고 있다.

A 평범하다 / 여행객 / 교제하다
B 광활하다 / 손님 / 교환하다
C 광범위하다 / 관광객 / 교류하다
D 보편적이다 / 고객 / 왕래하다

해설 ① 문장의 의미에 따라 첫째 칸은 좋고 긍정적인 의미를 나타내야 한다. A '普通'은 중성어로 제외된다. 호응이 되는 대상으로 보면, B '广阔'는 보통 '草原', '大海', '视野', '胸怀', '前景' 등을 꾸미므로 여기에 쓰이는 것은 적합하지 않다. 따라서 A와 B는 제외된다.
② 셋째 칸은 문법구조로 보면 동사가 필요한 자리이다. A의 '交际'는 명사이므로 정답은 C가 된다.

단어 **喜爱 xǐ'ài** 동 좋아하다, 애호하다 | **参观 cānguān** 동 (전람회 · 공장 · 명승고적 등을) 참관하다, 견학하다 | **走出国门 zǒuchū guómén** 출국하다, 수출되다 | **交际 jiāojì** 동 교제하다, 서로 사귀다

64

周庄镇为泽国，因河成街，______ 一派古朴、明洁的幽静，是江南 ______ 的“小桥、流水、人家”。由于水镇的四周都是小河，只有 ______ 高高的拱桥，才能进到镇当中。所以镇子里至今不能走机动车，所以每到傍晚，水镇总是显得 ______ 的寂静。

저우좡은 물의 고장으로, 강을 따라 다리가 놓여 있고, 고풍스럽고 깨끗하며 그윽함을 풍기는 강남의 전형적인 '작은 다리, 흐르는 물, 인가'이다. 물의 고장 주변은 모두 작은 강으로 이루어져 있기 때문에 드높은 아치형 다리를 통해서만이 마을로 들어갈 수 있다. 그래서 마을에는 지금까지도 차를 몰고 들어갈 수 없기 때문에, 매일 저녁 무렵이 되면 물의 고장은 항상 유달리 한적해 보인다.

A 呈现	典型	通过	格外
B 表现	新型 ×	路过	尤其
C 显现	古典	过程 ×	非常
D 展现	典范 ×	穿过	特别

A 나타나다 / 전형적인 / 통과하다 / 유난히
B 나타나다 / 신형의 / 지나다 / 특히
C 드러나다 / 고전적인 / 과정 / 매우
D 드러내다 / 본보기 / 가로질러 가다 / 특히

해설 ① 우선 제시된 보기를 보면 첫째 칸의 몇몇 단어는 다소 난이도가 있으므로 둘째 칸부터 접근해보자. B의 '新型'은 종종 '旧'에 상대적으로 쓰이는데 이 문장에는 '旧'와 관련된 정보가 없으므로 적합하지 않다. D의 '典礼'는 어떤 중요한 사건을 축하하기 위해 특별히 실시하는 활동을 의미하므로 여기에서는 문장의 의미와 부합하지 않는다.
② 셋째 칸은 문법구조로 보면 동사가 필요한 자리이다. C의 '过程'은 명사이므로 제외된다. 따라서 정답은 A가 된다.

단어 泽国 zéguó 명 호수 · 늪이 많은 지방, 물의 고장 | 古朴 gǔpǔ 형 소박하고 예스럽다, 수수하고 고풍스럽다 | 明洁 míngjié 형 말쑥하다, 해맑다 | 幽静 yōujìng 형 아늑하다, 그윽하고 조용하다 | 拱桥 gǒngqiáo 명 아치형 다리, 무지개 다리 | 寂静 jìjìng 형 조용하다, 고요하다

65

当生活变得干涸乏味，当饥渴的心灵 ______ 必须要好好儿审视自己的时候，请试着 ______ 下来倾听真实的愿望。让内心的声音自由表达关于幸福、美丽和 ______ 的意义，体会生命之泉给心灵注人的希望和 ______ 。

생활이 무미건조해지고, 목마른 영혼이 반드시 스스로를 돌아봐야 할 필요가 있음을 느낄 때, 마음을 가라앉히고 진실한 희망의 소리에 귀를 기울여 들어보라. 마음속 목소리가 행복, 아름다움 그리고 꿈에 관한 의미를 자유롭게 표현하도록 함으로써 생명의 원천이 영혼에 불어넣은 희망과 활력을 마음으로 느끼도록 하라.

A 感到	寂静 ×	理想	生机
B 觉得	安静	梦想	活力
C 认为 ×	宁静	想象	动力
D 感觉	平静	幻想 ×	力量

A 느끼다 / 고요하다 / 이상적이다 / 생기
B 느끼다 / 조용하다 / 꿈 / 활력
C 생각하다 / 조용하다 / 상상 / 원동력
D 느끼다 / 평온하다 / 환상 / 힘

해설 ① 첫째 칸에서 C의 '认为'는 보통 사람을 주어로 한다. 그런데 문장의 주어는 '饥渴的心灵'이므로 적합하지 않다. C는 제외된다.
② 둘째 칸에서 A의 '寂静'은 사람이 아닌 자연환경을 꾸미는 데 사용되므로 A는 제외된다.
③ 셋째 칸 D의 '幻想'은 실현될 수 없는 생각을 말한다. 그런데 앞의 '幸福、美丽'는 모두 좋은 의미이므로 여기에는 적합하지 않다. 그러므로 정답은 B가 된다.

단어 干涸 gānhé 형 (강이나 연못 등의) 물이 마르다 | 乏味 fáwèi 형 맛이 없다, 재미 없다, 무미건조하다 | 饥渴 jīkě 형 (정신적 또는 심리적으로) 배고프다, 목마르다 | 审视 shěnshì 동 자세히 살펴보다 | 倾听 qīngtīng 동 귀를 기울여 듣다, 경청하다

66

啃老族又称“尼特族”，它的 ______ 多半是因为儿时父母过于溺爱的行为而导致的。大多数啃老族们因为从小 ______ 父母习惯了，失去了在生活中和社会上 ______ 自理的能力，而且也养成了懒惰和只接受别人的劳动 ______ 的习惯。

캥거루족은 '니트족'이라고도 부르는데, '캥거루족'의 탄생은 대부분 어린 시절 부모의 지나친 사랑으로 인한 것이다. 대다수의 캥거루족은 어렸을 때부터 부모에 의존하는 습관이 생겨 생활과 사회에서 독립적으로 자신의 일을 처리하는 능력을 잃게 되었고, 또한 게으르고 그저 다른 사람의 노동의 성과를 받아들이기만 하는 습관을 길렀다.

A 出现	依据 ×	独自	后果	A 나타나다 / 의거하다 / 홀로 / 결과
B 出生 ×	依靠	单独	成果	B 태어나다 / 의지하다 / 단독으로 / 성과
C 诞生	依赖	独立	果实	C 탄생하다 / 의존하다 / 독립적으로 / 결실
D 发生 ×	依托	亲自	结果	D 발생하다 / 의지하다 / 직접 / 결과

해설 ① 첫째 칸에서 B의 '出生'은 대부분 사람에 쓰이며, D의 '发生'은 일에 쓰인다. 그런데 문장의 주체 '啃老族'는 사람도 아니고 일도 아닌 하나의 현상이므로 B와 D는 제외된다.
② 둘째 칸에서 A의 '依据'는 어떠한 사물을 의거나 근거로 삼는다는 의미로 대상은 사람이 될 수 없으므로 제외된다. 그러므로 정답은 C가 된다.

단어 **啃老族 kěnlǎozú** 명 캥거루족[나이가 들어서도 경제적으로 부모에게 생계를 의존하는 세대] | **尼特族 nítèzú** 명 니트족[캥거루족과 같은 의미로 쓰임] | **溺爱 nì'ài** 동 (자신의 아이를) 지나치게 귀여워하다 | **导致 dǎozhì** 동 (어떤 사태를) 야기하다, 초래하다 | **自理 zìlǐ** 동 스스로 처리하다 | **懒惰 lǎnduò** 형 게으르다, 나태하다

67

与大自然的亲密接触，可以给予我们______，诱发我们的想象，瀑布从高山上跳下，给了我们______的震撼，也让我们______人生，人生的美丽就在那一瞬间，把握人生，才能______辉煌。

대자연과의 친밀한 접촉은 우리를 일깨워주고 우리의 상상을 불러일으킬 수 있으며, 높은 산에서 떨어지는 폭포가 우리에게 주는 강렬한 흔들림은 우리의 인생을 되돌아보게 한다. 인생의 아름다움은 그 순간에 인생을 사로잡아야만 비로소 눈부신 삶을 창조해낼 수 있다.

A 灵感	剧烈	思索	造成 ×	A 영감 / 격렬하다 / 사색하다 / 조성하다
B 启发	强烈	思考	创造	B 깨우침 / 강렬하다 / 생각하다 / 창조하다
C 启示	热烈 ×	考虑	制造	C 계시 / 열렬하다 / 고려하다 / 제조하다
D 灵机	猛烈	思想 ×	创作	D 기지 / 맹렬하다 / 생각 / 창작하다

해설 ① 셋째 칸은 문법구조로 보아 동사가 필요한 자리이다. D의 '思想'은 명사이므로 제외된다.
② 둘째 칸에서 C의 '热烈'는 보통 사람의 동작을 수식할 때 사용하여 매우 흥분하고 감격하였음을 나타낸다. 따라서 정답으로 적합하지 않다.
③ 넷째 칸에서 A의 '造成'이 일으킨 결과는 모두 심각하고 나쁜 것이다. '辉煌'과 호응할 수 없으므로 정답은 B가 된다.

단어 **诱发 yòufā** 동 유발하다, 야기하다 | **瀑布 pùbù** 명 폭포(수) | **震撼 zhènhàn** 동 진동시키다, 뒤흔들다 | **把握 bǎwò** 동 (추상적인 사물을) 파악하다, 포착하다 | **辉煌 huīhuáng** 형 (성취 · 성과가) 눈부시다, 뚜렷하다

68

不是每个人都可以成为伟人，但每个人都可以成为内心强大的人。内心的强大，能够稀释______痛苦和哀愁；内心的强大，能够有效弥补你外在的______；内心的强大，能够让你______地走在大路上，______自己的思想高过所有的建筑和山峰！相信自己，找准自己的位置，你同样可以拥有一个有______的人生。

모든 사람이 위인이 될 수 있는 것은 아니지만 누구나 마음이 강한 사람은 될 수 있다. 마음이 강하면 모든 고통과 슬픔을 희석시킬 수 있고, 마음이 강하면 당신의 외재적인 부족함을 효과적으로 메울 수 있다. 마음이 강하면 용감하고 당당하게 큰길을 걸으며 자신의 생각이 모든 건축물과 산봉우리보다 높은 곳에 있음을 느낄 수 있다! 자신을 믿고 자신의 위치를 제대로 찾는다면, 당신도 마찬가지로 가치 있는 인생을 누릴 수 있다.

A 全体	缺陷	无可奈何 ×	感觉	意义	A 전체 / 결함 / 어찌할 수 없다 / 느끼다 / 의미
B 所有	缺点	无忧无虑	觉得	价钱 ×	B 모든 / 단점 / 아무런 근심이 없다 / 느끼다 / 가격
C 一切	不足	无所畏惧	感到	价值	C 모든 / 부족 / 아무것도 두려워하지 않다 / 느끼다 / 가치
D 全部	不够	迫不得已 ×	感受	价格	D 전부 / 부족 / 어찌해볼 도리가 없다 / 느낌 / 가격

해설 ① 셋째 칸에서 A의 '无可奈何'는 방법이 없음을 나타내고, B의 '无忧无虑'는 근심과 걱정이 조금도 없음을 나타낸다. C의 '无所畏惧'는 무엇도 두렵지 않고 매우 용감함을 나타내며 D의 '迫不得已'는 강요에 못 이겨 방법이 없으며 그럴 수밖에 없음을 나타낸다. 문장의 의미에 따라 여기에서 A와 D는 제외된다.

② 마지막 칸에서 인생은 '有价值'의 수식을 받을 수밖에 없고, '有价钱'의 수식은 받지 못하므로 C가 정답이다.

단어 伟人 wěirén 명 위인, 위대한 사람 | 稀释 xīshì 동 희석하다, 묽게 하다 | 哀愁 āichóu 형 슬프다, 우수에 젖다 | 弥补 míbǔ 동 메우다, 보충하다

69

在这个世界上，受人 ______ 的是那些鲜花不断的成功者，可是，还有这样一种人。他们很平庸，因为他们的平庸，他们很少得到别人的 ______ 。要是哪天有人漫不经心地 ______ 他们一句，他们也会乐得 ______ ，让那些旁人无法理解。

A 关爱 ×	赞成	赞扬	兴高采烈
B 关注	赞美	夸奖	心花怒放
C 关怀 ×	赞同	表扬	兴致勃勃
D 关心	赞助 ×	称赞	喜笑颜开

이 세상에서 사람들의 주목을 받는 사람은 꽃다발 세례가 끊이지 않는 성공한 사람인데, 그러나 이러한 사람도 있다. 그들은 매우 평범하고, 그들의 그 평범함 때문에 다른 사람의 칭찬을 거의 받지 못한다. 만일 어느 날 누군가 그렇게 큰 의미를 담지 않고 그들에게 한 마디 칭찬을 하면 그들은 얼굴에 웃음꽃을 한 가득 피우며 기뻐할 것인데, 이런 모습을 다른 사람들은 쉽게 이해하기 힘들 것이다.

A 돌봄 / 찬성하다 / 칭찬하다 / 매우 기쁘다
B 관심 / 찬미하다 / 칭찬하다 / 대단히 기쁘다
C 보살핌 / 찬성하다 / 칭찬하다 / 흥미진진하다
D 관심 / 찬조하다 / 칭찬하다 / 매우 기뻐하다

해설 ① 첫째 칸에서 A의 '关爱'와 C의 '关怀'의 대상은 종종 노인, 어린아이 등 약자이지 '성공한 사람'일 가능성이 없다. 그러므로 B와 D를 집중적으로 보아야 한다.

② 둘째 칸에서 '赞助'는 타인이 물질적 혹은 금전적으로 도움을 받았다는 것을 강조하므로 문장의 의미와 부합하지 않는다. 따라서 D는 제외된다.

③ 넷째 칸에서 A의 '兴高采烈', C의 '兴致勃勃', D의 '喜笑颜开'의 '兴'과 '喜'는 전부 '기쁘다'는 의미이므로 '乐'의 의미와 같다. 이 세 개의 어휘가 '乐得' 뒤에 놓이면 의미가 중첩된다. 따라서 정답은 B가 됨을 알 수 있다.

단어 平庸 píngyōng 형 평범하다, 보통이다 | 漫不经心 mànbùjīngxīn 성 전혀 아랑곳하지 않다, 조금도 마음에 두지 않다 | 旁人 pángrén 명 다른 사람, 제삼자 | 兴高采烈 xìnggāo cǎiliè 성 대단히 기쁘다, 무척 흥겹다 | 心花怒放 xīnhuā nùfàng 성 마음의 꽃이 활짝 피다, 기쁨이 넘치다 | 喜笑颜开 xǐxiào yánkāi 성 매우 기뻐 희색이 만면하다, 얼굴에 웃음이 가득하다

70

端午节又称端阳节等，其历史可以追溯到两千多年前。______ 大多数普通民众来说，人们习惯性认为端午是 ______ 爱国诗人屈原的节日，端午节 ______ 上源于我国远古的祭龙日，当时的人们 ______ 以龙的威慑力驱除所有的灾疫邪祟。此后端午节就以祛除病瘟、躲避兵鬼、驱邪禳灾的节日 ______ 传承下来。

A 关系	想念 ×	其实	盼望	形态
B 关于	怀念	事实 ×	期望	形状
C 对于 ○	纪念	实际	希望	形式
D 有关	留念 ×	现实	愿望	方式

단오절은 단양절이라고도 하는데 그 역사는 2천여 년 전까지 거슬러 올라간다. 대다수 일반민중에 대해 말하자면 사람들은 습관적으로 단오가 애국시인 굴원을 기념하는 명절이라고 생각하는데, 단오절은 사실 중국 상고시기의 제용일에서 유래했다. 당시 사람들은 용의 위력으로 모든 질병과 사악한 것을 쫓아내기를 희망했다. 이후 단오절은 전염병을 없애고, 전쟁을 피하며, 악귀와 재앙을 쫓는 명절의 형식으로 계승되었다.

A 관계 / 그리워하다 / 사실 / 간절히 바라다 / 형태
B ~에 관해서 / 회상하다 / 사실 / 기대하다 / 형태
C ~에 대해서 / 기념하다 / 실제 / 희망하다 / 형식
D 관련이 있다 / 기념으로 남기다 / 현실 / 희망 / 방식

해설 ① 첫째 칸에서 C만 '对于……来说'라는 고정적인 호응을 이룰 수 있으므로 정답은 C가 된다.
② 둘째 칸에서 A '想念'의 대상은 종종 자신의 친한 친구이므로 문장의 의미와 부합하지 않는다. D의 '留念'은 '기념을 남겨두다'는 의미이므로 목적어를 다시 동반할 수 없다. 여기에서는 적합하지 않으므로 A와 D는 제외된다.
③ 셋째 칸은 문법구조로 보아 부사가 필요한 자리이다. B의 '事实'는 명사이므로 여기에서는 적절하지 않다. B는 제외된다. 이처럼 소거법을 통해서도 C가 정답임을 알 수 있다.

단어 **端午节** Duānwǔ Jié 명 단오절 | **追溯** zhuīsù 동 시간을 거슬러 올라가 사물의 근본을 탐구하다, 사물의 근본으로 거슬러 올라가 살피다 | **威慑力** wēishèlì 명 위력 | **驱除** qūchú 동 내쫓다, 없애다, 제거하다 | **灾疫** zāiyì 명 재해와 유행성 전염병 | **邪祟** xiésuì 명 (좋은 일을 방해하는) 요사스러운 사물이나 세력 | **祛除** qūchú 동 제거하다, 없애다 | **病瘟** bìngwēn 명 급성전염병, 돌림병, 유행병 | **躲避** duǒbì 동 회피하다, 숨다 | **兵鬼** bīngguǐ 명 귀신 | **驱邪** qūxié 동 (부적·주문 등으로) 사악한 것을 몰아내다 | **禳灾** rángzāi 명재앙

제3부분

71-75

一个农夫养了一只会说话的鹦鹉和一只会干活的牛，除这两件东西外，(71) ______。一次，牛从田地干活归来，汗流浃背，气喘吁吁，刚一进院，便躺在地上，站不起来了。它已疲惫不堪。鹦鹉见状，十分感慨地说："老牛呀，你那样吃苦受累，可主人夸过你了吗？还不是说你干活慢，有牛脾气。你呀，可真是受累不讨好呀，真可悲。你瞧我，不用干活，还让主人伺候着，主人还经常表扬我，说我真会说话，会学舌，太可爱了。你说我是不是比你聪明多了？你是否知道自己是个大傻瓜？"老牛说："我知道自己傻，但我相信主人不傻，靠漂亮话只能得宠一时，不能得宠一世。"鹦鹉听了老牛的话感到十分不悦。(72) ______。

夜里，农夫家里来了一伙强盗，他们抓住了农夫，逼迫农夫交出一件值钱的东西，(73) ______。鹦鹉看在眼里，心想，农夫最不喜欢老牛了，他肯定会把老牛交给强盗的。(74) ______，农夫将鹦鹉交给了强盗。鹦鹉不服气，它问农夫，为什么不把牛交给强盗？农夫说："其实这道理很简单，没有牛就不能耕田，我就得挨饿，甚至被饿死，而没有鹦鹉，(75) ______，无关紧要。"

한 농부가 말할 줄 아는 앵무새 한 마리와 일할 줄 아는 소를 한 마리 길렀는데, 이 두 동물 외에 (71) D 집에는 더 이상 값이 나가는 물건이 없었다. 한 번은 소가 밭에서 일을 하고 돌아오면서 땀을 많이 흘리며 숨을 가쁘게 몰아쉬면서, 막 마당에 들어서자마자 땅에 쓰러지더니 일어서지 못했다. 소는 이미 견디지 못할 정도로 피곤했다. 앵무새는 상황을 보더니 매우 탄식하며 말했다. "늙은 소야, 네가 그렇게 고생한다고 주인이 너를 칭찬해준 적 있니? 천천히 일하랬잖아, 이 고집불통아. 너는 정말 고생하고도 좋은 소리를 듣지 못하니, 참 딱하다. 날 봐, 일하지 않아도 주인이 돌봐주고 항상 날 칭찬하면서 내가 정말 말도 잘하고 흉내 낼 줄 안다면서 너무 귀엽다잖아. 내가 너보다 훨씬 똑똑하지? 네 자신이 바보라는 건 알고 있니?" 소가 말했다. "나도 내가 어리석다는 걸 알아. 하지만 나는 주인이 어리석지 않다고 믿어. 허울 좋은 말에 의지하면 단지 한때 총애를 받을 수 있을 뿐이지 평생 총애를 받을 수는 없어." 앵무새는 늙은 소의 말을 듣고 매우 불쾌했다. (72) C 그래서 둘 다 모두 침묵했다.

밤에 농부의 집에 강도가 들었다. 그들은 농부를 붙잡고는 농부에게 값이 나가는 물건을 내놓으라고 하며 (73) B 그렇지 않으면 곧 농부를 죽이겠다고 했다. 앵무새는 직접 보면서 마음속으로 농부는 소를 제일 싫어하니까 그는 분명 소를 강도에게 내줄 것이라고 생각했다. (74) A 그러나 결과는 전혀 반대로 농부는 앵무새를 강도에게 건네주었다. 앵무새는 이를 받아들이지 못하고 농부에게 왜 소를 강도에게 넘기지 않는 거냐고 물었다. 농부는 "사실 이 이치는 매우 간단해. 소가 없으면 농사를 지을 수 없고 그럼 나는 굶주려야 하고 심지어 굶어 죽게 돼. 그런데 앵무새가 없으면 (75) E 단지 아름다운 말들을 적게 듣게 될 뿐이지. 그건 그렇게 중요하지 않아"라고 말했다.

A 可结果恰恰相反	A 그러나 결과는 전혀 반대였다
B 否则就要杀死农夫	B 그렇지 않으면 곧 농부를 죽이겠다고 했다
C 于是双方便都沉默了	C 그래서 둘 다 모두 침묵했다
D 家里再没有值钱的东西了	D 집에는 더 이상 값이 나가는 물건이 없었다
E 只不过少听一些漂亮话而已	E 단지 아름다운 말들을 적게 듣게 될 뿐이다

해설 (71) 여기에서 말하는 것은 농부가 가지고 있는 물건이다. 빈칸 앞의 '이 두 동물 외에'를 통해 다음 문장이 농부가 가지고 있는 다른 물건에 관한 내용이든 이외에 다른 물건은 없다라는 내용, 혹은 농부가 가지고 있는 물건에 대한 이야기가 계속 되어야 한다. 이 내용을 포함하고 있는 보기는 D밖에 없다.

(72) 앞뒤 문장을 통해 이때 앵무새와 소의 대화는 이미 끝났으며, 앵무새가 소에게 매우 불쾌함을 느꼈다는 것을 알 수 있다. 그러므로 빈칸에는 둘의 대화가 끝난 후의 상태에 대한 추가묘사가 들어가야 한다. 보기 C의 '둘 다 모두 침묵했다'는 이때의 상황과 비교적 부합한다.

(73) 강도가 농부에게 값이 나가는 물건을 내놓으라고 강요할 때 강도는 분명히 농부가 만일 그들의 요구를 만족시키지 못했을 경우 감당해야 할 결과에 대해 언급했을 것이다. 보기 B의 '否则'는 그 내용이 바로 농부에 대한 위협임을 상징하므로 정답이 된다.

(74) 농부가 앵무새를 강도에게 건네주었다는 내용은 앵무새가 예측한 것과 사실이 전혀 상반됨을 보여준다. 그러므로 A가 정답이다.

(75) 빈칸 앞의 문장을 통해 앵무새가 농부에게 한 가장 큰 역할은 '아름다운 말을 할 줄 알았다'는 것이다. 그러므로 앵무새의 말이 없으면 농부의 입게 되는 손실은 곧 '아름다운 말들을 적게 듣는 것 뿐'이다. 따라서 E가 답이 된다.

단어 **鹦鹉** yīngwǔ 명 앵무새 | **汗流浃背** hànliú jiābèi 성 땀이 비 오듯 흐르다 | **气喘吁吁** qìchuǎnxūxū 성 (과로나 질병 등으로 인해) 호흡을 가쁘게 몰아쉬다 | **见状** jiànzhuàng 동 상황을 목격하다 | **牛脾气** niúpíqi 명 고집불통, 황소고집 | **伺候** cìhou 동 시중들다, 모시다 | **学舌** xuéshé 동 남의 말을 흉내내다 | **漂亮话** piàolianghuà 명 허울 좋은 말, 사탕발림 | **得宠** déchǒng 동 총애받다

76-80

有个人不小心弄丢了针，实在找不到了，他突然看到家中放着的一根铁棒，于是，他突发灵感，拿着铁棒来到河边，找了块石头，(76) ＿＿＿＿＿＿＿＿。有一个路人从河边经过，看到他正在磨那么粗的一根铁棒，便很奇怪地问他想做什么，他抬起头说："我的针丢了，我要将这根铁棒磨成针。"路人说："这么粗的铁棒你要磨到何年何月啊？"他却说："只要功夫深，铁杵磨成针。"路人一下子被震撼了，(77) ＿＿＿＿＿＿＿＿。路人回去后，便将这个人要将铁棒磨成针的事情，向其他人绘声绘色地讲了。人们都对这个人肃然起敬。一下子，这个人出名了，成了人们学习的榜样。许多人专程从很远的地方跑到河边看他，(78) ＿＿＿＿＿＿＿＿。这个人便更得意，磨得也更起劲了。许多家长借此机会将孩子带到河边，指着磨铁棒的人说："看看人家，多么有恒心。"孩子们似懂非懂地看着满头大汗的磨杵人。

(79) ＿＿＿＿＿＿＿＿，甚至还有人把他的事迹编成戏曲到处传唱。事情很快传到一个智者的耳朵

어떤 사람이 부주의하여 바늘을 잃어버렸는데 정말로 찾을 수가 없었다. 그는 갑자기 집에 놓여 있는 쇠몽둥이를 보았고, 그리하여 그는 갑자기 영감이 떠올라 쇠몽둥이를 강가로 가져가서는 돌을 찾아 (76) A 열성적으로 갈기 시작했다. 한 행인이 강가를 지나가면서 그가 그렇게 굵은 쇠몽둥이를 갈고 있는 모습을 보고는 매우 의아해하며 그에게 무엇을 하려는 것인지 물었다. 그는 고개를 들고 말했다. "제 바늘을 잃어버려서 이 쇠몽둥이를 갈아 바늘로 만들려고요." 행인이 말했다. "이렇게 굵은 쇠몽둥이를 당신이 언제까지 갈려고요?" 그가 말했다. "공만 충분히 들인다면 쇠몽둥이도 갈아서 바늘로 만들 수 있어요." 행인은 순간 크게 놀라며 (77) E 이 사람의 끈질긴 정신에 감동하지 않을 수 없었다. 행인은 돌아간 후 이 사람이 쇠몽둥이를 갈아 바늘로 만들려고 한다는 일을 다른 사람들에게 생생하게 이야기했다. 사람들은 모두 이 사람에 대해 숙연한 마음이 들었다. 단번에 이 사람은 유명해졌고, 사람들이 따라 하려는 본보기가 되었다. 많은 사람은 일부러 먼 곳에서 강가까지 달려와 그를 보았고 (78) B 쉬지 않고 그를 위해 격려했다. 이 사람은 더욱 만족스러워하며 보다 열성적으로 갈았다. 많은 학부모가 이 기회를 빌려 아이를 데리고 강가로 가서 쇠몽둥이를 가는 사람을 가리키며 말했다. "저 사람을 좀 봐, 얼마나 꾸준하니." 아이들은 알 듯 말 듯해 하며 온 얼굴이 땀투성이인 쇠몽둥이를 가는 사람을 보았다.

(79) D 이 사람이 쇠몽둥이를 간다는 일은 점점 더 멀리 퍼졌다. 심지어 어떤 사람은 그의 이야기를 전통극으로 각색해 곳곳

里，他沉思良久，决定亲自去见见这个磨铁棒的人。

智者来到河边，从身上拿出一根针，要换这个人的铁棒，这个人愤怒了，他站起身来吼道："我凭啥要换给你？你一根小小的针，居然就想换我这根铁棒，你不知道我正在磨针吗？"智者摇了摇头道："那我就不明白了，你无非是需要一根针，我用针和你换，你为何又不愿意呢？"这个人的脸一下子红了。智者继续说道："你所做的，无非就是一件像针一样小的事情，放着现成的针不用，(80) ____________，把一根好好儿的铁棒浪费掉，这样做，值得吗？"这个人的脸更红了。智者说："记住，当你只是需要一根针时，千万不要去磨铁棒。"

A 很起劲地磨了起来
B 还不停地为他打气
C 却非要耗费精力和时间
D 这个人磨铁棒的事越传越远
E 不由得被这个人的执著精神感动了

으로 전해져 불렸다. 일은 빠르게 지자의 귀까지 전해졌고, 그는 매우 오랫동안 깊이 생각한 뒤 직접 쇠몽둥이를 가는 사람을 가서 만나보기로 결정했다.

지자는 강가에 도착하여 몸에서 바늘을 꺼내 이 사람의 쇠몽둥이와 바꾸려고 하자 이 사람은 분노하며 일어서서 소리를 질렀다. "내가 뭣 때문에 당신과 바꿔야 합니까? 당신의 작은 바늘을 나의 이 쇠몽둥이로 바꾸려 들다니, 당신은 내가 지금 쇠를 갈고 있다는 걸 모르오?" 지자는 고개를 가로저으며 말했다. "나는 잘 모르겠소. 당신은 단지 바늘이 하나 필요한 것이고, 나는 바늘을 가지고 당신 것과 바꾸려는 것인데 당신은 왜 원하지 않는 것이오?" 이 사람의 얼굴은 갑자기 붉어졌다. 지자는 계속 말했다. "당신이 하는 것은 그저 바늘처럼 아주 작은 일일 뿐이오. 이미 만들어져 있는 바늘이 놓여 있는데도 사용하지 않고 (80) C 기어코 정력과 시간을 허비하고, 멀쩡한 쇠몽둥이를 낭비하는데, 이렇게 하는 게 가치가 있나요?" 이 사람의 얼굴은 더욱 붉어졌다. 지자는 말했다. "확실히 기억해두시오. 당신이 단지 바늘이 하나 필요할 때에는 절대로 쇠몽둥이를 갈지 말아야 한다는 것을."

A 열성적으로 갈기 시작했다
B 쉬지 않고 그를 위해 격려했다
C 기어코 정력과 시간을 허비한다
D 이 사람이 쇠몽둥이를 간다는 일은 점점 더 멀리 퍼졌다
E 이 사람의 끈질긴 정신에 감동하지 않을 수 없었다

해설 (76) 지문의 내용은 '只要功夫深，铁杵磨成针'에서 유래된 고사이다. 앞에서 이 사람은 바늘을 잃어버려 '쇠몽둥이'를 강가로 가져갔고 '돌'을 찾았다고 서술했으므로 이 사람은 돌로 쇠몽둥이를 갈아 바늘로 만들어 사용하려고 한다는 것을 짐작할 수 있다. 따라서 A가 정답이다.

(77) 앞뒤 문장의 내용을 보면, 행인은 이 사람의 정신에 감동하여 돌아간 뒤 이 일을 널리 알렸다고 했으므로 '被震撼'과 서로 대응되며 그도 이러한 정신에 감동했다는 E가 답이 된다.

(78) 빈칸 앞의 문장에서 많은 사람이 일부러 강가까지 달려가 그를 보았다고 했으므로 이러한 사람들이 빈칸의 주어가 되어야 한다. 그런데 빈칸 다음 문장에서 서술한 이 사람은 '더욱 만족스러워하며 보다 열성적으로 갈았다'는 일부러 달려간 사람들도 모두 그를 위해 격려하고 그가 계속 노력하도록 격려했음을 말해준다. 그러므로 B가 답이다.

(79) 이 단락은 이 사람의 이야기가 끊임없이 모두에게 전해져 불렸다는 내용이다. 그 일이 널리 퍼졌다는 내용과 관련 있는 보기는 D밖에 없으므로 답이 된다.

(80) 앞뒤 문장을 보면 이 사람은 바늘을 원하고 있었고, 지자는 그에게 바늘을 주어 그의 쇠몽둥이와 바꾸려고 했다. 하지만 그는 지자의 제안을 들어주지 않았는데 이는 분명 상식에 어긋난다. 또한 그는 쇠몽둥이를 갈 때 불필요한 많은 시간과 노력이 필요하므로 지자는 이것을 일종의 낭비라고 생각했다. 그러므로 C가 정답이다.

단어 **铁棒 tiěbàng** 명 쇠몽둥이 | **磨 mó** 동 갈다, 문지르다 | **抬头 táitóu** 동 머리를 들다 | **绘声绘色 huìshēng huìsè** 성 (묘사나 서술이) 생생하다, 생동감이 넘치다 | **肃然起敬 sùrán qǐjìng** 성 경건한 마음이 생기다, 숙연한 마음이 들어 옷깃을 여미다 | **榜样 bǎngyàng** 명 모범, 본보기, 귀감 | **得意 déyì** 형 득의하다, 대단히 만족하다 | **起劲 qǐjìn** 형 기운이 나다, 열성적이다 | **恒心 héngxīn** 명 변함없는 마음, 항심 | **似懂非懂 sìdǒng fēidǒng** 성 아는 듯 모르는 듯하다 | **杵 chǔ** 동 절굿공이로 찧다 | **沉思良久 chénsī liángjiǔ** 한참 동안 깊은 생각에 잠기다 | **现成 xiànchéng** 형 이미 마련되어(만들어져) 있는 | **打气 dǎqì** 동 격려하다, 기운을 북돋우다

제4부분

81-84

[81]献哈达是藏族人民最普遍的一种礼节，是向对方表达自己的纯洁、诚心、忠诚和尊敬。

[81]哈达是一种生丝织品，也有用丝绸为料的。上等哈达织有莲花、宝瓶、伞盖、海螺等表示吉祥如意的各种隐花图案。哈达的质料，因经济条件不同而异，[81]但人们并不计较质料的优劣，只要能表达主人的一片良好祝愿就行了。哈达的长短不一，长者一至二丈，短者三至五尺。藏族认为白色象征纯洁、吉利，[82]所以，哈达一般是白色的。此外，还有颜色为蓝、白、黄、绿、红的五彩哈达。蓝色表示蓝天，白色是白云，绿色是江河水，红色是空间护法神，黄色象征大地。[83]佛教教义解释五彩哈达是菩萨的服装，是献给菩萨和近亲时用的，是最珍贵的礼物。

哈达在不同情况下代表着不同的意义。佳节之日，人们互献哈达，表示祝贺节日愉快，生活幸福；[84]婚礼上呈献哈达，意味着祝愿新婚夫妇恩爱如山、白头偕老；迎宾时奉献哈达，表示一片虔诚，祈祷菩萨保佑；葬礼上献哈达，是表示对死者的哀悼和对死者家属的安慰。

献哈达在西藏十分普遍，甚至人们互相通信时，也在信封内附上一条小哈达，以示祝福和问候。特别有趣的是，藏民出门时也随身带上几条哈达，以备在途中遇到久别的亲戚、朋友时使用。

81. 关于哈达，下面说法正确的是：
A 只能用生丝为料
B 表达了人们的祝福
C 质料决定贵重程度
D 是一种很高的礼节

82. 白色的哈达：
A 只献给女性
B 质地是最好的
C 是最常见的种类
D 一般三到五尺长

[81] 하다를 바치는 것은 티베트족 사람들의 가장 보편적인 예절이며, 상대방을 향해 자신의 순결, 진심, 충성, 그리고 존경을 표현하는 것이다.

[81] 하다는 일종의 생사직물로, 실크를 재료로 하기도 한다. 고급 하다는 연꽃, 물병, 갓, 소라 등 길하게 뜻대로 된다는 뜻을 나타내는 각종 은화 도안을 새겨 넣기도 한다. 하다의 재료는 경제조건이 서로 다름에 따라 달라지지만 [81] 사람들은 결코 재료의 우열을 따지지 않고 주인의 정성이 담긴 축원을 표현할 수 있기만 하면 된다. 하다의 길이는 동일하지 않은데, 긴 것은 1~2장이고, 짧은 것은 3~5척이다. 티베트족은 흰색이 순결, 상서로움을 상징한다고 여겨서 [82] 하다는 보통 흰색이다. 그밖에 푸른색, 흰색, 노란색, 초록색, 붉은색의 다섯 가지 색깔의 하다가 있다. 푸른색은 푸른 하늘을 나타내고, 흰색은 흰구름, 초록색은 강물, 붉은색은 공간의 수호신, 노란색은 대지를 상징한다. [83] 불교 교의에서 다섯 색깔의 하다는 보살의 복장으로, 보살과 가까운 친척에게 바칠 때 사용하는 가장 진귀한 선물이라고 해석한다.

하다는 서로 다른 상황에서 서로 다른 의미를 대표한다. 좋은 명절에 사람들은 서로 하다를 나누며 명절이 즐겁고 생활이 행복함을 축하한다. [84] 결혼식에서 하다를 바치는 것은 신혼부부가 금실이 좋고 백년해로하기를 축원함을 의미한다. 손님을 맞이할 때 하다를 바치는 것은 경건함을 나타내며 보살의 가호가 있기를 기도하는 것이고, 장례식에서 하다를 바치는 것은 망자에 대한 애도와 망자의 가족에 대한 위로를 나타낸다.

하다를 바치는 것은 티베트에서 매우 보편적이며, 심지어 사람들은 서로 편지를 보낼 때에도 편지봉투 안에 작은 하다를 동봉하여 축원과 안부를 전한다. 특히 흥미로운 점은 티베트 사람들은 집을 나설 때에도 몸에 몇 개의 하다를 지님으로써 길을 가는 도중 오랫동안 떨어져 지냈던 친척과 친구를 만나면 사용할 때를 대비한다는 것이다.

81. 하다에 관해 다음 중 옳은 것은?
A 생사만을 재료로 할 수 있다
B 사람들의 축복을 나타낸다
C 재료가 귀한 정도를 결정한다
D 수준 높은 예절의 일종이다

82. 흰색의 하다는?
A 단지 여성에게만 바친다
B 재질이 가장 좋다
C 가장 흔히 볼 수 있는 종류이다
D 길이가 보통 3~5척이다

83. 彩色的哈达是最珍贵的礼物是因为:
A 象征着纯洁
B 长短是一致的
C 比白色的更美观
D 代表着菩萨的服装

83. 다섯 색깔의 하다가 가장 진귀한 선물인 이유는 무엇인가?
A 순결을 상징하므로
B 길이가 일치하므로
C 흰색보다 훨씬 아름다워서
D 보살의 복장을 나타내므로

84. 婚礼上献哈达意味着:
A 祝福和问候
B 祈祷菩萨保佑
C 祝愿早得贵子
D 祝福夫妻相爱

84. 결혼식에서 하다를 바치는 것은 무엇을 의미하는가?
A 축복과 안부
B 보살의 가호가 있기를 기원한다
C 일찍 아들을 얻기를 축원한다
D 부부가 서로 사랑하기를 축원한다

해설 81. 하다는 티베트족 사람들이 상대에게 성의를 표하는 선물이다. 지문에서 하다는 생사나 실크를 재료로 할 수 있다고 했으므로 A는 정답이 아니다. 지문에서 '사람들은 결코 재료의 우열을 따지지 않는다'고 했으므로 C 또한 옳지 않다. '하다를 바치는 것은 티베트족 사람들의 가장 보편적인 예절이다'를 통해 D도 옳지 않음을 알 수 있다.
82. A '하다는 보통 흰색이다'라는 문장을 통해 C가 정답임을 알 수 있다.
83. 불교 교의에서는 다섯 색깔의 하다를 보살의 복장이라고 여기므로 그것을 가장 진귀한 선물이라고 간주한다.
84. A는 좋은 명절에 하다를 바치는 의미이며 B는 손님을 맞이할 때 하다를 바치는 의미이다. C는 지문에 언급되지 않은 내용이므로 결혼식에서 하다를 바치는 의미는 D뿐이다.

단어 **哈达 hădá** 명 하다(hada)[티베트족과 일부 몽골족 사람이 경의나 축하를 표시할 때 신에게 바치거나 상대방에게 선사하는 긴 비단 스카프] | **藏族 zàngzú** 명 티베트족[중국 소수민족의 하나로 시짱 · 칭하이 · 간쑤 · 쓰촨 · 윈난 지역에 분포함] | **纯洁 chúnjié** 형 순결하다, 순수하고 맑다 | **诚心 chéngxīn** 명 성심, 진심 | **生丝 shēngsī** 명 생사[삶아서 익히지 않은 명주실] | **丝绸 sīchóu** 명 비단, 명주, 견직물 | **莲花 liánhuā** 명 연꽃 | **宝瓶 bǎopíng** 명 물병 | **伞盖 sǎngài** 명 갓 | **海螺 hǎiluó** 명 소라 | **隐花 yǐnhuā** 명 은화[꽃이 피지 않는 식물] | **质料 zhìliào** 명 재료, 원료 | **吉利 jílì** 형 길하다 | **菩萨 púsà** 명 보살, 부처 | **呈献 chéngxiàn** 동 (의견 · 실물 등을 단체나 공경하는 사람에게) 바치다 | **恩爱 ēn'ài** 형 (부부간의) 금실이 좋다, 애정이 깊다 | **白头偕老 báitóuxiélǎo** 성 백년해로(하다) | **迎宾 yíngbīn** 동 귀빈을 영접하다, 손님을 맞이하다 | **虔诚 qiánchéng** 형 경건하고 정성스럽다 | **保佑 bǎoyòu** 동 (신령 등이) 보우하다, 돕다 | **葬礼 zànglǐ** 명 장례(식) | **哀悼 āidào** 동 애도하다 | **久别 jiǔbié** 동 오랫동안 헤어지다

85-88

悬崖上有一个鹰巢。一只老鹰生育了两只小鹰，一只长着黑爪，一只长着花爪。[85]老鹰年纪大了，它感到自己随时都有可能死去。它想，必须抓紧一切时间，训练小鹰的飞翔本领，使它们尽快地独立生活。当小鹰长得大一些的时候，老鹰就鼓励小鹰展翅飞向对面的悬崖。老鹰对小鹰说，谁能飞到对面的悬崖上，谁就是一个成功者。在它的鼓励下，两只小鹰开始试飞。可是，小鹰总是飞出不远就跌到山谷里。老鹰便将它们抓上来，重新进行练习。几天以后，黑爪小鹰不再练习了。[86]在它看来，由于年龄太小，根本不能飞到对面的悬崖。每一次飞翔，都是徒劳无功的。再说了，自己迟早会长大的，长大了自然就会飞翔了。所以，它放弃了

벼랑 위에 매의 둥지가 있었다. 어미 매는 두 마리의 새끼를 낳았는데 하나는 검은 발톱이 자랐고, 하나는 꽃 발톱이 자랐다. [85]어미 매는 나이가 많아지자 자신이 언제든 죽을 수도 있다고 느꼈다. 어미 매는 모든 시간을 단단히 잡아 새끼의 비상능력을 훈련시켜 그들이 되도록 빨리 혼자의 힘으로 생활하게끔 해야 한다고 생각했다. 새끼 매가 조금 크게 자랐을 때, 어미 매는 새끼 매가 날개를 펴고 맞은편의 벼랑으로 날아가도록 격려했다. 어미 매는 새끼 매에게 맞은편의 벼랑까지 날아갈 수 있으면 성공한 것이라고 말했다. 어미 매의 격려에 두 마리의 새끼 매는 시험비행을 시작했다. 그러나 새끼 매는 계속하여 멀리 날아가지 못하고 산골짜기로 떨어졌다. 어미 매는 그들을 잡아 올려 다시 연습을 했다. 며칠 후 검은 발톱의 새끼 매는 다시는 연습을 하지 않았다. [86]그가 보기에 나이가 너무 어려 맞은편의 벼랑까지 도무지 날아갈 수 없었다. 모든 비상은 다 헛수고였다. 게다가 자신은 조만간 다 클 것이고, 다 크게 되면 자연히 하늘을 날 수 있을 것이다. 그래서 새끼 매는 날기를 포기했다. 꽃발

飞翔。花爪小鹰一直没有放弃试飞。它觉得，只要自己不断地练习，总有一天会飞到对面悬崖上去的。[87]由于它每天都在练习，所以摔得遍体鳞伤，有时连走路都很困难。遗憾的是，它一直没有成功，它反反复复地跌到山谷里。当然，每一次试飞都比上一次飞得更远一些，跌得更轻一些。花爪小鹰意识到，自己在不断地进步。这一天，老鹰把两只小鹰叫到自己身边。它说："我老了，以后不能照顾你们了。花爪小鹰是一个成功者，黑爪小鹰你要向它学习呀。"黑爪小鹰不解地问："飞到对面的悬崖上才算成功，但花爪小鹰没有飞到那里呀。"老鹰意味深长地说："[88]成功是一种状态，而不是一种结果。"说完，它就死去了。

此时，一阵狂风袭来，乱石砸向了鹰巢，情况万分危急。花爪小鹰拍了拍翅膀，飞了起来，很快地转移到安全的地方。黑爪小鹰只能坐以待毙，不一会儿，可怜的黑爪小鹰被乱石击碎了头颅，随着鹰巢跌落到山谷里去了。

我们总是习惯把成功当成一种结果。[88]事实上，成功在本质上是一种自强不息的状态，有了这样的状态，我们才会成为一名真正的强者。

톱의 새끼 매는 줄곧 시험비행을 포기하지 않았다. 그는 자신이 끊임없이 연습하기만 하면 언젠가 맞은편의 벼랑까지 날아갈 수 있을 것이라고 생각했다. [87]그는 매일 연습했기 때문에 떨어져서 온몸이 상처투성이가 되었고, 때로는 걷기조차 힘들었다. 안타깝게도 그는 계속 성공하지 못했고, 반복해서 산골짜기로 떨어졌다. 물론 매번 시험비행을 할 때마다 지난 번보다 훨씬 멀리 날았고 훨씬 가볍게 넘어졌다. 꽃 발톱의 새끼 매는 자신이 계속 발전하고 있음을 깨달았다. 이날 어미 매는 두 마리의 새끼 매를 자기 곁으로 불러 말했다. "나는 나이가 들어서 이제 너희들을 보살필 수 없단다. 꽃 발톱의 새끼 매는 성공한 매니까 검은 발톱의 새끼 매 너는 그에게 배워야 해." 검은 발톱의 새끼 매는 이해하지 못하겠다며 물었다. "맞은편의 벼랑까지 날아가야 성공했다고 할 수 있는데 꽃 발톱의 새끼 매는 그곳까지 날아가지 않았잖아요." 어미 매는 의미심장하게 말했다. "[88]성공은 일종의 상태이지 결과가 아니란다." 말을 끝내고 어미 매는 죽었다.

이때 광풍이 불어왔고 돌이 매의 둥지를 부수어 상황이 매우 위급했다. 꽃 발톱의 새끼 매는 날갯짓을 하더니 날아 올라 재빨리 안전한 곳으로 이동했다. 검은 발톱의 새끼 매는 가만히 앉아서 죽음을 기다릴 수밖에 없었고 얼마 지나지 않아 불쌍한 검은 발톱의 새끼 매는 돌에 맞아 머리가 깨졌고 매 둥지는 산골짜기로 떨어졌다.

우리는 항상 성공을 일종의 결과라고 생각하는 데 익숙하다. [88]사실 성공은 본질적으로 스스로 노력하여 게을리 하지 않는 상태이며 이러한 상태가 있어야만 우리는 비로소 진정한 강자가 될 수 있다.

85. 老鹰为什么要抓紧时间训练小鹰飞翔?

A 自己来日不多

B 不想再照顾他们

C 生存受人类威胁

D 飞翔是最基本的本领

85. 어미 매는 왜 서둘러 새끼 매의 비상을 훈련시키려고 했는가?

A 자신에게 앞으로 시간이 많지 않아서

B 더 이상 그들을 보살피고 싶지 않아서

C 인간이 생존을 위협해서

D 비상은 가장 기본적인 능력이므로

86. 下列哪项不是黑爪小鹰停止练习的原因?

A 摔得遍体鳞伤

B 觉得成功遥不可及

C 觉得自己年龄太小

D 认为飞翔不需要练习

86. 다음 중 검은 발톱의 새끼 매가 연습을 멈춘 원인이 아닌 것은?

A 온몸이 상처투성이가 될 정도로 떨어져서

B 성공은 아득하다고 생각해서

C 자신의 나이가 너무 어리다고 생각해서

D 비상은 연습할 필요가 없다고 여겨서

87. 关于花爪小鹰，可以知道:

A 不会走路

B 意志很坚强

C 练习得很顺利

D 终于飞到对面了

87. 꽃 발톱의 새끼 매에 관해 알 수 있는 것은?

A 걸을 줄 모른다

B 의지가 매우 강하다

C 순조롭게 연습했다

D 결국 맞은편까지 날아갔다

88. 上文主要想告诉我们什么？	88. 지문이 우리에게 알려주고자 하는 것은?
A 什么是成功	A 성공이란 무엇인가
B 不能安于现状	B 현 상태에 만족해서는 안 된다
C 怎样才能成功	C 어떻게 해야 성공할 수 있는가
D 过程比结果更重要	D 과정이 결과보다 훨씬 중요하다

해설 85. B와 C는 지문에서 언급되지 않았다. D는 표현은 옳지만 어미 매가 서둘러 훈련을 시킨 원인은 아니다. 지문에 '어미 매는 나이가 많아지자 자신이 언제든 죽을 수도 있다고 느꼈다'라는 문장을 통해 어미 매에게 '앞으로 시간이 많지 않음'을 알 수 있다.

86. '맞은편의 벼랑까지 도무지 날아갈 수 없었다'와 '모든 비상은 다 헛수고였다'를 통해 B가 옳은 내용임을 알 수 있다. C와 D는 모두 지문에 언급된 내용이다. A의 대상은 옳지 않으며 꽃 발톱의 새끼 매여야 한다.

87. 지문에서는 '때로는 걷기조차 힘들었다'고 언급했으므로 A의 표현은 옳지 않다. '온몸이 상처투성이가 되다', '반복해서' 등을 통해 연습이 순조롭지 않았음을 알 수 있으므로 C도 옳지 않다. '안타깝게도 그는 계속 성공하지 못했다'를 통해 D도 옳지 않음을 알 수 있다.

88. 어미 매가 말한 '성공은 일종의 상태이지 결과가 아니다'와 '성공은 본질적으로 스스로 노력하여 게을리 하지 않는 상태'라는 말을 통해 과정이 결과보다 훨씬 중요함을 알 수 있다. 그러므로 D가 답이 된다.

단어 **悬崖** xuányá 명 낭떠러지, 벼랑 | **鹰** yīng 명 매 | **巢** cháo 명 새집, 새의 둥지 | **爪** zhuǎ 명 (새나 짐승의) 발(톱) | **抓紧** zhuājǐn 동 꽉 쥐다, 단단히 잡다 | **鼓励** gǔlì 동 격려하다, (용기를) 북돋우다 | **徒劳无功** túláo wúgōng 성 쓸데없이 힘만 낭비하고 아무런 성취도 이루지 못하다, 공연히 헛수고하다 | **迟早** chízǎo 부 조만간, 머지않아 | **遍体鳞伤** biàntǐ línshāng 성 온몸이 상처투성이이다, 만신창이이다 | **袭来** xílái 동 엄습하다, 파고들어 오다 | **万分** wànfēn 부 대단히, 매우 | **坐以待毙** zuòyǐ dàibì 성 앉아서 죽기를 기다리다 | **头颅** tóulú 명 머리 | **自强不息** zìqiángbùxī 성 자강불식, 스스로 노력하여 게을리 하지 않다

89-92

有一位商人，他最早是子承父业做珠宝生意的，[89] 可是他缺乏父亲对珠宝行业的明察秋毫，没有几年，就把父亲交给他的全城最大的珠宝商场赔光了。他认为自己不是缺乏经商的才干，而是珠宝行业投资太大，技术性太强，风险太大。他决定改行做服装商。他认为服装行业周期短，而且不需要太大的专业学问，肯定能成功。于是，他变卖了仅有的一些家产，开了一家服装店。事情过了3年，他的服装店已经再也没有资金进新款衣服了，已有的衣服也因价格高于相邻商家而无人问津。他失败了。他意识到他不适于更新太快的服装市场。当他以为这是一种新款式时，其实它已开始被淘汰了，他总是跟随流行的尾巴。

[90] 后来，他又尝试做了化妆品生意、钟表生意、印染生意，都无一例外地失败了。这个时候，他已经52岁。从父亲交给他珠宝生意至今，25年的宝贵年华被失败占满。灰白的双鬓使他相信，他没有丝毫经商的才能。他盘算了自己的家产，所有的钱仅够买一块离城很远的墓地。他彻底绝望了。既然自己没有能力创造财富了，就买块墓地给自己留着，等到哪一天一命归西，也算有个归宿。

한 상인이 있었는데 그는 처음에 부친의 사업을 물려받아 보석 장사를 했다. [89] 그러나 그는 아버지처럼 보석 업종에 대해 아주 세세한 것까지 살피는 능력이 부족하여 몇 년이 되지 않아 부친이 그에게 건네준 도시 전체에서 가장 큰 보석상가를 날려버렸다. 그는 자신이 장사 능력이 부족한 것이 아니라 보석 업종이 투자규모가 너무 크고, 기술적인 면이 너무 강하여 위험이 너무 컸다고 생각했다. 그래서 그는 업종을 바꿔 의류 장사를 하기로 결정했다. 그는 의류 업종은 주기가 짧고 게다가 그렇게 많은 전문지식도 필요하지 않으므로 분명히 성공할 수 있을 것이라고 생각했다. 그래서 그는 겨우 남은 가산을 팔아 돈을 마련하여 의류 가게를 열었다. 3년이 지나 그의 의류 가게는 이미 더 이상 자금이 없어 새로운 스타일의 옷을 들여올 수 없게 되었고, 기존의 옷들도 가격이 이웃 가게보다 비싸 관심을 가지는 사람이 없었다. 그는 실패했다. 그는 변화가 너무 빠른 의류 시장에 자신이 적합하지 않다는 것을 깨달았다. 그가 무언가 새로운 디자인이라고 생각할 때 사실 그것은 이미 한물가기 시작한 디자인이었던 것이고, 그는 항상 유행의 꽁무니만 따랐다.

[90] 그 후 그는 다시 화장품 장사, 시계 장사, 날염 장사를 해보았지만 모두 예외 없이 실패했다. 이때 그는 이미 52세였다. 부친이 그에게 보석 장사를 물려준 때부터 지금까지 25년 동안의 귀중한 세월은 실패로만 가득했다. 희끗희끗한 귀밑머리는 그가 자신에게 조금도 장사 능력이 없다는 것을 믿게끔 했다. 그가 자신의 가산을 따져 보았더니 있는 돈 전부라고는 도시에서 아주 멀리 떨어진 묘지 하나를 살 수 있을 정도밖에 되지 않았다. 그는 완전히 절망했다. 자신이 돈을 벌 능력이 없는 이상 묘

这是一块极其荒僻的土地，离城有5公里远。有钱的人，甚至一些穷人也不买这样的墓地。可是，奇迹发生了，就在他办完这块墓地产权手续后的第15天，这座城市公布了一项建设环城高速路的规划，他的这块墓地恰恰处在环城路内侧，紧靠一个十字路口。道路两旁的土地一夜之间身价倍增，[91]他的这块墓地更是涨了一百多倍。他做梦也没想到他靠这块墓地发财了。他蓦然顿悟，自己为何不做房地产生意呢？说做就做。他卖了这块墓地，又购买了一些他认为有升值潜力的土地。仅仅过了5年，他成为全城最大的房地产商。

这位商人给人的启示是深刻的。一个小小的机遇，可以改变一个人的命运，有很多时候，机遇就在前方等待着，[92]关键的是要耐心地等待和发现。我们经常遇到这样的事，一个人为一个目标苦苦守候了许多年，他后来实在坚持不住了，就不再等候了。结果，他刚走，那个目标就出现了。有很多人努力了半辈子也没有成功，就自动放弃了。其实，这个时候，成功离他只有一步之遥了。

지라도 사서 자신에게 남겨둔다면 언젠가 세상을 떠나게 될 때, 어쨌든 돌아갈 곳은 있는 것 아닌가.

이것은 매우 궁벽한 땅이었고, 도시에서 5km나 멀었다. 돈이 있는 사람, 심지어 가난한 사람들도 이러한 묘지는 사지 않았다. 그러나 기적이 일어났다. 그가 이 묘지의 소유권 수속을 끝마친 후 보름이 되던 날, 이 도시는 도시순환 고속도로의 건설 계획을 발표했고, 그의 묘지는 마침 도시순환로 안쪽에 위치해 사거리에 바싹 붙어 있었다. 도로 양쪽의 땅은 하룻밤 사이에 가격이 배로 뛰었고, [91]그의 이 묘지는 100여 배나 올랐다. 그는 그가 이 묘지로 큰 돈을 벌게 될 줄은 꿈에도 생각지 못했다. 그는 문득 깨달았다. 자신이 왜 부동산 장사를 하지 않았지? 그는 말이 나온 이상 곧바로 실천하기로 했다. 그는 이 묘지를 팔고, 다시 가치가 상승할 잠재력이 있다고 생각되는 토지들을 구입했다. 겨우 5년이 흘러 그는 도시 전체에서 가장 큰 부동산 업자가 되었다.

이 상인이 우리에게 주는 시사점은 깊다. 작은 기회가 한 사람의 운명을 바꿀 수 있고, 많은 경우 기회는 바로 앞에서 기다리고 있으니 [92]중요한 것은 인내심을 가지고 기다리면서 발견해야 한다는 것이다. 우리는 자주 이러한 일을 만난다. 한 사람이 하나의 목표를 위해 고통스럽게 수년을 기다렸고, 나중에 정말 견딜 수가 없게 되자 더 이상 기다리지 않는다. 그 결과 그가 막 떠나는 그 순간 목표는 바로 나타난다. 많은 사람이 반평생 노력해도 성공하지 못하고 자발적으로 포기하곤 한다. 사실 이때에 성공은 그로부터 단지 한걸음 떨어져 있을 뿐인 것이다.

89. 商人的珠宝生意为什么会失败?

A 没有技术

B 没有好眼光

C 经商能力不足

D 卖珠宝风险大

89. 상인의 보석 장사는 왜 실패했는가?

A 기술이 없어서

B 좋은 안목이 없어서

C 장사 능력이 부족해서

D 보석 장사의 위험이 커서

90. 关于商人，可以知道:

A 不专一

B 换过很多行业

C 对服装很有研究

D 不喜欢做生意

90. 상인에 관해 알 수 있는 것은?

A 한결같지 않다

B 많은 업종을 바꿨다

C 의류에 대해 많은 연구를 했다

D 장사하는 것을 좋아하지 않는다

91. 商人买的那块墓地:

A 很大

B 离城很近

C 升值很快

D 风水很好

91. 상인이 산 묘지는 어떠한가?

A 매우 크다

B 도시에서 가깝다

C 가치가 빠르게 올랐다

D 풍수가 매우 좋다

92. 上文主要想告诉我们什么?
A 好眼光非常重要
B 要学会适当地放弃
C 不劳而获是可耻的
D 机遇需要耐心等候

92. 지문이 우리에게 알려주고자 하는 것은?
A 좋은 안목이 매우 중요하다
B 적절하게 포기하는 법을 배워야 한다
C 일하지 않고 성과를 얻는 것은 수치스러운 것이다
D 인내심을 가지고 기회를 기다려야 한다

해설 89. 그는 부친처럼 보석 업종을 세세하게 살피는 좋은 안목이 부족했으므로 실패했음을 알 수 있다.
90. 상인은 여러 가지 많은 장사를 했었고, 서로 다른 업종에 발을 들여놓았다.
91. 묘지 주변에 도시순환 고속도로가 세워질 것이기 때문에 상인이 구입한 묘지 가격은 100여 배 올랐고, 가치가 빠르게 상승했다.
92. 전체 지문, 특히 마지막 단락의 교훈을 통해 이 상인은 성공을 위해 끊임없이 시도했고 계속해서 실패했지만, 포기하지 않고 결국 기회를 기다려 목표를 이루었음을 알 수 있다. 그러므로 지문의 요점은 보기 D의 '인내심을 가지고 기회를 기다려야 한다'이다.

단어 **珠宝 zhūbǎo** 명 진주와 보석, 보석류 | **明察秋毫 míngchá qiūháo** 성 눈이 예리하여 세세한 것도 놓치지 않다, 지극히 미세한 것까지 살피다 | **赔 péi** 동 손해를 보다, 밑지다 | **才干 cáigàn** 명 능력, 재간, 재능, 재주 | **风险 fēngxiǎn** 명 위험(성), 모험 | **改行 gǎiháng** 동 직업을 바꾸다, 전업하다 | **变卖 biànmài** 동 재산이나 물건 따위를 팔아 돈을 만들다, 환금하다 | **无人问津 wúrén wènjīn** 성 신경 쓰는 사람이 없다, 관심을 가지는 사람이 없다 | **淘汰 táotài** 동 조건에 맞지 않아 제거되다, 도태되다 | **尾巴 wěiba** 명 꼬리, 꽁무니 | **印染 yìnrǎn** 동 날염과 염색을 하다 | **无一例外 wúyílìwài** 성 하나도 예외가 없다 | **鬓 bìn** 명 귀밑머리 | **盘算 pánsuan** 동 (마음속으로) 헤아리다, 계산하다, 타산하다 | **墓地 mùdì** 명 묘지, 무덤 | **一命归西 yímìng guīxī** 성 죽다, 사망하다 | **归宿 guīsù** 명 (사람이나 사물이) 마지막으로 의지할 곳, 귀결점, 귀착점 | **荒僻 huāngpì** 형 황량하고 외지다, 궁벽하다 | **产权 chǎnquán** 명 财产权(재산권)의 약칭 | **环城路 huánchénglù** 도시순환도로 | **蓦然 mòrán** 부 무심코, 아무런 생각 없이, 문득 | **顿悟 dùnwù** 동 갑자기 깨닫다 | **守候 shǒuhòu** 동 기다리다, 고대하다

93-96

酒从发明至今，93已经历了由家庭院落到辐射方圆百里的作坊，再到工业生产扩展至全球每个角落的巨大变迁。中国酒类企业的工业化、规模化程度越来越高。2008年，中国白酒产量达到569.3万吨。同年，茅台酒也创出历史最好成绩，当年产量达到2万吨。在英国《金融时报》发布的2008年全球上市公司500强企业排行榜中，贵州茅台酒有限公司榜上有名，列全球500强企业第363位，在全球饮料行业排名第九位，成为此次中国饮料行业唯一上榜企业。

茅台酒只能在贵州茅台镇这个地方生产。30多年前，周总理给国务院副总理方毅下达了一个任务，叫他复制茅台。方毅带了一批人把茅台酒的所有流程、工序、设备和制酒的老师傅都带走了，甚至连酒厂的灰尘也装了一箱子带走（据说里面有丰富的微生物，是制造茅台酒所必需的），在附近到处找，找了50个地方，94最后在遵义找到了一个山清水秀、没有工业污染的地方，把茅台酒的流程工序全部展开，用当地非常纯净的水，加上灰尘中的微生物，重新制作，一共进行了9个周期、69次实验，直到1985年宣布失败。为什么失败？95因为茅

술은 발명되었을 때부터 지금까지 93 이미 가정의 정원을 시작으로 주변 길이가 100리인 공장에 이르기까지, 그리고 세계 곳곳으로까지 산업생산이 확장되는 거대한 변천을 겪었다. 중국 주류기업의 산업화, 규모화 정도는 갈수록 높아지고 있다. 2008년 중국 바이주 생산량은 569.3만 톤에 달한다. 같은 해 마오타이주도 역사상 최고 성적을 내어 그해 생산량이 2만 톤에 달했다. 영국 ≪파이낸셜 타임즈≫가 발표한 2008년 세계 상장회사 500대 기업 순위에서 구이저우 마오타이주 유한회사는 세계 500대 기업 중 363위에 올랐고, 세계 음료업계에서 9위를 차지하여 중국 음료업계에서는 유일하게 순위권 안에 든 기업이 되었다.

마오타이주는 구이저우 마오타이진에서만 생산할 수 있다. 30여 년 전 저우언라이 총리는 팡이 국무원 부총리에게 마오타이를 복제하라는 임무를 하달했다. 팡이는 사람들을 데리고 마오타이주의 모든 공정, 제조 절차, 설비, 술을 만드는 노사부를 모두 데려갔고, 심지어 양조장의 먼지까지도 상자에 담아 가져갔다(들리는 말에 의하면 안에는 풍부한 미생물이 있었고, 마오타이주를 만드는 데 반드시 필요한 것이었다고 한다). 근처 곳곳마다 찾아다녔고, 50개 곳을 뒤져 94 결국 쭌이에서 산수가 아름답고 산업오염이 없는 곳을 찾았다. 마오타이주의 공정절차를 전부 펼쳐 현지의 매우 깨끗한 물에 먼지 속의 미생물을 더해 새로이 제조했다. 1985년 실패를 선포하기까지 모두 9개 주기를 거쳐 69차례의 시험을 진행했다. 실패한 이유는 무엇이었을까? 95 마오타이주가 그 지역을 벗어나 미생물이 달라졌고 이에 제조한 술도 달라졌기 때문이다. 결국 저우언라이 총리가

台酒离开了那个地方，微生物就不一样，造出来的酒也不一样。最后，周恩来总理特批的酒叫什么酒？叫珍酒，这个酒也不错，但它不是茅台。

我们所看到的好酒，包括洋河、五粮液、剑南春、泸州老窖、茅台等等，都是有历史的。只有靠历史不断的积累才能找到这种香料，而且这种香料一定只有这个地区才会出产。比如洋河大曲把过去的单粮改成了多粮。再比如五粮液，所谓五粮液就是指用五种粮食酿制而成，其中有一种是荞麦，后来发现荞麦的味道有点苦，所以改成了小麦。不管怎么样，所有酒厂的研发都必须围绕着历史所赋予你的这些微生物进行。如果历史给你的微生物是这些，你就只能在这些微生物的身上做研发，你不能离开这个工厂，也不能离开这些微生物，因为这些微生物是老祖宗留给我们的。所有酒厂的研发都必须在历史和地理的基础之上进行才有价值。

특별 준비한 술은 무슨 술이라고 불렀을까? 쩐주라고 불렀으며, 이 술도 나쁘진 않았지만 그것은 마오타이가 아니었다.

우리가 볼 수 있는 좋은 술은 양허, 우량예, 지엔난춘, 루저우라오자오, 마오타이 등등을 포함하며 모두 역사를 가진 것들이다. 역사의 끊임없는 축적에 의지해야만 이러한 향료를 찾을 수 있고, 더불어 이러한 향료는 반드시 이 지역에서만 생산될 수 있다. 예를 들어 양허따취는 과거의 일모작을 다모작으로 개량했다. 다시 우량예를 예로 들면, 이른바 우량예는 다섯 가지 곡식으로 양조하여 만들었다는 것을 가리키는데, 그중 하나는 메밀로 이후에 메밀의 맛에 약간 쓴맛이 있다는 것을 발견하여 밀로 바꾸었다. 어찌되었든 간에 모든 양조장의 연구개발은 모두 역사가 당신에게 부여한 미생물들을 둘러싸고 진행되어야 한다. 만일 역사가 당신에게 준 미생물이 이것들이라면 당신은 이러한 미생물을 통해 연구개발을 할 수밖에 없고, 이 공장을 벗어나서는 안 되며, 이러한 미생물에게서 벗어나서도 안 된다. 왜냐하면 이러한 미생물은 선조가 우리에게 남겨준 것이기 때문이다. 모든 양조장의 연구개발은 역사와 지리의 토대 위에 진행되어야만 그 가치가 있다.

93. 酒发明至今：
A 品种很多
B 工业化程度很高
C 已有数千年历史
D 已成为一种文化

93. 술은 발명된 후 지금까지 어떠한가?
A 품종이 많다
B 산업화 정도가 높다
C 이미 수천 년의 역사를 가지고 있다
D 이미 일종의 문화가 되었다

94. 关于珍酒，可以知道：
A 产地在遵义
B 由方毅命名
C 口味跟茅台一样
D 造酒用水来自茅台镇

94. 쩐주에 관해 알 수 있는 것은?
A 생산지는 쭌이이다
B 팡이가 이름을 지었다
C 맛이 마오타이와 같다
D 양조 용수는 마오타이진에서 나온다

95. 为什么复制茅台酒会失败？
A 设备落后
B 酿酒技术差
C 酿酒工序不同
D 微生物发生变化

95. 마오타이주 복제는 왜 실패했는가?
A 설비가 낙후되어서
B 양조 기술이 떨어져서
C 양조 절차가 달라서
D 미생물이 변해서

96. 上文主要介绍了什么？
A 酒文化
B 茅台酒的历史
C 酒的种类
D 微生物与酿酒

96. 지문의 주된 내용은 무엇인가?
A 술 문화
B 마오타이주의 역사
C 술의 종류
D 미생물과 주조

해설 93. '술은 발명되었을 때부터 지금까지 이미 가정의 정원을 시작으로 주변 길이가 100리인 공장에 이르기까지, 그리고 세계 곳곳으로까지 산업 생산이 확장되는 거대한 변천을 겪었다'라는 지문의 첫 문장을 통해 술의 산업화 정도가 높다는 사실을 알 수 있다. 나머지 보기는 지문에서 언급되지 않았다.

94. '결국 쭌이에서 산수가 아름답고 산업오염이 없는 곳을 찾았다'를 통해 쩐주의 산지가 쭌이라는 것을 알 수 있다. 그러므로 A가 답이다. '쩐주'라는 이름은 저우언라이 총리가 특별 비준한 것이므로 B는 옳지 않다. 쩐주는 원래 마오타이주를 복제하기 위한 것이었지만 결국 실패했으므로 둘은 같은 술이 아니다. 따라서 C는 옳지 않다. 쩐주를 제조하는 데 사용되는 물은 현지에서 나므로 D도 옳지 않다.

95. 미생물은 복제할 수 없었으므로 마오타이주 복제의 실패를 불러왔다.

96. 지문에서는 술의 생산 과정에서 미생물의 중요한 역할을 주로 서술했으므로 D가 정답이다.

단어 **院落 yuànluò** 명 뜰, 정원 | **辐射 fúshè** 동 (중심에서 여러 방향으로) 복사하다, 방사하다 | **方圆 fāngyuán** 명 주변의 길이(거리) | **作坊 zuōfang** 명 수공예 공장 | **扩展 kuòzhǎn** 동 확장하다, 신장하다 | **吨 dūn** 양 톤(ton) | **金融时报 jīnróng shíbào** 명 영국 파이낸셜 타임즈 | **上市 shàngshì** 동 상장되다, 시장에 나오다 | **排行榜 páihángbǎng** 명 순위 차트 | **排名 páimíng** 동 이름을 배열하다, 순위를 매기다 | **流程 liúchéng** 명 (공업 생산에서) 공정, 과정, 계통 | **工序 gōngxù** 명 제조 공정 | **设备 shèbèi** 명 설비, 시설 | **微生物 wēishēngwù** 명 미생물, 세균 | **山清水秀 shānqīng shuǐxiù** 성 산 좋고 물 맑다, 산수가 아름답다 | **特批 tèpī** 동 특별 비준하다 | **积累 jīlěi** 동 (조금씩) 쌓이다, 누적되다, 축적되다 | **香料 xiāngliào** 명 향료 | **荞麦 qiáomài** 명 메밀 | **祖宗 zǔzong** 명 조상, 선조

97-100

刘炳龙在一家公司当总经理助理。他经常提出一些很有价值的管理建议，[97] 但一直得不到总经理的重视。他感到自己的才华得不到施展，干脆辞职了，去应聘另一家公司总经理助理的职位。凭着他丰富的工作经验和过硬的专业知识，刘炳龙一路过关斩将，从众多应聘者中脱颖而出，与另外两个人，一起进入最后一轮测试。

最后一轮测试，是由总经理亲自把关的面试。面试前，三个人得到通知，第二天上午八点，各人带一份A4纸打印的10个页码的个人简历。开始应聘时就递了简历，[98] 不知道总经理为什么又要看简历？刘炳龙有些纳闷，不过，他还是作了精心的准备。刘炳龙是最后一个接受总经理面试的人。他走进总经理办公室，交上简历，总经理也不和他说话，只是翻开简历，很认真地看起来。过了好长一段时间，总经理把简历往桌上一扔，对刘炳龙说："你的简历，比前两个人做得好，可惜你还是有一处小小的错误，这个页码应该是9，但你写的是8。我是个重视细节的人，[99] 我要从你们的简历中，看出谁的简历做得最规范，纰漏最少，就录用谁。"

刘炳龙从怀里又掏出一份简历，递给总经理，平静地说："您把这一份简历与刚才那份对照一下，看还有没有纰漏？"总经理拿起简历，很快发现两份简历几乎完全一样，唯一不同的是，后递上来的简历把刚才那个唯一的纰漏订正了。"既然你知道这份简历更完美，为什么一开始不交上来？"

리우빙룽은 한 회사에서 사장의 비서가 되었다. 그는 자주 경영에 관한 매우 가치 있는 제안을 내놓았지만 [97] 계속 사장의 주목을 받지 못했다. 그는 자신의 능력이 발휘되지 못했다고 여겨 아예 직장을 그만두고 다른 회사의 사장 비서 직위에 지원하고자 했다. 그의 풍부한 업무경험과 탄탄한 전문지식으로 리우빙룽은 계속 난관을 극복하여 성공했고, 많은 지원자 가운데 두각을 나타내어 다른 두 사람과 함께 마지막 테스트에 들어갔다.

마지막 테스트는 사장이 직접 심사하는 면접이었다. 면접시험 전에 세 사람은 이튿날 오전 8시에 A4용지 10장 분량으로 각자 개인이력을 작성하여 가지고 오라는 통지를 받았다. 지원할 때 이력서를 제출했는데 [98] 사장이 왜 다시 이력서를 보려는 것인지 모르겠네? 리우빙룽은 조금 답답했으나 그는 그래도 정성을 들여 준비했다. 리우빙룽은 마지막으로 사장 면접을 보게 되었다. 그는 사장실로 들어가 이력서를 제출했다. 사장은 그에게 말도 안 하고 단지 이력서를 펼쳐 진지하게 보았다. 한참이 지나고 사장은 이력서를 책상 위에 던지며 리우빙룽에게 말했다. "자네의 이력서는 앞의 두 명보다 훌륭하네. 그런데 아쉽게도 자네는 작은 실수가 있어. 이 페이지 번호는 9여야 하지만 자네가 쓴 것은 8이야. 나는 사소한 부분을 중시하는 사람이네. [99] 자네들의 이력서를 보고 가장 규범에 맞고 실수가 적은 한 사람을 채용해야 하지."

리우빙룽은 가슴속에서 이력서를 또 꺼내 사장에게 건네며 차분하게 말했다. "이 이력서를 방금 것과 한번 대조해보시죠. 그래도 실수가 있습니까?" 사장은 이력서를 들고 두 이력서가 거의 완전히 똑같다는 사실을 빠르게 발견했다. 유일하게 다른 점은 나중에 제출한 이력서가 방금 그 유일했던 실수를 정정했다는 것이었다. "이 이력서가 보다 완전하다는 것을 알면서도 왜 처음부터 제출하지 않은 건가?" 사장은 도무지 이해가 되지 않는다며 물었다. "이곳에 지원하기 전에 저는 다른 회사에서 사장 비서였습니다. 임금도 괜찮았고 여기보다 높았죠. 그런데 왜 직장을 그만두어야 했을까요? 왜냐하면 저의 제안이 주목을

总经理大惑不解地问。“到你们这里应聘之前，我在另一家公司做总经理助理，薪水很不错，比你们开的高。为什么要辞职呢？因为我的建议得不到重视，我的管理思路得不到实现。我希望在新的工作岗位上，能够实现我的价值。与您一样，我也是个重细节的人，简历先交上这一份，如果您没发现那处纰漏，我会让您找出来，看您要用多长时间。”总经理打断刘炳龙的话说：“[100] 我明白了，你带两份简历的目的，其实是为了面试我。”“可以这么说吧。”刘炳龙笑着伸出一只手，“我想我们彼此都应该很满意。”

받지 못했고 저의 경영에 대한 사고의 방향이 실현되지 못했기 때문입니다. 저는 새로운 직장에서 저의 가치를 실현할 수 있기를 바랍니다. 사장님과 마찬가지로 저도 사소한 부분을 중요하게 여기는 사람이어서 이 이력서를 먼저 제출했죠. 만일 사장님께서 그 실수를 발견하지 못하셨다면 저는 사장님이 그 실수를 찾아내게 하고 찾는 데 시간이 얼마나 걸리는지 볼 생각이었습니다." 사장은 리우빙룽의 말을 끊고 말했다. "[100] 무슨 말인지 이해했네. 자네가 이력서를 두 부 가져온 목적은 사실 나를 시험하기 위해서였군." "그렇게 말할 수 있죠." 리우빙룽은 웃으며 손을 내밀었다. "저는 우리 서로가 모두 아주 만족할 것이라고 생각합니다."

97. 刘炳龙为什么要辞职？
A 待遇不好
B 得罪了总经理
C 没有升职机会
D 不能实现自我价值

97. 리우빙룽은 왜 직장을 그만두었나?
A 대우가 좋지 못해서
B 사장에게 미움을 사서
C 승진 기회가 없어서
D 자신의 가치를 실현할 수 없어서

98. 刘炳龙为什么会感到纳闷？
A 自己最后面试
B 总经理亲自面试
C 总经理发现了错误
D 总经理要求重交简历

98. 리우빙룽은 왜 답답함을 느꼈는가?
A 자신이 마지막으로 면접을 봐서
B 사장이 직접 면접을 봐서
C 사장이 실수를 발견해서
D 사장이 이력서를 다시 제출하라고 요구해서

99. 总经理最后一轮面试录用标准是什么？
A 综合能力
B 工作经验
C 专业知识
D 简历有无错误

99. 사장의 마지막 면접의 채용기준은 무엇인가?
A 종합능력
B 업무경험
C 전문지식
D 이력서의 실수 유무

100. 刘炳龙带两份简历的目的是：
A 留着备用
B 测试总经理
C 总经理要求的
D 表现自己的能力

100. 리우빙룽이 이력서를 두 부 가져온 목적은 무엇인가?
A 남겨서 언제든 사용하기 위해
B 사장을 테스트하기 위해
C 사장이 요구해서
D 자신의 능력을 드러내기 위해

해설 97. 리우빙룽이 직장을 그만둔 것은 그가 회사에서 중용을 받지 못하고 재능을 펼칠 수 없다고 느꼈기 때문이다.
98. 리우빙룽이 답답했던 것은 지원할 때 이미 이력서를 제출했는데, 사장이 이력서를 다시 보려고 한 것을 이해하기 어려웠기 때문이다.
99. 사장의 말을 통해 그는 이력서 상의 실수를 통해 누구를 채용할지 결정하려고 했음을 알 수 있다.
100. 리우빙룽은 일부러 실수가 있는 이력서를 제출하여 사장이 알아차릴 수 있는지 없는지를 보려고 했다. 바꾸어 말하면 그도 사장을 테스트하고 있었던 것이다.

단어 **才华 cáihuá** 명 (바깥으로 드러나는) 재능 | **施展 shīzhǎn** 동 (수완이나 재능을) 발휘하다, 펼치다, 보이다 | **过硬 guòyìng** 형 (기술이나 솜씨 등이) 훌륭하다, 탄탄하다 | **过关斩将 guòguān zhǎnjiàng** 성 경쟁자를 물리치고 승리해서 다음 경기로 들어가다, 전진하면서 많은 난관을 극복하고 성공하다 | **脱颖而出 tuōyǐng'érchū** 성 자기의 재능을 전부 드러내다, 두각을 나타내다 | **把关 bǎguān** 동 (엄격하게) 검사하다 | **纳闷 nàmèn** 동 (궁금하거나 이해가 되지 않아) 답답해하다, 갑갑해하다 | **纰漏 pīlòu** 명 실수, 잘못 | **订正 dìngzhèng** 동 (글의 오류나 오자 등을) 수정하다, 고치다 | **大惑不解 dàhuòbùjiě** 성 도무지 이해가 되지 않다, 의혹이 풀리지 않다 | **打断 dǎduàn** 동 (남의 말이나 행동을) 끊다, 막다 | **得罪 dézuì** 동 무례한 짓을 하다, 불쾌하게 하다

정답																				
	51	B	52	A	53	B	54	C	55	B	56	D	57	C	58	C	59	B	60	D
	61	B	62	C	63	A	64	B	65	C	66	D	67	C	68	B	69	D	70	C
	71	E	72	B	73	C	74	D	75	A	76	D	77	E	78	B	79	C	80	A
	81	B	82	B	83	B	84	D	85	A	86	B	87	D	88	D	89	D	90	A
	91	D	92	A	93	A	94	B	95	A	96	B	97	B	98	B	99	B	100	A

제1부분

51

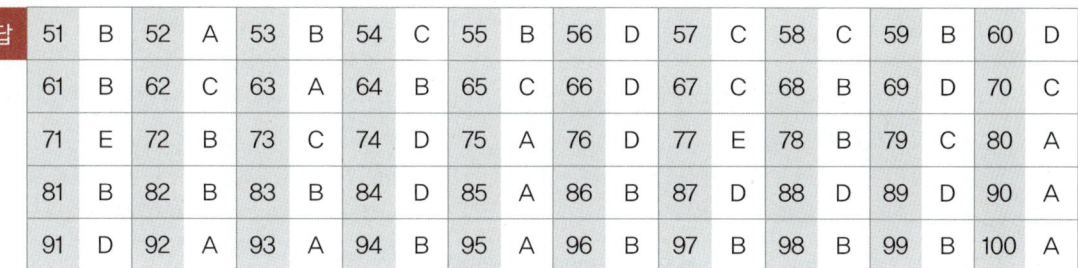

A 我们宁可多绕点路，也不能践踏地里的庄稼。
B 他虽然已经超越了别人，那么，今后的任务就是超越自我了。
C 我们只有领略到书中的精华，才能够体会到读书的乐趣所在。
D 整个乡村万籁俱寂，临近的屋子都熄了灯，月光是那么明亮。

A 길을 더 돌아가는 한이 있더라도 땅의 농작물을 밟아서는 안 된다.
B 그가 이미 다른 사람들을 뛰어넘은 이상 앞으로의 임무는 자신을 뛰어넘는 일이 될 것이다.
C 우리는 책의 정수를 깨달아야만 독서가 주는 즐거움을 느낄 수 있다.
D 온 마을이 고요하고 주변의 집도 불 하나 켜져 있지 않은데 달빛만이 저리도 밝게 빛나고 있다.

정답 B 他既然已经超越了别人，那么今后的任务就是超越自我了。

해설 B에서 접속어 '虽然'의 사용이 부적합하므로 '既然'으로 고쳐야 한다.

단어 宁可 nìngkě 부 차라리 ~할지언정, 설령 ~할지라도 | 绕路 ràolù 동 우회하다, 길을 돌아가다 | 践踏 jiàntà 동 밟다, 딛다 | 庄稼 zhuāngjia 명 (농)작물[주로 식량작물을 가리킴] | 领略 lǐnglüè 동 느끼다, 깨닫다, 이해하다 | 万籁俱寂 wànlài jùjì 성 주위가 매우 조용하다 | 熄灯 xīdēng 동 (전등 · 형광등 등의) 불을 끄다, 소등하다

52

A 经过昨夜的一场大雨，使早晨的空气清新了许多。
B 科学在现象中所寻求的远不止是相似性，还有秩序。
C 这处历史遗迹，就像是一个向导，把我们带进了悠远的历史之中。
D 壶口瀑布以其排山倒海的独特雄姿著称于世，是世界上最大的黄色瀑布。

A 어젯밤 큰 비가 내려 새벽 공기가 더욱 상쾌해졌다.
B 과학은 현상 속에서 단지 유사성만을 찾으려는 것이 아니라 현상의 질서 또한 탐구하고자 하는 학문이다.
C 이 역사유적은 마치 가이드처럼 우리를 유구한 역사 속 세계로 안내했다.
D 후커우 폭포는 그 웅장하고 빼어난 자태로 세상에 널리 알려진 세계 최대의 황색폭포이다.

정답 A 经过昨夜的一场大雨，早晨的空气清新了许多。

해설 A의 '使'가 사용된 구문에서 '使'의 주어가 없다.

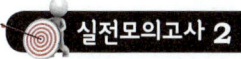

단어 寻求 xúnqiú 동 찾다, 모색하다 | 秩序 zhìxù 명 질서 | 向导 xiàngdǎo 명 길 안내자, 가이드 | 悠远 yōuyuǎn 형 (시간이) 멀고 오래다 | 排山倒海 páishān dǎohǎi 성 위력이 대단하다, 위세가 대단하다 | 雄姿 xióngzī 명 웅장하고 위풍당당한 모습

53

A 自然灾害是地质史上前五次物种大灭绝的主要原因。
B 他刚从学校进入社会，缺乏社会经验，难免不犯错误。
C 胎儿从第五个星期开始便有了比较复杂的生理反射机能。
D 人民币汇率问题并不单纯是经济问题，还得从国际政治的角度来思考。

A 자연재해는 지질시대의 5대 생물대멸종 사건의 주요 원인이다.
B 그는 막 학교에서 사회로 진출해서 사회 경험이 없기 때문에 실수를 면하기 힘들 것이다.
C 태아는 5주부터 비교적 복잡한 생리적 반사기능을 갖추게 된다.
D 위안화 환율문제는 결코 단순한 경제문제가 아니므로 국제 정치적인 시각으로 접근하고 다뤄야 한다.

정답 B 他刚从学校进入社会，缺乏社会经验，**难免会犯错误**。

해설 B에서 부정의 표현이 부적절하다. '难免不犯错误'의 의미는 결국 '실수를 하지 않는다'의 의미가 되므로 앞뒤 문맥상 의미가 반대된다.

단어 灭绝 mièjué 동 완전히 없애다, 철저히 소멸하다 | 胎儿 tāi'ér 명 태아 | 反射 fǎnshè 동 반사하다 | 汇率 huìlǜ 명 환율

54

A 大熊猫是中国的国宝，也是世界上有名的珍稀动物。
B 中国皮影戏以其惊人的艺术魅力曾使无数人为之倾倒。
C 李白在其一生中创作了许多永垂不朽的浪漫主义诗篇。
D 当一杯水中的冰块融化的时候，杯里的水面并不会上升。

A 자이언트 판다는 중국의 국보이자 세계적으로 알려진 희귀동물이다.
B 중국의 그림자극은 그 놀라운 예술적 매력으로 일찍이 많은 사람들의 관심을 끌어모았다.
C 이백은 자신의 일생 동안 세상에 널리 알려진 수많은 낭만주의 시를 지었다.
D 물에 담긴 컵 속의 얼음이 녹을 때 컵 안의 수면은 상승하지 않는다.

정답 C 李白在其一生中创作了许多**举世传诵**的浪漫主义诗篇。

해설 C에서 '永垂不朽'의 사용이 부적절하다. 일반적으로 '永垂不朽'는 사람을 묘사할 때 사용된다.

단어 熊猫 명 dàxióngmāo 명 판다 | 国宝 guóbǎo 명 국보 | 珍稀 zhēnxī 형 진귀하고 드물다 | 魅力 mèilì 명 매력 | 倾倒 qīngdǎo 동 탄복하다, 흠모하다, 매료되다 | 永垂不朽 yǒngchuíbùxiǔ 성 (지난날의 명성 · 업적 · 정신 등이) 오래 전해져 사라지지 않다, 천추에 길이 빛나다 | 融化 rónghuà 동 (얼음 · 눈 따위가) 녹다, 융해되다

55

A 学习一门语言，不能仅凭小聪明，一定要下苦工夫。
B 一篇小说，要想得到读者的认可，得要看它是否立足于现实。
C 夏天的橘子洲，林木葱茏，凉风习习，真是纳凉避暑的好去处。
D 与世界上其他国家一样，中国的小说也是从神话传说开始发展的。

A 언어를 배울 때는 단순히 요령에만 기댈 것이 아니라 많은 노력을 쏟아야 한다.
B 한 편의 소설이 독자의 인정을 받을 수 있을지 없을지는 그 소설이 현실에 기반을 두었느냐에 달렸다.
C 여름의 쥐쯔저우는 삼림이 우거지고 바람이 시원하여 더위를 피하고자 하는 사람들에게는 안성맞춤이다.
D 세계의 다른 국가들과 마찬가지로 중국의 소설 역시 신화 전설에서 시작하여 발전해왔다.

정답 B 一篇小说，**能否**得到读者的认可，得要看它是否立足于现实。

해설 B에서 뒷부분에 양면적 의미의 단어 是否가 나왔다는 것은 문장 안에서 두 가지 의미를 이야기하고 있다는 것이므로 앞부분에 能否를 넣어주어야 한다.

단어 小聪明 xiǎocōngming 명 잔머리, 잔재주, 잔꾀 | 立足 lìzú 동 근거하다, 입각하다, (입장에) 서다 | 葱茏 cōnglóng 형 (초목이) 푸르고 무성하다, 녹음이 우거지다 | 凉风 liángfēng 명 시원한 바람, 냉풍 | 习习 xíxí 형 (바람이) 솔솔 불다 | 纳凉 nàliáng 동 시원한 바람을 쐬다 | 避暑 bìshǔ 동 피서하다, 더위를 피하다

56

A 人们常常在意自己失去了什么，而忽略自己拥有了什么。
B 煮熟的鸡蛋可旋转着直立起来，而生蛋或夹生蛋则不能。
C 老年痴呆症会让人丧失所有记忆，甚至与亲人也形同陌路。
D 摇滚乐那快速变化的音乐节奏和闪烁不定的灯光效果，让人听得兴奋异常。

A 사람들은 항상 자신이 무엇을 잃어버렸는가에는 신경 쓰면서 자신이 무엇을 가지고 있는가에 대해서는 소홀히 한다.
B 삶은 달걀은 회전하면서 똑바로 세워질 수 있지만 생달걀이나 덜 익은 달걀은 그럴 수 없다.
C 알츠하이머병은 모든 기억을 잃게 하여 심지어 가족들조차도 전혀 알아보지 못하게 한다.
D 록(rock)음악의 빠른 리듬변화는 듣는 사람을 신나게 하고, 현란하고 눈부신 조명효과는 보는 사람의 눈을 즐겁게 한다.

정답 D 摇滚乐那快速变化的音乐节奏让人听得兴奋异常，那闪烁不定的灯光效果让人看得眼花缭乱。

해설 D의 '灯光效果'는 들을 수 있는 표현이 아니므로 사용이 부적절하다.

단어 **忽略** hūlüè 동 소홀히 하다, 등한히 하다 | **煮熟** zhǔshú 익히다 | **旋转** xuánzhuǎn 동 (빙빙) 돌다, 회전하다 | **夹生** jiāshēng 형 (밥이) 설익다 | **老年痴呆症** lǎonián chīdāizhèng 명 알츠하이머병 | **形同陌路** xíngtóng mòlù 낯선 사람 취급하다 | **摇滚乐** yáogǔnyuè 명 로큰롤 | **闪烁** shǎnshuò 동 반짝이다, 깜빡이다 | **灯光** dēngguāng 명 조명

57

A 研究所的科研人员为新品种的研发付出了大量的心血。
B 位于浙江省淳安县境内的千岛湖，是世界上岛屿最多的湖。
C 他没有听从导师的建议，对论文的观点加以修改，影响了论文的水平。
D 隋唐时期是中国南北重新统一的时期，也是汉文化发展最鼎盛的时代。

A 연구소의 과학자들은 신품종 연구개발을 위해 심혈을 기울인다.
B 저장성 춘안현 내에 위치한 첸다오 호수는 세계에서 섬이 가장 많은 호수이다.
C 그는 교수님의 제안을 따르지 않고 논문의 관점을 수정하여 논문 수준에 영향을 미쳤다.
D 수당 시기는 중국이 남북을 다시 통일한 시기이자 한문화 발전이 가장 흥성했던 시기이다.

정답 C 他没有根据导师的建议对论文的观点加以修改，影响了论文的水平。

해설 C는 문맥에 따라 서로 다른 해석이 나올 수 있는 문장이므로 부적절하다. 첫째, '교수님이 그에게 논문의 관점을 수정하라고 제안했다'라는 해석이 나올 수도 있고, 둘째, '교수님은 논문을 수정할 필요가 없을 것이라고 본다'는 뜻으로 해석될 수도 있기 때문이다.

단어 **付出** fùchū 동 (돈 · 대가 등을) 지불하다, 내다 | **心血** xīnxuè 명 심혈 | **岛屿** dǎoyǔ 명 섬, 도서 | **听从** tīngcóng 동 (남의 말을) 듣다, 따르다 | **导师** dǎoshī 명 지도교수 | **修改** xiūgǎi 동 (원고를) 고치다, 수정하다 | **鼎盛** dǐngshèng 형 바야흐로 가장 융성하다, 한창이다

58

A 花语，是用花来表达人的语言，表示人的某种感情或愿望。它由一定的社会历史条件逐渐形成而为大众所公认。

B 梦能常告诉我们一些醒着不能遇到的事情，并且在未知世界前启发我们，使我们在长期的生活实践中迸发出难以预料的创造力。

C 春节期间，一只在中国土生土长的小羊风头正劲，吸引了电影界、电视界、文学界、传媒界、玩具界、音像界等各路专家的目光。

D 心理学家的研究结果表明，地理气候条件对人的性格形成有较大影响，特别是对同一地区、同一民族共同性格特征的形成影响较大。

A '꽃말'은 꽃으로 사람을 표현하는 언어로서, 사람의 감정과 소망을 나타낸다. '꽃말'은 일정한 사회적, 역사적 환경에서 출발하여 점차 모든 사람들의 인정을 받게 되었다.

B 꿈은 언제나 우리에게 현실에서는 마주칠 수 없는 일들을 제시해주고, 또한 미지의 세계를 향한 깨달음을 줌으로써 오랜 현실세계에서 예측하기 힘든 창조력을 발휘할 수 있게 한다.

C 설 연휴기간에 중국 태생의 작은 양 한 마리가 대단한 인기몰이를 하면서 미디어, 장난감, 음악 등 각 분야 전문가들의 관심을 끌었다.

D 심리학자의 연구결과에 따르면 지리기후 조건은 사람의 성격에 비교적 큰 영향을 미치고, 특히 같은 지역, 같은 민족의 유사한 성격적인 특징을 형성하는 데 많은 영향을 끼친다.

정답 C ……，吸引了**传媒界、玩具界、音像界**等各路专家的目光。

해설 C에서 병렬 성분의 사용이 부적절하다. '电影界、电视界、文学界'는 모두 '传媒界' 안의 범주에 포함된다.

단어 **未知世界** wèizhī shìjiè 미지의 세계 | **启发** qǐfā 동 일깨우다, 계발하다 | **土生土长** tǔshēng tǔzhǎng 성 현지에서 나고 자라다, 토박이이다 | **传媒** chuánméi 명 TV · 라디오 · 신문 등의 매체

59

A 动物的脂肪大都呈蛋黄色，唯独鳄鱼的脂肪是绿色。

B 看见桌上放着的毕业照，我不禁回忆起了从前的往事。

C 当人们试图把个体特征抽象为整体特征时，很容易犯以偏概全的错误。

D 近日，江苏省启动了旨在提高全民环保意识的"绿色企业环保宣言"活动。

A 동물의 지방은 대부분 달걀의 노른자 색깔을 띠는데, 유일하게 악어의 지방은 녹색이다.

B 탁자에 놓여진 졸업사진을 보니 나도 모르게 예전 일들이 떠올랐다.

C 사람들이 개별적인 특징을 전체적인 특징으로 추상화하고자 할 때는 성급한 일반화의 오류를 범하기 쉽다.

D 최근 장쑤성은 전 국민의 환경보호 의식을 제고시킨다는 취지 아래 '녹색기업 환경보호 선언' 캠페인을 시작했다.

정답 B 看见桌上放着的毕业照，我不禁回忆起了**往事**。

해설 B에서 '从前的往事'의 의미가 중복된다. '往事'이 곧 예전의 일이라는 뜻이다.

단어 **脂肪** zhīfáng 명 지방 | **蛋黄** dànhuáng 명 (알의) 노른자 | **唯独** wéidú 부 유독, 단지 | **鳄鱼** èyú 명 악어 | **试图** shìtú 동 시도하다 | **以偏概全** yǐpiān gàiquán 성 부분으로 전체를 판단하다

60

A 周庄环境幽静，建筑古朴，虽历经九百多年沧桑，仍完整地保存着原来的水乡集镇的建筑风貌。

B 幸福是一个人在一定的社会关系中，对生活产生的种种愉快、欣慰的感受，以及对人生意义的理解。

C 这环绕北京的城墙，虽然主要是为防御而设，但从艺术的观点来看，它是一件气魄雄伟、精神壮丽的杰作。

D 任何一种文明的发展都是与其他文明融合、交流、碰撞的过程，完全封闭的环境不可能带来文明的进步，只会导致文明的衰落。

A 저우좡의 환경은 아늑하고 고요하며, 건축물은 수수하고 고풍스럽다. 비록 900여 년에 걸친 큰 변화를 겪었지만 여전히 본연의 물의 도시로서의 건축풍격을 온전히 보존하고 있다.

B 행복은 한 사람이 일정한 사회관계 중 생활에서 형성되는 다양한 즐거움과 편안한 감정, 그리고 인생의 의미에 대한 이해이다.

C 베이징을 둘러싼 이 성벽은 비록 주로 적의 침입을 막기 위해 세워졌지만 예술적인 관점에서 볼 때 웅장한 기백과 아름다움을 갖춘 걸작에 속한다.

D 모든 문명의 발전은 기타 문명의 충돌, 교류 및 융합의 과정이므로 완전히 폐쇄된 환경은 문명의 발전을 이룰 수 없고 단지 문명의 쇠퇴만을 야기할 뿐이다.

정답 D 任何一种文明的发展都是与其他文明**碰撞、交流、融合**的过程，……。

해설 D에서 병렬성분의 순서가 논리적이지 않으므로 처음에 '碰撞'을 쓰고 그 후에 '交流', '融合'의 순서대로 진행되어야 한다.

단어 **沧桑** 명 푸른 물과 뽕나무밭, 세상의 변화가 크다 | **集镇 jízhèn** 명 비농업 인구 위주의 작은 규모의 거주지역 | **欣慰 xīnwèi** 형 기쁘고 안심이 되다, 기쁘고 위안이 되다 | **环绕 huánrào** 동 둘러싸다, 에워싸다 | **城墙 chéngqiáng** 명 성벽 | **防御 fángyù** 동 방어하다 | **气魄 qìpò** 명 기백, 패기 | **雄伟 xióngwěi** 형 웅대하고 위세가 넘치다 | **壮丽 zhuànglì** 형 웅장하고 아름답다 | **碰撞 pèngzhuàng** 동 충돌하다, 부딪치다 | **衰落 shuāiluò** 동 쇠락하다, 몰락하다

제2부분

61

中秋节是仅次于春节的第二大传统节日。为传承民族文化，增强民族______力，中秋节______被列为中国法定节假日。中秋时祭月，在我国也是一种十分古老的______。

A 聚集	过去 ×	习惯
B 凝聚 ○	已经	习俗
C 团结	目前	风气 ×
D 合作	曾经 ×	风俗

중추절은 춘절 다음가는 두 번째로 큰 전통명절이다. 민족의 문화를 계승하고, 민족의 응집력을 강화하기 위해 중추절은 이미 중국의 법정명절이자 공휴일로 지정되었다. 중추절에는 달에 제사를 지내는데 이는 중국의 오랜 풍속이다.

A 집합 / 과거 / 습관
B 응집 / 이미 / 풍속
C 단결 / 현재 / 분위기
D 합작 / 이미 / 풍속

해설 ① 첫 번째 빈칸의 '力'와 함께 올 수 있는 것은 '凝聚'뿐이기 때문에 B '凝聚力'가 정답이다.
② 두 번째 빈칸에서 보기 A의 '过去'와 D의 '曾经'은 시간을 나타낼 때 주로 과거의 어떤 현상이 현재는 없어졌다는 부분을 강조한다. 상식적으로 우리는 '중추절은 여전히 중국의 법정명절이자 공휴일'이라는 사실을 알고 있다. 따라서 보기 A와 D는 해당되지 않는다.
③ 세 번째 칸의 경우 C '风气'는 사회에서 혹은 어떤 단체에서 유행하는 취미와 습관을 말하며 문장 속의 '中秋时祭月'는 일종의 풍속이므로 C는 어울리지 않는다. 따라서 정답은 B이다.

단어 **中秋节 Zhōngqiū Jié** 명 한가위, 추석 | **仅次于 jǐncìyú** ~에 버금가다, ~에 둘째가다 | **列为 lièwéi** 동 (어떤 부류에) 들다, 끼다 | **节假日 jiéjiàrì** 명 명절과 휴일, 경축일과 휴일 | **祭月 jìyuè** 달에 제사를 지내다

62

只要有工作，压力就会存在，它其实是你工作中无法 ______ 的组成部分。压力大与小，能不能 ______ 与舒解，关键在于面对压力时，你自己的心态与 ______ 的方法。

A 躲避 × 感受 响应
B 避免 接受 应酬 ×
C 回避 承受 应对
D 隐藏 × 承担 对付

직업이 있는 곳이라면 스트레스가 존재하기 마련인데, 이는 사실 일을 하면서 결코 피할 수 없는 구성부분이다. 스트레스의 크기와 그 스트레스를 감당하거나 해소할 수 있는지의 관건은 스트레스에 직면했을 때 스스로의 마음가짐과 대처 방법에 달려있다.

A 도피하다 / 감수하다 / 호응하다
B 피하다 / 받아들이다 / 응대하다
C 회피하다 / 감당하다 / 대응하다
D 감추다 / 담당하다 / 대처하다

해설 ① 첫 번째 칸의 보기 A '躲避'와 D '隐藏'는 모두 '숨기다'의 의미가 포함되어 있다. '藏'의 목적은 다른 사람이 발견하지 못하게 하는 것이므로 본문의 내용과는 상관이 없다. 따라서 A와 D는 어울리지 않는다.
② 세 번째 칸의 B '应酬'는 주로 인간관계를 말하며 본문에서의 대상은 '스트레스'이기 때문에 B역시 정답이 아니다.

단어 压力 yālì 명 (주로 정신적 · 심리적인) 스트레스, 압력 | 舒解 shūjiě 형 해소하다

63

成大事的人，最重要的秘诀之一就是勇于开拓创新。创新需要以一定的知识为 ______ ，但只有知识是远远不够的。知识只有在人脑的 ______ 下才能够创造价值，而那些善于在 ______ 的生活中运用小点子的人往往能够成就大事。

A 基础 利用 平凡
B 基本 × 采用 平常
C 基地 × 应用 普通
D 根基 运用 一般 ×

큰일을 이루는 사람이 되기 위해 가장 중요한 비결 중 하나는 바로 용기 있게 혁신을 개척하는 것이다. 혁신을 위해서는 일정 수준의 지식을 기초로 삼아야 하지만, 단지 지식만 있어서는 결코 충분하지 않다. 지식은 사람의 뇌를 이용할 때만이 창조해낼 수 있는 가치이지만, 평범한 생활 속에서 소소한 일들을 해내는 사람들이 종종 훌륭한 업무를 달성할 수 있다.

A 기초 / 이용하다 / 평범
B 기본 / 채용하다 / 일상
C 기지 / 응용하다 / 보통
D 토대 / 운용하다 / 일반

해설 ① 첫 번째 빈칸은 의미를 살펴볼 때, C '基地'는 어떤 사업의 기반 지역을 나타내기 때문에 문장과 어울리지 않는다. 단어조합으로 보았을 때 B '基本'은 '以'와 함께 쓰이지 않는다. 따라서 B와 C는 해당되지 않는다.
② 세 번째 빈칸의 D '一般'은 '生活'을 꾸미는 수식어가 아니므로 D역시 정답에서 제외된다.

단어 秘诀 mìjué 명 비결 | 开拓 kāituò 동 개척하다, 확장하다 | 远远 yuǎnyuǎn 부 크게, 몹시, 상당히

64

天坛位于北京城南端，是明清两代皇帝祭祀天地之神和祈祷五谷丰收的地方。它的严谨的 ______ 布局， ______ 的建筑结构，瑰丽的建筑 ______ ，被认为是我国现存的一组最 ______ ，最美丽的古建筑群，天坛不仅是中国古建筑中的明珠，也是世界建筑史上的瑰宝。

A 修建 奇怪 × 装扮 精细
B 建筑 奇特 装饰 精致
C 建设 奇妙 装修 × 优美
D 建造 神奇 装备 × 精美

톈탄은 베이징성의 남쪽에 위치하고 있으며 명청 두 왕조의 황제가 천지의 신에게 제사를 지내고 풍년을 빌던 곳이다. 그 근엄한 건축물의 배치와 기묘한 건축구조, 아름다운 건축장식은 중국 현존의 가장 정교하고 아름다운 고대 건축물로 여겨지고 있다. 톈탄은 중국 고대 건축물의 정수일 뿐만 아니라 세계 건축 역사 상 가장 소중한 보물이다.

A 건설 / 기괴하다 / 단장하다 / 정교하다
B 건축물 / 기묘하다 / 장식 / 정교하다
C 건설 / 신기하다 / 내부공사를 하다 / 아름답다
D 건설하다 / 신기하다 / 장치 / 정교하고 아름답다

해설 ① 두 번째 빈칸의 A '奇怪'는 부정적인 뜻을 가진 단어이므로 본문에는 어울리지 않는다.
② 세 번째 빈칸은 명사 성분이 와야 하는데 C '装修'는 동사로만 쓰이기 때문에 부적합하다. D '装备'는 주로 무기, 군복, 기자재, 기술력 등을 묘사할 때 쓰이므로 역시 부적절하다. 즉 답은 B가 된다.

단어 **祭祀 jìsì** 동 (신이나 조상에게) 제사를 지내다 | **祈祷 qídǎo** 동 기도하다, 빌다 | **丰收 fēngshōu** 동 풍작을 이루다, 풍년이 들다 | **布局 bùjú** 명 구도, 배치 | **瑰丽 guīlì** 형 놀랄 만큼 아름답다, 비할 데 없이 아름답다 | **明珠 míngzhū** 명 보배, 사랑하는 사람, 귀중한 물건 | **瑰宝 guībǎo** 명 진귀한 보물, 보배

65

民间的冰灯节，是在春节和元宵节期间______，一般都是将一家一户自制的冰灯摆放到自己的院子里，不______展出。随着乡村人民生活水平的提高，文化娱乐活动规模的______，也有在村子的广场或娱乐场所搞冰灯制作比赛活动的。这种活动，给乡村______了浓郁的节日气氛。

민간의 빙등제는 춘절과 정월 대보름 기간에 **열리며** 대부분 집집마다 각자 만든 빙등을 자신들의 뜰 안에 걸되 (한 곳에) **집중되지** 않게 진열한다. 시골사람들의 생활수준이 향상되면서 문화 및 오락활동의 규모가 **커졌으며** 마을의 광장이나 오락장소에서는 빙등 만들기 시합을 가지기도 한다. 이러한 활동들이 시골의 짙은 명절 분위기를 한껏 **늘려준다**.

A 举办	聚集 ×	扩充	增添
B 举行	集合	扩张	增进 ×
C 进行	集中	扩大	增加
D 进展 ×	集体	扩展	增长

A 개최하다 / 집합하다 / 확충하다 / 늘리다
B 거행하다 / 집합하다 / 확장하다 / 증진시키다
C 진행하다 / 집중하다 / 확대하다 / 늘리다
D 진전하다 / 집단 / 확대하다 / 증가하다

해설 ① 첫 번째 빈칸의 D '进展'은 앞을 향해 발전해 나가는 것을 뜻하므로 어울리지 않는다. 따라서 D는 정답에서 제외한다.
② 두 번째 빈칸의 A '聚集'은 함께 모이는 것을 뜻하는 단어로 사람의 행위를 묘사하는 데 주로 쓰이기 때문에 본문에서는 부적절하다.
③ 네 번째 빈칸의 B '增进'는 주로 '友谊', '团结', '健康', '合作' 등을 대상으로 하기 때문에 부적합하다.

단어 **冰灯 bīngdēng** 명 (얼음으로 조각한) 얼음등 | **元宵节 Yuánxiāo Jié** 명 정월 대보름, 원소절 | **一家一户 yìjiā yíhù** 성 한 집 한 집(씩), 집집마다 | **娱乐 yúlè** 명 (방송 관련 쪽의) 예능, 오락 | **浓郁 nóngyù** 형 (색채 · 기분 · 감정 등이) 농후하다, 짙다

66

20世纪90年代后，随着经济的加快发展，环境污染和生态恶化总体上日益加剧，长期积累的环境危机______呈现，人民群众的身体健康和生命财产受到______。生态环境保护问题，______地摆在了我们每一个人的面前。______生态环境是我们每一个人应尽的义务。

1990년대 이후 경제가 빠르게 발전하면서 환경오염 및 생태계 악화현상이 전체적으로 갈수록 심각해졌다. 오랜 세월 동안 누적된 환경위기가 **점차** 드러났으며, 사람들의 신체건강 및 생명재산 또한 **위협을 받았다**. 생태환경 보호문제는 **매우 긴박하게** 우리 모두의 눈앞에 닥치게 되었다. 생태환경을 **보호하는** 것은 우리 모두가 응당 책임져야 할 의무이다.

A 逐年	危害	急不可待	保卫 ×
B 逐渐	着急 ×	刻不容缓	维护
C 渐渐	危险	燃眉之急 ×	爱护
D 逐步	威胁	迫在眉睫	保护

A 해마다 / 침해 / 한시도 참을 수 없다 / 보위하다
B 점차 / 초조하다 / 잠시도 지체할 수 없다 / 보호하다
C 점점 / 위험 / 긴급하다 / 애호하다
D 갈수록 / 위협 / 위기가 눈앞에 닥치다 / 보호하다

해설 ① 두 번째 빈칸의 B '着急'는 심리를 묘사하기 때문에 본문에는 어울리지 않으므로 우선 정답에서 제외된다.
② 세 번째 빈칸의 경우 '地'에서 알 수 있듯이 부사나 형용사로 이루어진 부사어 성분이 와야 한다. C '燃眉之急'의 '之'는 '的'을 나타내므로 이는 명사성 성분에 해당한다.
③ 네 번째 빈칸의 A '保卫'는 주로 '国家', '祖国', '土地', '自由'와 함께 사용되므로 본문의 '生态环境'과는 어울리지 않는다. '保护环境'은 고정적으로 함께 사용되는 표현이기 때문에 정답은 D이다.

단어 **加剧 jiājù** 동 (어떤 일의 상황이나 정도가) 심해지다, 격화하다 | **急不可待 jíbùkědài** 성 조급해서 기다릴 수 없다, 한시도 참을 수 없다 | **刻不容缓 kèbùrónghuǎn** 성 잠시라도 지체할 수 없다 | **燃眉之急 ránméizhījí** 성 눈썹에 불이 붙은 것처럼 긴급하다 | **迫在眉睫 pòzàiméijié** 성 일이 눈앞에 닥쳐 매우 긴박하다

67

热情的人非常受人欢迎，因为热情的品质 ______ 了许多的个人内容，它让人们 ______ 到与之相关的其他优良品质和特性，这正是"光环效应"的反映。______ 我们被热情所吸引，我们就会认为热情的人 ______ 、积极、乐观。

열정적인 사람은 매우 인기를 얻게 되는데, 열정적인 품성이 개인적인 내용을 많이 포함하고 있으며 이는 사람들로 하여금 그와 관련된 다른 훌륭한 품위와 특징을 연상케 하기 때문이다. 이것이 바로 '후광효과'의 반영이다. 일단 우리는 열정에 매료되면 열정적인 사람을 진실되고 적극적이며 낙관적인 사람으로 인식하게 된다.

A 含有　联系　由于 ×　诚实
B 包括　联合 ×　要是　诚恳
C 包含　联想　一旦　真诚
D 包涵　联络 ×　如果　老实

A 함유하다 / 연결하다 / 때문에 / 성실하다
B 포함하다 / 연합하다 / 만일 / 진실하다
C 포함하다 / 연상하다 / 일단 / 진실하다
D 양해하다 / 연락하다 / 만일 / 정직하다

해설 ① 두 번째 빈칸의 B '联合'는 의미 상 다른 사람 혹은 단체와 함께 모여 전체를 이루는 것을 뜻하며, D '联络'는 사람과 사람 간의 관계를 나타낼 때 쓰인다. 따라서 B와 D는 모두 정답에서 제외된다.
② 논리적인 관점에서 보았을 때, 세 번째 빈칸에는 뒷문장의 조건에 관한 내용이 와야 한다. A '由于'는 원인을 도출해내는 연결어이고 주로 '由于……因此……' 조합으로 쓰이기 때문에 여기에서는 부적절하다.

단어 **品质 pǐnzhì** 명 품성, 인품, 자질 | **与之相关 yǔzhīxiāngguān** 동 상관이 있다, 서로 관련되다 | **光环 guānghuán** 명 후광 | **积极 jījí** 형 적극적이다, 열성적이다

68

人对文化生活的兴趣各异，在 ______ 一定的文化活动时，除享受娱乐之外，还会在思想、______ 和心理上受到影响，品德性情上 ______ 陶冶。这种作用是 ______ 的，在短时间内不易觉察。

인간의 문화생활에 대한 흥미는 모두가 제각각인데, 일정한 문화활동에 참여할 때는 즐거움을 만끽하는 것 외에도 사상, 정서, 그리고 심리적으로도 영향을 받게 되며 품성과 성품에도 좋은 영향을 받는다. 이러한 작용은 모르는 사이 스며들게 되며 단시간 내에는 깨닫지 못한다.

A 加入 ×　神情　忍受　难能可贵
B 参与　情绪　经受　潜移默化
C 参加　情感　接受　家喻户晓 ×
D 参谋 ×　心情　感受　一举两得

A 가입하다 / 정신 / 참다 / 갸륵하다
B 참여하다 / 정서 / 겪다 / 스며들다
C 참가하다 / 감정 / 받아들이다 / 누구나 다 알다
D 조언하다 / 심정 / 느끼다 / 일거양득

해설 ① 첫 번째 빈칸의 A '加入'의 대상은 주로 어떤 단체 혹은 조직을 뜻하므로 '文化活动'과는 함께 사용할 수 없다. 또한 D '参谋'는 목적어를 이중으로 가질 수 없기 때문에 정답에서 제외한다.
② 네 번째 빈칸의 C '家喻户晓'는 일의 결과를 모두가 다 안다는 뜻인데 마지막 문장인 '在短时间内不易觉察'이 '영향이 천천히 나타난다'는 내용인 것으로 보아 결과가 아닌 그 과정을 강조하고 있다. 따라서 C는 부적합하다. B '潜移默化'는 사람의 생각이나 성격이 자신도 모르게 영향을 받아 변화한다는 뜻으로 본문의 내용과 정확히 일치한다.

단어 **各异 gèyì** 형 제각기 다르다 | **享受 xiǎngshòu** 동 누리다, 향유하다 | **品德 pǐndé** 명 인품과 덕성, 품성 | **陶冶 táoyě** 동 (사람의) 사상이나 성격에 유익한 영향을 주다 | **觉察 juéchá** 동 알아차리다, 감지하다

69

每个人，只要能诚诚恳恳，去做他最 ______ 的事就对了。当你写了一本好书，帮别人做了一个 ______ 的发型，完成了一项 ______ 的任务，在使得别人得到快乐的 ______ ，也让自己 ______ 了一个具有吸引力的人，这就是一种精彩。

A	兴趣 ×	美丽	艰苦	时刻	成为
B	爱好	美观	艰难	时候	转变 ×
C	喜欢	好看	困难	同期 ×	变化
D	喜爱	漂亮	艰巨	同时	变成

모든 사람이 진실된 마음으로 다른 사람이 가장 좋아하는 일을 할 수 있다면 그것이야말로 올바른 일이다. 좋은 책을 쓸 때, 다른 사람이 예쁜 헤어스타일을 만들 수 있게 도와줄 때, 힘든 임무를 완수해낼 때는 다른 사람을 기쁘게 하는 동시에 또한 자신도 매력적인 사람으로 변할 수 있게 하는데, 이것이 바로 가장 훌륭한 점이다.

A 흥미 / 아름답다 / 고달프다 / 순간 / 되다
B 취미 / 아름답다 / 곤란하다 / 시간 / 바뀌다
C 좋아하다 / 예쁘다 / 힘들다 / 같은 시기 / 변하다
D 좋아하다 / 아름답다 / 고생스럽다 / 동시에 / 변하다

해설 ① 첫 번째 빈칸의 A '兴趣'는 '最'의 수식을 받을 수 없으므로 우선 정답에서 제외한다.
② 네 번째 빈칸의 C '同期'는 시점이 아닌 어떤 기간을 나타내므로 본문의 내용 상 부적절하다.
③ 다섯 번째 빈칸의 B '转变' 뒤에는 곧바로 목적어가 올 수 없으므로 역시 정답에서 제외한다.

단어 **诚诚恳恳 chéngchengkěnkěn** 형 간절하다 | **精彩 jīngcǎi** 형 뛰어나다, 훌륭하다, 멋지다

70

很多人之所以深受人喜爱，在很大 ______ 上归功于善于辞令。口才好的人最容易给人留下 ______ 的第一印象。优雅的谈吐可以使自己广受 ______ ，更有助于事业的 ______ 。

A	可能	刻骨	迎接 ×	成绩
B	意义	深入	重视	成就
C	程度	深刻 ○	欢迎	成功
D	水平	深远	注重 ×	胜利

많은 사람들이 큰 인기를 얻는 것은 어느 정도 사교적인 언행을 잘하기 때문이다. 말재간이 좋은 사람은 다른 사람에게 깊은 첫인상을 남기게 된다. 말하는 태도가 품위 있는 사람은 스스로 널리 환영받을 뿐만 아니라 사업적으로도 성공하기 쉽다.

A 가능하다 / 뼈에 사무치다 / 환영받다 / 성적
B 의미 / 깊다 / 중요시하다 / 성과
C 정도 / 깊다 / 환영하다 / 성공
D 수준 / 심원하다 / 중시하다 / 승리

해설 ① 세 번째 빈칸의 B와 C는 '受'와 함께 사용될 수 있기 때문에 우선 A와 D는 정답에서 제외한다.
② 두 번째 빈칸의 '深刻'는 주로 '印象'과 함께 사용되므로 정답은 C이다.

단어 **归功于 guīgōngyú** 동 ~의 덕택이다, ~의 덕분이다 | **辞令 cílìng** 명 사교적인 자리에서 응대하는 말 | **口才 kǒucái** 명 말재간, 달변 | **优雅 yōuyǎ** 형 (연주 · 문학작품 등이) 운치가 있다, 우아하다 | **谈吐 tántǔ** 명 (말할 때의) 단어 선택과 (말하는) 태도, 어휘 선택과 태도

제3부분

71-75

肺鱼不但可以像其他鱼类那样用鳃呼吸，还有一种特殊的本领，那就是靠肺在空气中直接进行呼吸，因此被称为肺鱼。肺鱼大多生活在人烟稀少的沼泽地带，(71) ____________，它们的肺就派上用场了。每当旱季到来，水源枯竭的时候，肺鱼就将自己藏匿于淤泥之中。它们巧妙地在淤泥中构筑泥屋，(72) ____________。它们就这样使身体始终保持湿润，在泥屋中养精蓄锐。数月后，雨季来临，泥屋便会在雨水的浸润冲刷下土崩瓦解，肺鱼又重新回到有水的天地。

最近，科学家发现，当地的土著人居然拿肺鱼当美食。他们在旱季出发，来到肺鱼生活的沼泽地。这时，沼泽地里到处布满了泥屋，(73) ____________。土著人就这样轻而易举地将肺鱼捉住了。但他们并不立即将肺鱼煮着吃，(74) ____________，等体内的脏东西都吐出来了，再将肺鱼放在早就用白水以及各种调料和好的面糊里，肺鱼以为旱季到了，便将面糊做成面屋将自己包裹起来。这时，土著人便可以将肺鱼连同它的“泥屋”一起烤熟后再吃。据说肺鱼自己构筑的面屋因为充分渗入了肺鱼的黏液，(75) ____________。千百年来，肺鱼靠构筑泥屋成功地熬过了残酷的旱季，但它们想不明白，为什么没有逃脱被土著人吃掉的命运。其实，正是这种一成不变的成功模式让它们断送了自己的性命。

A 故而味道十分鲜美
B 仅在相应的地方开一个呼吸孔
C 几乎每间泥屋都藏着一条肺鱼
D 而是先用一盆清水将肺鱼养几天
E 一旦栖息地水质发生变化或沼泽干涸

폐어는 다른 어류와 마찬가지로 아가미로 호흡할 뿐만 아니라 또 하나의 특수한 능력을 가지고 있는데, 그것은 바로 폐를 이용해 공기 중에서 직접 호흡을 하는 것으로, 이 때문에 폐어라고 불린다. 폐어는 대부분 인적이 드문 늪지대에서 서식하는데 (71) E 일단 서식지의 수질에 변화가 생기거나 습지가 건조해지면 폐어의 폐가 유용하게 사용된다. 건기가 찾아와 물이 고갈될 때면 폐어는 언제나 자신의 몸을 진흙 속에 숨기곤 한다. 이들은 놀랍게도 진흙 속에 진흙집을 짓고 (72) B 적절한 곳에 호흡할 수 있도록 구멍을 낸다. 폐어는 이처럼 언제나 자신들의 습도를 유지하고 진흙집 안에서 영양분을 쌓는다. 몇 개월이 지나고 우기가 돌아오면 진흙집은 곧 빗물이 스며들어 무너지게 되고, 폐어는 다시 물이 가득 넘치는 곳으로 돌아오게 된다.

최근 과학자들은 현지인들이 뜻밖에도 폐어를 별미로 삼고 있다는 것을 발견했다. 현지인들은 건기에 출발하여 폐어들이 서식하고 있는 습지로 이동한다. 이때는 습지 곳곳이 진흙집으로 가득한데 (73) C 거의 모든 진흙집에 폐어가 한 마리씩 몸을 숨기고 있다. 현지인들은 이렇게 쉽게 폐어를 포획할 수 있게 되는 것이다. 그러나 그들은 폐어를 잡자마자 곧바로 삶아 먹지는 않고 (74) D 우선 맑은 물에 폐어를 며칠 길러 체내의 더러운 물질들을 토해내게 한 후, 물과 각종 조미료를 사용해 이와 함께 미리 만들어 놓은 묽은 밀가루 반죽 안에 넣는데, 폐어는 건기가 오면 이 밀가루 반죽을 집으로 생각하고 자신을 싸매기 시작한다. 이때 현지인들은 폐어를 그들의 '진흙집'과 함께 구워 먹는 것이다. 들리는 말에 따르면, 폐어가 지은 밀가루집은 폐어의 점액이 충분히 스며들었기 때문에 (75) A 그러한 이유로 맛이 매우 신선하다고 한다. 오랜 세월 동안 폐어는 진흙집을 지어 잔혹한 건기를 성공적으로 보낼 수 있었지만, 현지인들에게 잡아먹히는 운명에서는 어찌된 일인지 벗어날 수가 없었다. 사실 이처럼 절대 변하지 않는 성공모델로 인해 그들이 생명을 잃게 되는 것이다.

A 이러한 이유로 맛이 매우 신선하다
B 적절한 곳에서 호흡할 수 있도록 구멍을 낸다
C 거의 모든 진흙집에 폐어가 한 마리씩 몸을 숨기고 있다
D 우선 맑은 물에 폐어를 며칠 기른다
E 일단 서식지의 수질에 변화가 생기거나 습지가 건조해지면

해설 (71) 다음 문장이 '它们的肺就派上用场了'인 것과 앞문장이 폐어의 특징을 묘사한 것으로 보아 빈칸에는 반드시 폐어가 공기 중에 직접적으로 노출되어 있다는 상황이 표현되어야 한다. E의 '수질변화'와 '습지건조'는 모두 이러한 상황을 유발할 수 있으며 이를 표현하기에는 '一旦……就……' 구문이 매우 적절하다.

(72) 앞뒤 문맥에 비추어볼 때, 폐어는 진흙을 이용하여 습도를 유지하지만 이와 동시에 정상적인 호흡을 할 수 있어야 한다. 따라서 '진흙집'에는 당연히 호흡을 할 수 있게 하는 구멍이 필요하므로 B가 정답이다.

(73) 앞문장을 통해 폐어는 건기에 '진흙집'을 사용해 습도를 유지할 수 있고 따라서 현지인들은 건기에 폐어를 잡으려면 진흙집을 찾기만 하면 된다는 사실을 알 수 있다. 왜냐하면 거의 모든 진흙집에는 폐어가 한 마리씩 몸을 숨기고 있기 때문이다.

(74) 복문을 고르는 문제이다. 처음 부분 '并不立即将肺鱼煮着吃'가 부정문이므로 다음에 오는 문장은 이와 반대되는 긍정문이어야 하고 대부분의 경우 '而是'로 시작한다. '并不立即将肺鱼煮着吃'는 곧바로 삶아 먹는다는 내용의 반대가 된다.

(75) '因为'가 인과관계를 나타내는 복문에 사용된다는 점에 주의해야 한다. 따라서 빈칸에는 결과를 나타내는 내용이 와야 하며 '故而'이 바로 결과를 유도하는 접속사에 해당한다.

단어 **肺鱼 fèiyú** 명 폐어 | **鳃 sāi** 명 아가미 | **人烟稀少 rényān xīshǎo** 인적이 드물다 | **沼泽 zhǎozé** 명 늪, 습지 | **派用场 pài yòngchǎng** 도움이 되다, 유용하게 쓰다 | **旱季 hànjì** 명 건기, 건조기 | **藏匿 cángnì** 동 숨기다, 발견되지 않도록 숨기다 | **淤泥 yūní** 명 (강·호수·늪·저수지·못 등에) 침적된 진흙과 모래 | **养精蓄锐 yǎngjīng xùruì** 성 정기를 함양하고, 역량을 축적하다 | **土崩瓦解 tǔbēng wǎjiě** 성 땅이 무너지고 기와가 부서지다, 완전히 붕괴되다 | **轻而易举 qīng'éryìjǔ** 성 (어떤 일을) 하기가 쉽다, 수월하게 하다 | **面糊 miànhù** 명 묽은 밀가루 반죽 | **黏液 niányè** 명 점액 | **一成不变 yìchéngbúbiàn** 성 일단 형성되면 다시는 바뀌지 않다, 고정불변하다 | **断送 duànsòng** 동 망치다, 잃게 하다 | **栖息 qīxī** 동 (주로 새가) 서식하다, 깃들이다

76-80

驯鹿和狼之间存在着一种非常独特的关系，它们在同一个地方出生，又一同奔跑在自然环境极为恶劣的旷野上。大多数时候，它们相安无事地在同一个地方活动，狼不骚扰鹿群，驯鹿也不害怕狼。在这看似和平安闲的时候，狼会突然向鹿群发动袭击。驯鹿惊愕而迅速地逃窜，(76) ＿＿＿＿＿＿＿。狼群早已盯准了目标，在这追和逃的游戏里，(77) ＿＿＿＿＿＿＿，以迅雷不及掩耳之势抓破一只驯鹿的腿。

游戏结束了，没有一只驯鹿牺牲，狼也没有得到一点食物。第二天，(78) ＿＿＿＿＿＿＿，依然从斜刺里冲出一只狼，依然抓伤那只已经受伤的驯鹿。每次都是不同的狼从不同的地方窜出来做猎手，攻击的却只是那一只鹿。可怜的驯鹿旧伤未愈又添新伤，(79) ＿＿＿＿＿＿＿，更为严重的是它逐渐丧失了反抗的意志。当它越来越虚弱，已不会对狼构成威胁时，狼便群起而攻之，美美地饱餐一顿。其实，狼是无法对驯鹿构成威胁的，因为身材高大的驯鹿可以一蹄把身材矮小的狼踢死或踢伤，可为什么到最后驯鹿却成了狼的腹中之食呢？狼是绝顶聪明的，它一次次抓伤同一只驯鹿，让那只驯鹿一次次被失败击得信心全无，(80) ＿＿＿＿＿＿＿，已忘了自己其实是个强者，忘了自己还有反抗的能力。当狼群攻击它

순록과 늑대 사이에는 매우 독특한 관계가 존재하는데, 이들은 모두 같은 지역에서 태어나 자연환경이 열악한 광야를 함께 누빈다. 대부분의 경우 이들은 큰 충돌 없이 한 지역에서 잘 지내는데, 늑대는 순록 무리를 괴롭히지 않고 순록 역시 늑대를 두려워하지 않는다. 그러나 이렇게 평화롭고 여유로워 보이는 때에 늑대가 갑자기 순록을 공격하는 경우가 생기곤 한다. 순록은 깜짝 놀라 황급히 달아나는 (76) D 동시에 무리를 지어 안전을 확보하고자 한다. 늑대 무리는 이미 목표물을 정해놓은 상태이며 이러한 쫓고 쫓기는 게임에서 (77) E 늑대 한 마리가 갑자기 옆에서 튀어나오기도 해 눈 깜박할 사이에 순록의 다리를 할퀴기도 한다.

게임이 끝나면 순록은 아무도 희생 당하지 않고, 늑대 역시 아무런 먹이를 얻지 못한다. 이튿날에도 (78) B 똑같은 광경이 재차 연출되는데 여전히 늑대 한 마리가 갑자기 옆에서 튀어나와 이미 상처를 입은 그 순록을 할퀸다. 매번 다른 늑대가 다른 곳에서 튀어나와 사냥꾼 역할을 하지만 공격하는 목표물은 오히려 그 순록이다. 이 불쌍한 순록은 어제의 상처가 다 낫기도 전에 또 새로운 상처를 입게 되고 (79) C 점차 많은 피를 쏟으며 힘을 잃게 되는데, 더욱 심각한 것은 그 순록이 차츰 대항할 의지를 잃게 된다는 것이다. 순록이 갈수록 힘이 약해져 늑대에게 위협이 되지 않을 때쯤 늑대는 무리를 지어 그 순록을 공격하게 되고 결국 한껏 배를 채우게 된다. 사실 늑대는 순록에게 위협이 될 만한 존재가 아니다. 몸이 훨씬 큰 순록은 상대적으로 몸이 작은 늑대를 발굽으로 차서 죽일 수도, 혹은 상처를 입힐 수도 있기 때문이다. 그런데도 결국 순록이 늑대의 먹잇감이 될 수밖에 없는 이유는 무엇일까? 그것은 늑대가 매우 똑똑하기 때문이다. 늑대는 순록 한 마리를 정해놓고 지속적으로 공격함으로써 매번 공격에 실패한 순록이 자신감을 잃게 만들고, (80) A 결국에는 완전히 무너뜨리는데, 순록은 이미 자신이 강

时，它已没有勇气奋力一搏了。真正打败驯鹿的是它自己，它的敌人不是凶残的狼，而是自己脆弱的心灵。

A 到最后它完全崩溃了
B 同样的一幕再次上演
C 逐渐丧失大量的血和力气
D 同时又聚成一群以确保安全
E 会有一只狼冷不防地从斜刺里窜出

자였다는 사실을 잊게 되고, 자신에게도 대항할 수 있는 능력이 있다는 사실 조차 잊게 된다. 늑대 무리가 순록을 공격할 때면 순록은 이미 힘껏 싸울 용기를 잃는다. 진정으로 그 순록을 무너뜨린 것은 바로 순록 자신이며, 그의 적은 난폭한 늑대가 아닌 약해진 자신의 마음인 것이다.

A 결국에는 완전히 무너뜨린다
B 똑같은 광경이 재차 연출된다
C 점차 많은 피를 쏟고 힘을 잃게 된다
D 동시에 무리를 지어 안전을 확보하려고 한다
E 늑대 한 마리가 갑자기 옆에서 튀어나오기도 한다

해설 (76) 빈칸에 들어갈 내용은 순록 무리가 늑대의 갑작스런 습격을 받았을 때 취하는 행동으로 본능적으로 도망가는 한편, 무리를 지어 안전을 확보하려고 한다는 내용이 필요하다. 보기 중 D만이 가장 적절한 반응을 묘사하고 있다.

(77) 뒷문장인 '以迅雷不及掩耳之势'는 순록은 늑대가 나타날 줄은 꿈에도 몰랐다는 내용이며 '이튿날'에도 역시 늑대의 사냥 과정을 중복해서 말하고 있다. '依然'이 쓰인 것으로 보아 순록을 공격한 늑대는 줄곧 옆에서 달려드는 늑대임을 짐작할 수 있다.

(78) 앞뒤 문맥으로 보아 늑대 무리가 매일 반복해서 순록을 공격하며 심지어 그 대상은 늘 같은 순록이라는 점을 쉽게 알 수 있다.

(79) 여기에서 말하고자 하는 순록은 늑대에게 상처를 입은 그 순록이다. '어제 입은 상처가 낫기도 전에 또 새로운 상처를 입는' 이 순록은 당연히 허약해질 것이므로 '丧失大量的血和力气'가 적절하다.

(80) 앞뒤 문맥을 살펴보면 늑대가 자신보다 몸집이 더 큰 순록에 맞서는 방법은 심리전술임을 알 수 있다. 매번 같은 순록을 공격하면서 큰 상처를 입힐 뿐만 아니라 그 순록이 대항하고자 하는 의지를 잃게 만든다. 이것이 지속되면 그 순록은 완전히 무너질 수밖에 없다. 대항하는 것을 잊게 되어 결국에는 완전히 무너진다는 내용이 와야 한다.

단어 **驯鹿 xùnlù** 명 순록 | **恶劣 è'liè** 형 매우 나쁘다, 열악하다 | **相安无事 xiāng'ān wúshì** 성 (서로 충돌 없이) 사이좋게 지내다 | **袭击 xíjī** 동 (적 또는 어떤 물체 등이) 갑자기 공격하다, 기습하다 | **惊愕 jīng'è** 형 경악하다, 놀라다 | **逃窜 táocuàn** 동 도망가다, 달아나다, 도피하다 | **迅雷不及掩耳 xùnléi bùjí yǎn'ěr** 성 맹렬한 기세로 밀려오거나 갑작스럽게 일어나 미처 손 쓸 겨를이 없다 | **抓破 zhuāpò** 동 할퀴어 찢다 | **斜刺 xiécì** 명 비스듬히 기울어진 옆쪽 | **饱餐 bǎocān** 동 배불리 먹다, 포식하다 | **美美的 měiměi de** 부 마음껏, 흥을 다하여 | **绝顶聪明 juédǐng cōngmíng** 성 매우 총명하다 | **奋力 fènlì** 부 있는 힘을 다하여, 모든 힘을 내어 | **搏 bó** 동 싸우다, 격투하다 | **崩溃 bēngkuì** 동 붕괴하다, 무너지다 | **冷不防 lěngbufáng** 부 뜻밖에, 갑자기

제4부분

81-84

这是一个规模很小的食品公司，生产资金只有十几万。但老总却很有信心，在单位的文化墙上写着要做这座城市辣酱第一品牌的豪言壮语，时刻激励着员工的信心。辣酱上市之前，老总寻思着给辣酱做宣传广告。[81] 他本来想在这座城市某个热闹的街头租一个超大的、显眼的广告牌，标上他们的产品，让所有从这里走过的人一下子都能注意它，并从此认识他们的辣酱。但是当他和广告公司接触后，才发现市中心广告位的价格远远高于他的想象，他那小小的企业承担不起这天价的广告费。可是他并没有失望，而是不停地到处打探，试图能发

이 작은 규모의 식품회사는 생산자본은 겨우 십몇만 위안에 불과하지만 사장은 매우 자신감에 차 있었다. 회사 내의 '문화의 벽'에는 이 도시에서 최고 가는 고추장 브랜드 회사가 되자는 내용의 결연한 문장이 적혀 있었고, 이 문구는 시시각각 직원들의 자신감을 북돋았다. 고추장을 출시하기 전에 사장은 고추장을 홍보할 광고를 마련하기 위해 고심했다. [81] 사장은 원래 이 도시 중 번화한 거리에 크고 눈에 띄는 광고판을 빌려 자사의 상품을 표시함으로써 이쪽에서 걸어오는 모든 사람들의 관심을 순식간에 집중시켜 사람들이 자사의 고추장을 알게 하고자 했다. 그러나 광고회사와 접촉한 후에 비로소 번화가의 광고 자리 가격이 자신의 상상보다 훨씬 높다는 것을 알게 됐다. 그의 회사처럼 작은 규모의 기업으로서는 그 높은 광고비용을 감당할 수 없었다. 그러나 사장은 결코 실망하지 않고 계속해서

掘出哪里有便宜而且实惠的广告位置。经过反复寻找，[82]他终于看好一个城门路口的广告牌。那里是一个十字路口，车辆川流不息，但有一点遗憾就是，路人行色匆匆，眼睛只顾盯着红绿灯和疾驶的车辆。在这里做广告很难保证有很好的效果。打探了一下价格，几万元。[82]老总却很满意，于是就租了下来。

对于老总这个举措，员工们纷纷提出质疑，但老总只是笑而不答，仿佛一切成竹在胸。旧广告很快撤下来，员工们以为第二天就能看到他们的辣酱广告了。然而，第二天，员工们看到广告牌上根本就没有他们的辣酱广告，[83]上面赫然写着："好位置，当然只等贵客。此广告招租88万/全年。"天哪，这样的价格该是这座城市最贵的广告位了吧。[83]天价招牌的冲击力似乎毋庸置疑，每个从这里路过的人似乎都不自觉地停住脚步看上一眼。口耳相传，渐渐地，很多人都知道了这个十字路口上有个贵得离谱的广告位虚席以待，甚至当地报纸都给予了极大关注。一个月后，"爽口"牌辣酱的广告登了上去。辣酱厂的员工终于明白了老总的心计，无不交口称赞。辣酱的市场迅速打开，因为那"88万/全年"的广告价格早已家喻户晓。"爽口"牌辣酱成为这座城市的知名品牌。

81. 老总原来准备怎样进行宣传?

A 做电视广告

B 在闹市区做广告

C 在报纸上登广告

D 租十字路口的广告牌

82 老总经过不断寻找，终于发现:

A 一块天价广告牌

B 一个满意的广告位置

C 一块市中心的广告牌

D 一个便宜的广告版面

83. 为什么很多人会关注老总租下的广告牌?

A 位置好

B 价位奇高

C 设计独特

D 报纸报道了

곳곳을 돌아다니며 저렴하면서도 실속 있는 광고 자리를 찾아 헤맸다. 꾸준히 찾고 찾은 끝에 [82]사장은 마침내 성문 길목의 광고 간판을 발견했다. 그곳은 차들이 많이 다니는 교차로였는데 한 가지 아쉬운 점은 바로 사람들이 갈 갈이 바빠 신호등만 쳐다보거나 달리는 자동차만을 본다는 점이었다. 이곳에 광고를 한다고 해도 효과가 확실하지 않았다. 가격을 알아보니 몇만 위안이었다. [82]사장은 오히려 만족하면서 이 광고 자리를 임대했다. 사장의 이러한 조치에 직원들은 계속해서 의문을 제기했지만 사장은 단지 웃기만 하면서 대답을 하지 않았고, 마치 마음속에 무언가를 계획하고 있는 듯 했다. 오래된 이전의 광고를 서둘러 내리고 난 후, 직원들은 다음 날이면 자신들의 고추장 광고를 볼 수 있을 것이라고 생각했다. 그러나 이튿날 직원들이 본 것은 자사의 고추장 광고가 아니라, [83]그곳에는 '최고의 자리, 고객을 위해 비워두겠습니다. 연간 임대비 88만 위안'라는 문구만이 적혀있었다. 이럴수가. 이런 가격이면 이 도시에서 가장 비싼 광고 자리임에 틀림이 없었다. [83]이렇게 최고가의 충격과 파급력은 말할 필요도 없이, 이곳을 지나가는 모든 사람들이 자신도 모르게 그 자리에 서서 쳐다보곤 했다. 입소문이 퍼지면서 점차 많은 사람들이 이 교차로에 매우 비싼 광고 자리가 주인을 기다리고 있다는 사실을 알게 됐고 심지어 현지 신문사에서도 큰 관심을 보였다. 한달이 지난 후, '솽커우'표 고추장 광고가 올라왔다. 고추장 회사의 직원들은 결국 사장님의 계획을 알게 됐고, 모두가 입을 모아 사장님을 칭찬했다. 고추장 시장은 빠른 속도로 확대됐는데, 이는 '연간 임대비 88만 위안'의 광고 가격이 이미 많은 사람들에게 알려진 덕택이었다. '솽커우'표 고추장은 이 도시에서 유명한 브랜드로 성장했다.

81. 사장은 원래 어떤 방법으로 홍보를 진행하려고 했는가?

A TV광고를 한다

B 번화한 지역에 광고를 하려고 했다

C 신문에 광고를 싣고자 했다

D 교차로에 광고 간판을 임대하려고 했다

82. 사장은 끝없이 자리를 찾으면서 무엇을 발견했는가?

A 매우 고가의 광고 간판

B 매우 만족스러운 광고 자리

C 시 중심지의 광고 간판

D 저렴한 광고 지면

83. 많은 사람들이 사장이 임대한 광고 간판에 주목한 이유가 무엇인가?

A 위치가 좋았기 때문에

B 가격이 매우 높았기 때문에

C 디자인이 독특했기 때문에

D 신문에서 보도했기 때문에

84. 上文主要想告诉我们什么？
A 要以质取胜
B 酒香也怕巷子深
C 遇到困难不要气馁
D 智慧能让财富增值

84. 본문에서 말하고자 하는 내용은 무엇인가?
A 품질로 승리를 거둬야 한다
B 아무리 실력이 있어도 자신이 알리지 않으면 아무도 알아주지 않는다
C 난관에 부딪혀도 용기를 잃지 말아야 한다
D 지혜는 부를 더욱 풍요롭게 한다

해설 81. 사장은 원래 번화한 거리에 광고 간판을 임대하고자 했다.
82. 비록 시 중심지는 아니었지만 사장은 이 위치에 매우 만족해했다. 단지 효과가 그렇게 좋지 않은 않을 수도 있다고 생각했을 뿐이다.
83. 88만 위안이라는 높은 가격은 많은 사람들의 관심을 끌었다.
84. 사장은 머리를 써서 성공적으로 광고를 할 수 있었고 많은 돈을 벌었다.

단어 **老总** lǎozǒng 명 사장 | **单位** dānwèi 명 직장, 기관, 단체, 회사 | **辣酱** làjiàng 명 고추장 | **豪言壮语** háoyán zhuàngyǔ 성 호언장담, 호기롭고 자신 있게 말하다 | **承担** chéngdān 동 맡다, 담당하다 | **天价** tiānjià 명 최고가 | **打探** dǎtàn 동 탐문하다, 알아보다 | **发掘** fājué 동 발굴하다, 캐내다 | **实惠** shíhuì 명 실리, 실익 | **川流不息** chuānliúbùxī 성 사람이나 차의 행렬이 흐르는 물처럼 끊이지 않다 | **行色匆匆** xíngsè cōngcōng 성 행색이 분주하다 | **成竹在胸** chéngzhúzàixiōng 성 일을 하기 전에 생각을 이미 정하다, 마음속에 타산이 이미 서다 | **撤** chè 동 물러나다, 철수하다 | **毋庸置疑** wúyōng zhìyí 성 의심할 필요가 없다 | **相传** xiāngchuán 동 전수하다, 서로 전수받다, 대대로 전하다 | **离谱** lípǔ 형 (말이나 행동, 일처리 등이) 격식에 벗어나다, 실제와 맞지 않다 | **虚席以待** xūxíyǐdài 성 자리를 비워 두고 기다리다 | **交口** jiāokǒu 부 입을 모아, 이구동성으로 | **家喻户晓** jiāyù hùxiǎo 성 집집마다 다 알다 | **酒香也怕巷子深** jiǔxiāng yě pà xiàngzi shēn 상품의 질이 좋음을 강조하는 말 | **气馁** qìněi 형 용기를 잃다, 의기소침하다

85-88

[85]控制紧张情绪的最佳做法是选择你有所了解并感兴趣的话题。当众演讲的人不会使自己接受一个自己漠不关心的话题。不中意的话题几乎肯定会造成讲演时的紧张不安。同样道理，选择你熟知并确实感兴趣的话题则会为成功的演讲奠定基础。

其次，给自己足够的时间做充分准备。勿使自己被动不堪，毫无余地，[86]以至必须在一两个小时内做完所有准备工作——查找资料、组织讲稿、撰写提纲、练习演讲，这几乎肯定会使你的演讲失败，并将挫败你的信心。反之，如果在正式演讲前一个星期内你每天都做些准备工作的话，你就不会感到压力那么大，信心也会增强。留出足够时间做充分准备还包括要有足够的时间进行练习。如果体育运动能对我们有所教益的话，那么这教益便是，精心的准备能够使运动员获得成功。在实力相当的竞争对手中，哪一个运动队做好了心理和体力上的准备，哪个队就能赢得比赛。在这一点上，演讲与体育运动毫无区别。如果你做了精心准备和认真练习，你的演讲将会使你感到自豪。

除了在演讲前你能够做的准备外，[87]在演讲时你还能做些别的来减轻恐惧感。研究表明，在你即

[85] 긴장감을 조절하는 가장 좋은 방법은 스스로가 잘 이해하고 흥미를 가지는 화제를 선택하는 것이다. 대중 앞에서 강연을 하는 사람은 자신이 관심이 없는 화제를 선택하지 않는다. 마음에 들지 않는 화제는 필시 강연을 긴장되고 불안하게 만든다. 마찬가지로 본인이 잘 알고 또 관심 있는 화제를 고르는 것이 곧 강연을 성공적으로 마치는 데 중요한 밑받침이 될 것이다.

그 다음으로, 스스로에게 충분히 준비할 수 있도록 시간을 주어야 한다. 절대로 지나치게 소극적이거나 조금의 여유도 없이 [86] 한두 시간 안에 자료 검색, 원고 준비, 개요 작성, 강연 연습 등의 모든 준비작업을 마쳐야 하는 상황에 이르러서는 안 되는데, 이렇게 되면 반드시 강연은 실패로 끝나게 될 것이고 자신감도 잃게 될 것이다. 이와는 반대로 만일 정식으로 강연을 시작하기 전 일주일 내에 모든 준비작업을 마친다면, 스트레스도 그렇게 크지는 않을 것이며 또한 자신감도 늘어날 것이다. 충분한 시간을 가지고 충분한 준비를 하면서 또한 충분한 시간을 가지고 연습하는 것도 포함되어야 한다. 만일 스포츠가 우리에게 주는 교훈이 있다면, 그것은 바로 심혈을 기울인 준비가 선수를 성공에 이르게 한다는 것이다. 실력이 뛰어난 경쟁상대 중에서도 심리적, 체력적으로 충분한 준비를 한 팀이 시합에서 승리하게 된다. 이러한 관점에서 보았을 때, 강연과 스포츠는 전혀 다를 것이 없다. 만일 열심히 준비하고 진지하게 연습한다면 당신의 강연은 분명 스스로에게 자부심을 안겨줄 것이다.

강연 전 충분한 준비를 하는 것 외에도 [87] 강연 시 다른 일을 하면서 두려움을 줄일 수도 있다. 연구에 따르면 곧 무대에 올라가 강연을 시작하기까지의 그 시간과 처음 대중과 만나는 순

将走上台开始讲话的那段时间里，在你第一次与听众接触的那一刻，你的恐惧感最为强烈。无论你第几个演讲，你至少还可做一件事来自我放松。不要把时间花在考虑自身状态和自己的演讲上。这时，你应把注意力转移到别的事情上。努力倾听你前面每一个人的讲演，专心致志于每一位演讲者的讲话内容，等轮到你上台时，你就不会过分紧张了。

간의 두려움이 가장 크다고 한다. 자신의 강연순서가 몇 번째이든 적어도 다른 일을 하면서 스스로의 긴장을 완화할 수 있다. 자신의 상태나 자신의 연설을 생각하는 데에 시간을 쏟지 말아야 한다. 이때는 반드시 다른 일로 주의를 분산시켜야 한다. 앞 순서의 모든 연사들이 하는 강연을 경청하고 매 연사들의 강연 내용을 최대한 집중해서 듣는다면, 자신의 차례가 왔을 때 지나치게 긴장하는 일은 없을 것이다.

85. 根据上文，控制紧张情绪的最好方法在于：
A 话题的选择
B 平时的练习
C 准备得是否充分
D 进行心理暗示

85. 본문에 따르면 긴장감을 조절하는 가장 좋은 방법은?
A 화제의 선택
B 평소의 연습
C 충분한 준비의 여부
D 자기 암시

86. 根据上文，注定演讲失败的原因是什么？
A 恐惧感
B 时间很仓促
C 心理素质不好
D 没有经过训练

86. 본문에 따르면 강연이 실패하게 되는 이유는 무엇인가?
A 두려움
B 긴박한 시간
C 부족한 심리적 소양
D 부족한 훈련

87. 演讲前怎样才能使自己放松？
A 做运动
B 做深呼吸
C 多做准备
D 转移注意力

87. 강연 전에 스스로 긴장을 풀 수 있는 방법은 무엇인가?
A 운동을 한다
B 심호흡을 한다
C 준비를 많이 한다
D 주의를 분산시킨다

88. 最适合做上文标题的是：
A 培养你的自信心
B 善于倾听你的对手
C 怎样消除紧张情绪
D 教你如何准备演讲

88. 본문에 가장 어울리는 제목은 무엇인가?
A 자신감을 키워라
B 경쟁상대의 목소리에 귀 기울여라
C 어떻게 긴장감을 해소하는가
D 강연 준비방법 소개

해설 85. 지문 첫 부분의 '最佳'와 문제의 '最好'는 동의어이다. 지문에서 '긴장감을 조절하는 가장 좋은 방법은 스스로가 잘 이해하고 흥미를 가지는 화제를 선택하는 것이다'라고 하였으므로 답은 A이다.

86. 지문에 만일 준비할 시간이 한두 시간밖에 없다면 강연은 실패할 것이라고 하였다. 즉 시간이 부족한 것이 강연 실패의 원인이다.

87. 다른 일을 하면서 주의를 분산시키면 긴장감을 해소할 수 있다고 나와 있다.

88. 이 문제는 전체 문장의 중심내용을 파악하는 것으로서 전체 내용을 총결하여 도출해내야 한다. 본문은 세 부분으로 구성되어 있고 모두 어떻게 강연을 준비해야 하는지에 대해 언급하고 있다. 따라서 정답은 D이다.

단어 **控制** kòngzhì 동 억제하다, 억누르다, 조절하다 | **漠不关心** mòbùguānxīn 성 (태도가) 냉담하게 대하며 조금도 관심을 주지 않다 | **中意** zhòngyì 동 마음에 맞다, 마음에 들다 | **熟知** shúzhī 동 숙지하다, 익히 알다, 분명하게 알다, 잘 알다 | **奠定基础** diàndìng jīchǔ 기초를 다지다 | **查找** cházhǎo 동 찾다, 조사하다, 알아보다 | **讲稿** jiǎnggǎo 명 강연 원고, 연설 원고 | **撰写** zhuànxiě 동 (문장을) 쓰다, 짓다, 저술하다 | **提纲** tígāng 명 (발언 · 연구 · 토론 · 작문 · 학습 등의) 요점, 개요 | **挫败** cuòbài 동 꺾다, 깨뜨리다 | **教益** jiàoyì 명 (교육을 통해 얻는) 유익한 점, 깨달음 | **赢得** yíngdé 동 얻다, 획득하다, 쟁취하다 | **自豪** zìháo 형 스스로 긍지를 느끼다, 스스로 자랑스럽게 생각하다 | **专心致志** zhuānxīn zhìzhì 성 전심전력으로 몰두하다, 온 마음을 다 기울이다 | **仓促** cāngcù 형 급하다, 서두르다

89-92

在闽西南苍苍茫茫的崇山峻岭之中，点缀着数以千计的圆形土楼，充满神奇的山寨气息。这就是被誉为“世界民居奇葩”、世上独一无二的神话般的山区建筑模式的客家人民居。他们的居住地大多在偏僻、边远的山区，[89] 为了防卫盗匪的骚扰和土著的排挤，便营造“抵御性”的营垒式住宅，并不断进步发展，在土中搀石灰，用糯米饭、鸡蛋清做黏合剂，以竹片、木条作筋骨，夯筑起墙厚1米、高15米以上的土楼。它们大多为三至六层楼，100至200多间房如柑瓣状均匀布列各层，宏伟壮观。[90] 大部分土楼历经两三百甚至五六百年的地震撼动、风雨侵蚀以及炮火攻击而安然无恙，显示了传统技术文化的魅力。客家先民们崇尚圆形，把圆形当天体之神来崇拜。

主人认为圆是吉祥、幸福和安宁的象征，这些都体现了土楼人家的民俗文化。圆墙的房屋均按八卦形布局排列，卦与卦之间设有防火墙，整齐划一，[91] 充分显示它突出的内向性、强烈的向心力、惊人的统一性。客家人在治家、处事、待人、立身等方面无不体现儒家的思想及其文化特征。有一座土楼，[91] 先辈希望子孙和睦相处，以和为贵，便用正楷大字写成对联刻在大门上：“承前祖德勤和俭，启后子孙读与耕。”强调了儒家立身的道德规范。楼内房间大小一模一样，[91] 他们不分贫富、贵贱，每户人家均等分到底层至高层各一间房，各层房屋的用途达到惊人的统一，底层是厨房兼饭堂，二层当贮仓，三层以上作卧室，两三百人聚居一楼，秩序井然，毫无混乱。土楼内所存在的儒家文化遗风，让人感到中华民族传统文化的蒂固根深。

민장 서남쪽 일대의 높고 아득한 산과 고개 중에는 수천 개의 원형 토루를 뽐내며 신비로운 분위기를 물씬 풍기는 산채가 하나 있다. 바로 '세계의 가장 진귀한 민가'로 불리며 마치 신화 속에 나오는 세상에 하나뿐인 산채 건물양식을 간직한 객가인 민가이다. 이들은 대부분 외진 산간지역에 자리 잡고 있으며 [89] 도적의 횡포와 토착민들의 배척을 막기 위해 '방어형' 요새와 같은 주택을 지었다. 끝없는 발전과 함께 객가인들은 흙에 석회를 섞고 찰밥, 계란 흰자로 접착제를 만들었으며 대쪽과 나뭇가지를 모아 골격을 형성하여 두께 1m, 높이 15m 이상의 토루를 완성했다. 토루는 대부분 3~6층으로 이루어져 있으며 100~200개의 방이 마치 귤의 단면조각처럼 각 층에 골고루 분포되어 있는데, 그 모습이 장관을 이룬다. [90] 대부분의 토루는 2~300년 심지어는 5~600년 넘게 지진과 비바람의 침식 및 포격 등을 겪어오면서도 건재했는데 이는 곧 전통 기술문화의 매력을 보여준다 하겠다. 객가인의 선조들은 원형을 숭상했으며 이를 천체의 신으로 모시고 숭배해왔다.

주인은 원을 상서로움, 행복 그리고 안녕의 상징으로 여겼는데 이는 객가인의 민속문화를 나타낸다. 둥근 벽의 집은 모두 팔괘의 형태로 배열되어 있고 괘와 괘 사이는 방화벽 없이 가지런하게 정리되어 있는데, [91] 이는 객가인의 독특한 내향성과 강렬한 구심력, 치밀한 통일성을 보여준다. 객가인은 집안을 다스리고 일을 처리하며 사람을 대하고 출세하는 일 등의 부분에서 유가적 사상과 그들만의 문화적 특징을 여실히 보여준다. 어떤 토루에는 [91] 선조들이 자신의 후손들이 서로 화목하고 화합을 소중히 여기기를 바라면서 '선조들의 근면하고 검소한 품성을 계승하고, 후손들이 학업과 자기계발에 정진할 수 있도록 일깨워라'는 내용의 대련을 토루의 대문에 새겼는데, 유교적 처세의 도덕적 규범을 강조한 것이다. 토루 안의 방은 그 크기가 일정한데, [91] 이들은 빈부와 귀천을 구분하지 않았으며 모든 주민들이 저층부터 꼭대기 층까지 각각 방 하나씩을 골고루 분배 받았는데, 각 층의 방들은 그 용도가 놀라우리만큼 통일되어 있어 1층은 주방과 식당 겸용, 2층은 저장 창고, 3층 이상은 침실로 사용되고 있으며 2~300명이 한 토루에 모여 살면서 조금의 혼란도 없이 질서정연한 삶을 누리고 있다. 토루 안에 숨 쉬는 유가문화의 유풍은 중화민족의 전통문화가 이들 안에 뿌리 깊게 박혀있음을 느끼게 한다.

89. 客家人为什么要建营垒式住宅？
A 很壮观
B 很神秘
C 结构简单
D 比较安全

89. 객가인은 왜 요새와 같은 주택을 지었는가?
A 장관을 이루기 때문에
B 신비롭기 때문에
C 구조가 단순하기 때문에
D 비교적 안전하기 때문에

90. 关于土楼，可以知道：
A 很坚固
B 技术先进
C 用竹片建造
D 用水泥做粘合剂

90. 토루에 대해 알 수 있는 사실은 무엇인가?
A 매우 튼튼하다
B 기술이 발달했다
C 대쪽을 사용해서 지었다
D 시멘트를 접착제로 사용했다

91. 关于土楼建筑所体现出的客家人精神，下面哪项不正确?

A 团结　　B 平等

C 和平　　D 自由

91. 토루 건축물이 나타내는 객가인의 정신에 대해 다음 중 잘못 설명한 것은 무엇인가?

A 단결　　B 평등

C 평화　　D 자유

92. 上文主要介绍了:

A 客家建筑和文化

B 客家建筑的特点

C 怎样保护客家建筑

D 土楼是怎样建筑的

92. 본문의 주요 내용은 무엇인가?

A 객가인의 건축 및 문화

B 객가인 건축물의 특징

C 객가인의 건축물을 어떻게 보호할 것인가

D 토루는 어떻게 지어졌는가

해설

89. 그들이 요새를 세운 목적은 도적과 토착민을 막기 위해서이며 이는 곧 자신의 안전을 보호하기 위해서이기도 하다.

90. 토루는 수백 년에 걸쳐 건재해 왔으며 이로써 토루는 매우 견고하다는 사실을 알 수 있다.

91. '구심력'과 '통일성'은 모두 토루가 객가인들의 단결정신을 나타낸다는 것을 보여준다. '화합을 소중하게 여긴다'는 것은 객가인들이 평화를 사랑한다는 것을 말해주며 모든 방의 크기가 똑같다는 것은 객가인들이 평등을 중요시한다는 것을 보여준다. '자유'만이 문장에서 언급되지 않았다.

92. 본문은 두 부분으로 나뉜다. 첫 번째 부분은 객가인의 건축물에 대한 소개이며 두 번째 부분은 객가인의 문화에 대한 소개이다. 따라서 A가 정답이다.

단어 **苍茫** cāngmáng 형 아득히 요원하다, 끝이 없다 | **崇山峻岭** chóngshān jùnlǐng 성 높고 험준한 산령 | **点缀** diǎnzhuì 동 단장하다, 장식하다, 돋보이게 하다 | **山寨** shānzhài 명 울타리가 쳐진 산간 마을 | **奇葩** qípā 명 진기하고 아름다운 꽃 | **偏僻** piānpì 형 외지다, 궁벽하다, 구석지다 | **盗匪** dàofěi 명 강도, 도둑 | **骚扰** sāorǎo 동 소란을 피우다, 훼방놓다 | **排挤** páijǐ 동 밀어내다, 배척하다 | **营垒** yínglěi 명 군영과 보루 | **搀** chān 동 (어떤 물체를 다른 물체 속에) 타다, 혼합하다, 섞다 | **糯米饭** nuòmǐfàn 명 찹쌀밥 | **黏合剂** niánhéjì 명 접착제 | **筋骨** jīngǔ 명 근골, 근육과 뼈 | **夯** hāng 동 달구질하다, 땅을 다지다 | **侵蚀** qīnshí 동 침식하다 | **炮火** pàohuǒ 명 포화 | **安然无恙** ānránwúyàng 성 평안하고 질병이 없다 | **布局** bùjú 동 (사물의 구조와 격식에 대해 전면적으로) 배치하다 | **防火墙** fánghuǒqiáng 명 방화벽 | **整齐划一** zhěngqí huàyī 형 획일적이다, 하나 같다 | **向心力** xiàngxīnlì 명 구심력 | **立身** lìshēn 동 자립하다, 성인이 되다 | **和睦相处** hémù xiāngchǔ 성 화목하게 함께 지내다 | **对联** duìlián 명 대련[종이, 천 등에 쓰거나 대나무 · 나무 · 기둥 등에 새긴 대구(對句)] | **贵贱** guìjiàn 명 귀천, 귀하고 천한 것 | **贮仓** zhùcāng 명 창고, 곳간 | **秩序井然** zhìxù jǐngrán 성 질서정연하다 | **遗风** yífēng 명 유풍, 유습, 유속 | **蒂固根深** dìgù gēnshēn 성 뿌리가 깊고 꼭지가 튼실하다

93-96

有两家豆腐店，一家叫“潘记”，另一家叫“张记”。刚开始，“潘记”生意十分兴隆。潘记的特点是：豆腐做得很结实，口感好，给的量特别大。相比之下，张记老豆腐就不一样了，首先是豆腐做得软，软得像汤汁，不成形状；其次是给的豆腐少，[93] 加的汤多，一碗老豆腐半碗多汤。有一段时间，张记的门前冷冷清清。有一天早上，我来到张记的豆腐店。吃完了一碗老豆腐，老板走过来，笑着问我豆腐怎么样。我实话实说：“味道还行，就是豆腐有点软。”老板笑了笑，竟有几分满意的样子。我说：“你怎么不学学潘记呢？”老板看着我说：“学他什么呀？”我说：“把豆腐做得结实一点呀！”老板反问我：“我为什么要学他呢？”

'판지'와 '장지'라는 두 개의 두부집이 있었다. 개업 당시 '판지'는 사업이 크게 번창했다. '판지'의 특징은 두부가 매우 단단해서 씹는 느낌이 좋았고 손님에게 대접하는 양도 많았다. 그에 비해 '장지'의 경두부는 많이 달랐는데, 우선 두부가 너무 부드러워서 마치 국처럼 멀건했고 제대로 형태를 갖추지도 않았다. 다음으로, 대접되는 두부의 양도 매우 적었고 [93] 국물을 더 많이 넣어서 경두부 한 그릇에 국물이 반 이상이었다. 어느 정도 시간이 흘러 '장지'의 문 앞은 적막하기 그지 없었다. 어느 날 아침 나는 '장지' 두부집을 찾았다. 두부 한 그릇을 다 먹자 주인이 다가와 웃으며 두부 맛이 어떤지 물었다. 나는 솔직하게 "맛은 괜찮은데 두부가 조금 물렁하네요."라고 대답했다. 주인은 웃으면서 오히려 다소 만족해하는 듯 했다. 내가 "왜 '판지'를 배우지 않는거요?"라고 묻자 주인은 나를 쳐다보며 "뭘 배우라는 거요?"라고 대답했다. 나는 "두부를 조금 더 단단하게 만들면 되잖소!"라고 말했고, 주인장은 이에 "내가 왜 그 집을 배워야 한단 말이오?"라고 반문했다. 그는 깊이 생각하더니 주인은 이해

沉思了一下，老板自我解释说：“我知道了，你是说，来我这边吃豆腐的人少，是吗？”我点点头。老板建议我两个月以后再来，看看是不是会有变化。

[94]大概一个多月后，张记的门前居然真的排起了长队。我很好奇，也排队买了一碗，看看碗里的豆腐，仍然是稀稀的汤汁，和以前没什么两样，吃起来，也是从前的味道。老板脸上仍然挂着憨厚的笑，我也笑着问：“能告诉我这其中的秘诀吗？”老板说：“其实，我和潘记的老板是师兄弟。”我有些惊讶：“那你们做的豆腐不一样呀？”老板说：“是不一样。我师兄——潘记做的豆腐确实好，我真比不上；[93]但我的豆腐汤是加入好几种骨头，再配上调料，再经过12个小时熬制而成，师兄在这方面就不如我了。”见我还有些不解，老板继续解释：“这是我师傅特意传授给我们的。师傅说，生意要想长远，就必须有自己的特长。师傅还告诉我们，‘吃’的生意最难做，[95]人的口味是不断变化的，即使是山珍海味，经常吃也会烦，因此师傅传给我们不同的手艺。这样，人们吃腻了我师兄的豆腐，就会到我这里来喝汤。”我试探地问：“你难道就不想跟师兄学做豆腐么？”老板却说：“[96]师傅告诉我们，能做精一件事就不容易了。有时候，你想样样精，结果样样差。”

하겠다는 듯 “알았네요. 손님 말씀은 우리 집에서 두부를 먹는 사람이 별로 많지 않아서 그러시는 거죠?”라고 말했다. 내가 고개를 끄덕이자 주인은 두 달 후에 다시 와서 어떻게 변했는지 봐달라고 제안했다.

[94]약 한달 정도 후에 ‘장지’의 문 앞에는 뜻밖에도 많은 사람들이 길게 줄을 서고 있었다. 나는 이상하다 생각하며 줄을 서서 두부 한 그릇을 샀다. 두부를 보니 여전히 멀건한 국물이고 예전과 다를 바 없었고, 먹어보니 맛도 예전과 다르지 않았다. 주인장의 얼굴에는 여전히 꾸밈없는 미소가 담겨 있었다. 나는 그에게 “비결을 말해줄 수 있겠습니까?”라고 웃으며 물었다. 그는 “사실 저와 ‘판지’의 사장은 같은 스승에게 배운 선후배 사입니다.”라고 말했다. 내가 “그런데도 서로 두부가 다릅니까?”라고 놀라 묻자 주인장은 “네. 다릅니다. 저희 사형인 ‘판지’ 사장님이 만든 두부는 확실히 좋지요. 저와는 비교도 안 됩니다. [93]그런데 저의 두부탕은 여러 종류의 뼈를 넣고 양념과 함께 12시간을 푹 삶아 만든 겁니다. 사형도 이 부분만큼은 저에게 못 당하지요.”라고 대답했다. 여전히 이해를 못 하는 나를 보고 주인장은 설명을 계속했다. “이건 저희 스승님께서 저희들에게 전수하신 겁니다. 스승님께서는 사업은 장기적으로 생각해야 하며 반드시 자신만의 특기가 있어야 한다고 말씀하셨지요. 스승님께서는 ‘먹는’ 장사가 제일 어렵다고 하시면서 [95]사람들의 입맛은 끊임없이 변한다고 하셨습니다. 아무리 산해진미라 해도 자주 먹으면 질리기 마련이어서 스승님께서는 저희들에게 각각 다른 비법을 전수해주셨습니다. 이렇게 사람들이 사형의 두부를 먹고 질리면 저희 집으로 와서 두부탕을 먹는 거죠.” 나는 “혹시 그냥 사형한테 두부 만드는 법을 배우기 싫어서 그러는 건 아닙니까?”라고 넌지시 물어보자, 주인장은 “[96]스승님께서는 한 가지 일만 제대로 해내기도 힘든 법이며 때론 모든 걸 다 잘하려고 하면 모든 걸 다 망치게 되는 경우도 있다라고 말씀하셨죠.”라고 대답했다.

93. 关于张记豆腐，可以知道：
A 汤料好
B 汤很少
C 可能会关门
D 豆腐味道差

93. ‘장지’의 두부에 대해 알 수 있는 것은 무엇인가?
A 국거리 재료가 좋다
B 국물이 적다
C 문을 닫을 가능성이 있다
D 두부가 맛이 없다

94. 一个多月后，“我”发现：
A 潘记的豆腐变软了
B 张记豆腐生意好了
C 张记豆腐味道变了
D 潘记生意特别差

94. 한달 후에 지문의 ‘내’가 발견한 사실은 무엇인가?
A ‘판지’의 두부가 부드럽게 변했다
B ‘장지’ 두부집이 번창했다
C ‘장지’의 두부맛이 변했다
D ‘판지’의 사업이 좋지 않다

95. 师傅为什么传给他们不同的手艺？
A 众口难调
B 形成互补
C 因材施教
D 个人兴趣不同

95. 스승은 왜 제자들에게 각기 다른 비법을 전수했는가?
A 모든 사람들의 입맛을 맞추기는 힘들기 때문에
B 서로 돕게 하기 위해
C 각각의 상황에 맞게 가르치기 위해
D 개인의 흥미는 다르기 때문에

96. 上文主要想告诉我们什么：
A 特长越多越好
B 术业有专攻
C 要有自己的理想
D 成功离不开自信

96. 본문에서 말하고자 하는 주요 내용은 무엇인가?
A 특기는 많을수록 좋다
B 배움에는 전문성이 있어야 한다
C 자신만의 꿈이 있어야 한다
D 성공은 자신감과 떼려야 뗄 수 없는 관계에 있다

해설 93. 두 번째 단락 중간에 '그런데 저의 두부탕은 여러 종류의 뼈를 넣고 양념과 함께 12시간을 푹 삶아 만든 겁니다'라고 했으므로 국거리의 재료가 좋음을 알 수 있다. 답은 A이다. '장지' 두부는 국물이 많은 것이 특징이므로 B는 정답이 아니다.
94. 한달 후 '장지' 두부집의 문 앞에는 사람들이 길게 줄을 서고 있었다는 내용으로 보아 '장지' 두부집이 번창하게 되었음을 알 수 있다.
95. 스승님은 사람들의 입맛이 끊임없이 변하기 때문에 이를 포착하기가 쉽지 않다고 여겼다. 즉 '모든 사람의 입맛을 다 맞추기는 힘들다'는 뜻과 같다.
96. 지문의 마지막 주인장의 말에서 알 수 있듯이 그는 사람들의 입맛이 변하는 것에 맞춰 자신의 선택을 바꿔서는 안 되며 한 가지 일을 끝까지 잘 해내는 것이 최선이라고 생각했다.

단어 **兴隆** xīnglóng 형 번창하다, 크게 발전하다 | **结实** jiēshi 형 단단하다, 견고하다 | **口感** kǒugǎn 명 입맛 | **相比之下** xiāngbǐzhīxià 그것과 비교하면 | **汤汁** tāngzhī 명 국물 | **冷冷清清** lěnglengqīngqīng 성 활기가 없다, 적막하다 | **几分** jǐfēn 수 십분의 몇, 얼마간, 다소 | **沉思** chénsī 동 깊이 생각하다, 심사숙고하다 | **两样** liǎngyàng 형 다르다, 상이하다 | **憨厚** hānhòu 형 소박하고 너그럽다, 꾸밈이 없고 관대하다 | **比不上** bǐbushàng 동 비교할 수 없다, 비교가 되지 않다 | **调料** tiáoliào 명 조미료, 양념 | **熬制** áozhì 동 고다, 푹 삶다 | **山珍海味** shānzhēn hǎiwèi 명 산해진미 | **吃腻** chīnì 동 (너무 많이 먹어) 물리다, 싫증나다, 질리다 | **样样** yàngyàng 명 여러 가지, 갖가지, 각양각색 | **众口难调** zhòngkǒu nántiáo 성 많은 사람의 입맛을 맞추기 어렵다 | **因材施教** yīncái shījiào 성 (배우는 사람의 능력 · 성격 · 지향 등의) 구체적인 상황에 맞게 교육하다

97-100

常常能听到这样的一种说法："人的脑子用多了，会死掉许多脑细胞。""人脑多用了会笨。"这种说法是没有科学道理的。事实上，人的机体的各个部位，几乎都是越用越健康，脑子也是一样。让我们先来看一个数据：经科学家研究证明，人的大脑皮层大约有140亿个神经细胞，也叫神经元。这么多数量的脑细胞，对一个人的一生来说足够足够了。有人计算过，如果一个人活到100岁的话，经常运用的脑神经细胞只不过10亿多个，[97]还有80~90%的脑神经细胞没动用。所以，根本不会有什么"脑子多用会笨"的事情。"生命在于运动"，这是生物界的一个普遍规律。人的机体，用则灵，不用则衰。脑子用得勤的人，肯定聪明。因为[98]这些勤于用脑的人，脑血管经常处于舒展的状态，脑神经细胞会得到很好的保养，从而使大脑更加发达，避免了大脑的早衰。

相反，那些懒于用脑思考的人，由于大脑受到的信息刺激比较少，甚至没有，大脑很可能就会早衰。这跟一架机器一样，搁在那里不用就要生锈，经常运转就很润滑。国外就有过这样的研究，科学家观察了一定数量的20~70岁的人，发现长期从事

'사람의 뇌는 많이 사용하면 많은 뇌세포가 사라진다', '사람이 뇌를 많이 사용하면 멍청해진다' 등의 말을 자주 듣게 된다. 그러나 이러한 말들은 과학적인 근거가 전혀 없는 말이다. 사실 인체의 각 부위는 거의 모두 사용하면 할수록 더욱 건강해지는데 뇌 역시 마찬가지이다. 우선 다음의 수치를 함께 살펴보자. 과학자들의 연구에 따르면, 사람의 대뇌피층은 대부분 140억 개의 뉴런이라고 불리는 신경세포를 가지고 있다. 이렇게 많은 수량의 뇌세포는 한 사람의 일생으로 말하자면 충분히 많은 숫자다. 어떤 사람의 계산에 따르면 사람이 100살까지 산다고 가정했을 때, 주로 사용하는 뇌 신경세포는 겨우 10억 개도 채 되지 않으며 [97]80~90%의 뇌 신경세포는 사용조차도 하지 않는다고 한다. 따라서 '뇌를 많이 사용하면 멍청해진다'는 일이 일어날리는 절대 없는 것이다. '생명은 운동에 달려있다'는 말은 생물계의 보편적인 법칙이다. 인체는 사용할수록 건강해지고 사용하지 않을수록 쇠약해진다. 머리를 부지런히 쓰는 사람은 똑똑할 수 밖에 없다. 왜냐하면 [98]머리를 많이 사용하는 사람은 뇌혈관이 언제나 쭉 펴져 있는 이완상태에 있기 때문에, 뇌의 신경세포가 더 좋은 관리를 받게 됨으로써 대뇌가 더욱 발달하게 되는 것이고 이로써 대뇌가 조기에 쇠약해지는 것을 막을 수 있다.

이와는 반대로 뇌로 사고하는 것을 게을리 하는 사람들은 대뇌가 받는 정보의 자극이 비교적 적거나 심지어는 아예 없기 때문에 대뇌의 기능이 일찍 쇠약해질 가능성이 크다. 이는 기계의 원리와 다를 바 없는데, 놓아두기만 하고 사용하지 않으면 녹슬기 마련이며 자주 움직여줘야 부드럽게 움직일 수 있는 법이다.

脑力劳动的人，[99] 到了60岁时仍能保持敏捷的思维能力，而在那些终日无所事事、得过且过的懒人当中，大脑早衰者的比例大大高于前者。除懂得脑子多用只会聪明不会笨的道理以外，我们还应该了解“多用脑，可防老”的道理。这对老年人来讲尤为重要。我们常说，大脑是人体的司令部，如果大脑迟钝了，身体各器官的生理功能当然也不会旺盛。[99] 所以，保持大脑的活力，就能促进其他机体、器官保持活力；大脑如早衰，也会影响其他机体、器官的早衰。老年人的健康状况，往往是生理、心理、环境等因素互相影响的结果，[100] 老年人保持着勤于用脑的好习惯，就会有一种很好的心理状态，可以使自己的生活、精神充满活力。“勤于用脑，延缓衰老”，这个道理是很科学的。老年人如此，何况我们青少年呢？

97. 根据上文，人如果活到100岁，只会运用多少神经细胞？

A 80%
B 20%左右
C 将近10%
D 超过30%

98. 根据上文，勤于用脑肯定聪明的原因是：

A 神经细胞很活跃
B 神经细胞得到保养
C 大脑不断受到刺激
D 神经细胞使用得多

99. 关于勤于用脑，下列哪项不正确？

A 可以促进器官保持活力
B 可以提高人体的抵抗力
C 可以保持敏捷的思维能力
D 可以保持良好的心理状态

100. 上文主要介绍：

A 多用脑的好处
B 怎样防止衰老
C 大脑早衰的原因
D 大脑早衰的影响

해외에서도 이런 연구를 실시한 적이 있는데, 과학자들은 일정 수의 20~70세에 해당하는 사람들이 오랫동안 정신노동에 종사할 경우 [99] 60세까지도 여전히 매우 민첩한 사고능력을 유지한다는 사실을 발견했다. 한편 온종일 하는 일 없이 그저 그렇게 시간을 보내는 게으른 사람 중에는 대뇌의 기능이 일찍 쇠약해지는 사람의 비율이 전자보다 훨씬 많았다. 뇌를 많이 사용하면 멍청해지기는커녕 똑똑해지기만 한다는 사실 외에도 우리는 '뇌를 많이 사용하면 노화를 방지할 수 있다'는 사실을 깨달아야 한다. 이는 노인들에게 있어서 특히 중요한 사항이다. 우리는 항상 대뇌가 인체의 사령부 역할을 하기 때문에 만일 대뇌의 기능이 둔감해지면 신체 모든 기관의 생리적 기능이 자연스럽게 떨어질 것이라고 말하곤 한다. [99] 따라서 대뇌 활동을 유지하게 되면 다른 신체부위 및 기관의 활력 보존을 촉진할 수 있다. 대뇌의 기능이 일찍 저하되면 마찬가지로 다른 신체부위 및 기관의 기능을 저하시키게 된다. 노인들의 건강상태는 종종 생리적, 심리적, 환경 등의 요소가 서로 영향을 주고받아 생기는 결과이며, [100] 노인들이 뇌를 자주 사용하는 좋은 습관을 갖춘다면 좋은 심리상태를 가지게 됨으로써 자신의 생활 및 정신세계에 활력을 가져다줄 수 있다. '머리를 자주 쓰면 노화를 막을 수 있다'는 이 사실이야말로 과학적인 이치인 것이다. 노인들이 이렇다면 하물며 우리 청소년들은 어떻겠는가?

97. 본문에 따르면, 사람이 만약 100세까지 산다고 했을 때 얼마나 많은 신경세포를 사용할 수 있는가?

A 80%
B 약 20%
C 약 10%
D 30% 이상

98. 본문에 따르면 뇌를 자주 사용하면 똑똑해지는 이유는 무엇인가?

A 신경세포가 활발해지기 때문에
B 신경세포가 잘 관리되기 때문에
C 대뇌가 끊임없이 자극을 받기 때문에
D 신경세포의 사용이 많아지기 때문에

99. 뇌를 부지런히 사용하는 것에 대해 다음 중 틀린 것은?

A 신체기관의 활력을 촉진할 수 있다.
B 신체의 면역력을 증강시킬 수 있다.
C 민첩한 사고능력을 유지할 수 있다.
D 좋은 심리상태를 유지할 수 있다.

100. 본문에서 주로 말하고자 하는 것은 무엇인가?

A 머리를 많이 쓸 때의 장점
B 노화를 막는 방법
C 대뇌의 기능이 일찍 저하되는 이유
D 대뇌의 기능저하로 인한 영향

해설 97. '80~90%의 뇌신경세포를 사용하지 않는다'는 문장에서 알 수 있듯이 사람들은 겨우 약 20%의 신경세포만을 사용해왔다.

98. 머리를 많이 쓰게 되면 혈관이 이완되고 이로써 신경세포가 더 나은 관리를 받게 된다고 하였다.

99. 문장에서는 각각 머리를 자주 쓰는 것이 사고력과 신체기관 그리고 심리 등의 부분에 긍정적인 영향을 미친다고 언급했다. D는 지문에서 언급한 적이 없으므로 답이 된다.

100. 본문의 마지막 부분을 보면 주요 내용은 머리를 자주 쓰는 것에 대한 장점을 소개하고 있다는 것을 알 수 있다.

단어 细胞 xìbāo 명 세포 | 机体 jītǐ 명 생물체, 유기체 | 数据 shùjù 명 데이터, (실험 · 설계 · 계획 등에 필요한) 통계수치 | 皮层 pícéng 명 '대뇌피질(大脑皮质)'의 약칭 | 神经元 shénjīngyuán 명 뉴런[신경계의 단위] | 勤于 qínyú 동 ~에 부지런하다, ~에 열심이다 | 脑血管 nǎoxuèguǎn 명 뇌혈관 | 舒展 shūzhǎn 형 (몸과 마음이) 편안하다, 쾌적하다 | 保养 bǎoyǎng 동 보양하다, 양생하다 | 早衰 zǎoshuāi 동 일찍 노쇠하다, 일찍 늙다, 조로(早老)하다 | 搁 gē 동 방치하다, 내버려 두다 | 生锈 shēngxiù 동 녹이 슬다 | 润滑 rùnhuá 형 윤택하고 매끄럽다 | 敏捷 mǐnjié 형 (생각 · 동작 등이) 민첩하다, 빠르다 | 无所事事 wúsuǒshìshì 성 빈둥거리며 아무 일도 하는 것이 없다, 아무 일도 하지 않다 | 得过且过 déguòqiěguò 성 되는대로 살아가다, 그날그날 살아가다 | 迟钝 chídùn 형 (생각 · 감각 · 행동 · 반응 등이) 둔하다, 느리다 | 旺盛 wàngshèng 형 (생명력이) 강하다, 무성하다 | 器官 qìguān 명 (생물체의) 기관 | 延缓 yánhuǎn 동 늦추다, 연기하다, 지연시키다 | 衰老 shuāilǎo 형 노쇠하다, 늙어 쇠약해지다 | 将近 jiāngjìn 부 거의, 거지반

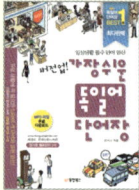